阅读成就思想……

Read to Achieve

再读经典系列

PSYCHOLOGY

THIRD EDITION

An Exploration

心理学经典入门

[美] 桑德拉·K.切卡莱丽(Saundra K. Ciccarelli)
J.诺兰·怀特(J. Noland White) ◎著 周仁来 等◎译

第3版

中国人民大学出版社
·北京·

图书在版编目（CIP）数据

心理学经典入门 ： 第3版 / （美） 桑德拉·K.切卡莱丽，（美）J.诺兰·怀特著 ； 周仁来等译. -- 北京 ： 中国人民大学出版社，2020.1

书名原文：Psychology：An Exploration（Third Edition）

ISBN 978-7-300-25410-4

Ⅰ. ①心… Ⅱ. ①桑… ②J… ③周… Ⅲ. ①心理学 Ⅳ. ①B84

中国版本图书馆CIP数据核字(2018)第008076号

心理学经典入门（第3版）

［美］ 桑德拉·K.切卡莱丽（Saundra K. Ciccarelli）
J.诺兰·怀特（J. Noland White） 著

周仁来 等译

Xinlixue Jingdian Rumen (Di 3 Ban)

出版发行	中国人民大学出版社		
社　　址	北京中关村大街31号	**邮政编码**	100080
电　　话	010-62511242（总编室）		010-62511770（质管部）
	010-82501766（邮购部）		010-62514148（门市部）
	010-62515195（发行公司）		010-62515275（盗版举报）
网　　址	http://www.crup.com.cn		
经　　销	新华书店		
印　　刷	天津中印联印务有限公司		
规　　格	185mm×260mm　16开本	**版　　次**	2020年1月第1版
印　　张	23.75　插页1	**印　　次**	2021年9月第3次印刷
字　　数	625 000	**定　　价**	138.00元

译者序

本书中文版于2014年出版了第2版，当时我在“译者序”中比较详细地描述了该书的特点。五年过去了，第3版即将与读者见面，在此，我希望与大家分享一点新的感受。

2018年6月，教育部高教司吴岩司长在四川大学召开的一流本科建设论坛上作了重要讲话，拉开了加强中国高等学校本科教学质量改革的大幕。随后，教育部高等学校心理学类专业教学指导委员会也围绕改革要求先后召开了四次讨论会。我作为该委员会委员，也在会上以“国外心理学教材的编写特点”为题，谈了作为加强心理学本科教学质量的重要因素之一——心理学教材建设的几点看法。大致描述了国外心理学教材的几个主要特点（个人观点）：第一，编写思路连贯统一。体现在写作团队人数一般为一至四人，较少按章节分工，各位作者彼此配合，中心思想深入到小节，作者意图鲜明。第二，注重引发和保持学习兴趣。体现在大量运用案例、故事、生活中的现象，围绕同一知识点多层次、多角度说理，创造多种形式与学生互动。第三，符合学习规律。体现在字数多、篇幅大、材料丰富，文献足、更新快，鼓励学生拓展阅读，遵循学习规律安排各板块内容，重视批判性思维，要求学生在较高层次上理解和掌握。第四，注重及时总结和提炼。充分体现了“教师把书写厚，学生把书读薄”的鲜明特色。上述特点也是我对该版本的印象，值得中国心理学教材编写者们借鉴。

本书第2版有15章。现在的第3版有13章。通过两个版本的对比发现：第2版的第1、2、3章题目与第3版的这三章题目一样；第2版的第4章由原来的题目“意识：睡眠、梦、催眠和药物”改为第3版的第4章题目“意识”；第2版的第5、6、7、8章题目与第3版的对应章节题目一样；第2版的第9章由原来的题目“动机与情绪”改为第3版的第9章题目“动机、压力和情绪”，实际上是把第2版中第11章的“压力与健康”合并到该章；第2版的第10章“性与性别”中的部分内容融入第3版的第9章中；第2版的第12、13、14和15章题目继续保留，并成为第3版的第10、11、12和13章的题目。

参与第3版各章节翻译的人员，以及他们参与翻译工作时的身份如下：

目录、第4章，张红霞（北京师范大学心理学院博士生）；

第1章，马靓（北京师范大学心理学院硕士生）；

第2章、第11章，黄雅梅（北京师范大学心理学院博士生）；

第3章、第10章，邓雅菱（北京师范大学心理学院博士生）；

第5章、第7章，刘雷（北京师范大学心理学院博士生）；

第6章、第9章，刘卿（北京师范大学心理学院博士生）；

第 8 章，陈小莹（北京师范大学心理学院硕士生）；

第 12 章、第 13 章，吴梦莹（北京师范大学心理学院硕士生）；

附录，郭恒（北京师范大学心理学院硕士生）。

此外，南京大学课题组和东南大学课题组的梁仕奕（南京大学心理学系本科生）、陶靖婷（南京大学心理学系硕士生）、谭阳（南京大学心理学系本科硕士生）、王芳（南京大学心理学系硕士生）、洪淼（南京大学心理学系硕士生）、王丁丁（南京大学心理学系博士生）、陈乐乐（南京大学心理学系博士生）、龙芳芳（南京大学心理学系博士生）、侯璐璐（南京大学心理学系博士生）、孟瑶（南京大学心理学系博士生）、张琴（南京大学心理学系博士生）、罗帏（南京大学心理学系硕士生）、胡岑楼（东南大学生物科学与医学工程学院博士生）、魏华（东南大学生物科学与医学工程学院博士生）等同学参加了清样的文字核对工作。

衷心感谢课题组各位同学的辛勤付出！读者在使用该书时遇到翻译中的错误或不足，请及时发邮件告知。在此，先谢谢各位读者的支持！

最后，我要特别感谢中国人民大学出版社的各位编辑耐心、细致、严谨的编辑工作，尤其是白桂珍编辑为本书的出版做了大量沟通协调工作，谢谢你们！

周仁来

南京大学心理学系

http://rlrw.nju.edu.cn

E-mail:289902136@qq.com

南大和园

Contents

目 录

附录 应用心理学与相关职业 // 361

第1章
心理学

虽然大多数人认为心理学是研究奇怪的人和古怪行为的科学，但实际上心理学远不止如此：它研究我们每个人在日常生活中如何思考、如何感受，以及如何行动。也许你并没有意识到，你每天都会用到心理学，比如你纠正孩子的行为，教会宠物一个新动作，从推销员那里得到你想要的服务或者是被电话销售员的推荐所吸引。当你与一位情绪消沉的朋友或亲戚交谈时，心理学就在起着作用。心理学既与实施暴力行为的悲剧有关，也与没有明显原因的恐怖主义和我们对这种行为的反应有关。从日常的行为与互动到人生的狂喜和不幸，心理学一直围绕在我们身边。

思考一下

如何定义心理学？完成本课程，你希望学到有关心理学、你自己或者他人的什么知识？

为什么要学习心理学

心理学不仅能够帮助你理解其他人为什么做他们做的事，还能够帮助你更好地理解你自己以及你对他人的反应；心理学不仅能够帮助你理解大脑和身体是如何联系的，如何提升学习能力和记忆力，还能够让你了解如何处理生活中常见的和极端的压力。在学习心理学的过程中，理解心理学家使用的方法非常重要，因为研究可能会有缺陷，了解了如何做研究就可以揭示那些缺陷；最后，心理学及其研究方法会改善批判性思维，而批判性思维不仅可以用来评估科学研究的恰当性，还可以评估广告商和政客们的各种主张的合理性。

通过本章，我们可以：

- ◎ 明确心理学的研究范围，了解心理学的四个主要目标；
- ◎ 了解心理学早期领域的几位关键人物，区分构造主义和机能主义；
- ◎ 描述早期以格式塔、精神分析和行为主义理论而闻名的重要人物和基本观点；
- ◎ 总结七种现代观点，了解斯金纳、马斯洛和罗杰斯的重要贡献；
- ◎ 区分精神科医生与心理学家，描述工作在心理学各个领域的其他种类的专业人士有哪些；
- ◎ 解释为什么说心理学是一门科学，了解科学方法在使用上有哪些步骤；
- ◎ 描述几种行为描述的方法并总结每种方法的优劣；
- ◎ 解释什么是相关技术，描述它告诉研究者变量间存在怎样的关系；
- ◎ 了解实验设计的步骤；
- ◎ 了解实验中问题的两大共同来源，并说出一些可以控制这些效应的方法；

◎ 了解在用人和动物做研究时的伦理问题；

◎ 总结批判性思维的基本原则并解释其在日常生活中的作用。

心理学是什么

有些人认为，心理学就是研究人以及诱发他们行为的动机。心理学家的确研究人，但是他们也研究动物。为了更好地研究诱发行为的动机，心理学家不仅研究人和动物的行为，还要研究当行为发生时他们的身体和大脑发生了什么。

心理学（psychology）是研究行为和精神过程的科学。行为包括我们所有的外显动作和反应，例如交谈、面部表情和运动。“心理过程”这个术语是指所有内隐的心理活动，例如思维、感觉和记忆。为什么心理学是“科学的”？因为研究者要通过观察人和动物，从而研究他们的行为和心理活动。观察往往会有一个问题，即观察者可能只看到自己期望看到的事物。心理学家不想让这些可能的偏见导致他们得出错误的观察结论。他们想尽可能精确，尽可能认真地测量，所以他们会使用科学的方法来研究心理学。

每一门科学的目标都是去探寻事物是如何运转的。而这种致力于揭开人类和动物行为神秘面纱的科学目标则是描述、解释、预测和控制。

◎这是你想要的工作环境吗？一些研究人员想知道你的回答是否受到性别的影响。

- **描述：发生了什么？**理解任何事物的第一步都是给它一个名称。描述包含观察一项行为，注意到任何与之有关的事：发生了什么，在哪里发生的，对谁发生的，以及它看起来是在什么样的环境下发生的。

例如，一位心理学家想了解为什么多数计算机研究者都是男性。经过进一步的观察，她发现很多非技术方面的刻板印象——计算机研究者的生活与电脑朝夕相处，他们的身边堆满电脑游戏、垃圾食品和各种科幻小说中的小器械，这些都使得这项工作的男性化氛围更加浓重。

以上就是可能正在发生的事情。心理学家下一步的观察目标，是要弄清为什么女性都避免接触这种环境。

- **解释：为什么会发生？**心理学家基于自己的观察会给出一个实验性的解释，比如“女人觉得自己并不属于这种男性化的环境”。换句话说，心理学家正试图理解或者找到在计算机领域女性比例偏低这一现象的解释。为行为找到解释是在形成行为理论过程中非常重要的一步。一项理论是对一系列观察或者事实的概要解释。描述的目的是提供观测结果，而解释的目的则是帮助建立理论。

接下来的这个例子来自心理学家萨普娜·切丽恩（Sapna Cheryan）及其同事所进行的真实实验。切丽恩教授在位于西雅图的华盛顿大学讲授心理学，她曾开展了四个实验，招募了250名未学习过计算机的男女学生被试。在第一个实验中，学生们进入一间小教室，小教室里摆放的物品要么是电影《星际迷航》的海报、视频游戏盒和可乐罐，要么是风景海报、艺术品、字典和马克杯。学生们需要在房间中待上几分钟，并被告知要忽略这些摆设，因为他们需要和其他班的同学共用这个房间。当他们待在房间里的时候，填写了一份关于调查他们对于计算机科学的态度的问卷。结果表明，在两种环境中男性的态度没有差异，但是暴露在典型男性化风格环境中的女性较之暴露在非典型环境中的女性对计算机显示出了更低的兴趣。其他的三个相似的实验也得出了相同的结果。

- **预测：什么时候它会再次发生？**决定将来会发生什么就是预测。切丽恩等人的研究预期很明确：如果想让更多的女性从事计算机科学，我们就必须采取行动来改变环境或者是对与该领域有典型相关的环境的理解。这是心理学四项目标中最后一项的关键点——改变或者调节行为。

- **控制：如何改变它？**控制或者调节某些行为的焦点是将一项不合需求的行为（例如，女性避免选择特定的学科专业），改变为合乎需求的行为（例如，职业选择上的公平性）。

切丽恩教授建议，改变计算机科学的形象可以使得更多的女性涉足这一领域。并不是所有的心理学研究者都会试图满足所有这四项目标。在有些情况下，主要的目标也许是描述和预测，例如对于人格理论家来说，更希望了解一个人是什么样的人（描述），以及在特定的环境下会做些什么（预测）。有些心理学家对描述和解释感兴趣，就像实验心理学家设计研究就是为了给观察到的（描述过的）行为找到解释。治疗学家理所当然地会对控制或者影响行为或精神过程更加感兴趣，尽管其他三项对达成研究目标更重要。

虽然这些目标自心理学诞生以来并没有真正改变，但是实现它们的方法却在不断变化。接下来，让我们来看看心理学历史中的先贤们。

过去的心理学：心理学的历史

心理学已经存在多久了？

心理学在科学王国中是一个相对较新的领域，只有约140岁。并不是说在此之前没有人考虑过人们的喜好；哲学家们（通过思考和讨论寻求智慧和知识的人）、医生和生理学家们（研究身体及其系统生理运转机制的科学家）稍稍代为履行了这一职责。像柏拉图、亚里士多德和笛卡尔这样的哲学家曾在著作中描写过灵魂（或思想）和身体之间的关系。医生和生理学家则想知道躯体和大脑在生理上的联系。例如，生理学研究者赫尔曼·冯·亥姆霍兹（Hermann von Helmholtz）开展了有关视觉和听觉的开创性实验。

开端：冯特、铁钦纳和詹姆斯

探寻人类行为的努力实际上起源于世界上的不同地方，而心理学的先贤们也具有不同的背景。这些多样化的思想最终汇集成这项探寻的开端——心理学。

◎ 德国心理学家威廉·冯特

心理学真正始于1879年德国莱比锡的一家实验室中。生理学家威廉·冯特（Wilhelm Wundt/VILL-helm Voont，1832—1920）在那里尝试将科学研究的原则应用到人类心理的研究中。他指导来自世界各地的学生研究人类思维的构造。冯特认为，意识是

概念导图

什么是心理学
（是对行为和心理过程的科学研究）

- 研究现象的方法
- 四个基本目标
  - 描述
  - 解释
  - 预测
  - 控制

由想法、经验、情感以及其他基本元素构成的，可以察觉到外部事物的状态。学生需要学会客观思考他们的想法以审查这些非物理的元素，因为读出别人的想法几乎是不可能的。冯特将这个过程称为**客观的内省**（objective introspection），即客观地检测自己的想法和精神活动的过程。例如，冯特会在学生手中放置一样东西（例如岩石），然后让学生报告手中的石头给他带来的全部感受（客观性一直都很重要，因为科学家随时都需要保持公正。观察需要清晰且精确，不受观察者个人信念和价值观的影响）。

这是人类历史上第一次真正意义上尝试把客观性与测量融入心理学的尝试。冯特关注客观性，并建立了第一个心理学实验室，因此被尊为“心理学之父”。

铁钦纳和美国构造主义

英国人爱德华·铁钦纳（Edward Titchener，1867—1927）是冯特的学生，他最终把冯特的思想带到了纽约伊萨卡岛上的康奈尔大学，并扩充了冯特最初的想法。由于铁钦纳的研究重点是心理的构造，因此这个新观点被称作**构造主义**（structuralism）。铁钦纳认为，人的每项经历都可以被分解为个体的情感和感觉。尽管和冯特一样，铁钦纳也认为意识可以被分解成基本元素，但是铁钦纳认为客观的内省也可以被应用到对想法和生理感受的觉察中。例如，铁钦纳会让他的学生想象蓝色的东西（而不是真给他们蓝色的物体），随后他会询问学生对蓝色物体的感受。这样的询问会得到一些这样的回答：“什么是蓝色？天空是蓝色的，鸟儿的羽毛也是蓝色的。蓝色是冷酷的、舒缓的，蓝色是平静的……”

◎ 构造主义学者会对这位女性闻玫瑰花的记忆和感受感兴趣。

1894 年，铁钦纳在康奈尔大学的 名学生因成为第一位心理学女博士而闻名天下。她叫玛格丽特·F. 沃什博恩（Margaret F. Washburn），是铁钦纳当年唯一的毕业生。1908 年，她出版了一本名叫《动物心理》（*The Animal Mind*）的书。这本书的出版堪称心理学史上的一项重要工作。

构造主义主导着早期的心理学，然而它在 20 世纪早期渐渐地淡出了历史舞台，其中的重要原因在于，构造主义学家们只忙着争辩哪些心理元素是最为关键的。另一项很有竞争力的观点在冯特实验室建立不久后出现，并在构造主义传入美国前夕建立起来。

威廉·詹姆斯和机能主义

19 世纪 70 年代末，哈佛大学是美国第一所开设心理学课程的学校。这些课程都是由哈佛大学当时颇负盛名的老师威廉·詹姆斯（William James，1842—1910）讲授的。詹姆斯先前教授解剖学和生理学，随着他对心理学兴趣的增长，他开始专门教授心理学。由于他编著的教科书《心理学原理》（*Principles of Psychology*）非常精彩，因此这本书至今仍在不断翻印。

与冯特和铁钦纳仅仅分析意识不同的是，詹姆斯对意识在日常生活中的重要作用更加感兴趣。詹姆斯认为不可能科学地研究意识本身，因为有意识的想法会持续不断地汇入川流不息的意识流中，所以一旦你开始思考自己刚才在想什么，那么你刚才考虑的东西就已经不再是你之前考虑的，而是你正在考虑的，而且……抱歉，我也有点儿晕了，反正我觉得你也应该明白我的意思了。

詹姆斯主要研究人类的心理在真实世界中是如何运行的，研究人是如何工作、如何玩耍、如何适应周围环境的，这个观点被称作**机能主义**（functionalism）（詹姆斯受到查尔斯·达尔文自然选择观点的强烈影响。根据自然选择的观点，那些能够帮助动物适应环境继而生存下来的生理特质将被传递到下一代，进而成了该物种的特质）。如果生理特质能够帮助生物生存，那么行为特质是否也能够帮助生物生存呢？能够帮助动物和人生存的那些行为特质，也能够通过教育或者遗传机制被传递到下一代（记住，这是在尝试理解遗传机制的一个早期观点）。例如，在电梯里躲避别人目光的行为可以被看作保护私人空间，是领土保护行为的一种，也许这种保护行为起源于原始社会，原始社会的人们需要保护家、食物和水，需要防止入侵者的掠夺，这个行为也可以被用来避免对别人的挑衅。

尽管詹姆斯早期的学生玛丽·惠顿·卡尔金斯（Mary Whiton Calkins）通过了所有规定的课程，但是由于她是一名女性，申请博士学位时却遭到了哈佛大学的拒绝。卡尔金斯最终在威尔士利学院（Wellesley College）组建了一个心理学实验室。她的工作主要是在人类记忆和自我心理学领域进行一些早期研究。1905年，她成为美国心理学会第一位女主席。和沃什博恩不同，尽管卡尔金斯作为教授和研究者拥有成功的职业生涯，但她却从未获得博士学位。

◎玛丽·惠顿·卡尔金斯是美国心理学会第一位女主席，作为一名教授、研究者，她拥有成功的职业生涯。不过，她却因是一名女性而被哈佛大学拒绝授予博士学位。

在这里需要指出的是，在早期为心理学做贡献的研究者中，并非仅有女性是少数派。弗朗西斯·塞西尔·萨姆纳（Francis Cecil Sumner）在1920年成为克拉克大学第一位获得心理学哲学博士学位的非裔美国人。他最终成为霍华德大学心理学系主任，并被尊为非裔美籍心理学之父。肯尼思·克拉克（Kenneth Clark）和玛米·克拉克（Mamie Clark）的工作成果体现了将非裔美国学生进行分校的消极作用。拉美裔心理学家乔治·桑切斯（Jorge Sanchez）在智力测验领域展开研究，关注这类测验的文化偏向。尽管心理学中少数派的人数与早期相比已经有了显著的增加，但是少数派所占的比例与多数派相比仍然是非常小的。关于非裔美国人对于心理学早期发展所做的贡献，见“心理学议题”专栏。

◎弗朗西斯·塞西尔·萨姆纳，在1920年成为克拉克大学第一位获得心理学哲学博士学位的非裔美国人。他最终成为霍华德大学心理学系主任，并被尊为非裔美籍心理学之父。

机能主义还是心理学的重要流派吗？

在心理学的新阵营中，机能主义提供了一个不同于构造主义的新视角。但是和众多心理学早期观点一样，它已渐渐不再是心理学的主要流派。然而人们仍然能够在现代教育心理学（研究将心理学的概念应用到教育中）、工业/组织心理学（将心理学的概念应用到商业、组织机构和工业），其他各心理学领域中找到机能主义的元素。机能主义在稍后讨论的较现代的进化心理学中也发挥着作用。

三个具有影响力的思潮

正当构造主义学家和机能主义学家相互争得不可开交的时候，其他心理学家则用几种不同的方法看待心理学。

格式塔心理学：整体大于部分之和

尽管和詹姆斯一样反对构造主义，但马克斯·威特海默（Max Wertheimer/VERT–hi–mer）

心理学议题

寻根心理学的非裔美国人

1976年，罗伯特·V. 格里恩（Robert V.Guthrie）博士撰写了《连老鼠都是白的》(*Even the Rat Was White*) 一书。这本书于2004年再版。本书概述了心理学历史上的非裔美国人。非裔美国心理学家的早期贡献经常被教科书忽略。格里恩博士在其著作中详细记录了重要的非裔美国心理学家以及他们在心理学新领域所做出的贡献。以下简要列出了一些常被忽略的学者以及他们的一些成就。

- 查理斯·亨利·汤普森博士（Charles Henry Thompson，1896—1980），是获得教育心理学博士学位的第一个非裔美国人（芝加哥大学，1925年）。他曾在《黑人教育杂志》(*Journal of Negro Education*) 担任了30年的编辑。
- 阿尔伯特·悉尼·贝克汉姆博士（Albert Sidney Beckham，1897—1964），于1930年在纽约大学获得心理学博士学位。20世纪30年代，他曾在伊利诺伊青少年研究所的精神卫生国家委员会担任心理学家高级助理，并为芝加哥杜莎伯尔高中的黑人少年提供心理咨询。他在非裔美国青少年的智力和社交问题方面发表了许多研究成果。
- 罗伯特·普瑞特思·丹尼尔博士（Robert Prentiss Daniel，1902—1968），于1932年在哥伦比亚大学获得了教育心理学博士学位。他曾担任弗吉尼亚联合大学教育心理和哲学部主任、北卡罗来纳州莎尔大学的校长，最后担任弗吉尼亚州立大学校长。
- 伊内兹·贝弗利·普罗瑟博士（Inez Beverly Prosser，1897—1934），于1933年在辛辛那提大学获得教育心理学博士学位，她也是第一个获得该学位的黑人女性。然而一年后，她死于车祸，使她本来前途一片光明的教学前程以悲剧收场。
- 霍华德·霍尔·隆恩博士（Howard Hale Long，1888—1948），于1933年在哈佛大学获得教育心理学博士学位。经过多年的教育心理学教学和研究工作后，他在俄亥俄韦尔博福斯州立大学担任行政主管。
- 露丝·霍华德博士（Ruth Howard，1900—1997），于1934年在明尼苏达大学获得心理学博士学位，她也是第一个获得该学位（而非教育心理学学位）的黑人女性。作为心理服务中心的协调员，她曾协助其丈夫阿尔伯特·贝克汉姆博士工作，同时，还做着在临床心理学的私人工作。

这些心理学界的非裔美国人先贤们只代表了在心理学初期做过重大贡献的人中的一小部分。

进一步讨论的问题

1. 在心理学初期，黑人女性会面临什么样的挑战？
2. 你认为在当代心理学中还有哪些人或者哪些领域的研究会遭遇到相似的挑战？

则出于不同的原因而反对。威特海默认为，即使不将诸如知觉（指通过感觉察觉某物）和感觉（指看到、听到、摸到、尝到或者闻到某物）这类心理事件分解成小元素，依然能够很好地理解这类心理事件。这就像是一段由很多音符组成的旋律，这些音符只有在与其他音符产生正确关联的时候才能被人们理解，由此，知觉只能作为一个整体、完整的事件才能被理解，于是就有了我们熟知的口号“整体大于部分之和”。威特海默等人认为，人们会自然而然地从可得的感觉信息中探寻一个样式（“整体”）。图1-1为格式塔知觉样式的示例。

图1-1 格式塔知觉

◎人眼倾向于“填充”图形中的空白，把这两个图形看作圆圈，而不是一系列的点或断线。

威特海默等科学家致力于按照这种全新的视角来研究感觉和知觉，这便是**格式塔心理学**（Gestalt psychology）。格式塔（Gestalt/Gesh-TALT）是一个德文单词，意思是“一个有组织的整体”或“完形”。这个单词很好地契合了关注整体而非部分的研究主题。格式塔的观点如今已经成了认知心理学的组成部分。认知心理学不仅关注知觉，还研究学习、记忆、思维过程和问题解决；格式塔关于知觉的基本原则依旧在这个较新的领域有所应用。格式塔的方法也对心理治疗产生了重要的影响，已经成为格式塔治疗技术的基础。

弗洛伊德的精神分析理论

我们应该知道，心理学不是在某个地方、某个时间出现的。许多有着不同视角的研究者在世界各地通过研究人类心理和行为逐渐提出了自己的观点。到目前为止，本章一直在谈对心理学感兴趣的生理学家和哲学家，他们主要关注意识，很少关注其他的东西。医疗职业对心理学则采取了完全不同的观点。

弗洛伊德是干什么的？当人们谈心理学时，每个人都会谈到他。他的观点还在用吗？

当构造主义处在争辩阶段，机能主义处在专业化阶段，格式塔处在展开阶段时，西格蒙德·弗洛伊德（Sigmund Freud）成了奥地利杰出的生理学家。他是医生、神经学家，他专门研究神经系统障碍，试图理解那些前来向他寻求帮助的病人。

弗洛伊德的病人往往经受着神经障碍的折磨，他和其他医生都没法为这些障碍找到生理上的解释。因此，弗洛伊德认为他们的病因也许与心理有关，这是弗洛伊德探索的开始。他首先提出了无意识思维的观点，我们将威胁性的冲动和欲望逼迫、压抑到这个无意识思维当中。他认为由于这些被压抑的欲望试图逃逸出来，因而造成了这些病人的精神障碍。

弗洛伊德强调儿童早期经验的重要性，他相信个性是在生命最初的六年内形成的。如果出现明显的问题，那么这些问题一定是在这最初的几年就开始出现的。

阿尔弗雷德·阿德勒（Alfred Adler），卡尔·荣格（Carl Jung），以及弗洛伊德的女儿安娜·弗洛伊德（Anna Freud）是其中一些追随弗洛伊德的知名研究者。在安娜·弗洛伊德发起的心理学的自我运动当中，曾经培养过一位著名的个性发展心理学家，艾瑞克·埃里克森（Erik Erikson）。

尽管弗洛伊德的观点在一定程度上有待修正，但在今天仍然很有影响力。除了上述的追随者外，他还有一大批追随者。许多追随者按照各自的视角修改了弗洛伊德最初的理论，但是弗洛伊德的基本观点沿用至今。

虽然一些人认为西格蒙德·弗洛伊德是第一个治疗饱受各种精神障碍折磨的病人的医生，但是精神障碍的历史也不算短了。

虽然契合弗洛伊德观点的理论和治疗的弗洛伊德式的**精神分析**（psychoanalysis）已经成了众多现代精神治疗方法的基础，这种治疗是受过专业训练的职业心理学专业人士帮助别人重新看待、改变行为的过程，但是另外一项有竞争力的新观点实际上已经在整体心理学领域产生了更大的影响。

巴甫洛夫、华生和行为主义的曙光

和弗洛伊德一样，伊万·巴甫洛夫（Ivan Pavlov）也不是一位心理学家。巴甫洛夫是俄国研究狗的生理学家，他发现反射反应也可以由全新的、先前并不相干的刺激物（指任何能够使有机体做出反应的事物）所引起，例如铃铛的声音。而反射活动是一种不自觉的反应，例如分泌唾液，当人的嘴中有食物时通常会分泌唾液。在巴甫洛夫的实验中，他会先摇铃，然后给狗食物，狗随后就会分泌唾液。这样重复多次以后，在给狗食物之前，狗就会在听到铃声时分泌唾液，这被称作习得的（或者“条件性的”）反射反应。这个过程被称作条件化过程。

心理学家约翰·B. 华生（John B. Watson）曾经在20世纪早期试图说服构造主义学家。他的“行为科学”或者叫**行为主义**（behaviorism）观点也对机能主义以及精神分析的观点提出了挑战。华生希望将心理学引回到科学探索的道路上，他认为实现这个目的的唯一途径是完全忽略“意识”问题，只关注那些可观察的行为以及那些可以直接观察和测量的行为。他阅读了巴甫洛夫的数部著作，并将条件化作为他新行为主义观点的基础。

华生当然知晓弗洛伊德的工作及其在无意识压抑方面的观点。弗洛伊德认为所有的行为都源自无意识的动机，然而华生却认为所有的行为都是习得的。弗洛伊德曾经描述过一种恐惧症，那是一种非理性的害怕，它实际上是一种潜在的、受压抑的冲突症候，如果不用长期的精神分析去揭示、理解受压抑的事物，就没办法治愈。

然而，华生却认为恐惧症是通过条件化过程习得的，他还用研究结果来证实他的观点。在其同事罗塞莉·雷纳（Rosalie Rayner）的帮助下，华生领来一个婴儿，为大家所熟知的“小阿尔伯特”。每当这个婴儿看见白鼠时，华生就会弄出很大、很吓人的噪声来使这个婴儿感到害怕。最终，这个婴儿一看到白鼠就会大哭并表现得非常害怕。实验进行得很顺利，尽管“小阿尔伯特”先前并不怕老鼠，然而他在实验之后害怕所有白色毛茸茸的东西，包括小白兔、小狗，甚至是裘皮衣。

听起来很奇怪，吓唬婴儿与心理学有什么关系呢？

华生试图证明正如巴甫洛夫描述的那样，所有的行为都是刺激-反应的结果。由于弗洛伊德和他的无意识动机的观点正在变成主导的势力，因此华生认为需要向世界呈现另一个更加简单的解释。尽管吓唬婴儿听起来有些残忍，但是他认为能推动行为科学的发展是值得让婴儿在一定时期内感到不适的。

◎玛丽·科弗·琼斯是行为治疗的早期先锋之一。她在约翰·华生的指导下获得了硕士学位。她的职业生涯很长，而且成绩斐然。她在1952年发布了儿童发展方面的第一期电视教育课程。

华生的学生之一玛丽·科弗·琼斯（Mary Cover Jones）的硕士学位是在华生的指导下于1920年获得的。她针对一个叫“小彼得”的孩子重复“小阿尔伯特”的研究，并成功使得彼得条件性地害怕小白兔。之后琼斯展开了一项叫作去条件化的实验，在这个实验中，彼得的面前是他喜欢的食物，而离他稍远的地方摆放着他害怕的小白兔。他对食物的喜爱压过了他对远处的兔子的恐惧。这个程序日复一日地重复，同时兔子也被渐渐地带到了彼得的近处，而彼得也渐渐地不再对兔子表现出任何恐惧。琼斯因此成了行为治疗的早期先锋之一。行为主义是当今心理学的主要分支，并影响着诸如认知心理学等其他分支的发展。

心理学的现在：现代观点

即使在21世纪，也还是没有一个单一的观点用来解释所有的人类行为和心理过程。目前存在着七种现代观点。

现代观点

在这七种观点中，有两种是精神分析和行为主义的升级版，而其他的观点则关注人的目的、思维过程、社会文化因素、生物学和基因。

精神动力观点

精神分析学已经变成了比较现代化的**精神动力观点**（psychodynamic perspective）。它依旧关注无意识心理，以及无意识心理对有意识行为和早期儿童经验的影响，但是现代观点已经很少强调性和性驱动，而更多地强调自我感觉的发展、社会和人际关系。一些现代精神动力学的实践者认为，应该更加全面地探索神经生物学（研究大脑和神经系统的科学）和精神动力学概念之间的联系。

行为主义观点

行为主义的观点依旧保持着影响力。最初的支持者约翰·B. 华生转战到广告界另谋出路以后，B.F. 斯金纳（B. F. Skinner）成了该领域新的领导者。

斯金纳不仅继续研究经典的条件作用，还发展出了一套关于自发行为是如何习得的理论，该理论被称作操作性条件作用理论。该理论认

概念导图

过去的心理学：心理学的历史

（起源自哲学、医学和生理学等诸多学科，并从多个角度展开）

- 1879年，威廉·冯特（“心理学之父”）在德国莱比锡建立第一个心理学实验室，标志着一门新的学科正式出现
  - 研究人类心理的非身体结构（如想法、经验、情绪及其他）
  - 应用客观的内省来研究身体感受
  - 第一次尝试将客观和测量引入心理学

冯特的学生

- **构造主义**
  爱德华·铁钦纳创立
  - 发展了冯特最初的观点；认为可以将所有的经验分解成个体的情绪和感受
  - 将内省的方法应用到想法及身体感受
- **机能主义**
  威廉·詹姆斯创立
  - 受达尔文自然选择观点的影响，关注心理对人的功用
  - 对行为特质如何帮助生物生存的这类问题感兴趣
  - 影响了进化心理学的发展
  - 在教育心理学和工业/组织心理学中都有功能主义的元素
- **格式塔心理学**
  马克斯·威特海默创立
  - 认为不可以将心理学事件分解成小元素；认为只能按照一个整体事件来理解心理学；影响了认知心理学和一种心理治疗方法——格式塔治疗
- **精神分析**
  西格蒙德·弗洛伊德提出
  - 强调早期生活经验的重要性以及无意识的作用，并强调按阶段发展
- **行为主义**
  与约翰·华生有关，华生受到了伊万·巴甫洛夫在条件性/学习方面工作的极大影响
  - 希望重新关注科学探索，认为实现这个目的的唯一途径是关注可观察的行为，忽略“意识”问题；早期的工作是关于恐惧症的检验

◎行为主义学家斯金纳正在用老鼠做实验。将动物研究取得的成果应用到人类身上，可能会遇到哪些挑战？

为，愉悦结果之后的行为反应会得到增强（或强化）。例如，一个哭闹的小孩在获得妈妈的关注奖励之后，随后将会再次哭闹。我们将在第5章中进一步讨论斯金纳的工作。除了精神动力和行为主义观点外，还有五种更新的观点在近50年间发展起来。

人本主义观点

经常被称作心理学“第三势力”的人本主义观点切实地对精神动力和行为主义这两项理论提出了挑战。在19世纪早、中期，如果你是一位心理学家，那么你不是精神分析学家就是行为主义学家。换句话说，并不存在能与这两种观点相抗衡的其他观点。

与精神分析关注性发展和行为主义主张外部力量引导人格发展相反，一些专家提出了一种使人们去关注人自身的能力并借以主导他们自己生活的观点。人本主义学者认为，人有自由意志，可以自由地选择自己的命运，努力自我实现，成就全部潜能。

最早持这项观点的两位最著名的先锋是亚伯拉罕·马斯洛（Abraham Maslow，1908—1970）和卡尔·罗杰斯（Carl Rogers，1902—1987）。如今，人本主义在针对自我理解和自我提升的心理治疗领域依旧颇具影响力。

认知观点

认知心理学关注人是如何思考、记忆、存储和应用信息的，并在20世纪60年代成为心理学新的主力。认知心理学并非全新的观点，其实格式塔心理学家们自身也关注与学习相关的精神过程的研究。计算机的发展（恰巧为人类思维提供了很棒的模型）、皮亚杰（Piaget）在儿童方面的相关工作、乔姆斯基（Chomsky）对斯金纳在言语方面观点的分析、生物心理学的发现等，全都激起了研究者在思维过程方面研究的兴趣。**认知观点**（cognitive perspective）关注记忆、智力、知觉、思维过程、问题解决、语言和学习过程，成了心理学新的主导势力。

在认知观点的框架内，**认知神经科学**（cognitive neuroscience）作为一个相对较新的领域主要研究记忆、思维和其他认知过程中大脑和神经系统的生理活动。认知神经学家使用脑成像工具，如磁共振成像（MRI）、功能性核磁共振成像（fMRI）和正电子断层扫描（PET），来观察活生生的大脑的工作情况。脑成像领域的持续发展对认知过程的研究来说是非常重要的。

社会文化观点

心理学的另一项现代观点——**社会文化观点**（sociocultural perspective）实际上合并了两个研究领域：一个是社会心理学，研究群体、社会角色、社会行为规则与关系；另一个是文化心理学，研究文化规范、效价和期望。这两个领域紧密相关，或是单独地或是在一个较大的群体如文化群体中研究人们彼此间的关系。试想一下：你是否在面对朋友和家人的时候表现不同？是否在国内和国外的表现也不一样？俄国心理学家列夫·维果斯基（Lev Vygotsky）也用社会文化的概念来建立其儿童认知发展的社会文化理论。

社会文化观点的重要性在于，它能够提示人们的行为（甚至想法）不仅仅受到他们是否孤单、是否和朋友在一起、是否在人群中或者是不是群组的一部分这些状态的影响。同时，他们的行为还会受到社会规范、时尚、阶级以及特定文化相关的种族身份的影响。跨文化研究也与这种观点相一致。跨文化研究是对一种行为或问题在两种或者多种文化当中进行比较。这种研究能够帮助阐明与遗传的影响（基因的或者基因对行为的影响）相比，环境（文化和训练）带来的不同的影响。

例如，在第10章中提及的一项经典研究中，研究者达利（Darley）和拉达内（Latané）在1968年发现，有其他人在场实际上降低了身陷困难的人获得救助的机会。这个现象叫作旁观者效应，是责任扩散的结果，指的是当有其他人在场时，每个人都倾向于认为其他人有责任去施救受难者。然而，这种现象会在别的文化氛围中出现吗？肖里（Shorey）认为，这种现象在别的文化氛围中也可能出现，因为他曾谈论到旁观者在加拿大军事设施中，眼看着一个索马里囚犯被残忍地打死而没有采取任何行动这一事件。不过，这是不是由于加拿大的文化与美国的文化太相似了，才使得美国人容易得出上述结论的呢？在其他与西方文化极为不同的文化环境下，是否也能观察到同样的效应呢？诸如此类的问题正是社会文化观点在跨文化研究中提出来并尝试回答的。

生物心理学观点

生物心理学是研究行为和精神过程的生物基础，它并不像人们想象中的那样前沿。生物心理学又称生理心理学、心理生理学，或是行为神经科学。生物心理学是神经科学这一广大学科领域中的一部分。神经科学研究的是神经系统的生理构造、机能以及发展。另外，之前所讨论过的认知神经科学领域也常常与生物心理学和社会文化观点有重叠。

生物心理学观点（biopsychological perspective）认为，人和动物的行为是体内生物性事件的直接结果。荷尔蒙、遗传、脑内化学物质、肿瘤和疾病是导致产生一些行为和精神事件的生物学原因。生物心理学的研究主题包括：睡眠、情绪、攻击行为、性行为、学习、记忆，以及异常心理。虽然诸如家庭、压力或者精神创伤等原因都会导致心理异常，而生物心理学的研究则很明确地指出生物因素也是原因之一。

例如，越来越多的证据证明，是基因导致了精神分裂症［一种包括幻想（虚假的信念）、幻觉（虚假的官感感觉）和不切实际的胡思乱想］。另一个研究显示，人类的性取向也许与胎儿在子宫生长时所接触的睾酮以及男孩子的出生顺序有关。关于出生顺序的研究显示，如果一个男孩与哥哥的年龄差越大，他就越有可能发展成同性恋。该领域研究的另一个事例是，研究老年晚期丧失思维的趋势——比如望空发呆、没法解释的白日嗜睡等与思维混乱（如阿尔茨海默病）发展之间的可能联系。

进化观点

进化观点（evolutionary perspective）关注人类共同精神特征的生物学基础。进化心理学试图解释普遍的精神策略和特质，例如，我们为什么撒谎、魅力如何影响配偶的选择，为什么人们普遍都怕蛇，以及为什么人们喜欢音乐和跳舞。这一观点可能会与生物心理学有所重叠。

这种观点认为，可以将心理看作一组信息处理器，这组处理器是根据达尔文 1859 年最先提出的自然选择过程设计出来的，让人类解决进化过程中每天都会面临的问题，例如早期打猎和采集的问题。

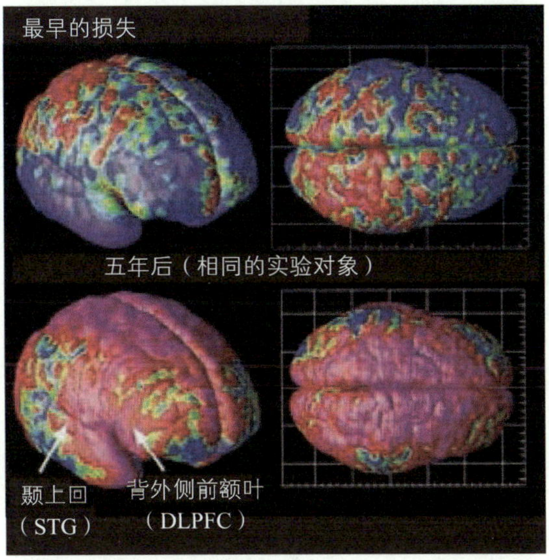

◎ 这些扫描图显示了个体五年间的脑灰质损失，他们在青年时期还有精神分裂症。这也是生物心理学观点所关注的问题之一。

这就解释了为什么人们不喜欢吃苦的东西，比如橘络（橘子皮的白色部分），这其实是生理的问题。进化心理学是如何帮助我们理解诸如人际关系等心理学问题的呢？

两性关系是进化心理学家们研究的诸多问题之一。在一项研究中，研究者在年轻人中调查两性关系，研究者询问参与者，他们忘记性背叛或者情感上的背叛的可能性有多少。进化理论预测，与仅仅在感情上出轨相比，男人更加难以忘记女人的性背叛，因为男人需要确定女人孕育的孩子是他自己的。否则，自己何苦要为另一个男人的后代付诸自己的全部努力呢？相反，女人则认为更加难以忘记男人在感情上的不忠，因为她们自然知道孩子是她们自己的，但是（提醒你需要用进化论的术语）她们需要男人对自己的孩子在感情上绝对忠诚。研究的结果与前述预测一致：研究发现，与纯粹感情上的不忠相比，男人更难忘记同伴的性背叛，更有可能因此与女人断绝关系；而对女人而言，却有着相反的结果。另一项关于伴侣的研究发现，女人似乎会通过男人的吻技来判断他是不是好伴侣。

也许你已经意识到，即使你纵览这些观点，依旧没有得到所有问题的答案。一些如行为学和认知学的观点更加科学化，而其他的观点如精神分析和人本主义则更基于对人类行为的思

◎进化心理学家会对这对情侣为何选择对方为伴侣而感兴趣。

辨。一些观点，例如社会文化观点、生物心理学观点和进化心理学的观点，则彼此相关。心理学家常常采取折中的观点，也就是在某一些特定的问题中“取众家之长”。

思考一下

你是否相信暴力是人类的天性之一？暴力行为是否会在某一天从人类天性中被剔除或者至少被控制？根据本章所讨论的观点来思考一下这个问题。

心理学专业人士和专业领域

心理学是个庞大的领域，有许多从事心理学工作的专业人士。这些专业人士受过不同的训练，专注于不同的问题，也有着与典型心理学家不同的目标。

心理学家（psychologist）没有受过医学训练，但是有博士学位。心理学家受过高强度的学术训练，在选择专攻一个领域之前在许多不同的心理学领域中学习过。由于他们职业生涯的关注点可以有很大不同，因此心理学家在许多不同的职业（工作或者生涯）环境中工作。图 1-2 展示了心理学家工作的不同类型。记住，并不是所有的心理学家都搞心理咨询！从事咨询性职业的心理学家必须持有当地政府颁发的执照。

相反，**精神科医生**（psychiatrist）持有医学学位，是专注于诊断和治疗精神异常的医生，有权开具处方。**精神卫生社会工作者**（psychiatric social worker）则受过社会工作方面的训练并获得硕士学位。这些专业更多关注的是能够对精神障碍产生影响的环境条件，例如，

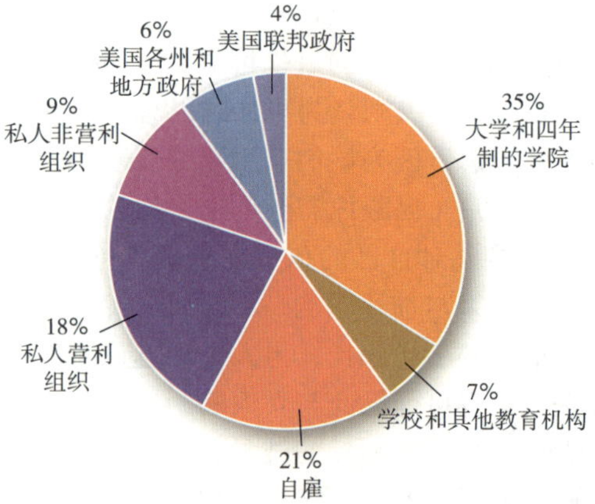

（a）心理学家在哪里工作

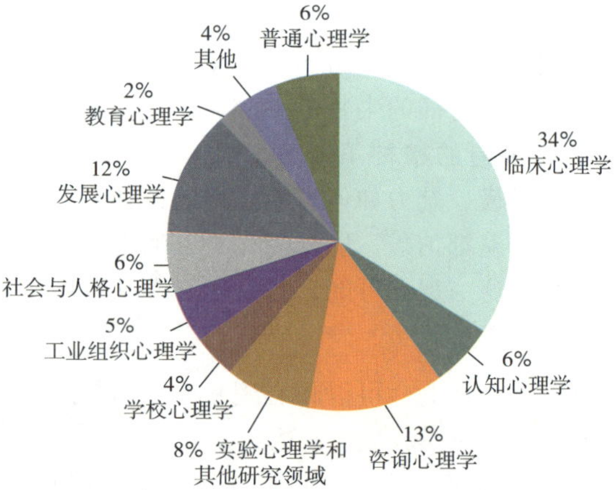

（b）心理学的亚领域

图 1-2 工作环境和心理学的亚领域

◎（a）心理学家有许多不同的工作环境。尽管这张图中不是很明显，但许多心理学家都不止在一处环境中工作。例如，诊所心理学家既可以在医院中工作，也可以在大学或者学院中教书。

◎（b）这张饼状图呈现出新获得博士学位的心理学家的特殊领域。

注：由于四舍五入，总的百分比也许不到百分之百。

◎精神卫生社会工作者会帮助不同年龄段的人。右边的女人可能正在处理离婚事务、从失意中恢复，或是正在摆脱药物滥用。

贫穷、人口过剩、压力和滥用药物。

你说过，并不是所有的心理学家都会做咨询工作，但是我认为心理学家做的所有工作都是咨询，除了咨询还有什么呢？

尽管许多心理学家为需要帮助的人提供治疗，但是几乎同样多的心理学家也在从事其他的工作，例如，做研究、教书、设计设备和工作场地，发展教育方法。另外，并不是每个心理学家都对人类或者动物行为的相同领域感兴趣，大部分心理学家在许多不同的兴趣领域工作，正如图 1-2b 展示的心理学的亚领域那样。

概念导图

精神动力观点
基于弗洛伊德的理论
- 关注无意识心理的功能及其对意识行为、早期儿童经验、自我感觉的发展以及其他动机的影响

行为主义观点
早期以华生、晚期以斯金纳的工作为基础
- 关注行为反应是如何通过经典的或者操作性的条件作用习得的

人本主义观点
以卡尔·罗杰斯和亚伯拉罕·马斯洛两位先锋的研究为基础
- 关注人类潜能、自由意愿和自我实现的可能性

认知观点
起源于格式塔心理学
- 关注注意、智力、知觉、思维过程、问题解决，以及语言和学习

心理学的现在：现代观点

（没有一个单一的观点来解释所有的人类行为和精神活动）

社会文化观点
- 关注当其他个体同时存在时，个体作为群体的一部分或是作为一个更大的文化的一部分时导致的行为

生物心理学观点
- 关注荷尔蒙、大脑结构和化学物质、疾病及其他；人类和动物的行为被看作生物性事件的直接结果

进化观点
- 关注同一精神特征的生物基础，例如，我们为什么撒谎、魅力如何影响配偶的选择，为什么人们普遍都怕蛇，以及为什么人们喜欢音乐和跳舞

心理学职业和工作者的类型

（受过各种各样训练、关注不同问题、在心理学领域工作的人）

心理学家
- 有博士学位，工作对象是人或者动物，根据不同的专业领域在多种环境中工作
- 必须有独立工作的授权；通常不能开具药方，但是在美国某些州可以在接受一些专业训练后开具药方

精神科医生
- 专门诊断和治疗心理障碍的医生；可以开具处方

精神卫生社会工作者
- 在社会工作领域接受过训练，通常有专业执照

那些做研究的心理学家也有两种研究可以去考虑：一种是基础研究，另一种是应用性研究。**基础研究**（basic research）是为了获得科学的知识。比如，研究者也许想知道一个人的记忆可以一下子存储多少“东西”。另一种形式是**应用性研究**（applied research），它致力于回答现实生活中的实际问题。应用性研究者可以在基础研究者的记忆研究中获取信息，并将其开发成一种新的学习方法介绍给学生。图 1-2b 中的一些亚领域更多的是基础性研究（比如，实验和认知心理学），而其他的则更关注应用性研究（比如，教育、学校、工业和组织心理学）。

还有很多其他的专业领域有心理学的用武之地，例如健康、体育竞赛表现、法律诉讼、商业考量，甚至是设备、工具与家具的设计。附录“应用心理学与相关职业”中，为我们更加细致地展示了一些能够运用心理学原理的领域，并列出了可以受益于心理学学位的职业生涯。

科学研究

你是否曾仅凭外表猜测过别人的职业？人们的猜测有时候能揭示出他们对特定的外观存在的偏向：长头发的男人是音乐家，穿西装的是执行官等。心理学就是对事实进行推断并降低不确定性和减少偏见。

科学的方法

心理学研究者只想看到那些实实在在的东西，而不想看到他们的偏见让他们看到的东西。实现这个目标需要通过**科学的方法**（scientific method）体系来减少数据测量的误差。科学的方法是完成心理学目标（描述、解释、预测、控制）的途径。

采取任何调查手段的第一步都是找出一个研究问题，对吧？所以科学方法的步骤如下所示。

1. 提出问题

你注意到环境中有趣事发生，想要为其找出一种解释。也许你已注意到孩子们周六早晨在观看过特别暴力的儿童卡通节目以后，他们彼此间看起来也变得有攻击性了。你想为你观察到的现象找出解释。你会思考是不是卡通片中的暴力导致了孩子身上的攻击行为。这一步是对问题进行描述：这里发生了什么？

一旦你提出了问题，就想得到一个答案。逻辑上的第二步是要为你观察到的行为形成一个猜测性的（指还没有完全解释或者完成的事情）答案或者解释。这个推测性的解释就是**假设**（hypothesis）。

可以用科学的方法推定，看了暴力电视节目的孩子是否比那些没有看的孩子更有攻击性。

2. 形成假设

为解释对周围环境发生事件的最初观察，你会形成一项猜测，形成一种可以按照某种方式来验证的陈述。回到之前的那个例子，你也许会说：“看了暴力卡通片的孩子们会变得更加有攻击性。”（根据观察形成假设与“描述”和“解释”这些目标有关。）

下一步是去检验这个假设。人们都只倾向于关注和他们世界观相一致的事物，这是一种选择性感知，叫作证实倾向。例如，如果一个人确信所有留长头发的男人都吸烟，那么这个人就倾向于只注意那些长头发、吸烟的男人，而忽视掉所有长头发、不吸烟的男人。因此，研究者设计了科学的方法来迫使人们积极寻求可能会与他们的偏向（或者假设）相悖的信息，从而让人们不仅仅关注那些能够证实自己偏向的信息。因此，当你要验证一项假设时，你试图确定你猜测的因素是否有效，结果是不是出于幸运或偶然。这就是心理学家为什么坚持一次又一次做研究的原因。研究者需要为“支持”假设积累更多的证据。

3. 验证假设

验证假设的方法实际上会受到你认为可能得到的回答的影响。你也许需要更加细致地观察、在大批人群中做调研，或者在设计的实验中特意改变一些东西，来看看是否会对观察的行为产生影响。在当前的例子中，最好的方法也许是开展一项实验。你需要选择一组儿童，让其中的一半观看暴力卡通片，另一半看没有暴力卡通片，然后测量两组被试的攻击性行为。

你随后会拿测量结果做些什么呢？假设检验自然是期望为行为找到解释，这也就指向了下一步。

4. 得出结论

一旦你知道你假设检验的结果，就会发现：要么你的假设得到了支持，这意味着你的小实验奏效了，换句话说，你的测量支持了你最初的观察；要么你最初的观察没能得到支持，这意味着你得回到起点，为你观察到的行为思考其他可能的解释（孩子是不是在周六的早晨更加有攻击性？或者周六的早餐导致了孩子的攻击性行为）。

通过任何假设检验的方法得出的结果不会是一些单纯的数字或者测量值。测量程序得出的任何数据都会被用于统计分析，统计分析能够帮助组织和提炼数据。得出结论关系到“预测”这个目标：如果你的假设得到支持，那么再遇到相似的问题，你就能做出合理的猜测。

5. 报告结果

你已经得出了研究是否成功的结果，而且你想让其他研究者了解你的发现。

如果实验失败了，为什么还要告诉别人发生了什么？

仅仅通过一项实验或者其他研究没能支持假设并不能证明假设是错误的。失败的原因也许是设计不良，或者一些控制不良的因素干扰了研究结果。但是其他研究者也许会问与你同样的问题。他们需要知道已经为那些问题找到了哪些答案，这样他们就可以继续进行研究并为那些问题的答案增加更多的信息。即使你的研究没有按照预期发展，至少也可以告诉其他研究者不要去做那些工作。因此，任何科学研究的最后一步都是报告结果。

到了报告结果这一步，你会将做了什么、为什么做、如何做，以及你发现了什么，全都要一五一十地写下来。如果其他人能够**重复**（replicate）你的研究（就是完完全全再做一次同样的研究并得出同样的结果），就可以为你的研究提供更多的支持。其他人随后才能够基于实验结果预测行为，进而调整或“控制”行为，这也是心理学的最终目标。

也许需要在这里对那些可以进行科学探究和那些不可以进行科学探究的问题做个区分。例如，“生命的意义是什么”就是一个不可以用科学的或者实践的方法来研究的问题。可以实践的问题是指，那些可以通过直接观察或者实验来检验的问题。例如，“火星上存在过生命吗”就是一个科学家正试图通过测量、实验、土壤样本及其他方法回答的问题。最终，他们能够在一定程度上确定是否有生命存在过。可以通过收集真实的证据来支持或者反对的问题就是一个可实践的问题。但是，生命的意义是个人信念问题。一个人不需要通过证据来“相信”，而科学却需要以客观的形式和方法收集到的证据来“知晓”。最好把那些信念和价值的相关问题留给哲学家和宗教。

心理学研究者试图为可实践的问题找出回答。他们可以根据待回答的问题而使用各种科学的方法（如包括自然主义的观察、实验室观察、个案研究、调查等方法的描述性方法）。

描述性方法

研究问题的方法有很多种。研究者究竟采用哪种方法将取决于他们想要回答问题的种类。如果研究者单纯地想为过去发生或者正在发生的事件收集信息，那他们就会需要一种能够提供详细描述的方法。

自然观察

研究者有时候需要知道在动物或者人身上发生了什么。观察动物或者人行为的最佳途径是观察它们在真实环境中的表现。这就是为什么动物研究者会去动物的生活区观察它们在自然环境下进食、玩耍、交配和睡觉的原因。而对于人类，研究者或许想在人类自己的工作场所、家庭或者运动场中观察。例如，如果有人想知道青少年及其异性同伴在社会环境中的行为，那么研究者可能会在周末晚上去购物中心观察他们。

自然观察有什么优点呢？因为研究者可以切实地观察行为，所以自然观察可以使研究者了解行为是怎样发生的。而在实验室等比较人工的环境中，研究者也许会观察到不自然的或者人工的行为，不能观察到真实的行为。因此必须为此采取一些预防措施。观察人员应该有一份清单，将要记录的明确定义的行为分条列项，也可以用专用的便携式电脑去记录每一段数据。如果动物或人得知正在受到观察，往往就会表现得和平常不一样，这种影响被称作**观察者效应**（observer effect），因此观察者往往需要隐藏起来。当研究人类的时候，隐藏通常不是一件容易的事。就像是在购物中心研究青少年，研究者也许会发现假装在看书是很好的伪装，特别是用眼镜来遮住眼部的运动。这样研究者就能观察在青少年中发生了什么，同时又不让他们知道他们正在被观察。有时研究者也会使用单向镜子，或是加入一个群组，充当参与者，这项技术被称作**参与观察**（participant observation）。

自然观察有缺点吗？很不幸，它是有缺点的。可能存在的**观察者偏差**（observer bias）便是自然观察的缺点之一。当观察者对其将要看到或者期望看到的事存在特定看法时，就会存在观察者偏差。有时候，人们只会看到那些符合他们期望的行为，而忽视了那些与他们的期望不相符的行为。比如，如果你认为调情是由女方开始的，那你就不会看到由男生开始调情的情况。避免这种现象的方法就是设置观察者遮盲，即观察者并不知道研究的问题是什么，因此对他们“应该”看见什么并没有预期。设置多个观察者也是一个好办法，因为这样可以比较不同观察者的观察。

自然观察的另一个缺点是自然环境的独特性。即使环境类似，在某个时间点、某个环境下做出的观察在其他时候也许并不成立，因为随着时间的流逝，环境会发生变化，毕竟研究者没有办法控制自然。例如，著名的大猩猩研究者黛安·福西（Diane Fossey）就不得不与其观测区内给动物设陷阱的偷猎者做斗争，因为偷猎者的出现和活动会影响大猩猩的正常活动。

实验室观察

观察者有时候没办法在自然环境中观察动物或者人的行为。例如，研究者也许想观察婴儿对镜子中的自己有什么样的反应，他们会在单向玻璃背后安装摄像机来记录婴儿的反应。因为在自然环境安装摄像机是很困难的，所以研究者会将幼儿带到安装在实验室里的设备边，同时控制幼儿的数量、年龄和在实验室中发生的每一件事。

前面提到实验室环境作为人工环境也存在着缺点，人工环境有可能会导致不自然的行为，动物和人在实验室中的表现与他们在真实世界中的表现通常是不同的。但是这种方法的主要优点在于它能使观察者进行操纵。自然观察和实验室观察都能引向假设的形成，它们随后可

◎ 这个研究人员正在观察一群猫鼬的行为。这是否属于自然观察？为什么？

◎ 研究人员正在通过单向玻璃观察孩子们的行为。这种观察方法只是心理学家采用的众多研究方法中的一种。为什么观察人员藏在单向玻璃后观察很重要？

以被加以检验。

个案研究

另一项描述技术被称作**个案研究**（case study），研究者通过个案研究细致地研究单一个体，试图了解个体的每一个细节。例如，西格蒙德·弗洛伊德的整个精神分析理论都是基于对病人的大量个案研究。通过这些个案，他积累了病人儿童期以及从生命初期至今与旁人关系的大量信息。

个案研究能提供大量的细节。同时个案研究也是获得特定信息的唯一途径。有一个著名的个案研究是关于菲尼亚斯·盖吉（Phineas Gage）的研究。虽然他的头颅被大的金属棍穿过，但他却活了下来，然而这场事故却导致了他的个性和行为发生了严重的变化 。研究者不可能通过自然观察来做这样的研究，而且实验也是不可能的，因为你找不到很多脑损伤的被试。个案研究同时也是研究罕见条件的好方式，如多重人格（现在也被称作分离性自我认同紊乱）。

个案研究的缺点是，研究者不能够真正地将结果应用到其他类似的人身上。换句话说，他们不能假设有同样经历的其他人以后也会变成个案研究的那个人。人是独一无二的，有着太多复杂的因素，所以他们的生活不可预测。因此，研究者在个案身上发现的东西并不一定能够应用或者推广到其他人身上。这种方法还有另一个缺点：因为个案研究是一种细节观察，并与观察者偏差可以同在自然方法或实验室观察中发生一样，所以个案研究也很容易受到研究者偏差的影响。

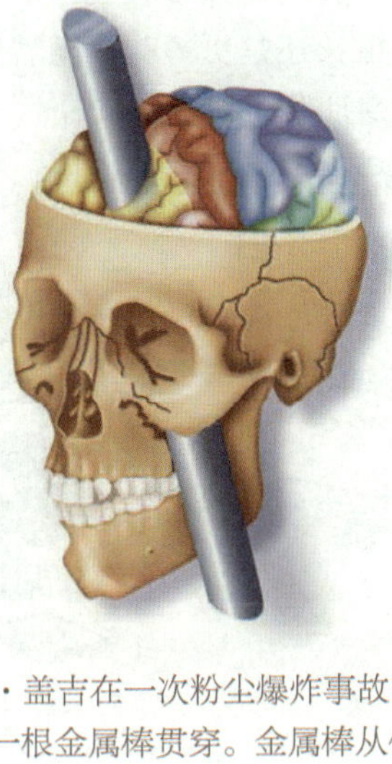

◎菲尼亚斯·盖吉在一次粉尘爆炸事故中生还，但是他的头部被一根金属棒贯穿。金属棒从他的左脸颊上部刺入，穿过左前额叶，从颅骨顶部穿出。

调查

有时候，心理学家想要了解一些非常私人的问题，例如人们在性关系中都做些什么。了解非常私人的隐秘的行为的唯一方式是提问。

研究者会借助调查来询问一切与研究话题有关的问题。调查人可以通过访谈、电话、互联网或问卷的方式进行。通过访谈和电话询问的问题可以非常不同，但是调查问卷的问题对每个人往往都是一样的。研究者可以通过问卷在成百上千的人中询问许多问题。

除了能够得到非常私人的信息外，调查的另一大优势是可以获得大量的数据。研究人员可以获得一个大样本群体的大量数据。但这种方法自然也有缺点，其中一个缺点是研究者不得不非常小心地选择调查的人群。例如，如果他们想要了解大学新生对政治的看法，那么他们并不能询问美国所有的大学新生，但是他们可以选择这个群体的一个**有代表性的样本**

◎“下个问题：我相信生活是通过持续努力争取平衡的过程，生活需要不断地在道德和必须性之间权衡，在经历了周期性的欢乐和悲伤，并锻造了一系列酸甜苦辣的回忆后，便不可避免地滑入死亡的边缘。你同意吗？”

资料来源：The New Yorker Collection 1989 George Price from cartoonbank.com. All Rights Reserved.

（representative sample）。例如，他们可以在美国各学院里随机选择一定量的大学新生。为什么是随机的？因为样本必须能够“代表”研究者感兴趣的**群体**（population）。例如，如果研究者只调查常春藤盟校中的大学新生，那么他们对政治的观点很可能与来自小的社区学院中的学生截然不同。不过，如果研究者在大量大学中随机选择被试，他们就能得到和广泛选取大学生通常得到的答案相同的答案。

调查技术的另一个主要缺点是，被试并不总能提供给研究者最准确的答案。人可能会记错事、曲解事实或者完全撒谎，即使只是匿名问卷。记忆有时候并不是很准确，特别是当人们认为他们的话并不一定能让人满意，或者他们的回答也许并不能得到社会的认可时，有人便不会说出自己真实的想法，而是故意给出能够获得社会认可的答案，这样他们便觉得没有人受到了侵犯，这个过程被称作礼貌偏差。因此，研究者必须对他们的调查结果保留质疑。

调查问题的用语及其出现在问卷中的次序也会影响调查结果。很难找出一个用语让所有读到这个问题的人都能按照完全相同的方式理解。例如问题的组织可以使想要的结果变得非常明显（通常会导致礼貌偏差式的答案）。再举个例子，“你是否认为新的课程注册流程过于烦琐”这个问题很明显就是在寻求肯定，而“你对新的课程注册流程的看法是什么”则对多种答案都比较开放。甚至问题的顺序也会产生影响：如果把关于公共安全该支出多少的问题放在一大串有关犯罪的问题之后，就会与放在调查开头得出非常不同的结果。

相关：找出关系

目前讨论的方法仅能为行为提供描述。实际上，只有两种方法能让研究者了解得更多而不仅仅是描述发生了什么——相关和实验。**相关**（correlation）是一项统计技术，是采用特定的方式组织大量信息，从而更容易获取信息的模式。因为相关和实验同样都是用来寻找关系的，所以这部分内容被放在这里而不是后面的统计附录中。实际上，研究者通常应用相关技术来分析之前介绍的描述性方法中的数据。

相关是对两个或者多个变量间关系的测量。变量是任何可以被改变或者发生变化的东西，它可以是一次测验的得分、房间温度、性别等。比如，研究者也许会想知道吸烟是否和生命预期（即预测一个人能活多少年）相关联。科学家显然不可能等着看吸烟的人什么时候死掉。能够有助于找到吸烟行为是否与生命预期相关联的唯一途径（除非进行一项实际上不太道德的长期实验）是，调用去世的人的医疗记录（考虑到个人隐私，应该去掉一些如名字、社保号等个人信息，仅留下诸如年龄、性别、身高之类的信息），研究者从每项记录中寻找两个因素，这个人每天吸食的香烟的数量以及这个人的死亡年龄。

研究者现在就有了每个被试的两组数据，随后将这两组数据输入数学公式便会产生一个叫作**相关系数**（correlation coefficient）的数值。相关系数可以描述关系的方向和强度。

方向？数学上的关系为何存在方向呢？

研究者谈论两个彼此联系的变量的真正意图，是想要通过一个变量的值来预测另一个变量的值。例如，假设研究者发现了吸烟和生命预期的确是相互关联的，那么如果他们知道一个人每天吸食几根香烟，他们就应该能够预测这个人能活多长。但是该按照哪个方向去预测呢？如果一个人吸食许多香烟，那么这意味着他的寿命会更长还是更短呢？随着吸食香烟的增加，生命预期是上升了还是下降了呢？这就

资料来源：The New Yorker Collection 1994 Leo Cullum from cartoonbank.com. All Rights Reserved.

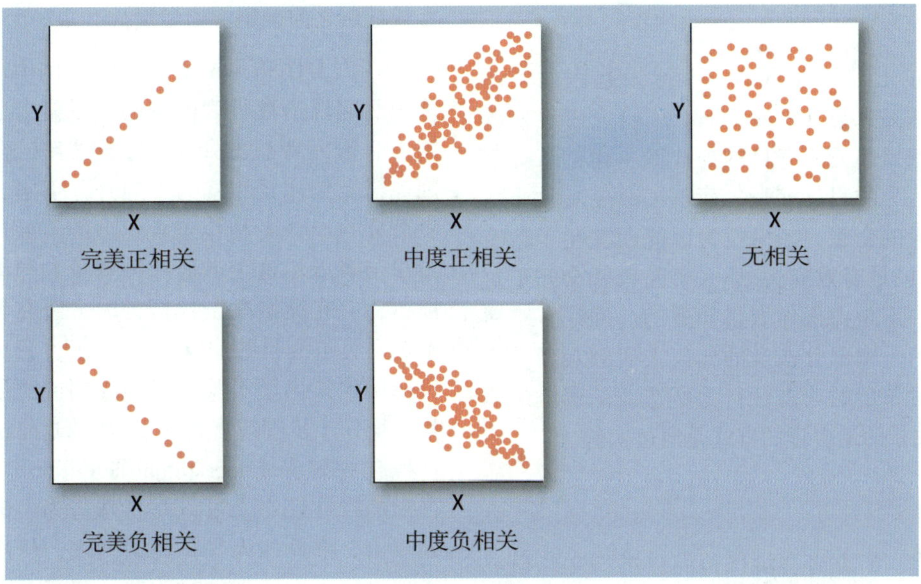

◎这五张散点图展示出相关的方向和强度。需要指出的是，完美的相关（无论是正的还是负的）在真实的世界很少存在。

是关系的方向指向的意义。

相关系数（用小写的 r 表示）是研究者通过公式得到的数字，这个数字要么为正，要么为负。如果为正，则两个变量以相同的方向增加：当一个增加时，另一个也增加；当一个降低时，另一个也降低。如果为负，则两个变量间存在着相反（在次序上相反）的关系：当一个增加时，另一个降低。如果研究者发现吸食更多的香烟的人会在更年轻的时候死掉，那么可以说这两个变量负相关（随着吸烟的增加，生命预期下降，为负相关）。

变量间关系的强度由数值本身决定。数值总是在 +1.00 到−1.00 之间，不会大于 +1.00，也不会小于−1.00，这是由公式本身决定的。数据点集中在一条假想线周围的这类数据图被称作散点图（如图 1–3 所示）。如果数据间存在强相关，数据便会趋向 +1.00 或者−1.00。例如，+0.89 的相关就是一个强的正相关，它可以代表 SAT 量表得分和 IQ 量表得分之间的关系。−0.89 可以代表同样强的负相关，它更像是研究者发现的吸烟量和一个人死亡年龄之间的关系。

需要注意的是，数据越趋近于 0，相关关系越弱。例如，研究者很有可能会发现，人的体重和雀斑的数量间的相关系数基本接近于 0。

回到香烟这个例子上来，如果我们发现吸烟和生命预期之间的相关度很高，这是不是就能说明吸烟能够缩短生命呢？

并不一定。人们在相关问题上易犯的错误就是，假设相关表明一个变量是由另一个变量导致的。需要记住的是，相关并不等于因果关系。虽然仅在美国每年就有大约 43.8 万人因吸烟而死，而且吸烟有害健康，但是相关本身并不能用来证明因果。研究者并不能仅是根据两个变量相关，就假设其中的一个导致另一个的发生。实际上，这两个变量可以同时与导致这两个变量变化的其他变量相联系。例如，吸烟和生命预期相关可能仅仅是由于吸烟的人没有通过正确地饮食和锻炼来关注他们的健康，相反，不吸烟的人也许会吃健康的事物，比吸烟者锻炼得更多。

综上所述，相关能告诉研究者变量间是否存在关系、关系有多强，以及有什么走向。如果研究者知道一个变量值，那么他们可以预测另一个变量值。例如，如果他们知道某人 IQ 得分，那么他们可以预测其 SAT 得分，但这不是准确的得分，仅仅是一个合理的推测。另外，尽管相关并不能证明因果，但是它为另一种研究方式——实验——检测因果关系提供了一个起点。

实验

能够让研究者确定一个行为起因的唯一研究方法是**实验**（experiment）。研究者在实验中谨慎地操纵着（有目的地改变）他们认为引起目标行为的目标变量，而不去改变其他干扰实验结果的变量。如果行为因此而发生了改变（换句话说是有效应），那么研究者就会知道这些改变一定是由操作变量导致的。回忆一下科学方法的步骤部分谈及的如何去研究观看暴力卡通片对孩子的攻击性行为所造成的影响。研究特定关系的最合理的方式是通过实验。

筛选

首先，研究者会挑选他们想进行实验研究的儿童。最好的方法是从研究者确定的“群体”中随机选择孩子样本，这就好比为一项调查选择样本。比较理想的情况是，研究者会确定他们想要研究的孩子的年龄，如三到四岁大的孩子。然后，研究者会去各式各样的日托中心随机选择一定数量的那个年龄段的儿童。这样当然没办法包含那些不去日托中心的孩子。获得那个年龄段样本的另一方式是，让许多儿科医生给那个年龄孩子的父母写信，然后从那些得到父母同意的孩子中随机选择样本。

变量

另一个重要的步骤是，确定想要操纵的变量（研究者认为的导致行为改变的变量），以及他们想要测量看看是否会有任何改变的变量（操纵行为带来的效应）。通常需要在选择参与者或被试之前确定实验变量。

◎ 用玩具剑击打对方可以被视作攻击性行为操作性定义的一部分。

在攻击性和儿童卡通片的示例中，研究者认为引起攻击性行为改变的变量是卡通片中的暴力。研究者想按照某种方式操纵这个变量，因此需要给术语“暴力卡通片”下定义。研究者需要找出或者制作包含暴力的卡通片，然后给参与者展示这个卡通片并测量参与者的攻击性行为。在测量攻击性行为时，研究者需要明确定义可被测量的“攻击性行为”。因为这个定义明确地指出了实验员必须控制或测量变量的具体操作（步骤或者程序），所以这个定义被称作**操作性定义**（operational definition）。攻击性行为的操作性定义可以是特殊行为，借助列有如攻击、推搡他人等行为的列表，从而当孩子表现出列表中所列的行为时，观察者可以记录下那些行为。如果观察者仅被告知寻找“攻击性行为”，那么研究者很有可能对攻击性行为是什么得出四五种甚至更多种不同的解释。

任何被操纵的实验变量都被称作**自变量**（independent variable），因为它不受被试的影响。被试不能选择或者改变自变量，他们的行为完全不影响自变量。在之前的例子里，自变量是在卡通片中暴力存在与否。

被试的反应是受自变量操纵影响的，所以测量到的被试的反应被称作**因变量**（dependent variable）。如果假设正确，那么被试的反应将依赖于他们是否被施加了自变量。在上述例子中，因变量是对孩子攻击性行为的测量。研究者为了检验自变量的影响需要测量因变量（被试的反应或者某些行为结果）。

分组

如果研究者的研究发现孩子的行为是有攻击性的，那么他们能否说攻击性行为是由卡通片中的暴力导致的呢？

对这个问题，答案是否定的，目前所描述的这些还不够。研究者发现，观看暴力卡通片的孩子是有攻击性的，但是他们如何能够确定孩子的暴力行为是由卡通片、参与实验的孩子自身的攻击性水平或者当天选择的特定观察时间导致的呢？这类干扰变量会彼此干扰，还可能会影响兴趣变量，需要研究人员用某些方法加以控制。例如，如果实验中的大部分孩子来自相对有攻击性的家庭纯属偶然，那么暴力卡通片的任何实验效应都有可能受到家庭背景效应的干扰。研究者因此并不知道孩子变得有攻击性是由于观看卡通片还是他们本身更有攻击性所致。

控制干扰变量的最佳方式是选择两组参与者，一组观看暴力卡通片，另一组在相同时间内观看非暴力卡通片。然后研究者需要在两组孩子中测量暴力行为。如果观看暴力卡通片组的暴力行为在统计意义上是显著的，那么研究者就可以说观看暴力卡通片导致了实验中更多的攻击性行为。

接受自变量操作（示例中的暴力卡通片）的组被称作**实验组**（experimental group），因为他们接受了实验操作。另外一组要么不接受任何处理，要么接受某种不产生任何效用的处理（例如观看非暴力卡通组），被称作**控制组**（control group），因为它是被用来控制其他因素。如果研究者发现观看暴力卡通片和观看非暴力卡通片的两组同样有攻击性，那么他们就不得不假设暴力内容完全不会影响孩子的行为。

随机的重要性

正如之前提到的，随机选择被试是任何研究选择被试的最好方式。随后需要将参与者分配到实验组或控制组。**随机分配**（random assignment）被试到一个或另一个条件自然是确保对其他干扰变量或者无关变量的控制的最佳途径。随机分配意味着每个被试被分配到每种情况的机会均等。如果研究者简单地将来自一个日托中心或者一个儿科医生推荐的所有儿童放入实验组，并按照同样的方法设置对照组，那么他们的研究结果就有可能存在偏差。一些日托中心可能会有特定的顾客基础，那里的孩子可能本身就会比较有攻击性或者很冷漠。因此研究者需要选择所有参与组的孩子，然后随机地将每个人分配到某个研究组中。有时候，这和从帽子里摸名字一样简单。

其他效应对实验的影响和控制

即使应用控制组和随机分配，实验也依然会存在一些其他的问题。因为人们经常会受到他们自身的想法或者对正在发生的事物的偏见的影响，所以这些问题在研究人而不是动物时更有可能出现。

安慰剂效应和实验者效应

假设有一种新药能够改进阿尔茨海默病（一种退行性精神障碍，这种疾病随着人们的变老而发生）早期患者的记忆，研究者想看看这种药是否真的能改善记忆，因此他们会取得处在疾病早期的患者样本，然后将被试分为两组，给其中一组用药并测试是否有改善。为了测量记忆的改善程度，他们有必要在给患者用药的前后分别测试患者的记忆力。

让我来看看我是不是已经理解了。给药组是实验组，没给药的那组是控制组，对吗？

是的，给药或者不给药是自变量，而对记忆改善的测量是因变量。不过，这么做仍然存在问题。如果研究者确实发现吃药的患者比不吃药的患者有更显著的记忆改善，那么这能说明什么呢？研究者是否可以确定是药物本身引起了改善呢？有没有可能是接受药物的被试知道他们被认定在记忆上会有改善，从而为此做出了很大的努力呢？改善也许和被试对药物的信念相关，而不是药物本身，这个现象被称作**安慰剂效应**（placebo effect），即研究中被试的期望和偏见影响了他们的行为。在医药研究中，控制组通常都会被给予一种无害的替代品以代替真正的药物，如糖片或者注射盐水，这个替代品（没有医药效应）被称作安慰剂。如果存在安慰剂效应，那么即使控制组被试只接受了没有医药效应的安慰剂，他们在因变量上也会出现变化。

即使当被试是动物而非人时，也会存在另一种影响实验结果的方式，那就是实验者对实验结果的期望，被称作**实验者效应**（experimenter effect）。这和实验者而非被试的预期有关。正如前面对自然观察所讨论的，观察

◎ 患有阿尔茨海默病的老妇人近期的记忆受到了严重的损害。研究者为她提供改善记忆的药物，但是研究者没办法确定她的记忆力有任何改善是由药物还是老妇人相信药物会有效这样的信念导致的。人的期望会影响实验研究的结果，这个现象被称作安慰剂效应。

者有时候存在偏见，他们能够看到他们期望看到的东西。观察者偏差同样会在实验研究中出现。研究者在测量因变量的时候，有可能按照对被试反应的期望，通过肢体语言、语气甚至眼神交流给予被试一定的暗示。尽管他们不是有心做这些的，但是这些暗示确确实实地发生了。比如，可能出现这样的实验情况：患有阿尔茨海默病的你在实验者的办公室里参加试药后的记忆测验。实验者看起来格外地注意你和你给出的每个测试答案。你感到研究者期望你进步很多，因此更加努力地完成记忆测验。你表现出的任何记忆改善可能并不是通过药物，而仅是由于你自身多付出的努力导致的。这就是实验者效应，即实验者的行为导致了参与者反应方式的改变。

对效应的控制：单盲和双盲研究

幸运的是，这些效应可以通过一些方法来进行控制。控制安慰剂效应的经典方法，是给控制组真正的安慰剂，即一些根本不影响行为的处理。在药物实验中，安慰剂可以是一些类似真药的糖片或者溶液。实验组和控制组的被试不知道他们得到的是真药还是安慰剂。实验者可以通过观察控制组，通过比较控制组和实验组的结果便能判断出被试的预期是否会影响实验结果。如果药物有作用，那么即使控制组的记忆也有少许的进步，给药组的记忆力也应该有显著的改善。因为被试“看不到”他们接受的处理，所以这种研究被称作**单盲研究**（single-blind study）。

在很长的一段时间内，单盲研究是心理学实验研究的唯一类型。但是，研究者罗伯特·罗森塔尔（Robert Rosenthal）和雷诺·贾可布逊（Lenore Jacobson）1968 年在《教室中的皮格马利翁》（*Pygmalion in the classroom*）一书中指出，如果教师事先被告知一些学生有较大潜能，而另一些有较小潜能获得成功，那么学生的标准化测试成绩则会按照学生被假定的“潜能”呈现显著的增加或者降低。而学生实际上是被随机地选择并指派到“高组”或“低组”的，他们的测试成绩受到了教师关于他们的潜力的态度的影响。此研究及后续研究的结果表明，需要让实验者和被试一样，也是“看不见”的。所以在**双盲研究**（double-blind study）中，被试和测量者或者测量自变量的人都不知道谁得到了什么处理。因此，双盲实验对每件事物都以某种方式编码，以至于只有在完成所有测量之后，才能确定实验组和控制组。

心理学研究中的道德问题

华生博士对小阿尔伯特和小白鼠的研究想来似乎十分残酷。研究者今天还在做类似的研究吗?

其实，随着心理学的发展和与人相关实验的推进，心理学家开始意识到需要为被试采取一定的保护措施。没有哪个研究人员愿意被称作“疯狂科学家”。如果可以进行对人有危害的研究，那么心理学可能很快就会消失。其他领域的科学家也意识到，必须以某种形式保证有道德地对待研究被试。当然，“有道德地对待”意味着，自愿参加实验的被试应该不会遭受生理或者心理上的损害。

大专院校（进行大多数心理学研究的地方）通常设有由一群心理学家以及其他专家组成的制度审查委员会。他们审查研究提议，判断研究的安全性和被试的报酬。制度审查委员会也从解释研究的书面材料、潜在被试以及研究仪器等各方面来审查提议中的研究。

◎"它说它想请一位律师。"

进行与人相关的研究的道德准则

进行与人相关的实验或其他研究时，研究者会有一些道德方面的考虑。以下列举了道德方面最普遍的规则。

1. 被试的权利和健康高于研究的科学价值。换句话说，被试第一，研究第二。

2. 被试必须拥有决定是否参加实验的知情决策权。这意味着研究者必须在对潜在被试开展研究工作之前向他们解释实验内容（儿童也不例外）。另外，必须按照被试能够理解的方式解释。如果研究者做有关幼儿或者儿童的研究，必须将研究情况告知孩子的父母，并且必须得到孩子父母的同意。这就是所谓的知情同意。在单盲或双盲研究中，研究者甚至还必须告诉被试他们有可能是实验组或对照组的成员，只是要到实验结束时才能让被试知道他们究竟是哪个组的成员。

3. 欺瞒必须是正当的。在某些情况下，研究者必须欺瞒被试以保证实验的顺利进行。不过，实验结束以后研究者必须准确告诉被试为什么欺瞒是必须的。这个步骤被称为告知。

4. 被试可以随时退出研究。必须允许被试以任何原因随时退出。例如，被试有时候会觉得研究过程很无聊，或是认为他们没时间或者不喜欢做正在做的事。参加研究的儿童经常决定停止"玩耍"，而玩耍又通常是儿童研究的一部分。不论是否因此需要招募更多被试，研究者都必须允许他们退出。

5. 必须保护被试免除风险或者必须将风险明确地告知被试。例如，研究者在实验中无论使用哪种类型的电气设备，都必须注意保证被试不会由于仪器问题而受到电击。

6. 研究者必须向被试解释研究的真实内容和预期结果。这对所有类型的研究都很重要，特别是那些需要欺瞒的研究。

7. 数据必须保密。弗洛伊德认识到保密的重要性，他的书和文章在提到病人时都使用假名。今天的心理学家和研究者同样倾向于报告从一组被试而不是单个个体身上获得的结果，从而保证单个个体不会被别人认出来。

8. 不管出于什么原因，如果在被试身上出现不良后果，那么主试有责任去查找、消除或者矫正这些后果。尽管研究人员已经尽其所能去避免实验处理对被试的负面影响，但有时人在实验操作中不会按照期望的方式去反应。这时，研究人员就必须找到办法去帮助被试克服这些负面影响造成的后果。

思考一下

你正在测试一种针对严重致命疾病的新药。在你的实验结束之前就可以很明显地看出新药的疗效很好，实验组的所有人都痊愈了。你是否应该立即停止实验并将药品分发给控制组的人？

动物研究

心理学家通常也研究动物的行为，并和相似情形下的人类行为做比较。

但是为什么不先来研究人呢？

一些研究问题非常重要，但是很难或者不可能选择人类被试来研究。因为动物的寿命相对较短，所以用动物研究长期效果相对容易。另外，动物也容易受到控制：科学家可以控制饮食、作息安排，甚至遗传上的相关操作。实验室的白鼠和普通的大鼠不同，通过与同类数十年的交配以后，每只白鼠本质上都是其他白鼠的遗传上的双胞胎。动物的行为也比人类行

概念导图

- **科学的方法**
  - 就你想要解释的一些经验性事件提出问题；可从描述目标衍生出来：这里发生了什么
  - 形成假设，对事件的猜测性解释
  - 通过收集数据和分析结果来检验这项假设
  - 对调查的成败进行总结
  - 报告你的结果：准确地分享你做了什么，你为什么做，你是如何做的。这会为重复实验提供条件

心理学是一门科学

（心理学用科学的方法确定事实，降低不确定性）

- **描述性数据的收集方法**
  - **自然观察**：在自然环境中观察人或者动物
  - **实验室观察**：在实验室条件下观察人或者动物
  - **个案研究**：对个体的大量细节进行研究，研究者试着尽可能了解该个体的全部内容
  - **调查**：研究者通过电话、网络或量表来调研，询问与话题有关的问题

（自然观察、实验室观察：随后能够形成可验证的假设）

- **相关**
  - 对两个或者多个变量（任何会改变或者变化的事物）之间的关系的测量
  - 产生一个相关系数，这个值代表关系的方向和强度
  - 并不证明因果，变量可以是相关的，但是你不能假定其中的一个引起了另一个的发生

发现相关

（找出更多信息而不仅仅是描述行为）

- **实验**（有意地操纵一些变量，测量感兴趣的变量变化，这是能够让研究者确定行为起因的唯一方法）
  - **操作性定义**：指出用于控制或者测量实验变量的步骤或者程序
    - 自变量是被操纵的变量，不受被试控制
    - 因变量是用于评估对自变量操纵的测量
  - **分组**
    - **实验组**：接受自变量或者实验操纵的处理
    - **控制组**：不接受处理或者接受无实验效应的处理
    - （随机分配是确保对无关变量或者干扰变量（彼此干扰并/或干扰兴趣变量）控制的最好方法）
  - **隐患**
    - **安慰剂效应**：被试的信念或者期望会对其行为产生影响
    - **实验者效应**：实验者的偏向会影响被试的行为
    - （可以通过单盲（被试对处理/条件是“看不见”的）以及双盲研究来控制（在双盲实验中，测量因变量的实验者也不清楚数据的相关处理/条件））

- **与人相关的研究的道德准则**
  - 被试的权利和健康高于研究的价值
  - 必须允许被试在知情的情况下做出是否参与的决定（知情同意）
  - 欺瞒必须是正当的
  - 被试可以在研究的任何时候退出
  - 必须保护被试免受风险或者明确将风险告知被试
  - 研究者必须向被试解释研究的真实内容和预期结果
  - 数据必须保密

心理学研究中的道德问题

（心理学家的首要目标是保护他们的动物或者人类被试的健康和幸福）

- **动物研究**
  - 对任何动物研究也需要有道德上的考虑，主要是避免给动物带来不必要的痛苦
  - 为什么使用动物
    - 某些研究问题非常重要，但是用人类被试来开展相关研究很难或很危险
    - 动物容易受到控制
    - 动物寿命较短，便于研究长期效果

为简单很多，因此研究者易于观察实验操纵的效果。不过，研究者使用动物的最主要原因是，研究人员可以在动物中开展一些无法在人类被试中开展的研究。例如，研究人员花了很长时间才证明烟草中的焦油和其他有害物质可以致癌，因为研究人员只能对人进行相关观察，而实验研究只能在动物中进行。这里的重点是，研究人员可以用动物做很多事，这些事往往不能用人类被试做。这乍看起来有些残忍，但是你仔细掂量一下会发现，如果没有动物研究，就不会有对抗致命疾病的疫苗、治疗糖尿病的胰岛素疗法、器官移植等。因此，这些研究的价值及其对人类的贡献远远超过研究中动物所经受的伤害。但是部分动物保护主义者依旧不赞同这种看法。

和人类的相关研究一样，动物研究也需要道德上的考虑。所不同的是，对动物的主要考虑是，需要使动物免受不必要的痛苦。因此，如果手术是研究的一部分，研究者就应该在麻醉条件下手术。如果必须处死动物进行尸检（动物尸体解剖）来研究某些药物或者治疗的效果，研究者必须按照人道的方式处死动物。只有大约7%的心理学研究需要使用动物被试。

日常生活中的心理学

对批判性思维进行批判性的思考

我生活在现实世界而不是实验室里，这些科学和研究对我有什么好处呢？

真实世界到处都需要科学地思考。想一想电视上那些关于神奇减肥，头发再生，草药治疗哮喘、抑郁，以及所有生理、心理问题的商业声明。能知道有多少宣传是可信的难道不是一件很好的事情吗？你难道不想知道如何评价这类宣传，从而尽可能地节约一些时间、精力和金钱吗？这正是“现实世界”中的问题，批判性思维能够有助于解决这类问题。

根据拜耳（Beyer）在1995年的解释，**批判性思维**（critical thinking）是进行合理的判断。“合理”这个词意味着判断必须是有逻辑的，而且需要经过认真的思考。批判性思维也包括在正确的时间对批判性问题询问和探寻答案的能力。一个批判性问题的例子可以是这样的：“是有人花钱雇你做这个研究的吗？这个研究有利益冲突吗？”“你有有力的证据证明你的结论吗？还是你只是在陈述你的观点？”

虽然“批判”这个词常常带有“消极”的意味，但在这里不是。它在这里与“准则”这个词关系更近，因为思考需要高要求、高标准。人们在面对围绕在他们周围的声明时，应该牢记批判性思维的四个基本原则。

1. 只有非常少的“真理”不需要通过实验来检验。虽然人们可能会接受宗教上的信仰以及对个人价值的信念，但是除此之外，生活中的一切都需要证据的支持。那些能够通过实证来研究的问题需要采用已经建立起的科学方法加以检验。人们不应该接受任何事物的表面现象，而应该问问：“你是怎么知道的？有什么相关的证据吗？你可以说得更详细点吗？”（当进行批判性思考的时候，还有更多类似的问题可以去问）例如，很多人依旧相信占星学，它研究的是婴儿出生时所受的恒星和行星假象的影响，并借此来预测未来和解释人格。然而，科学研究一次又一次地告诉我们占星学没有科学的依据。

2. 不是所有的证据在质量上都是等同的。批判性思维最重要的步骤之一，也是常常被忽视的

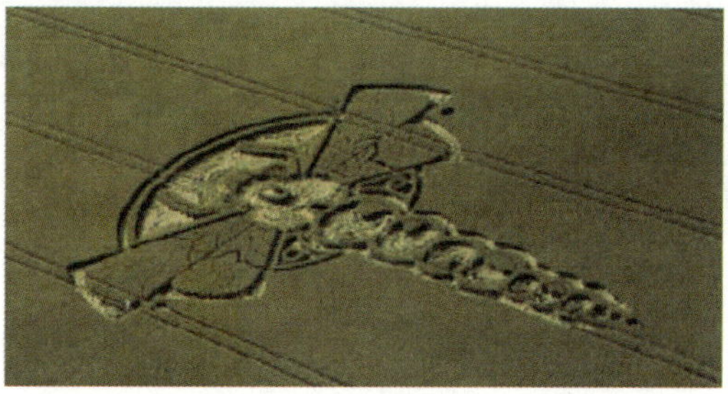

◎虽然已有明确的证据证明麦田怪圈是普通人的恶作剧，但还是有很多人相信这是外星人创造的。

一点，是应当在断定证据很好地支持了某些观点之前，对证据是如何被收集的做出评价。例如，有一些做得很差劲的研究，它们基于相关的而不是经过实验验证的错误假设、没有对照组、没控制安慰剂效应和实验者效应。还有一些研究是通过刻意的操作而得出研究人员或者科研资助人员想要的结果。例如，对于某种药物的研究显示该药效果显著，如果这个研究受到了该药厂家的资助，那么这个研究结果就会立刻受到质疑。作为一个能够批判思考的人，你应该意识到宣传越狂热就越需要证据支持，就像从来没有证据能够使我相信，外星人造访地球或者劫持地球人！

3. 某些人被认为是权威或者有许多专长，但是这并不意味着他们说的都是对的。人们应该相信证据，而不是盲目地接受专家的言论。需要想想："证据合理吗？有没有其他解释？另一种解释是不是更加简单？"如果对于一个现象有两种解释，而且这两种解释都能够很好地解释该现象，那么比较简单的那个解释更有可能是最好的那个（简言之，就是节俭法则）。我们可以看一下麦田怪圈，这些由压平了的麦秆组成的几何图案时常出现在农田中。对于麦田怪圈的存在有两种解释：要么就如那些所谓的专家所言，是外星飞船里的外星人搞的鬼；要么就是人类的恶作剧。哪种解释更加简单？恶作剧的思路很显然是比较简单的，而且这在20世纪70年代晚期和20世纪80年代英国麦田怪圈事件中被证明是正确的。英国人大卫·鲍尔（David Bower）和道格·乔利（Doug Chorley）承认麦田怪圈是他们的恶作剧，这是他俩在酒吧的突发奇想，想捉弄一下那些相信有外星人造访的人。

4. 批判性思维需要有一个开放的思想。有一些怀疑精神是好的，但是人们不应该完全不理会那些实际上有可能发生的事。虽然思想开放是好事，但是不能开放到轻信任何事。批判性思维需要小心地平衡怀疑性和考虑可能性的意愿，甚至是和先前的判断和信念不相符的可能性。例如，科学家还没有找到任何证据能够证明火星上曾有生命存在，但是这并不意味着科学家们放弃了火星上有生命这一想法，仅仅是现在还没能找出令人信服的证据而已。我不相信有火星人，但是如果有令人信服的证据摆在我面前，我还是会愿意改变我的想法的，尽管这非常困难。

进一步讨论的问题

1. 如何批判性地思考全球气候变化问题？

2. 为什么一些人，包括一些很聪明的人，都不愿去批判性地思考诸如政治、超感官知觉、超自然现象等问题呢？

第 2 章
生物学视角

铁人三项竞赛包括 2.4 英里的游泳、112 英里的公路自行车和 26.2 英里的公路长跑活动。在该项比赛中，迪克·霍伊特（Dick Hoyt）将他的儿子里克（Rick）放在一条船上，并将这条船与弹力绳相连，拉着绳索游向终点；之后，迪克又用一辆制的双人位自行车载着里克完成了公路自行车的比赛；最后他将里克放在一个特制的跑步椅上，推着他一起跑过了终点线。

为什么迪克要采用这样特别的方式？因为里克在出生时因缺氧患上了痉挛型四肢麻痹和大脑麻痹。由于里克不能走路和说话，他不得不学会通过用头敲击轮椅的顶部——这是一个特别设计的计算机屏幕，上面能显示出特定的字母。他最终从波士顿大学特殊教育专业毕业。

当前的研究对那些患有脑损伤或者神经状况的人很有帮助，这种受益比电脑对里克的帮助还要大。最有前途的一些领域是脑机交互（brain-computer interfaces，BCI），即使用脑的电活动来与他人交流。脑活动在将来很有可能会帮助人们控制辅助装置，如假肢或者轮椅。

思考一下

你是如何看待大脑对我们行为产生的作用的？你认为你的行为在多大程度上受到神经系统的激素和化学物质的影响？

为什么要研究神经系统和腺体

如果不了解能使我们行动、思考和反应的神奇器官的相关知识，那我们又怎能理解我们的行为、思想或行动呢？只有理解大脑、神经和腺体是如何通过交互作用来控制感知、思想和行为的，我们才算真的开始理解“人”这一复杂的有机体。

通过本章，我们可以：

- ◎ 了解神经元的各个部分，描述其功能；
- ◎ 描述动作电位；
- ◎ 描述神经元是如何利用神经递质与其他神经元以及身体联系的；
- ◎ 解释脑和脊髓是如何相互作用的；描述一些关于脑的错误概念；解释神经可塑性；
- ◎ 描述躯体神经系统和自主神经系统的作用；
- ◎ 解释腺体释放的激素是如何与神经系统联系并影响行为的；
- ◎ 描述自主神经系统和身体是如何受到应激的影响的；
- ◎ 描述临床研究和脑刺激是如何研究大脑的；
- ◎ 描述神经成像技术是如何提供关于脑结构和功能的信息的；
- ◎ 了解脑底部的不同结构，描述各自的功能；
- ◎ 了解与控制情绪、学习、记忆和动机有关的脑结构；
- ◎ 了解加工不同感觉和控制运动的大脑皮层；

◎ 了解皮层的哪些部位对思维的高级形式（如语言）起作用；

◎ 解释大脑左右半球的某些脑功能有何差异；

◎ 了解注意缺陷多动障碍的某些潜在诱因。

神经元和神经：建立网络

本章将讨论一个由细胞、器官和化学物质组成的非常复杂的系统，在它们的共同作用下，我们得以产生行为、思想和行动。这一复杂系统的第一个部分就是**神经系统**（nervous system），它是一个由细胞组成的网络，负责接收信息并将信息传送至身体的各个部分。神经科学领域是生命科学的分支，涉及脑、神经元、神经和来自神经系统的神经组织的结构和功能。**生物心理学**（biological psychology）或称**行为神经科学**（behavioral neuroscience），是神经科学的一个分支，关注心理过程、行为和学习的生物基础，也是心理学中与生理视角相联系的主要区域。

神经元的结构：神经系统的构件

1887 年，研究脑组织的医生圣地亚哥·拉蒙–卡哈尔（Santiago Ramóny Cajal），首次提出神经系统是由单独的细胞构成的。尽管整个身体都是由细胞构成的，但因为每种类型的细胞都有各自的作用和功能，所以每种类型的细胞都具有特殊的结构。皮肤细胞是扁平的，但是肌肉细胞是长且有弹性的。大部分细胞都由三部分组成：细胞核、细胞体和细胞膜，并以此构成一个整体。**神经元**（neuron）是神经系统中的基本细胞，在神经系统中负责接收和传递信息。神经元是身体的信使之一，这就意味着它们有一个极其特殊的结构。图 2–1 展示了神经系统各个部分之间的组织关系。

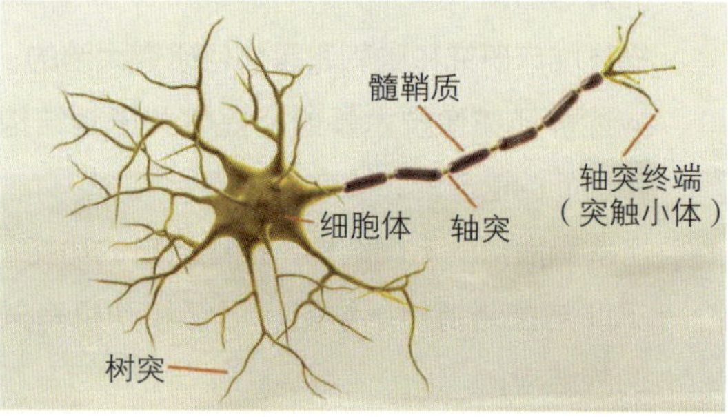

图 2–1 神经元的结构

神经元中接收来自其他细胞信息的部分被称为**树突**（dendrite）。树突这一名称意味着“树枝”，这一结构看起来确实像树枝。树突与**细胞体**（soma）联系，细胞体含有细胞核，维持整个细胞的活性和运行。**轴突**（axon）是连接细胞体的纤维，它的作用在于将信息传出细胞。轴突分支的终端有一些短的纤维，这些纤维有突起或者小的节点，被称为**轴突终端**（axon terminal，也被称为突触前末梢、终端纽或者突触小体），作用在于与其他神经细胞相联系。

尽管大脑的大部分由神经元构成，但是神经元并不是影响我们思考、学习、记忆、感知和所有那些让我们成为自己的唯一细胞。另一种主要的细胞是神经胶质［或被称为**胶质细胞**（glial cell）］起着一系列作用。胶质细胞在神经元的发育和工作中起作用，并固定神经元。例如，在早期的大脑发展中，放射状胶质细胞（从内部延伸至外部，像车轮的轴）帮助引导迁移神经元来构成大脑的外层。其他胶质细胞为神经元提供营养，清理死亡神经元的残余物，与神经元和其他胶质细胞联系，为神经元提供绝缘功能。胶质细胞影响神经元的结构和功能，并且在产前发育时“产生”新的神经元。胶质细胞同样因其在精神障碍中所起的可能作用而受到研究，包括重度抑郁症和精神病。在脑中的一些区域，重度抑郁症患者的特定胶质细胞的数量较少，然而精神病患者的特定胶质细胞的数量较多。目前也有研究表明，学习和行为中的胶质细胞，在发育过程中也会影响突触联系，如果老鼠移植了人类的胶质细胞，那它在一系列学习与记忆任务中会学得更快。

有两种特殊类型的胶质细胞，被称为少突胶质细胞和施万细胞，它们会产生一层被称为**髓鞘质**（myelin）的脂肪物质（少突胶质细胞在脑和脊髓中生产髓鞘质；施万细胞在周围神经系统中生产髓鞘质）。髓鞘质包裹在轴突的轴上，形成一个保护壳。轴突在身体中传递信息，胞体在脊椎附近聚集。所以各种类型的神经元的轴突可以在身体内传输但不会碰到彼此，这与电话线缆的概念很像——电话线缆内有许多铜线并通过塑料绝缘。髓鞘质对轴突所起的作用就像塑料对电线起的绝缘作用一样。电线捆在一起，形成了电缆，这样就比一根单独的电线更强大并且不易受损。神经系统也是通过这种方式运作的。髓鞘质包裹的轴突聚集在一起形成传输用“电缆”，被称为**神经**（nerve）。除了施万细胞产生的髓鞘，身体中的神经元轴突同样被一层名为神经鞘的薄膜包裹，或称为施万细胞膜。这一层围绕着轴突和髓鞘的薄膜发挥着隧道般的功能，其中损伤的神经纤维能够进行自我修复。这也是为什么把断了的脚趾及时缝好，这一脚趾可能会恢复一些功能和知觉的原因。不幸的是，脑和脊髓中的神经元的轴突并没有这一层保护膜，因此，更容易受到永久的损害。

髓鞘是神经元非常重要的部分。它不仅隔离神经元，还为神经元提供保护以防侵害，并加速神经信息在轴突中的传递。轴突上髓鞘质的截面就像香肠间那样通过突起彼此联系。髓鞘质突起的地方被称为节点，在轴突上占据很小的地方，节点并没有被包裹在髓鞘质内。当神经信息的电冲动传到包裹着髓鞘质的轴突上时，电冲动就会在髓鞘之间“跳跃”式地传递，传到节点容易接近的轴突。脑中神经元的信息传递沿着有髓鞘包裹的轴突比沿着没有髓鞘包裹的轴突传递要快很多。一种名为多发性硬化的疾病会破坏髓鞘质（很可能是由各自的自身免疫系统所致），从而导致这些损毁的细胞功能降低或完全丧失。多发性硬化的早期症状可能

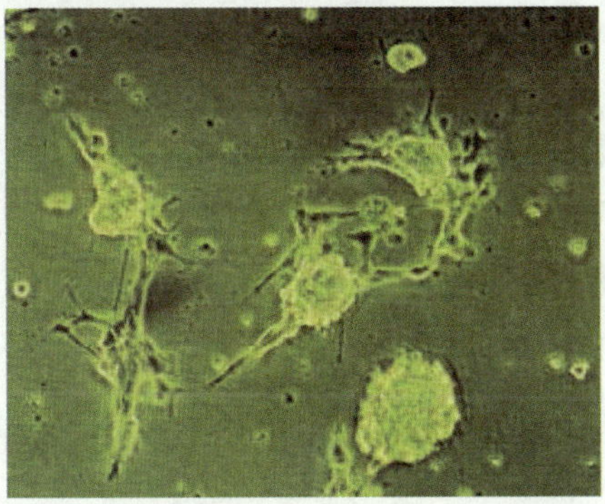

◎ 这张电子显微图显示了一个干细胞正在变成神经元的过程。

包括：疲劳、视力变化、平衡问题和胳膊或腿的麻木、刺痛或者肌肉无力。

“电信息”是如何在细胞中工作的？

神经元产生信息：神经冲动

神经元在静息状态（没有诱发神经冲动或信息）时也是带电的。细胞内部实际上是半流体溶液（像果冻一样），半流体溶液里有带电的粒子或离子。细胞外面也有带离子的半流体溶液。虽然细胞内外都有带正电和带负电的离子，但是细胞内的离子主要是带负电的，而细胞外的离子主要是带正电的。细胞膜本身是半渗透的。这意味着细胞外的一些物质能够通过微小的张口或通道进入细胞膜，细胞内的一些物质也可以到细胞外。但是其内部的负离子太大了，不能往外渗透，所以当细胞在静息时，其内部是带负电的。细胞外是许多带正电的钠离子，但是当细胞处于静息状态时钠离子不能进入细胞膜——允许钠离子进入的离子通道是关闭的。但是因为细胞膜外面的钠离子是带正电的，细胞膜里面的离子是带负电的，相反极性的离子相吸，所以钠离子就会聚集在细胞膜附近。这个电位的变化就是电势。

不妨将细胞内的离子想象为体育馆内（细胞壁）的棒球游戏。而细胞外的钠离子是场外的球迷，他们希望进入馆内去看比赛。当细胞处于静息状态时［这一状态被称为**静息电位**（resting potential），因为细胞是静息的］，球迷被卡在门外。当细胞处于静息状态时钠离子不能进入细胞，是因为就算细胞膜有所有的通道，但是对大的钠离子开放的特定通道却没有打开。当这个细胞从其他细胞那里接收到一个足够强的刺激（意味着树突激活了）时，细胞膜就会打开那些特定的通道，一个接一个地全部打开，允许钠离子（“球迷”）冲进细胞内，从而导致细胞内部主要是正离子，而细胞外部主要是负离子。而当第一个通道打开时，钠离子主要位于细胞内，从而使这一电位逆转将在轴突接近胞体的位置发生（第一个通道），并沿着轴突以链式反应的方式进行（想象一个长长的走廊有许多门，第一个门打开，然后第二个门打开，

一直接下去，直到走廊的尽头）。这一电位逆转被称为**动作电位**（action potential），因为此时电位是处于活动状态而不是静息状态。每一个动作电位需要千分之一秒（见图 2-2）。此时，动作电位沿着轴突传递。当它到达轴突末端时，细胞中的信息就会传递给另一个细胞。同时，那些已经发生过动作电位的细胞将会发生什么呢？这些细胞又会如何将“球迷”送回场外？记住，动作电位是指，当这一细胞在通道被打开时，是膜内正电位、膜外负电位。一些情况的发生会使得细胞恢复到静息状态。首先，动作电位发生后钠离子通道迅速关闭，使得其他的“球迷”（钠离子）不能进来。细胞膜同样将钠离子泵出细胞外，将“球迷”踢出去直到下一个动作电位再次打开通道。这一泵的过程有些慢，所以另一种类型的离子会参与进来。动作电位发生后，细胞内小的、带正电的钾离子会迅速地移到细胞外，更快地使细胞内部带负电。此时细胞内部带负电，细胞外部带正电，并且神经元可以“激活”其他信息。一旦钠离子泵停止泵出钠离子，神经元就回到了完全静息电位。

总之，当细胞被激活，第一个通道被打开，这一通道内的电位反转，然后第二个通道打开并电位反转，同时第一个通道关闭。之后，电位恢复到静息状态，动作电位就是通道沿着细胞开放的序列。

如果激活神经元的刺激很强，那么神经元的激活程度会大于这个刺激微弱时的程度吗？

神经元的激活实际上有一个阈值，一个刺激只要达到这一阈值就可以激活神经元。下面让我们来简单地看一下它是如何工作的：每个神经元从其他神经元那里接收许多信号。一些信号希望激活神经元，而另一些信号则希望阻止神经元的激活。神经元通常将“激活”信号的效果相加，而将“不激活”信号的效果相减，如果“激活”信号足够大，超过了这一阈值，那么神经元就会被激活。当一个神经元被激活，它的激活满足**全或无**（all-or-none）的方式，即神经元要么全部被激活，要么完全不被激活——不会存在如神经元“部分”被激活的

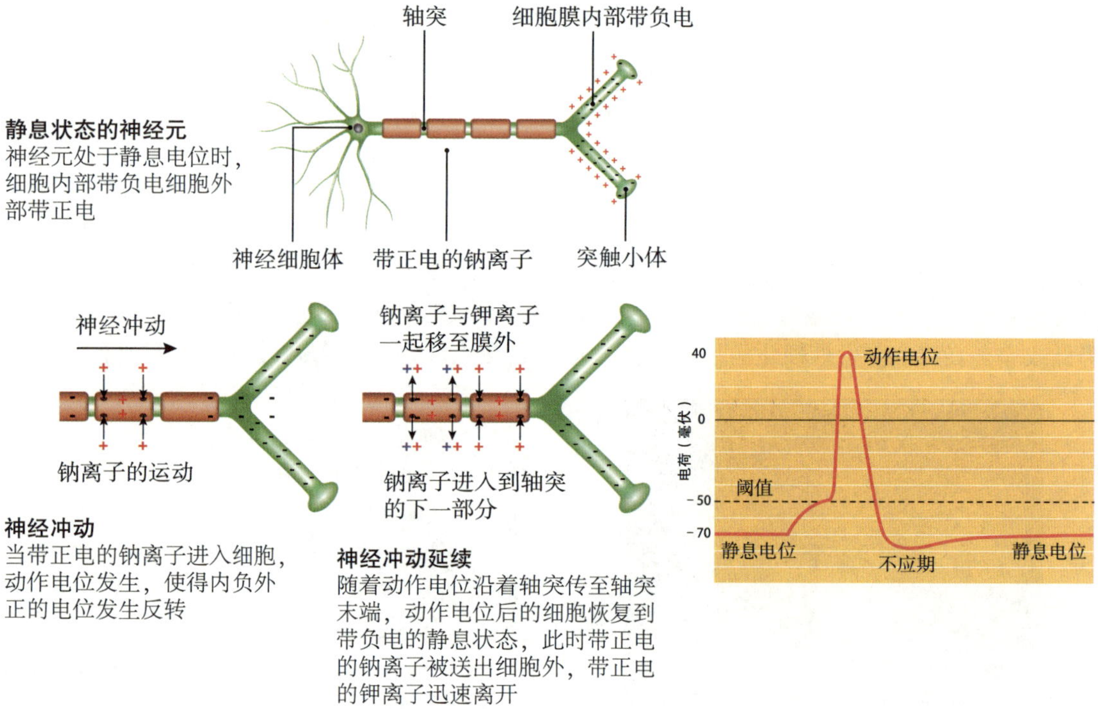

图 2-2　神经冲动动作电位

◎ 在下列图中，电压处于一个指定位置持续 20 或 30 毫秒（千分之一秒）。细胞首先处于静息状态，然后到达阈值并诱发动作电位。接着，经过一个简短的不应期，细胞恢复到静息电位。

现象。就像是按灯的按钮——要么开，要么关。一旦开关处于开的位置，灯就会亮。一旦处于关的位置，灯就会灭。

强刺激和弱刺激之间的区别是什么呢？一个强的信号会使神经元被更快地激活（就像有人以非常快的速度开关电灯按钮一样），并且会激活更多的神经元（就像是有很多盏灯开或关，而不是一盏灯）。后者很好解释，轻轻地触碰你的手掌，你会感觉到有很小的压力。然后在同样的地方重重地压，你会感觉到很强的压力，你可以亲眼看到你手掌上的很多皮肤被压了——受压皮肤面积越大，表明被激活的神经元越多。

现在我们知道信息在细胞的轴突中是如何传递的了，那么当动作电位到达轴突末端时会发生什么呢？

神经递质

一旦神经信号到达神经元的轴突终端，一些物质就会允许神经元之间建立联系。这些物质取决于神经元中的关键结构和邻近神经元的表面。

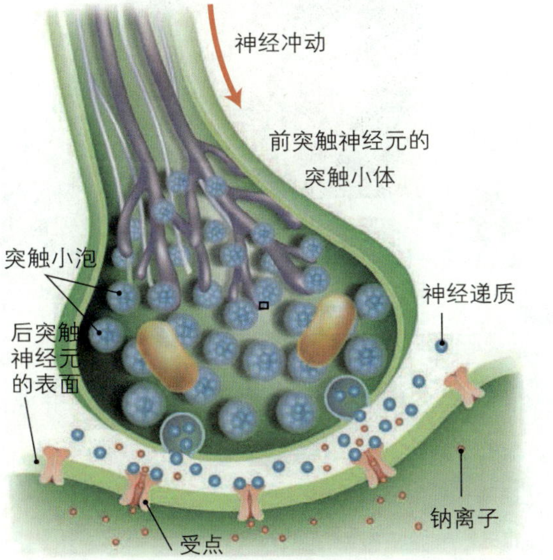

图 2–3 突触

◎ 神经冲动到达突触小体，刺激突触小泡内的神经递质的释放。神经递质分子经过突触间隙固定在与这一分子形状吻合的受点上。

将信息传给其他神经元：突触

图 2–3 显示，这个节点膨胀成很大的体积。注意，这个节点（被称为突触小体或终端纽）并不是空的。它里面有一些囊状的物质，被称为突触小泡。

在突触小泡内是一些以液体形式悬浮的化学物质，它们是一些被称为神经递质的分子物质，存在于神经元内并传递信息。邻近突触小体是另一个神经元的树突（见图 2–3）。它们之间有一个充满液体的空间，被称为**突触**（synaptic）或者**突触间隙**（synaptic gap）。除了带电，轴突终端的囊泡包含神经递质分子，邻近轴突的树突表面包含特定小锁，被称为受点。这些锁有特定的形状，只允许特定的神经递质分子与之符合，就像只有特定的钥匙才能进入特定的锁孔一样（包含神经递质的轴突末端也被称为突触前膜，接收神经元表面被称为突触后膜）。

神经递质是如何通过间隙的？回顾一下在神经元被激活后，动作电位沿着轴突传递。当动作电位或者电荷到达突触小泡，突触小泡释放神经递质进入突触间隙。然后，这些分子沿着突触流动，其中许多分子固定在受体上，激活下一个细胞。正是这一激活行为刺激或释放了细胞中的动作电位。注意“下一个细胞”也许是一个神经元，也许是肌肉或腺体的一个细胞。肌肉或腺体有特殊的含受体的细胞，正如神经元的树突。

到目前为止，我们已经谈到突触，好似神经递质总是导致下一个细胞激活它的动作电位（或者，在肌肉或腺体中分泌化学物质）。但是神经元在能被激活的同时，应该有一种方式使其不被激活。否则，当一个人的手指被烫了，那些神经元的疼痛信号只有在烫伤完全治愈后才会停止传递。肌肉被告知收缩或放松，腺体被告知释放或停止释放化学物质。神经系统中各种突触的神经递质（至少有 50 至 100 种已知的神经递质，理论上其数量是这个数字的几倍）——既可以激活细胞（被称为兴奋效应），也可以抑制细胞激活（被称为抑制效应），取决于具体的突触类型。尽管有些人将激活细胞的神经递质称为兴奋性神经递质，将那些抑制细胞激活的神经递质称为抑制性神经递质，但其实称它们为**兴奋性突触**（excitatory synapse）和**抑制性突触**（inhibitory synapse）更为合适。换句话说，并不是神经递质本身激活或抑制，而是在特定突触的受点上，神经递质的效应要么是激活的，要么是抑制的。

◎ 黑寡妇蜘蛛的毒液使得大量的乙酰胆碱释放进人体的肌肉系统中，导致惊厥。

神经递质：网络的信使

最先被识别的神经递质被称为乙酰胆碱。它存在于神经元和肌肉细胞之间的突触中。乙酰胆碱的作用在于激活骨骼细胞的收缩，减慢心肌收缩。如果肌肉细胞上的乙酰胆碱受点在某种程度上被阻断，乙酰胆碱就不能到达受点，肌肉就不能收缩（即瘫痪）。箭毒是南美印第安人用在吹箭上的一种药物，当箭毒进入神经系统，就会发生这种情况。箭毒的分子可以很好地与受点吻合，而不需要真的激活细胞，使得箭毒成为乙酰胆碱的**拮抗剂**（antagonist）。

如果神经元释放太多的乙酰胆碱会怎么样？被黑寡妇蜘蛛咬过之后就会这样。黑寡妇蜘蛛的毒液刺激释放大量的乙酰胆碱，导致惊厥严重至死亡。黑寡妇蜘蛛的毒液是乙酰胆碱的**激动剂**（agonist）。海马体中也发现有乙酰胆碱，海马体是脑中的一个部位，其作用在于形成新的记忆。低水平乙酰胆碱与阿尔茨海默病有关，是一种最常见的痴呆。在本章的后面，我们会更多地关注激动剂和拮抗剂。

自从乙酰胆碱被发现后，许多其他的神经递质也被陆续发现。这些物质有着一系列的功能，从普遍的兴奋到抑制、影响饮食、睡眠、运动和意识。其他一些功能还会影响认知、记忆和心境（见表 2-1）。

一些神经递质直接控制其他神经递质的释放。这些特殊的神经递质被称为神经调质或神经肽，其中研究者知道的一种是内啡肽，它是一种控制疼痛的化学物质。当一个人受伤了，就会释放一种疼痛信号的神经递质。当大脑获得这一信息，便会开始释放内啡肽。内啡肽与受体结合打开轴突上的通道，这使得细胞不能

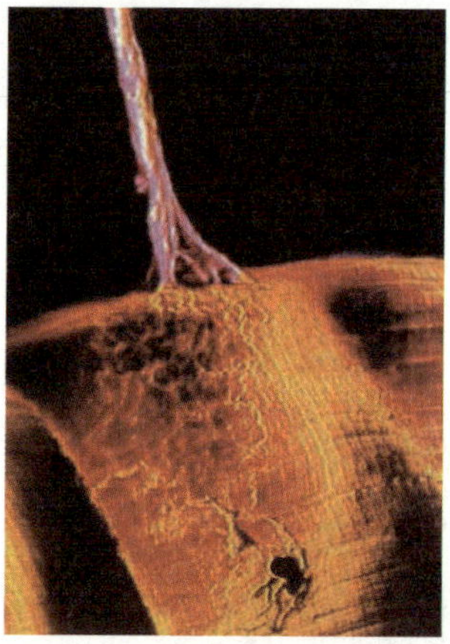

◎ 这张电子显微照片展示了一个动作神经元与肌肉纤维相联系。

表 2-1　神经递质及其功能

神经递质	功能
乙酰胆碱	兴奋或抑制；与记忆和肌肉收缩控制有关
去甲肾上腺素	主要是兴奋；与唤醒、心境有关
多巴胺	兴奋或抑制；与运动控制和愉悦感有关
血清素（5-羟色胺）	兴奋或抑制；与心境、睡眠和食欲有关
GABA（γ-氨基丁酸）	主要的抑制性神经递质；与睡眠和运动抑制有关
谷氨酸	主要是兴奋；与觉醒和心境有关
内啡肽	抑制性神经调质；与疼痛缓解有关

激活疼痛信号，从而减轻疼痛感觉。例如，你撞到了肘部，刚开始觉得特别疼，但是疼痛的感觉很快就会减轻。没错，靠的是内啡肽！运动员在活动中会受伤，只有在内啡肽的含量降低时才会感觉到疼痛。

内啡肽的名字来源于“内源性吗啡”这一短语（内源性的含义是“土生土长”——在这里，是身体土生土长的）。研究神经系统的科学家发现了与吗啡分子非常吻合的受点，认为身体本身就有一种与吗啡的作用一样的自然物质。内啡肽就是鸦片中的海洛因和其他药物成瘾的原因——当人们吸食海洛因或吗啡时，他们的身体就不会产生内啡肽。当药物逐渐消逝，他们就完全不能对疼痛或伤害产生保护，这被看作回避，这种疼痛使得大部分人渴求更多的海洛因，形成了滥用的成瘾环路。

如果突触间隙和受体不再需要这些神经递质，它们会怎么样？

清理突触：再摄取与酶

在下一个刺激发生之前，神经递质需要从受体上移出。大部分神经递质最终会回到突触小泡中，这一过程被称为**再摄取**（reuptake，想象一根小的吸管将化学物质吸回小泡）。以这种方式，为下一次神经递质释放清理突触。一些药物（如可卡因）通过阻断再摄取过程影响神经系统（见图 2–4）。

但是有一种神经递质是不会被移回突触小泡的。由于乙酰胆碱在肌肉活动中起作用，肌肉活动需要迅速并且持续发生，它不可能会在那里等再摄取过程发生。相反，一种酶（一种由细胞产生的复杂的蛋白）专门用来分解乙酰

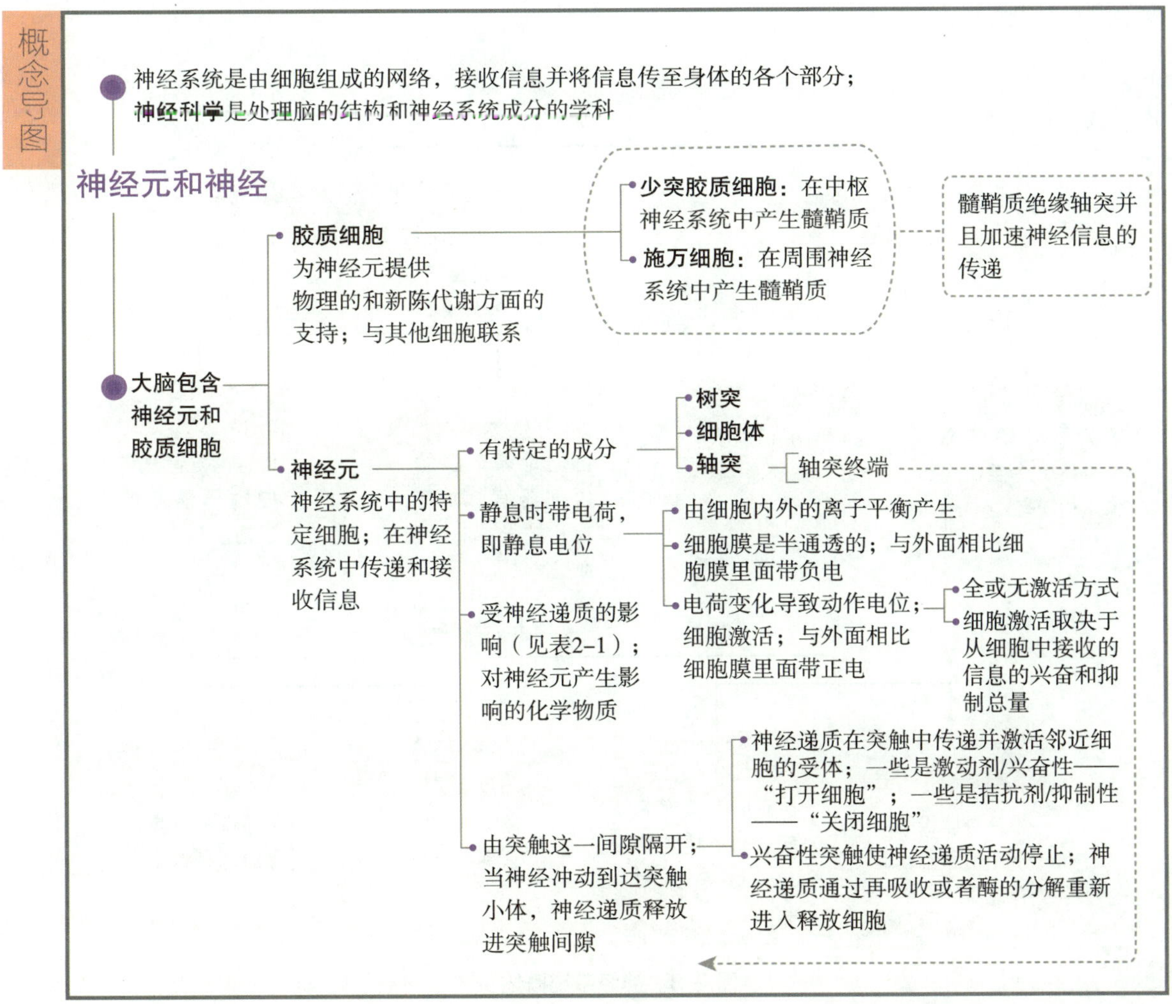

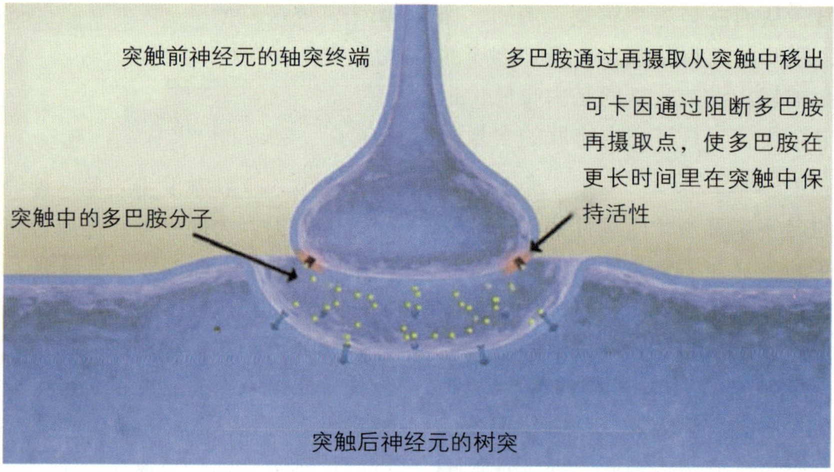

图 2-4　神经递质：再摄取

胆碱，非常迅速地清理突触间隙。同样也有酶来分解其他的神经递质。

这一部分涵盖了神经元和神经元之间是如何联系的。下一部分将把这一问题置于更广的框架内——神经元系统本身。

神经系统概述

我们已经知道了构成神经系统的神经元，以及神经元加工和传递信息的方式（见图 2-5）。这幅图展示了神经系统不同部位的组织，有助

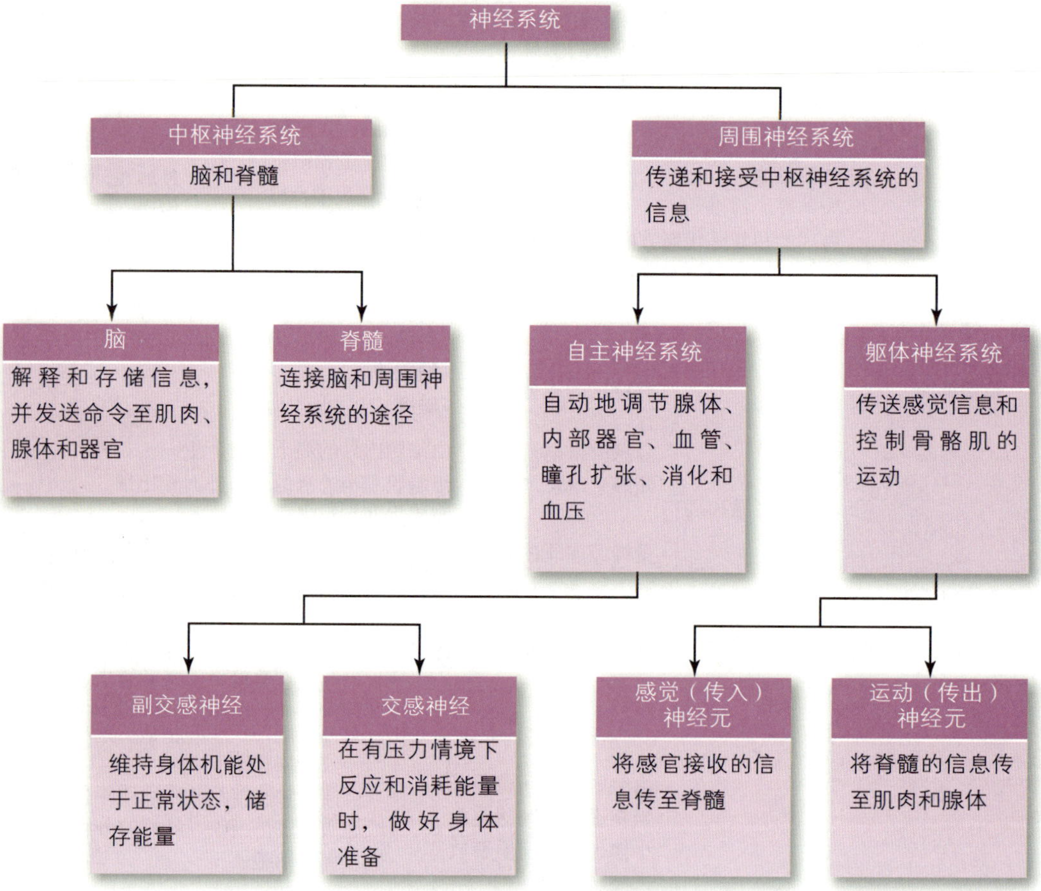

图 2-5　神经系统概述

于我们理解这些不同部分是如何来控制人和动物的思考、行动以及感知的方式的。

中枢神经系统："中央处理单元"

中枢神经系统（central nervous system，CNS）由脑和脊髓组成。脑和脊髓都是由神经元和神经胶质细胞组成的，负责控制机体的生命机能以及思想、情感和行为。

脑

脑（brain）是神经系统的核心，它是感官接收的信息赋予意义、做决定，传送命令至肌肉和身体的其他部位。本章的后续部分将更加具体地探讨脑。不过现在，你需要知道脑是由不同脑区组成的，各自掌管不同的功能。尽管不同脑区的神经元以类似的方式活动，但神经元的群、神经元之间的相互联系，以及神经元和脑其他部位或者神经系统的其他部分的联系，还有我们的经验，影响特定脑区各种不同的功能。

◎这个女孩的表情清楚地表明她的手指很疼。疼痛是一种感觉某事不对劲的警告信号，在这里，碰玫瑰茎上的刺可不是什么好主意。如果一个人完全感觉不到疼痛会发生什么问题？

脊髓

脊髓（spinal cord）是长束的神经元的集合，对神经系统有两大重要作用。脊髓的横断面（见图 2–6）看上去好像被分成了两个部分，一个围绕在外面，一个在里面。外面的部分看上去是白色的，里面的部分看上去是灰色的。这是因为外面的部分主要由轴突和神经构成，它们是白色的；而里面的部分主要由神经元的体细胞构成，它们是灰色的。外面部分的功能是将身体接收的信息传给脑并把脑的信息传给身体。这是一个简单的信息"管道"。

里面的部分被胶质细胞分开，它由胞体构成，实际上是"脑"的一个原始分类。脊髓的这一部分的作用在于特定的反射——非常迅速，救生的反射。要理解

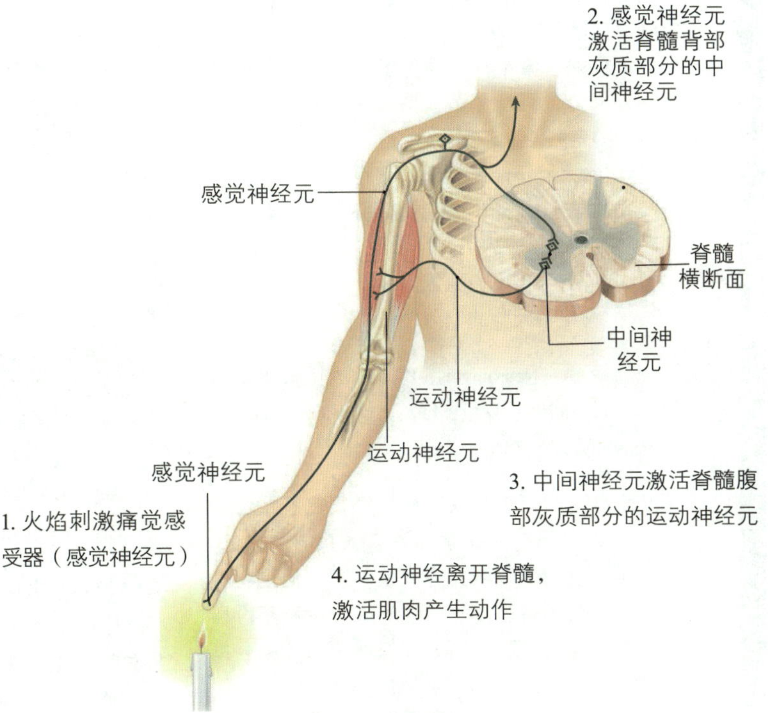

图 2–6 脊髓反射

◎燃烧着的蜡烛火焰带来的疼痛感激活传入神经纤维，它将信息传给脊髓中央的中间神经元。然后中间神经元通过传出神经纤维发送信息，使得手猛地离开火焰。

脊髓的反射是如何运行的，最重要的是要知道有三种基本类型的神经元：**传入（感觉）神经元**［afferent（sensory）neuron］，将感官接收的信息传至脊髓；**传出（运动）神经元**［efferent（motor）neuron］，将脊髓的信息传至肌肉和腺体；**中间神经元**（interneuron），联系传入神经元和运动神经元（构成脊髓的内部和脑本身，见图 2-6）。例如，用手指碰火苗或者烫的火炉，传入神经元就会把疼痛信息传至脊柱，通过脊柱疼痛信息进入脊髓的中间位置。中间位置的中间神经元就会接收到这一信息然后沿着传出神经元发出反应，使你的手指收回来。这一系列动作发生得非常快。如果疼痛信息在做出反应之前必须沿着各种途径进入脑，那这一反应时间就会大大地增长，对你的手指造成更大的伤害。因此由脊髓单独控制的这类反射弧使得反应时间非常短（一个避免混淆传入和传出这两个术语的好办法是，记住传入神经元进入脊髓，传出神经元离开脊髓）。疼痛信息最终进入脑，其他运动反应被激发，如说“哎哟”并将手指放进你的嘴里。

如果脊髓是身体和脑之间重要的联系，那么脊髓受损后会怎么样？

新闻事件中的心理学

事实或者谎言：关注脑，但是要验证你的来源

正如在第 1 章中强调的，批判性思维是一个很有价值的技巧，并且在心理学的学习中是非常有用的。其中强调的一个基本观点是，并非所有的证据都是同等的。你曾听过的有关脑的言论，你能确信它是真的吗？

你听广播、看电视或通过智能手机获取当地和国际新闻，你可能了解一些有关人类大脑的消息。与大脑有关的消息如下。

“老化的大脑不能产生新的细胞。”

“听古典音乐会使你更聪明——如莫扎特效应。”

“儿童疫苗会引发孤独症。”

“人们只用了大脑的十分之一。”

观点来源：Neuromyths，BrainFacts. org，Society for Neuroscience. 网址：http：//www.brainfacts.org/neuromyths/

上面有没有哪个观点让你感觉很熟悉？考虑到对这些主题固有的兴趣和许多人报告“知道”这些事实，他们通常认为这就是事实。但是事实上，上述观点都被认为是错误的或者没有获得科学证据的支持。那么，以后你如何评估与脑有关的信息？

回想在第 1 章中介绍和探讨的研究方法。这些新闻为你提供实际研究的细节了吗？如果有，研究中采用了哪些数据收集的方法？发表在有同行审核的杂志（研究被同一领域的其他专家审核）上的结果是非常有帮助的，由相关领域的专家编写的书籍也会同样有益。对初学心理学的学生来说，完全弄懂研究中使用的方法、统计或者术语是比较难的。

对于学生来说，除了从课本或者教授那里学习，专业机构提供的教育材料也是很好的资源。对心理学来说，美国心理学会（APA）或者美国心理科学协会（APS）是两大机构。除了各种同行审阅的杂志和其他教育出版物，它们还有各种网站。

在与大脑和神经科学更为密切的网站中，有一个最有价值的研究和教育材料是神经科学学会（SfN）。在它们的一个网站——Neuromyths 上，包含了之前提到的基于八种传说的四种错误的概念，网址是：http：//www.brainfact.org/neuromyths/

下次你再看到有关大脑的新闻，请核实来源并记住，以下来源更有帮助。

有用的网址：

美国心理学会（APA）：www.apa.org

美国心理科学协会（APS）：www.psychologicalscience.org

神经科学学会（SfN）：www.sfn.org

BrainFacts.org：www.brainfacts.rog

进一步讨论的问题

1. 你个人关于脑相关疾病的经验（如祖父母患有阿尔茨海默病）是如何影响你评价与疾病有关的能力的（如“发现了阿尔茨海默病的治疗方法”）？

2. 作为心理学专业的学生，你如何向家里不熟悉科学研究方法的人解释研究中的重复性？

中枢神经系统损伤

中枢神经系统的损伤曾一度被认为是永久性的。脑和脊髓中的神经元看似没有自我修复的能力。例如，当人们从脑卒中之中恢复，会被认为是健康的脑细胞取代了损伤脑细胞的功能。一直以来，科学家都认为有些形式的中枢神经系统的损伤能够通过身体系统修复，而且最近几年在脊髓损伤修复方面有了很大的进步。脑实际表现出很强的**神经可塑性**（neuroplasticity），它改变脑中很多细胞的结构和功能，以及对事件甚至创伤做出反应的能力。

当衰老的神经元死亡或者受损时，脑可以通过适应神经元进行一定程度的自我改变来实现新的功能。当人们在生活中学习新知识时，至少在脑的一些区域，树突会生长并产生新的突触。研究者还考察从外周神经系统移植施万细胞到中枢神经系统来帮助治疗脊髓损伤。

另一类研究是研究者考察移植干细胞来修复损伤或患病的脑组织的可能性。干细胞能够成为身体内的任何细胞，并且可能为疾病（如帕金森或阿尔茨海默病）提供解决方案，或者修复损伤的脊髓或者脑组织。

除了关注大脑，还要关注中枢神经系统。中枢神经系统是如何与身体的其他部位相联系的？

周围神经系统：边缘神经

“周围”这一词指的是不处在中央，或者在中央的边缘。**周围神经系统**（peripheral nervous system，PNS，见图 2-7 以及图 2-5 所示）由不是脑或脊髓中的神经或神经元组成。这一系统使得脑和脊髓与感觉系统（如眼睛、耳朵、皮肤和嘴）联系，并且使得脑和脊髓能够控制肌肉和腺体。PNS 分为两个主要的系统，分别是**躯体神经系统**（somatic nervous system）和**自主神经系统**（autonomic nervous system，ANS）。

躯体神经系统

神经元的一部分是体细胞，或称细胞体（体细胞一词意味着“躯体”）。躯体神经系统由**感觉通道**（sensory pathway）和**运动通道**（motor pathway）构成。感觉通道是将感官信息传到中枢神经系统的神经（这些神经包含传入神经元），运动通道是将中枢神经系统的信息传到身体的随意的或骨骼类的肌肉（这些神经由传出神经元构成）。当人们行走、在课堂上举手、闻花的味道、看优美的图片时，就是在使用躯体神经系统（正如在脊髓反射中所探讨的，尽管这些肌肉被称为随意肌，但是当反射反应发生时，它们可以不随意地运动。它们之所以被称为“随意”，是因为它们能够受意识的控制但不仅仅局限于此种形式的运动）。

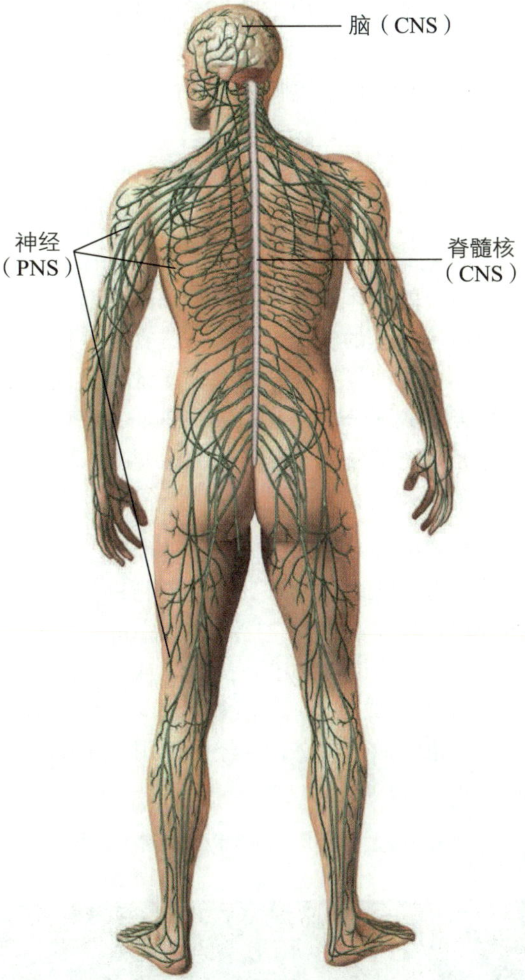

图 2-7 周围神经系统

不随意（不受意识控制）肌，如心脏、胃和肠，以及腺体如肾上腺和由位于脊柱或脊柱附近的神经元控制的胰腺，都受位于脊柱上或脊柱附近的神经元群的控制（这里，“位于”以及“附近”这两个词使用得非常谨慎。位于脊柱内部的神经元是中枢神经系统的一部分，不是周围神经系统的一部分）。脊柱附近的这一大群神经元组成了自主神经系统。

自主神经系统

“自主”一词表明这一系统的功能或多或少是自动化的，这一说法基本上是正确的。周围神经系统的躯体部分控制感官和随意肌，自主部分控制身体的其他部分——器官、腺体和随意肌。自主神经系统分为两个系统，分别是**交感神经系统部分**（sympathetic division）和**副交感神经系统部分**（parasympathetic division），如图 2-8 所示。

交感神经系统部分 交感神经系统部分通常被称为“战或逃系统”，因为它帮助人们和动物处理各种应激事件。这些事件中的情绪感受可能是愤怒（因此要准备战斗）或者恐惧（因此要逃跑），或者很愉快或很兴奋。是的，即使是快乐也是应激。交感神经的作用在于使身体做好准备来处理应激。

交感神经系统是通过什么具体途径来让身体做好准备来处理应激的？参看图 2-8 可知，瞳孔看上去变大，可能是为了让更多的光进入，以获得更多的信息。心脏跳得更快更有力，使血液离开不需要的器官（如皮肤，所以一开始这个人的脸色会变得苍白），有时甚至离开大脑（所以这个人可能会头晕）。血压在进入肌肉前需要大量的氧气，所以肺过度负荷（这个人可能会加快呼吸）。一组特定的腺体接受特别的指令。肾上腺激活释放一些与应激有关的化学物质（腺体释放的一大类化学物质被称为荷尔蒙）进入血流。这些应激荷尔蒙会流向身体的各个部分，但是它们只会影响特定的目标器官。正如神经递质与细胞的受点相吻合一样，应激荷尔蒙的分子与不同目标器官的受点吻合——尤其是心脏、肌肉和肺。这将会激活这些器官更努力地工作。不过，并不是所有的器官或系统都会被交感神经的活动激活。消化食物和废物排泄并不是处理应激情境中需要的功能，所以这些系统倾向于被“关闭”或者抑制。唾液作为消化的一部分，很快变干（试试在恐惧时吹口哨），胃里的食物像是堆在一起，通常不会着急去上厕所。但是如果一个人十分恐惧，膀胱或肠可能会空（这也是为什么当人死于极度应激的情况，例如缢死或电死时，会撒尿或排泄的原因）。交感神经系统还需要身体消耗大量的能量或者血糖。

◎ 这些年轻的女足球运动员正在使用周围神经系统的躯体部分控制感官和随意肌。与此同时，这些女孩子还使用了自主神经系统的哪些部分？

现在，所有的这些身体上的唤醒都是在应激情况下发生的。如果应激结束，副交感神经系统的活动就会取代交感神经系统的活动。如果应激持续时间过长或者过于强烈，这个人就可能会瘫倒（就像鹿被其他动物追捕时那样）。发生瘫倒是因为副交感神经过度响应交感神经活动的抑制的结果——心跳变慢，血管张开，脑中的血压降低，可能会导致头晕。

副交感神经系统部分 如果交感神经系统部分被称为“战或逃系统”，那么副交感神经系统部分就可以被称为“食或养系统”。这一系统的神经元位于脊柱的顶端和底部，交感神经部分的任何一边（“副”意味着“超过”或“邻近”，在这里指的是位于交感部分神经元任何一边的神经元）。

观察图 2-8，副交感部分的作用看上去与交感部分相反，但是实际上比这复杂。副交感部分的作用是使身体在应激情境结束后恢复到正常功能——心跳和呼吸减缓，瞳孔收缩，消化和排泄恢复。发送给肾上腺的信号停止，因为副交感部分与肾上腺无关。从某种意义上说，副交感部分使得身体消耗的能量恢复——这也是为什么在应激之后人通常会觉得饿的原因。

副交感部分除了对交感部分活动反应外，还在大部分平常的、日常的身体功能中起作用，如规律的心跳和平常的呼吸与消化。在一天 24 小时中，人们要花费相当多的时间用于吃、睡、消化和排泄，所以副交感部分通常是被激活的。在特定的时候，交感神经或副交感神经会决定人们是处于唤醒状态还是放松状态。

腺体是如何适应的？除了肾上腺还有其他的腺体吗？它们是如何影响行为的？

远距离连接：内分泌腺

先前我们探讨了神经元和神经递质以及它们是如何释放突触与突触后神经元进行联系的。这种类型的化学联系是相当特定的，主要影响紧邻的神经元，并且是非常快的（几乎是在瞬间）。其他的结构也采用化学传递，不过是以不同的速率和远距离的方式。例如，器官中的腺体分泌化学物质。

腺体和激素

一些腺体（如唾液腺和汗腺）分泌化学物质，通过微型管或者管道直接进入身体组织。这类腺体影响身体机能但不影响行为。其他腺体被称为**内分泌腺**（endocrine gland），没有管道并且分泌化学物质直接进入血流（见图 2-9）。这类腺体分泌的化学物质被称为**荷尔蒙**（hormone）。正如本章前面提到的自主神经系统的交感部分，这些荷尔蒙流进血流，血流将荷尔蒙传到目标器官。然后这些荷尔蒙分子与那些器官上的受点吻合实现它们的功能，从而影响行为。与突触联系相比较，内分泌联系是相对较慢的，因为激素运行到目标器官需要花时间，直到数小时、数星期甚至多年才能影响行为和反应。

荷尔蒙通过控制肌肉和器官（如心脏、胰

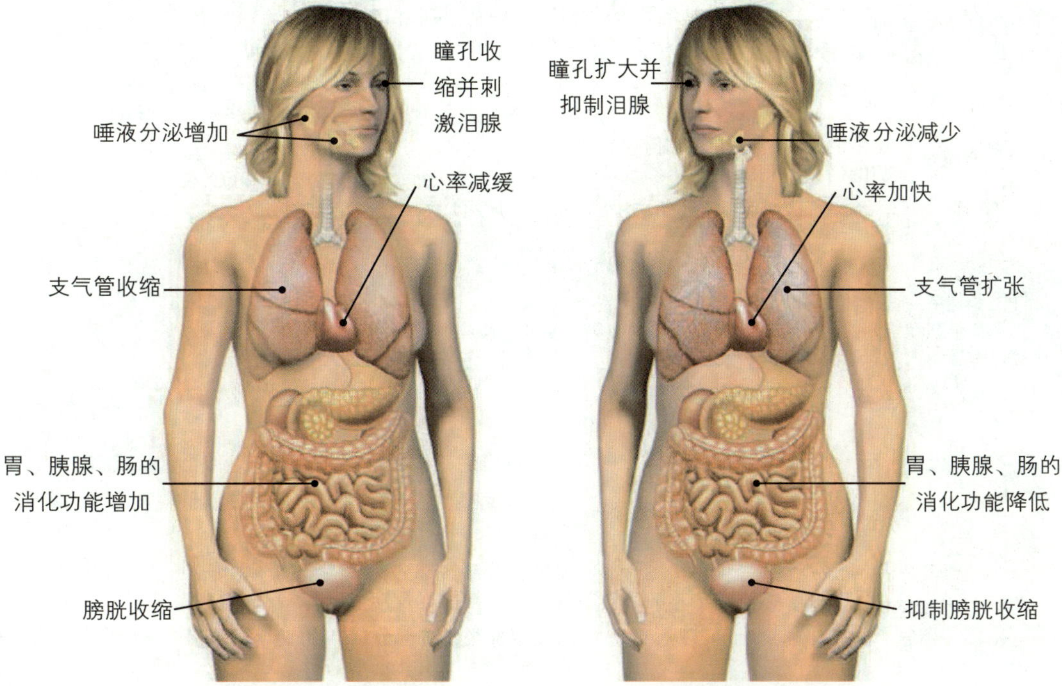

图 2-8　神经系统的交感部分和副交感部分的功能

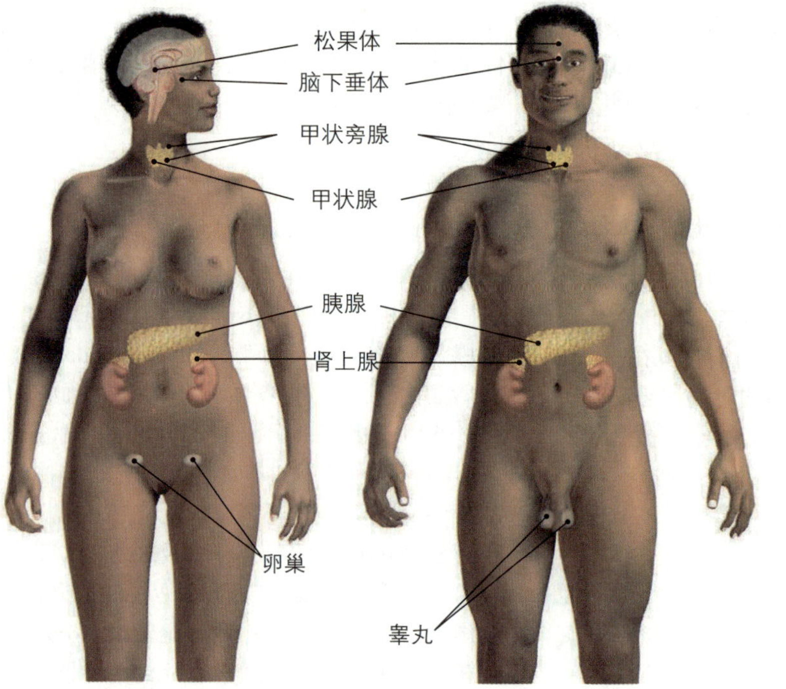

图 2-9　内分泌腺

◎内分泌腺将激素直接分泌到血液中，血液将激素送到身体的各个器官，如心脏、胰腺和性器官。

概念导图

中枢神经系统（由脑和脊髓构成）

- **脑**：神经系统的核心：从感官接收信息，加工做出决定，对身体发出指令
- **脊髓**：长束的神经元，接收和传递来自脑的信息，帮助控制疼痛反应
  - 脊髓反射包含几种不同的神经元（感觉神经元、中间神经元、运动神经元）
  - 脊髓反射能够在不需要意识的条件下进行快速、救命的行动

周围神经系统

包含不属于脑和脊髓中的神经和神经元；使得大脑和脊髓与感觉系统进行交流，并且控制身体中的肌肉和腺体；分为躯体神经系统和自主神经系统

- **躯体神经系统**　控制身体的随意肌感觉通路感觉通路
  - **感觉通路**：感觉神经元将信息传至脊髓或脑
  - **运动通路**：神经传递信息至随意骨骼肌
- **自主神经系统**　控制身体的自主功能（器官、腺体、随意肌）
  - **交感神经系统部分**：“战或逃”功能——对应激事件和身体唤醒起反应
  - **副交感神经系统部分**：“食或养”功能——在唤醒之后使身体恢复到正常功能，并在腺体和器官的日常功能中起作用

腺和性器官）来影响行为和情绪。有情绪理论表明，一些荷尔蒙的激增会诱发情绪反应。一些内分泌腺分泌的荷尔蒙还会影响脑的活性，产生兴奋或抑制影响。

垂体：荷尔蒙的主人

脑下垂体（pituitary gland）位于脑中，在下丘脑的正下方。下丘脑通过影响垂体来控制腺体系统。这是因为脑垂体是主腺，控制或影响其他所有的内分泌腺。垂体的一部分通过**催产素**（oxytocin）控制与生育有关的事情，如产奶哺育婴儿和进行分娩，还有身体内盐和水的浓度。垂体的其他部分分泌一些影响其他腺体活性的荷尔蒙。其中最重要的是生长激素，生长激素控制和调节儿童从婴儿到成人的成长。

作为主腺，垂体成为反馈系统非常重要的部分，包括下丘脑和许多荷尔蒙诱发的器官。整个内分泌系统的荷尔蒙平衡通过每个“参与者”与其他“参与者”的反馈维持。

松果体

松果体（pineal gland）同样位于脑中，靠近后部。它调节睡觉-觉醒循环。松果体分泌一种名为褪黑激素的荷尔蒙，这种激素有助于追随一天的长度（和季节）。在一些动物身上，这种激素会影响季节行为（如繁殖和蜕皮）。对于人类而言，褪黑激素水平通常影响睡觉-觉醒的循环。

甲状腺

甲状腺（thyroid gland）位于颈部里面，分泌一种名为甲状腺素的荷尔蒙，调节新陈代谢（身体消耗可用能量的速度）。

胰腺

胰腺（pancreas）通过分泌胰岛素和胰高血糖素控制身体内血糖水平。如果胰腺分泌的胰岛素过少，就会导致糖尿病；如果分泌的胰岛素过多，就会导致低血糖，使得患者在任何时候都感到饿，从而导致肥胖。

生殖腺

生殖腺（gonad）是性腺，包括女性的卵巢

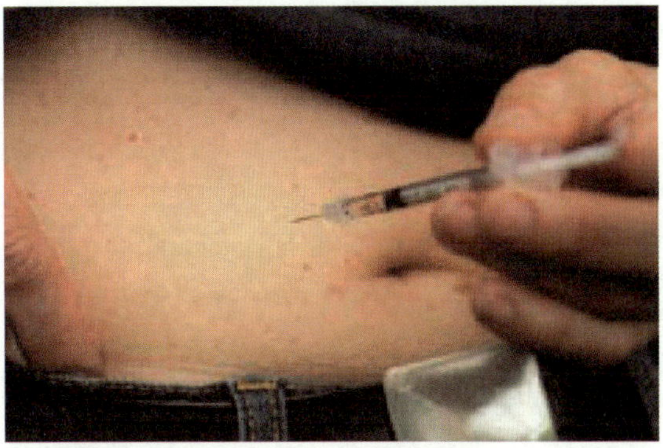

◎ 胰腺分泌的胰岛素不足会导致糖尿病。很多糖尿病患者通过给自己注射胰岛素来保证胰岛素的补给。

和男性的睾丸。它们分泌调节性行为和生殖的荷尔蒙，但是它们并不控制所有的性行为。确切地说，脑本身是性系统的主导——人类性行为不是像动物那样完全受本能以及腺体的活动控制，还受心理因素（如吸引力）的影响。

肾上腺 每个人都有两个**肾上腺**（adrenal gland），位于每个肾脏的上方。每个肾上腺分为两个部分，分别是肾上腺髓质和肾上腺皮质。当人们处于应激情况下，肾上腺髓质就会释放肾上腺素和去肾上腺素帮助交感唤醒。

肾上腺皮质产生30多种不同的荷尔蒙，被称为肾上腺皮质类脂醇（也称为类固醇），调节盐的吸收，帮助启动（开始）和控制应激反应，除了性腺提供来源之外，肾上腺皮质类脂醇也为性荷尔蒙提供来源。最重要的一种肾上腺激素是皮质醇，并在机体体验应激时释放，应激既有身体应激（如疾病、手术及其热或者冷），也有心理应激（如心情低落）。皮质醇的重要性在于，当面对应激时它释放葡萄糖进入血液，为脑提供能量，并且从脂肪细胞中分泌脂肪酸，为肌肉提供能量。

总的来说，交感神经系统和副交感神经系统之间的交互作用为我们对内部和外部事件或者挑战起反应提供了重要的框架。下面，我们将进一步看看它们是如何工作来保护我们的，或者如果它们被长时间激活，会导致哪些不良的效果。

激素与应激

应激会引起身体的交感神经系统和副交感神经系统，以及各种各样的激素的显著反应。

一般适应性综合征

内分泌专家汉斯·塞里（Hans Selye）是应激领域的先驱。他考察了身体适应应激源的生理反应的顺序。这一顺序（如图 2-10 所示）被称为**一般适应性综合征**（general adaptation syndrome，GAS），包含三个阶段。

- **警觉**。当身体第一次面临应激源时，交感神经系统就会被激活。肾上腺分泌激素，引起心率、血压和血糖供给的增加，导致能量爆发。产生的反应通常包括发烧、恶心和头痛。

- **抵抗**。随着应激的持续出现，交感活动持续释放应激激素，有助于身体对抗应激源，早期症状减少，人或者动物可能会觉得更好一些。这一阶段持续到应激源结束，或者器官耗尽资源。研究者发现，在应激时释放的去甲肾上腺素，通常会影响大脑加工疼痛，这也就是为什么当处于应激时人们通常感觉不到疼痛的原因，例如，人们的胳膊或胫骨受伤。

- **衰竭**。当一个人的身体资源耗竭，就会发生衰竭。衰竭会引起应激相关的疾病（如高血压或者免疫系统降低），或者当外部帮助无效时引起器官的死亡。当应激源结束时，副交感神经系统被激活，身体补充资源。

人们在一生中会体验到多次的警戒和抵抗阶段，使人们适应生命的需求。衰竭阶段长时间的激素释放会引起应激的不好效果。正是塞里在这方面的研究工作，使其他研究者确认了应激与一些适应性疾病（塞里使用的术语，如高血压）之间存在联系。

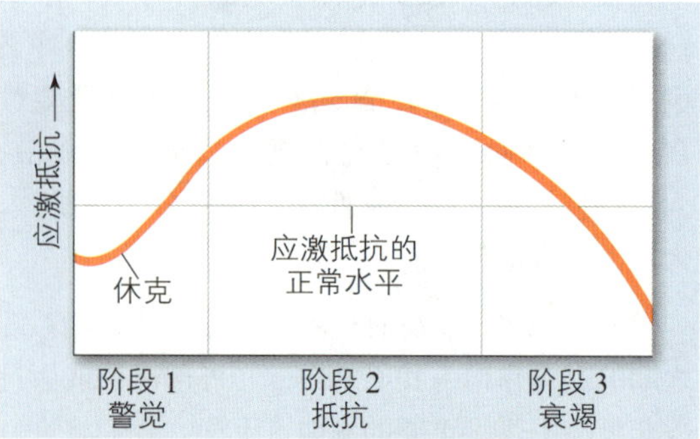

图 2-10　一般适应性综合征

◎在警觉阶段，最开始抵抗下降，交感神经系统被快速激活。当身体开启防御系统，抵抗开始迅速增加。在抵抗阶段，身体以不断增高的抵抗水平运作，采用资源直至应激结束或者资源用完。在衰竭阶段，由于资源用尽，身体不再能够抵抗，因此最终可能会引起疾病甚至死亡。

免疫系统与应激

正如塞里第一次阐述的，**免疫系统**（immune system，身体中的细胞、器官和化学物质对身体袭击的反应，使其免于疾病或伤害）受到应激的影响。**心理神经内分泌**（psychoneuroimmunology）领域关注的就是研究心理因素（如应激、情绪、思考、学习和行为）对免疫系统的影响。这一领域的研究者发现，应激会诱发与免疫系统中触发感染相同的反应。当免疫细胞或者白细胞遇到身体感染时，免疫细胞就会产生特定的酶和其他化学物质（包括抗体）。白细胞围绕在细菌或者其他感染物质周围，释放化学物质和酶进入血液。从那里开始，这些化学物质就会激活位于迷走神经上的受点，该受点是连接身体和大脑之间最长的神经的受点。这些受点的激活给大脑传递信号，表明身体有病了，使得大脑对免疫系统的进一步激活产生反应。

应激激活相同的系统，最初是从大脑而不是从血液中开始的。当将实验室动物与其他动物分离或者给予电击时，身体内的迷走神经就会受到感染，脑中会发生相同的化学改变。这具有"启动"免疫系统的效果，使得免疫系统更成功地抵抗应激，正如塞里提出的 GAS 的抵抗阶段。

激素同样在帮助免疫系统战胜应激效果方面起到重要作用。研究者发现，一种被称为脱氢表雄酮（DHEA）的激素可有助于动物对抗应激，同样能提高人们的应激耐受性——可能通过调节应激对海马体（部分边缘系统）的影响。

应激确实增加了免疫系统的活动吗？但是应激为何最终又会引起疾病（如高血压）？

应激对免疫系统的正面影响只在应激不是连续的、长期的时候起作用。随着应激的持续，身体的资源开始进入应激的一般适应综合征的衰竭阶段。在一项研究中，比较了一些有考试压力的大学生以及没有考试压力的大学生。考试组比非考试组表现出显著降低的免疫系统物质，而这些物质是用来抵抗疾病的，并且在考试后 14 天内还会出现这一现象。由此可见，应激引起的免疫系统的抑制在应激结束后还会持续。

为什么早期应激反应会有帮助，而持续的应激没有帮助？用进化的术语来说，很可能是因为，应激反应是专门“设计好的”短程反应，例如甩掉捕食者。处在这种紧张程度的身体和激素活动实际上是不可持续的，如现代社会的人类，生活中充满了应激，人们会经历长期的应激反应，并会在不威胁生存的情况下，导致免疫系统崩溃。

心脏疾病　当然，任何能够削弱免疫系统的事情对其他身体系统也都会产生消极作用。应激使人们更容易患**冠心病**（coronary heart disease，CHD），即心脏动脉中血小板出现蜡状堆积。在一定程度上与肝脏有关，即当交感神经系统被激活时，肝脏是不活动的，使其没有机会清除血液中的脂肪和胆固醇，从而导致动脉阻塞，最终可能引起心脏病发作或者卒中。在一项研究中，通过了解一些中年男性被试的应激、饮食和生活方式因素，来考察心脏疾病的生物风险因素：肥胖、高血糖、高甘油三酯（血液中的一种脂肪酸），低水平 HDL 或者“好的”胆固醇（见图 2-11）。结果发现，应激和应激激素的产量与这四种生物风险因素有强的联系：男性在他们的工作环境或者家庭生活中经历更多的应激，他们更容易表现出这些风险因素。

其他研究也发现了类似的结果。一项研究考察了“9・11”事件亲历者在急性应激反应之后的心脏健康程度。结果发现，在袭击事件之后的三年，人们患心脏疾病的患病率提高了 53%，另一项大规模研究发现，工作应激与冠心病有着强相关，这取决于应激对自主神经系统和腺体活动的负效果。目前有研究发现，工作应激与增加的冠心病，以及抑郁、睡眠障碍和不健康习惯（如缺乏身体锻炼）有关，这些都对健康无益。持续的应激并非仅对心脏无益那么简单。

癌症　癌症不仅是一种疾病，还是一系列疾病，能够影响身体的各个部分。癌症细胞不像正常的细胞能依据一般的指导来分裂和生殖，并能依据新的指导停止分裂，它的分裂不会停止。肿瘤影响器官和系统的正常功能，使得它们失效，最终杀死器官。

尽管应激本身不能直接使人们得癌症，但应激能够对免疫系统起抑制效果，使得癌症生长。尤其是一种名为**自然杀伤细胞**（natural killer，NK）的免疫系统细胞，在抑制病毒和肿瘤细胞中起作用。应激抑制自然杀伤细胞的释放，使得身体系统难以战胜癌生长。应激状态下会释放肾上腺激素，与那些正常抑制癌症细胞生长的蛋白质有关。在另一项研究中，应激释放肾上腺素和去甲肾上腺素，在一段时间内

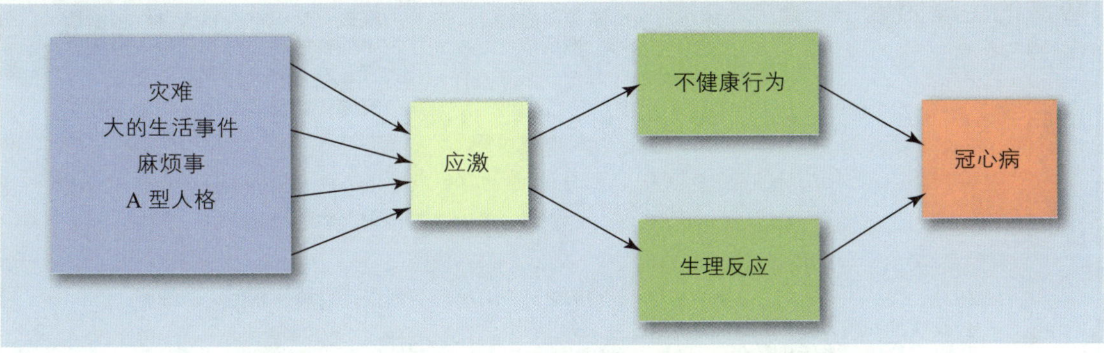

图 2-11　应激与冠心病

◎ 左边的框图表明的是各种类型的应激（A 型人格指的是那些有野心、总是在工作，而且往往还有敌意的人）。应激除了引起生理反应，遭受应激的个体可能会形成不健康的行为（如过度饮食、喝酒或者滥用药物，不运动，愤怒或者受挫折），这些行为会引起高风险的冠心病。

会引起错误（例如，损害染色体终端、染色体结尾的结构，控制细胞繁殖的次数和数量）。随着这些错误的积累，细胞就会不受控制，引起癌的生长并可能引起癌症。

应激同样可能影响癌症治疗的有效性。在一项研究中，研究者为老鼠移植人类的前列腺细胞，并通过药物治疗来破坏癌症细胞，发现当没有应激时能有效阻止癌细胞的生长，而在有应激时就会失效。

一种可能的正性消息是：不像有的研究将应激与心脏疾病和糖尿病联系起来，一项研究发现，与工作相关的应激看似与结肠、肺、胸或者前列腺的癌无关。在 12 年中，超过 10 万名被试中有 5% 患癌症，并没有发现工作相关的应激与癌症的风险有关。

其他健康问题 应激并不仅仅影响心脏疾病和癌症。正如之前所说的，应激还与体重问题有关。一种与过度肥胖有关的慢性疾病是糖尿病，尤其是 **2 型糖尿病**（Type 2 diabete，1 型糖尿病与胰腺不能分泌足够的胰岛素有关，需要药物治疗，通常在 40 岁之前就会发现）。2 型糖尿病与过度肥胖有关，随着体重增加，胰腺的胰岛素水平逐渐无效。如果注意合理饮食、适当运动和减肥，以及服用药物，2 型糖尿病的病情就会得到控制。2 型糖尿病通常主要发生在年长的成人身上，但是随着儿童肥胖的增加，如今越来越多的儿童患有 2 型糖尿病。

研究者逐渐认识到，高水平的应激与增加

概念导图

腺体 体内分泌化学物质的器官；有些影响身体机能，但不影响行为；有些则对身体和行为有广泛影响

远距离连接：内分泌腺

内分泌腺 分泌荷尔蒙直接进入血流，血流将荷尔蒙传到身体的器官，如心脏、胰腺和性器官

- **垂体**
- **松果体**
- **甲状腺**
- **胰腺**
- **性腺**
- **肾上腺**

自主神经系统 应激引起的生理反应

应激的生理因素

塞里提出了**一般适应性综合征（GAS）**，即身体在适应应激源时会经历的一系列生理反应

- **警觉**：交感神经系统首先被激活，释放应激激素（如肾上腺素、去甲肾上腺素）
- **抵抗**：交感神经系统继续被激活（如释放皮质醇和其他应激激素），直至器官的主要资源耗尽
- **衰竭**：持续的应激反应加上耗尽的资源，会引起应激相关的疾病，或者器官的凋亡。如果应激停止，副交感系统就会被激活，为身体补充资源

心理神经内分泌领域关注应激对免疫系统的效果

- 应激相关的反应与那些感染诱发相似，白细胞、酶和抗体增加
- 身体遭受短期、急性应激。长期应激或者资源耗尽会引起免疫功能的下降，形成应激相关疾病（如心脏病）

的糖尿病风险有关。瑞典开展了一项长达35年的关注健康和应激问题的研究。研究之初，7500名男性被试没有糖尿病和冠心病。那些报告感受到了与家庭生活或者工作生活有关的周期性应激的人，与那些报告没有感受到应激或者只有周期性应激的人相比，有45%或更大的概率会患糖尿病。另一项研究发现，高应激水平的工作可能会导致人们患糖尿病，尤其是那些从事社会支持水平低的工作的人。

研究发现，那些在家庭中经常体验应激的儿童比其他儿童更容易发烧（说来也奇怪，这一研究还发现，在儿童中，应激看起来还能提高他们的自然杀伤细胞的功能，与成人的结果相反）。研究和科学文献的综述发现，应激会引起一系列疾病和障碍，包括心脏病、抑郁、HIV/AIDS。另一项长期研究表明，在中年时体验与工作相关的应激会增加个体在老年发生身体或心理疾病的概率。

窥视大脑

科学家既不能确定一个活人头颅中脑组织的真实形状，也不能确定它们看起来是不是与解剖台上的脑原型一样。那么，科学家如何能发现脑的不同部位的功能？如果脑已经死亡，就不可能知道脑中的某个结构对应的功能是什么了。

了解脑特定区域的方法

研究者能够通过事故损伤或者有意操控脑组织来研究脑。在适当的情况下，这些操控能够通过损毁和刺激方法来实现。

临床研究

一种能了解脑的不同部位的功能的方法是，研究动物或人受损的脑区。对于动物而言，可以故意破坏脑的一些部分，然后研究者对动物的能力情况进行测试。研究者也可以通过电刺激动物脑的特定区域，观察会出现什么结果。破坏和刺激脑组织的基本方式都是一样的：将一根细的绝缘的电极尖端刺入测试动物的脑中。如果是为了破坏脑组织，就需要使从电极尖端传出的电流足够强，以杀死神经元。这个过程被称为**损伤**（lesioning）。

研究者显然不能损害人的脑，那么研究者是如何研究人脑功能的呢？通过观察那些有脑损伤的人，测试他们能做什么、不能做什么。不过，这不是研究人脑的理想方法，因为没有哪两个脑损伤的个案研究所涉及的损伤的脑区以及损伤的大小完全一致。

脑刺激

与损伤不同，一种损伤较少的研究大脑的方法就是通过电刺激来暂时中断或者增强特定脑区的正常功能，然后考察相应的行为或者认知的变化结果。刺激脑特定区域的程序与损伤非常相似，但是非常温和，不会损伤神经元。当神经元接受信息时，神经元确实会有反应，这被称为脑的电刺激（electrical simulation of the brain，ESB）。这已成为心理学中的一个重要的技术，正如在动物中使用的那样（并且在一些特殊的情况下，如在手术前测试癫痫时会使用），给予我们启发，包括治疗的新方向。

侵入技术：从内部刺激 深度脑刺激（deep brain stimulation，DBS），是一种特殊的ESB类型，在人类的一些疾病中非常有用。在DSB中，神经外科医生将电极放置在患者脑深部区域的特定位置，然后将电线接到像起搏器一样的被称为脉冲发生器的装置上，通过手术放置在患者的锁骨内。然后，脉冲发生器发送脉冲到植入电极，刺激特定脑区。深度脑刺激被广泛用于治疗帕金森病，而且在治疗癫痫、慢性疼痛和一些精神障碍起着重要的作用。像DBS这样的技术，通常只在其他非侵入治疗不怎么起作用或者会起很大负作用的时候才会使用。例如，在其他治疗没有效果的时候，会采用DBS治疗神经性厌食症。

非侵入技术：从外部刺激 非侵入技术也能用来刺激脑。在经颅磁刺激（transcranial magnetic stimulation，TMS）中，采用特定的铜线放置在头上来应用磁冲动所产生的磁场刺激皮层目标区域的神经元。当冲动重复呈现就出现了长时间的持续刺激，成为重复TMS（repetitive TMS，rTMS）。另一种方法被称为经颅直流电刺激（transcranial directcurrent stimulation，tDCS），它采用头皮电极来穿过非常低幅度的直流电，以改变电极下皮层神经元的活性。rTMS和tDCS被认为是研究认知（如记忆提取和决策）的研究工具，并且是治疗一些心理疾病（如创伤后应激障碍、抑郁），以及身体疾病（如卒中）的方法。

要记住，刺激皮层可能会加速特定功能或者行为，但是会损伤别的。例如，如果一个人从1数到20，可以激活运动皮层。在这个过程中，这个人的语言可能会被打断，但是可以刺激前额叶皮层的一些区域来帮助这个人关注数数的任务。而且，大脑是广泛连接的，所以刺激一个区域会影响到别的区域。研究者在一项最近的研究中发现，左额叶皮层一直刺激，导致左右两侧前额叶皮层的血氧饱和度降低。

注意：tDCS与电冲动治疗不同，后者是使用更强的电流来刺激整个大脑，引起癫痫发作和改变与抑郁有关的脑化学变化。

神经成像技术

所有这些刺激领域的方法为人们提供了有关

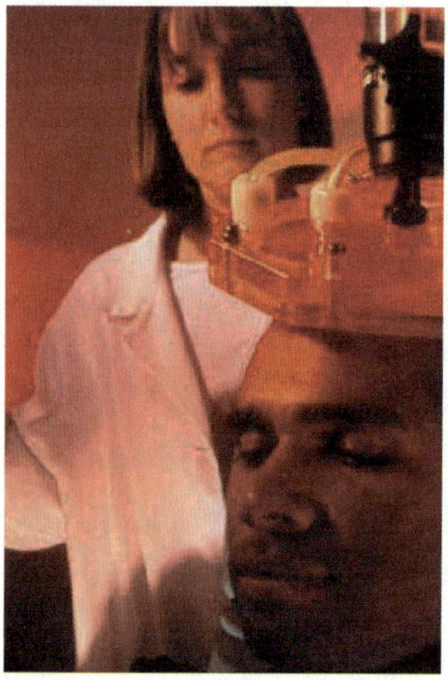

◎ 马里兰贝塞斯达心理健康国际机构的一名医生使用电磁作为治疗抑郁症的实验部分。这种治疗方法被称为rTMS，即通过激活脑中的神经元以诱发活动。

脑、思考和行为的重要信息等，但是这些方法不能使我们了解大脑作为一个整体是如何运作的。相反，一些神经成像技术通过直接成像脑结构（不同部分）或者功能（如何工作 ）就可以做到。这些方法在空间（能看到细节）和时间（能定时锁定记录的事件）分辨率上是有差异的。

成像结构

以前，科学家和研究者会等到某个人死的时候来考察脑的结构，而如今再也不用这样了。科学家有多种方法可以在不引起个体损伤的情况下考察脑结构。

CT扫描 一种考察活人的脑的方法，是通过电脑对脑进行一系列X射线扫描。这是在**CT扫描**（computed tomography scan，CT scan）中完成的（电脑X线断层摄影术，或者通过电脑对脑切面成像）。通过CT扫描可以了解卒中、肿瘤、受伤和不正常的脑结构［见图2-12（a）］。当身体内有金属（如子弹或者手术小钳子）时，会选择CT扫描进行结构成像，对头骨骨折进行成像也是很有用的［见图2-12（b）］。

MRI扫描 尽管CT扫描已经做得很好，但是仍不能显示出脑中非常小的细节，**磁共振成像**（magnetic resonance imaging，MRI）则可以显示出更多的细节，甚至能让医生看到轻微卒中的影响［见图2-12（c）和图2-12（d）］。接受MRI扫描的人需要置于可以产生足够强的磁场的机器内部。甚至有的仪器只需花费更短的时间，而且足够简单——快速MRIs。磁场使得电脑可以创造出脑的三维图并在屏幕中显示图像切片。

采用MRI作为基础，研究者发明出一些技术来探究脑的其他部位。MRI光谱可以考察脑中特定化学和神经递质的连接。另一种技术被称为弥散张量成像（diffusion tensor imaging，DTI）。脑有两个不同的颜色区域：灰质，包括无髓鞘轴突构成的外部区域；白质，髓鞘化轴突构成的纤维束（髓鞘颜色亮）。DTI使用MRI技术来测量白色物质在脑内的连接。DTI用于考察多种疾病和状况，包括多发性硬化、痴呆和精神分裂症。

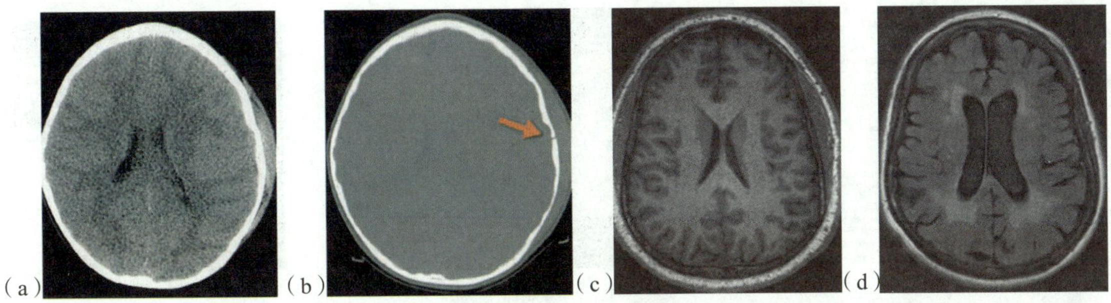

图 2-12 脑结构成像

◎图（a）是一个五岁女孩头部受伤、头骨骨折的 CT 扫描图片，呈现了脑和与受伤有关的肿胀；图（b）同样是 CT 扫描，突出了头骨结构（红箭头标明）。对比图（a）和图（c）（不同的成人个体）中核磁扫描的脑细节。注意，扫描区域是水平的，将脑分为上部和下部。图（d）是来自老年人的不同类型 MRI 图，有皮层细胞损失（萎缩）和白质改变。注意与图（c）相比，外部皮层中扩大的心室和增宽的沟（回）。

图（a）、图（b）、图（c）、图（d）成像由 OsiriX 软件制作。CT 和 MRI 来自 N.White 的数据。

成像功能

了解成像脑结构以及不同脑区的功能也是很重要的。科学家和研究者有许多不同的方法考察脑的生理部分和脑的功能。

脑电图 脑电图（electroencephalogram，EEG）是一种无害的研究脑的活性的方法，是用一种名为**脑电仪**（electroence phalograph）的仪器记录头颅下神经元的电活动。第一次使用脑电图记录脑活性是在 1924 年由汉斯·伯格（Hans Berger）完成的。小金属片被称为电极，直接放在覆盖头骨的皮肤上，使用像果冻一样的物质将头颅下神经元的电信息传导出来。电输出各种形式的波可以反映出很多事情，如睡眠阶段、癫痫甚至创伤。EEG 还能被用于检测在进行各种心理任务（如记忆和注意）时脑的哪些区域被激活。EEG 活动可以通过外观和频率来分辨，不同的波段与不同的脑活动有关。例如，位于脑后部的 α 波表示放松状态［见图 2-13（a）中下面的两条线］。在第 4 章中会对 EEG 波进行细致的说明。

另一种使用EEG的仪器被称为事件相关电位（event-related potential，ERP）。在 ERP 中，刺激的多重表征的解释通过 EEG 测量，得出平均值，借此消除在单独 EEG 记录的背景中发生的随机脑活动的变动。这一结果是对与刺激事件本身相关的脑的电位的测量，或称事件相关电位。ERP 有多种不同的用途。如一项研究考察识别有无精神分裂症的面孔情绪的脑过程。在另一项研究中，ERP 被作为一种可能的测谎手段。这一形态还被用于脑机交互（brain-computer interfaces，BCIs），以帮助那些像本章开篇提到的里克那样的人，更好地与他人和世界联系。

PET 扫描 功能神经成像方法依赖于脑部的电刺激。其他方法使用脑激活的其他指标，包括能量消耗或者血氧水平的改变（如果脑区被激活，就会使用燃料和氧气）。PET **扫描**（positron emission tomography，PET），给人注射放射性葡萄糖（糖的一种）。计算机通过观测哪些细胞消耗放射性葡萄糖来探测大脑细胞的活动，并在一个监控器上显示成像活动。计算机使用不同的颜色表明大脑活动的程度，越亮的颜色代表激活越大［见图 2-13（b）］。通过这种方法，研究者可以通过电脑显示人在完成任务时的大脑活动，来了解个人在完成不同任务时的大脑活动。一个相关的技术就是**单电子放射计算机成像**（single photon emission computed tomography，SPECT），用这种方法测量大脑的血流，使用比 PET 更容易观测的放射探测因子。

功能磁共振成像（fMRI） 尽管传统的磁共振成像扫描仅仅能显示结构，有一种被称为**功能磁共振成像**（functional MRI，fMRI）的技术采用的是计算机追踪血液中氧含量的变化［见图 2-13（c）］。通过在脑结构的上部定位脑中氧的位置，研究者就能判断出大脑的哪些区域被激活。通过获得一段时间内的这些成像，就能

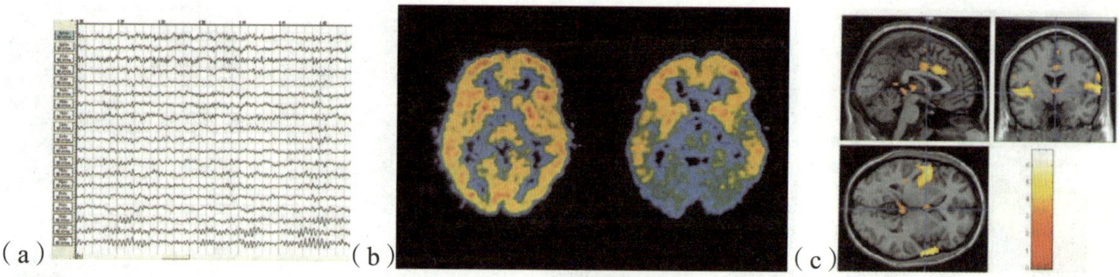

图 2-13　脑功能成像

◎脑功能成像的多种方法。图（a）显示的是 EEG 记录，图（b）显示的是 PET 扫描，图（c）显示的是 fMRI 研究。图（c）来源于 N. White 的数据。

够形成一段关于大脑功能的短“电影”。功能磁共振成像因能够观测更多的细节，比 PET 成像更加清晰，并且非常迅速，使其成为一种研究脑活动的有效工具。例如，fMRI 可以观测阿尔茨海默病患者，在那些与语意知识和词提取有关的脑区的活动，比非阿尔茨海默病患者激活更大。这些结果能够帮助研究者更早地识别那些有阿尔茨海默病风险的患者。还有一些激动人心的研究表明，人们能够使用 fMRI 调节自己的脑活动过程。精神分裂症患者能够使用实时 fMRI 来学会如何控制大脑部分，以帮助其识别面部情绪，这是精神分裂症患者一个常见的缺陷。

我已了解了如何观察脑的内部，那么脑中到底有什么呢？

自下而上：脑的结构

现在来看脑的各种结构，从底部开始逐渐到顶部。本章节不讨论脑的每个单独部分，只

概念导图

窥视大脑

（研究活动大脑的结构或者活性的方法）

- **早期的方法**
  - 通常在人死后采用解剖技术
  - 不能直接观察功能
- **临床研究**
  - 研究脑损伤的动物或人；损伤有可能是由于事故、伤害，或者对动物而言的故意损害
  - 通过对损伤（伤害或者破坏脑区）定位或者电刺激来研究脑区
- **成像结构**
  - **计算机断层扫描（CT）**：基于X射线的技术；良好的脑成像装置，尤其是当身体内有金属时
  - **磁共振成像（MRI）**：高空间分辨率的装置
- **成像功能**
  - **脑电图（EEG）**
    - 时间分辨率高但空间分辨率低；使用头皮电极来记录脑的电活动；同时可以研究自发活动和事件相关电位
    - 根据频率和形态可以区分活性；传统波段有delta波、theta波、alpha波和beta波
  - **正电子放射断层扫描（PET）**：用于成像功能；注射凝结在葡萄糖上的放射性示踪物；使用放射性葡萄糖记录细胞活性
  - **功能磁共振成像（FMRI）**：通过观测血氧水平成像大脑功能；血氧水平提高与增加的功能有关

讨论那些心理学家在探讨人类行为时感兴趣的部分。脑的许多部分在其功能上有重叠，但仅凭一个章节就想全面了解脑是不可能的。

后脑

在我们的早期发展中，大脑可以分成三个主要的部分，随后会分成更小的部分。这三个主要的部分是前脑、中脑和后脑。前脑包括皮层、基底神经节和边缘系统。中脑对感觉和运动系统起作用。后脑包括髓质、脑桥和小脑。

髓质

髓质（medulla）位于脊柱的顶端。如图 2-14 所示，它是脊髓顶端的第一个膨胀物，正位于脑的最底端。这是脑中最不希望受伤的部位，因为它控制生命维持功能（如心跳、呼吸和吞咽）。髓质来自身体两边的感觉神经交叉，所以来自身体左边的感觉信息可能被传到脑的右边，反之亦然。

脑桥

脑桥（pons）是位于髓质上方更大的膨胀物。这里使用了“桥”一词，脑桥的确是连接脑的低级部位和高级部位的桥梁。正如在髓质中有交叉的神经，在这里，运动神经将脑中的信息传给身体。这使得脑桥得以协调身体左右两边的运动（在阅读本章后面有关左右脑功能的内容时，记住这些交叉神经是很有用的）。脑桥还影响睡眠、做梦和唤醒。脑桥在睡眠和做梦中的作用将在第 4 章进行更加细致地探讨。

网状结构

网状结构（reticular formation，RF）是一块由穿过并稍微高于髓质中部和脑桥的神经元组成的区域。这些神经元在人们对环境中特定类型信息的选择注意中发挥作用。一般来说，网状结构使人们忽视平常不变的信息（如空调的噪音），对信息的变化保持敏感（如空调关了，大部分人很快就会注意到）。

网状结构还是帮助人们保持警觉和唤醒的脑结构。网状结构的一个部分被称为网状激活系统（reticular activating system，RAS），它激活脑的上部，以保持清醒和警觉。当人开车时，如果忽然有人超车，网状激活系统就会使驾驶员全神贯注。这一系统还使晚上在各种噪音包

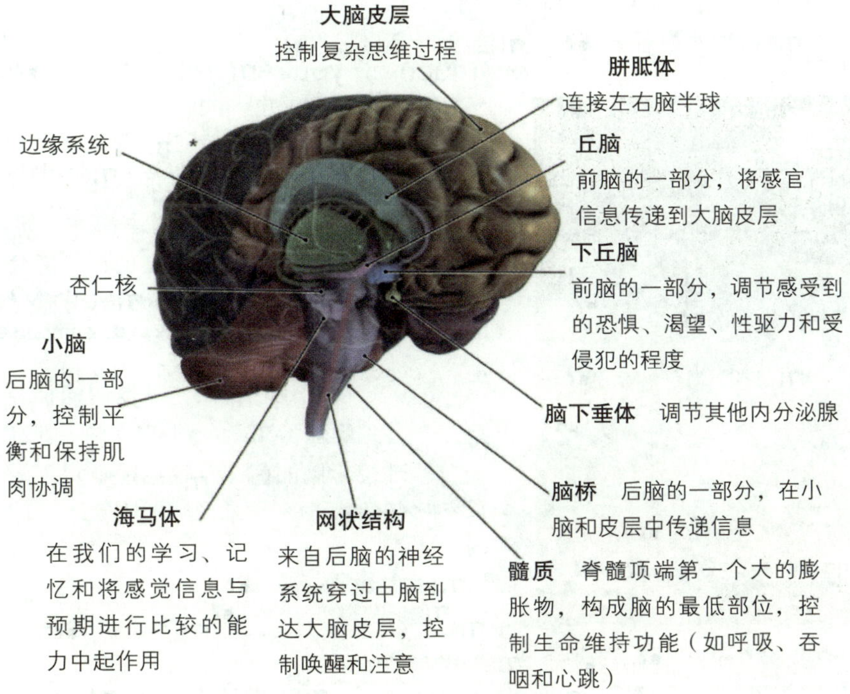

图 2-14 人脑的主要结构

围中睡觉的母亲听见小孩的哭声。

研究表明，当老鼠睡觉时刺激它的网状系统，它们会立刻醒过来。如果网状结构受损（例如深度损伤），它们就会处于一种昏睡状态并且从不醒来。网状结构还与人的昏迷有关。

小脑

在头骨基部、脑桥后面以及脑主要结构的下面，有一个看起来像小型脑一样的结构（见图 2–14），这就是**小脑**（cerebellum）。小脑是控制所有不随意、快速的精细活动的脑底部的一部分。人们可以笔直地坐着，是因为小脑控制所有的小型肌肉，不会从椅子上掉下来。小脑负责协调发生在快速连续运动中的随意运动，如行走、跳水、滑冰、体操、跳舞、打字（一旦学会）、演奏乐器，甚至是演讲。习得反射、技巧和习惯同样存储在小脑中，小脑可以使这些行为接近自动化。正因为有了小脑，人们才不需要不断地思考他们的姿势、肌张力和平衡。

如果你的小脑受损，就会变得非常不协调吗？

是的，有一种名为脊髓小脑变性症的病，最开始的症状是颤抖、走路不稳、口齿不清、头晕及肌无力。患这种病最后会演变成不能走

◎ 这位投手必须依靠自己的小脑来帮助他保持平衡和协调精细肌肉，才能精确敏捷地投掷棒球。还有哪些职业非常依赖小脑的活动？

路、站立，甚至不能把勺子放进自己的嘴巴。这些症状看上去和酒精中毒的表现一样。

正如我们开始更好地理解各种胶质细胞的作用那样，研究者和科学家仍然努力去了解细胞的其他功能。研究表明，小脑不仅控制运动，还可能涉及更高级的功能，在感觉运动任务中，部分的小脑被激活，其他部分在认知或者情绪任务中被激活。

皮层下结构：边缘系统

前脑包括脑的两个大脑半球，包括将在本章后面要讨论的皮层和每个半球皮层下的许多重要结构。这些皮层下结构在我们的思维和行为中起到一定的作用。而有些皮层下结构会影响运动控制和运动技能的学习——基底神经节、连接皮层和脑的其他部分的白质纤维通路以及脊髓核，我们将关注被统称为边缘系统的皮层下结构（见图 2–15）。

边缘系统（limbic system，“边缘”一词的意思是“边上的”，这一结构位于脑上部的内部边缘）包括丘脑、下丘脑、海马体、杏仁核和扣带回。总体来说，边缘系统与控制情绪、动机和学习有关。

丘脑

丘脑（thalamus）在某些方面和分诊护士一样。这个位于脑中心、近似圆形的结构，起着接收感觉信息中转站的作用。它就像护士，在将感觉信息传到处理这些感觉（如听觉、视觉、触觉和味觉）的皮层之前，可能会完成一些加工。丘脑损伤可能会导致部分感觉和全部感觉丧失或部分丧失。

嗅觉比较特别，鼻窦内的神经元信号直接传到**嗅球**（olfactory bulb）这一特定脑部位，嗅球位于脑的前部。嗅觉是唯一不受丘脑损伤影响的感觉。

下丘脑

脑中位于丘脑下面前部一个非常小却极其强大的部分（见图 2–15）。**下丘脑**（hypothalamus）调节体温、口渴、饥饿、睡觉、

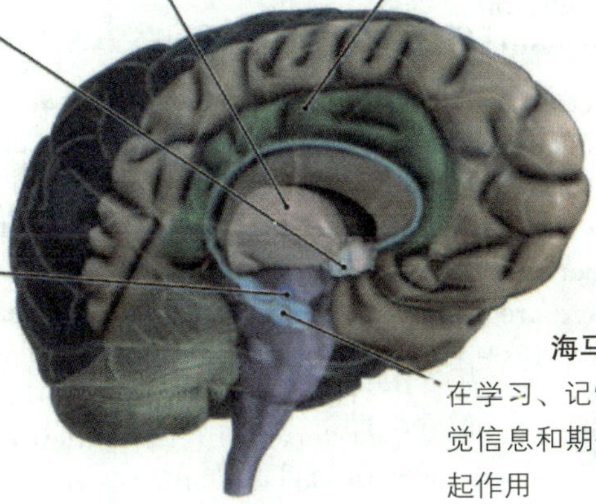

图 2-15 边缘系统

走路、性行为和情绪。它位于脑垂体正上方，脑垂体被称为"主腺体"，它控制所有其他内分泌腺的功能，我们将在本章的后续内容中对此进行讨论。下丘脑控制脑垂体，所以下丘脑是荷尔蒙的终极调节器。

海马体

与脑中其他许多结构一样，**海马体**（hippocampus）也是基于它的外形而被命名的——第一个解剖脑的科学家认为它长得像海马。海马体位于每侧大脑颞叶中线（"中线"意味着靠近中间）。研究表明，海马在形成长时（永久）记忆中起作用，长时记忆存储在脑的各个部位。正如前述乙酰胆碱是与肌肉控制有关的神经递质，它还与海马体的记忆功能有关。例如，阿尔茨海默病患者的乙酰胆碱水平比正常人低很多，药物可以提高人体内乙酰胆碱的含量。海马体位于两侧脑的颞叶处，电刺激颞叶可能会产生类似记忆或梦的体验。

◎ 这位年轻女士的口渴由下丘脑控制。

杏仁核

杏仁核（amygdala）是脑中另一个以形状命名的区域，它位于海马体附近。这两个部分会在恐惧反应和对恐惧的记忆中起作用。感官信息在尚未被脑的高级部位接收到时先传到杏仁核，所以人们能够对危险做出迅速的反应，有时甚至是在人们意识到危险之前。1939 年，研究者发现颞叶大片区域（包括海马体）被摘除的猴子毫不害怕蛇和人，而蛇和人对猴子而言都是恐惧诱发刺激。这一效应就是后来人们所熟知的克鲁尔-布西综合征（klüver–Bucy syndrome）。杏仁核损伤的老鼠被放在猫附近时也同样毫不惧怕。有关杏仁核损伤的人的研究同样表现出恐惧反应降低。尽管杏仁核在形成情绪记忆中起到重要作用，但至今尚不清楚是否有记忆存储在杏仁核中。

扣带回

扣带回（cingulate cortex）是在皮层中发现的边缘结构，位于胼胝体和顶叶的右上方，在情绪和认知加工中发挥重要作用。扣带回可以被分成多达四个区域，在加工情绪、认知和自主性信息中各自起着不同的作用。在许多认知任务（如选择性注意、书面语再认和工作记忆）中都会表现出激活，并且与一系列心理和精神障碍有关，包括注意缺陷多动障碍、精神分裂症、重度抑郁症和躁郁症。接下来将介绍皮层及其功能。

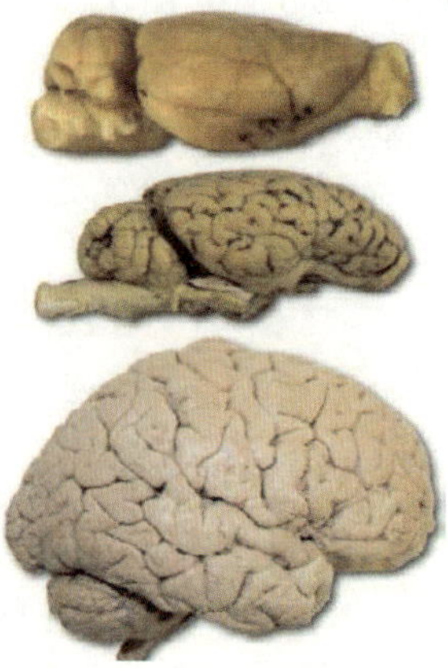

◎自上而下，老鼠的大脑、羊的大脑、人的脑（并不是按比例来的）。注意这三个大脑的皮层数量的区别或者褶皱。皮层数量越多体积越大，也越复杂。

皮层

正如前述，**皮层**（cortex）是脑最外面的部分，当人们画他们自己所认为的大脑形状时，所描绘出来的就是皮层。它由紧密的神经元构成，只有约 2.54 毫米厚。这一组织看上去是煤灰色的，因为紧密的细胞体是灰色的，一些小的血管是粉红色的。皮层是非常好认的表面解剖学结构，因为它布满褶皱。

为什么皮层布满褶皱？

皮层的褶皱可以使更多的皮层细胞存在于头骨内这么小的地方。如果把皮层取出来熨平，然后对其面积进行测量，约有 0.22 平方米（如果真的这么做，很明显这个人会死，对吧）。在出生之前脑就开始发育，形成了光滑的表皮覆盖在其他的脑结构上。可能由于脑的体积越来越大，并且越来越复杂，皮层也随之出现更多的褶皱。褶皱增加被称为皮质化，是测量人类智力的真正方式。

大脑半球

皮层分成两个部分，被称为**大脑半球**（cerebral hemisphere），大脑半球通过厚且坚韧的纤维束（轴突）的**胼胝体**（corpus callosum，字面意思是“坚硬的皮肤”，和脚上的皮肤硬结一样）连接起来（见图 2-15）。胼胝体使得左右半球进行信息传递。通过观察表面，更深的褶皱或者裂纹能够把每个半球大致分为四个部分或叶。这些叶以所覆盖的颅骨而命名（见图 2-16）。

皮层另一个组织化的特征就是特定区域，每个半球对应着身体相反的位置，要么是传递信息，要么是接收信息。例如，运动皮层控制

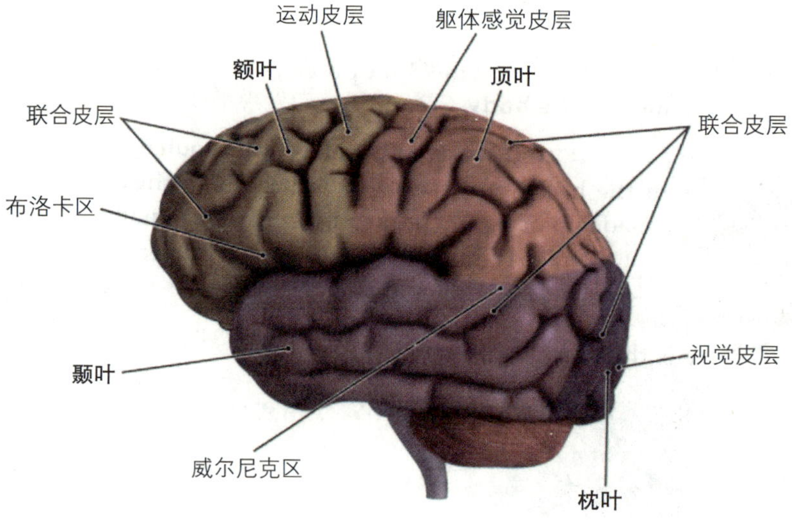

图 2-16　脑叶：枕叶、顶叶、颞叶和额叶

身体相反位置的肌肉。如果我们用右手写字，就是左半球的运动皮层控制着这些运动。这一特性被称为对侧组织，在信息从感觉器官传递到大脑和从大脑传递到身体的运动中起到关键作用。

我们身体的信息同样被传递到两侧脑，或者双侧（正如听觉和视觉），或者传递到单侧的脑，或同侧的脑（如味觉和嗅觉）。这些方面在研究大脑对侧中很有用。尽管目前尚不清楚为什么有一些结构有这样的功能，而另一些结构没有，但是至少有一些信息能帮助我们识别信息来自哪里。对于来自耳朵的听觉信息，感觉信息传递到双侧脑使我们能够区别来自每个耳朵的轻微的不同信息。

枕叶

在皮层的基部，朝着脑后面的地方称为**枕叶**（occipital lobe，“枕部”这个词指的是脑的后部）。这个区域在初级视皮层中加工来自眼睛的视觉信息。视觉联合皮层同样也位于枕叶，它对来自眼睛的视觉信息进行识别和赋予意义。著名的神经病学家奥利弗·萨克斯（Oliver Sacks）曾治疗过一个右侧枕叶长肿瘤的病人。这个病人能够清晰地看到物体，甚至能借助物理术语来描述，但是他不能只通过视觉来识别出物体。例如，萨克斯曾给他看一支玫瑰花。他将玫瑰花转来转去，然后描述这是一种有绿色管状突起的“红花”。只有当他把花放在鼻子下面（嗅觉信息刺激），他才能识别出这是玫瑰花。皮层的每个区域都有这类联合区，帮助人们对感觉信息赋予意义。

顶叶

顶叶（parietal lobe，“顶”的意思是墙壁）在脑的上部和后部，顶骨下就是头盖骨。这一区域包含**躯体感觉皮层**（somatosensory cortex），即每侧脑顶叶前部的神经元（见图2-17）。这一区域加工来自皮肤和内部身体受体（如触觉、温度和身体位置）的信息。躯体感觉皮层的分布形状非常有趣——脑上部的细胞接收来自身体底部的信号，随着这一区域往下，接收的信号却来自越来越向上的身体部位。就像一个小的倒转的人位于这一细胞区域。

颞叶

颞叶（temporal lobe，意思是“属于或者邻近太阳穴”）的起点“颞”在太阳穴的后面。颞叶包含初级听觉皮层和听觉联合皮层。左侧颞叶皮层与语言有关。我们已经讨论了颞叶的中间部位、杏仁核和海马体，这些部位涉及学习和记忆。还有一些颞叶的部位帮助我们加工视觉信息。

额叶

◎这名拳击手必须依靠他的顶叶来感觉他的身体与地板上的环以及对手的位置，他的枕叶看到目标，额叶指导他的手出拳。

◎当男孩模仿他父亲刮胡子的动作时，他脑中的特定区域被明显地激活，这些区域控制刮胡子这一动作。不过，当这个男孩只看他父亲刮胡子时，这些相同的神经区域也会被激活——男孩脑中的神经元能够将他所看的他父亲的动作形成镜像。

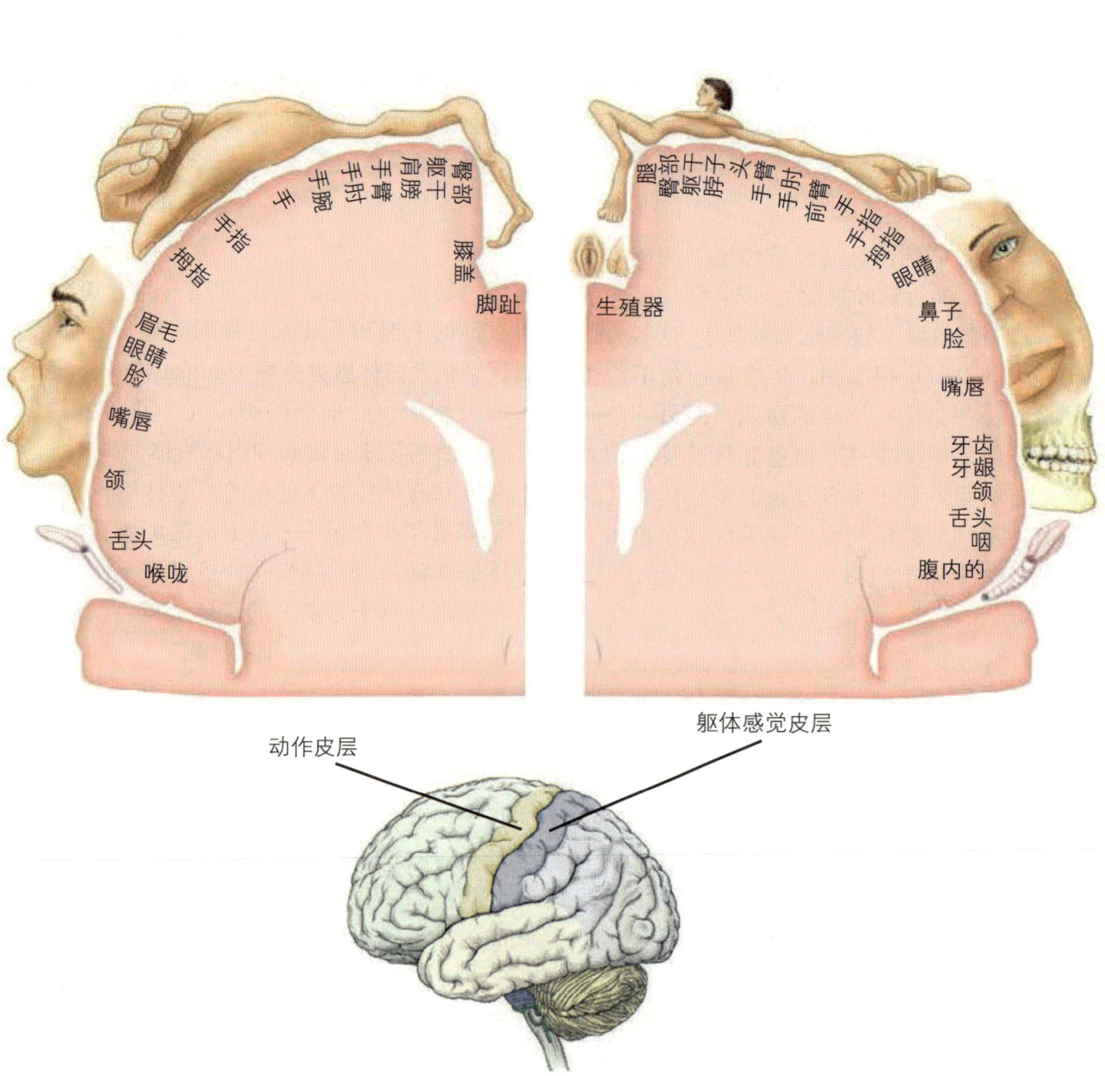

图 2-17　运动和躯体感觉皮层

◎ 额叶的运动皮层控制身体的随意肌。运动皮层顶端的细胞控制身体的底端，而运动皮层底端的细胞控制身体的顶端。身体依据与其有关的皮层细胞的数量来画大或画小。例如，手有许多小的肌肉，因此要求大面积的皮层细胞来控制它。躯体感觉皮层位于顶叶、运动皮层后面，其余运动皮层的组织方式很像，接收触觉和身体位置的信息。

这一脑叶在脑的前部，因此被称为**额叶**（frontal lobe）。所有高级心理功能都与额叶有关——计划、人格、记忆存储、做出复杂决策，以及与语言有关的区域（大部分人都是左半球）。额叶还通过其与边缘系统的联系来控制情绪。第 1 章提到的菲尼亚斯 · 盖奇，他的额叶受到损害。他之所以不能进行情绪控制，是因为与边缘系统联系的皮层结构受到了损伤，尤其是杏仁核。总的来说，他有从左半球与大脑其他部位联系的缺陷。额叶损伤的人可能在完成心理任务时出问题，卡在一步中或者错误的答案中出不来，并不断重复。

额叶还包括**运动皮层**（motor cortex），位于每个叶后部的神经元束（见图 2-17）。这些细胞通过将命令传到周围神经系统的躯体部分来控制身体随意肌的运动。运动皮层的构造和躯体感觉皮层一样，就在顶叶的右侧。

脑的这个区域是当前一系列研究的焦点所在，尤其是特定神经元类型的功能。这些神经元被称为**镜像神经元**（mirror neuron），这一神经元在动物运动时被激活，同样，还能在动物观看其他动物做同样的动作时被激活。先前关于人的脑成像研究表明，这些神经元在人类大脑中也存在。但是，目前的单细胞和多细胞记录表明，镜像神经元也存在于运动区域和视觉区以及记忆区。这表明，这些神经元比之前想的提供的信息更多。这些结果能够帮助我们更好地理解或者治疗特定临床症状，比如涉及大脑中错误的镜像系统（如孤独症）。

思考一下

据报道，菲尼亚斯·盖奇被一根棍刺穿了额叶，他在事故发生后的一段时间表现出明显的人格和行为的改变。

讨论他的损伤和随后的行为改变是生物改变的结果，也可以归结于其他，可能是“社会”原因。

我们已经提到联合皮层好几次了。脑的其他脑叶也包含联合皮层吗？

皮层的联合区

联合区（association area）由皮层中的神经元构成，连接进入大脑的感觉信息，并存储记忆、图像和知识。换句话说，人们通过联合区对感觉输入赋予意义。尽管枕区和颞叶的联合区已被提及，但因为大部分的脑联合皮层位于额叶，所以我们有必要更加详细地阐述这些特别的联合区。

布洛卡区

在大部分人的左额叶中，有一片区域负责言语产生（一小部分人的布洛卡区在右额叶）。这一区域的特别之处在于，它能使人们流利顺畅地讲话。19 世纪，神经学家保罗·布洛卡（Paul Broca）在第一次研究了这一区域损伤的病人后，把这一区域称为布洛卡区。若布洛卡区损伤会导致人们不能流畅连贯地说话。出现这种状况的人知道他想说的，也能够理解别人所说的，但是却不能控制自己语言的实际产生。这些人说话吞吞吐吐并且经常发错音，如将“clock”发成“cot”，或者将“nine”发成“none”。他们还会完全遗忘一些词，如“the”或者“for”。这被称为**布洛卡失语症**（Broca’s aphasia），即不能使用或理解书面语言或者口语语言（口吃是语言启动的问题，而不是发错音或者遗忘词语，但可能也与布洛卡区有关）。

威尔尼克区

在左颞叶（同样，大部分人都是这样的）有一个区域。与布洛卡同一时期的生理学家卡尔·威尔尼克（Carl Wernicke）第一次研究这一区域损伤的问题后，将这一区域称为威尔尼克区。这一区域看似和词义理解有关。患有**威尔尼克失语症**（Wernicke’s aphasial）的人能够流畅地说话，而且发音准确，但使用的词却是不对的。例如，艾尔西的威尔尼克区受损。在急诊室，护士给她量了血压，在袖带鼓起来后，艾尔西说：“噢，它真是星期六紧。”“星期六紧”是什么意思？护士和艾尔西的女儿都不知道是什么意思，但是艾尔西认为这句话是有意义的。

空间忽视

发生卒中后一种常见的现象就是**空间忽视**（spatial neglect），或称单边忽视，那些右侧顶叶和枕叶受伤的患者会忽视出现在他们左视野中的所有东西。单边指的是身体的一边，这种大脑损伤通常影响对左边视野物体的注意。额叶和颞叶损伤同样伴随着顶叶损伤。空间忽视会影响左半球，但是这种现象很少发生，而且比右半球忽视的症状轻很多。

拉马钱德兰博士（Ramachandran）在其精彩的著作《脑中魅影》（*Phantoms in the Brain*）中，报告了一个有趣的关于空间忽视的个案。一位平时外表总是干净整洁、一丝不苟的妇女，当她的儿子来看她时，却发现她头发散乱且古怪。她左侧的头发没有梳理，绿色的披肩整齐地放在右肩上，但是左边却拖在地板上。她右边的嘴唇涂着规矩的口红，但是只涂了右边——她的左侧脸完全没有化妆！她的眼线、睫毛膏、口红都只用在右边脸。这位患卒中的妇人就是患了单侧空间忽视症。

◎ 当这位妇人梳着右侧的头发时，她真的“看见”了左侧了吗？如果她有空间忽视症，答案则为“否”。尽管她的眼睛可以看得很仔细，但是她损伤的右半球却拒绝注意她的左侧视野。

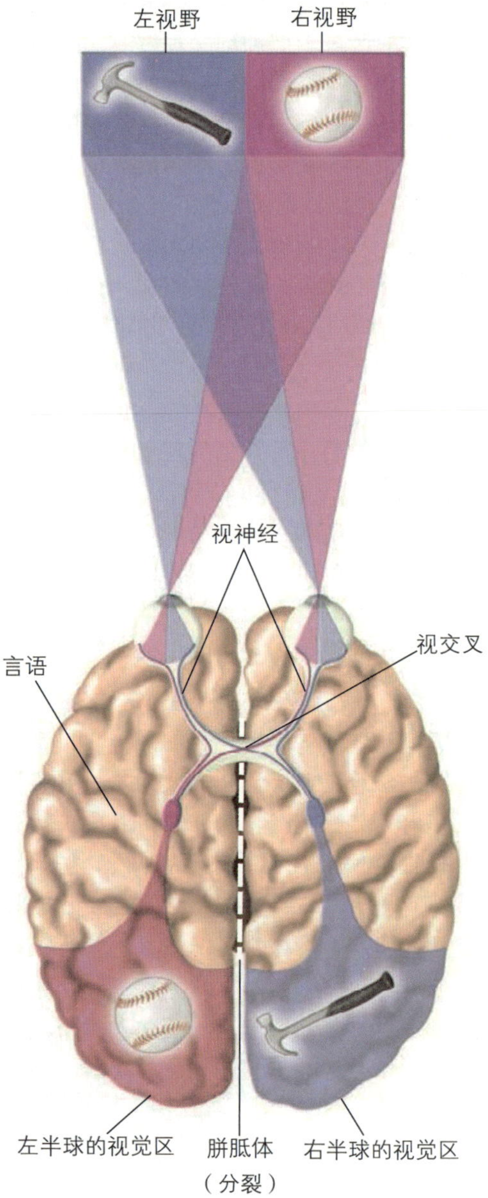

图 2-18 裂脑实验

◎ 斯佩里创造了这个实验来阐释脑左右半球的特性。

大脑半球：你够理性吗

人们会觉得两个大脑半球是双胞胎，两边都有四个叶并且以相同的方式排列。然而，90%的人只通过左半球控制言语。**大脑**（cerebrum，脑上部包含两个半球以及连接两半球的结构）的两部分还参与哪些特定的任务？研究者是如何知道那些功能的？

裂脑研究

罗杰·斯佩里（Roger Sperry）是半球特性领域研究的先驱，他因证实了大脑左、右半球各有不同的活动和功能而获得了诺贝尔奖。在寻找治疗癫痫（脑损伤引起的严重的肌肉痉挛或癫痫）的方法时，斯佩里将胼胝体（corpus callosum）切断，胼胝体是连接左右半球的厚的神经纤维。在早期对动物的研究中，这种方法是有效的，而且看似没有副作用。第一个采用这种手段进行治疗的人，其癫痫症状确实减轻了，但是测验表明（在某种意义上），他有了两个脑。

在这个特殊的测试中，信息只被传递到一侧的脑中，现在我们知道，这是由于连接组织胼胝体被切断了。图 2-18 显示了一个裂脑患者出现的症状。

对于裂脑患者而言，如果一张关于球的图片闪过屏幕的右侧，球的图像就会传到左侧枕叶。这个人就能说出他看到了一个球。如果一张关于铁锤的图片闪过屏幕的左侧，这个人就不能口头识别出这个物体或者不能确定看到的是什么。但是如果使用左手（由右半球控制），这个人就能指向他看不见的铁锤。这个人的右枕叶能清楚地看到铁锤，但是他不能口头说出来。研究者通过这样的研究发现，左半球在语言、言语、书写、计算（数学）、时间感知和节律感知（与生俱来的精确），以及需要分析的各种思维中起着特殊的作用。右半球更趋向于整体（广泛的）加工，主要参与知觉、形象化、空间知觉、形状识别、面孔、情绪、旋律和情绪的表达。右半球还能理解简单的语言而不是产生言语（见表 2-2）。

左半球通常以序列的方式加工信息，并擅

表 2-2 两个半球的特性

左半球	右半球
控制右手	控制左手
口头语言	非言语
书面语言	视觉空间知觉
数学计算	音乐和艺术加工
逻辑思考加工	情绪思维和识别
细节分析	整体加工
阅读	形状识别
	面孔识别

长将事情分解成小的部分完成分析。相反，右半球以同步的方式加工信息，这是一种更为总体或整体的加工风格。还记得第1章有关早期心理学中讨论的构造主义者和格式塔心理学家吗？可以说，左半球是一个想把每个事情分解成很小部分的建构主义者，右半球是只想进行整体学习的格式塔心理学家。

所以，真的有左脑型和右脑型的人吗？

事实上，除非是裂脑病人，大脑两侧总是作为一个整体工作的。例如，右半球能够识别人的面孔，左半球则能同时回忆起这个人的名字。人不是真的左脑型或者右脑型，人是全脑型的。迈克尔·加扎尼加（Michael Gazzaniga）是罗杰·斯佩里的学生和合作者，花了很长时间用于研究脑的偏侧化和认知神经科学。加扎尼加不仅研究脑的偏侧优势使其关注整体大脑，还持续研究包括人类意识、知觉和神经伦理学相关的领域。

利手

左右半球的独立功能经常与利手或者与多数精细运动技能中使用一侧手的倾向性相混淆。大部分右利手的人同样使用左半球控制他们的一些精细运动技巧（如言语），小部分右利手的人的言语功能受右半球控制，尽管左半球在控制右手中占绝对优势。一些左利手的人，尽管拥有右脑优势，但他们中的许多人仍然是左半球控制言语功能。这是为什么呢？遗憾的是，有关为什么我们使用一只手多于另一只手涉及的理论太多了，在本书中无法一一详述。

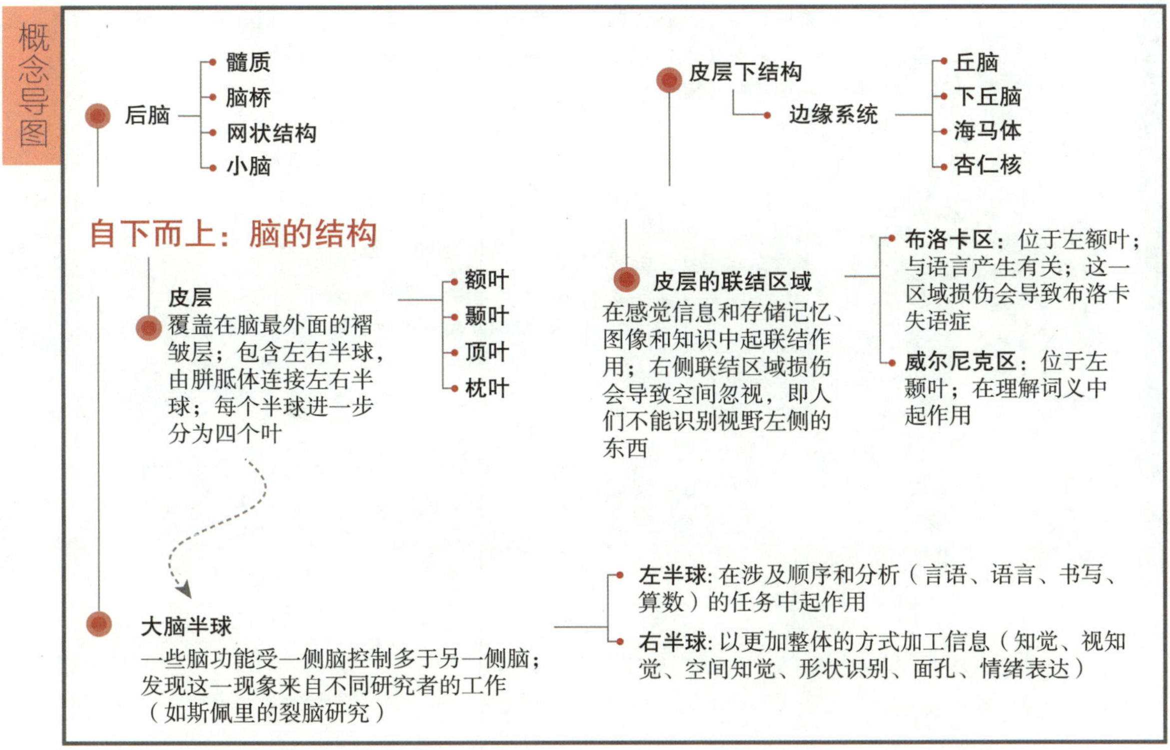

日常生活中的心理学

关注注意力缺陷多动障碍

注意力缺陷多动障碍（Attention-deficit/hyperactivity disorder，ADHD）是一种与粗心、冲动和多动等行为与认知方面有关的发展障碍。《精神障碍诊断与统计手册》（*Diagnosic and Statistical Manual of Mental Disorders，DSM-5*）对 ADHD 现有三种诊断分类，包括：ADHD 式显著的多动 / 冲动表现、ADHD 式显著的注意力缺乏表现，以及 ADHD 式二者混合的表现。尽管 ADHD 是儿童时期最普遍的疾病，但此病症趋向持续至青少年时期，甚至成年时期。注意力缺乏和易冲动经常涉及的是成年人，然而多动症的症状趋向于向低龄化转移。此类在成年人中的 ADHD 所带出的问题可以延伸至与亲友关系的紧张，其他显著的问题包括滥用药物、车祸，甚至工作的不稳定。最近一项纵向研究发现，一组童年时诊断出有 ADHD 疾病的男性在与他人合作时更可能在许多方面存在一系列的问题。平均在 41 岁这一年龄段，患有 ADHD 问题的人与未患此症的人相比，会在教育、职业，经济和社会成果方面变得更糟糕，并有更高的离婚率。

这不仅是 ADHD 疾病本身的持续问题，也是由过去经常作用于治疗的药物所带来的。在美国的大学校园里，错误使用处方药引起了人们越来越多的担忧，例如，一些未患 ADHD 疾病的学生在学习时为了提高注意力或专注力会服用此类药物。而且对于某些学生来说，这种药物的最普遍的来源是他有这种处方的朋友。此外，一些持续增长的 ADHD 疾病和兴奋剂药物的药方显示出 ADHD 的药方和健康儿童、青少年服用的“益智药”（的成分）是相一致的，这一现象促使美国脑神经学会发布一份意见书来反对这样的实践。

与 ADHD 的行为和认知特征有关的脑区典型地被划分为调节注意和认知控制的脑区，以及警觉和动机的脑区 。ADHD 的神经影像学研究发现，有更小的皮层和皮层下的脑区，包括前额叶皮层（主要是右侧）、基底节（与反应控制有关的皮层下结构），以及小脑和胼胝体。

因为 ADHD 涉及多种行为和认知方面，所以人们在研究中经常会找一些可能会导致紊乱原因的特殊标记点。这些标记可以是生物、认知和行为的形式。为了评估单个标志物，研究人员会将正在休息或正在执行特定认知任务的多动症个体的神经影像学研究与电生理学研究结合起来。有些研究运用 EEG 或 ERP，而有些研究则运用 MRI、fMRI 或 PET。

过去十年的大多数研究都集中在 ADHD 的认知标志物上，例如，可能和神经影像学相结合的注意力问题，也可能不与之结合。更多近期研究表明，关于注意力的某些方面确实在 ADHD 个体中普遍存在。ADHD 个体确实存在的注意方面的问题是警戒，即对一些重要的事情能够特别关注。另一个似乎受损的认知领域是，能够有效地控制个人的认知过程，比如，专心工作、保持努力或者致力于自我控制。

这些发现已经提醒研究人员对 ADHD 的原因进行再检测，并且特别强调了不止一个原因或一种脑通路导致了 ADHD 的可能性。目前的研究涉及各种不同的领域（包括环境因素），例如，低水平铅暴露、遗传影响、遗传和家族因素的作用，以及人格因素等。此外，继续检查导致多动症患病率的原因，涉及的变量包括睡眠的影响、昼夜节律和环境光暴露，以及诊断和描述 ADHD 的方式。由于这些领域中的有些研究并不是完全新的，以前也被检查过，因此这些多重原因的可能性和原因之间的交互作用还没有像目前 ADHD 的研究那样被密集地研究。

进一步讨论的问题

1. 一位心理专家如何帮助父母或老师们理解与 ADHD 相关的神经影像学技术和脑区研究？

2. 如果一个大学生患 ADHD，他的校园或个人生活的哪些方面会受到警戒或认知控制问题的影响？

3. 当一些服用过 ADHD 药物的个体没有出现实际的紊乱现象时，关于他们的什么类型的问题会被提及？

第 3 章

感觉和知觉

塔丽娅·卡梅里诺（Taria Camerino）是一位糕点厨师，她将音乐、颜色、形状、情绪都感知为味道；杰米·史密斯（Jamie Smith）是一位侍酒师，或称餐厅酒吧员，他将味道感知为颜色和形状；詹姆斯·万那顿（James Wannerton）是一位信息技术顾问，他将声音、文字、颜色感知为味道和质地。这三位都有一种共同的能力，叫**联觉**（synesthesia），从字面上理解就是“感觉联合”。最近的研究表明，大约有 2% ～ 4% 的人能体验到不同种类的联觉。人们对联觉的成因还处于探索中，但是有些形式似乎是，来自感觉器官（如眼睛、耳朵）的信号进入大脑中的某些区域，它们将不再是原始的意义，而被处理成不同的信息。总之，是由于感觉区域间更强的联结，导致联觉者不同于他人对世界的感知模式。

思考一下

你在生活中最常依赖的是哪种感觉能力？在某种社会情境下，某种特定的感觉比其他的感觉更重要吗？

为什么要学习感觉和知觉

没有了感觉，当我们感知外在世界的时候，就会完全活在自己的精神世界里，不仅与他人没有交流，也不能找到食物和任何其他维持生命的基本物质。感觉是精神世界通往我们所生存的世界的窗户。没有了知觉，我们就不能理解那些感觉是什么意思。知觉是对我们所体验到的感觉进行解释的过程，这样我们才可以按照感觉行事。

通过本章，我们可以：

◎ 定义感觉，解释感觉阈限；

◎ 解释为什么有些感觉信息被忽视了；

◎ 解释光的自然属性，并描述光是如何在眼睛的不同部位传导的；

◎ 描述关于我们如何看见颜色的主要理论，解释色盲；

◎ 解释声音的自然属性，描述声音是如何通过耳朵的不同部位的；

◎ 总结关于大脑如何加工音高信息的三个理论；

◎ 解释为什么有些人听不见，并描述可能会改善他们听力的方法；

◎ 描述味觉是如何工作的，并识别五种基本的味道；

◎ 描述嗅觉是如何工作的；

◎ 描述我们如何感知触摸、压力、温度和疼痛；

◎ 描述告知我们平衡、位置和躯体运动的感觉；

◎ 描述知觉恒常性，以及知觉的格式塔原理；

◎ 描述我们如何感知深度，使用单眼线索和双眼线索；

◎ 解释一些常见的视错觉，总结影响和改变知觉的因素；

◎ 描述认知神经科学方法如何帮助我们解释视觉和知觉错觉。

感觉概述

我们如何从外界获得信息并传入大脑？

在我们的身体和大脑以外的世界里有很多的信息，这些信息必须通过某种途径进入大脑，大脑再利用这些信息来决定我们的行为和反应。进入大脑的方法是通过感觉器官和感觉加工系统。

什么是感觉

当感觉器官（眼睛、耳朵、鼻子、皮肤、味蕾）中特殊的接收器被激活时，**感觉**（sensation）就发生了，让多种多样的外界刺激变成神经信号传入大脑。把光等外界信号转换成神经活动的加工过程叫**换能**（transduction）。

感受器

感受器是组成神经系统的神经元的特殊形式。感受器细胞不是从其他细胞那里接收神经递质，而是被不同形式的能量激活。比如，眼睛里的感受器细胞被光线激活，耳朵里的感受器细胞被振动激活。触觉感受器细胞被压力或温度激活，味觉和嗅觉感受器细胞则被化学物质激活。每种感受器都用不同的方式将物理信息转换为电信息，然后抑制或激活细胞，从而根据从外界侦测到的信号时间和强度来引起更多或更少的细胞激活。

感觉阈限

恩斯特·韦伯（Ernst Weber，1795—1878）曾做过一个实验，来研究人可以区分的重量的最小差异，他的研究结果得出了韦伯定律和**最小可觉差**（just noticeable differences，JND），也叫**差别阈限**（difference threshold）。最小可觉差是指，有 50% 的概率可被区分的两个不同刺激之间的最小差异。韦伯定律简单地揭示了无论刺激之间的差异有多少，它总是恒定的。如果一个人想要往自己的咖啡里面加糖让咖啡更甜，此时咖啡里面已经加过五茶匙的糖了，那么再加入一茶匙糖就会感觉到更甜了。要达到区分两者的目的，最小的增量应该是 20%。因此，如果咖啡里已经有了十茶匙的糖，要让加糖后有 50% 的概率尝出更甜了，就应该加 20% 也就是两茶匙的糖。当然了，大部分人不会喝加了十茶匙的咖啡，更不用说十二茶匙，我只是想让你明白这个道理。为了看一个视觉例子，韦伯定律的被试被要求探索变化的量，能够刚好区分两个光圈的差异。

古斯塔夫·费希纳（Gustav Fechner，1801—1887）在韦伯工作的基础上做了进一步的研究，他将其称为**绝对感觉阈限**（absolute threshold）。绝对感觉阈限是指刚刚能引起感觉的最小刺激量，该刺激量有 50% 的概率能被感觉到（记住，最小可觉差是区分两个刺激之间的差异）。比如，假设在一个非常安静的房间里，前提是你的听力是正常的，那么你能有 50% 的机会听到离你多远的人戴着的手表的滴答声？想要了解多种感觉的绝对感觉阈限，请看表 3-1。

我听说人们常在无意识的状态下受电影或电视里的东西影响，这是真的吗？

在知觉意识以下的刺激被称为阈下刺激。这些刺激的强度刚刚能激活感受器，但还不足以强到让人意识到它们的存在。很多人认为，这些刺激作用于无意识并且通过阈下知觉这个

表 3-1　绝对感觉阈限的例子

感觉	阈限
视觉	在晴朗的夜晚，50 千米外的一根蜡烛的光
听觉	在安静的房子里，六米外的手表滴答声
嗅觉	三室一厅的公寓里，一滴香水扩散开
味觉	在 7.5 升白水里加入一茶匙的糖
触觉	蜜蜂的翅膀从一厘米的高度落到脸颊上

加工过程来影响行为。

研究者已经有了科学的证据表明，阈下知觉在广告领域并不起作用。这并不是说阈下知觉不存在——已经有很多证据表明，我们对某些自己的加工确实没有意识参与，尤其是对恐惧或者威胁性的刺激。为了证明这一点，研究者们在实验室中采用 ERPs 和 fMRI 来证明阈下知觉和关联学习的存在。这些研究用到的刺激，都是可以被我们的感觉系统觉察到但却不能完全被知觉察觉到的。通过对注意的操纵，被试没有意识到他们被暴露在了这些刺激面前。更重要的是，这些刺激通常会引起自主反应（比如面部肌肉紧张），而不是直接的自愿的反应（比如受广告的影响去购买某物）。

习惯化和感觉适应

大脑的低级中枢会将感觉刺激进行分类，“无视”或者阻止那些恒定不变的刺激被知觉注意到。大脑只对变化的信息感兴趣，这就是为什么人们总是“听不到”空调音的缘故，除非它突然断电了。同样，人们也“听不到”教室里的噪音，除非教室突然变得特别安静或者某人引导大家注意。人们确实是听到了这些声音，但是并没有注意到它们，这就是所谓的习惯化，这也是大脑处理来自耳朵的恒定不变的信息的方式。

当我刚进家门时，有时我能闻到厨房里垃圾桶的味道，但是过了一会儿，味道就消失了，这也是习惯化吗？

尽管不同于习惯化，**感觉适应**（sensory adaptation）是另一种对恒定的不变化信息的加工方式，感觉接收器有效地忽视了这些信息。在习惯化中，感觉接收器仍然对刺激有反应，但是大脑低级中枢并不会把这些信号从感受器传导到大脑皮层。而感觉适应则不同，因为感受器本身对不变的刺激（包括垃圾臭味）更不敏感了，而且接收器不再向大脑传递信号了。

比如，你在吃东西的时候，对于刚放进嘴里的食物味道感觉特别强烈，但是你一直吃这种东西就会感到乏味了，不是吗？通常来说，所有的感觉都能产生感觉适应。

你可能会认为，当你长时间盯着某样东西看的时候，那个东西就会消失，但是不是的，眼睛还有一些不同之处。尽管在眼睛后面的感受器细胞已经适应了长期不变的刺激，并且几乎对刺激不做反应了，但是在通常情况下，眼睛并不是一成不变的。眼睛会发生稳定的变化，它是一种不能被人在意识层面察觉到的细微的震动，被称为微跳动，这种微跳动让眼睛没有办法适应它们看到的东西（这是一件好事，否则很多学生毫无疑问地会因为发呆发愣而变成

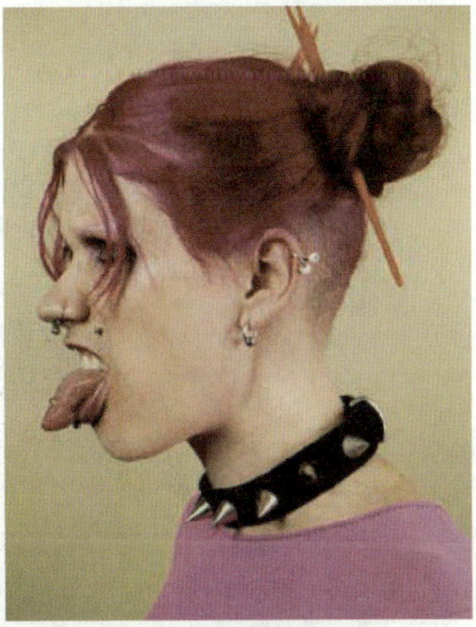

◎这名年轻女人感觉不到耳朵和鼻子上的穿刺，因为感觉适应允许她忽视来自金属圈的恒定的、不变的刺激。在她戴着的东西中，还有哪些会使她产生感觉适应？

概念导图

感觉

- **感觉**（外界信息进入大脑的加工过程）
  - 与各种感觉器官内的接受器的激活有关
  - 与物理刺激的变化有关
    - 被接受器觉察到
    - 有时因为感觉适应或知觉习惯化而被忽视

盲人）。

视觉科学

我听说光是波，还听说光是粒子，到底哪种说法是正确的？

光是一种非常复杂的现象，尽管科学家们已经对光的本质争论了很长一段时间，但他们最终还是一致认为，光同时具有波和粒子的属性。接下来，我们会详细介绍科学家们是如何研究神奇的光的。

光和眼睛

爱因斯坦最先提出，光实际上是一束波，这些波束被称为光子，它们有各自的波长。

光

当人们感受光的物理属性时，并不是真的感知其二维自然属性——似波和粒子。与之对应的心理属性构成了我们感知光的三个知觉方面：明度、颜色和饱和度。

明度是由光的振幅（波的最高点和最低点分别是多少）决定的。波的振幅越大，光看起来越亮，振幅越小，光看起来越暗。颜色（或称色彩）是由波长决定的。在可见光谱（即人眼可以看到的光谱部分）一端的蓝色部分具有最短的波，而在另一端红色部分具有最长的波。

饱和度反映了人们感知到的光的纯度。比如，饱和度高的红色只包含了波长很长的红色波，而饱和度低的红色是由多种波长不同的波组成的。再比如，当一名小孩拿着红色的颜料在白纸上画时，看起来就是鲜艳的红色。但是如果小孩混进一些白色的颜料，看起来就变成了粉色。虽然颜色还是红的，但是饱和度降低了，因为混进了白色的波。混进黑色或灰色也会降低饱和度（注意，当混合不同的颜色时，光线与色素或颜料又不相同。当我们考察对颜色的知觉时，会再次提到这个差异）。

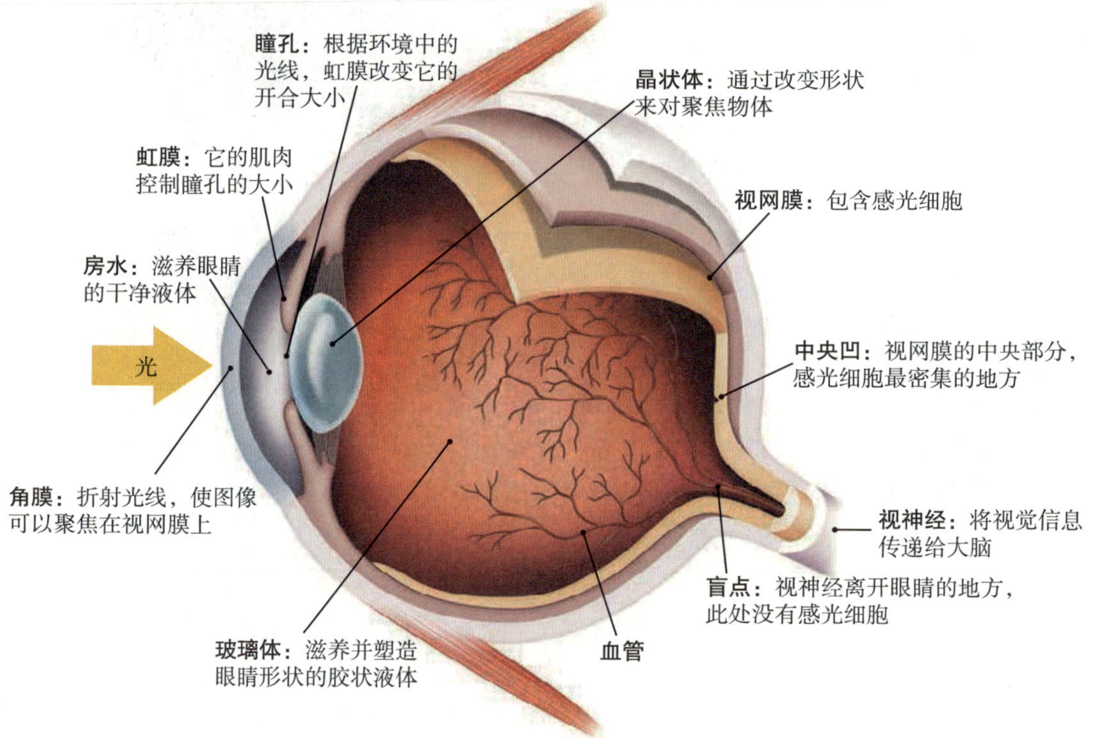

图 3-1 眼睛的结构

◎光线通过角膜和瞳孔进入眼睛，虹膜控制瞳孔的大小。通过瞳孔，光线穿过晶状体到达视网膜，在这里转换成神经脉冲。神经脉冲沿着视神经传到大脑。

◎这张照片显示了由光的折射导致的光错觉。吸管看起来被折断了，但是并没有被折断。

眼睛的结构

了解图像是如何通过眼睛转换成神经信号的，是了解眼睛如何加工光线的最好方法。请看图 3-1 来学习图像被处理的过程。

光通过直接的光源（如太阳）或物体的间接反射进入眼睛。为了看得更清楚，一个直射光点或由物体反射的光点必须通过眼睛的众多结构，然后落在视网膜上形成一个光点。光在通过不同密度的物体时会发生弯曲，这个过程叫作折射。比如，你是否见过插在盛着水的玻璃杯里的吸管？在水面处，吸管看起来像是弯曲了，或者是折断了。这种光错觉是由于光的折射造成的。在手机和聚焦光线中，眼睛的结构起着非常重要的作用，这样我们才能看得更清楚。

眼睛的表面覆盖着一层叫作角膜的细胞膜。角膜不仅起到保护眼睛的作用，还能聚焦进入眼睛的光线。角膜有一个固定的曲率，就像一个不能调节聚焦的相机。但是，这个曲率也可以借助视力矫正技术，通过改变角膜的形状，从而在某种程度上发生变化。例如，眼科医生可以采用激光光学角膜切削术（photoreactive keratectomy，PRK）和准分子激光原地角膜消除术（laser-assisted in situ keratomileusis，LASIK）方法来改变角膜的位置、曲率，从而改变对眼睛的聚焦。

角膜下面一层是清澈的、液体状的房水。房水会源源不断地补充以滋润眼睛。从图像上反射来的光线通过一个叫瞳孔的小洞进入眼睛，瞳孔的附近有一圈肌肉，叫虹膜（眼睛中有颜色的部分）。虹膜可以改变瞳孔的大小，调整进入眼睛的光线量。这也有助于聚焦图像，人们通常采用斜视的方法来达到此目的。

在虹膜后面，由肌肉支撑着的另一个结构是晶状体，可灵活弯曲的晶状体负责完成从角膜开始的聚焦过程。晶状体可以通过变厚或变薄来使眼睛对近或远的物体进行聚焦，这个过程叫作视觉调节（visual accommodation）。厚度的变化让晶状体可以保护视网膜避免受到强视觉刺激。当晶状体随着年龄的增大而逐渐变硬的时候，人们就失去了这种视觉调节的能力（即老花眼）。人们寻找多种方式来解决对近物聚焦困难的问题，最后还是选择了双焦点眼镜，毕竟手臂的长度是有限的。尽管眼睛近视的人在看东西时也会发生视觉调节，但是眼睛的形状导致焦点落在了视网膜之前。对于眼睛远视的人来说，焦点则落在了视网膜之后（见图 3-2）。戴眼镜、隐形眼镜，或做矫正手术（如 LASIK 或 PRK）都可以改变这些情况。

通过晶状体之后，光线接着会通过一个大的、开放的区域，这个区域内充满了清澈的胶

（a）近视　　（b）远视

图 3-2　近视和远视

状液体——玻璃体，这种液体同房水一样能滋润眼睛，同时还能起到固定眼睛形状的作用。

光线在眼睛中的最后一站是视网膜，它位于眼睛的后部，是一个对光线敏感的区域，它一共有三层：神经节细胞、双极细胞，以及视杆细胞和视锥细胞。特殊的感受细胞（或称感光细胞），会对各种各样的光波产生反应。当视网膜负责吸收和加工光信息时，视锥和视杆细胞是在视网膜上起作用的细胞——真正接收光子，并把它们转换成传到大脑的神经信号。这些信号会被先传导到双极细胞（之所以叫它们双极细胞，是因为它们将视锥细胞和视杆细胞连接到视神经细胞中去）上，然后再被传导到神经节细胞，神经节细胞伸出的轴突组成了视神经。

视杆细胞和视锥细胞对视觉的不同方面起作用。视锥细胞集中分布在视网膜的中央部位，那里没有视杆细胞（该部位是中央凹）。一些视锥细胞有独立的与视神经的联系（每个视锥细胞连接一个双极细胞）。这意味着视锥细胞是有最大视敏度的光感受器，也可能说视锥细胞拥有看清细节的能力。视锥细胞比视杆细胞需要更多的光线刺激才能起作用，所以视锥细胞在明亮光线下效果更好，而且在这种情况下人们也看得最清楚。视锥细胞还对不同波长的光线敏感，所以它们也参与颜色的识别。

视杆细胞分布在除中央凹以外的视网膜的其他地方，聚集在外围部位，对外周视觉起作用。它们对光线明度的变化敏感，但是只能看见很窄一部分波长的光，所以它们只能分辨黑白灰。很多视杆细胞连接到一个双极细胞。如果某一视网膜区域内的一个视杆细胞被激活了，大脑就会认为整个视网膜区域都被激活了。但是由于大脑不知道具体是哪一区域发送了信息，因此视敏度很低。这就是为什么在光线较暗的环境（如黄昏时分或昏暗的房间里），事物看起来不清楚且是灰色的原因。

由于微跳动，眼睛在正常的环境下不能适应恒定不变的刺激。但是如果人们用一只眼睛一直盯着某处看，让物体慢慢地在视野内运动，那么物体会在某一点消失，因为在视网膜上有一个“洞”——这个洞是由所有神经节细胞的轴突离开视网膜转变为视神经而形成的。这里没有视锥细胞和视杆细胞，所以被称为**盲点**（blind spot）。你可以尝试根据图 3–3 的提示来体验盲点。

眼睛如何工作

在开始这部分之前，你可能会想先看看图 3–4。光线进入眼睛，被分布在左视野和右视野。来自右视野的光线投射到每只眼睛的左侧视网膜上；来自左视野的光线投射到每只眼睛的右侧视网膜上。光线直线传播通过角膜和晶状体，投射到视网膜上的像是上下倒置、左右翻转的。幸好我们的大脑可以理解这个原理！

视网膜可以分为两半。朝向太阳穴的那一半是颞侧视网膜，朝向中间或鼻子的那一半是鼻侧视网膜。再看一下图 3–4。来自颞侧视网膜的轴突投射到同侧大脑，而来自鼻侧视网膜的轴突投射到对侧大脑。它们相会的点叫视交叉。

由于视杆细胞在光线很暗的情况下起作用，因此它们能帮助眼睛适应昏暗。当人们从一个很明亮的环境进入黑暗的环境中时，眼睛会调节它看事物的能力，这就叫作**暗适应**（dark adaptation），即帮助我们看到东西的感光色素在黑暗环境下会再生或再“充满”。光线越亮，

图 3–3 盲点示例

◎把图像举在你的面前。闭上右眼，用左眼盯住狗看，慢慢地将图像靠近你的脸，猫将会在某个点消失，因为猫反射的光线正好落在你的盲点上。如果你没有观察到这个现象，尝试更慢地移动图像。

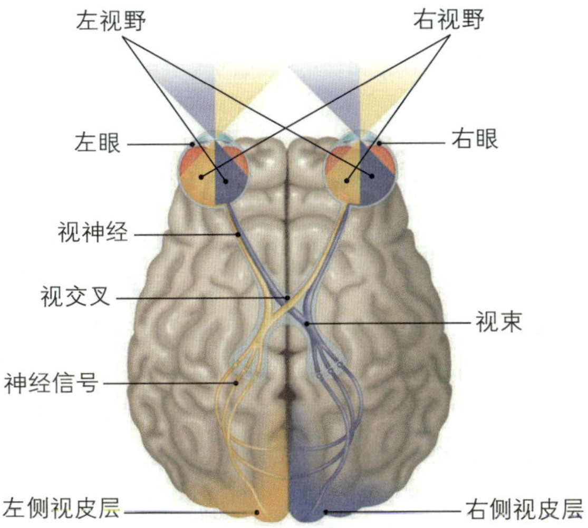

图 3-4 视神经的传导

◎投射到每只眼睛左侧视网膜的光线（从右视野投递过来，如黄色部分所示）会激活产生神经信号，通过视神经到达丘脑，然后到达位于左半球枕叶的视皮层。注意，来自左眼颞侧视网膜的信号传递到左侧枕叶，来自右眼鼻侧视网膜的信号也传递到大脑左半球（汇合的点是视交叉）。来自双眼的视束汇合在一起形成了左视神经束，然后再进入丘脑的外侧膝状体核（LGN）和左侧枕叶。对于左视野（如蓝色部分所示），来自视网膜右侧的信息会以同样的方式沿着右视神经束传递到右侧视皮层。

视杆细胞将花费越多的时间来适应新的昏暗环境。当从一个黑暗的房间进入到明亮的环境中时，另一个相反的加工过程就发生了。视锥细胞不得不适应明亮的光线，而这个**明适应**（light adaptation）的过程比视杆细胞适应黑暗环境的过程（最多的需要几秒钟）快得多。

颜色的知觉

你说过视锥细胞参与颜色的知觉，世界上有如此多的颜色，那么是否有这么多种的视锥细胞来区分不同的颜色吗？还是说所有的视锥细胞都能区分所有的颜色？

尽管研究视觉系统的专家已经对颜色及其属性展开了很多年的研究，但是在这里我们要讨论一个持续发展的理论，这个理论是关于视锥细胞在颜色知觉中的作用。

三原色理论

19 世纪，有两个理论最先指出了人们是如何看到颜色的。第一个叫作**三原色理论**[trichromatic（three colors）theory]。该理论最先由托马斯·杨（Thomas Young）于 1802 年提出，后经赫尔曼·冯·亥姆霍兹（Hermann von Helmholtz）于 1852 年完善。该理论认为，有三种类型的视锥细胞：红色视锥细胞、蓝色视锥细胞和绿色视锥细胞，分别对应光的三种最基本的颜色。

很多人可能认为三原色是红色、黄色和蓝色，但是这是颜料的三种基本颜色，而不是光的三种基本颜色。颜料反射了光线，这种反射之后的光线混合不同于直接的光线混合。比如，如果一位艺术家打算混合红色、黄色和蓝色的颜料，将会出现一团混乱的黑色。颜料（折射后的光线）的混合是相减法，混进越多的颜料，就会去掉越多的光线。当混合所有颜色的颜料时，更多的光波就会被吸收了，我们看到的就是黑色。但是如果这位艺术家将红色、绿色和蓝色的光线汇聚到一点，将会出现白色的光，而不是黑色。直接将光线进行混合是相加法，会产生更亮的色彩和更强的光，并且当混合红

◎当这只鹿在夜间看得清楚时，行驶过来的车的车灯会使它暂时看不见。这可能只会影响几秒钟来发生明适应，但是直到明适应发生前，这只鹿什么都看不见，所以它会保持不动。

色、蓝色和绿色的光时，我们会看见白色，是整个可见光谱的反射。

在三原色理论中，不同的颜色是由这三种视锥细胞接收到的不同量的光线决定的，这些视锥细胞再把这些信息传导到大脑的视觉中枢。我们所看到的颜色是由视锥细胞及其被激活的速率共同决定的。比如，当一个刺激以足够快的速率同时激活红色和绿色视锥细胞时，人们看到的颜色就是黄色；如果同时激活的是红色和蓝色视锥细胞，人们将看到的是品红色；如果是蓝色和绿色视锥细胞，那么将会出现一种蓝绿色。

保罗·K. 布朗（Paul K. Brown）和乔治·瓦尔德（George Wald）确定了视网膜上三种类型的视锥细胞，每一种都对某段长度的波敏感［单位纳米（nm）］，并且对相应的三种颜色最敏感（尽管颜色在明度和饱和度上有差别）。这种对相应的波长最敏感，似乎与杨和亥姆霍兹最先提出的三种原始颜色的差别很小：短波视锥细胞决定我们看见蓝紫色（大约 420nm）；中等波长的视锥细胞决定我们看见绿色（大约 530nm）；长波视锥细胞决定我们看见黄绿色（大约 560nm）。有趣的是，布朗和瓦尔德发现的视锥细胞中没有一个是对我们看见的红色（大约 630nm）敏感的。记住，尽管每一种视锥细胞都对一定范围内的波长产生反应，但并不仅仅对最敏感的波长产生反应。根据光的强度，中等和长的波长的视锥细胞对红色产生反应。

◎ 在三原色理论中，三种类型的视锥细胞联合起来产生不同的颜色，就像这三束不同颜色的光线一样。

对立加工理论

三原色理论似乎可以解释人们如何知觉颜色，但是有一个有趣的现象是三原色理论无法解释的。如果一个人盯着一张美国国旗约一分钟，然后将目光转到一块空的白色墙壁或者是一张白纸上，他将看到这面旗帜的后像。**视觉后像**（afterimage）是指，即使移除了最初的刺激，人们还是能在较短的时间内感觉到视觉图像的存在。人们还会很快发现，在视觉后像中，旗帜的颜色发生了变化——红色变成了绿色，黑色变成了白色，黄色变成了蓝色。如果你按照指示看图 3-5 的旗帜（旗帜是黄色、绿色和黑色的），你将看到一面正常的国旗，上面有红色、白色和蓝色。

现在这面旗帜的后像是正常旗帜的颜色了！这是为什么呢？

视觉后像这个现象可以被第二个关于色觉知觉的理论解释，这个理论叫作**对立加工理论**（opponent-process theory）最早是由爱德华·霍林（Edwald Hering）于 1874 年提出的。在该理论中，有四种原始的颜色：红色、绿色、蓝色和黄色。视锥细胞是成对组合的，红色和绿色配对，蓝色和黄色配对。如果配对中的一个被

图 3-5　颜色后像

◎ 盯着这面奇怪旗帜的中间白点看大约 30 秒钟，然后请看一张白纸或者是白墙。现在颜色就是正常的了，恰好是美国国旗应有的颜色。它们正好是这些颜色的对立色彩，正好为对立加工理论提供了证据。

激活了，另一个就不能工作了，所以不存在红绿色和蓝黄色。

这种配对如何引发视觉后像呢？从视网膜的双极细胞和神经节细胞开始，经过丘脑，到达大脑中的视皮层，一些神经元（或神经元组）被光谱中的某些部分激活了，而被光谱中的另一部分抑制了。比如，在视网膜中，我们有红绿神经节细胞，当我们在白光下时，它们的基线激活程度是很低的。不过，细胞会被红光激活，因此我们会感觉到红色。如果我们用红光长时间刺激这些细胞，这些细胞就会变得疲劳。如果我们将红光又换成白光，这些疲劳的细胞的反应就会比基线水平还弱。这时，我们就会感觉到绿色，因为绿色是与这些细胞反应降低相关的。

哪个理论是正确的呢？两个理论都能部分解释色觉。三原色理论可以解释原始刺激引发的反应，侦测不同波长的光线。对立加工理论则可以解释视觉后像和其他发生在原始侦测以后的视知觉的方面。除了视网膜的双极细胞和神经节细胞外，对立加工细胞存在于丘脑的外侧膝状体核，它是视觉信息传导到枕叶需要经过的部位。当视网膜上的视锥细胞将信号从双极细胞和神经节细胞传导出去时，我们就看到了红绿色对和蓝黄色对。视网膜细胞和外侧膝状体核内的细胞对色觉的对立加工和视觉后像起着重要的作用。

哪一个理论可以解释色盲呢？我听说有两种类型的色盲，红绿色盲和蓝黄色盲。

色盲

一提到红绿色盲和蓝黄色盲，人们就会想到用对立加工理论来解释此现象。但是“色盲”实际上是由视网膜上的视锥细胞引起的，更准确地说，叫颜色缺陷视觉，因为大部分有“色盲”的人都有两种类型的视锥细胞，并且可以看见很多种颜色。

事实上，有三种类型的色盲，第三种非常罕见，叫全色盲，患此症的人要么完全没有视锥细胞，要么视锥细胞完全不起作用。事实上，如果个体有视锥细胞，但只有一种类型的视锥细胞，那么他们看每样东西都是灰色的。其他类型的颜色缺陷视觉，或者二色视觉，也是由这个原因引起的，即有一种类型的视锥细胞失去功能。因此，与正常的通过三种视锥细胞的联合来感知世界的三色视觉不同的是，只有二色视觉的个体只能通过两种视锥细胞的联合来感知。红绿色盲是因为缺少红色视锥细胞或绿色视锥细胞的正常功能。这些个体会对红色和绿色产生困惑，他们看到的世界是蓝色、黄色和灰色的。蓝色视锥细胞失去功能的情况比较少见，这会引起蓝黄色盲。这些个体看到的世界就是红色、黄色和灰色的。要想了解如何测查色盲，可以见图 3-6。

为什么大部分有色盲问题的人都是男性？

一种视锥细胞受损的色盲是遗传来的，通常是伴性遗传。色盲的基因是隐性性状（recessive）。要遗传到隐性性状，你通常需要两个隐性基因，一个来自父亲，一个来自母亲。不过色盲的基因与一种特殊的染色体（基因的组合）有关，这个染色体决定人的性别。男性有一个 X 染色体和一个更小的 Y 染色体（根据它们的形状命名），而女性有两个 X 染色体。Y 染色体上携带的基因少于 X 染色体上的基因，X 染色体上的某个基因缺失，可能会导致色盲。女性要成为色盲，必须遗传到两个隐性基因，从双亲各取一个，而男性只需要从母亲那里遗传一个有缺陷的 X 染色体就可以了。也就是说，男性得色盲的可能性更大，因此，男性色盲多于女性色盲。

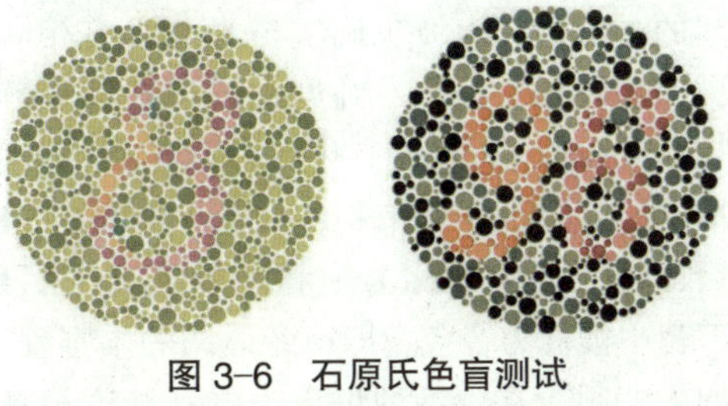

图 3-6 石原氏色盲测试

◎两张复制的石原氏色盲测试图片。在左边的圆圈中，只有那些有正常色觉的人才能看到数字 8。在右边的圆圈中，色觉正常的人可以看到数字 96，而那些有红绿色盲的人除了一堆圆点，什么都看不到。

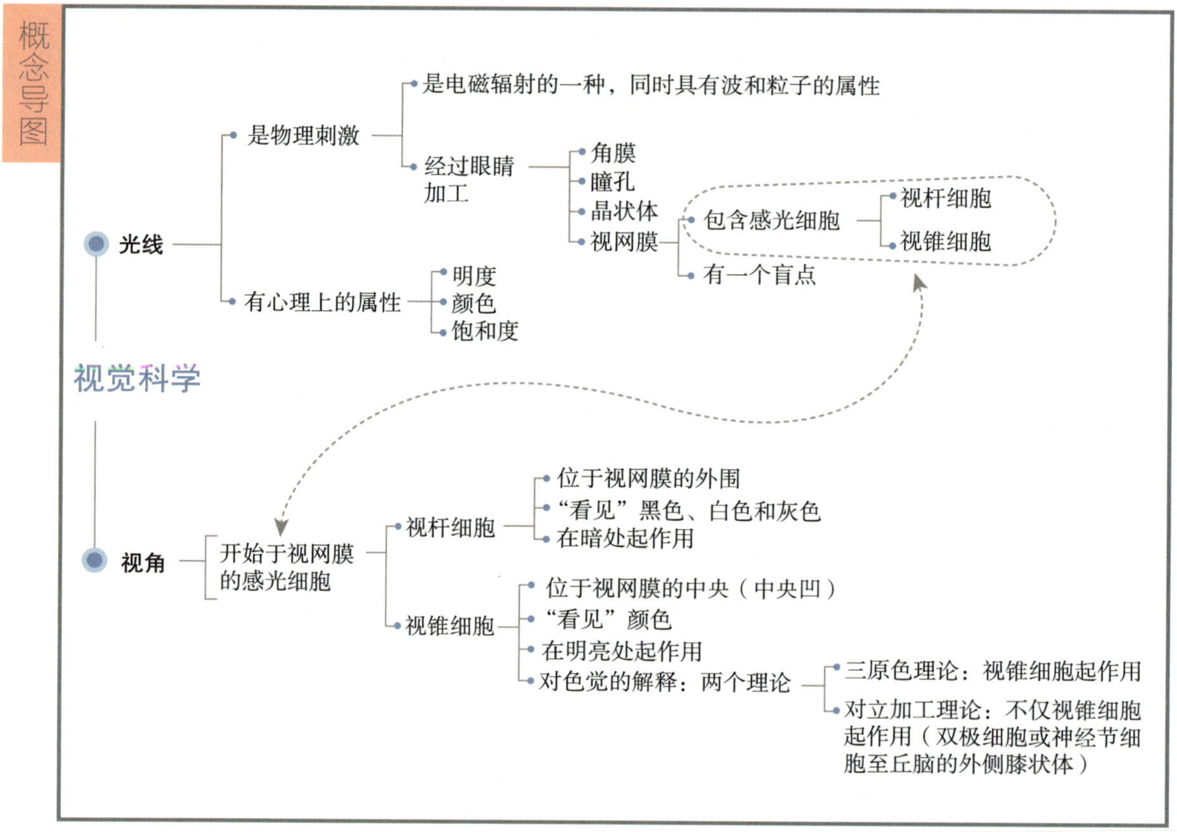

听觉：你能听到我吗

如果光是一种波的形式，那么声波也有相似的属性吗？

声音的属性确实与光相似，因为两种感觉都依赖于波。不过，二者之间的相似之处也仅限于此，声音的物理性质与光完全不同。

声波和耳朵

声波并不是像光波一样通过成束的光子传播的，而是由我们身边的空气分子简单地振动引起的。不过，声波也确实与光波具有相同的性质，如波长、振幅、纯度。波长被大脑解释成频率或音高（即高音、中音、低音）；振幅被解释成音量，即声音有多响和多轻（见图 3-7）。最后，在光线中被称为饱和度或纯度的属性，在声音中被称为音色，即声音语调的丰富程度。正如人们很少在生活的世界中看到纯度很高的颜色一样，人们也很少在生活的世界里听到纯净的声音，每天存在于我们周围的噪音让我们不能够听到纯音。

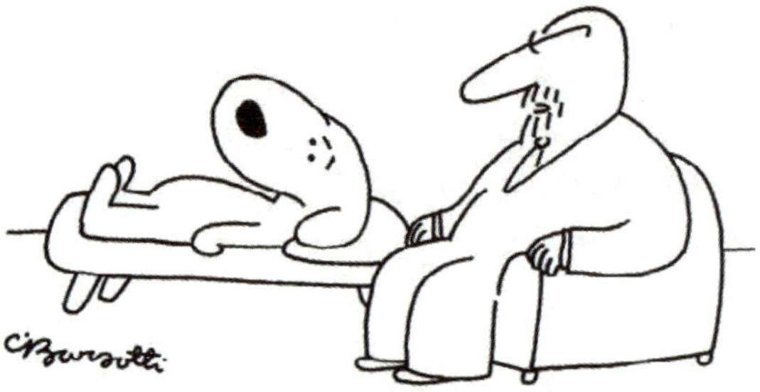

“只有你能听到哨声。”

资料来源：The New Yorker Collection 1998 Charles Barsotti from cartoonbank.com.All Rights Reserved.

正如人们的视觉被光的可见光谱限制一样，人们的听觉也被声音的频率限制。频率是单位时间内完成振动的次数，单位为赫兹（hertz，Hz）。人类的听觉局限为 20 ～ 20 000Hz，能听得最清楚的频率是 2000 ～ 4000Hz，这对于谈话交流非常重要（相比之下，狗能听到 50 ～ 60 000Hz 的声音，海豚能听到高达 200 000Hz 的声音）。为了能听到 iPod 或 iPhone 上音乐中较低和较高频率的声音，人们需要增大振幅或音量，这也是为什么有的人喜欢“把音量开大”的原因。

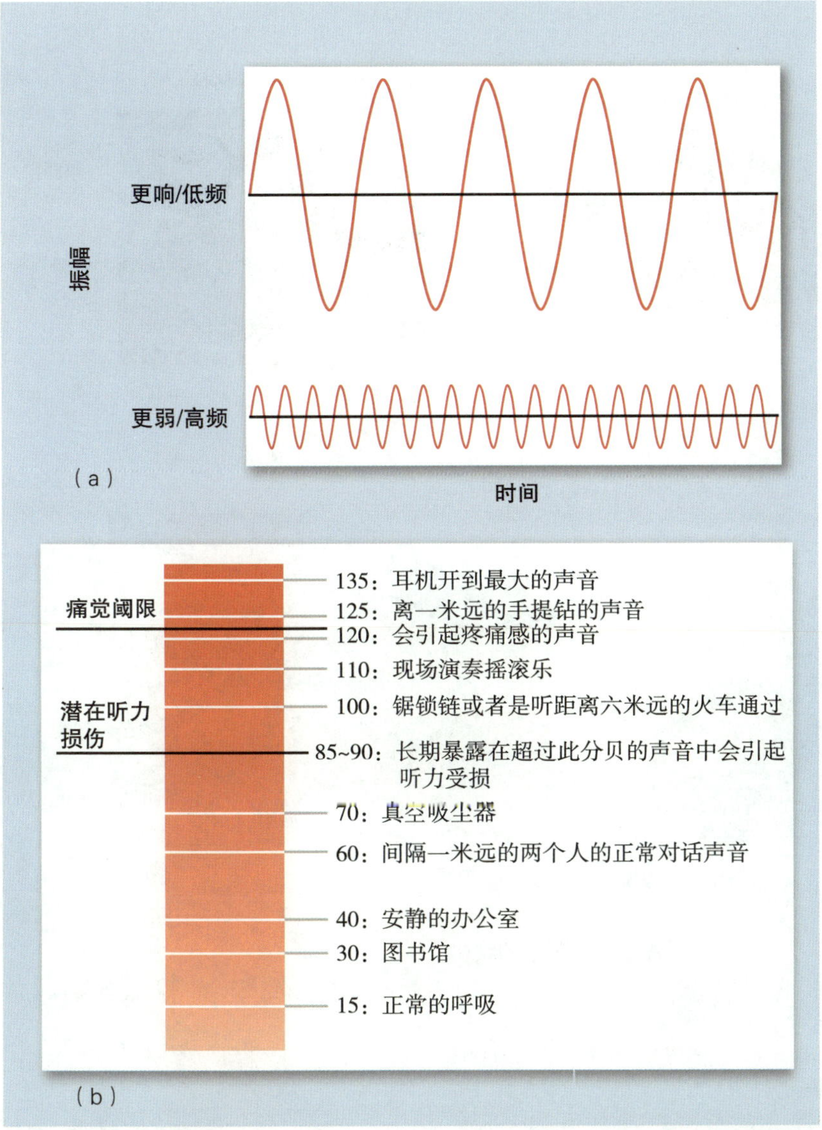

图 3-7　声波和分贝

◎图（a）两种声波。波越高，声音越大；波越低，声音越小。如果波与波之间靠得很近（高频率），音高就会被知觉为高音。波与波之间离得很远（低频率），就会被知觉为低音。

◎图（b）多种刺激的分贝。分贝是声音响度的单位。心理学家研究噪音对压力、学习、绩效、侵略性、心理、生理的影响。

耳朵的结构：跟着共鸣走

耳朵由一系列结构组成，每个结构在声音感觉中都发挥了独特的作用（见图 3-8）。

外耳　耳廓（pinna）是耳朵外面看得见的部分，它像一个集中器，从外界汇集声波到耳朵内部的结构。耳廓也是**耳道**（auditory canal 或 ear canal）的入口，耳道是一个通向鼓膜的短隧道。当声音振动鼓膜时，它引起耳朵中间的三块听小骨振动。

中耳：锤骨、砧骨、镫骨　在耳朵中间的三块小骨头分别是锤骨、砧骨和镫骨，都是根据每块骨头的形状命名的。它们都是听小骨，也是人体内最小的骨头。这三块骨头通过振动将来自鼓膜的振动变大。位于听小骨链最后的镫骨，引起覆盖在内耳开口处的一层膜的振动。

内耳　这层膜叫作卵圆窗，它的振动带动了内耳内另一连串结构的反应。内耳有一个蜗牛形状的结构，所以被称为**耳蜗**（cochlea），耳蜗里面充满了液体。当卵圆窗振动时，会引起耳蜗内液体的振动，这些液体包裹着一层膜，这层膜贯穿耳蜗的中部，叫作基底膜。

基底膜是柯蒂氏器的底座，上面有听觉感受器细胞。当基底膜振动时，带动柯蒂氏器振动，让柯蒂氏器相对于覆盖在其上的一层膜

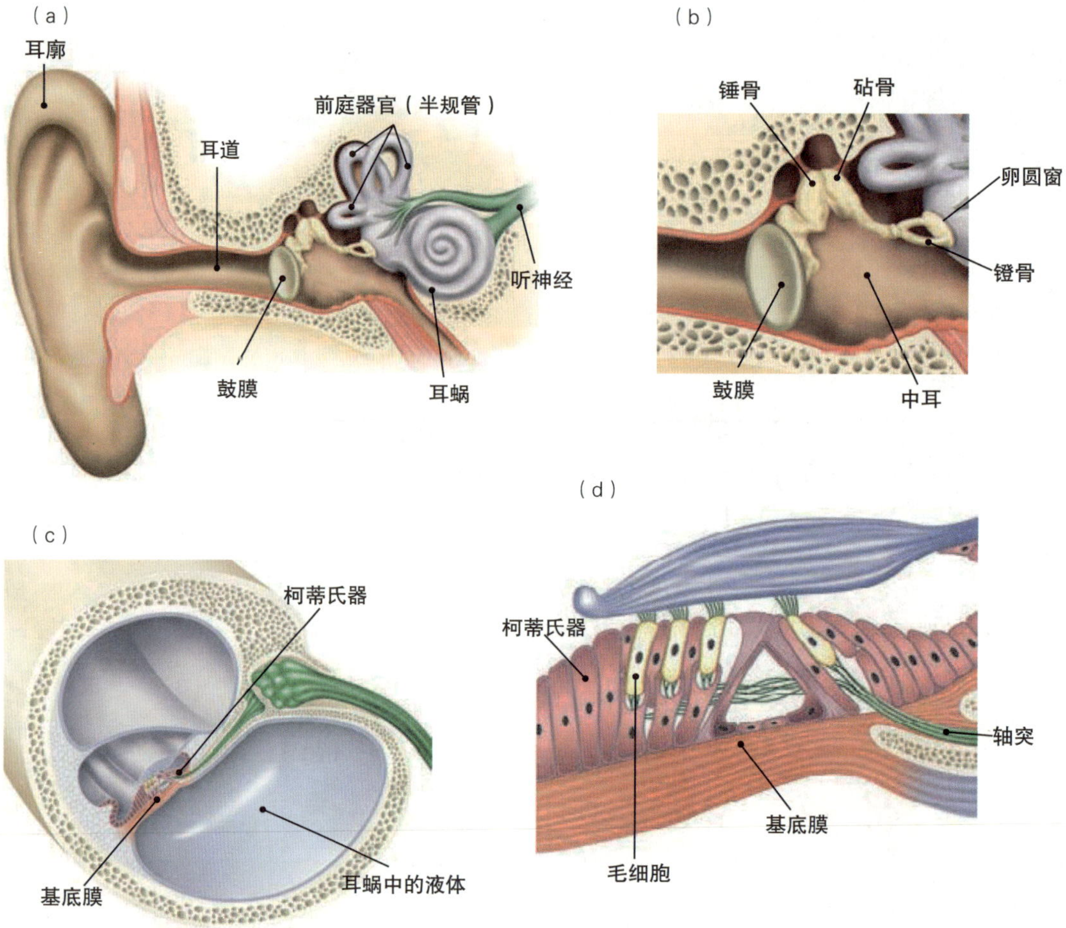

图 3-8　耳朵的结构

◎图（a）展示了整个耳朵的结构，从外耳（耳廓、耳道、鼓膜）开始。前庭器官包括半规管和耳石器官（位于圆形结构内部，正好在耳蜗的上方）。

◎图（b）中耳。声波通过耳道引起鼓膜的振动，然后带动中耳中三块听小骨振动，将声音放大。镫骨作用于卵圆窗，引起内耳中液体的振动。

◎图（c）内耳。大部分的空间被液体填充，这些液体随着卵圆窗的振动而振动。在这些液体中悬浮着一层薄膜，叫作基底膜，上面有柯蒂氏器，包含了纤毛细胞，通过听觉神经通路将声音信号传给丘脑，然后传到大脑中的听觉皮层。

◎图（d）近距离地观察基底膜，上面有柯蒂氏器的毛细胞。轴突离开毛细胞形成了听神经。

运动。柯蒂氏器上有一些特殊的细胞，被称为毛细胞，它们是听觉感受器细胞。当这些听觉感受器或者是毛细胞相对于盖膜运动而发生弯曲变形时，就会产生神经信息，通过**听觉神经**（auditory nerve，听觉神经包含了所有接收器神经元的轴突）传导到大脑，经过丘脑之后，大脑的听觉皮层会对这些声音进行解释（将声音的振动转换成神经信息叫作换能）。外部世界的声音越大，振动越强烈，引起形变的毛细胞越多，大脑就会将此解释为声音大。

我以为我已经了解它了，但是所有的这些都是在解释从外界来的声音是如何被大脑感知为轻声和大声的。我们如何听到不同种类的声音，如高频率和低频率的呢？

感知音高

音高反映了一个声音的音调有多高或多低。例如，从你公寓隔壁传来的振动墙壁的音乐，听起来是低频率的；而一个两岁小孩的尖叫是一个频率非常高的声音。有三个理论来解释大脑是如何接收关于音高的信息的。

最古老的**位置理论**（place theory）由赫尔曼·冯·亥姆霍兹于1863年提出，然后经盖欧尔格·冯·贝凯希（Georg von Bekesy）在其1928年的实验中完善。该理论认为，人们听到的声音的音高是由柯蒂氏器上那个部位的毛细胞被激活所决定的。例如，一个人听到了一个音高很高的声音，是因为在卵圆窗附近的所有毛细胞都被激活，但是如果这个声音音高很低，那么被激活的毛细胞将位于柯蒂氏器的远端。

频率理论（frequency theory）是由欧恩斯特·卢瑟福（Ernest Rutherford）于1886年提出的。该理论指出，音高是由基底膜振动的频率决定的，基底膜振动越快，音高越高；基底膜振动越慢，音高越低（在这个理论中，所有的听觉神经元都会同时被激活）。

那么哪个理论是正确的呢？结果证明，每个理论在特定的情况下都是正确的。研究者发现，对于位置理论而言，当基底膜不均衡地振动时，此理论是正确的，满足此条件的声音的频率要在1000Hz以上。对于频率理论而言，当与毛细胞相连的神经元随着基底膜的振动快速反应时，此理论是正确的，满足此条件的声音的频率在1000Hz以下，因为神经元本身的激活频率不能超过每秒1000次。更不用说，由于不应期，神经元最大的激活频率大约是每秒钟1000次。

频率理论适用于低音，位置理论适用于中高音。还有别的解释吗？是的，这就是第三个理论，由欧内斯特·威夫（Ernest Wever）和查理·布雷（Charle Bray）提出，叫**齐射理论**（volley principle），该理论可以解释从400Hz到4000Hz的声音。在这个理论中，成组的神经元轮流被一个叫齐射的加工过程激活。如果一个人听到一个音高约为3000Hz的声音，就意味着有三组神经元轮流向大脑传递信息：第一组传递最先的1000Hz，第二组传递第二个1000Hz，依此类推。

听觉损伤的类型

“听觉障碍”这个术语用来形容听力方面的困难。一个人的听力可能部分受损，也可能全部受损，对于失聪的治疗会根据不同的受损原因选择不同的方法。

传导性听觉障碍是由于外耳或中耳机能受损导致的，振动不能从鼓膜传导到耳蜗。原因可能是鼓膜受损，或者是中耳的骨头受损（通常是由于感染）。对于这种类型的损伤，助听器在矫正听力方面可能起到作用。

对于神经性听觉障碍或听觉神经元缺失，问题可能出在内耳或者听觉传导通道或者大脑的听觉皮层。这是最常见的听觉损伤类型。正常的老化引起耳蜗中毛细胞的减少，暴露在大的声音中也会损伤毛细胞。耳鸣是指，耳朵中有个极端讨厌的声音在不停地回响，它可能是由于感染或者是很大的声音造成的损伤——包括耳机中播放很大声的音乐。持续地暴露在很大的声音中，会进一步导致永久的伤害和听觉损伤，因此，你最好还是把立体声或音乐播放器的声音调小一点儿吧！

由于神经性听觉障碍受损部位在神经或者大脑，因此不能通过普通的助听器来解决问题，因为助听器只是单纯地增大声音。一项新的技术可以帮助这些神经性听觉障碍患者改善听力，那就是一种叫作人工耳蜗的电子装备。该装备通过一个挂在耳朵后面的麦克风将声音信号传到一个别在腰带上或者放在口袋里的语音处理器上，然后把这些信号转换成电子信号，再把这些电子信号传入到植入耳蜗内的电极系中，通过换能来达到刺激听觉神经的功能（见图3-9）。大脑再把这些电子信息解释为声音。

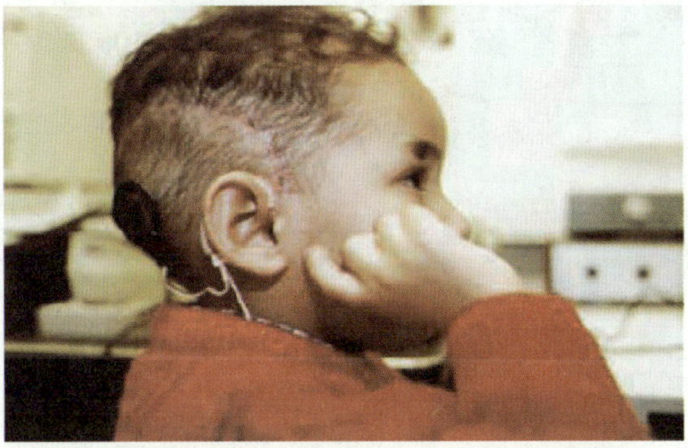

◎这个孩子可以通过人工耳蜗听到声音。在童年早期听到的语言会帮助孩子发展自己的语言。

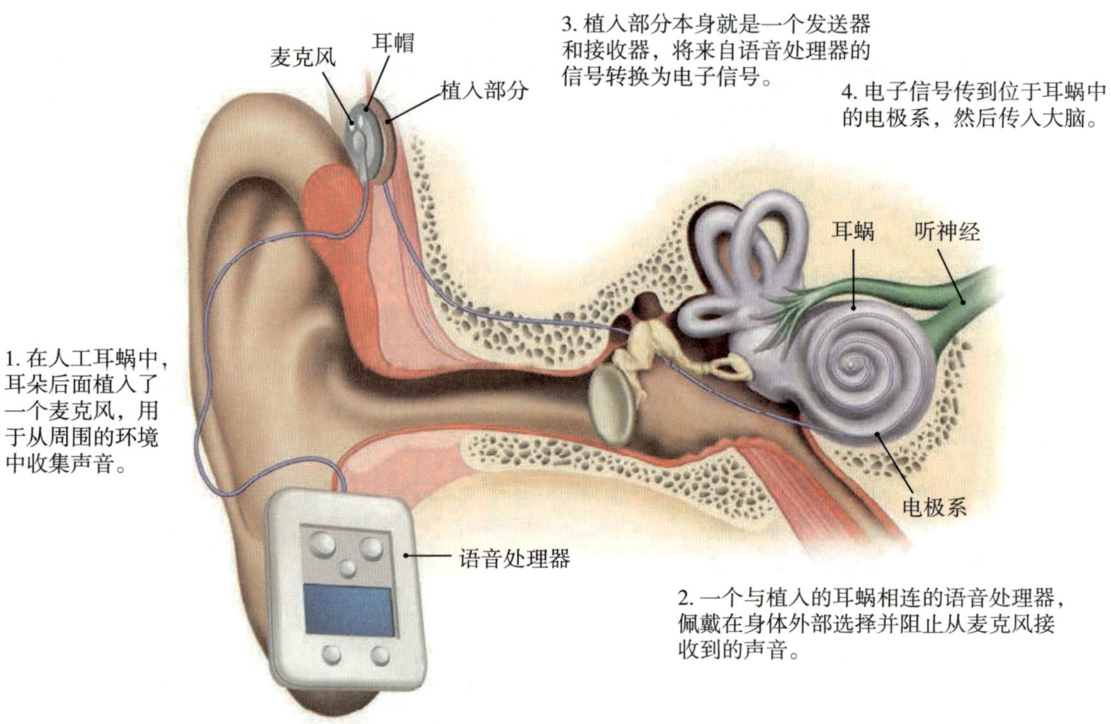

图 3-9 人工耳蜗

思考一下

一个从出生就丧失全部听力的人如何能够听见声音？

化学感觉：它很美味，也很好闻

味觉和嗅觉非常相似。你有没有注意到，鼻子堵塞后，味觉也会受到影响？这是因为，味觉其实是味道和气味的结合。如果没有来自鼻子的信息，你的舌头可能只能尝到四五种味道。

味觉：我们如何品味世界

我们对于事物的偏好或厌恶，在很小的时候就形成了，真的很早！味觉是人类最早形成的感觉之一。研究发现，在妈妈腹中长大的胎儿暴露在妈妈吸收的物质中，这些是羊水传递

概念导图

听觉科学

- **声音**
  - 是一种物理刺激
    - 由声波组成
      - 有波长和可以测量的波的属性
      - 引起空气分子的振动
    - 被耳朵加工
      - **外耳**
      - **中耳**
      - **内耳**
    - 加工过程可能受损；助听器有助于改善传导问题，而人工耳蜗有助于改善听神经受损的问题
  - 有心理属性
    - **频率或音高** — 波长越短=每秒通过的波越多=频率更高 — 音高知觉理论
      - 位置理论
      - 频率理论
      - 齐射理论
    - **音量** — 振幅越大，音量越大
    - **音色** — 声音的种类越多，声音越丰富

的味道，胎儿也吸收了这些。孩子在出生后，早期继续暴露在不同的气味中，这些经验会影响他对食物的选择和营养状态，也就是说，对某些食物的偏好，是通过很长时间形成的。

味蕾

味蕾是对味觉感受器细胞的通俗称呼，是在口腔内发现的负责感知**味觉**（gustation）的特殊神经元。大多数味蕾位于舌头上，也有一些位于口腔的顶部、面颊、舌头下面，以及喉咙。人们对于多种多样的味道有多敏感，取决于味蕾的数量。有的人只有大约500个味蕾，而有的人差不多会多出20倍，后者被称为“超级味觉者”，他们与那些拥有较少味蕾的人相比，只需要轻轻地尝一点儿食物就能知道味道了。

当我近看我的舌头，那些小的突起就是味蕾吗？

不，这些小突起叫作乳头状突起，味蕾围绕着它们排列。每一个味蕾上大约有20个感受细胞，它们与突触上的接收神经元的受点非常相似。实际上，味蕾上的感受细胞与神经元上受点的工作原理非常相似，它们接受多种多样物质的分子，这些分子与接受器结合就像钥匙插进锁里一样。味觉也经常被称为化学感觉，

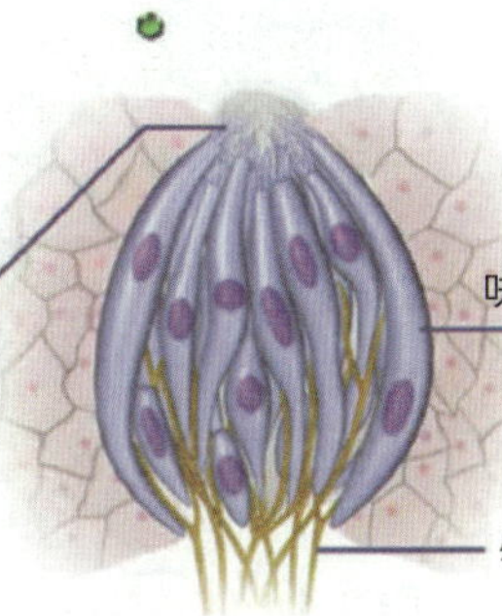

因为它处理人们所吃食物的化学分子的形式，与神经元受点处理神经递质的形式一致，当化学分子（被唾液分解之后的）嵌入感受细胞，就会向大脑发送一个信号，大脑随即就会理解信号，产生味觉。

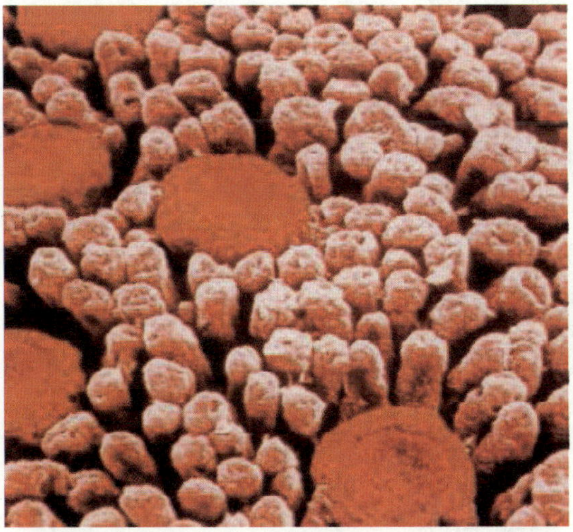

◎舌头表面的显微照片。有两种不同大小的乳头状突起。味蕾位于大的红色的乳头状突起的下面，更小且更多的乳头状突起形成了对触觉敏感的粗糙表面，帮助咀嚼和在口腔中移动食物。

当我烫伤舌头时，味蕾会怎样？它们会自动修复吗？我只知道，烫伤舌头后，短时间内我尝不出什么味道，但是过一阵儿就好些了。

实际上，味觉感受细胞常常很累，所以它们不得不每10～14天更换一次。当舌头被烫伤时，受损的细胞不再起作用，随着时间的推移，这些细胞会被新的细胞替换掉，味觉又恢复了。

五种基本的味道

1916年，德国心理学家汉斯·亨宁（Hans Henning）提出，有四种基本的味道：甜味、酸味、咸味和苦味。1996年，林德曼（Lindemann）又发现了第五种味觉感受细胞，感受像“肉汤”一样美好的味道，这种味道存在于鸡汤、金枪鱼、海藻、奶酪、大豆制品以及其他一些食物中。林德曼把这第五种味道称为“鲜味”，这是一个日语词汇，1908年东京帝国大学的池田菊苗博士第一次用这个词描述了味道。池田博士成功地从海藻中提取出了能够产生鲜味的物质——谷氨酸盐。谷氨酸盐不仅存在于上述这些食材中，还存在于人类母乳中。调味品味精可以起到提高食物鲜味的作用。

尽管研究者们曾经以为，不同的味道是靠舌头上不同部位感受的，但是现在已经知道所有的味道都是由舌头的所有部位加工产生的。味觉信息被送到味觉皮层，位于脑岛的前部和

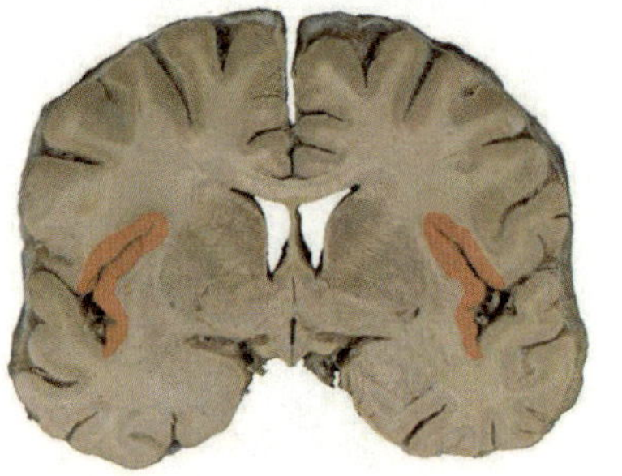

图 3-10 味觉皮层

◎ 味觉皮层位于脑岛前部和岛盖部。脑岛是一个有很多褶皱覆盖的皮层，每一个褶皱就是一个盖。从人类大脑的冠状面看去，味觉皮层就是浅红色区域部分。

岛盖部（见图 3-10）。这些区域负责感知味觉，而对食物的纹理或“口腔感觉”，则是由顶叶的躯体感觉皮层加工的。五种味道一起作用，连同气味、质地、温度和食物的热度，共同形成了成千上万种味道，然后受到我们的文化、个人预期和先前学习经验的影响。例如，煮沸的花生在美国南部地区并不是一种罕见的零食，但是那种热的、软的、糊状的、略咸的花生就不会出现在美国的其他地方。味觉皮层也是边缘系统的一部分，这有助于解释为什么味觉可以强化情绪（无论是积极情绪还是消极情绪）。

正如不同的个体或群体有不同的食物偏好一样，他们在知觉甜味水平上也不同。比如，肥胖的个体比不肥胖的个体感受到更少的甜味；很甜且高脂肪的食物对那些肥胖的个体更有吸引力。这些差异（以及像“超级味觉者”这样的基因变异性）使得直接比较食物偏好变得更复杂。有一种可能的解决方案，就是让个体对无关的“标准”感觉经验打分，比如灯光的亮度、声音的响度、所有美好经验的偏好等，而不仅仅是味觉。

你是否有过这样的体验？当你感冒的时候，食物变得乏味。因为你只能尝到甜味、咸味、苦味、酸味和鲜味，你的鼻子堵塞了，你不能通过气味来增强对这些味道的感觉，所以每样食物都变得乏味。

对气味的知觉：嗅觉

和味觉一样，嗅觉也是一种化学感觉。闻到气味的能力被称为**嗅觉**（olfaction 或 olfactory sense）。

鼻子外面的部分对于气味的作用，就相当于耳廓和耳道对于声音的作用——都是将感觉刺激传到负责将其转化为神经信号的身体的其他部分。

嗅觉系统的换能装置（将气味分子转换成大脑能懂的神经信号）位于鼻腔的顶部。这块有嗅觉感受细胞的地方只有大约 6.45 平方厘米的面积，每个鼻腔里还包含了大约一千万个嗅觉感受细胞（见图 3-11）。

嗅觉感受细胞

每一个嗅觉感受细胞有大约 6 ～ 12 根嵌入腔内的“毛”，这些“毛”叫作纤毛。就像味蕾一样，纤毛上有很多感受器，当空气中飘过的气味分子刺激这些感受器的时候，它们就会将信号传入大脑。

等等，你是说当我闻到像臭鼬一样难闻的味道时，是因为有一些臭鼬气味的分子在我的鼻子里吗？

是的，当人们闻到某种气味时，不管你闻到的是什么，都会有一些气味分子进入鼻子和鼻腔中。如果是烤面包、苹果派、花等让人喜欢的味道，这是很美好的。可如果是像臭鼬、腐烂的鸡蛋、动物尸体——好啦，还是不要再想下去了。

嗅觉感受器在另一个方面也和味蕾相同，嗅觉感受器细胞每 5 ～ 8 个星期死一次，就会被新的细胞替换。与味蕾不同的是，嗅觉感受器不止五种——实际上，有至少 1000 种嗅觉感受器。

经过嗅觉感受器的信号在鼻腔中的传导过程并不同于其他感觉信号的传导过程。视觉、听觉、味觉和触觉都要通过大脑低级神经中枢，再到加工这些特定感觉信息的大脑皮层，但是嗅觉在大脑中有其特殊的通路——嗅球，实际上就是大脑的一个部分。

嗅球

在每一半大脑额叶的正下方都有一个鼻窦

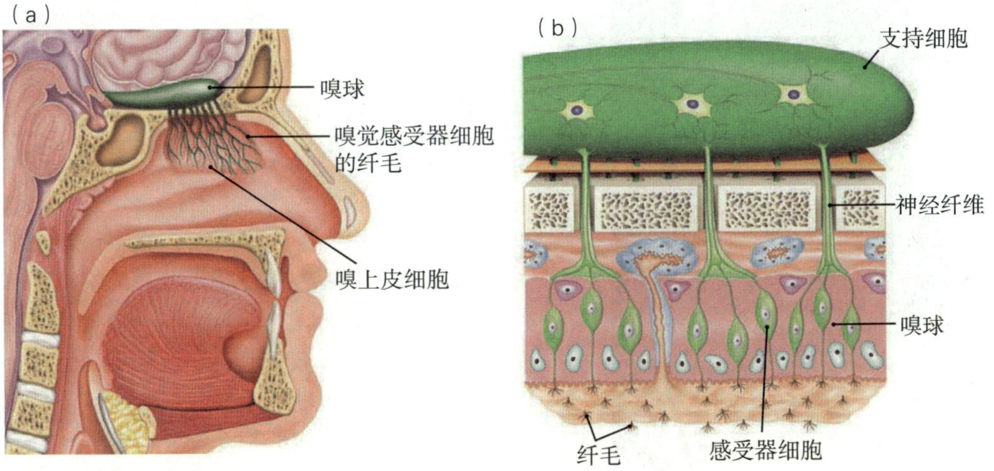

图 3-11 嗅觉感受器

◎图(a)鼻子和口腔的切面。这幅图显示了位于鼻腔内部的神经纤维，它们将关于气味的信息直接传到位于大脑前额皮层下面的嗅球。

◎图(b)鼻子中加工气味的细胞。嗅球在上方，纤毛细胞伸入鼻腔中，它们是气味的感受器细胞。

腔，嗅球位于鼻窦腔的正上方(见图 3-11)。嗅觉感受器直接将这些神经信号通过丘脑(其他所有感觉信息的转接中心)传给嗅球。然后，嗅觉信息通过嗅球传递给更高级的皮层区域，包括初级嗅觉皮层(梨状皮层)、框额皮层，以及杏仁核(回忆第 2 章讲过的框额皮层和杏仁核在情绪加工中起的重要作用)。

躯体感觉：身体知道什么

到目前为止，本章已经讲了视觉、听觉、味觉和嗅觉，还剩下了触觉。所谓触觉，其实包含了多种感觉，这些感觉产生于身体的不同部位，由内到外都有。其实，把它们叫作**躯体感觉**(somesthetic sense)更贴切。接下来，我们将讨论三种躯体感觉系统。

对触碰、压力、温度和疼痛的知觉

有一个很冷门但是很好的问题：“身体的哪个器官的面积约有 1.86 平方米？”答案是皮肤。皮肤是一个器官，它不仅负责吸收和排出体液，还负责从外部世界接收并传递信息到中枢神经系统(主要传到躯体感觉皮层)。轻触、狠压、冷热、疼痛这些信息都是由皮肤上特殊的感受器细胞收集的。

皮肤感受器的类型

在皮肤的各层，大约有六种类型的感受器(见图 3-12)。它们中的一部分只对一种感觉产

概念导图

化学感觉

- **嗅觉**
  - 是一种化学感觉，漂浮在空气中的物质分子，进入鼻腔，与感受器细胞相结合
  - 鼻子作为其收集装置
  - 是独特的，信号在到达大脑之前不会先通过丘脑
- **味觉**
  - 需要味蕾(味觉感受器细胞)的参与
  - 五种基本的味道(感受器类型)
    - 甜味
    - 酸味
    - 咸味
    - 苦味
    - 鲜味
  - 是一种化学感觉，因为食物分子被唾液分解，然后与感受器细胞相结合

◎这名眼睛看不见的女孩通过手指的触觉可以帮助她“阅读”盲文。指尖对不同的质地非常敏感，有助于她辨别代表不同字母的小圆点。

生反应，比如，位于皮肤正下方的帕西尼氏小体只对压力产生反应。在毛囊的终端覆盖着神经末梢，所以当有人拿着镊子去拔自己的眉毛或者头发的时候才能感觉到这些毛发的存在，这些神经末梢对疼痛和碰触都很敏感。还有一些自由神经末梢，位于表皮的下方，它们对温度的变化、压力和疼痛敏感。

痛觉的机制到底是什么？为什么有时候我感到体内深处非常疼痛？那里也有痛觉感受器吗？

是的，在内脏器官中也有痛觉神经纤维和压力感受器，要不然人们怎么会感觉到胃疼和腹痛呢？又怎么通过感觉压力来知道自己吃得很饱或者膀胱已经满了呢？

疼痛也有不同的类型。在器官上有辨别疼痛（和压力）的感受器，器官的疼痛叫作内脏痛。在皮肤、肌肉、肌腱和关节处的疼痛感是由人的神经纤维控制的，叫作躯体疼痛。躯体疼痛是对身体的一个警告，提醒你身体的某个部位可能已经或即将受损，而且这种损伤正在加剧。另一种躯体疼痛是由小的神经纤维控制的，它的感觉比较缓慢而且只是轻微的痛感，这种疼痛也是对身体的一种警告，通过让人感觉到身体已经受到损伤，以免让身体受到更大的伤害。例如，如果你用一把锤子敲打自己的大拇指，你会立刻感觉到直接的疼痛，这个痛感非常剧烈，来得也非常快、非常直接。但是过了一会儿，对青肿的部分，你还是感觉到疼，这是在提醒你善待自己的大拇指。

痛觉障碍

人们也许不喜欢疼痛，但是疼痛作为一个警告系统确实非常重要。有的人从一出生就不能感知疼痛，这是一种罕见的疾病，叫作先天性无痛症或者先天性无痛无汗症。患有这种疾病的儿童在切割或者刮擦的时候不能感知到疼痛，这让他们在被割伤之后因得不到及时处理而很容易感染。他们什么都不怕，这对于他们的家长和老师来说是非常可怕的事情。这些缺陷影响了感知疼痛和冷热知觉的神经通路（患有先天性无痛无汗症的人冷热知觉和汗腺系统也存在问题，俗称无汗症，所以这种人不能通过出汗来降低身体的温度）。

有一种现象叫作幻肢痛，是指一个人在失去了手臂或腿之后，仍然感觉到截掉的肢体痛。多达 50% ～ 80% 的人在做过截肢手术之后仍然能感觉到被截掉的肢体上各种各样的疼痛：灼烧痛、枪击痛、针刺痛等。以前人们认为这是一种心理上的问题，但是现在已经证明了，这是由于在截肢手术过程中，神经受到了创伤。

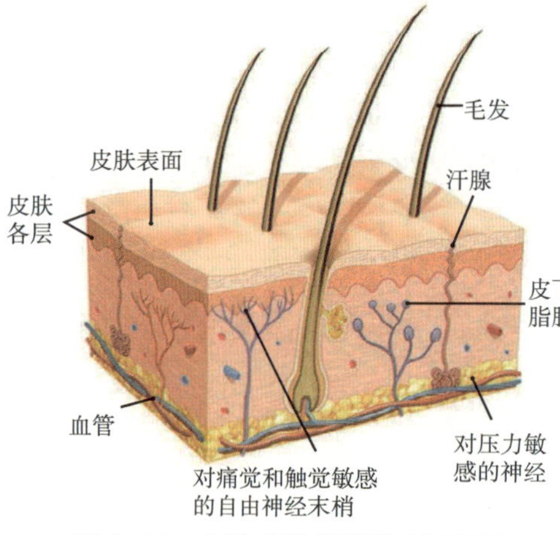

图 3–12　皮肤及其感受器的切面图

◎皮肤由几种类型的细胞组成，它们分别加工疼痛、压力和温度。其中一部分细胞包裹着皮肤上毛发的末梢，它们对毛发上的触摸敏感；其他一些细胞位于表皮附近，还有一些正好位于皮肤顶层下面。

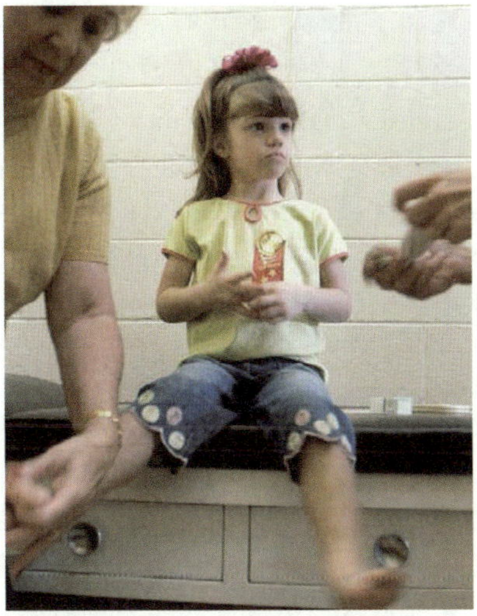

◎ 先天性无痛无汗症是一种罕见的遗传疾病，它让五岁的阿什琳感觉不到疼痛。她必须在放学之后被仔细检查是否有擦伤或刀伤，因为她受伤时并不会感到疼痛，这让她很容易受到感染。阿什琳和她的父母在她的成长过程中会面临哪些困难呢？

思考一下

你生活中有哪些变化会让你突然感觉不到疼痛？

疼痛：阀门理论

目前对于痛觉的工作原理最好的解释是阀门理论，这个理论最先由罗纳德·梅尔扎克（Ronald Melzack）和帕特里克·瓦尔（Patrick Wall）于1965年提出，后来又经过了修订和扩展。该理论认为，疼痛信号必须经过位于脊髓的一个“阀门”，这个阀门可以由两个信号关闭，一个是来自身体、进入脊髓的不疼痛的信号，一个是来自大脑的信号。这个阀门不是一种生理结构，而是脊髓神经在神经活动中寻找体外接收信息和大脑传入信息之间的一种相对平衡。后续的研究发现，大脑中转换中心的激活也可以受到影响，但是确切的位置和机制还在研究中。

疼痛感受细胞受到刺激时会释放出一种叫作P物质（“疼痛”的英文为“Pain”）的化学物质，P物质被释放到脊髓中，激活其他的神经元，这些神经元会传递痛觉信息到阀门（由疼痛信号开启），然后通过脊髓到达大脑，激活丘脑里的细胞、位于前额叶的躯体感觉皮层和边缘系统，这个过程就是换能。大脑随即对这个疼痛信息进行解释，同时传递信息给阀门，决定是否要进一步打开这个阀门，引起更大的疼痛感觉，或者将阀门关闭，来抑制疼痛感。当然了，大脑做出怎样的决定，是受对引起疼痛刺激的心理作用影响的。焦虑、恐惧和无助会增强疼痛感，而欢笑、分心和控制感可以减小疼痛感（这就是为什么人们在专心于别的事情的时候，即使擦伤了自己也可能不知道的原因）。疼痛也会受到来自其他皮肤感觉的影响，这些感觉会相互竞争，这也就是为什么揉搓痛处/伤口可以减少疼痛感的原因。

这些相同的心理层面也会影响内啡肽的释放。内啡肽是躯体内自然存在的一种吗啡，它可以阻止疼痛信号在大脑内的传递，在脊髓中还可以阻止P物质的释放。

我总是听说女性比男性更能忍受疼痛，这是真的吗？

正好相反，研究发现女性比男性能感受到更强的疼痛感，她们也更常报告疼痛感。比起女性，男性能更好地处理很多类型的疼痛，可能是因为男性总是被认为（应该）有更强的信念，所以他们可以通过自己的努力控制疼痛感。

运动觉和前庭觉

除了刚才提到的皮肤感觉，还有两种其他的躯体感觉：**运动觉**（kinesthsia sense，感知躯体各个部分之间的相对位置）；**前庭觉**（vestibular sense，感知运动和躯体位置）。

运动觉

位于肌肉、肌腱和关节的特殊感受器负责感知躯体运动和位置——手臂、腿的运动和位置，以及躯体各部分之间的相对位置，这种感觉被称为运动觉。当你闭上眼睛，将你的手举过头顶，你就能感知到你的手在哪里，因为本体感觉器会告诉你肌肉中压力的变化。

如果你很容易晕车，可能会误以为是本体感觉器的错。事实上，晕车并不是本体感觉器

◎这位走钢丝的小提琴家正在表演一项需要肌肉控制和协调的技艺。他不仅借助了他的前庭器官来帮助他保持平衡，还利用了运动觉来保证每一脚都踩在钢丝绳的恰当位置。

导致的，而是耳朵里负责前庭觉（平衡的感觉）的一种特殊结构引起的，它能告诉我们躯体相对于地面的位置和头部运动。

前庭觉

负责前庭这个感觉的结构位于耳朵中最深处的腔室。有两种前庭器官，分别是耳石器官和半规管。

耳石器官是位于耳蜗上面的一些小囊，这些小囊内充满了一种胶状的液体，里面悬浮着一些小的结晶体（很像是果肉果冻里面的一些水果粒）。当头部移动的时候，这些结晶体引起液体振动，触发小囊内壁上类似于纤毛的感受器，以此来告诉人们是在前进、后退、倾斜、向上还是向下（这与耳蜗的工作原理很像，但是刺激是运动而不是声波的振动）。

半规管是由三个类似于环形的小管组成的，里面也充满了液体，旋转时，会刺激类似于纤毛的感受器。三个小管可以感知三个平面的运动。还记得在几何课上学习的 x 轴、y 轴和 z 轴吗？这些就是身体可以旋转的三个平面，旋转时会触发半规管内的感受器。当你一直旋转突然停下来的时候，水平半规管内的液体还在旋转，所以让你感到眩晕，因为你的身体告诉你你还在动，但是你的眼睛却告诉你你已经停下来了。

当你眼睛看到的和你身体感觉到的不一致时，就会产生晕动病，会让你在运动的汽车中感到恶心，尤其是运动不规律时。通常情况下，前庭觉会与其他感觉协调。但是对某些人来说，来自眼睛的信息会与来自前庭系统的信息发生冲突，产生眩晕、恶心和迷失方向感的情况。这种对于晕动病的解释被称为**感觉冲突理论**（sensory conflict theory）。人们可以将眩晕感归罪于恶心，在人类进化的历史中，很多有毒物质使人感到眩晕，最好的处理方式是排出毒物。所以，尽管在晕动病中没有任何的毒物，但是人们还是可以排出一些东西。

对付晕动病的一种方法是注视远处的一点或某物，这会为人们提供一种关于他是怎么运动的视觉信息，让躯体的感觉信息与提供的视觉信息达成一致。这也是芭蕾舞演员和滑冰者在快速多次的旋转中努力不让自己眩晕的方法——他们每次旋转后都把视线固定在某一个点上。

知觉概述

知觉（perception），即大脑接受并以有意义的方式解释随时随地体验到的感受。知觉很个

概念导图

躯体感觉

- **皮肤觉** —— 由皮肤进行加工
  - 是一种器官——接收并转换来自外界的信息，传到大脑的躯体感觉皮层
  - 对触摸、压力、温度敏感 —— **痛觉**
- **运动觉** —— 由皮肤、关节、肌肉和肌腱处的本体感觉器加工
- **前庭觉** —— 由前庭器官加工
  - 传递关于运动和躯体位置的信息
  - 存在于内耳中 —— **耳石器官**、**半规管**
  - 是导致晕动病的原因

性化。例如，两个人看到同一片云，其中一个人可能会认为它像一匹马，而另一个则可能会认为它更像一头牛，他们对同一片云的知觉是不同的。

如何组织我们的知觉

尽管人与人之间的知觉存在一些差异，但是人们对这个世界的知觉还是存在很多相似之处的。有些情况下，不同的个体对刺激的自动加工非常相似。

恒常性：大小、形状和明度

一种知觉恒常性是**大小恒常性**（size constancy），是指对于一个物体大小的知觉总是恒定的（或者是对于一个物体投射到视网膜上的形象），无论它离观看者有多远。所以，如果一个平时有 1.83 米高的物体在视网膜上成的像非常小，它就会被知觉为离观看者很远。

另一种恒常性是指对于一个物体形状的知觉总是恒定的，无论它在视网膜上成的像是什么样的，这叫**形状恒常性**（shape constancy）。因为具有形状恒常性，所以人们在看到一个倾斜着的硬币时，依然可以将硬币知觉为圆形，即使此时硬币在视网膜上成的像是椭圆形的。桌上的餐盘也通常被知觉为圆形，即使从某个视角看过去是椭圆形的（见图 3–13）。

第三种知觉恒常性叫作**明度恒常性**（brightness constancy），是指即使在光线条件发生变化的时候，对于一个物体明度的知觉也总是恒定的。比如，如果一个人穿着一件黑色的裤子和白色的衬衫，在明亮的白天，衬衫看起来会比裤子更明亮，但是如果太阳被厚厚的云层遮住了，此时裤子和衬衫相对于之前都反射了更少的光线，但是衬衫看起来还是比裤子明亮很多，因为每块不同衣料反射的光线量的差异仍然与之前的差异一致。

格式塔原理

还记得第 1 章讲过的格式塔理论家吗？我们仍然能在如今的基本原理中看到他们最初的观点，比如认为人们有一种将他们看到的任何

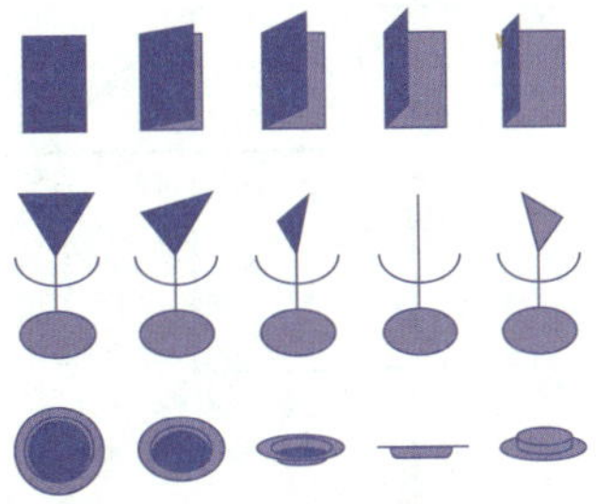

图 3–13 形状恒常性

◎这里显示了三个形状恒常性的例子。开着的门实际上有很多种不同的形状，但是我们看它还是一个标准的长方形的门。对于三角形和圆形也都是一样的——尽管我们从不同的角度看它们，它们在我们视网膜上的投影也各不相同，但是我们还是会因为形状恒常性而把它们知觉为三角形和圆形。

事物知觉为一个整体的趋势。

图形–背景的关系 请看图 3–14 所示的立方体，立方体的哪一面在前面呢？再看一次——你能看到面和角在变换吗？

这个图案叫作内克尔立方体（Necker cube），它于 1832 年正式面世，这是由一位当时正在研究晶体的瑞士科学家路易斯·阿尔伯特·内克尔（Louis Albert Necker）发现的，并在他的论文中初次展示。这个立方体的问题在于，它与深度线索存在冲突，所以观看者无法确切地知道哪一面或者哪条边在前面，哪些在后面，这个立方体的视觉展示就在不断地变换。

还有一个类似的错觉，见图 3–15。在这幅图中，你的知觉将在图形和背景中来回转换，所以你一会儿看到两张面对面的面孔，一会儿看到一个高脚杯。这幅图中到底什么是背景，什么是图像呢？

图形–背景（figure–ground）的关系是指，在知觉物体或图形时，有一种将它们知觉为在一个背景中的趋势。人们从出生时就显示出了一种区分背景和图形的偏好。图 3–14 和图 3–15 所示的错觉都是**可逆图形**（reversible figure），这种图形的图像和背景可以来回转换。

邻近性 另一个简单的知觉原则就是，空间上彼此接近的部分，容易被知觉为一个整体，叫作**邻近性**（proximity），见图 3–16。

相似性 **相似性**（similarity）是指，相似

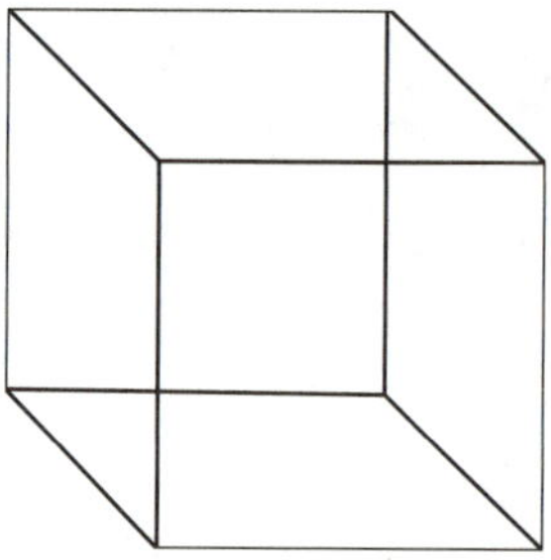

图 3-14 内克尔立方体

◎这是一个关于可逆图形的例子。也可以把它描述为一个模糊图形，因为还不清楚到底是它的哪个模式占主导地位。

图 3-15 图形-背景错觉

◎当你看这张图片的时候，你看到了什么？是一个高脚杯，还是两张对视的面孔？这是一个关于图形和背景不停转换的例子。

的物体容易被知觉为一个整体。当运动队里的所有成员都穿着相同颜色的制服时，是为了向观众展示他们是一个队的，即使他们散布在运动场的各个角落。

封闭性 封闭性（closure）是指一种将未封闭的图形知觉为封闭图形的趋势。一位有天赋的艺术家可以只用寥寥几笔就让人感觉到一张完整的面孔——观看者会自动把空白处填充上。

连续性 连续性（continuity）不太好解释，但是从直观上特别容易理解，是指将事物简单

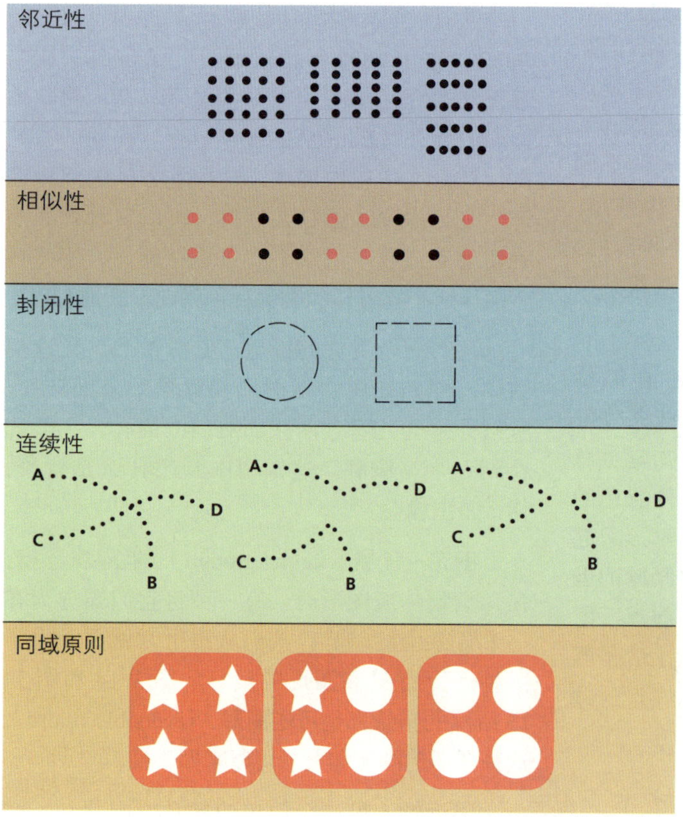

图 3-16 分组的格式塔原则

◎这里展示的是分组的格式塔原则。这些是人们在对独立的刺激进行分组时的一种趋势，会采用这五种特征：邻近性、相似性、封闭性、连续性和同域原则。

邻近性：左侧的点可以被看成水平排列的，也可以被看成竖直排列的，两者都没有占主导地位。但是改变点与点之间的邻近性后，就像另外两个例子所示的一样，我们会认为这些点是成纵队的（中间）和成横排的（右侧）。

相似性：在这里，这些相似的颜色会让你把这些点知觉为白色和黑色的方形，而不是两排白色和黑色的点。

封闭性：即使这些线是断的，我们仍然会把这些图形看成圆形和方形。这是一个关于我们会把图形封闭或将丢失部分填满的例子。

连续性：由于连续性的作用，我们更容易把左侧的图形看成两条线交叉，即 A 到 B 和 C 到 D，而不是看成 A 到 D 的线和 B 到 C 的线，或者是 A 到 C 的线和 B 到 D 的线。

同域原则：相似性会让我们看到两个组，即星星组和圆圈组。但是有颜色的背景却定义了可见的共同区域，会知觉为三个不同的组。

地知觉为连续的整体，而不是复杂的、断开的模式。图 3–16 展示了一个体现连续性的例子。对于最左边的一张图，相对于把它们看成右边两幅图断开的部分之和，是不是更容易把它们看成两条虚线相交呢？

接近原则　接近原则（contiguity）并没有在图 3–16 中展示出来，因为它不仅包含了在空间上的邻近性，还包括了时间上的接近性。接近原则是指将两个先后发生的临近的物体知觉为有关联的。人们通常会认为先发生的事件是后发生事件的原因。口技艺人经常利用此原理，他们自己不动嘴巴，而让木偶的嘴巴动，看起来声音不是由他们发出的，而是由木偶发出的。这很大程度上就是因为接近原则。

还有一个知觉原则不属于上述任何一个原则，它是后来由斯蒂芬·帕尔默（Stephen palmer）添加的（图 3–16 最下面展示的就是它），即**同域原则**。它是指将位于同一区域或同一范围的物体知觉为一个整体。如图 3–16，根据相似性原则，人们会将星星知觉为一个整体，而将圆圈知觉为另一个整体，但是加上了有颜色的背景之后，根据同域原则，人们会将它们知觉为三个不同的整体，其中一组既有星星又有圆圈。

深度知觉

将所看到的世界知觉为三维的能力叫**深度知觉**（depth perception）。这是一种很容易获得的能力，因为如果没有深度知觉，你将度过一段非常艰难的时光，你不能知道物体离你有多远。深度知觉是在什么时候发展起来的呢？如果不是一出生就有，那么也是很早就已经具有了——在出生时就有的了。那些在出生时就有视力障碍的人，即使后来恢复了视力，也不具有深度知觉。深度知觉像知觉恒常性一样，似乎在婴儿早期就发展出来了。

世界上有很多关于深度知觉的线索，有的只需要用一只眼睛［**单眼线索**（monocular cue）］，有的却是通过两只眼中细小的区别来获得［**双眼线索**（binocular cue）］。

单眼线索

单眼线索经常被当作**图形深度线索**（pictorial depth cue），因为艺术家们可以利用这些线索在绘画上造成深度的错觉。接下来会举例讨论这些线索，你可以参考图 3–17。

线条透视　当你站在一条很长的铁轨上观察它时，远处的铁轨的两边轨道好像汇聚在一起了。

两条平行线看起来好像汇聚到一起的现象叫作**线条透视**（linear perspective）。这在图画中经常被运用，因为人们认为图画就像真实世界一样，两条线汇聚到一起，表示这两条线的“端点”离观看者的位置非常远。

相对大小　相对大小（relative size）与大小恒常性原则有关，当人们确切地知道一个物体的实际大小时，如果它看起来很小，就会认为它离得很远。电影制作者利用这条线索，将小模型摆得离摄像机很近，而让它们看起来很巨大。

重叠　如果一个物体遮住了另一个物体，那么人们会认为被遮住的物体在那个物体的后面，所以被遮住的物体离得更远。这条线索被称为**重叠**（interposition）。

空气透视　一个物体离得越远，看起来越朦胧，这种知觉线索叫作**空气透视**（aerial perspective 或 atmosphere perspective）。这也就是为什么远处的山看起来总是朦胧的，远处的建筑也比近处的建筑看起来更模糊的原因。距离越远，在人眼与物体之间的空气中，细小的灰尘污物和其他污染物越多，就会造成视觉的模糊。

纹理梯度　如果你附近有一大片鹅卵石、岩石或者有图案的道路（比如鹅卵石铺成的道路），找个时间去看一看。离你很近的鹅卵石或砖块有很明显的纹理，但是当你看远处时，它们的纹理会变得很小而且有规则。**纹理梯度**（texture gradient）是另一个常被艺术家在绘画中使用来造成深度错觉的深度线索。

运动视差　下次你在乘车的时候，不妨注

(a)

(c)

(b)

(d)

图 3-17 图形深度线索的例子

◎图（a）两排树木和道路的两边在远处看起来汇聚在了一起。这是一个线条透视的例子。图（b）位于近处的鹅卵石看起来很大，而越远看起来越小。纹理梯度让观察者假设鹅卵石看起来越小，离我们就越远。图（c）在空气透视中，越远的物体看起来越模糊，因为在观察者和物体之间的空气中有很多细小的颗粒。路和农舍看起来就很清晰，而远处的山看起来却是模糊、朦胧的。相对大小的深度线索如图（d）所示，远处的花看起来比近处的更小，相对大小让看起来很小的物体被知觉为离观察者很远。

意一下车窗外，离得很近的物体飞驰而过，而离得远的物体（如山）则很缓慢地移动着。这种通过运动来区分物体远近的线索叫作**运动视差**（motion parallax）。

调节　调节（accommodation）这种单眼线索不属于图形深度线索，它是在眼睛内部发生的。眼睛的晶状体可以发生形变，它是由一系列肌肉控制的。在本章前面提到了视觉调节的加工过程，是通过晶状体改变自身的性状，在观看远处或近处的物体时，晶状体通过变薄或变厚来进行调节。大脑可以利用此调节信息作为深度知觉的线索。调节也被称为肌肉线索。

双眼线索

顾名思义，这些线索需要两只眼睛的共同作用。

辐合　另一个肌肉线索是**辐合**（convergence），是指两只眼睛为了对一个物体聚焦，在眼眶中的旋转过程。如果这个物体离得很近，辐合就很大（大到眼睛几乎转了一圈），如果这个物体离得很远，辐合就很小。将你的拇指竖起来放在鼻子前面，离远一点儿，再移动回来，你感受到的就是你眼睛中的肌肉在辐合［见图 3-18（a）］。

双眼视差　双眼视差（binocular disparity）是一种科学的说法，因为两眼之间有几厘米的距离，所以它们看到的图像并不是完全相同的。大脑根据视网膜上的图像来判断物体与眼睛的距离。如果两个视网膜上的图像差很多，那么这个物体一定离得非常近；如果图像几乎相同，那么这个物体一定离得非常远，使得双眼视差非常小。你可以体验一下这个线索：摆一个物体在你的鼻子前面，闭上你的一只眼睛，标记一下物体在哪里，然后睁开这只眼睛，换另一只眼睛闭上，你会发现看到的物体会有一些差别。但是如果你把这个物体摆到房间的另一头，看到的就不会“跳开”或者是移到一边［见图 3-18（b）］。

尽管现在已有这么多知觉的线索，但是即使是最有经验的知觉者也不一定能完全知觉到这个世界本质的样子，就像接下来的部分要讲到的一样。

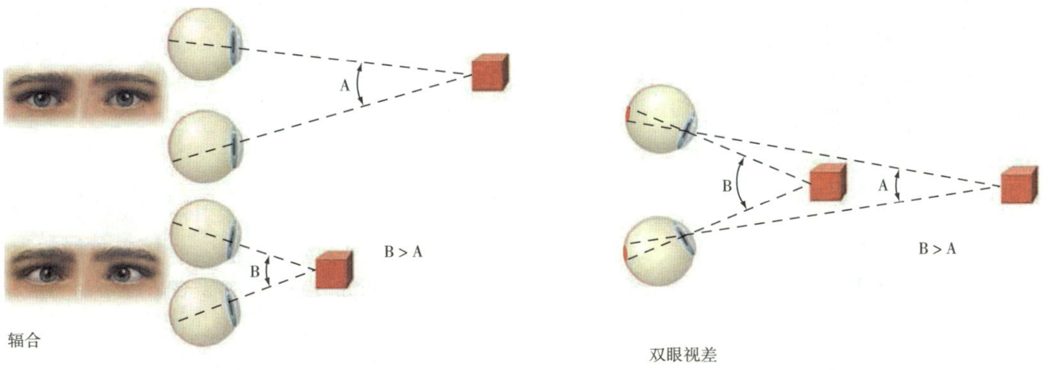

图 3-18 深度知觉的双眼线索

◎图（a）辐合是一种需要眼睛中肌肉参与的深度线索。当物体离得远的时候，眼睛肌肉更放松；当物体离得近的时候，眼睛肌肉辐合到一起。图（b）双眼视差。由于你的两只眼睛中间有几厘米的距离，因此每只眼睛看到的物体会有些不同。在A处时，物体离得很远，所以差异较小。在B处时，物体离得很近，两只眼睛看到的图像差异就较大。大脑将这个信息解释为物体离人眼的距离。

错觉

你已经多次提到“错觉”这个词了，错觉到底是什么呢？为什么人们很容易被错觉误导呢？

错觉是对客观世界错误的知觉。人们对自身所看到的事物的想法其实与事物本身存在差异。另一种对于错觉的理解是，视觉信息对眼睛的“戏弄”（错觉与幻觉不同，错觉是对实际存在的刺激的错误知觉，但是幻觉是大脑内部自己产生的）。

错觉研究对心理学家和神经科学家都非常有帮助。这些研究通常能提供很有价值的信息：关于感觉接受器和感觉器官如何工作，以及人们如何解释输入的感觉。

有时候，错觉是由于早期感觉加工、随后的加工或者是大脑的视觉系统做的更高级假设。

我们已经讨论了一种视错觉——视觉后像，它是由于在光线信息被视锥细胞和视杆细胞侦测到以后，视网膜或丘脑外侧膝状体核的对立加工导致的。另一种后检波加工（其实也发生在早期）导致了另一种错觉。

赫曼方格

请看图3-19的方格矩阵。当你看向图中的不同部分时，尤其是看白线的交汇处，你是否会发现一个有趣的现象？当你想要直接看它们的时候，你可能看到了一团灰色的东西消失了。这就是赫曼方格。

关于这种错觉，一个可能的解释是，初级视皮层的神经元对特殊朝向的光线反应更强烈。这些神经元被称为“简单细胞”，最早由大卫·休博尔（David Hubel）和托斯坦·威泽尔（Torsten Wiesel）发现。他们还发现了其他的细胞，包括“复杂细胞”（对朝向和运动敏感）和“端点细胞”（对角、曲线、直角最敏感）。这些细胞联合起来被称为特征探测器，因为它们对刺激的特征很敏感。休博尔和威泽尔因其在视觉系统研究中的突出贡献而获得了诺贝尔奖。

图 3-19 赫曼方格

◎请看这个方格矩阵。你是否在白色交汇部分发现了有意思的东西？如果你直接看向交汇处，会发生什么？

其他的关于赫曼方格的研究发现，直角是这种错觉产生的必要条件，如果角度发生轻微的变化，这种错觉就会消失，这一步确认了错觉可能是因为我们的视觉系统加工信息具有唯一的功能导致的。

米勒-莱尔错觉

米勒-莱尔错觉（Müller-Lyer illusion）是很有名的视错觉之一。当人们尝试判断两条直线长度是否相等时，错觉就产生了。它们其实是同样长的，但是一根看起来比另一根长（两端的角朝外的那条直线总是看起来更长）。你可以在米勒-莱尔错觉实验中尝试判断一下两条线的长度。

这个错觉为什么如此有诱导力？一种解释是，人们总是生活在有很多建筑物的世界里，建筑物都有角。当一个人位于建筑物外面的时候，建筑物的角离他更近，而感觉墙壁是在远离他（就像那条箭头朝内的线）。当一个人处在建筑物内的时候，建筑物的角却在远离他，而墙壁是在接近他（就像那条箭头朝外的线）。在人的思维中，把内部朝向的角当成建筑物的外墙角，感觉是在靠近它们，而把外部朝向的角当成建筑物的内墙角，感觉是在远离它们。

马歇尔·西格尔（Marshall Segall）和他的同事们发现，西方文化背景下的建筑都是有很多直线和角的木质建筑，西格尔和他的同事们将这个称为“木质世界”（carpentered world），所以西方文化背景的人比非西方文化背景的人（建筑物多为圆形，较少有角，被称为“无木匠世界”）更容易受到这个错觉的影响。比如，格雷戈里发现，祖鲁人就很少受到这个错觉的影响，他们住在圆形的房屋里，房屋也排成圆形，使用弯曲的工具和玩具，在他们的世界里很少看到直线和角。

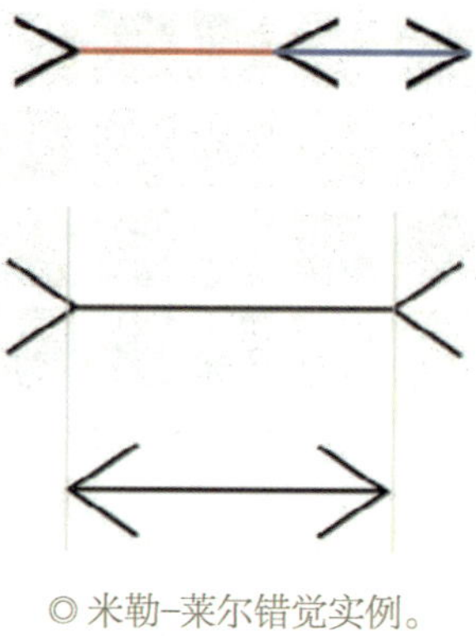

◎ 米勒-莱尔错觉实例。

月亮错觉

另一个很常见的错觉叫作**月亮错觉**，指在地平线附近的月亮看起来比在天上的月亮更大一些。一种解释是，在天上的月亮是孤单的，周围没有任何的深度知觉线索，但是在地平线附近的月亮，出现在树木和房屋后面，有关深度知觉的线索让人感觉地平线离自己很远很远。月亮就被看成位于这些物体的后面，因此感觉月亮离自己更远。再加上人们已经知道，如果离自己很远的物体如果看起来还很大，那么它真的很巨大，所以就会在头脑中将月亮“放大”，这其实是对大小恒常性的错误应用。这种对月亮错觉的解释叫作表面距离假说，该假说起源于公元 2 世纪，最先由古希腊的天文学家托勒密（Ptolemy）提出，后经 11 世纪的阿拉伯天文学家阿哈泽（Al-Hazan）加以发展。

运动错觉

有时候，人们会把静止不动的物体看作在运动。一个很好的运动错觉的例子是在著名的从众实验中发现的，即游动效应。该效应指在一个黑暗的房间中有一个很小的固定不动的光点，但是这个光点看起来是在运动或者说是在漂移的，因为光点周围没有任何的线索表明它

◎ 月亮错觉。当这个月亮高高地位于天上时，在眼睛上的成像与现在是完全一样的，但是当它位于地平线时，却要感觉大很多。在天上，没有物体作为对比，而在地平线上，感觉有物体（比如这棵树）位于这个非常大的月亮前面。

是固定不动的。另一个是频闪运动，它是指快速呈现一系列静止的图片，这些图片看起来就像是运动的。很多学生也发现，在笔记本每页的边缘画上一些小图像，然后快速翻动笔记本，就会看到同样的运动错觉现象。

还有一个与频闪运动有关的运动错觉，叫作似动现象，在这个现象中，顺序打开排成一列的灯，灯光看起来就像是在运动的。比如，在一个黑暗的房间中，一盏灯亮起来了，然后熄灭，紧接着另一盏离它很近的灯又亮起来了，随即又熄灭，看起来就好像是一盏灯从一个地方移动了一小段距离到了另一个地方。这个现象经常被用在剧院的大招牌上，看起来像是一系列的灯在按顺序上上下下地移动。这一现象也常被运用于一排装饰灯，如在节日中挂在房子上的频闪灯。

静止的图片看起来也在动是怎么回事呢？有几个关于静止的图片看起来在动的例子，都很经典且现代。关于这类错觉产生的原因还在争论中，到底是开始于眼睛还是大脑，已经争论了 200 多年。

从图 3-20 中，你看到了什么？

“旋转的蛇”错觉是由北冈明佳（Akiyosh Kitaoka）设计的众多运动错觉图像中的一个。关于这种错觉，有很多种解释，比如图像的亮度、颜色的使用，或者大脑加工信息轻微的时间差异等。当 fMRI 和眼动技术被用于研究错觉之后，研究者们发现大脑视皮层对运动的刺激有更强的激活。然而，当有引导性的眼动时，这个激活会达到最强，这些结果说明眼动在这类错觉知觉中起着非常重要的作用。

眼动也被发现与 1981 年伊莎·黎凡特（Isia Levant）创作的运动错觉“谜”（*Enigma*）有关。请看图 3-21 的中间：看到绿圈中间有什么东西了吗？很多人会看到这些圈开始“闪烁”或者这些圈开始旋转。为什么会发生这种现象？通过特殊的眼动捕捉装置，可以记录很小的眼动，研究者们发现了微小的眼动，叫作“微跳”，在这一章前面已经讨论过，它与“谜”这种运动错觉直接相关，很有可能是这种错觉的原因之一。

这两个研究显示了前沿的研究者们关于视知觉的一些研究问题。想要了解更多的关于视错觉的研究，以及从神经科学角度的研究，请看本章最后部分的“日常生活中的心理学”专栏。

影响知觉的其他因素

人类对世界的知觉很明显受到了很多因素的影响，如文化和对线索的误解。下面是其他一些影响人类知觉的其他因素。

人们经常会误解听到的话，因为他们期望听到一些别的东西。受到先前的经验或期望的影响，人们往往期望按照一种特定的方式去知觉，这叫作**知觉定式**（perceptual set）或**知觉期望**（perceptual expectancy）。尽管期望在解释确定的刺激中是有用的，但是它们也可能把人引到错误的方向。在模棱两可图形实验中，被试会发现知觉定式如何影响自己辨别模糊不清的图像。

图 3-20 旋转的蛇

◎当你的眼睛在图上移动的时候，你看到了什么？图像并没有动，但是看到了“蛇”在旋转，因为至少你的眼睛的某个部分在移动（由立命馆大学的北冈明佳博士设计）。

概念导图

知觉概述

- **知觉**
  - 大脑接收并以有意义的方式解释和组织随时随地体验到的感受的方式 —— 具有主观性；没有任何两个人对这个世界的知觉是完全一样的
  - 根据感觉的形态可能有一致的特征 —— 比如：视觉 —— **深度知觉**
    - 对世界进行三维知觉的能力
    - 通过来自双眼的不同信息进行深度知觉
  - 不总是基于实际存在的刺激 —— **错觉**
    - 错觉是指对现实的错误知觉
    - 可以由知觉定式和知觉期望引起

图 3-21　谜的再解释

◎你看到静止的图片在动，是因为你的眼睛在动，这些很小的运动叫作“微动”[由来自贝洛神经医学中心马丁内斯-康德实验室的乔治·奥特罗-米兰（Jorge Otero-Millan）设计]。

人们对自己知觉到事物的解释也会影响他们的知觉。比如，人们可以利用自己大脑中已有的信息来解释他们知觉到的东西（就如知觉期望）。但是如果没有与新信息有关的信息，那人们就只能观察他们知觉到的每一个特征，并尝试着把这些特征整合起来。

玩过七巧板的人都知道，如果有一张已经拼好了的图作为指导，那么在拼七巧板的时候就会容易很多。拼成功过的经验也会有所帮助——成功拼过七巧板的人很清楚七巧板拼完之后会是什么样子。在知觉领域，这被称为**自上而下的加工**（top-down processing），是指利用已有知识来将独立的特征组织成有联系的整体，这也是知觉期望的一种形式。

如果某套七巧板正好是这个人以前从来没有拼接过的，或者这个人将图纸弄丢了，他可能会从小部分开始，拼在一起，然后逐渐拼接，直到出现了可以辨认的形状。这种从细小的部

◎在模棱两可图形实验中，将为被试展示这种模糊的图形，并要求被试说出其在模糊的图形中看到的东西。

日常生活中的心理学

不只是“烟雾和镜子”——魔术的心理科学和神经科学

很多人喜欢在现场或者是电视上看魔术表演。你可能曾经也被克里斯·安吉尔（Criss Angel）表演的《不可思议》（*Mindfreak*）魔术或者本尼斯（Penn）和特勒（Teller）表演的滑稽动作震撼过。如果是这样，那么你可能见证了包含很多错觉的表演。就像大多数人一样，你可能也在表演中的某一刻很好奇：“他们是怎么做到的？！”你是否认为这些把戏是通过一些特殊的道具（比如一个假的指甲套藏了围巾），或是用了“烟雾和镜子”完成的，抑或这些魔法只是通过转移观众的注意力，实际上是在干别的事情使观众产生错觉呢？

魔术师用了很多种方法来利用或操纵我们的意识和注意，使我们认为发生在我们面前的是真的。

那些看上去很难的魔术在心理学领域并不是一个新鲜话题，最近几年人们又开始对它们产生了新的兴趣，尤其是用神经科学方法研究魔术。这种观点让研究者们可以与魔术师一起工作，以更好地了解很多认知和知觉的加工过程。不仅可以测量魔术背后的感觉或心理机制、心理学的解释，还可以进一步探讨大脑中发生了什么。

贝洛神经医学中心的斯蒂芬·L．麦克尼克（Stephen L. Macknik）博士和苏珊娜·马汀–康德（Susanna Martinez–Conde）博士是两位神经科学家，他们共同研究专业的魔术师们使用的技巧和把戏，来理解大脑在错觉下是如何工作的，以及这些信息如何能被研究者在实验室环境下加以利用。他们发现了几种类型的错觉，既可以单独使用，也可以联合使用，用来作为魔术的基本把戏；其中两个就是视错觉和认知错觉。

正如这一章开始讲的，当个体的知觉和实际物理刺激生产差异时，视错觉就发生了。这些错觉是由大脑的组织或加工偏差导致的。进一步说，就是我们基于知觉的大脑活动，与根据物理刺激的大脑活动并不一致。对于麦克尼克博士和马汀–康德博士所举的例子，你可能在上小学时就玩过。你是否曾拿过一支铅笔或钢笔，抓住它们的中间部分，然后上下晃动？如果你这样做过，铅笔或钢笔看起来像是弯曲的或者像是由橡皮做成的。魔术师利用这种错觉使坚固的物体“弯曲”，比如勺子。那么大脑是如何解释的呢？视皮层中的某些特殊的神经元对移动和角度很敏感，被称为端点神经元。当一个物体快速运动或者快速上下运动时，这些神经元的反应会不同，从而导致我们认为坚固的勺子或铅笔发生了弯曲。

◎本尼斯和特勒一起表演了30多年，已经加入了神经科学领域，努力去了解魔术错觉下大脑的活动机制。

另一个效应（或称把戏）是基于我们的视觉系统的功能，这个把戏就是魔术师让物体变小时，比如一个球消失在空气中或魔术助理的外套突然消失不见了。通过向观众展示目标物体（如球或外套），然后快速从可见的视野移开，视觉残留效应会让物体看起来还在那里。这是由被称为视觉后像的神经活动导致的，视觉后像神经元会有最多100毫秒的时间显示，即使物体已经移开。同样的，你可能也玩过这个把戏——在黑暗中快速晃动一个光点画圈。

进一步讨论的问题

1. 上述讨论中的例子都是基于视错觉的，你还能举一个在魔术中用到的基于不同感觉形式的错觉吗？

2. 结合第2章讲到的神经影像学方法，有哪些方法能用来探索人们在观看魔术表演时的大脑活动？为什么？

分开始，逐渐完成知觉的过程叫作**自下而上的加工**（bottom-up processing）。在这种情况下，没有期望来帮助组织知觉，这使自下而上的加工在很多方面显得更难。幸运的是，这两种知觉方式通常联合起来对我们生活的世界进行着知觉加工。

既然不同文化背景的人有不同的期望，那么他们会因此对事物产生不同的知觉吗？有些研究者认为这确实会发生，比如，请看图3-22，这个图形常被称为“魔鬼三叉戟”。欧洲和北美的人总是将这个图知觉为三维的，所以他们在辨别时存在困难——如果用三维的角度去看它，它是不可能的。但是那些较少有科技导向文化背景的人，在看这张图时就没有什么困难，即

◎埃姆斯房间错觉。该错觉会受到我们先前的经验和期望的影响。观察者会认为房间是长方体的，但是实际上它是一个梯形，有倾斜的墙壁和地板。

图 3-22 魔鬼三叉戟

◎第一眼看的时候，这似乎是一个传统的三叉的图案。但是仔细一看，就会发现这三个叉不可能如图画中所示般真实存在。从另一端沿着线条看过去，又会发现什么错误？

使让他们画出来也没有困难，因为他们把其视为二维的图画，也就是很简单的一些线条和圆圈的组合，而不是一个固体的实物。相比之下，如果你让欧洲人和北美人画一张倒置的面孔，他们会画得更准确，因为倒置的面孔只是“一些线条和圆的组合”。换言之，他们会按照他们实际看到的光影来画，而不是按照他们根据三维知识所“理解”的。

第 4 章

意识

加利福尼亚警方正致力于打击人们在开车过程中发短信和打电话的行为，他们使用一个类似于游戏模拟器的视频来告诫大学生们此类行为有多危险，因为开车、发短信或打电话都是极其消耗注意资源的活动。AT&T 公司在公益广告中有一个关于安全知识的竞赛活动，就是让参与者们重新计算因在开车过程中收发信息而造成的事故数量，通常是一些致命性的事故。目前，美国大多数州已经禁止新手在开车时使用手机，并禁止所有驾驶员在开车过程中发信息。为什么呢？因为与我们所了解的常识不同的是，我们不能真正做到同时处理多任务，更重要的是，驾驶和通电话、发短信这两样活动都非常需要我们的清醒意识。

思考一下

在日常生活中，你有哪些事情是同时做的？如果有影响，这些多任务是如何影响你的意识或者你的工作质量的？

为什么要研究意识

从某种意义上来说，理解了意识就理解了“我们是谁”的真谛。醒着、睡着、做梦、白日梦和其他形式的意识觉醒，组成了人类经验的更高级部分。睡眠缺乏可能会增加患糖尿病、影响青春期的发育、降低记忆能力以及增加肥胖的风险。药物的使用也会影响意识，这些影响都是对我们无益的，甚至有的时候是有害的。

通过本章，我们可以：

- ◎ 定义意识；
- ◎ 描述意识的不同水平；
- ◎ 解释睡眠的必要性，睡眠中的生理过程；
- ◎ 描述睡眠的不同阶段，解释 REM 睡眠的重要性；
- ◎ 描述并区分不同类型的睡眠障碍；
- ◎ 总结关于人们为什么会做梦的几种理论，描述关于梦内容的性别和文化差异；
- ◎ 描述催眠的定义，解释完成催眠的过程；
- ◎ 描述两种关于催眠为什么会起作用的理论；
- ◎ 定义冥想，解释它的益处；
- ◎ 定义精神药物，区分对药物的身体依赖和心理依赖；
- ◎ 描述兴奋剂、镇静剂以及致幻剂是如何影响意识的，并总结使用它们会有什么危害；
- ◎ 描述意识是如何解释我们所看到的超自然的。

什么是意识

“意识”的确切含义是什么？我听说过很多次，但是我不确定我了解关于它的一切。

“意识”是一个大多数人以为他们理解了，但直到被要求去定义它时才发现自己其实并不理解的概念。许许多多的科学家、心理学家、神经科学家、哲学家，甚至是计算机科学家（他们试图发展人工智能）试图定义“意识”，因此产生了许多定义——研究意识的每个领域几乎都有一个。

定义意识

早期的心理学家、机能主义者威廉·詹姆斯（William James），在他的教科书中花了很大篇幅介绍“意识流”的概念：从一个想法、灵感、思想流动到另一个的过程。哲学家丹尼尔·丹尼特（Daniel Dennett）指出，意识不是单一的，而应该是多通道的，每个通道都在处理自己的任务。所有这些通道并列运行，是一种混乱的意识。人们必须以某种方式组织所有的意识经验，而且这种组织过程会受到他们特有的社会团体和文化的影响。

动物和人类是用相同的方式经历意识的吗？这是一个复杂的、很难在这里彻底回答的问题，但是许多研究动物行为、语言和认知的研究者，已经发现有理由推论至少在一小部分动物中有意识存在，尽管它的组成当然和人类意识有所不同。克里斯托夫·科赫（Christorf Koch）博士和费洛里安·摩门（Florian Mormann）博士在关于神经生物学和意识那一章中指出：“几乎没有理由去怀疑，哺乳动物和人类同样拥有意识感觉……”在本书的第7章中将讨论动物语言，也会涉及一些动物意识的内容。

◎驾驶这辆车的司机的注意力被分散为好几方面：看手机、听乘客说话以及开车。如果他希望他和他的乘客能够安全到达目的地，那么他这种开车时还做其他事情的行为会将他自己以及别人都置于危险的境地；他可能在开车过程中经历着意识状态的转换。

那么，我们从哪里能找到意识的有效定义呢？

根据我们的目的，一个更有用的意识定义如下：**意识**（consciousness）是在任意时刻对你周围和头脑中发生的一切活动的认识，包括思维、感觉和感受，你以此来组织自己的行为。认知神经科学的观点认为，意识是由一系列的神经元活动过程中的动作电位组织而成的，由此产生足够我们意识到的知觉、记忆或经验。换句话说，你的眼睛看见了一条狗，枕叶视觉皮层上视神经的神经元就被激活，并且与视觉相关的皮层也被激活来识别外部的刺激，即“狗”。嘭——意识！

改变的意识状态

大多数人的觉醒时间花费在一个叫作“**觉醒意识**”（waking consciousness）的状态中。在这种状态下，他们的思维、感受和感觉是清晰和有组织的，并且他们的头脑是保持警觉的。但是在日常生活和活动中，人们经历的意识状态有时是不同于有组织的觉醒状态的，这些在意识层面的变化叫作意识状态变化。

改变的意识状态（altered state of consciousness），发生在你的心理活动的模式或性质发生转变的时候。思维可能变得模糊和无组织性，你可能会感觉到警惕性降低，你的思维可能发生奇异的转变，就像是经常发生在梦里的那种感觉。你的自觉意识也可能是分离的，当你开车去上班或上学的时候，你可能怀疑你是怎么来到这里的—— 一层意识专注于驾驶的同时，另一层意识可能是在考虑昨天的事。这种意识状态的转换可能是很危险的，正如许多试着边开车边打电话的人已经发现的那样。开车和电话交谈都需要集中注意力，同时安全有效地做两件事几乎是不可能的。研究显示，开车时候打电话，

概念导图

什么是意识

- 人们对于给定状态（思想、感觉、感受）下对身边所有事情的觉知；一天中的大多数情况下，人们都是处于觉醒意识状态的，这种意识是清晰且有组织的
- 当人们的心理活动发生转变时，意识的状态会随着变化，警觉性、思想内容以及关注点也会发生很大的变化

甚至是不需要双手的电话，会把一个人置于和酒驾同样危险的境地。开车时发短信就不仅仅是危险了，简直就是谋杀。

有许多其他形式的意识状态改变：药物的影响、白日梦、被催眠，或是进入冥想状态。不过，最常见的状态改变的经历是发生在占我们生命的三分之一时间的夜晚——睡眠。

睡眠

你曾思考过人们为什么不得不睡觉吗？如果人们不必睡觉，就可以做更多的工作，就能有更多的时间去玩和做有创造性的事情。

睡眠的生理机制

睡眠曾经被看作“温柔的暴君”。人们能试着保持清醒，有时候可能有一段时间不睡觉，但是最后他们必须睡觉。一个原因是，睡眠是人类身体生理节律的一部分，人体必须遵守自然循环的活动。一些生理节律是按月循环的，比如女性的月经周期，然而有些节律更短一些——心脏跳动也是一种生理节律。但是许多

◎睡眠是一个“温柔的暴君”。无论什么时候，当困意来袭的时候，人们都是很难抵挡的。你能够想起在什么时间或在什么地方你本来没打算睡觉却睡着了吗？你觉得为什么会发生这种情况呢？

生理节律是以一天为单位发生的，像血压、体温或一些身体化学物质产生的升降。其中，最明显的就是睡眠-觉醒周期。

睡眠的节律：昼夜节律

睡眠-觉醒周期是一种**昼夜节律**（circadian rhythm）。这个术语实际上来自两个拉丁单词——circa（大约）和 diem（一天）。因此，昼夜节律是需要花费“大概一天”完成的循环。

对大多数人来说，这意味着他们将在每一个 24 小时的周期中，经历至少几个小时的睡眠。睡眠–觉醒周期最终被大脑控制，特别是被下丘脑内部的一个区域，是大脑中影响腺体系统的一个小区域。还记得褪黑激素吗？几年前许多人在买含有褪黑激素（一种由松果体分泌的荷尔蒙）的补品，希望睡得更好，甚至希望能够减慢衰老。褪黑激素的释放受到下丘脑内部深层的视交叉上核（suprachiasmatic nucleus，SCN）的影响，它是告诉人们何时起床、何时睡觉的内部时钟。

SCN 对灯光的改变很敏感。傍晚将至的时候，SCN 告诉松果体（位于大脑底部）分泌荷尔蒙褪黑激素。随着褪黑激素的累积，人会感觉困倦。随着进入眼中的光线的增加（比如在早晨），SCN 告诉松果体停止分泌褪黑激素，允许身体苏醒。

人们需要多长时间的睡眠呢

多久的睡眠是足够的睡眠？答案可能因人而异，因为人们的年龄不同，遗传基因让他们需要的睡眠也不同。不过是对于大多数人来说，在 24 小时的周期中，为了保证功能正常，需要七至八小时的睡眠（见图 4–1）。有些人是短睡眠者，只需要四至五个小时，而有些人是长睡

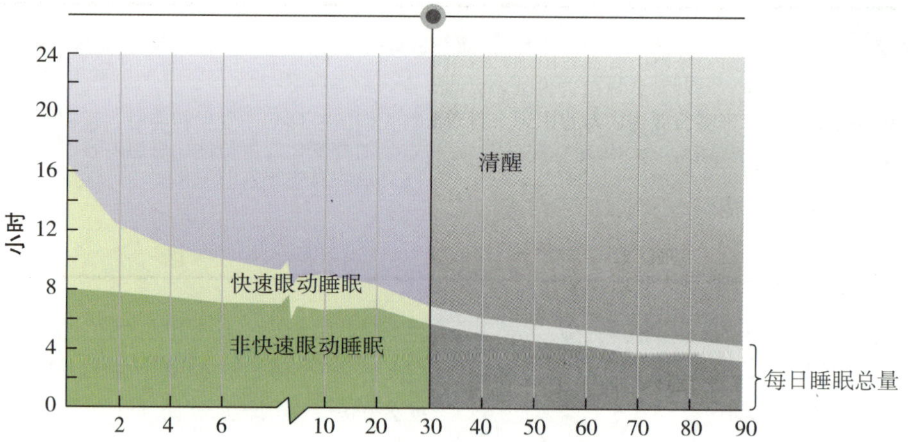

图 4-1 婴幼儿和成人的睡眠模式

◎婴儿比儿童和成年人需要更多的睡眠。快速眼动睡眠和非快速眼动睡眠在人生的前 10 年锐减，快速眼动睡眠的减少量最多。婴儿几乎有 50% 的睡眠是快速眼动睡眠状态，而正常的成年人只有大概 20% 的时间处于快速眼动睡眠状态。

眠者，他们需要九至十个小时的睡眠。

睡眠剥夺（sleep deprivation），或称睡眠缺失，是个严重问题，尽管很多人没有意识到这个问题。例如，学生们可能整晚熬夜学习，以准备第二天的重要考试。当他们这样做的时候，失去的信息远多于他们获得的信息，因为好的睡眠对记忆力和思考能力来说是非常重要的。即使是仅有几个晚上睡眠不足，也会对生理和心理产生严重的后果。

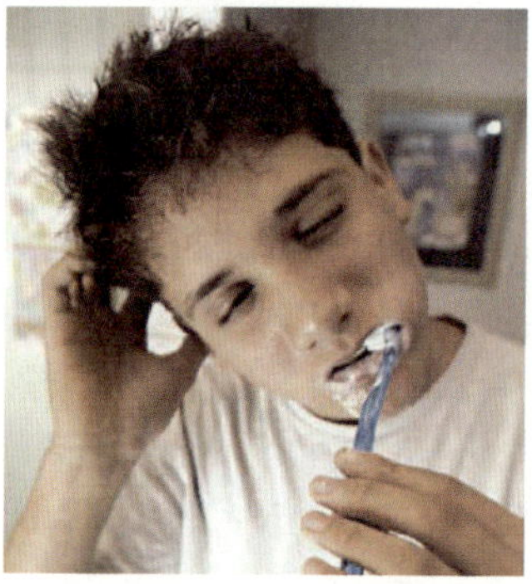

◎睡眠剥夺更多地发生在年轻人身上。图中的年轻人看起来休息得好吗？能够顺利地完成刷牙吗？

睡眠的阶段

有不同类型的睡眠吗？你从醒着到睡着到做梦，是瞬间就完成的吗？

事实上，有两种类型的睡眠：**快速眼动睡眠**［REM（rapid eye movement）sleep］和**非快速眼动睡眠**［NREM（non-REM）sleep］。快速眼动睡眠是一种相对活跃的睡眠类型，大多数人的梦发生在这个阶段，非快速眼动睡眠阶段更深一些，是一种更平静的睡眠。在快速眼动睡眠阶段，自主肌肉被抑制，这意味着处在非快速眼动睡眠阶段，人很少活动，然而在快速眼动睡眠阶段，人们则可以活动自如（比如，踢同床的人）。快速眼动和非快速眼动睡眠发生的每天晚上，人们会经历不同的睡眠阶段。科学家可以借助脑电图（EEG），通过观察大脑的活跃程度来判断一个人正在经历睡眠的哪个阶段，正在进入哪种睡眠类型。见图 4-2 和图 4-3，以了解在睡眠的每个阶段发生了什么。

一个人在清醒和大脑活跃的时候，EEG 上会显示一种叫作 β **波**（beta waves）的波形模式。β 波非常小且快。当人放松且昏昏欲睡的时候，微微变大变慢的 α **波**（alpha waves）就出现了。α 波最终会被更大更慢的 θ **波**（theta waves）代替。在睡眠的最深阶段，会出现最大最慢的波，叫作 δ **波**（delta waves）。

现有的描述睡眠阶段的多数研究都可以追溯到 20 世纪 60 年代。这一术语除了快速眼动和觉醒状态，还描述了四个阶段（非快速眼动）。美国睡眠医学会（AASM）已经为记录和评价睡

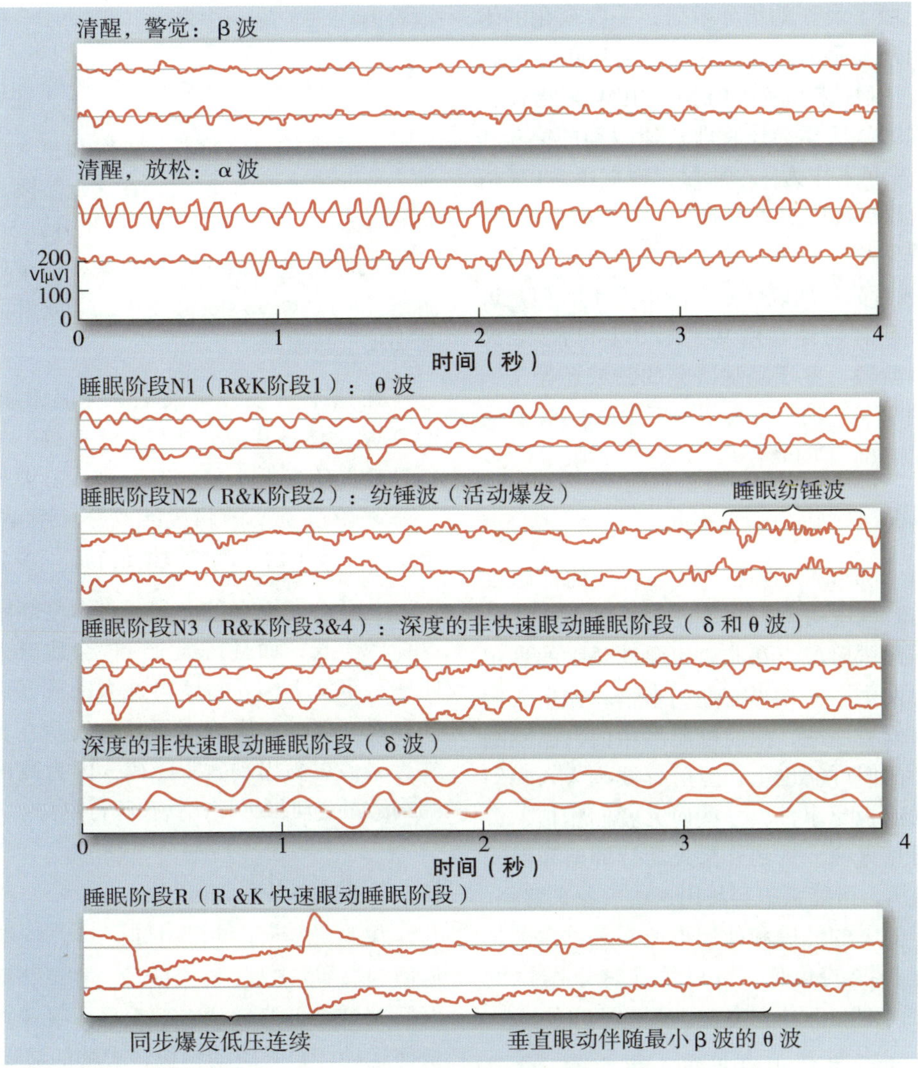

图 4-2 睡眠期间的脑活动

◎ EEG 反映了大脑在清醒和睡眠时的脑部活动。根据清醒和睡眠时的警觉程度划分为不同的波。大而慢的 δ 波出现时的阶段是 N3 阶段。除了没有肌肉活动和快速的眼动，快速眼动睡眠阶段的脑部活动和清醒时很相似。图中的数据和画面来自莱斯利·舍林（Leslie Sherlin）博士。

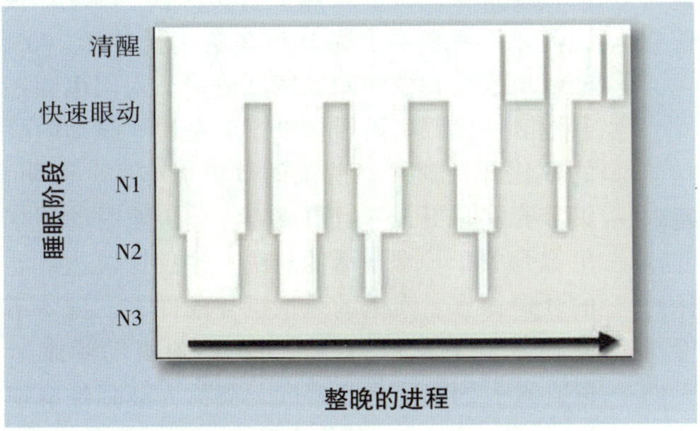

图 4-3 一个典型的夜晚睡眠

◎这幅图显示了夜晚睡眠的 N1 和 N2 以及快速眼动睡眠的几个典型阶段。在睡眠中，快速眼动阶段会每 90 分钟发生一次。

眠活动出版了最新的指导手册，一些变化的术语也会出现在手册里。在新的手册里用 R 来指代 REM，用 N 来指代 NREM，用 W 来指代觉醒。美国睡眠医学会还将非快速眼动的第 3 和 4 阶段合并起来作为一个阶段，现在用 N3 来指代这个阶段。回顾过去的研究，你可能会发现，睡眠分成觉醒、快速眼动以及非快速眼动阶段 1 ～ 4（或者简单地说就是阶段 1 ～ 4），但是近些年来的研究可能会用 W、R、N1 和 N3 来表示这四个阶段。鉴于睡眠研究的领域还处于一个过渡的时期，我们将会使用新的 AASM 术语同时标注 1968 年的老版的“R&K”睡眠术语。

N1（R&K 阶段 1）：浅睡眠

随着 θ 波活跃程度增强，α 波的活跃度减退，这时就说明人们开始进入了睡眠阶段 1，或者叫浅睡眠阶段。在非快速眼动睡眠的这个阶段，会发生一些相当有趣的事情。如果人们在这个时候被叫醒，他们可能不相信自己刚刚睡着了。他们可能也正在经历着被称为入睡幻象的生动的视觉事件。一些研究者们相信，关于人们看见鬼魂、见到外星人劫持绑架和濒死体验等经历，可能都很容易用这些表象来解释。更多关于催眠的经验和他们可能在一些“难忘事件”里扮演的角色，可以关注这章结尾的“日常生活中的心理学”专栏。

一个更常见的现象叫作入睡抽动。你是否有过即将睡着时，膝盖、腿甚至是全身猛然“抽动”的体验？尽管专家们对于这种现象的起因没有可靠的证据，但许多人相信这个和我们的祖先们在树上睡觉可能有关：昏昏入睡的时候肌肉放松，引起了一种“下落”的感觉，这时候身体的抽动会把人唤醒，以防人们从假想的树上掉下来。

N2（R&K 阶段 2）：睡眠纺锤波

随着人们进一步地进入睡眠，出现了睡眠纺锤波。体温继续下降，心率变慢，呼吸变得更浅更不规则，EEG 将会显示出睡眠纺锤体的第一个迹象：每次短暂持续一两秒钟的爆发活动。θ 波仍然主宰着这个阶段，但是如果人们在这个阶段被唤醒，他们就会知道自己刚才是睡着的。

N3（R&K 阶段 3 和 4）：δ 波蜂拥而至

在睡眠的第三阶段，更慢和更大的波形出现，这些波被称为 δ 波。在这个阶段，δ 波占整个大脑活动的比例将从 20% 上升到 50% 以上。现在人们已进入最深度的睡眠，通常叫作慢波睡眠（slow-wave sleep，SWS），或者简单地称其为深度睡眠。

在这个阶段，生长激素（通常被简称为 GF）从垂体被释放并达到一个高峰。身体处于各种功能的最低水平。逐渐地，δ 波变成了这个睡眠阶段主要的脑激活成分。图 4–2 和 4–3 显示了一晚上的睡眠阶段的活动。

儿童会花更多的时间通过深度睡眠来促进身体的生长，而且在这个阶段会比成人更难被叫醒。事实上，儿童睡得这么深或许可以解释为什么一般的睡眠障碍更经常发生在童年。此外，男孩更易出现睡眠障碍，因为高度的睾丸酯酮激素会使得男孩比女孩睡得更深。

R（R&K REM）

在 N3 进行了一段时间之后，睡觉的人会返回 N2，并进入下一个阶段。在这个阶段，体温回升到接近清醒状态的水平，眼球在眼睑下快速运动，心脏跳动更快，大脑的波形类似 β 波——这种脑活动的信号通常是清醒状态的标志。这个人仍然在睡觉，但是他现在已经处于非快速眼动了。

当一个人在快速眼动睡眠阶段被唤醒的时候，经常会说自己正处于做梦状态。因此，快速眼动睡眠阶段和做梦相联系，事实上，90% 的梦境发生在快速眼动睡眠阶段。人们也会在其他非快速眼动阶段做梦，但是快速眼动阶段的梦比非快速眼动阶段的梦更加丰富、鲜明、细节充实，更长并且更离奇。非快速眼动的梦更像是关于日常生活的想法，并且比快速眼动的梦短得多。幸运的是，正常条件下，身体不能根据梦境来行动，因为在快速眼动睡眠阶段，人们的肌肉是麻痹的，被称为**睡眠性麻痹**（sleep paralysis）。有些人患有一种罕见的障碍，通常抑制人们肌肉的大脑机制失败，允许人们一时拿不定主意，甚至起床把噩梦表演出来。这种障碍叫作**快速眼动行为障碍**（REM behavior disorder），这是一种相当危险的情况。通常发生在超过 60 岁的男性身上，也可以发生在年轻一点的人身上（无论男女）。

对 REM 睡眠的需求

为什么要有两种睡眠？和非快速眼动或深睡眠相比，快速眼动睡眠似乎有不同的目的。在体力消耗非常大的一天，人们趋向于比在正常情况下花更多的时间处于非快速眼动深睡眠阶段。但是，在情感压力较大的一天会导致快速眼动睡眠阶段时间延长。也许人们在快速眼动睡眠阶段做的梦是一种处理一天的压力和紧张感的方式，而物理活动将需要更多的时间在非快速眼动阶段进行恢复。还有，如果快速眼动睡眠缺失（可能发生在使用睡眠药片或者其他抑郁症药物的时候），那么这个人将在下一个夜晚经历更多的快速眼动睡眠阶段，这叫作快速眼动回弹现象。

一项早期的快速眼动睡眠缺失研究认为，缺乏快速眼动睡眠的人将会变得妄想偏执，似乎是因为缺乏这个阶段的睡眠而引发了精神障碍。这项研究被称作“快速眼动神话”，因为后来的研究没有得出可靠的相同结论。

婴儿早期的快速眼动睡眠模式在两方面和成人的 REM 睡眠有所区别：婴儿几乎花费一半的睡眠时间用在快速眼动睡眠阶段，但成人在此阶段只有 20% 的时间在做同样的事情；婴儿和成人在 EEG 上显示的脑电波记录模式不是完全相同的，婴儿在快速眼动睡眠也可能会动来动去。这两个不同之处，都可以被这样解释：当婴儿进入快速眼动睡眠阶段的时候，他们并不是在做梦，而是在形成神经间新的连接。

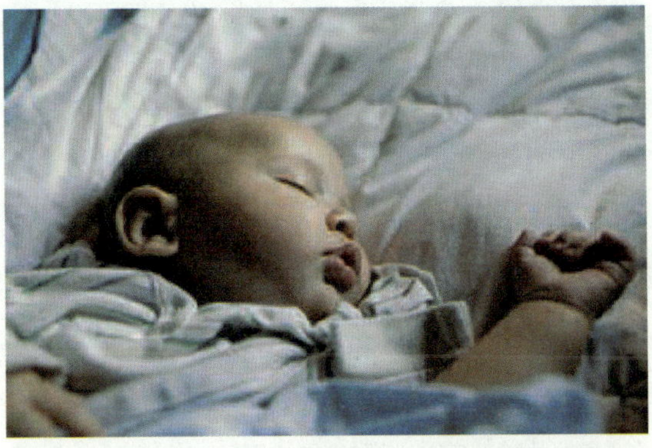

◎ 当婴儿睡觉时，他的快速眼动睡眠阶段（占全部睡眠时间的一半）可以帮助大脑建立神经间新的连接。

婴儿的大脑具有高度的可塑性，大部分的大脑生长和发展都发生在快速眼动睡眠阶段。儿童大脑到五六岁的时候大小就和成人差不多了，快速眼动睡眠与非快速眼动的比例也更接近成人了。对婴儿来说，睡眠可能是增加神经突触的原因。

睡眠障碍

当睡眠出错的时候会发生什么？噩梦、梦游以及无法入睡都属于睡眠障碍。

噩梦

噩梦（nightmare）发生在快速眼动阶段，是不好的梦，有些噩梦绝对是非常可怕的。儿童比成人做更多的噩梦，因为正如前面讨论的那样，他们的快速眼动睡眠状态的比率比成人更多。随着年龄的增长，人们更少做噩梦，因为他们做梦的机会少了。但是作为成人，仍然有人遭受噩梦的折磨。

夜惊

夜惊（night terror）是一种罕见的障碍，尽管这是一种更经常发生在儿童身上的障碍，而且也可能随着年龄增长而消失。夜惊从本质上说是一种熟睡中经历的惊恐状态。人们可能坐起来、尖叫、跑出房间，或者去打一些看不见的攻击者，也经常有人感受到不能呼吸。考虑到夜惊发生在深睡眠阶段，呼吸比较浅，这样就可以理解当他们经历夜惊的时候为什么会呼吸困难。尽管有少数人能够记得生动的梦境和梦里可怕的经历，但大多数的人会忘记梦境中这样的经历。

梦游

真正的**梦游**（sleepwalking），或者叫**梦游症**（somnambulism），约有 20% 的人经历过，而且

◎ 噩梦经常发生在孩子身上，通常是被怪物或类似怪物的一些可怕的生物追赶，或者像图中的小女孩一样在陌生的地方迷路等。

至少有部分梦游是遗传原因导致的。梦游普遍发生在 N3 深度睡眠阶段，经常发生在儿童身上，且男孩比女孩发生得更频繁。尽管古老电影中描述的梦游症像僵尸一样，伸展手臂行走，但实际上梦游症可能只不过是在床上坐起来而已。不过，梦游也可能会绕着屋子走路，翻冰箱甚至吃东西，还有进入车中。第二天早上起床后，大多数梦游症患者都无法回想起来他们夜晚的活动。记忆的缺失是大多数梦游症发作时的典型症状。

◎ “等等！不要！叫醒他们很危险！”

资料来源：The New Yorker Collection J. Dator form cartoombank.com. All Rights Reserved.

很多的梦游症患者进入青春期后，这种行为都会减少。他们的父母也发现预防睡眠不足能够减少梦游症的发生。这很可能是因为深度的 N3 睡眠在睡眠不足的情况下会变得更深，这会使得梦游症患者在梦里行走更加困难。梦游症的家人唯一需要警惕的是，要清理地板上的障碍物，并把门锁设置在不容易够到的地方。尽管唤醒正在梦游的人并不危险，但是在他们自然醒来前被人叫醒，他们可能会觉得困惑。

失眠

大多数人认为**失眠**（insomnia）就是睡不着，尽管失眠的字面意思的确如此，但实际上它包括入睡困难、无法持续睡眠，以及睡眠质量差。

人们可以采取一些手段来帮助自己睡眠。

1. 没有睡意就不睡觉。如果你躺在床上 20 分钟仍未能入睡，可以起来干点儿别的事情，如阅读或做其他安静的活动（避免看电视或者对着电脑屏幕），直到你真正困了再去睡觉。

2. 别在床上做除睡觉以外的事情。你的床只能用来睡觉，而不应该用来看电视或读书。因为睡眠是个反射性反应，需要用床作为引起反应的条件，这种学习方式被称为经典条件反射，或称线索和自主反应。

3. 别太刻意去睡觉，尤其不要看着钟表数时间，这只会增加你的紧张感而使你更难入睡。

4. 规律作息。每天都应该定时睡觉、定时起床，即使是不用上班或上学的节假日。

如果以上这些建议无效，你还可以向睡眠诊所里的睡眠专家们寻求帮助。此外，一种名为认知行为疗法的治疗失眠的新方法似乎比任何睡眠药物更有效。

睡眠呼吸暂停

打鼾十分常见，并在呼吸道（鼻子或喉咙）受阻时出现。大多数人只有在感冒或其他偶然的情况才会打鼾，但有些人则每晚打鼾，而且鼾声如雷。这种类型的鼾症经常与**睡眠呼吸暂**

停（sleep apnea）有关，患睡眠呼吸暂停症者会在睡眠期间暂停呼吸达 10 秒钟甚至更长时间。当呼吸暂停时，会出现片刻的安静，随后患者会加大呼吸力度以利于肺部气体的交换。很多人在这时并不会醒来，但他们却因为睡眠呼吸暂停而影响睡眠质量。

呼吸暂停是个严重的问题。根据美国卫生研究所的调查结果，美国有 5% ～ 25% 的成年人受到睡眠呼吸暂停的困扰（结果很难精确，因为很多人意识不到他们患有睡眠呼吸暂停）。它不仅会扰乱夜晚的睡眠，使患者白天无精打采，还会引起心脏问题。如果你怀疑自己患有睡眠呼吸暂停症，去看外科医生是确诊和治疗该疾病的第一步。治疗轻度的呼吸暂停症，可以在鼻部安装一个能在晚上疏通鼻通道的装置。肥胖是导致呼吸暂停症的首要因素，尤其是男性。因此另一个治疗手段就是减肥。还有一些喷雾剂能够收缩咽喉部的组织（与喷在鼻部通道组织的解充血药十分相似）。有些患者在睡觉时佩戴一个能够通过轻微的压力持续提供气体输送的持续气道正压通气装置。一些患者通过切除悬雍垂（在口腔中软腭后缘悬垂的小圆柱体肌肉组织）及邻近的一些软组织的一个小手术来达到治疗效果。

一些由于脑干发育不良的新生儿也会出现呼吸暂停。这些新生儿会被安置在有监控的地方，当他们呼吸暂停时，警报会响起，护士就会帮助他们恢复呼吸。虽然睡眠呼吸暂停经常与婴儿猝死综合征有关，但新生儿猝死却并不一定是由它引起的——很多因患婴儿猝死综合征死亡的新生儿未被查出睡眠呼吸暂停。

发作性睡病

发作性睡病（narcolepsy）是一种“睡眠发作”，是每两千人中就会有一个人遭遇的障碍。在发作性睡病中，人们可能在大白天突然跌入到快速眼动睡眠阶段（特别是在人们经历了强烈的情绪后）。另外一种症状是过多的日间嗜睡，结果是在白天，人们会在不恰当的时间和地点睡着。这些睡眠可能发生许多次，并且毫无预兆，对发作性睡病患者来说，操控一辆车或某种机器都是非常危险的事情。突然的快速眼动睡眠袭来是特别危险的，因为会发生猝倒或者突然丧失肌肉张力的症状。如果在疾病发作的时候这个人正站着，快速眼动阶段的肌肉麻痹可能会引起损伤。伴随着阶段 1 睡眠中可能出现的入睡表象，也可能在发作性睡病患者身上发生。表 4-1 列出了已知的睡眠障碍的详细内容。

◎“一旦你被诊断为发作性睡病，那么这意味着什么呢？”

表 4-1 常见的睡眠障碍

障碍名称	主要症状
梦游症	在睡着时坐着、走路或进行复杂的活动
夜惊	在睡着时极端害怕、激动和尖叫
不宁腿综合征	腿部不适导致腿部运动和睡眠缺失
夜间腿部痛性痉挛	小腿或脚部肌肉的疼痛抽筋
发作性睡病	日间极度嗜睡
昼夜节律睡眠障碍	睡眠觉醒周期失调，例如倒时差和轮班工作
遗尿	在床上睡觉时小便

梦

长久以来，人们对于梦都很好奇。古时候的人试着去寻求梦的意义。有些人把梦看作预言，即一些作为态度的信息。但是真正探究梦的过程，是以弗洛伊德的《梦的解析》（*The Interpretation of Dreams*）的出版为开始的。

弗洛伊德的解释：梦是愿望的满足

弗洛伊德设法得到这些早期记忆的方式之一是去检查他的病人的梦，他相信过去的冲突、事件和渴望将会以象征的形式表现在梦中。

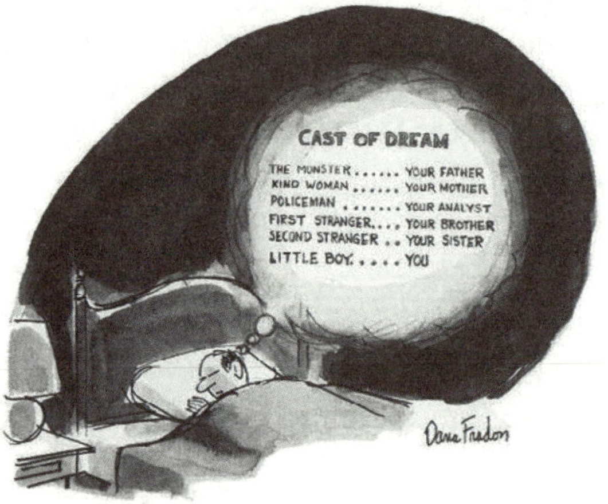

尽管如今许多专业人员不再像从前那样，痴迷于弗洛伊德对梦的分析，但是仍然有人坚持认为梦是有象征意义的。例如，梦到在公共场合全裸是非常普遍的现象，大多数对梦的解释认为这代表开放和暴露，是一种对童年期懵懂无知的表达，甚至可能是对性的渴望。对梦的精确解释还需要依据梦的其他特点，以及这个做梦者的现实生活。

观察大脑结构和活跃程度的技术发展得出了为什么人们要做梦的解释，这个解释比弗洛伊德的解释更具体实在。

激活 – 合成假说

使用脑成像技术（例如 PET 扫描），研究者发现了梦是脑桥的活动的产物的证据，这个底部区域抑制了使随意肌运动并向负责视觉、听觉等区域（见图 4–4）的大脑皮层发送随机信号的神经递质。

当来自脑桥的信号在清醒的时候被传到皮层时，相关的区域就会把这些信号翻译为视觉、听觉等形式。因为这些信号来自真实世界，这个过程就导致了一种现实体验的形成。但是当人们熟睡时，来自脑干的信号是随机的，并且不一定与实际的外部刺激关联，但大脑必须通过某种方式解释这些随机信号。于是，大脑在皮质上激活来自记忆的和存储的其他信息，将其合成为解释。

激活–合成假说（activation–synthesis hypothesis）

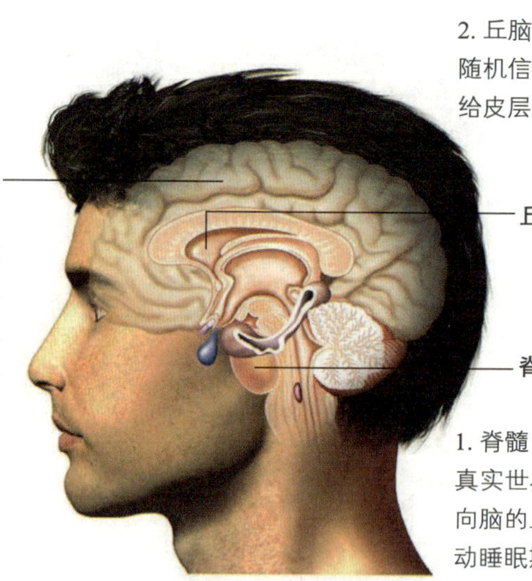

图 4–4　脑和激活 – 合成假说

概念导图

睡眠

（睡眠是身体日常（昼夜节律）生物节律的一种；睡眠–觉醒周期是由脑内的下丘脑和一种叫作血清素的神经递质来控制的）

- 由REM阶段和非快速眼动阶段组成；非快速眼动阶段相对活跃，而非快速眼动阶段睡得非常深，比较安静；根据EEG手段（β波、α波、θ波、δ波）测出的大脑的活跃情况划分阶段；一晚上会发生4～5次睡眠阶段的循环
  - N1（R&K 阶段1）：睡眠浅，基本上是β波，当放松的时候会出现更多的α波，在N1阶段，α波逐渐被θ波代替
  - N2（R&K 阶段2）：EEG中睡眠纺锤波出现，θ波成主导，体温继续下降，心率和呼吸变慢。
  - N3（R&K 阶段3和4）：睡得最深的阶段，δ波占脑内活动的20%～50%；身体功能处于一天当中的最低水平，通常很难醒来，诸如梦游、夜惊等睡眠障碍常都发生在这个阶段
  - R（R&K REM）：做梦；眼球在眼皮下快速运动；EEG主要表现为β波；身体由于睡眠麻痹而出现代表性的静止；对于以60岁以上男性为主的人群，当身体无法静止或者表现出做梦的内容时，快速眼动行为障碍发生
- 下丘脑包含视交叉上核（SCN）
  - SCN对光很敏感——影响松果体释放褪黑激素（↑褪黑激素=↑睡眠）
  - 光通过眼睛传送到SCN上；SCN给松果体发送信停止释放褪黑激素的信号（↓褪黑激素=↑清醒）
  - SCN也会影响身体的温度（↓温度=↑睡眠）
- 人们可以在短时间内不睡，但是不能一直不睡
  - **睡眠剥夺** 会导致一系列身体和精神功能的改变
  - **睡眠所需时间** 4～10个小时；很多人在一天内需要7～9小时
- 睡眠障碍包括一系列干扰睡眠的问题
  - **失眠** 不能入睡、持续睡眠或者得不到高质量的睡眠
  - **睡眠呼吸暂停** 包括大声打鼾和呼吸暂停组成
  - **发作性睡病** 在应该清醒的时候突然进入REM睡眠阶段

梦

- **我们为什么会做梦**
  - **弗洛伊德的解释**：满足愿望——梦是冲突、事件和愿望的象征
  - **激活–合成假说**
    - 梦由一系列随机的信号组成，大脑用记忆和其他信息来解释这些信号
    - 激活–信息–模式模型（AIM）认为，人们清醒时接触的信息能够影响梦的综合内容
- **人们会梦到什么**
  - 主要是关于日常生活中的一些事情；大多数是彩色的；梦的内容受到性别、文化的影响

认为，梦不过是人们睡眠时候的另一种思考，在REM睡眠期由皮质的高级中枢创造的一个个“故事”来解释脑干皮层细胞的活动。它不太真实，因为它并不是来自外部真实世界，而是来自人们的记忆和过去的经历。人们用于白天思考的大脑额叶在做梦期间几乎停止，这同样可以解释梦境不真实和奇异的本质。

我的梦有时很怪异，但有时候它们看上去很普通，甚至看起来像是意味着某些东西。梦可以变得更有意义吗？

有一些梦的专家认为，梦所具备的意义比J. 艾伦·霍布森（J. Allan Hobson）和罗伯特·麦卡利（Robert McCarley）最初建立的理论更有意义。例如，在对梦境内容的调查中，被试认为许多梦的内容是有意义的，存在时间上的一致性，与过去和现在的情感关注相符合，而不是奇异的、无意义的、随机的。

为了考察梦境的意义，霍布森和他的同事重新修订了激活–合成假说，并称之为激活–信息–模式模型（activation–information–

madel,AIM）。在这个更新的版本中，清醒时接触的信息能够影响梦的合成。换句话说，当大脑在“装配”一个梦来解释自身的激活时，就会使用有意义的字节和来自过去或前些天的个人经验的片段，而不是记忆中的随机项目。

思考一下

你做过可以预测未来的梦吗？你可以为其做有逻辑性的解释吗？

人梦到什么

大多数的梦都反映了日常生活中的事件。在梦里，人们跑、跳、说话以及像白天生活那样做任何事。梦的内容存在性别差异，尽管这种差异是不是由于受激素/基因差异、社会文化、或者它们的联合影响还有待观察。威廉·多姆霍夫博士（Dr. William Domhoff）在《发现梦的意义》（*Finding meaning in dream*）一书中指出，在许多文化中，男人更多地梦到其他男性，而女人梦到男性与女性的次数相近。在多样的文化中，男人的梦中会有更多的身体攻击，并且女性常常在这种身体攻击中成为受害者。多姆霍夫还指出，梦的内容存在跨文化差异，这种差异与不同文化的“特性”有关。例如，与荷兰文化相比，美国文化被认为是相当激进的。而这两种文化中攻击性的梦反映了这种差异：与美国人的梦境相比，荷兰人的梦境中攻击性水平更低。

女性倾向于梦到她们认识的人、个人形象问题，以及与家庭有关的事件。男性倾向于梦到更多的男性特征，而这些梦通常以户外或不熟悉环境为背景，可能涉及武器、工具、汽车和道路。男性也会报告更多的关于性的梦。

改变的意识状态：催眠和冥想

和睡眠一样，催眠和冥想也是意识状态改变的例子，尽管存在很多关于催眠的误解，但如果恰当地使用，那么催眠将会是一种有用的工具。

催眠是如何工作的

催眠（hypnosis）是一种意识状态，人在这种意识状态下特别容易受暗示的影响。催眠包含以下四个关键的步骤：

1. 催眠者告诉个体关注当前说话的内容；
2. 个体被告知放松并感觉疲倦；
3. 催眠者告诉个体要顺其自然并轻易接受暗示；
4. 个体被告知使用生动的想象。

催眠的关键似乎是暗示感受性不断提升。只有当人们愿意被催眠时，才能在活跃和警觉的时候被催眠。只有80%的人能够被催眠，并且只有40%的人是优质的易催眠对象。能够被催眠的能力在于他们大脑活动的方式。研究者利用脑部扫描技术发现，易被催眠人群的脑部的两个区域与决策和注意过程联系非常紧密，且相对于那些不易被催眠的人士而言，这些区域的活动更活跃，联系也更紧密。

被催眠的人们真的会去做那些他们在正常情况下从不会做的事情吗？

尽管流行的观点认为被催眠的个体会不自觉地行动，但事实上，催眠者只能引导被试进入一个更加放松的状态，实际上是被试催眠了他们自己。人不能够在违背意愿的情况下被催眠。看似自动且不受控制的趋势，被称作基本暗示效应；它给了人们一个理由去做在其他情形下不会做的事，因为催眠者免除了他们对行为的责任。

总之，催眠是帮助人们放松和控制痛苦的便利方式。这些主观经验在很大程度上受精神影响。实际的躯体行为很难改变，这就是为什么么催眠对改变饮食习惯和戒烟没有作用的原因。催眠有时可用于心理治疗，帮助人们应对焦虑或应付对食物和毒品的渴望。表4–2详细列出了催眠具体可以做什么以及不能做什么。

催眠的理论

这里有两种关于催眠能对人起作用的理论。一种理论强调角色的分离（或者是一种觉知意识的分裂）；而另一种理论则认为这是一种社会角色扮演。

催眠如同分裂状态：隐藏的观察者

恩斯特·西尔格德（Ernest Hilgard）认为，催眠只对个体的直接觉知意识起作用，而有一部分个体意识（一个“隐藏观察者”）仍然保持对当前事情的意识。这与人们开车到某个熟悉的地方，然后想知道他们是如何到达这里的，属于同一种分离。西尔格德相信，大脑中有一个隐藏的部分，能够非常好地意识到被催眠人的活动和感觉，即便大脑中“被催眠”的部分对同样的事情没有意识。

在一项研究中，被试被催眠并被要求把手放在冰水中，实验者暗示被试不会感到痛。很多人甚至从冰箱拿出冰块都会感到痛——痛感是不可避免的，但是被试却报告说一点也不痛。那些成功避免痛的被试，报告说他们想象在海滩上或者其他什么允许他们游离于痛之外的地方。

催眠作为社会角色扮演：社会认知的解释

其他关于为什么催眠有效的理论，始于一个实验。在这个实验中，那些不能被催眠的人被命令假装他们被成功催眠。这些人毫无疑问地复制了许多先前被认为需要在催眠状态才能做出的行为，例如，僵直地悬浮于两把椅子之间。研究者们也发现，不了解催眠的人和那些不知道催眠中的预期角色的人，是不能被催眠的。

◎ 舞台催眠师经常利用人们强大的意愿，让人们相信某些平常的事情是不寻常的。图中的女人被催眠后，悬浮在两张椅子之上，支撑她身体中段的力量被撤走后也能保持水平。催眠师使观众相信，如果没有被催眠，这个女人就做不到这样子。但是事实上，任何意识清醒的人都可以完成这个动作。

基于这些发现，后来的研究发现，被催眠者对人们如何反应和人们在催眠状态下做什么，起到了重要的作用。催眠的**社会认知理论假说**（social-cognitive theory of hypnosis）认为，被催眠的并不是处在一种意识改变的状态，而只是扮演了在这种情境下他们所期待的角色。他们可能相信被催眠了，但实际上一切都是表演，表演得如此之好，甚至连他们自己都没有觉察到。社会角色对行为有非常强大的影响，任何穿过制服的人都可以明白，制服代表了一种非常容易扮演的特殊角色。

催眠是一种放松的方式，但是还有其他一些更简单的降低紧张和舒缓压力方式。接下来的部分将介绍另一个放松技术——冥想。

表 4-2 **认识催眠**

催眠能做到	催眠不能做到
造成对催眠期间发生的任何事情的记忆缺失，至少会持续一小段时间	赋予人们超人的力量（人们可以在催眠中用尽他们全部的力量，但不会比催眠前拥有更多力量）
通过移除对痛苦的有意识关注来减轻痛苦	可靠地增强记忆（由于催眠造成的可暗示状态，会提高虚假记忆提取的危险）
改变感官知觉（嗅觉、听觉、视觉、时间知觉和视错觉能力都会受到催眠的影响）	使人退行至童年期（尽管人们可以表现得像小孩一样，但他们会做小孩不会做的事、说小孩不会说的话）
帮助人们在通常会产生压力的情境（比如坐飞机）中放松	使人倒退到“前世”。没有科学证据表明可以使人退回到“前世”的生活

新闻事件中的心理学

冥想的益处

冥想（meditation）是一种通过一系列的精神练习使注意重新聚焦并达到一种入定的意识状态。冥想能够营造一种放松的状态来帮助人们模拟压力条件下的心理反应。当进行适当的冥想时，脑电波会发生变化，出现更多的 θ 波和 α 波（标志着深度的放松）和极少的 δ 波（因为 δ 波的出现不代表深度放松）冥想还可以降低血压和提高夜晚来临时褪黑激素（诱发睡眠的激素）的释放量。

一些研究的结果甚至表明，练习冥想能使脑功能产生稳定的改变。

近来，研究者调查了冥想对于 47 名临床被试的心理压力和身体健康方面的作用。结果发现，冥想确实能够提高被试应对压力的能力以及与心理健康有关的生活质量，尽管这个提高的程度不太大。其他的一些研究也表明，无论是对青少年还是成人，男人还是女人，冥想都是一个放松和降低血压的有效方式。

还有一些研究表明：冥想可以缓解慢性疼痛；减轻焦虑、抑郁、敌对倾向的症状；降低患心脏病的风险；降低癌症患者的压力水平。通过冥想降低癌症患者的压力水平能够提高他们康复的可能性，并降低恢复后复发率。

冥想不是一种不可思议的治疗方法，它和其他诸如阅读一本好书或者洗个热水澡的放松方法一样。像冥想那样简单地休息一会儿也能够以得到放松。冥想的优势在于，人们几乎可以在任何地方使用这种方法，即使是在教室里，一场大的考试前（这个时候想洗个热水澡估计比较困难）。

进一步讨论的问题

1. 冥想还在哪些方面优于其他放松方式？
2. 冥想会像电视或电影里描述的那样难吗？为什么？

精神药物

当有些人试着寻求在睡眠、白日梦、冥想甚至催眠中改变意识的时候，还有些人在试着使用药物来走捷径。尽管这些药物比较实用（例如，在手术中使人镇静、舒缓疼痛、减轻焦虑等），但也是有害的。

依赖

精神活性药物（psychoactive drug）是指能够改变思想、感觉、记忆或者这些能力的复合体的化学物质。当用它们来找乐子得到“高峰”体验、缓和心理伤痛或在缺乏合格的医疗专家的监督下时使用时，这些药物就会对个人身体构成严重的风险，甚至可能引起死亡。这些药

概念导图

改变的意识状态：催眠和冥想

- **催眠**
  一种人们比较容易接受暗示的意识状态
  - 可以用催眠易感性量表进行评估
  - 通常的诱导方法包括放松注意力并抛开一切；被催眠者处于掌控地位，无法违背意愿被催眠
  - 可在治疗中使用——帮助人们缓解疼痛、焦虑或者药物成瘾（例如，对食物或对毒品）
  - **理论**
    - 分裂：大脑中的部分区域能意识到活动的发生，而“被催眠”的区域意识不到
    - 社会认知理论认为我们只是按被给定的情况的期望值来扮演角色
- **冥想**
  通过一系列的精神练习来帮助人们集中精神和入定的意识状态
  - 用EEG或者其他手段可以观察到脑活动的变化
  - 帮助人们尽快放松、缓解焦虑、促进睡眠，减轻慢性疼痛以及降低血压

物的危险之一是它们有造成身体或心理依赖的潜在可能，这两种依赖都能导致终身的滥用模式（即服用剂量越来越多），这会导致明显的成瘾危险——药物过量。药物过量不只发生在毒品中，甚至某个所谓的天然补品添加剂的过量使用也会有致命的影响。

身体依赖

能够使人产生依赖的药物往往是引诱使用者的身体对药物产生渴望。服药一段时期后，一旦脱离药物，身体将没法正常运行，即让人对药物产生依赖性或者上瘾，这样的现象常被称为**身体依赖**（physical dependence）。

身体依赖的其中一个信号就是药物**耐受**（drug tolerarce）的发展。一旦人开始继续服用药物，就需要不断增大药用剂量来维持同样水平的药物初始效果。

身体依赖的另外一个信号就是在戒药的时候，服用者会体验到**戒断反应**（withdrawal）的症状。这取决于药物的种类，这些症状可能会是头痛、恶心、应激性的剧痛、痉挛、颤抖以及危险性高血压。这些身体反应的发生是因为身体尝试在没有药物的情况进行自我调整。很多服用者会服用更多的药物以缓解戒断反应，但是这往往使得整个状况更加糟糕。这是一个负强化的例子，是指越是移除或者逃离不良状况或感觉的行为，结果反而更糟。负强化是一个强大的激励因素，药物依赖者的数量也体现了负强化这种力量。

更多的兴奋性药物的使用通常发生在特定的环境中。在该环境中，会有特定的人群并且可能会使用特定的工具，如可卡因成瘾者会使用到的小勺子。这些人、装置、工具都可能成为与兴奋药物建立联系的暗示物。当这种暗示物出现的时候，人们对药物的渴望就会变得更加强烈，因为依赖者的身体和心理都已经被训练得能够快速地将这些暗示物和药物联系在一起。这是一种经典条件反射。依赖的机制不仅是习得的，而且大脑在其中起到了很重要的作用。药物可以导致依赖是由于多巴胺的释放。多巴胺位于大脑内的边缘通路内，一个起于中脑区域（在脑桥上方）的神经网络。边缘通路连接着边缘系统的结构，包括杏仁核、海马体以及前额皮层的中部。当药物进入体内的时候，会非常快速地到达这个被人们称为“奖赏通路”的地方，它能够释放多巴胺并产生快感。大脑试图适应大量的多巴胺，这会造成突触上多巴胺受体数量的减少。当服用者再次使用药物的时候，他就不得不使用更多的药物来获取同等的快乐，因为受体的减少——药物的耐受性已经增加了。

然而，并不是所有的药物都会诱导产生身体依赖性，对吧？比如，有人说，你不可能对大麻产生身体依赖。如果这是真的，那么为什么对于很多人来讲，戒烟是个很大的难题？

◎毒品的危险之一在于，它可能会导致人形成身体或心理的依赖。

心理依赖

不是所有的药物都会导致身体依赖性，有的药物会引发**心理依赖**（psychological dependence），或者产生药物能够延续情感或者心理满足感的信念。这是人们继续使用药物的强大动因。身体可能并不需要或者渴求药物，或者人也可能没有体验过戒断反应带来的症状，但是他们还是会继续使用药物，这是因为他们自认为需要药物。在这种情况下，使用药物是一种奖赏，因为这导致了依赖的发生。这属于正强化，即当这种增强行为伴随着愉悦的结果时，就会促使这种行为更加频繁。当服用药物以降低焦虑感时，负强化在这里也会产生效应。

尽管不是所有的药物都会产生身体依赖，

但任何一种药物都能够成为心理依赖的关注焦点。的确，正是因为不存在使人经历戒断反应及复原的反复波动，心理依赖才能长久持续。有些在几十年前就戒了烟的人仍然会说，对香烟的渴望时常在心中萌发。

药物分类

判断一种药物的作用需要根据它所属的分类以及药物所影响的神经递质。以下将描述几种主要的药物类型：**兴奋剂**（stimulant，增强神经系统功能的药物），**镇静剂**（depressant，降低神经系统功能的药物），以及**迷幻剂**（hallucinogenic，改变思想和可能产生迷幻效果的药物）。

兴奋剂：增强，增强，然后消退

兴奋剂是能够刺激交感神经系统或者中枢神经系统（或者两者同时）来暂时增强身体运行机能的一类药物。简单来说，兴奋剂加速神经系统——运动，例如心脏可能跳得更快，大脑可能运行更快。这就是为什么很多这些药物被称为“增强”的原因。

安非他命　**安非他命**（amphetamine）是在实验室合成而非自然产生的兴奋剂。跟其他兴奋剂一样，安非他命会引起交感神经系统的过度兴奋。为让自己在行驶过程中保持长时间的清醒，货车司机会使用安非他命。兴奋剂不会给人额外增加能量，但是会引发人燃烧自身储存的能量。它们能抑制食欲，这是一种由交感神经控制的功能。当体力耗尽或者药物失效的时候，人的身体状态则会不可避免地极速下滑。许多医生过去常常将这些药物开成减肥药的处方。现如今，它们仅在短期并受严格控制的条件下被允许使用。减肥药的限制使用促使人们购买另一种反向的、相对温和的兴奋剂——咖啡因。

当状态下滑或者出现抑郁症状的时候，会强化服用更多药片的趋势。服用这种药的人会发现，需要服用更多药物来维持同等水平的兴奋剂效果（耐药性）。恶心、呕吐、高血压和卒中，这种情形叫作安非他命神经官能症。这种情况引起药物成瘾的人有幻想和偏执症状。他们会认为人们是来抓他们的，从而可能产生暴力，既可能针对自己，也可能针对他人。

可卡因　与安非他命不同的是，**可卡因**（cocaine）是一种发现于古柯树叶中的天然成分。它既能产生欣快感（一种强烈的幸福感），让人感到有活力、有力量、愉快的感觉，还能减弱疼痛并抑制欲望。

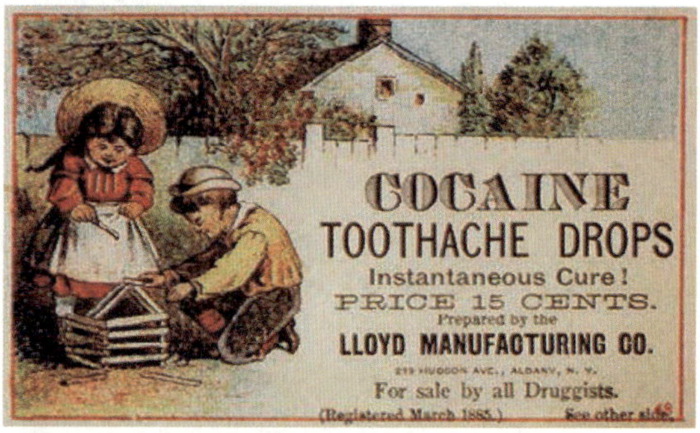

© 可卡因以前被用于很多健康饮料和药物，如 19 世纪初的牙疼药等，并不是非法的。很多被授予专利的药物也包含可卡因，包括现在非常著名的可口可乐，曾经都被称为神经强壮剂。

可卡因是一种非常危险的毒品，不仅仅是因为它会让人上瘾，还因为它会让有些人在第一次使用时出现抽搐现象，甚至会导致死亡。使用可卡因的女性生出来的孩子可能会出现学习障碍、语言发展延缓、震颤等多种症状 。在实验室里进行的动物研究表明，即便快饿死了，比起饮食，动物们还是宁愿选择按杠杆以获得可卡因。尽管服用可卡因不会导致诸如海洛因、酒精以及一些会造成生理成瘾的药物带来的戒断反应，但使用者会经历严重的情绪波动甚至抑郁，并觉得极度疲惫、紧张，感受不到快乐，甚至会出现妄想。可卡因会引起大脑中的化学改变，进而导致人们对它的渴望。

还有一种刺激物，成瘾性与可卡因不相上下，那就是尼古丁。研究者发现，用尼古丁的人中 99% 都会上瘾。

尼古丁难道不是不良媒体的牺牲品吗？尼古丁不像可卡因或海洛因，毕竟它是合法的。

尼古丁　在美国，每年约有 44 万人死于与吸烟有关的疾病。这个数字甚至高于机动车事故、酒精、可卡因、海洛因以及其他物质滥用、艾滋病、自杀、他杀导致的死亡人数的总和。

尼古丁（nicotine）是一种相对温和但依然有毒的兴奋物，它通过增高血压与加速心跳，并向血液中注入大量糖类来促进肾上腺素的分泌，从而带来轻微的唤醒感。尼古丁也和许多其他药物一样，对大多数人而言具有放松的效果，而且似乎还能减压。

为什么戒烟这么难呢？除了因为尼古丁具有很强的成瘾性之外，还有一个原因就是其戒断反应和酒精、可卡因、海洛因等一样严重。尽管因其合法性，人们不觉得尼古丁和可卡因、海洛因一样可怕，但就成瘾性而言，它其实比海洛因和酒精更厉害。

◎尼古丁使人非常容易上瘾，很多吸食者都会不惜跑很远，到有可以吸烟标志的地方吸烟。

咖啡因　有一种刺激物，几乎每个人每天都在使用，这就是**咖啡因**（caffeine）。在诸如咖啡、茶、绝大多数苏打、巧克力及许多其他无须医生处方即可购买的日常药品中均可找到咖啡因。咖啡因和可卡因、尼古丁一样都是天然存在的，在咖啡豆、茶叶、可可等60多种植物中都能找到。它药效并不强，可以使人保持警醒，并能增强阿司匹林这类镇痛剂的药效。因此，许多镇痛剂中都有咖啡因，而且许多提神药物的核心成分就是咖啡因。

用咖啡来保持清醒是一种常见的“咖啡因神话”，因为它只能让人们清醒地醉着。咖啡呈微酸性，宿醉的人胃里可不再需要多余的酸了。

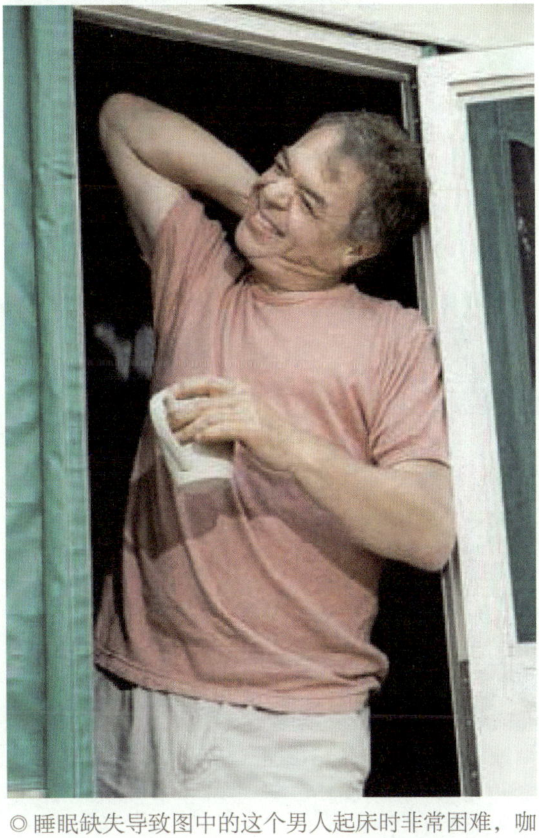

◎睡眠缺失导致图中的这个男人起床时非常困难，咖啡因可以帮助他变得清醒，但是当他有充足的时间用于睡眠的时候，也很难好好睡一觉了。

镇静剂：低落到谷底

另一类精神药物就是镇静剂，它们可以减缓中央神经系统的活动。

强镇静剂和弱镇静剂　巴比妥类药物（barbiturate）通常被认为是一种强镇静药（具有很强的镇静作用）或安眠药。根据用量的不同，其作用可以是轻度安眠，或者导致困乏无力，失去意识甚至昏迷。过度使用会导致呼吸、心跳停止，甚至导致死亡。

苯二氮平类药物通常被认为是弱镇静药（镇静作用相对较小），它们多被用作降低焦虑、减小压力。

强镇静剂和弱镇静剂都是可以成瘾的，而且过度使用以及和其他药物混用都是非常危险的。

◎演员希斯·莱杰（Health Ledger）于 2008 年 1 月 22 日死于一场药物混用，人们在他体内发现了六种类型的镇静剂。时年 28 岁。

酒精 最常使用且经常被滥用的镇静剂就是**酒精**（alcohol）。酒精一般是由多种植物经过发酵或蒸馏得到的。酒精不仅能给人的肝、肺、脑、心脏带来明显的危害，还会导致失业以及经济状况不稳定等各种问题。

酒精间接地刺激了一种叫作 GABA 的神经递质的释放，这种递质是大脑的主要的镇静剂。GABA 可以降低或者停止神经元的活性。GABA 释放得越多，大脑功能就越受阻碍、被减缓或

◎很多年轻人认为喝酒是成人的必经仪式，很少有人了解狂饮或者在短时间内喝四五杯酒的危险。喝酒会使人的抑制能力降低并做出一些不好的行为，如在沉醉的情形下开车等。狂饮在大学内很受欢迎，而且容易导致酗酒。

钝化。很不幸，酒精首先影响的是控制社会抑制的脑区，因此酒精（归根结底是它对 GABA 的刺激）有着降低抑制功能的效果。随着这种影响的继续，个体的运动技能、反应时间和说话都会受到影响。

在美国，共有一两千万人酗酒。许多人都在滥用酒精，但是他们不承认。许多大学生甚至一些年龄更大的成年人都会狂饮（在短时间内连续喝四五杯）。狂饮很快就会醉，而喝醉就是酒精成瘾的重要标志。还有一些其他的标志，比如为自己的喝酒行为感到愧疚、晨饮、独酌、当别人谈起喝酒问题时，对喝了多少很敏感，酒后说一些事后让人后悔不已的话，喝得神志不清、喝太快，甚至喝晕等。

酒精滥用的危险怎么说都不为过。美国国家疾病防治中心（CDC）的数据表明，2010 年，酒精诱发的死亡人数达 25 692 人。这统计的仅仅是因为酗酒而直接造成的死亡人数，不包括由酒精导致的交通事故或杀人事件。这些人中，15 990 人死于酒精导致的肝脏疾病。美国国家

酒精滥用及酒精中毒研究所（NLAAA）的数据表明，2001—2002年，在轻度酗酒者中，精神障碍发生率（包括酒精及其他物质滥用，也包括抑郁、焦虑障碍）上升了2.5%，中度酗酒者上升了13.2%，重度酗酒者上升了17.1%。在21岁以下的司机造成的交通事故中，有22.5%与酒精有关。而在21岁以上的司机中，这个数字为24.8%。

麻醉剂：我能感受到你的痛苦 **麻醉剂**（narcotic）是一种通过依附和刺激神经系统中内啡肽（一种缓解疼痛的神经递质）天然受体部位来缓解疼痛的抑制剂。因为它们也降低了神经系统的活动，所以药物和酒精以及其他镇静剂相互作用是可能的，而且致命。所有的麻醉剂都源自一种从植物中提取的物质——鸦片。

用罂粟制作的鸦片有降低疼痛和产生欣快感的特性。这至少在两千年前就为人所知了。作为可以高度成瘾的毒品，鸦片和内啡肽的效果是相似的。使用鸦片后，人们的神经系统会降低或停止内啡肽的分泌。戒食后，这些人将不能忍受任何形式的疼痛，会出现一系列的戒断反应。直到1803年，一位德国医生才把鸦片发展为一种药品——吗啡。

最初，人们认为吗啡是一种特效药，尽管它的易成瘾特性很快成为医生和患者关注的焦点。今天，人们仍在使用吗啡，只是对用量比较谨慎，使用时间也比较短。

致幻剂：越来越兴奋

致幻剂（hallucinogen）导致大脑改变对感觉的解读，产生类似联觉障碍者那样的感觉扭曲使感觉间相互交叉——颜色有声音，声音有味道等。错误的感知觉叫作幻觉，经常在更加有效的迷幻剂作用下出现。和使用其他兴奋剂一样，幻觉产生有两种基本的方式——在实验室，以及在自然环境中。

人造兴奋剂 有一些药物是在实验室中制造的，而不是在自然界发现的。也许是因为这些药物是人造的，这些药物的药效比在自然界发现的更强。

非人造兴奋剂：大麻 一种广为人知和被广泛滥用的致幻物质叫作**大麻**（marijuana）。吸食大麻是一种不健康的生活方式。长期非医用地使用大麻会增加机动车交通事故的风险、慢性支气管炎，或其他一些肺病以及心血管疾病等。鉴于心理健康方面的考虑，那些经常大量吸食的人，尤其是青少年，以后很可能会有精神障碍的症状或者患有精神障碍。

表4-3总结了各种成瘾性药物的类型、通用名及其对于人类行为的不利影响。

表4-3 成瘾性药物对人类行为的不利影响

药物分类	主要作用	不利反应
兴奋剂	刺激、兴奋	
安非他命		成瘾的风险、致命性的心脏问题、心理问题
尼古丁		成瘾、癌症
咖啡因		高血压、咖啡因中毒
镇静剂	放松	
巴比妥类药物（强镇静剂）		成瘾、大脑损伤、死亡
苯二氮平类药物（弱镇静剂）		单独使用时风险不大
酒精		酗酒、健康问题、抑郁、事故风险增加、死亡
麻醉剂	欣快	成瘾、死亡
迷幻剂	意识失真，看法改变	可能导致永久性的记忆损伤，糟糕的幻觉、自杀、服用过量、死亡

概念导图

精神药物
（改变思想、知觉或记忆的药物）

- 为什么有些人会持续使用精神药物或对其上瘾
  - **身体依赖：**服用者需要药物来促使身体机能工作；药物耐药和戒断反应是警告信号及症状
  - **心理依赖：**服用者认为需要药物来使身体正常运行
- 成瘾性药物类型
  - **兴奋剂**
    促进神经系统的运行
    - **安非他命**
    - **可卡因**
    - **尼古丁**
    - **咖啡因**
  - **镇静剂**
    起镇静效果
    - **巴比妥类药物**
      强镇静剂
    - **苯二氮平类药物**
      弱镇静剂
    - **酒精**
    - **麻醉剂**
      从鸦片中提取，可以产生欣快感以及抑制疼痛的药物
  - **致幻剂**
    改变大脑对感知的解读
    - 人造
    - 非人造 —— 大麻

日常生活中的心理学

辩证地思考：在夜里撞见的鬼、外星人，以及其他的一些不明生物

纵观人的一生，人们会被他们所相信的诸如鬼魂、神灵以及其他的神秘的不速之客拜访。在近代，外星人渐渐取代鬼魂变成了主流，他们经常会拜访或挟持人类，做一些医学类的实验，然后再将人类放回到他们的床上。他们回来的时候经常会发现躺在自己的床上，并且这些体验通常都发生在人们躺着的时候。

正如本章前面所提到的那样，有一种幻觉正好发生在 N1（R&K 阶段 1）睡眠中，叫作入睡前幻觉。如果你知道人们在 N1 阶段中醒来时不记得自己曾睡着，就可以解释所谓的“不速之客”了。事实上，半睡幻觉不像做梦，而且人们（不相信自己睡着了）觉得它非常真实。最寻常的是会出现听觉幻觉，人们会听到有人在叫他的名字，并不是所有情况都像这样，而且他们往往记不清这些。

想象一下，如果你入睡前幻觉中的人物是你认识的已经死去的或者生病的人，又或者是一些非常奇怪和恐怖的画面，还伴有同样奇怪和恐怖的声音效果，那么你就会记得，特别是在你刚刚醒来的时候，你会确信你刚刚是醒着的。将这些体验和当前的情形结合在一起，人们就会相信人在死后也是有生命的，而且地球上有其他形式的生命存在——瞧！鬼魂、神灵、外星人就出现了。

◎很多人在醒来时会觉得自己刚刚亲眼见到外星人或鬼魂、恶魔，甚至是天使。比较合理的解释就是，在他们睡觉的过程中，在某个时间点经历了半醒或半睡幻觉。

在午夜的时候，人们有时也会有相似的经历。人们清醒地意识到自己的身体是麻痹的，而且一些诸如鬼魂、恶魔、外星人等的东西站在你身旁，并对你麻痹的身体做一些奇怪的事情。当幻觉正好发生在快速眼动阶段（自主肌肉是麻痹的）和还没完全清醒之前这二者之间的时候，叫作半醒幻觉，这又一次更简单地解释了夜里的那些外星人拜访以及神灵什么的都不是超自然现象。或许这些现象不像你想的那么罕见，但是要强调的是，只有那些特殊的、恐怖的或者不寻常的画面才会被我们记住。

进一步讨论的问题

1. 你曾有过这些经历吗？你现在能够理解你记得的这些经历是怎么得来的吗？

2. 和朋友或家人谈谈他们的相似经历，找出更简单的解释。

第 5 章 学习

能子上一年级，班里的老师发起了一个阅读竞赛：每读一本书，学生们就能在阅读排行榜上获得一颗金色的小星星。每到月底，获得星星最多的学生将获得一个奖励。因此，能子每周都会去图书馆借几本书阅读。在这个月底，能子获得的星星最多，这样他就能站在他的同班同学面前接受奖励了。奖励是糖果吗？还是玩具？他非常激动。然而，当他被奖励另一本书时，可以想象他的惊奇和小小的失望。撇开令人失望的奖励，能子的老师其实运用了一个关键的被称为“强化”的学习技术。只要能够在反应之后发生，提高反应再次发生的概率，强化就可以是任何事情。例如，作为强化物，星星和奖励会促使能子增加阅读量。

思考一下

你曾如何用强化矫正过你自己的行为或者其他人的行为？

为什么要研究学习

如果我们不能够学习，那么我们在很早以前就已经作为一个物种灭绝了。学习是这样一个过程：它允许我们适应周围世界变化的环境。我们能够不断地改变行为，直到找到能够使我们生存和获得奖励的行为，我们也能够消除过去已经失败的行为。因此，没有学习，就没有建筑、农业、救命的药品，更没有人类的文明。

通过本章，我们可以：

◎ 讨论学习概念的含义；

◎ 描述并解释经典条件反射的起源及其要素；

◎ 定义条件性情绪反应，解释条件性味觉厌恶；

◎ 描述操作性条件反射理论以及它与经典条件反射的差异，解释桑代克和斯金纳的贡献；

◎ 区分初级强化物和次级强化物，以及正强化和负强化加工过程；

◎ 区分不同的强化程序；

◎ 比较惩罚和强化，列举使用惩罚存在哪些问题；

◎ 描述控制行为的操作性刺激的作用及其他提高或限制操作性条件反射的概念；

◎ 描述操作性条件反射如何被用来改变动物和人类的行为，说明操作性条件反射的运用存在哪些局限性；

◎ 定义并解释潜在学习的概念；

◎ 解释顿悟学习的概念；

◎ 解释习得性无助的概念；

◎ 描述观察学习的加工过程；

◎ 列举观察学习的四个元素；

◎ 提供并描述一个现实生活中利用条件反射的例子。

学习的定义

当我们用实际的语言来描述学习时，“学习”这个概念就变得异常清楚：“认识一些东西是学习。”“了解怎样做事情也是学习。”一个非常有用的概念是：**学习**（learning）是通过经验或练习而产生的任何行为上的相对持久的改变。

“相对持久”是什么意思？经验如何改变我们的行为？

学习概念中的“相对持久”是指这样的事实：当人们学习一些事情的时候，大脑中的某些部分就会被改变来记录他们已经学习的东西。这实际上是一个记忆的过程，因为如果没有记住发生了什么的能力，人们就不能学习一些事情。虽然至今都没有结论性的证据，但是强有力的研究结果显示，不管人们学习什么事物，它都会出现在记忆中的某些地方。人们可能无法“触摸”它，但是它就在那儿。

关于经验或者练习这一部分，想一想最后一次你做的使你非常痛苦的事情，你还愿意再次做它吗？答案是否定的。你不想再次经历那种痛苦，于是你为了回避痛苦的结果而改变了你的行为。孩子们就是这样学会不再碰热的风炉。当然，如果一个人做的事情导致了一个非常愉悦的结果，那么这个人就会更愿意再次去做相同的事情。这是行为上的另一种改变，可以用效果率来解释，我们将在本章后面的部分对其展开讨论。

并不是所有的改变都伴随着学习。任何类型的有机体行为方式的改变都是学习。不过，身高或者脑的大小的改变是由基因蓝图控制的另一种形式的改变。这种改变叫作成熟，它是由生理的改变而不是经验的改变造成的。例如，在儿童能够走路的时候，他学会了走路。这是因为他们的神经系统、肌肉强度、平衡感都达到了能够走路的那个点。所有的因素都是由成熟控制的，而不是儿童为了学习走路练习的次数决定的。在儿童发育成熟至使其能成为可能之前，经验或练习不能帮助儿童学会走路，尽管一些急切的家长希望如此。

◎《邻居》。绘画：杰瑞·范·阿默龙恩（Jerry Van Amerongen）。一个即时的学习经验。

它使你流口水：经典条件反射

在 19 世纪初期，科学家们对于心理学只关注心理活动感到不满。许多人期盼着心理学能够更加客观和科学。一位叫巴甫洛夫（Pavlov，1849—1936）的俄国生理学家（他研究身体如何运作）开创了实证研究，用来考察一种特殊学习类型的一些基本原则。

概念导图

学习的定义

（通过经验或练习而产生的任何行为上的相对持久的改变）

- 学习中的“相对持久”是指学习与脑中生理的改变相联系
- 虽然生理的改变可能是当前发生的，但是我们常常感知不到这些信息

巴甫洛夫和分泌唾液的狗

为了研究狗的消化系统，巴甫洛夫建造了一个装置。在给狗喂了一定数量的食物时，他用这个装置来精确地测量狗分泌的唾液量。当把食物放到任何一个动物嘴里的时候，为了帮助咀嚼和消化，唾液腺通常都会自动地释放唾液。对于人和动物而言，这是一个正常的**反射**（reflex），即食物能够引起一个特别的反应——分泌唾液。它不需要学习，是一种自动反应，不受个人的控制或取舍。刺激可以被定义为引起反应的任何物体、事件或经历。对于巴甫洛夫的狗而言，食物是刺激，唾液分泌是反应。

不久后巴甫洛夫发现，当他们还不想让狗分泌唾液时，狗就开始分泌唾液了。一些狗在实验室助理带来食物时就会开始分泌唾液，一些则是在听到厨房中的碗的撞击声时开始分泌唾液，而另一些则是在到它们吃饭的时间时分泌唾液。巴甫洛夫最终用他余下的职业生涯来研究他所谓的**经典条件反射**（classical conditioning），即除了对这个原始的、自然的引起反应的刺激做出反应外，学习还引发了对其他刺激的反应。

为了使条件反射发生，巴甫洛夫最终明确了几个要素必须以特定的方式出现和被经历。

无条件刺激

在以前的章节中提到的原始的、自然发生的刺激叫作**无条件刺激**（unconditioned stimulus，UCS）。无条件指的是“不用学习”“自然发生的”。这就是通常导致无意识反应的刺激。对巴甫洛夫的狗而言，食物就是无条件刺激。

无条件反应

无条件刺激引起的反应叫作**无条件反应**（unconditioned response，UCR）。因为神经系统中的神经纤维的传导作用，无条件反应是不用学习就能够发生的。例如，在巴甫洛夫的实验中，给狗的食物是无条件刺激，食物引起的唾液分泌是无条件反应。

条件刺激

巴甫洛夫认为，如果刺激能够足够多次与无条件刺激配对出现，那么绝大多数刺激都能够与无条件刺激建立联系。例如，在他最初的研究中，在给狗食物之前，食物盘本身就能刺激它们分泌唾液。每次狗得到食物时（狗自然地分泌唾液），它们都能看到食物盘。这时候，食物盘被称为**中性刺激**（neutral stimulus，NS），因为它对唾液分泌没有影响。相对食物这个刺激而言，食物盘也许是一个微弱的刺激，但是在和食物配对出现多次后，它也能够引起狗出现相同的唾液分泌反应。在中性刺激和无条件刺激重复配对出现后，中性刺激就能够引起相同的反应，学习就发生了。这时，中性刺激就变成了**条件刺激**（conditioned stimulus，CS）。无条件是指“不学习”，条件是指“学习”。

条件反应

由条件刺激引起的反应常常不如无条件刺激引起的反应强烈，但是它实质上是相同的反应。因为它是由条件刺激引起的反应，所以被称为**条件反应**（conditioned response，CR）。

◎ 巴甫洛夫和他的学生在实验室里工作。巴甫洛夫是俄国生理学家，他第一个研究并提出了经典条件反射的基本原则。

巴甫洛夫的狗的经典实验

巴甫洛夫做了一个经典的实验。在这个实验中，他把节拍器（一个产生有节奏滴答声的简易装置）的滴答声和食物一起配对出现，看狗最终能否一听到节拍器的声音就分泌唾液。通常情况下，节拍器的滴答声不能使狗分泌唾液，在任何条件反应发生之前，节拍器的滴答声都是中性刺激。中性刺激和无条件刺激的重复配对出现通常被称作习得，因为生物体正处于习得学习的加工过程。图 5-1 显示了在巴甫洛夫实验中条件反射的每个成分是如何相互作用的。

注意，条件反应和无条件反应的作用是一样的——分泌唾液，但它们引起反应的刺激是不一样的。即，一个无条件刺激常常跟着一个无条件反应，一个条件刺激常常跟着一个条件反应。

这是一种艰深的科学吗？不，并不是这样的。经典条件反射事实上是一种简单学习的形式。因为它太简单了，以至于人们常常意识不到它。当你在电视上看到你喜爱的食物的广告时，你会流口水吗？当你听到牙医的钻头发出的高分贝的吱吱声时，你的肚子会感到不舒服吗？这就是两个经典条件反射的例子。

在了解巴甫洛夫狗的故事后，对看电视广告时流口水可能不需要解释了，但是牙医的钻头怎么解释呢？研究者在多次访问牙医后了解到，病人在接受牙医带给他们的痛苦的治疗（无条件刺激）时，会把自己感到的恐惧或者焦虑（无条件反应）与声音（条件刺激）联系起来，因此，不管他们是坐在椅子上还是在外面的等候室里，钻头的声音都能够引起他们产生焦虑（条件反应）。

虽然经典条件反射常常很容易发生，但巴甫洛夫和他的同事发现经典条件反射有一些基本的原则（尽管我们将会发现，一些原则会有一些特例）。

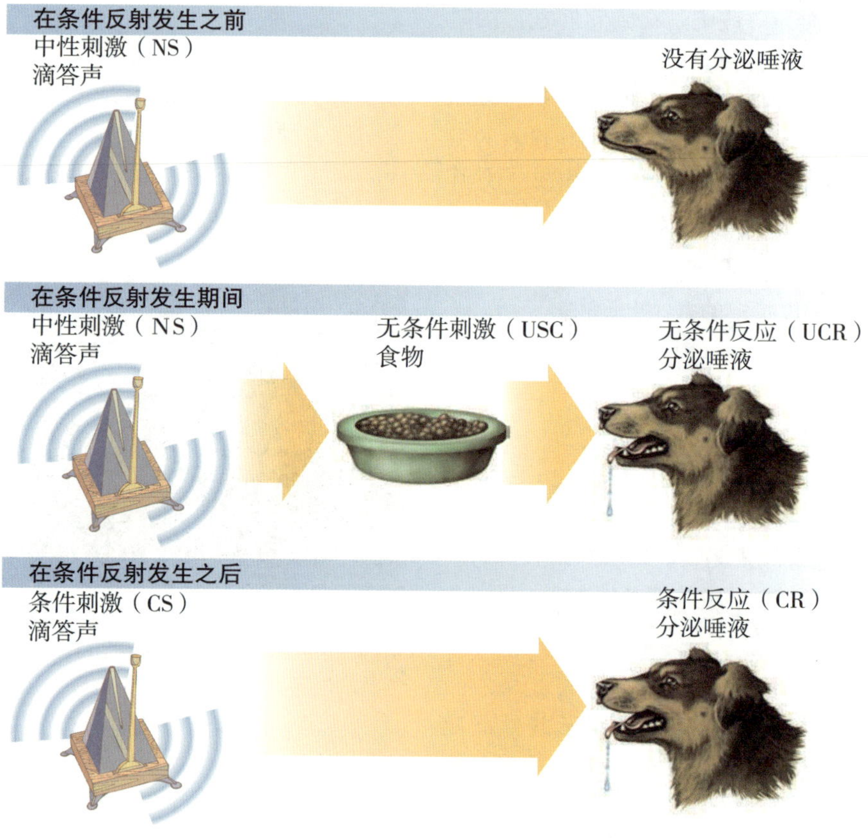

图 5-1 经典条件反射

◎条件反射发生之前，节拍器的滴答声不能引起唾液分泌，是一个中性刺激。在条件反射发生期间，滴答声仅仅在食物（无条件刺激）之前出现。食物能够引发狗分泌唾液（无条件刺激）。在滴答声与食物配对出现之后，条件反射发生，滴答声开始能够引起狗分泌唾液。这就是条件学习，滴答声是条件刺激，滴答声引起的唾液分泌是条件反应。

1. 条件刺激必须在无条件刺激之前出现。如果巴甫洛夫在给狗食物之后再给嘀嗒声，则嘀嗒声不能产生条件反应。

2. 条件刺激和无条件刺激必须在时间上接近——理想程度上，前后相差在五秒之内。巴甫洛夫试着延长潜在的条件刺激和无条件刺激之间的时间到几分钟，这两个刺激之间没有发生联系。在过长的时间间隔内，可能会发生许多事情来干扰条件反射。最近的研究发现，刺激间隔（interstimulus interval, ISI），即在条件刺激和无条件刺激之间的间隔，可以根据条件反射任务的性质，甚至是条件反射的生物体的不同而变化。在这些研究中，对于条件反射而言，较短的刺激间距（短于500毫秒）是比较理想的。

3. 在条件反射发生之前，中性刺激和无条件刺激必须配对出现几次甚至很多次。

4. 条件刺激常常是一些特殊的刺激，或者是有别于其他竞争性的刺激。由于滴答声是一个在实验室中不常出现的刺激，因此滴答声是特殊的刺激。

刺激泛化与刺激分化

巴甫洛夫发现，相似的声音能够引起狗相同的条件反应。他和其他同事发现，狗对相似滴答声的反应强度不如原始的滴答声反应强烈。但是其音调与原始的铃声越相似，狗反应的强度也就越相似（见图5-2）。对仅仅与原始条件刺激相似的刺激进行反应的倾向性称为**刺激泛化**（stimulus generalization）。例如，如果一个人对牙医的钻头声音有轻微焦虑的反应，那么他对某些发出相似声音的机器也可能有轻微的焦虑反应，比如咖啡研磨机。然而，在相似滴答声之后，巴甫洛夫并不给狗任何食物。只有在正确的条件刺激出现后，狗才能得到食物。因此，过不了多久，狗就会停止对这个“虚假”的声音的反应（泛化）。因为只有真正的条件刺激才会跟着食物，让它们由此学会了区分“虚假”的滴答声和真正的滴答声，这个加工进程被称为**刺激分化**（stimulus discrimination）。当个体学会对不同的刺激做出不同的反应时，刺激分化就发生了。例如，虽然对厌恶牙医钻头的人而言，咖啡研磨机的声音能够引起一些焦虑，但是在几次之后，这个声音就不会再引起焦虑，因为它与牙痛没有联系。

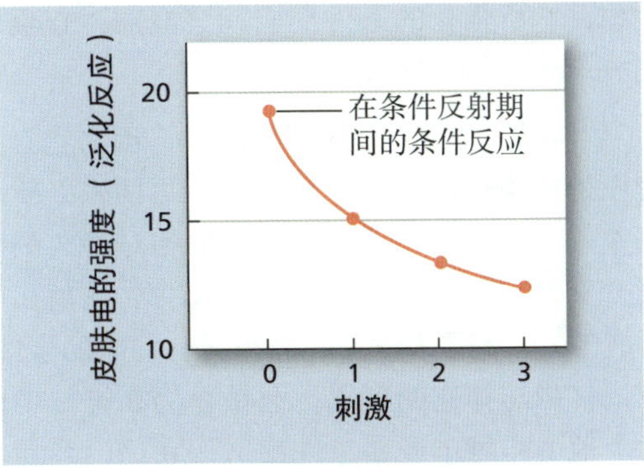

图5-2 泛化反应的强度

◎泛化的一个例子。无条件刺激是一个电击，无条件反应是皮肤电反应，用来作为焦虑的测量指标。被试最初是由一个原始的特定频率的条件刺激引起条件反应。在用原始音调（0）、1音调、2音调、3音调测试时，会出现明显的泛化效应。测试音调越接近0的音调，对这个音调反应的量越大。

消退与自然恢复

如果巴甫洛夫在真正的条件刺激出现之后停止给狗食物，将发生什么呢？巴甫洛夫做了这个实验，结果发现狗在听到滴答声之后渐渐不再分泌唾液。在无条件刺激或者食物缺失的情况下重复呈现滴答声（条件刺激）时，狗不再分泌唾液，这个过程叫作**消退**（extinction）。

为什么无条件刺激的去除会导致条件反射的消退？一个理论解释是，条件刺激的呈现将导致新的学习。在消退期间，随着条件刺激不再预测无条件刺激，习得的条件刺激-无条件刺激的联结将减弱。例如，对巴甫洛夫的狗来说，它们之所以在消退期间不再对节拍器的滴答声分泌唾液，是因为节拍器的滴答声不再能预测即将到来的食物。

回顾图5-1，我们会发现，只要条件反射形成，条件刺激和条件反应通常就会在原始无条件刺激之前出现。在条件刺激和条件反应之后出现的无条件刺激可以作为一个强化物，即强化条件刺激-条件反应效应的联结。除去强化物，它所强化的条件反应就会减弱，直至消失——至少会消失一段时间。

“消退”常有一点不幸的感觉，因为它意味着原始的条件反应已经消失，不再回来，就像恐龙一样。记住，学习的定义是相对持久的改变，只要人们学会一些事情，“忘掉”它就是不可能的。人们可以学习一些替代它的新的事情，在记忆中忘掉它的位置，但是它仍在记忆中的某个地方。对于经典条件反射，它仍旧容易被启动。

对于巴甫洛夫的狗，条件性的唾液反应消退了之后，巴甫洛夫等了几周，不再呈现滴答声。狗不再被训练，也不再暴露于滴答声中，但是在巴甫洛夫重新响起滴答声时，狗又开始分泌唾液——虽然是非常微弱的反应，并且持续时间不长。条件反应的简短恢复证明条件反应仍旧存在于记忆中，它并没有消失，只是由于与食物这一无条件刺激联结的缺失而被抑制（无条件刺激不再加强或增强条件反应）。随着时间的流逝，抑制减弱，特别是在原始的条件刺激已经有一段时间没有出现的情况下。在自然恢复中，当原始条件刺激出现时，条件反应能够短暂地出现，尽管这种反应常常是微弱的和短暂的。图 5–3 显示了消退和自然恢复。人们能在许多方面经历经典条件反射。例如，在一场车祸中，一个人开车在被追尾后的一段时间内，每当另一辆车靠近他的车尾部时他都会大喊。大喊就是一个条件反应。追尾本身是一个无条件刺激，而另一辆车的靠近是条件刺激。正如对猫过敏的人哪怕是在看到一只猫的图片时都会打喷嚏一样。

高级条件反射

经典条件反射的另一个概念是高级条件反射（higher-order conditioning，见图 5–4）。当一个强的条件刺激和一个中性刺激配对出现时，它往往会发生。强的条件刺激可以起到无条件刺激的作用，之前的中性刺激就变成了一个次级条件刺激。

例如，让我们假设巴甫洛夫已经训练他的狗在听到滴答声时分泌唾液。如果巴甫洛夫在让节拍器发出滴答声之前，先打一个响指，将会发生什么？结果将是“响指–滴答声–分泌唾液”，或者中性刺激–条件刺激–条件反应（NS–CS–CR）。如果这种联结发生多次，响指将在最终引起唾液分泌反应。通过相同的加工过程，响指和滴答声相联结，从而变成另一个条件刺激。当然，食物（无条件刺激）必须每次都出

图 5–3　消退和自然恢复

◎ 图中显示了一个条件性唾液反应的习得、消退、自然恢复和再次习得。条件反射的测量通常是通过在每次试验中由条件刺激诱发的唾液分泌量。注意，在消退后的第二天，条件刺激的第一次出现能够诱发一个强烈的反应。

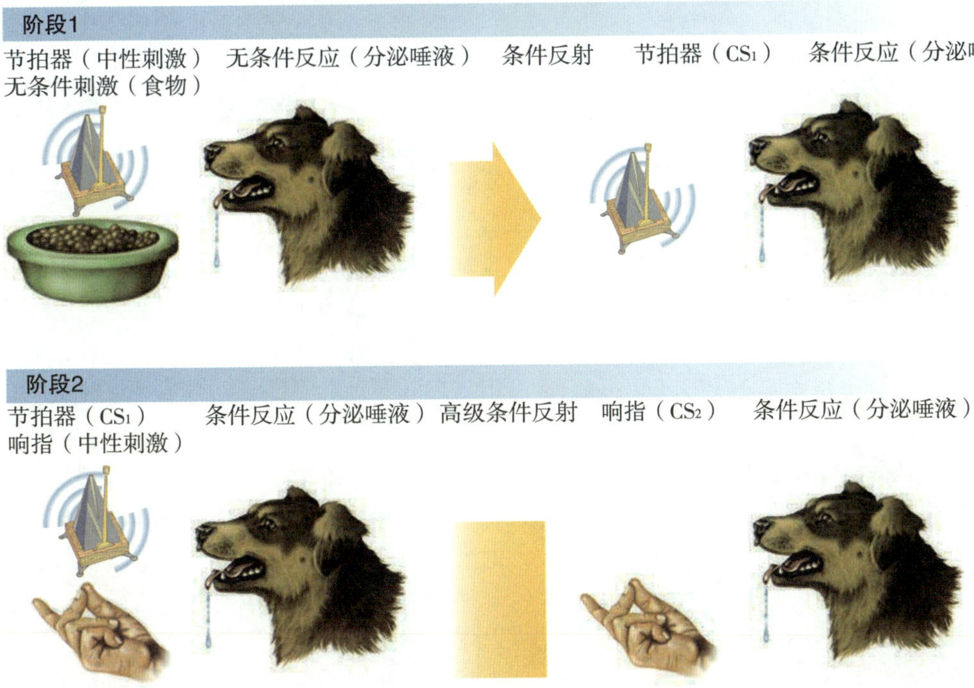

图 5-4 高级条件反射

◎阶段1：节拍器能够造成一个强的唾液分泌反应（CS_1）。阶段2：响指与节拍器配对重复出现，直到狗在仅仅听到响指的时候就开始分泌唾液。一个条件刺激创造了一个更高级的条件刺激，高级条件反射由此生产。

现，用来维持对滴答声的原始条件反应。没有无条件刺激，高级条件反射就难以维持，将渐渐消失。

经典条件反射为什么起作用

有两个方法可以解释一种刺激如何代替另一种刺激：一个是巴甫洛夫的最原始的解释，另一个是基于认知的解释。巴甫洛夫相信，条件刺激通过与无条件刺激在时间上紧密联结，能够激活无条件刺激激活的动物脑中相同的地方。他把这个加工过程称为刺激替代。但是如果只有时间上紧密的联结是必需的，那么为什么在条件刺激紧接着无条件刺激出现时，条件反射会失败?

罗伯特·雷斯科拉（Robert Rescorla）研究发现，为了实现条件反射，条件刺激需要提供一些无条件刺激即将到来的信息。换句话说，条件刺激必须能够预测无条件刺激的来临。在一个研究中，雷斯科拉给一组老鼠呈现一个音调，仅仅在这个音调开始以后，并且在这个音调被听到的时候，才会给老鼠实施一个电击。不久，这组老鼠就会在音调出现时变得焦躁不安，在恐惧中产生颤动和喊叫反应——这是一种条件性的情绪反应。但是对于另一组，只有在音调结束之后才对其实施电击，而不是在它们听到音调后就实施电击。因此，这组老鼠在音调结束的时候都会产生恐惧反应。

相对于第一组老鼠中的音调，第二组老鼠的音调提供了一种不同的信息：对于第一组老鼠而言，音调意味着电击即将到来；然而对于第二组老鼠来说，音调意味着在音调出现的时候没有电击。把音调的出现或缺失与造成老鼠特殊反应的电击匹配，就创建了一个特殊的预期。由于这个解释涉及有意识地期盼一些事情发生的心理活动，因此它是一个对经典条件反射加以解释的例子，被称为**认知预期**（cognitive perspective）。

经典条件反射应用于人类

后来的科学家们采用了巴甫洛夫的概念，

不仅用它们解释动物行为，还解释人类行为。一个早期的研究显示，情绪反应也能形成条件反射。

条件性情绪反应：老鼠

在下面的内容中，我们将讨论华生关于“小阿尔伯特”和白色老鼠的经典实验。这个实验是学习恐惧症（一种非理性的恐惧反应）的一个证明。

华生把白色的老鼠和一个大又尖锐的噪音一同呈现给婴儿“小阿尔伯特”。虽然婴儿不害怕老鼠，但是他对这个噪音自然是害怕的，因此，他开始哭喊。没过多久，每当这个婴儿看到老鼠，他就会哭喊。用条件反射的术语讲，大的噪音是无条件刺激，对噪音的恐惧是无条件反应，白色的老鼠变成了条件刺激，对老鼠的恐惧是条件反应（应当指出，华生并不是真的虐待这个婴儿——小阿尔伯特的害怕是暂时的。当然，现在没有任何道德委员会支持使婴儿经历类似心理压力的实验）。

小阿尔伯特现在仍是许多研究者和心理学专业的学生关心的对象。研究者已经显示他的真实身份是道格拉斯·梅里特（Douglas Merritte），是做这项实验的那所医院的一位护士的儿子。即使小阿尔伯特是道格拉斯·梅里特，但其他的研究已经显示道格拉斯当时是神经受损的，他正在接受华生和雷纳的治疗（因为脑积水、脑感染和严重的过敏反应）。而且令人感到惋惜的是，他六岁时夭折了。虽然华生和雷纳最初的研究引发了好奇心和争论，但是最近的研究显示，并不是所有人都认为小阿尔伯特就是道格拉斯。

恐惧症的习得是一种典型的经典条件反射，即**条件性的情绪反应**（conditioned emotional response，CER）。条件性的情绪反应是一种比较容易的条件反射，我们的生活中充满了条件性的情绪反应。人们很容易认为，恐惧是人们的条件反射或习得的——儿童对牙医椅子的恐惧，狗对卷起的报纸的恐惧，或者过去被狗攻击过的人对狗的恐惧等，但是其他的情绪也能形成条件反射。

下次你看电视的时候，注意一下广告。广告商常常在其广告中用某种物体或者某种类型的人对观看者产生一种特殊的情绪反应，希望这种情绪反应能够和他们的产品联结起来。可以说，性感模特、可爱的婴儿、惹人爱的小狗都是广告商们用来触动我们心弦的一些刺激的例子。

甚至只是观看其他人对刺激的反应，也能引起经典的条件反射，这个加工过程被称为**替代性条件反射**（vicarious conditioning）。许多年前，儿童就在学校接受疫苗注射。护士让儿童排好队，然后一个一个地在他们的胳膊上注射疫苗。有的儿童在接受注射时会喊痛。等到护士接近队伍末尾的儿童时，即使许多儿童还没有接受注射，他们通常也会喊痛——他们通过观看其他儿童的反应习得了恐惧反应。好消息是，导致恐惧和焦虑障碍的这些学习原则也能够治疗恐惧和焦虑障碍。

◎在“小阿尔伯特”对一只白色的老鼠形成条件反射以后，他变得恐惧任何白色的、有绒毛的东西，包括华生脸上戴的毛绒面具。你能想出某个你经历的情绪反应是经典的条件性的情绪反应吗？

◎对于儿童而言，在他们等待打疫苗时，将发生哪种条件性反射？

条件性味觉厌恶和生理准备

你是否因为有过一些不好的经历，从而不再吃某种食物？无论你是否相信，你对食物的反应就是一种经典的条件反射。

许多实验已经显示，实验室老鼠可以形成一种**条件性的味觉厌恶**（conditioned taste aversion），因为在变得厌恶之前，它们需要吞咽一些液体或者食物长达六个小时之久。研究者发现，首先给老鼠一种甜味的液体，然后再注射造成恶心的药物或者暴露于引发恶心的辐射中，老鼠就不再接触这个液体。用相似的方式，在酒精成瘾的人喝酒的时候，给他们一个使他们恶心的药物，他们将学习到回避喝任何酒精类的饮料。癌症病人接受的化学药物治疗也能引起严重的恶心感，这让他们形成了对他们接受化疗之前吃的任何食物的味觉厌恶。

我原以为这需要多次与这些刺激配对出现才能引起条件反射，经典条件反射为什么这么快就能发生呢？

通过视觉寻找食物的鸟类，会避开那些看上去会让它们生病的事物或昆虫，这是一种有趣的现象。有一种蛾子，它们的颜色类似于黑脉金斑蝶，这种蝴蝶对于鸟来说是有毒的，但是蛾子没有毒。蛾子的拟态伪装能使鸟避免吃它们，即使它们看起来十分显眼。类似于哺乳动物生理上准备把气味与生病联系起来，鸟类在生理上有了把视觉特征与生病联系起来的准备。

与恐惧症一样，恐惧是一种自然的情绪反应，它与生存相联系——我们需要记住恐惧诱发的刺激是什么，以至于我们在将来能够安全地回避它们。恶心和恐惧是自发反应的两个例子，这种自发反应能够帮助机体生存（例如，繁殖和传递遗传物质）。因此，在刺激和这些反应之间的迅速的、强大的联结的自然倾向是具有进化意义的。

对危险的恐惧事物的生理准备对于生存是有意义的。但是在物体不是特别危险时，则很难对这些物体做出条件性的恐惧反应。在一个研究中，猴子通过观看其他猴子对这些刺激的恐惧反应（一个替代性条件反射的例子），很容易能够学会害怕一个玩具蛇或者鳄鱼。但是通过相同的方式，猴子绝不会学会害怕花或者一个玩具兔子。蛇和鳄鱼是食肉动物，但是花和兔子不是。

◎自然中条件性的味觉厌恶。这种蛾子对于鸟来说是没有毒的，但是它们的颜色类似于黑脉金斑蝶，而这种蝴蝶对鸟来说是有毒的。鸟是通过视觉发现它们的食物，因此，它们不会吃任何类似黑脉金斑蝶的东西。

思考一下

你认为人类像其他动物一样受生物学的控制吗？

它对我有什么好处：操作性条件反射

到目前为止，所有的学习看起来都是无意识的行为，但是我知道我的行为不仅仅是自动的反应。人们做事情常常是有目的性的，因此，这种行为也能够被学习吗？

所有机体都能够做两种行为：无意识的和有意识的。一只小昆虫靠近一个女孩的眼睛时，如果她闭上眼睛，这就是一个自动的、无意识的反应。但是如果她拍打或吓唬这个昆虫，这就是一个有意识的选择。她不得不眨眼，但是她可以选择拍打它。

经典条件反射是一种反射性的、无意识行为的学习。有意识行为的学习被称为操作性条

概念导图

经典条件反射
（学习对一个刺激做出无意识的反应，而不是对原始的、自然的刺激做出反应）

- **巴甫洛夫的发现**（研究分泌唾液的狗）
  - 关注可观察、可测量的行为
- **必须呈现和经历的几个关键因素**
  - **无条件刺激**（UCS）：引发无意识反应的原始的、自然发生的刺激
  - **无条件反应**（UCR）：对无条件刺激的无意识反应
  - **条件刺激**（CS）：在和无条件刺激重复匹配呈现时，以前的中性刺激能够引起相同的无意识反应
  - **条件反应**（CR）：对一个条件刺激做出的反应
- **经典条件反射发生的基本原则**
  - 条件刺激必须在无条件刺激之前出现
  - 条件刺激和无条件刺激必须一起出现（间隔小于五秒钟）
  - 条件刺激和无条件刺激必须配对多次出现
  - 条件刺激必须不同于其他的竞争性的刺激
- **关键的特征**
  - **刺激泛化**：对与原始条件刺激相似的刺激进行反应
  - **刺激分化**：对不用的刺激做出不同的反应
  - **消退**：当无条件刺激缺失时，对条件刺激做出的条件反应减弱
  - **自然恢复**：一个以前消退的条件反应重新出现
  - **高级条件反射**：在一个强的条件刺激和一个中性刺激配对出现时发生；以前的新的中性刺激变成一个次级条件刺激
- **其他的特征**
  - **条件性情绪反应**：情绪反应变成了对学习刺激发生时经典的条件反应；基于华生的工作；有助于解释恐怖症的形成
  - **条件性味觉厌恶**：是指不需要重复配对，条件反射就可以形成的一种情形
    - （以上两项）由于机体的生存价值，一些联结是相对快速和容易学习的（生理准备）
  - **替代性条件反射**：通过观察其他人对刺激的反应即可形成
- **为什么起作用**
  - **巴甫洛夫**——当条件刺激激活了无条件刺激激活的相同部位的脑区，刺激替代就发生了
  - **认知预期**——机体有意识地预期一些事情发生；条件刺激提供了无条件刺激即将到来的信息（基于雷斯科拉的工作）

件反射。操作性条件反射与经典条件反射既不同又相似。

桑代克和斯金纳的贡献

虽然经典条件反射涉及无意识、自动的反应，但是操作性条件反射是关于机体如何学习有意识地反应。操作性条件反射基于桑代克和斯金纳的研究。

令人沮丧的猫：桑代克的迷箱和效果率

桑代克（1874—1949）是探讨和尝试构建学习有意识反应定律的研究者之一，尽管当时这个领域还没有被称作操纵性条件反射。桑代克把一只饥饿的猫放在一个迷箱中，在这个迷箱中唯一跳脱的途径是压这个箱子底部的一个杠杆。猫显然不愿意被束缚，就像被困在旅行箱中的人体验过的那样。在箱子外面有一盘鱼，因此猫有很强的逃出来的动机。桑代克观察到这只猫围着这个箱子移动，对着箱子的四壁又推又抓，努力想逃出来。最终，猫偶然地推到了控制杆，打开了门。跳出来后，猫吃到了放在门外面的那盘鱼。在这个实验中，控制杆是刺激，推杠杆是反应，结果是逃出来（好的结果），得到食物（更好的结果）。

这只猫并不能一下子学会推这个控制杆逃出来。但是在像这样的箱子里多次尝试错误后，猫会花越来越少的时间去推这个打开门的控制杆（见图 5-5）。需要特别说明的是，不能假设

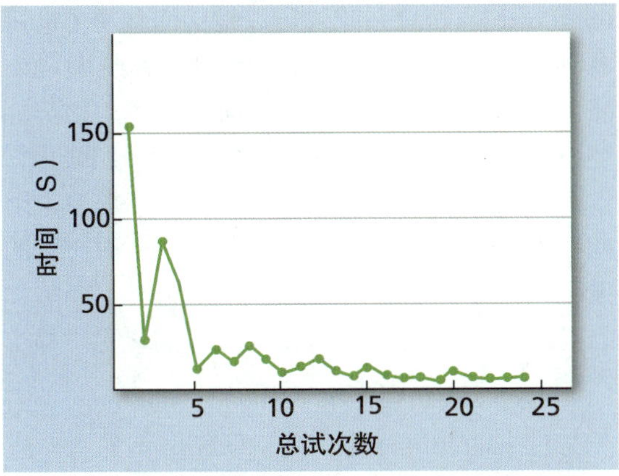

图 5-5 在桑代克的实验中，学习的时间曲线图
◎在关于条件反射实验研究的历史上，这是最早的"学习曲线"之一。桑代克的猫逃出迷笼的时间随着尝试次数的增加逐渐减少，但伴有明显的反复。

猫"懂得"了控制杆和自由之间的联系——桑代克不断移动这个控制杆到不同的位置，这只猫必须重新学习整个过程。这只猫只是简单地在最终会获得食物和自由的大致区域继续推抓，每次出来和得到食物的速度会更快一些。

基于这个研究，桑代克总结出了**效果率**（law of effect）：如果一个行动跟着一个愉快的结果，它将倾向于被重复；如果一个行动跟着一个不愉快的结果，它将倾向于不被重复。这是学习有意识行为的一个基本原则。至于箱子里的猫，推杠杆跟着一个愉快的结果（出来并且得到食物），因此推控制杆变成了一个重复的反应。

因此，桑代克把这称为操作性条件反射吗？

不！但是桑代克重要且具有开创性的研究打开了最终变成操作性条件反射研究的大门。

斯金纳：坚定的行为主义者

斯金纳（Skinner，1904—1990）被认为是继华生之后在这个领域处于领导地位的行为主义心理学家。相对华生，斯金纳甚至更坚定心理学家应该研究可测量的、可观察的行为。除了巴甫洛夫经典条件反射的知识，斯金纳在桑代克的工作中发现了一个可以解释所有行为作为有意学习结果的方法。他甚至给有意学习起了一个特别的名字——操作性条件反射。在这个世界上，有意识的行为是人和动物可以操作的。在个体执行一个有意识的行动时，他能够做他愿意做的事情，回避他不愿意做的事情，对不对？因此，对于斯金纳而言，有意识的行为是**操作性行为**（operant behavior），这种行为通过操作性条件反射习得。

操作性条件反射的核心是关于这个行为的结果的效果。回顾经典条件反射的内容，学习一个反应实际是依靠在反应之前有什么刺激——无条件刺激和将变成条件刺激的东西。这两类刺激是先行刺激（先行意味着一些事情在另一些事情之前出现）。但是在操作性条件反射中，学习依赖于在反应之后发生了什么，即结果。在某种程度上，操作性条件反射被假设为："如果我做这个，我能得到什么？"

强化的概念

"我能得到什么"体现了**强化**（reinforcement）的概念，这是斯金纳对行为主义的主要贡献之一。这个单词本身可解释为增强，斯金纳把强化定义为：跟随一个反应的任何事情都可能造成这个反应再次出现。这通常意味着强化是一个对个体而言在某些方面愉悦的结果，这和桑代克的效果率是相关的。这个愉悦的结果是个体能够得到的（愉悦的结果可能是类似在饥饿的时候得到食物、在需要钱的时候得到钱之类的事情，但是它也意味着回避一些令人厌烦的琐事，像洗碗、扔垃圾。为了不洗碗，让我做什么事都行）。

回顾桑代克的迷箱研究，这只猫能得到什么？我们能够看到猫从箱子里逃出来，并且能在逃出来后得到食物，这两个都是对推控制杆反应的强化。每次这只猫逃出箱子，它都会得到这样的强化。依斯金纳看来，这种强化是猫做任何事情的原因。在操作性条件反射中，学习的关键是强化。

斯金纳有他自己的迷箱，叫作斯金纳箱，或者操作性条件反射箱（见图 5-6）。他早期的研究常常是放一只老鼠在这个箱子里，然后训练它压一个控制杆得到食物。

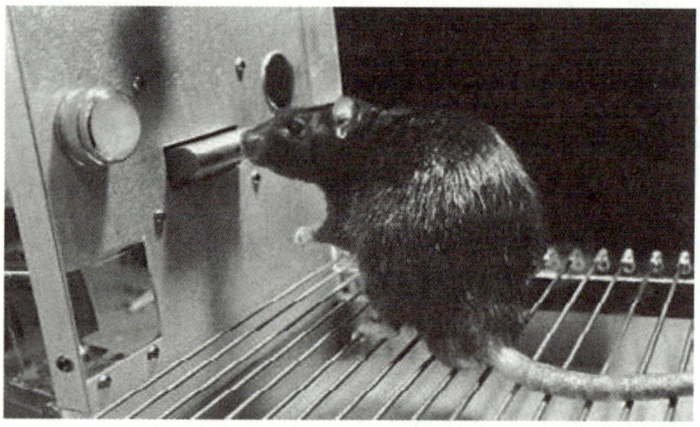

图 5-6 一个典型的斯金纳箱

◎为了得到食物，老鼠在笼子的墙壁上学习压控制杆（通过左下角一次得到一粒食物）。在某些情况下，右侧上面的灯可能变亮，暗示着压控制杆将得到食物或者警告在笼子的地板格栅上将有电击。

初级和次级强化

被用来强化行为的事件或物品并不都是一样的。比如说你的一个朋友让你帮他把车上旅行箱内的一些书拿到他的二楼公寓中去。他给你 25 美元或者一块糖。除非你最近遭受脑损伤，否则你肯定选择钱，对不对？有 25 美元，你能买到不止一块糖。

现在假设你的朋友与一个三岁的儿童做相同的交易：后者在楼下帮忙搬运了一些硬皮的书，然后可选择 25 美元或者一块糖。这个儿童将选择哪个奖赏？大多数三岁的儿童可能没有钱的概念，因此可能会选择糖块。钱和糖块代表两种基本的**强化物**（reinforcer）类型，跟随一个反应的物品或事件将强化它。钱的强化特征必须被学习，但是糖块能够以味觉和满足饥饿的形式给予基本奖赏。

像糖块这样的强化物能够满足一个基本的类似饥饿的需要，被称为**初级强化物**（primary reinforcer）。初级强化物可以是任何食物（饥饿驱动）、液体（饥渴驱动）、接触（愉悦驱动）。婴儿、初学走路的儿童、学前儿童和动物都能容易地用初级强化物进行强化（然而，用强化物作为奖赏并去除疼痛也是一种初级的需要，因此在疼痛被去除时，疼痛本身也是一种初级的强化物。一个疼痛刺激的去除完成了一个基本的需要，正如在饥饿时吃东西能获得满足一样）。

不过，**次级强化物**（secondry reinforcer）需要与过去的初级强化物建立联结，例如钱。过去被给钱的儿童认识到这张纸能被用来交易糖果和零食（初级强化物），因此钱本身变成了强化物。如果一个人在拍儿童的头（拍头是一个初级强化物）的时候表扬了这个儿童，那么表扬本身将最终使这个儿童感到愉悦。

这听起来很耳熟，这是不是和经典条件反射相关？

次级强化确实能从经典条件反射的过程中得到强化的力量。毕竟，人们在吃饭、喝水或者做背部按摩时，感觉愉悦是一个自动的反应，任何自动的反应都是一个新的刺激发生的经典条件反射。在刚刚提到钱的例子中，糖果是一个能产生愉悦（无条件反应）的无条件刺激，在糖果获得之前，钱被呈现。钱就变成了一个愉悦的条件刺激，在他们得到许多钞票时，他们确实会感到愉悦，难道不是吗？

对于儿童，爱抚是无条件刺激，被接触和爱抚的愉悦是无条件反应。赞扬，更具体地说是音调变成了愉悦的条件刺激。虽然经典条件反射和操作性条件反射常常在一起发生，例如在形成次级强化物时，但是它们是两个不同的加工过程。表 5-1 显示了这两种条件反射的不

表 5-1 比较两种条件反射

操作性条件反射	经典条件反射
最终的结果是增加一个已经发生的反应的比率	最终的结果是对一个刺激产生一个新的反应，但是这个刺激在正常情况下不能产生这个反应
反应是有意识的	反应是无意识的和反射性的
在形成联结方面，结果是重要的	在形成联结方面，以前的刺激是重要的
强化应该是立即的	条件刺激在无条件刺激之前立即发生
跟随一个正确的反应的强化形成预期	无条件刺激的预期结果是形成一个条件刺激

同之处。

正强化和负强化

强化物被用的途径也可能是不同的。大多数人可以毫无困难地理解，跟随一个有愉悦结果的反应将导致重复这个反应的概率增加。这被称为**正强化**（positive reinforcement），即通过愉悦的结果的增加或体验而强化反应，比如，反馈一个奖赏或一种安抚。但是许多人难以理解反面也是对的，跟随一个反应的结果是从一个不愉快的事情中去除或逃离，也能增长这个反应被重复的概率，这被称为**负强化**（negative reinforcement）。记住这个"疼痛如果被去除，就能被作为一个强化物"的想法。如果一个人的行为能够停止疼痛，那么他很有可能再次做出相同的事情——这也许是人们吃止疼药成瘾的部分原因（我们将在后面部分讨论正强化和负强化）。

思考一下

在你上小学的时候，哪种强化最有效？是正强化还是负强化？

我们已经讨论了什么是强化，以及它如何影响跟随强化的行为。下面部分我们将讨论强化的不同方法，以及强化与惩罚的差异。我们也将探讨被强化行为之前的刺激的作用，和一些其他的操作性条件反射的概念。

强化的程序：为什么赌博机这么有吸引力

强化的时间间隔会造成极大的不同，包括学习发生的速度和学习反应的强度。但是，斯金纳发现每次都强化和每次都反应，从持久学习的角度来讲未必是最好的强化程序。

部分强化效应

艾丽西娅的母亲每天晚上给她五角钱，只要她记得把她的脏衣服放到衣服篮里。比安卡的母亲每周末给她五元钱，只要她每天把衣服放到衣服篮里。艾丽西娅与比安卡相比，能够快速地学习，因为她的反应每次都能得到强化，反应很容易发生并被快速学习。想想看，一旦妈妈停止给孩子钱，哪个孩子会更快停止把衣服放到衣服篮里呢？

答案可能令人惊讶——很可能是艾丽西娅，因为她期盼在每一个反应后都得到强化（五角钱）。只要强化停止，行为就消退了。比安卡期盼在七个正确的反应后才能得到一次强化。在强化停止时，比安卡可能仍会继续把衣服放到衣服篮里，连续几天或一周，希望这个强化（五元钱）最终能够出现。与艾丽西娅相比，比安卡可能学习得比较慢，但是一旦习得把衣服放在衣服篮里和得到五元钱之间的联结，她停止这么做的可能性就会很小——甚至在她的母亲停止给钱的情况下。

比安卡的行为论证了**部分强化效应**（partial reinforcement effect）：一个反应在一些反应之后被强化，但并不是所有的反应都会被强化，正确的反应将比接受到**连续强化**（continuous reinforcement）的反应（对包括每一个或者每个正确的反应在内的反应都进行强化）更难消退。虽然连续的强化可能更加容易教会一个行为，但是部分强化不仅仅难以抑制，还可能更像现实的生活。想象一下你做的每个汉堡或者你交的每次报告都会得到酬劳。在现实生活中，人们对于工作更倾向于接受部分强化而不是连续强化。

部分强化可以根据不同的模式或者程序来执行。时间间隔很重要，例如，公司的保险柜可能仅仅在一天的某一确定时间开门，其他时

◎"记住，他每给你一粒食物，你就通过控制杆来强化那个行为。"

资料来源：The New Yorker Collection 2005 Joe Dator from cartoonbank.com. All Right Reserved.

间不管努力多少次都不能打开这个保险柜。另一方面，反应的次数是重要的，正如一个人必须买一定数目的彩票才能得到一个奖赏。当反应时间是关键的时候，这被称为间隔程序。当反应次数是关键的时候，这被称为比率程序，因为每个强化物都需要一定数目的反应（例如，50 张彩票有一个奖赏）。强化程序可能有其不同方式，关键在于反应次数或者间隔时间是固定的（在每个事件中一样）还是变化的（在不同情况下有不同的次数或者时间间隔）。因此，强化程序可能是一个固定间隔程序，也可能是一个变化间隔程序、固定比率程序，或变化比率程序。

固定间隔的强化程序

固定间隔的强化程序（fixed interval schedule of reinforcement）是大多数人比较熟悉的，即在一个确定的、固定的时间间隔进行强化。例如，康纳教授正在教一只老鼠压控制杆得到食物，她在老鼠压控制杆两分钟后给老鼠一粒食物。不管老鼠推控制杆多少次，它都能在两分钟后得到一次食物。如果人们每两周发一次工资（假设他们在这两周内工作了），那么他们正在被这种程序强化。

正如图 5-7 显示，固定间隔的强化方案不能产生一个快的强化速度（注意这个线不能像蓝色的速率线一样直着快速上升）。关键是至少在这个时间间隔做出一个反应，因此速度是不重要的。最终，随着这个时间间隔结束，老鼠开始压控制杆，造成你看到的图上的扇形效应。反应率仅仅在强化之前上升，然后立即降下来，直到接近下一次给食物的时间。这类似于工厂的工人在发工资的前几天加速生产，并在发工资后速度下降。

工资不是人们体验到的唯一一种固定强化方式。你什么时候学习最刻苦？是不是在考试之前？如果你知道将有一个考试，这就像有一个固定的时间间隔是可预测的，所以在快考试之前你会付出最大的努力（在考试之前一些学生花整夜的时间学习，这其实并不是一种好的策略）。另一个固定间隔程序的例子是，大多数人在牙齿检查前疯狂刷牙。这种情况下，他们

有四种强化的方案，每种都有自己反应的模式。反应是累积的，这意味着新的反应将累加到以前的反应之上，所有的图形在学习模式建立之后才制作。斜线标记意味着实施强化。

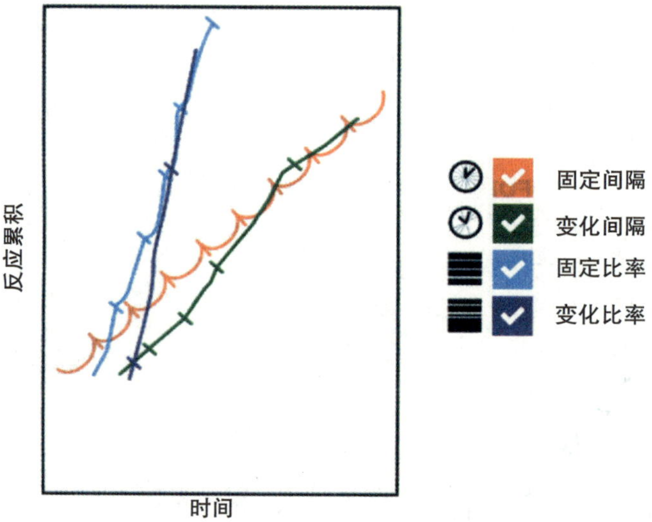

图 5-7　强化方案

◎这四条颜色线显示固定和变化间隔与比率的强化程序。在固定间隔和固定比率强化的图中，每次强化之后都有一个停顿作为简单的“休息”。固定间隔强化曲线的“扇形”形状显然是停顿的标志，正如固定比率曲线的阶梯形状。在变化间隔和变化比率的方案中，因为强化是不可预测的，所以没有停顿发生。注意，固定间隔和变化间隔强化程序慢于（倾斜度小）两个比率强化程序，因为在比率强化程序中需要尽可能快的反应。

可能希望负强化。在检查期间他们的牙齿越清洁，他们在牙科诊所的椅子上待的时间可能就越少。

如果一个常规考试是固定间隔的，那么一次突击测验算得上一个变化间隔的程序吗？

变化间隔的强化程序

突击测验是不可预测的。学生不知道他们什么时候会有一个突击测验，因此最好的策略是每天晚上学一点以防明天有一个测验。突击测验是一个非常好的**变化间隔强化程序**（variable interval schedule of reinforcement）的例子，时间间隔从这一次到下一次是变化的，机体为了获得强化必须不断做出反应。例如，老鼠可能平均每五分钟接受一粒食物。有时候是两分钟，有时候是十分钟，但是老鼠必须在那个时间间隔内压控制杆来得到这粒食物。因为老鼠不能预测这个时间间隔有多长，它需要或多或少连续地压这个控制杆，所以有了图 5-7 所呈现的光滑的图线。另外，反应速度不是重要的，因此反应的速率是慢而平稳的。

另一个变化间隔程序的例子是钓鱼，人们放鱼竿在水里，一直等着，直到鱼上钩——如果他们比较幸运的话。只要他们把鱼竿放到水里，他们就不愿拿出来，因为担心在他们拿出鱼竿的时候，一条大鱼正游了过去。打一个经常占线的电话号码也是这种程序的例子，因为你不知道什么时候能够打通，所以一遍又一遍地拨打电话。

◎在人们钓到鱼之前，他们不知道要把鱼饵放在水中多长时间。这是一个变化间隔的强化程序的例子，能够解释为什么一些人不情愿收拾东西回家，例如这对父子。

固定比率的强化程序

在这种程序中，反应的次数是一定的。在一个**固定比率的强化程序**（fixed ratio schedule of reinforcement）中，接受每次强化的反应的次数常常是相同的次数。

注意图 5-7 固定比例图的两个特点。首先，与固定间隔强化程序比较以后，反应的速率是非常快的；其次，在一个强化被给予后，反应模式上立即呈现出一个断层。由于压控制杆的次数是一定的，因此之所以能发生快速的反应速率，是因为老鼠想尽可能快地得到下一次强化。在强化以后有停顿或者断层，是因为老鼠知道压控制杆多少次才能得到下一次强化，压控制杆的次数常常是一样的。固定的程序（比例和间隔）是可预测的，这种程序允许休息的时间。

对于人类而言，做计件工作的人被固定比率的程序强化，他们在得到工资之前必须完成一定数目的工作。因此三明治商店给买三明治的顾客发一张可往上面打孔的卡片，每买一个三明治就在卡片上打一个孔。当顾客卡片上的孔累积达到 10 个时，就能得到一个免费的三明治。

变化比率的强化程序

在图 5-7 中的紫色的线是非常快的，但是像左边的变化间隔图一样，它非常平滑，它们为什么这么相似？

一个**变化比率的强化程序**（variable ratio schedule of reinforcement）是这一次到下一次反应的次数是变化的。在老鼠的例子中，老鼠可能被预期平均压控制杆 20 次得到一次强化。这意味着有时在得到强化之前压控制杆 10 次，但是有时候需要压控制杆 30 次甚至更多才能得到强化。

图 5-7 显示一条紫色的线，它像固定比率程序的反应速率一样快，原因可能是反应的数

目仍旧是关键的。但是因为一直没有休息的间隔，所以这个图更加平滑。老鼠不能休息是因为它不知道需要压控制杆多少次才能得到下一粒食物。它尽可能快地压，在压的同时吃食物。变化程序的不可预测性使反应或多或少是连续的——正如在一个变化间隔程序里的一样。

对于人类而言，把钱扔进赌博机的人正在被一个变化比例的强化程序强化。他们把钱放进机器里（反应），但是他们不知道在强化（中奖）来临之前他们需要做多少次。人们会倾向于坐在那儿，或者中奖或者花光所有的钱。买彩票也是相同的，就像赌博一样。人们不知道他们要买多少彩票，他们害怕如果他们不买，可能正是这张彩票能够中奖，因此他们会持续地买。

不管是用哪种强化程序，有一些事情能保证使行为的强化尽可能地有效。其中之一依然是和时间相关：在想要的行为发生之后，应该立即给予强化。延迟强化往往效果不好，特别是对动物或者幼儿而言（大的儿童或者成人能够想到将来的强化，例如储钱买一个极其渴望的物品，因此延迟强化对他们是有效的）。在强化想要的行为时，关心这个因素也可以作为一个强化——例如，许多家长错误对待没有做承诺的家务的孩子，这完全破坏了儿童对做家务或者任务的学习。

惩罚在操作性条件反射中的作用

现在我理解了什么是强化，但是什么是惩罚呢？惩罚在操作性条件反射中的作用是什么？

让我们回去讨论正强化和负强化，这些策略对于增加目标行为再次发生的概率是重要的，但是对于我们不想让它再次发生的行为应该采取什么策略呢？

惩罚的界定

惩罚事实上是强化的反面。它可以是任意事件或者刺激，跟随着一个反应，能够造成这个反应再次发生的可能性降低。惩罚减弱反应，而强化（不管它是正性的还是负性的）增强反应。正如有两种类型的强化一样，也有两种类型的惩罚。让我们详细地看看这两个概念。

人们经历的结果其实只有两类：他们喜欢的事情（食物、钱、糖块、性、赞扬等）；他们不喜欢的事情（打屁股、被训斥、经历一些疼痛、学习新的东西等）。导致这两种结果也仅仅是因为有这两种可能的经历：人们或是直接经历（比如得到工资或因错误行为被训斥）；或是不经历（比如因错误行为失去零用钱，或者说谎以避免责骂）。表 5–2 为这四种结果命名，并对其进行相应的描述定义。

首先，看一下表 5–2 左边的强化栏。得到工资是正强化的另一个例子，通过愉悦结果的增加或者经历导致对一个结果（比如，一个奖赏或在轻拍背部）的强化。这是每个人都能理解的。但是通过及时上缴收入所得税而回避惩罚是一个负强化的例子。负强化是通过对不愉快刺激的消除、逃离或回避而对结果强化。因为行为（在最后期限之前缴所得税）能够导致回避一个不愉快的刺激（惩罚），人们再次做出这样行为（在将来及时地缴所得税）的可能性

表 5–2 矫正行为的四种方法

	强化	惩罚
正性（增加）	珍视或想要的东西	不愉快的事情
	正强化	实施式惩罚
	例子：在学校因为好的行为得到一朵小红花	例子：因为不服从的行为被打屁股
负性（消除或者回避）	不愉快的事情	珍视或想要的东西
	负强化	消除式惩罚
	例子：在红灯时停下，避免被罚款	例子：失去一个特权，比如，不能与朋友出去

将增加。最好的方法是通过举例说明这两类强化的不同，因此尝试着指出下面例子中的哪些是正强化，哪些是负强化。

1. 阿尼的父亲不停地唠叨，让他去洗车，阿尼讨厌被唠叨，因此他去洗车，好让他的父亲不再唠叨。

2. 特雷发现一种有趣的声音说话能够吸引他同学的注意，因此他现在常常以那种方式说话。

3. 艾伦是餐厅的服务员，通常尽量保持微笑和愉快，因为这似乎能使他得到更多的小费。

4. 李安在截止日期前把他的报告交给老师，因为如果他交得晚，他的论文就会被降一个等级。

下面是答案：

1. 阿尼是通过洗车被负强化的，因为在他做这个的时候，唠叨停止了（不愉快的刺激）。

2. 特雷以得到同学注意的方式得到正强化的。

3. 艾伦的微笑和愉快是被顾客的小费正强化。

4 李安通过及时地提交论文回避一个不愉悦的刺激（等级降低），这是一个负强化的例子。

两种类型的惩罚

我感到困惑：把一些东西拿走，难道不是一种惩罚吗？

人们对此感到困惑：因为“负性”听起来像是一种坏的事情，像是一种惩罚。但是负强化增强反应，惩罚减弱反应。正如有两种类型的强化一样，也有两种类型的惩罚。

现在看一下表格5-2右边的惩罚栏。在一些不愉快的事情（例如，打屁股、被训斥或其他不愉快的刺激）被增加到这个情景或被应用时，就会发生**实施式惩罚**（punishment by application）。这是大多数人能够想到的惩罚，也是儿童发展专家强烈建议避免用于孩子的惩罚，因为它容易被升级为虐待。如果平时只是用手拍打屁股两三下，那么这对身体也没有什么害处，但是如果在生气的时候打，或者用皮带或其他工具打，打屁股就变成了身体上和情绪上的虐待。

另一方面，**消除式惩罚**（punishment by removal）也是一种惩罚的方式，人们常常把它与负强化相混淆。在这种惩罚类型中，行为发生后，通过消除一些不愉快的事情或者想要做的事情来进行惩罚。“束缚”一个青少年是消除这个青少年做一些事情的自由，这是一种惩罚的例子。还有一些例子：让孩子“暂停”（time-out，即让孩子待在房间的某个特殊区域，远离其他人的注意），对一些不遵守法律的人罚款（拿走钱），通过取消看电视的特权来惩罚攻击性行为等。这类惩罚容易被儿童发展心理学专家接受，因为它没有身体攻击，并且避免了许多攻击性惩罚所带来的问题。

负强化和消除式惩罚常常被混为一谈，我们有必要对它们的不同点加以说明。当一个反应跟随着消除一个不愉快的刺激时，负强化就发生了。如果将远离一些不愉快的事情作为反应的结果，那么这个反应难道不会一次又一次地发生吗？因为“负”这个字，使得它听起来像是某种惩罚。在人们试着去理解负强化的时候，确实有这个问题。通过消除一些不愉快的事情，他们能够得到混杂着惩罚的负强化（就像因为你发生了一次车祸，便拿走你的驾照一样）。在这两种情况下，消除一些事情，人们会认为它们都是惩罚的效应，或者减弱了一些反应。它们之间的不同是什么被拿走了：对于负强化而言，是不愉快的刺激；对于惩罚而言，

◎这个年轻女孩的父亲正在通过强迫他的女儿剪她的信用卡对他女儿实行惩罚。

是愉悦的或渴望的事情。负强化和消除式惩罚之间的详细比较见表 5-3。

惩罚的问题

虽然惩罚在降低或者减弱一个行为方面是有效的，但是它有几个缺点。

惩罚相对于强化而言，更加难于实施。在用强化的过程中，一个人必须增强已经存在的反应，但是惩罚被用来减弱一个反应，摆脱一个已经存在的反应，这不是一件容易的事情（问一下任何父母或者宠物的主人，你就知道了）。最终，多次的惩罚只能暂时地压制或者抑制行为。例如，惩罚一个儿童的不好行为常常并不能够使这个行为完全消失。随着时间的流逝，惩罚被忘记，不好的行为会以一种旧行为（可能对于儿童而言是高兴的行为）自然恢复的方式再次发生。

回顾表 5-2 中的惩罚栏，实施式惩罚可以是十分严厉的，而且严厉的惩罚确实非常有效：行为立即停止。虽然惩罚可能无法永久地阻止这个行为，但至少可以让行为暂时消失。在某些情况下，儿童可能做一些危险的或者自残的事情，惩罚在此时是可以被接受的。例如，如果一个儿童突然跑向车流不息的马路，父母可能会大声叫这个儿童停下来，然后轻微地打几下他的屁股。如果这不是这个父母常常做的行为，那么儿童很可能不会再朝马路跑了。

除了立即阻止危险行为的情境，严重的惩罚有太多的缺点，效果并不好。也不应鼓励惩罚，因为它有可能导致虐待：

- 严重的惩罚会造成儿童（或动物）回避惩罚者，而不是回避被惩罚的行为，因此儿童（或动物）学到了错误的反应；
- 严重的惩罚可能会鼓励为了回避惩罚行为而说谎（一种负强化），这依然不是我们想要的反应；
- 严重的惩罚能够导致恐惧、焦虑和不能促进学习的情绪反应。如果惩罚的目的是为了教育，那么这种结果是毫无益处的；
- “打”这个行为本身提供了一个攻击性的模仿对象。

其中最后一点值得更多的讨论。在用一种攻击性的惩罚类型（例如打屁股）时，成人事实上正在模拟演示（呈现一个行为让儿童模仿）。最终，成人用攻击性从儿童身上得到了想要的东西。在儿童接受这种惩罚时，他们有时变得想用攻击性得到他们想要的东西，成人失去了一个很好的机会去展现用更恰当的方式处理亲子矛盾。因为攻击性惩罚倾向于至少能够暂时阻止不想要的行为，使用惩罚的父母事实上正在经历一种负强化：“在我打孩子屁股的时候，不愉快的感觉正在远离。”这可能增长了用攻击性惩罚的倾向，而不是用其他形式的惩罚，可能最终导致虐待儿童。最后，一些孩子太渴望来自父母的注意以至于他们故意调皮捣蛋。这种惩罚是一种注意的形式，这些孩子将努力争取得到他们能够得到的任何注意，哪怕是负面的注意。

许多家长和教育者都不怎么反对消除式惩罚，在许多公立学校中这是唯一的一种惩罚。但是这种惩罚也有它的缺点——它教儿童不做什么，但是没有教儿童要做什么。消除式惩罚和实施式惩罚都只能对行为暂时有效。在一段时间过去以后，这种行为很可能随着惩罚的记忆减弱而回归，即自然恢复。

如果惩罚不能很好地起作用，那么家长应该如何来阻止儿童不好的行为呢？

表 5-3 负强化和消除式惩罚

负性强化的例子	消除式惩罚的例子
在红灯时停下，避免发生车祸	因为发生过太多交通事故而失去驾驶的权利
在截止日期之前缴税，避免惩罚	损失部分钱作为晚缴税的惩罚
在父母数到“三”之前服从父母，避免被责备	因为不遵守规矩而被“暂停”做某事的权利（损失自由）

心理学议题

打小孩屁股和攻击性之间的联系

打屁股还是不打屁股，是多年来人们争论不休的问题。儿童发展专家特别建议家长用其他的方法管教孩子，因为打屁股会鼓励幼儿虐待行为，而且打屁股也会促进幼儿攻击性的模仿。最近的一项研究显示，如果孩子在三岁时被父母打屁股，那么孩子到五岁时发生攻击性行为的概率会显著地增长。

虽然以前的研究得到了相似的结果，但是凯瑟琳·泰勒（Catherine Tayler）和他的同事，詹妮弗·曼格奈罗（Jennifer Manganello）、肖娜·李（Shawna Lee）、珍妮特·瑞思（Janet Rice）的研究不同于早期的研究，因为在他们的研究中有一些潜在的混淆因素，比如，忽视、母亲滥用药物、孕产妇心理问题，应该被测量和控制。

在这个研究中，2461 名母亲参与报告她们在幼儿三岁时实施打屁股这一行为的次数，以及幼儿三岁时和五岁时的攻击性行为。混淆因素被测量，比如，母亲对幼儿的虐待、心理虐待、忽视、母亲亲密伙伴的攻击性、欺骗、压力、抑郁、药物滥用、母亲考虑堕胎等因素。泰勒等人经研究发现，与其母亲报告每月打幼儿少于两次或基本不被打的儿童相比，其母亲声称她们每月打幼儿至少两次的儿童在五岁时表现出更多的攻击性行为。在儿童三岁时的攻击性水平和其他可能因素被考虑进去后，结果仍然保持一致。

这个结论似乎意味着，不惩罚儿童可能会使儿童免于形成一种不受欢迎的人格特质。

进一步讨论的问题

1. 你的父母是如何管教你的？你认为这种管教方式是以一种正性的还是负性的方式影响你的？

2. 为什么三岁时被打屁股能够导致儿童在五岁时的攻击性行为增加？

要想让惩罚更有效，你只需要记住一些简单的规则。

1. **惩罚应该紧跟着它想惩罚的行为。** 如果在一个行为之后的很长时间才进行惩罚，那么惩罚将无法同那个行为产生联系（这对强化也同样有用）。

2. **惩罚应该具有一致性。** 这其实意味着两个事情。第一，如果家长说某种惩罚伴随着某种行为，那么家长必须确保这种伴随，做他承诺要做的。第二，对于特殊行为的惩罚应该保持相同的强度或者轻微地增加而不是降低。例如，如果一个儿童第一次因为在床上跳而被责骂，那么当这个行为第二次发生的时候，儿童同样应该被责骂或者被更强烈地惩罚，比如拿走他喜爱的玩具。但是如果第一次错误的行为以打屁股作为惩罚，而第二次仅仅以责骂来惩罚，那么儿童就学会了对可能的惩罚抱有侥幸心理。

3. **在任何可能的情况下，错误行为的惩罚都应该和正确行为的强化配对出现。** 父母因一个两岁儿童用手抓饭而对其大喊大叫，不如轻轻地把她的手放到盘子边上，同时说诸如“不，我们不用手抓饭，应该用叉子吃饭”的话。然后把叉子放到孩子的手里，并且为她用叉子而赞扬她：“看，你正在用叉子吃饭，我真为你骄傲。”当惩罚和强化一起出现时，父母即使使用一种更轻的惩罚，结果仍然是有效的（在说“不，不应该咬手指”的同时，从孩子嘴里拿走他的手）。同时，这能教孩子学会父母想要的行为而不仅仅是压制父母不想要的行为。

上面的“心理学议题”专栏讨论了一些关于这类问题的最近的研究，一种应用惩罚的特别形式——打屁股。

操作性条件反射的其他方面

我们已经讨论了经典条件反射中的先行刺激的作用，以及消退、泛化和自然恢复的概念。这些概念在操作性条件反射中也是很重要的，但是有一些不同。

刺激控制：减慢速度，有警察

你从后视镜中看到一辆警车，你会自动地

◎应对孩子发脾气行为的方法是忽视它。缺少了对发脾气行为的强化，最终会导致这种行为的消退。

减慢速度，即使你没有超速。在交通灯变红的时候，你会停下来。在你想进入一个商店，快走到门前时，你会推或者拉门把手。所有这些事情都是习得的——减慢速度，停下来，用门把手。但是你怎么知道做哪一个已经学过的反应？什么时候做？警车、交通灯、门把手都是线索，告诉你做哪一个行为的刺激将使你做你想做的事情。

辨别刺激可以是任何刺激，它提供了机体为了获得强化而做出某一反应的线索。例如，警察是减慢速度的辨别刺激，信号灯是停止的线索，因为这两个行动都常常伴随着负强化——人们可以避免得到一张罚单，或者避免被另一辆车撞击。门把手是为了成功地打开门，是关于在哪里开门的线索。事实上，如果门有一个鼓起的把手，人们常常是打开它，但是如果是一个手柄，人们常常推它，对不对？这两种打开门的设施带给人们不同的反应，他们获得的奖赏就是打开门。

操作性条件反射中的消退、泛化和自然恢复

在经典条件反射中，消退是无条件刺激的去除，无条件刺激最终作为条件刺激-条件反应联结的强化物。毫不奇怪的是，在操作性条件反射中消退应该涉及强化的去除。你是否曾看到过一个小孩因想得到一些糖果或玩具在收银台前大发脾气？许多恼怒的家长可能会妥协而给孩子相应的东西，而这对发脾气的行为是一种正强化。家长也负强化了给予行为，因为这让讨厌的行为停止了。使发脾气的行为停止的方法是去除强化，这对孩子意味着没有糖果、没有玩具、没有来自家长的注意（持续发脾气不仅很难做到，而且在它消退之前，发脾气行为最终将变得更坏）。

正如在经典条件反射下，操作性条件反射也能被泛化为类似原始刺激的刺激。例如，父母是否经历过这一美好的时刻：在他们的孩子刚刚学习称呼物体和人时，他们常常把看到的每个人都称为“Dada”，其实“Dada”是婴儿对他们自己的父亲出现的反应，并且因父亲的高兴和注意而得到强化。但是开始，婴儿将对父亲的反应泛化到每一个男人。随着其他的男人没有强化这个反应，他学会区分自己的父亲，仅仅把这个人称为“Dada”。通过这个方法，父亲就变成了一个辨别刺激，正如前文提到的信号灯或门把手。

自然恢复（在消退后条件反射再次发生）也将在操作性条件反射中发生。还记得马戏团里跳圆环的狗吗？任何训练过动物特技的人都认为，在开始学习一个新的特技时，大多数动

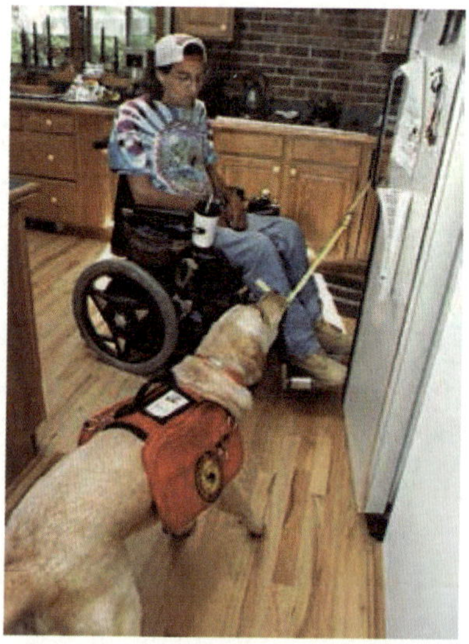

◎这只狗正在被训练帮助其生理上有残缺的主人。操作性条件反射的原则能够被用来训练动物做许多有用的任务，包括打开冰箱。

物都试着做它们以前的特技来得到强化。

操作性条件反射的应用：塑造和行为矫正

操作性条件反射不仅仅是对简单反应的强化，它还能被用来矫正动物和人类的行为。

马戏团教练是如何使动物们做这些复杂的特技的？

塑造

当你看到动物在马戏团中或者在台上表演特技时，你正在看到对动物应用条件反射规则的结果，包括经典条件反射和操作性条件反射。但是复杂特技是操作性条件反射的一个过程，被称为**塑造**（shaping）。在塑造中，朝向最终目标的一些小的目标逐步被强化，直到达到最终的目标。

例如，乔迪训练他的狗罗弗跳圆环，他应该从狗自己能够做的一些行为开始。然后，他渐渐地塑造狗做跳的行为——狗能够做的一些行为，但是狗本身是不可能主动做的。乔迪首先把圆环放到地上，让狗通过这个圆环，以食物作为诱饵。在罗弗逐步通过圆环后，乔迪应该给罗弗食物。然后他把圆环提高一点儿，奖赏它再次通过圆环，再次提高圆环，再次奖赏它，一次次重复，直到罗弗能够跳过这个圆环得到食物。目标是通过强化的**逐次渐近**（successive approximation）而达到最终目标（一个一个小的目标接近最终的目标）。这个加工过程叫作塑造。通过把口哨或滴答声与食物这种初级强化物配对呈现，动物能够把这种声音作为次级强化物，避免成为一个过分依赖食物的学习者。

虽然运用操作性条件反射，能使动物学到许多种行为，但是看起来并不是每个动物都能够被教会每件事情。关于这个主题的更多内容，请看“心理学经典研究”专栏中关于生物约束的部分。

心理学经典研究

操作性条件反射的生物约束

浣熊是一种相当聪明的动物，有时被研究者用于做学习方面的实验。在一个经典的实验中，一位行为主义心理学家用塑造和强化教浣熊一项特技。目标是使浣熊学会捡几枚硬币，然后把硬币扔进一个金属容器里，对浣熊的这种行为给予食物奖赏。行为主义心理学家开始强化浣熊捡一枚硬币，然后把它扔入金属容器。因此，为了得到强化，浣熊需要把这枚硬币扔进这个金属容器的插孔中。

在这点上，操作性条件反射看起来是失败的。浣熊不是把这个硬币扔进插孔中，而是把这枚硬币在插孔中放进放出，还在金属容器里面摩擦，在最终放进去以前握紧这枚硬币几秒钟。在要求增加到两枚硬币时，浣熊需要花几分钟揉搓它们，并且把它们轻放进这个容器，而不是扔进去。尽管轻放和揉搓行为没有被强化，结果却越来越糟，直到条件反射变得不可能。

凯勒·布里兰（Keller Breland）和玛丽安·布里兰（Marian Breland）夫妇在尝试训练浣熊的过程中，发现这个问题不仅限于浣熊，他们还在猪身

◎浣熊在吃之前通常把它们的食物在水里拿进拿出。这种“洗”的行为是受其本能控制的，用操作条件技术是难于操纵的。

上发现了相似的困难。猪被训练捡起一共五枚木制的硬币，然后把它们放进存钱罐。虽然刚开始成功了，但是在几周后，猪进行这个任务变得越来越慢，硬币掉了，用鼻子推它，捡起它，然后又掉了，又继续去推。这种行为一直在持续，这只猪事实上那天没能得到足够的食物。

布里兰夫妇得出结论：浣熊和猪又回到了它们的本能行为。本能行为是基因决定的，不受学习

的影响。很明显，即使动物刚开始能够学会这个特技，随着硬币同食物之间的联系变得越来越紧密，动物开始转换成本能的行为模式——它们过去正是用这个模式获得真正的食物的。浣熊用它们的爪子搓食物，并且在水里浸泡几下。猪在吃食物之前先用鼻子推土或抛扔它们的食物。布里兰夫妇把这种恢复到基因控制模式的趋向性称为**本能漂移**（instinctive drift）。

他们于 1961 年在其论文中描述了很多关于本能漂移的例子，布里兰夫妇认为大多数斯金纳行为主义心理学家提出的三个假设事实上是不对的。这三个假设是：

1. 动物来实验室之前是一块白板或者一张白纸，因此，用正确的条件反射能教会任何事情；

2. 动物物种之间的不同是不显著的；

3. 所有的反应都能够对任何刺激形成条件反射。

正如他们进行的动物研究，结果是十分明显的：每个动物进入这个世界时，都已带有某种基因决定本能的行为方式，而且这些本能在不同物种之间是不一样的。因此，有一些反应不管如何进行条件反射，都是不能进行训练的。

进一步讨论的问题

1. 动物在学习中有其他什么样的限制？

2. 人们做的什么样的行为能够阻止条件反射？

3. 关于动物行为的研究结果如何泛化到人类的行为？

行为矫正

操作性条件反射的原则，例如强化和塑造的过程，许多年来已经被用于改变动物和人类不想要的行为，创造想要的行为——特别是对在校的儿童。**行为矫正**（behavior modification）指的是带来这些改变的操作性条件反射（有时是经典条件反射）的应用。

例如，如果一个老师想用行为矫正帮助一个孩子在老师讲话时更加集中注意力，老师可能做以下的事情：

1. 选择一个目标行为，比如与老师保持目光接触；

2. 选择一个强化物，如往挂在墙上的记录孩子表现的表格栏里贴小红花；

3. 把计划赋予行动。孩子每有一次目光接触，老师就给这个孩子一朵小红花。不合适的行为（比如看窗外）则不用小红花来强化；

4. 在一天结束时，对于获得一定数目的小红花的孩子，老师给予一个特别的对待或者奖励。这个特别的奖赏是之前决定好的，并和这个孩子共同讨论。

小红花被看作代币，是能用其他的强化物进行交换的次级强化物。行为矫正中代币的使用被称为**代币经济**（token economy）。在这个例子中，儿童在一天结束的时候用收集的小红花去“购买”特殊的待遇。我们可以思考一下，整个金钱系统本身就是一个非常好的代币经济。人们的工作可以用钱来奖励，人们用钱来买食物、获得住所等。

行为主义心理学家用来矫正行为的另一个方法是“暂停法”。“暂停法”是一种轻微的消除式惩罚的形式，其中行为有误的动物、儿童或成人被放在一个远离他人注意的特别区域。实质上，此时的机体消除了以注意的形式带来的任何可能的正强化。在运用于儿童时，无论是哪个年龄段，“暂时”的时间应该是 1 到 10 分钟——每增加一岁，就增加一分钟（如果长于 10 分钟，儿童就可能会忘记为什么会“暂停”了）。

应用行为分析（applied behavior analysis, ABA）是一种行为矫正形式的现代名称，它借助塑造过程来塑造一个想要的行为或者反应。

在应用行为分析中，技术被分解为简单的步骤，然后通过系统的强化把技术教给孩子。在孩子正在学习一个技术或者拒绝合作的时候，需要给予提示（比如，转回儿童的脸，使其朝向老师或者任务）。随着孩子开始掌握一种技术，接受奖励或者赞扬形式的强化、提示渐渐被收回，直到孩子能够独立地完成这个技术。应用行为分析是一个新兴的领域，许多大学和学院都在培养这个专业高水平的本科生和研究生。从这些专业毕业的学生可以担任学校或者其他机构的咨询师，也可以开一个私人诊所。应用行为分析典型的用处是帮助有心理障碍的儿童、训练动物，并能形成对各种不同心理能力水平的儿童和成人都有效的教学方法。

应用行为分析的一个例子是对孤独症个体塑造一个想要的、社会接受的行为。孤独症作为一种心理障碍，患孤独症的人难以与他人进行交流，常常拒绝看其他人。用应用行为分析技术治疗孤独症据说是从洛瓦斯（Lovaas）和他的助手的工作开始的，尽管是斯金纳首先描述了这种基本技术。洛瓦斯用小的糖块作为强化物，教会患有孤独症的儿童社会技能和语言。

其他矫正行为的技术已经得到了发展，以至于通常被看作无意识的行为（例如血压、肌肉紧张度、活动过度等），都能进行有意识地控制。近60年来，科学家已经知道怎样用一个人的生理信息（例如心率）的反馈来创建一个放松的状态。**生物反馈**（biofeedback）是一个传统的术语，被用来描述生理信息的反馈。通过生物反馈，许多问题能够被缓解或者被控制。

一个相对更新的技术被称为**神经反馈**（neurofeedback），它被用来试着改变脑电波的激活。虽然它在技术上是最新的，但是它的原理是旧的。神经反馈涉及尝试改变脑波的活动。传统上，这种技术记录大脑或者EEG的电活动。为了记录EEG，个体必须连接一个独立的脑电

概念导图

关注可观察、可测量的行为

- **桑代克** 第一批研究了有意识反应的学习
  - 发现了效果率——一个行动跟着一个愉快的结果，它将倾向于被重复。一个行动跟着一个不愉快的结果，它将倾向于不被重复
- **斯金纳** 在华生之后是行为主义的代表人物
  - 创造了术语“操作性条件反射”，即人和动物在世界上操纵的有意识的行为

操作性条件反射

（通过对愉快的或不愉快的反应的效应造成的有意识行为的学习）

- **强化** 跟随一个反应后的事件或者刺激，它能够增加这个反应再次发生的概率
  - **初级强化**：满足基本的生理需求（比如，饥饿、饥渴、触摸等）
  - **次级强化**：通过与以前的初级强化物的联结，获得强化性能
  - **正强化**：一个愉悦刺激的体验和经历
  - **负强化**：不愉悦刺激的去除、逃离或者回避
- **强化程序**
  - **强化的时间间隔**：影响学习的速度、学习反应的强度和随后的行为模式
  - **连续性强化**：对每个正确的反应都给予强化
    - 容易建立新的反应，但是易于消退
  - **部分强化**：在一些正确反应后强化行为
    - 能够形成一个难于消退的反应
    - 通过时间间隔或者反应比率进行强化的程序
    - 比率和时间间隔程序可以是固定的或者变化的
- **惩罚**：跟随一个反应的任何事件或者客体，目的是使这个反应更可能少地发生
  - 强化的相反面，强化能够增加反应再次发生的概率
  - 实施式惩罚：将一个不愉悦的刺激增加到这个情景
  - 消除式惩罚：去除一个愉悦的刺激
  - 起作用——必须是立即的、连续的、与实际渴望行为的强化配对呈现
- **其他的特征**
  - 刺激必须被区分，特别的线索导致特别的反应
  - 通过强化一些小的步骤，一些行为可以被塑造，通过逐步渐进而达到最终目标
  - 类似于经典条件反射，消退、泛化和自然恢复都会发生
  - 本能漂移，或者显示出受基因控制的行为模式倾向，对操作性条件反射能起到生物限制的作用
- **行为矫正**
  - 在人类和动物中，操作性条件反射原则（有时候是经典条件反射）的应用可以改变不想要的行为、创建想要的行为
  - 代币经济、“暂停”法、应用行为分析、生物反馈和神经反馈应用这些原则

图仪，这个机器放大和记录大脑的电活动。现代的生物反馈和神经反馈放大器常常连接一台电脑，这台电脑用来记录和分析大脑的生理活动。神经反馈装置与视频-游戏-风格项目相结合，个体则可以通过它们，学习如何产生与某一特别认知或行为状态相关的脑电波或者特别类型的脑活动（例如，增长的注意、保持关注、放松的意识等），个体通过操作性条件反射的原则学习进行这些改变。用 EEG 记录的神经反馈技术被用来考察特别的心理障碍（比如，注意缺陷多动障碍）和一些新的领域（比如，慢性疼痛的控制）。最近，其他神经反馈研究整合了 MRI 或 fMRI 技术，用来考察关于大脑的 EEG 基础的神经反馈的效果。在一些研究中，fMRI 正在被用来单独作为一种神经反馈的方法。

认知学习理论

对于早期的行为主义者，华生、斯金纳和他们的众多追随者最初关注于可观察的、可测量的行为。行为主义者对学习期间发生在人或者动物脑中的任何事情都没有兴趣，因为这些不能直接地被测量。然而，其他的心理学家仍旧对思想对行为的影响感兴趣。例如，格式塔心理学家研究人的大脑试图组织围绕着人的世界的刺激模式的方法。在 20 世纪五六十年代，对思想的持续兴趣是对人类的思想与这些迷人的“思想机器”电脑之间的比较。在那以后，对认知的兴趣（即人在行为时思想内部发生的心理事件）开始主导实验心理学领域。许多心理学家不再忽略存在于大脑中的想法、感觉和预期，这看起来影响可观察的行为，并最终形成了一个认知学习理论来弥补学习的传统理论。在早期对认识学习理论的发展起关键作用的理论家有三位，分别是格式塔心理学家爱德华・托尔曼（Edward Tolmn）、沃尔夫冈・苛勒（Wolfgang Köhler）以及当代心理学家马丁・塞利格曼（Martin Seligman）。

◎“浴室吗？哦，当然，就在左边那条走廊的尽头，然后慢跑向右，再向左，再向左，再往前走两圈，然后向右，就在右边第三条走廊的尽头。”

资料来源：The New Yorker Collection 2000 Pat Byrnes from cartoonbank. com.

托尔曼迷宫中的老鼠：潜在学习

格式塔心理学家托尔曼最著名的一个学习实验是，教三组老鼠走同样的迷宫。在第一组老鼠中，每只老鼠都被放在迷宫里，用食物进行强化以使它们走到另一边。然后老鼠再被放回迷宫，再被强化，直到老鼠能够成功地、没有错误地解决迷宫问题——这是典型的迷宫学习实验（见图 5-8）。

尽管第二组老鼠像第一组那样被对待，但是它们没有受到任何走出迷宫的强化。它们只是一次一次地被放回，直到实验的第 10 天。在那天，第二组的老鼠开始接受走出迷宫的强化。第三组老鼠，作为一个控制组，在实验持续的整个过程不受任何强化。

一位严格的斯金纳行为主义者可能预测只有第一组老鼠能够成功学会走迷宫，因为学习依赖于强化的结果。乍一看，是这么回事。第一组的老鼠确实在一定次数的尝试后解决了迷宫问题，而第二组和第三组老鼠看起来是围绕着迷宫毫无目的地闲逛，直到它们偶然发现了出口。

然而，在第 10 天，发生了一些难以用斯金纳基本的定义来解释的事情：第二组的老鼠在第一次接受强化以后，应该像第一组老鼠一样花同样多的时间解决迷宫问题，但事实与此相反，第二组的老鼠几乎立即就能解决迷宫问题了（见图 5-9）。

托尔曼得出结论：第二组的老鼠虽然在实验的前九天到处闲逛，但是它们的确学习了所有的死胡同、错误的拐弯和正确路径，把知识以心理地图的形式存储起来，或者说是将迷宫的物理布局以认知地图的形式存储起来。第二组的老鼠已经学习并且在心理上存储了已经学到的东西，但是并没有表现出这种学习，因为没有理由去表现。认知地图被隐蔽地、潜在地

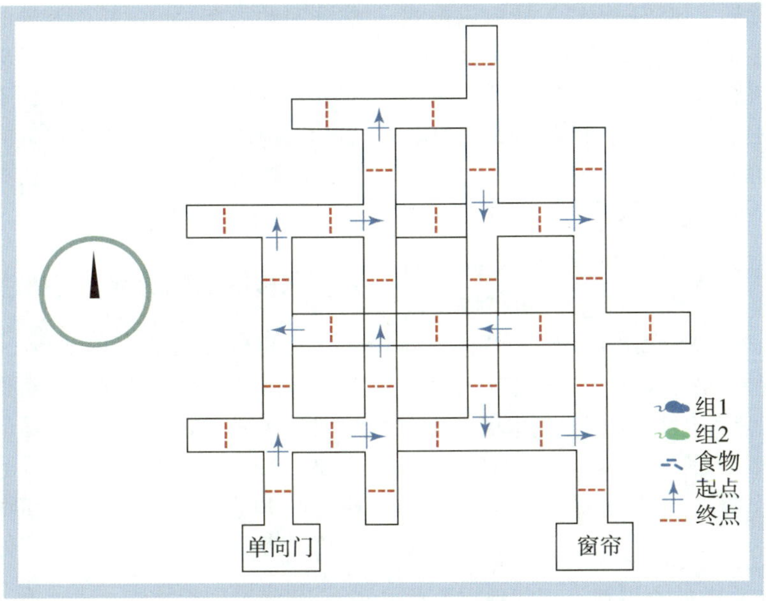

图 5-8 一个典型的迷宫

◎这是一个迷宫，这个迷宫与托尔曼在潜在学习实验中使用的迷宫很相似。一只老鼠被放在迷宫的起点，在老鼠走出迷宫时，实验结束。

保持着，直到老鼠有一个为了得到食物的原因来证明它们存储的知识。托尔曼把这种学习叫作**潜在学习**（latent learning）。这种学习的思想是没有强化就发生的，并影响了后来的行为的观点，是传统的操作性条件反射所不能解释的。

苛勒的聪明黑猩猩：顿悟学习

另一个对学习认知成分的探讨是偶然得来

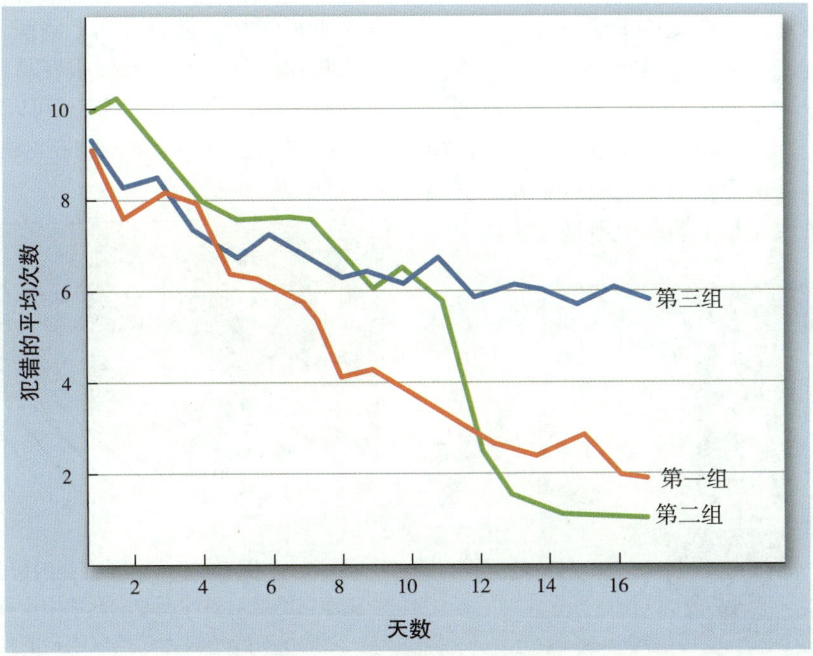

图 5-9 三组老鼠的学习曲线

◎在这幅关于潜在学习的经典研究的结果中，第一组每天被奖赏，第二组在第 11 天的时候首次被奖赏，第三组一直不被奖赏。注意，在 12 天，第二组的行为立即改变。

的。沃夫冈·苛勒（1887—1967）是一位格式塔心理学家，在第一次世界大战爆发的时候，他被困在加纳利群岛上。当初，他被这个岛上的灵长类动物研究实验室吸引而来，如今被困，他转而研究动物的学习。

在他的一个比较著名的研究中，他用一只黑猩猩研究问题解决。黑猩猩苏丹（Sutan）面对的是怎样拿到一根香蕉的问题，这根香蕉被放在笼子外面的一个它无法够到的地方。苏丹相对容易地解决了这个问题，首先它试着用手臂拿到这根香蕉，然后尝试用放在笼子里的木棍把香蕉拨到笼子里。由于黑猩猩天生会使用工具，因此这个行为毫不奇怪，仍旧是简单的试误学习。

随后这个问题的难度被提高了。香蕉被放在仅仅用手臂和手中的木棍够不到的地方。此刻，有两个木棍被放进笼子里，如果把这两根木棍连接成一根就可以够到香蕉。苏丹首先尝试了用一根木棍，然后又尝试了用另一根（简单的试误过程）。但大约一小时后，苏丹看起来突然灵光一闪，它朝着香蕉的方向扔这个木棍，离笼子尽可能远，然后在第一根木棍后面推第二根木棍。当然，在它试着拉回木棍的时候，仅仅把手中的这根木棍拉回来了。它跳上跳下，非常激动，苛勒又给了他一根木棍，它坐在笼子的地上，非常仔细地观察两根木棍。然后它把一根木棍插入另一根木棍中，够到了香蕉。苛勒把苏丹快速的“关系感知”称作**顿悟**（insight），并认为顿悟不能通过单独的试误获得。虽然桑代克和早期的学习理论家认为无法证明动物有顿悟，然而苛勒的工作看起来似乎论证了在一种“啊哈”的时刻，即问题的所有元素突然集合到了一起，这不能被传统的动物学习理论所预测。很多最近的研究已经发现了动物顿悟的证据，但是如何理解这些研究的结果如今仍然存在争论。

◎苛勒的另一只黑猩猩格兰德（Grande）能够解决如何通过叠加箱子获得香蕉。这满足了顿悟的标准了吗？它还是一个简单的试误学习吗？

塞利格曼的抑郁的狗：习得性无助

塞利格曼是著名的积极心理学领域的奠基人，积极心理学是从一个新视角全面看待心理健康和治疗的概念，关注适应性、创造性和心理上充满愉快体验的人类经验而不是心理障碍。在20世纪60年代中期和晚期，学习理论家塞利格曼和他的同事在用狗做经典条件反射的实验时候，发现了一个意想不到的现象。他们本来的目的是想研究逃避和回避学习。塞利格曼和他的同事对一组狗呈现一个音调，后面跟着一个无害的但是会引起疼痛的电击（见图5–10）。这组中的狗是被束缚住的，因此它们不能逃避电击。研究者假设狗能够学会恐惧音调的声音，然后尝试着在电击之前听到音调时逃离。

把这些狗与一组没有被条件反射训练恐惧音调的狗放在一个特别的箱子里。这个箱子有一个低的栅栏，被分成两个隔间。这些狗现在没有被束缚住，它们能够很容易地从栅栏上看到栅栏之外，并且只要愿意就可以跳过去——这正是那些没有条件反射的狗在电击发生时做的。

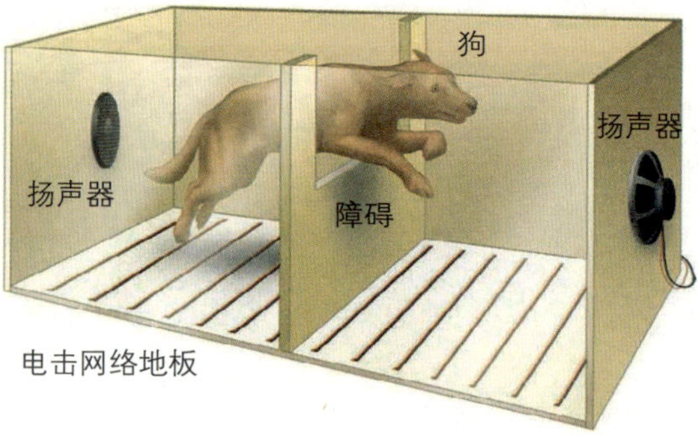

图5–10　塞利格曼的设备

◎在塞利格曼习得性无助的研究中，狗被放在双边箱里。之前没有经历过无法逃脱电击的狗会迅速跳过箱子中间的障碍，到达安全的一边。而之前已经知道不可能逃跑的狗会继续待在有电击的箱子里，甚至不去尝试跨过障碍。

研究者惊奇地发现，在音调响起时，以前被条件反射训练的狗不是跳过栅栏，而是仍旧在那儿。事实上，这些狗的表现是痛苦的，但是在电击本身发生时它们仍然不会试着跳过栅栏。

在电击的时候，条件反射训练过的狗为什么拒绝移动呢？在被条件反射的时候，那些被束缚的狗已经明显地在原始的音调-电击情境中学习到不管做什么都不能逃离电击。因此当它们被放到一个可以逃离的情境中时，狗仍旧什么都不做，因为它们习得了无助。它们认为自己不能逃离，因此它们不再尝试。

最近，与塞利格曼在早期研究中进行合作的史蒂文·F. 迈尔（Steven F. Maier），从神经科学的角度重新考察了习得性无助的现象。这个工作提供了新的洞察。迈尔和其他人关注于脑干的部分区域，这个区域释放血清素，在激活杏仁核中扮演一个重要的角色（杏仁核在恐惧和焦虑情绪中起重要的作用），但是在战或逃反应中这个脑区的激活降低。

恐惧的增加与不能逃脱或者僵直结合，正是习得性无助的表现。脑干的部分脑区（背核）是早期脑的一部分，这个部分不能决定什么类型的压力是可控的。他们的研究显示，一个高水平的区域（作为前额叶的一部分，被称为腹内侧前额叶的区域）能够帮助决定哪种压力是可控的。反过来，腹内侧前额叶抑制脑干区域，能降低杏仁核的反应，允许动物有效地对压力进行反应，表现出可控性。换句话说，早期研究中的狗，不是习得无助，而是没有学会怎样放松和控制情景。因此，迈尔和他的同事认为，训练和来自腹内侧前额叶的输入对于动物学习如何控制行为是必要的。

我知道有些人就像这些狗一样行动——他们生活在一个可怕的环境中，但是不肯离开。这是一样的事情吗？

塞利格曼扩展了**习得性无助**（learned helplessness）的理论，他用因为过去重复失败的历史，不能做出从一个情境中逃离的倾向性来解释抑郁。抑郁的人看起来缺少正常的情绪，变得有些冷漠，常常停留在不愉快的工作情境或者破裂的婚姻（或关系）中而不尝试着逃离或者去一个更好的情境。塞利格曼提出，抑郁行为是习得性无助的一种形式。抑郁的人在过去已经学习到他们看起来不能控制他们身上将发生什么。没有力量感和没有希望感是抑郁的人共有的，塞利格曼的狗也是处于这种状态。迈尔最近的研究也有这样的暗示，特别是关注这个成分对于学习如何放松和展示控制性是必要的：来自腹内侧前额叶的输入和训练（重复暴露于压力源）。这个组合不但提供了一个理解韧性的机制，而且有利于人们培养韧性和避免焦虑障碍或者情绪障碍，比如，创伤后应激障碍或抑郁。迈尔和他的同事持续研究习得性无助的脑机制，发现与控制和可控性相关的因素不仅仅影响当前的事件，也影响将来的压力事件。

想想这如何应用于其他的情境。由于过去在数学上有问题，有许多学生感觉他们在数学上

概念导图

认知学习理论

（关注认知、思维加工过程，关注学习）

- **托尔曼** 研究迷宫中的老鼠
  - 结果说明动物可以对迷宫的物理布局形成一个认知地图
  - 表现的原因不是强化
  - **潜在学习**：学习一直被隐藏，直到它变得有用时才出现
- **苛勒** 用猩猩研究问题解决
  - 猩猩首先采用了试误的方法
  - 后来看起来经历了顿悟，从而解决问题（够到香蕉）
- **塞利格曼** 最初研究的目的是狗的逃避和回避学习
  - 发现在一个特定的环境中动物什么也不做
  - **习得性无助**：因为过去重复失败的历史，不会做出从一个情境中逃离的倾向性；或者根据最近迈尔的工作，可能归因于不能学会如何放松和控制，伴随着关键脑区结构的激活

很差。有没有可能是信念造成了他们不尽全力去学习？这难道不也是一种习得性无助的例子吗？

认知学习也是一个众所周知学习形式的一个重要部分，常常被简化为“上行下效”，即我们通过观看其他人的行为来学习。

观察学习

观察学习（observational learning）是通过对榜样的观察学习新的行为（观察正在做这个行为的人）。有时行为是想要的，有时行为是不想要的，正如下面将要描述的。

班杜拉和波比娃娃

在观察学习中，班杜拉经典的研究是让一个学龄前儿童待在一个房间里面，实验者和一个成人榜样在这个儿童的面前与玩具互动。在一个情境里，榜样以一种非攻击性的方式玩其他玩具，完全忽视了波比娃娃（一个充气筒似的类似小丑的娃娃）的存在。在另一个情境中，榜样变得对这个娃娃非常具有攻击性，踢它，对着它大叫，把它扔在空中，用锤子打它。

当把每个孩子独自留在这个房间的时候，他可以有机会和这个娃娃玩，一架摄像机通过单向玻璃记录下看见攻击性榜样击打波比娃娃的儿童精确地模仿了榜样的行为（见图 5–11）。看到榜样忽视娃娃的儿童对波比娃娃没有攻击行为。很明显，攻击性的儿童仅仅通过观察榜样就学习了他们的攻击行为——不必进行强化。学习能够在没有现实表现出来的情况下发生（一种潜在学习）的事实被称为**学习差异 / 表现差异**（learning / performance distinction）。

不过，如果这个榜样被惩罚，那么儿童还会模仿这个榜样吗？榜样的行为结果是否会造成不同的影响？

在后来的研究中，班杜拉放映了一部关于榜样击打波比娃娃的电影。在一个情景中，儿童看到榜样在之后被奖赏（给第一组儿童看），在另一个情境中，榜样被惩罚（给第二组儿童看）。当把儿童放在一个有波比娃娃的房间时，第一组的儿童击打了这个娃娃，但是第二组的儿童没有击打这个娃娃。不过，在班杜拉告诉第二组的儿童如果他们按电影中榜样的行为去做，他将给他们一个奖赏时，每个儿童都重复了这个榜样的行为。两组儿童都从观察榜样的行为中进行了学习，但是仅仅观看成功的（被奖赏的）榜样的儿童毫不犹豫地模仿了攻击行为。很明显，在鼓励儿童去模仿一个特别的榜样时，榜样行为的结果是关键的。鉴于这些研究发现，一些电影或者电视节目让使用暴力攻击人的人成为“英雄”是特别令人困惑的。事实上，班杜拉开始这个研究也是为了调查暴露于电视暴力节目的儿童与对其他人的攻击行为之间可能的关系。

在美国，一项面向青少年进行的全国性的

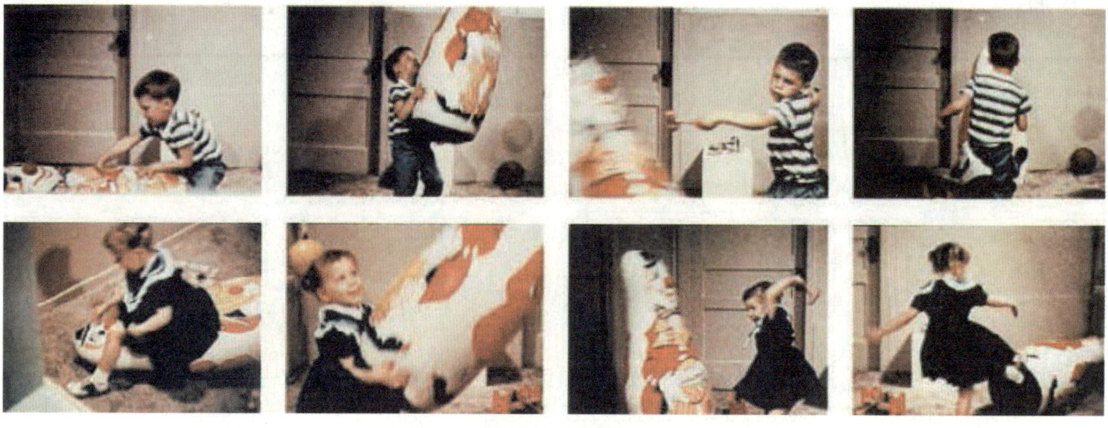

图 5–11 班杜拉波比娃娃的实验

◎ 班杜拉波比娃娃的实验表明，观察一个成人的攻击性行为能够影响儿童随后的攻击性行为。这些照片中的儿童在他们认为他们是独自一人、不被观察的情况下，正在模仿成人榜样的行为。

研究中，发现 8 ～ 18 岁的青少年每周 7 天、每天 7.5 小时的时间涉及媒介消费（电视、计算机、电视游戏、音乐、手机、版画、电影等）。此外，考虑到媒介多任务的普遍性（在某一时间段运用多个媒介），他们接触媒介的时间可以扩充为 10 小时 45 分钟。虽然并不是所有的媒介消费是暴力媒介，但是不难想象一些媒介是有暴力性质的。

近 20 年的相关研究显示，儿童观看暴力电视和增长的攻击性水平之间有关系。虽然相关研究不能证明观看电视中的暴力行为是导致儿童暴力行为增长的原因，但是我们忍不住对这个效应产生好奇，特别是考虑到在青少年人群中媒介消费的持续增长，加上青少年人群与媒介交互的多个途径。同样地，人们也对攻击性和暴露于媒介暴力（主要关注电视、电影、视频游戏和音乐）之间关系的有效性争论不休，但已有大量的证据显示，暴露于一些形式的媒介暴力有立即呈现和长期的效应，能增加言语和身体的攻击性行为、增加攻击性的思想和情绪——这个效应看起来可以影响儿童、青少年和成人。

观察学习的四个元素

班杜拉从研究中得出结论，观察学习需要四个要素。

注意

通过观察学习一些事情，学习者必须首先要注意榜样。例如，在一顿盛大的晚宴中，一个想知道用哪一个餐具的人必须观看那些看起来知道正确使用的人的行为。榜样的某些特征可能会吸收更多的注意。例如，人们可能付出更多的注意感知看上去与他们类似的人，还有那些有更多吸引力的人。

记忆

学习者必须能够保留已经形成的记忆，例如，记住在一个烹饪节目首次看到的一道菜的准备步骤。

模仿

学习者必须能够复制、模仿榜样的行为。例如一个两岁大的幼儿观看一些人系鞋带，甚至可能记住了大部分步骤，但是两岁大的幼儿胖乎乎的小手指可能不具备真正系鞋带所必须的灵巧性。脚踝脆弱的人可能能够观看并记住一些芭蕾舞步，但是不能复制它。第 2 章讨论的镜像神经元可能是有意愿的，但是肉体是脆弱的。

动机

最终，学习者必须有执行行为的欲望或者动机。例如，在一顿丰盛晚宴上的人可能不关心用哪个叉子或者小刀比较合适。同样，因为一个人在过去被给予过这个奖赏，或者已经被承诺将来给这个奖赏，或者已经看见了榜样得到了这个奖赏，如果他期盼这个奖赏，那么这个人将更可能模仿观察到的行为。成功的榜样是模仿的强有力的形象，但是很少被鼓励去模仿一些失败的人或者被惩罚的人。

记住模仿的四个元素的一个容易的方法是记住这个单词 AMID，即这四个元素的英文（attention、memory、imitation、desire）的首字母。这是一个用策略提高记忆的好例子。

概念导图

观察学习

（通过观察榜样，学习新的行为；经典的工作是班杜拉和"波比娃娃"的研究）

- **学习者的关键元素**
  - 注意榜样
  - 能够记住榜样的行为
  - 能够复制、模仿榜样的行为
  - 有表现这个行为的欲望或者动机
- **儿童观察**
  一个成人榜样的攻击性或非攻击性的行为，倾向于随后重复他们看到的行为，强化是不必要的
  - 后来的研究显示，潜在的结果影响模仿一个特别榜样的动机

日常生活中的心理学

你真的能训练你的猫上厕所吗

注：在本文作者兼非凡的猫的训练者卡拉·龙（Karawynn Long）允许的情况摘录了这篇文章。卡拉·龙是一名出版作家和网页设计者，她和她的家人生活在一起。不幸的是，在她写这篇文章时，她的猫米沙已经去世了。在括号里的黑字是笔者的评论。

你想象不到，已经有许多书和文章写怎样训练猫上厕所。1989年的夏天，米沙还是一只小猫，它有一双大耳朵，能够发出类似五只猫的叫声。我搜出这些文章，读了接近一半。我自己尝试训练米沙，发现有一些事情是那些文章中没有提及的。这是我和米沙的训练过程。

关键的一点是，要明确从猫砂盘到卫生间的过渡应该通过一系列的阶段来完成（**即塑造**）。你能做一个小的改变，然后在做另一个改变之前给猫一定的时间加以适应。如果有一天猫不再努力，又回到老样子，那说明你可能操之过急了。倒回前一个或两个阶段，再慢慢地进行更多尝试。

重要的是要记住：把马桶盖抬起来，把马桶圈放下去。如果你（或者你的室友）认为你记不住，在门的后面或者马桶的盖上放一个纸条。如果在卫生间空着的时候，你习惯于关上卫生间的门，你也必须打破那个习惯（**在操作性条件反射中，这是准备训练场地的部分**）。

一开始，先将猫目前使用的猫砂盘移到卫生间的旁边。需要确保猫知道猫砂盘的位置，并且用它。休息一阵儿（这意味着在一天或者一周之内什么都不做，时间的长短取决于你的猫的活跃程度）。下一步是放一些东西（如一叠报纸、一个电话本、一个卡纸箱）在猫砂盘下面抬高它，大约2.5厘米（杂志太光滑了，你不想让猫砂盘滑下去，使你的猫感觉不安全吧？如果有必要，你可以用胶带粘好箱子）。休息一阵儿。用另一个箱子或电话本把猫砂盘升高一点儿。休息一阵儿。持续这个进程，直到猫砂盘的底部和马桶圈的上部持平。对于米沙而言，我每天升高猫砂盘5厘米（**注意，这个一步一步的进程是塑造中常会使用的**）。

在这个进程的开始，你的猫只是进入猫砂盘中，后来，它开始跳上猫砂盘，直到某一时刻，它可能先跳到马桶圈上，然后从那儿进入猫砂盘。抬起马桶圈，测量其顶端最宽点的直径。然后，买一个同样直径的合金盆，而不要用塑料盆代替（我的经验之谈）。一个塑料的盘不能支撑猫的重量，可能倾斜，使排泄物溅得到处都是，更不用提吓着这只猫了。

现在将猫砂盘降低，这样猫就可以直接坐在马桶圈上了（如果你的猫对这些改变表现出不满，你可以将其分成两个阶段，先降低一半的高度，然后把猫砂盘直接放到地上）。拿走那叠电话本，或者任何你用到的东西。休息一阵儿（**再次注意，每个过程都分解为更小的步骤，这是塑造过程的关键——步子迈得太大可能会阻止这个进程**）。

高潮部分来了：整个地拿走猫砂盘。把这个合金盘放进马桶里，降低马桶圈。在这个盘里放大约5厘米的猫砂（**所有的这些都是非常容易的，如果你有能被掏出的、冲走的猫砂的话**）。

当然，任何使用这个马桶的人都想移走这个合金盘，用完马桶后再把它放回去。接下来的一两周，整个如厕的过程都会让人心烦。如果你认为它不值得做，那就想想你再也不用清扫猫砂盘了吧。

观察你的猫用合金盘如厕。数它用合金盘如厕的次数（相对于下面垃圾的减少）。次数越多，你越幸运，这意味着你的工作将越容易。

下一步，你必须教它正确的蹲姿。尽量在它每次如厕时都抓住它，告诉它脚该怎么放。把它的脚提起来，放到马桶圈上（前腿在中间，后腿在外部）。如果刚开始它的三条甚至四条腿都放在合金盘里，就只把前两条腿拿出来。每次它做出这种姿势时，都要表扬它（**表扬是正强化，每次有进步都该使用**）。

米沙在某些方面和狗类似，因为它非常渴望获得认同和赞扬。如果你的猫不是这种类型，你也可以用食物奖赏它。在它如厕的行为比较固定

◎这只猫被训练运用马桶如厕。

◎学习压冲水开关也可以作为训练的一部分。

后，不再使用食物奖励。记住，一个小小的奖励就够了，而且不要太频繁（**如果奖励太频繁，在将来行为比较固定不需要奖励时，将难以终止**）。

当它在如厕时有规律地伸出前腿的时候（有些猫会自然而然地用这种姿势），开始拿出它的一条后腿，放在前腿的外侧。你的猫可能会发现这个姿势是非常困难的，重新把脚放回合金盘里面。坚持，连续提它的后腿，直到它能保持那样。然后，赞扬和给它食物。

另一条腿也要重复这个过程，直到你的猫学会在这个姿势上保持平衡。只要你的猫学会四条腿有规律地放在马桶圈上，以后就容易了。

能到这一步是幸运的，因为这最后一步是最令人不愉快的。我建议你推迟这个步骤直到你至少有一周或只是几天的时间，可以保证每天有大多数时间在家里。我用两天的时间完成了这一步，我希望你的猫也能允许你进展得如此快速。

开始减少合金盘里的猫砂。这个过程，只要你的猫配合，越快越好。因为随着猫砂的减少，气味会增大。这时，你一定要留在家里，这样你既能及时表扬它，还能在它如厕结束后立即能倒掉盘里的东西，这样既减少气味，还能避免猫可能为了减少气味，试着用已经不存在的猫砂去掩盖，然后在屋子里的其他地方寻找气味源。

当合金盘底部只剩一小勺猫砂时，你的室友可能已经清楚你的猫何时在如厕，当然，这是最糟糕的情况。下一次你冲洗合金盘时，在盘的底部放一点儿水。每次增加一点水的量，正如你减少猫砂的量一样。记住，如果在任何时候，你的猫看起来对这些改变显得很紧张，放弃这一切努力，又跑到门前解决问题，你就要退一两步，再次慢慢地尝试（**塑造需要耐心，取决于塑造行为和接受塑造的动物或者人的学习能力**）。

只要合金盘里的水达到了几厘米深，而你的猫对这一切都习以为常时，你就迎来了最后的奇迹时刻：拿走合金盘，让猫直接用马桶如厕。

瞧！你的猫正在进行上厕所的训练！

进一步讨论的问题

1. 为什么这个技术可能对狗不起作用？
2. 用这个方法训练猫，关于安全方面是否有什么注意事项？
3. 在训练过程中，有可能出现其他困难吗？

第 6 章 记忆

我们大部分人每天生活忙碌，总会忘记一些事情，尤其是对那些时间久远的事件。如果你几乎可以记住你生活中的每一件事情，会怎么样？布拉德·威廉姆斯（Brad williams）具有这种稀缺的能力，他因此被称为“人类谷歌”。巴德是少数具有超忆症症状人群中的一分子。这种人不但可以回忆其生活中发生过的具体事件，还会花费相当多的时间去思考自己的过去。巴德可以回忆起任何他经历过的新闻事件或个人事件，特别是具体的日期，甚至是那些天的天气。

思考一下

你对事件的记忆能力如何？你是否发现，你对过去事情的记忆可能跟当时同样在场的人的记忆不一样？

为什么要研究记忆

没有记忆，我们如何学习？学习能力对我们的生存是至关重要的。我们之所以能够学习，是因为我们记住了上一次在某一特定场景发生了什么。为什么要研究遗忘？如果我们了解了人们遗忘事情的方式，就可以利用这些来减少遗忘的发生。

通过本章，我们可以：

- ◎ 对比记忆的三个阶段；
- ◎ 解释记忆起作用的不同模型；
- ◎ 解释感觉记忆是如何运作的；
- ◎ 描述短时记忆是什么，并将它和工作记忆区分；
- ◎ 描述长时记忆的机制，辨别不同类型的长时记忆；
- ◎ 解释线索对记忆提取的作用；
- ◎ 描述并区分回忆和再认过程，了解目击者再认的问题；
- ◎ 描述某些记忆是如何进入长时记忆编码的；
- ◎ 解释记忆如何重构并了解一些与此相关的提取问题；
- ◎ 描述“遗忘曲线”并解释分散练习对记忆提取的重要性；
- ◎ 了解人们遗忘的常见原因；
- ◎ 解释大脑记忆的生物基础；
- ◎ 明确遗忘症并讨论其原因；
- ◎ 定义阿尔茨海默病，并讨论可能的原因和治疗方法。

什么是记忆

记忆（memory）是一个位置还是一个过程？这个问题的答案并不简单。通过阅读这一章，你会了解，记忆是一个过程，但是它在大脑中也有一个“位置”。也许对记忆的最佳定义是，它是一个动态系统，从感觉中接受信息，把信息置于可用的状态，组织信息并进行存储，之后再从存储物中提取信息。

记忆的三个阶段

虽然有很多关于记忆如何运作的模型，但它们都包括三个相同的阶段：使信息进入记忆系统，存储它并将它提取出来。

输入：编码

记忆系统的第一个阶段是将感觉信息（光、声等）变成大脑可以利用的形式，被称为**编码**（encoding）。编码是心理操作的设置过程，即个体如何将感觉信息转变成脑的存储系统可以利用的形式。例如，当人们听到声音，人耳会把空气中的振动变成听觉神经中的神经信息（换能作用），使大脑可以理解这个声音。

编码并不仅仅是将感觉信息转换成信号给大脑。在三种不同的存储系统中，编码过程是不同的。在记忆的某个阶段，编码可能是指一遍遍地重复存储信息，而在记忆的另一个阶段，编码指理解了信息的意义后进行重组——我们在后面再讨论这个。

保存：存储

记忆的下一个阶段是使信息保持一段时间，这个过程叫**存储**（storage），这段时间的长短根据被使用的记忆的阶段不同而有所不同。例如，在记忆的第一阶段，人们只会将信息保留到它们被使用的时候，大约是20秒；在另一个阶段，人们几乎会永久性地保留信息。

导出：提取

很多人都有的最大问题是**提取**（retrieval），即把自己掌握的信息提取出来。你是否曾有过在提交了一份试卷之后，又想起自己还有其他的内容要补充的经历？在本章中，提取方面的问题是讨论的重点。

记忆模型

记忆到底是怎么工作的呢？在存储过程开始后，信息都去哪儿了？为什么？记忆专家以不同的方式来研究记忆，很多研究者认为，最为广泛并且有可能在过去几个世纪影响最大的模型是**信息加工模型**（information-processing model），这个模型关注的是信息的加工或操作方式。编码、存储和提取的过程都被认为是这个模型的一部分。

一般将三个系统以信息加工模型的方式比作记忆的阶段。这一术语似乎指的是一系列事件，而记忆形式的很多方面可能会需要一系列步骤或阶段。有人将记忆视为即时过程。记忆的建立和存储发生在伸展开的一系列脑的网络中。这允许个体可以同时提取记忆的许多不同方面，促进更迅速的反应和决策。本章开篇故事中的威廉姆斯似乎就很善于此。这种记忆模型不仅对人类记忆领域产生影响，也被应用于计算机工程的人工智能（artificial intelligence, AI）建造，这种记忆模型被称为**平行分布加工模型**［parallel distributed processing（PDP）model］。在人工智能领域，PDP经常和“联结”联系在一起，是一种利用人工神经网络来解释人类心理活动的行为。

信息加工模型假设，记忆会维持多长时间

◎就像本章开篇故事中讲的拥有非凡记忆力的布拉德·威廉姆斯那样，奥瑞利安·海曼（Aurelian Hayman）也被诊断出患有精神分裂症。

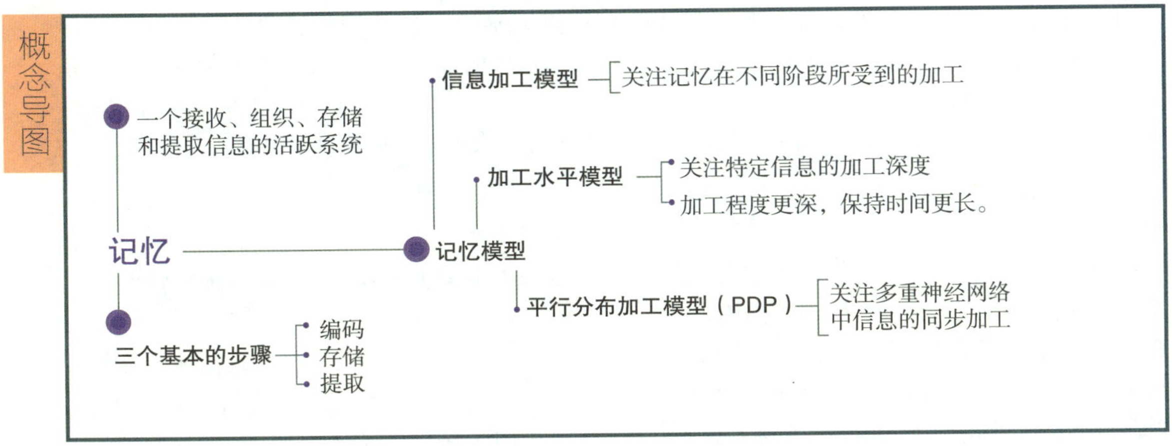

取决于它被存储的阶段。其他研究者提出，记忆会被保持多久取决于信息加工的深度，即为理解意义付出的努力。例如，单词“BALL”出现在大屏幕上，如果要求个体判断这个单词是大写还是小写，单词本身就不会得到很多的加工，只有它的视觉特征需要得到持续的注意，但是如果要求个体在一个句子中用到“BALL”这个单词，他们就必须思考它的意思是什么，该如何能用上它。他们可能需要加工它的意义，而不只是它的“外形”，这需要更多的心理努力。这个记忆模型被称为**加工水平模型**（levels-of-processing model）。思考事物的意义是一种更深层次的加工，并会导致对单词更长时间的记忆。研究者已经在无数的研究中发现了这个结论。

所有这些模型，包括后面讨论的贯穿于本章的信息加工模型，都可以被用来部分地解释研究者的发现。其中是否有一个模型在未来会成为记忆的优先模型现在还不好下结论。在科学界，新理论经常是合并后的结果，有时是新理论彼此合并，有时是与旧理论重新构成一个新的理论来更强有力地解释现有的证据。所以，尽管现在记忆的信息加工模型可能占据“中心地位”，但在本章后面的部分，记住信息是在哪个水平上进行加工的和可能的加工方式也很重要。

信息加工模型：记忆的三个阶段

信息加工理论关注的是想法是如何被加工的（例如，记忆是如何工作的），如何利用它作为模型，让电脑像人脑一样运作。数据会以计算机理解并应用的方式进行编码，电脑将数据存储在光盘、硬盘或U盘中，并在需要的时候提取出来。信息加工模型的倡导者提出了记忆系统的三个阶段或三种类型（见图6-1），分别是感觉记忆、短时记忆和长时记忆。

感觉记忆：为什么人们会猛然回过神来

感觉记忆（sensory memory）是记忆的第一阶段，是信息通过感觉系统（眼、耳等）进入神经系统的节点，可以把它当作暂时打开的一

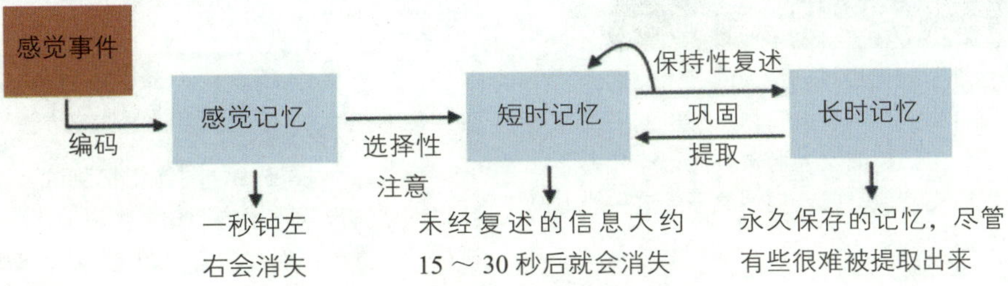

图6-1　记忆过程的三个阶段

◎信息通过感觉系统进入，短暂地成为感觉记忆。选择性注意使得信息进入短时记忆，在这里只要注意（复述）持续下去，信息就会被保持。如果信息得到足够的重复，它就会进入并存储在长时记忆中。

扇门。通过这扇门，个体可以看到很多人和事物，但是它们中只有一部分会真正进入这扇门。感觉记忆就是这种类型的门。

信息在神经系统中以神经信息的形式编码进入感觉记忆，一旦这些信息通过这个系统，就意味着个体对某事有记忆了。这些记忆在需要的时候会被评价。例如，伊莱娜正在边开车边看道路两旁的人和车，她脑中突然闪过一个念头："什么？那个人穿裤子了吗？"她忙回头看去确认。她是如何得知自己要回头的呢？她的眼睛已经从可能没有穿裤子的人身上移开了，但是她大脑内的某个部分（最有可能是会注意到新的和重要信息的网状系统）必然已经加工了她看到的东西。这种"后知后觉"的现象只有在她看到的事物的记忆（无论多短暂）出现时才会被意识到。

有两种感觉记忆受到了广泛的研究，它们是图像（视觉感觉）记忆和回声（听觉感觉）记忆。在接下来的部分，我们会讨论这两种感觉记忆以及感觉记忆的其他类型，以及帮助我们理解记忆的一些实验。

◎ 毕加索是他那个时代最具创造力的艺术家之一。在图中我们可以看到，他用手电筒和照相机的多次曝光在空中画出了一个抽象的女人形象。他记住光影形象的时间长度足以支持他完成这幅抽象画。这种能力说明了视觉记忆的什么特点？

图像记忆

有可能看到没有穿裤子的人这个例子是解释视觉感觉记忆或**图像记忆**（iconic memory）如何运作的最佳例子。"icon"在德文中的意思是"图像"。乔治·斯珀灵（George Sperling）用几个经典的实验研究过图像记忆。

斯珀灵在他早期的研究中发现，当他用一台机器非常快地给被试呈现一行字母时，无论他呈现了多少个字母，被试都只能记住四五个字母。

斯珀灵确信这个方法没有准确地测量出图像记忆。因为人们倾向于从顶部向底部阅读，当人们阅读顶部的字母时，底部的字母已经从记忆中退去。他发明了一种测量方法叫作部分报告法。他以网格的形式给被试呈现字母（如图 6-2），但在呈现后立即放出高音、中音或低音。要求被试在听到高音时，复述最上面一行的字母，听到中音时复述中间一行的字母，听到低音时复述最下面一行的字母。如果没有听到声音，直到网格消失，被试都不能提前看其中任何一行字母。

字母行	单音信号
LHTY	高音
EPNR	中音
SBAX	低音

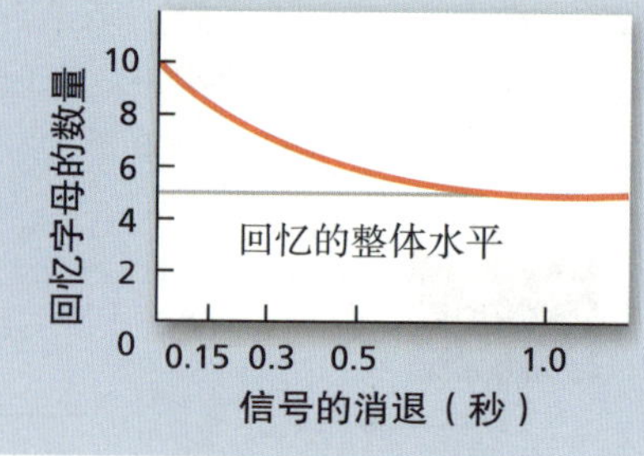

图 6-2　图像记忆测试

◎ 以网格的形式表示的斯珀灵图像记忆测试。为了探讨整个网格是否都存在于图像记忆中，斯珀灵在呈现了网格中的每一列之后，都会跟着发出一个声音。被试可以回忆起在听到这个声音之后记下的一列字母。这张图表示的是随着声音出现时间的延迟，被试可以回忆的字母数量有所减少。

利用这个方法，斯珀灵发现被试可以准确地报告三行字母中任意一行。这就意味着整个网格都处在图像记忆中，并且对被试而言，这些记忆都是可用的。图像记忆的容量是被试一次看到的所有项目。

斯珀灵还发现，如果他稍微延迟声音出现的时间，大约半秒，被试就回忆不出网格中的任何字母了。在那么短的时间里，图像已经完全从感觉记忆中消失了。

在现实生活中，进入图像感觉记忆的信息会很快地被新的信息所取代，这个过程被称为掩蔽。研究表明，四分之一秒之后，旧的信息会被新的信息所取代。

虽然很少，但是有人确实有被称为**遗觉象**（eidetic imagery）的记忆，即在很长一段时间后还可以评估感觉信息的能力。流行术语“摄像式记忆”经常被用来说明这种罕见的能力。一些表示自己有这种能力的人实际上只是在表示自己的记忆力非常好，但是记忆力超群和遗觉象是完全不同的两个事情。有遗觉象的人，在快速地扫过一页书后，把目光投向墙面或一张纸上，便可能将还存在于他们感觉记忆中的单词从图片中“读”出来。虽然这听起来像是一种有利于学习的能力，但是在考试的时候并没有什么优势。因为这就像是一场开卷考试，如果学生不理解书本的意思，那么即使打开书也是没用的。现在我们并不知道为什么人们会有这种能力，但是它似乎在儿童中更为常见，并且这种能力会在青少年或成年早期消失。

如果图像记忆只会持续这么短的时间，那么它们对我们有什么作用呢？

图像记忆在视觉系统确实有很重要的作用。第3章讨论了眼睛的微小运动方式，叫作眼跳。眼跳可以帮助我们适应持续变化的视觉刺激，使我们稳稳地盯着东西不会慢慢消失。图像记忆会帮助视觉系统维持周围环境的持续与稳定。尽管机体在做眼跳运动，但是这给了脑干足够多的时间来判断信息是否有足够的重要性被带入意识——可能就像那个没穿裤子的人一样。

回声记忆

感觉记忆的另一种形式叫作**回声记忆**（echoic memory），或者某人对他听到的信息的简短记忆。回声记忆的一个恰当例子是“什么”现象。在你阅读或看电视时，你的父母、室友或朋友可能会走过来跟你说了一些事情，你坐在那里，一两分钟之后，你突然会说“什么？啊，是的，我这就去吃”，或做出其他适当的回应。

你并没有真正加工其他人对你说的信息，你听到了它，但是你的脑并没有立即对它进行解释。相反，你用了几秒钟的时间意识到：（1）有人对你说了什么；（2）说话的内容也许很重要；（3）你最好把它想起来。如果你在四秒钟（回声记忆的间隔时间）之内意识到这些，你就更有可能在头脑中听到对方所说的话的回声，这是一种“快速的答复”。

回声记忆的容量受限于你一次性听到的信息，它要比图像记忆的容量小一些，但它持续的时间要更长一点，为四秒左右。

当个体想与其他人进行有意识的交谈时，回声记忆是非常有用的。它使个体有足够长的时间记住并理解他人的话语的内容。对于图像

◎钢琴弦和调音弦轴连在一起后，就可以对钢琴进行调音了。调音需要运用回声记忆。对于其他的什么职业来说，良好的回声记忆也是一个优点吗？

记忆而言，它使低级大脑中枢有足够时间关注进入的信息并决定信息是否有被意识到的重要性。例如，回声记忆使调音师可以给乐器调音。在调音记忆中停留的声音足够长，可以让调音师将乐器调为匹配的音高。

短时记忆

如果说大脑的低级中枢决定了信息的重要性，那么之后发生了什么呢？

如果感觉信息足够重要进入了意识，信息就会通过感觉记忆到达记忆的下一个阶段——**短时记忆**（short-term memory，STM）。与感觉记忆不同，短时记忆可以保持30秒甚至更长时间。

选择性注意：信息是如何进入的

选择性注意（selective attention）是从所有的感觉输入中，只关注一个刺激的能力。信息通过选择性注意进入短时记忆。在唐纳德·E.布鲁德本特（Donald E. Broadbent）博士最初的过滤器理论中，感觉记忆和短时记忆之间存在一个“瓶颈”。只有当刺激足够重要的时候（由一种“提前分析”决定，伴随的是脑的注意中心），它才会被从感觉记忆中选择出来，进而在短时记忆中对它的意义进行认真的分析。当一个人积极地思考信息时，信息会被认真处理并被保持在短时记忆中。

◎人群中的每个人都在和其他人交谈着，周围同时进行着很多组这样的谈话。这时，如果一组谈话中的某个人提到人群中的某人名字，后者就会选择性地听到自己的名字，这就是著名的“鸡尾酒会效应”。

选择性注意能够很好地解释知觉和注意领域长期存在的“鸡尾酒会效应”。假如有人在一个很吵、很多人说话的舞会上叫你的名字，你听到了，那么你体验的就是鸡尾酒会效应。参与选择性注意的脑区在你没有意识的情况下发生了作用，当很重要的信息出现（比如你的名字），该脑区就会将这个信息带入你的意识。

安妮·M.特丽斯曼（Anne M. Treisman）博士提出选择性注意有两个阶段的加工过滤。在第一个阶段，刺激进入感觉记忆并在简单的物理特征基础上进行过滤，这与布鲁德本特最初的观点是相似的。刺激不是直接进入短时记忆或者消失，而是与已被选择了的刺激相比，未被选择的感觉刺激“信号强度”减小（衰减）。在第二阶段，只有满足一定重要程度的刺激才会被加工。既然衰减的刺激还保持在第二个阶段，那么一些主观上认为重要的信息（如名字）就会从衰减的输入信息中被挑选出来。甚至是在深度睡眠的时候，即选择性过滤器不在其最佳的工作水平时，它还是会起作用的。一位熟睡的母亲能在婴儿的啼哭声中醒来，但是她却可以忽略/回避那些不是很重要的声音保持熟睡，如一列火车经过窗前的声音。

短时记忆倾向于以回声（听觉的形式）进行编码，简单来说，个体倾向于在自己的大脑中“交流”。尽管在短时记忆中，一些图片是以图形的形式存储的，但是听觉仍存储了大部分的短时记忆编码。即使一位舞者想在大脑中设计动作，她也不会将这个动作视觉化，更有可能的是口头报告她脑中计划做出的动作。一位画家在画画时，显然会利用短时记忆中的视觉信息，但同时会以初级听觉的形式在内部保持对话。要求被试复述数字或字母的实验表明，错误经常出现在要求被试去回忆读音相似的数字或字母时，而不是发生在外形上相似的数字或字母时。

工作记忆

一些研究记忆理论的学者用工作记忆来指代另一种形式的短时记忆，这并不完全正确：短时记忆一直被认为是信息输入的一件事或一个地点。而对工作记忆更正确的看法是，它是对短时记忆中现存的信息进行加工的动态系统。**工作记忆**（working memory）被认为由三个存在内部联系的系统组成。中央处理系统（一个“首席执行官”或“大老板”）来控制和协调另外两个系统：一种视觉“模板”和一个听觉环路。中央执行系统同时扮演着视觉和听觉信息的解释者的角色，而视觉和听觉信息本身是包含在短时记忆中的。例如，当一个人读书的时候，视觉模板就会包含他读的那页书上的人和事物的图示，而听觉环路在个体头脑中呈现对话，中央处理系统帮助解释来自这两个系统的信息并加以整合。在这种意义上，短时记忆可以被当作工作记忆系统的一部分。

另一种思考短时记忆的方式是，把它想象成你曾用来工作的办公桌。你可能将某些文件从抽屉中提取出来（长时记忆），或者某些人曾经给过你一些文件（感觉输入）。当文件被放在办公桌上时，你可以看见和阅读它们，并用它们工作（工作记忆）。你能意识到这些“文件”，并且只要它们在桌子上，就会以这种形式存在。如果它们不那么重要或只是暂时需要，它们就会被“扔出去”（因为你不再注意到它们，它们被遗忘了）。如果它们重要，就会被存入文件存储系统（永久性记忆），在那里，它们将不被察觉，直到它们再次被提取出来，放在桌子上。

容量：神奇数字“7”

乔治·米勒（George Miller）想要知道人类一次能在短时记忆中保持多少信息（即办公桌上可以摆多少文件）。他运用了一种被称为数字广度测验的记忆测验。在实验中，主试给被试读一系列数字并要求被试在一段时间后按顺序回忆数字，这个系列越来越长，直到被试不能按顺序回忆出任何数字。

米勒总结说，短时记忆的广度是 7±2 个项目或信息单元，或者说是 5～9 个信息单元。米勒把这称为“神奇数字 7±2”。因此，桌子并不是大到足以放很多文件。目前有研究表明，18 岁的人只能保持 3～5 个项目，如果在不运用记忆策略的情况下，并且如果信息包含了长的、令人费解的或者不熟悉的词汇时，这一容量还会进一步降低。

有一种方法可以欺骗短时记忆，保持比平常更多的信息（想一想，把相关文件“堆积”在桌子上）。如果信息单元和有意义的单元或组块结合，就可以在短时记忆中保存更多信息。例如，如果有人这样的数字系列重新编码“654-789-3217”，取代 10 个数字，那么这将是三个组块。读起来更像是电话号码，这一重新编码或组织信息的过程叫作组块化。

你觉得“短时记忆”从何而来

短时记忆到底有多短？研究表明，在不重复的情况下，短时记忆可以持续 12～30 秒。之后，短时记忆会迅速地消退或“消失”。一个以大鼠作为研究对象的实验发现，为了形成新的记忆，旧的记忆必须通过新的神经元的形成来“抹去”。某些记忆在海马体形成，它将不需要通过复述的形式，而是将消退的神经元（并更新记忆）添加到已经存在的神经环路上。

你说的复述是什么意思？如果进行复述，短时记忆可以持续多久？

大多数人都知道，如果想记住电话号码这样的信息，要在拨号前在头脑中一遍遍重复号码。这个帮助你记得更久的过程被称为保持性复述。借助**保持性复述**（maintenance rehearsal），个体只需要持续对进入记忆系统的信息保持注意，因为注意就是信息进入短时记忆中的首要条件，在这里它会很好地发挥作用。通过这种重复，信息会一直保持在短时记忆中，直到复述停止。当复述停止时，信息会迅速消退并被遗忘。如果保持性复述过程被干扰（例如，当你数钱时，有人问你几点了），记忆有可能丢失。

短时记忆的干扰会发生在短时记忆中保持的信息量超出其容量（5～9 个）时，已经存在于短时记忆中的信息会被“扔出去”，给新的信息腾地方，这就是为什么你会记住在聚会上你最先遇到的几个人的名字。但是随着更多的名字涌入，新的名字就会替换掉原有的名字，记

◎对这名药剂师来说，准确地数出处方药中的药片数量是非常重要的。短时记忆允许她记住自己最后数到的数字，但是如果她受到干扰，那么她就得重新再数。短时记忆对干扰特别敏感。

住某人的名字更好的方式是把他的名字和他出现时的某些东西联系在一起。这个过程可以帮助你将名字从短时记忆转入更长久的存储空间里。这个更长久的存储就是长时记忆，也是下一部分的话题。

工作记忆是一个重要的研究领域，因为它不仅可以帮助我们更好地理解智力，而且对于像注意力缺陷多动障碍和很多与痴呆相关的记忆的问题，即这些跟学习和注意有关障碍的理解也很重要。研究者通过训练大鼠来提高其工作记忆，发现随着工作记忆的提高，它变得更聪明了。其他研究者发现，工作记忆有助于解决数学问题，但是可能确实会损伤创造性地解决问题的能力。创造性的问题解决似乎更受益于较少聚焦趋向，而不是发生在工作记忆阶段的聚焦式注意。

长时记忆

记忆的第三个阶段是**长时记忆**（long-term memory, LTM）。在这个系统中所有信息或多或少地被永久性地保留下来。至于容量，长时记忆是无限的。想一想，你有没有再也不能向大脑内添加任何信息的时候？你什么时候会学不下去？也许如果人类的寿命足够长，记忆会有被填满的一天。但实际上，总会有空间存放更多的信息（虽然有的人对此不相信）。

持续识记

对于持续识记，长时记忆本身已经说明。长时记忆形成后，大脑本身发生物理变化。这种物理变化是相对永久的，这意味着很多人们已经存储很久、甚至是从小时候开始的记忆，都可能永远地存储在那里。但是这并不意味着个体总能提取这些信息。这些记忆是可用的，但不一定是可及的，即它们虽然在那里，但是由于很多原因（在后面我们谈到遗忘话题时会讨论），人们并不能获取它们。这就像明知道在厨房壁橱的顶部有某个东西，可惜没有梯子或凳子，东西虽然在那里，你却够不到。

我只能通过重复的方式来记住一首诗，这是保持性重复，对吧？既然我能记住诗的大部分内容，就说明它被存储在长时记忆中，那么保持性复述是将信息传入长时记忆的好办法吗？

被复述足够多次后，信息可能真的会进入长时记忆。毕竟，这是大多数人背下他们的身份证号码和单词表上字母的方式（为字母表配上音乐，通过这种小伎俩可以使它变得更容易记忆），大多数人记忆诗歌和乘法口诀是通过保持性复述，即循环学习。循环就是在头脑中重复信息，一遍遍地念。但是，保持性复述并不是将信息传入长时记忆最有效的方式，因为要想把信息重新提取出来，人们需要完全按照原样记住它们。试想一下，字母表的第15个字母

◎这些学生在为音乐会排练。在可以完美地演奏自己的部分之前，他们会用机械重复的方式（一遍遍地重复演奏）来练习。他们的手指在自己乐器弦上的动作会被保持在长时记忆中。这一部分的长时记忆和那些已经存储在记忆中的关于演奏经历的记忆有何不同？

是什么？你是否需要背诵或通过唱字母歌的方式才能想起来？

虽然很多长时记忆以图像、声音或味道的形式进行编码（想一想蒙娜丽莎），但长时记忆其实是以语义的形式进行编码的。它是一种对单词意义、概念和所有个体想记住的事情进行存储的心理场所，甚至是与这些事情相关的图形、声音、气味和味道也具有其相关的意义，这使它们变得足够重要进而存储在长时记忆中。如果说短时记忆可以被看作正在工作的桌子的“桌面”，那么长时记忆就可以被看作桌子背后的一大排壁橱。在那里，文件根据它们的意义性被有序排放，文件只有按顺序排放在存储壁柜中时才会有用。如果文件不以某种顺序被摆放，人们怎么能迅速地记起某事呢？把信息有条不紊地输入长时记忆最有效的方式，是通过精细复述来赋予其意义。

精细复述

精细复述（elaborative rehearsal）是通过赋予信息意义的方式，将信息从短时记忆转移到长时记忆的一种手段。最容易的方式就是将新信息与一些已知的事情联系在一起。比如，法语词“maison”意思是“房子”，一个人可以通过一遍遍地说“‘masion’的意思是‘房子’，‘masion’的意思是‘房子’”的方式来记住它（通过保持性复述的方式）。但是，如果他想“‘masion’读起来像‘mason’（泥瓦匠），而泥瓦匠建房子”，就会更简单、更有效地记住它。这样就将词的意思与个体已知的事情联系在一起，进而帮助个体去记住这个法语词。

正如本章开头提到的，克雷克和洛克哈特理论上认为，那些根据其意义进行深层次加工的信息要比通过简单地读或记录其物理特征的信息得到更高效的识记，并且会保持更长的时间。加工水平理论认为，与保持性复述相比，精细复述是更深的加工，所以会在记忆中存储更久。

我可以记得儿时的伙伴，他们中有一些是在我上学时认识的，而有一些是通过更私人化的方式认识的，比如上学的第一天就认识了，这是两种不同的记忆吗？

长时记忆的类型

长时记忆包括一般的事实和知识、个人事件，甚至是可用的技能。对技能的记忆被称为程序性记忆（非陈述性），因为它经常包括一系列步骤和程序。对事实的记忆被称为陈述性记忆，因为事实是已知并能陈述的（直接说出的）。这两种长时记忆有很大区别。下面的部分会解释。

程序性（非陈述性）记忆 人们所掌握技能的记忆，如系鞋带、骑车，都是一种被称为**程序性（非陈述性）记忆** [nondeclartive（implicit）memory] 的长时记忆。程序性记忆也包括情绪联系、习惯和简单的有或无意识的条件反射。第2章讲过，杏仁核是情绪联系（如恐惧）最为重要的脑区，而其后的小脑则负责存储条件性反射、技能和习惯等记忆。

控制程序性记忆和陈述性记忆的脑区相互独立的证据来自对海马体损伤病人的研究。这种损伤会引起**顺行性遗忘**（anterograde amnesia），导致无法形成长时记忆 [2000年的动作片《记忆碎片》（*Memento*）中的莱尼正是这种障碍的最佳代表]。在本章后面，我们还将探讨更有名的顺行性遗忘的病人H.M.的案例。

在某研究中，顺行性遗忘症患者被告知要解决一个被称为汉诺塔（见图6-3）的难题。虽然遗忘症患者也能学会解决这一难题的步骤，

◎程序性知识，例如系鞋带，通常必须通过动手的方式才能学会，并且很难用语言描述。一旦这个孩子学会了系鞋带，这部分的记忆就会一直被存储在记忆中。

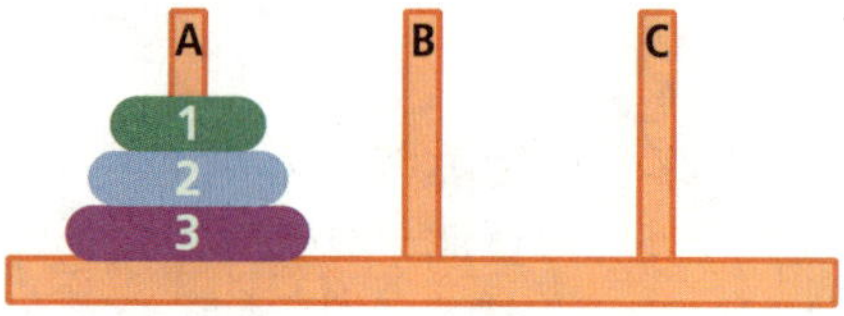

图 6-3 汉诺塔

◎在汉诺塔谜题中，一次只能移动一个圆盘。这个游戏的目的是，将所有的圆盘从第一个桩移动到另外一个桩上，原则是不要将圆盘放在比它小的圆盘上面。遗忘症患者可以学会如何解决这个谜题的步骤，但是他们不记得自己曾经学习过这个步骤。

但是过一会儿，当把谜题换作在实验室环境重新进行时，遗忘症患者不记得他们曾经见过这个难题或这类难题，甚至是主试。在实验室中的每个步骤对被试而言都是新的，因为他们不能存储曾经待在这间屋子里或见过主试的记忆。他们会抱怨他们并没有见过这个难题，可是他们同样会再次成功地解决这个难题。他们关于如何解决这一问题的程序性知识显然已经形成，并且存储在脑内的位置，与控制他们无法再次形成的记忆的区域分离。上述研究中的被试有的有记忆问题，还有阿尔茨海默病患者。阿尔茨海默病患者不会忘记怎么走路、谈话、叠衣服或系鞋带（尽管他们因为大脑终端不能发送恰当的信息而确实失去了运动能力）。这些都是程序性的记忆而不是陈述性的记忆。他们也许不能告诉别人他们是怎么完成这类事情的，但是他们可以做好。事实上，很少能找到丧失程序性记忆的人，这是不会忘记的记忆。

程序性记忆不容易被提取到意识中。比如人们关于如何系鞋带的记忆，意味着他们确实会系鞋带，但是你是否曾尝试过不用手演示而向他人告知如何系鞋带呢？被试在汉诺塔研究中的表现是内隐记忆的很好例证，因为他们可以解决这个难题却没有如何去做这件事情的意识性知识。这种类型的信息之所以会出现在人们的记忆中，是因为人们可以利用它，但是人们经常不能觉察到这种信息。尽管程序性记忆是内隐的，但是内隐记忆不一定就是程序性的。比如，一个人因为儿时的记忆而害怕狗，并不会在童年之后的时间里意识到这一点，但有可能会成为使其成年后害怕狗的原因。另一方面，在童年时期对事件的有意识记忆，经常被认为是另一种类型的长时记忆，叫作陈述性记忆。

陈述性记忆 程序性记忆是关于人们如何做事情的记忆，而**陈述性记忆** [declarative（explicit）memory] 是关于人们知道的所有事情，即构成知识的事实和信息。人们知道太阳系中行星的名字，2 加 2 等于 4，名词可能是人、地点或事物的名字，这些都是常识，但人们也知道发生在他们身上更为私人化的事情。例如，我知道自己早餐吃了什么，在路上见到了什么，但是我不知道你早餐吃了什么，在路上见到了什么。有两种类型的陈述性长时记忆：语义记忆和情景记忆。

陈述性记忆的一种类型是任何人都有能力知道的一般性知识。大多数信息都是在学校习得的或通过阅读习得的。这种类型的长时记忆叫作**语义记忆**（semantic memory）。“semantic”这个词意为“意思”，因此这种类型的记忆是对单词、概念和术语的含义、物体的名称、数学技能等的记忆。这也是在知识问答类电视节目中运用的知识。语义记忆像程序性记忆一样，是相对永久性的。但是这种类型的记忆不易提取，正如在“遗忘”部分讨论过的那样。

另一种类型的真实记忆是个人关于对自己的日常生活或历史的知识，类似于自传体式的记忆。人们对每天发生的事情，特殊的生日、纪念日，以及童年的事件等记忆都叫作**情景记忆**（episodic memory），因为它们代表的是人们生活中的情景。不像程序性记忆和语义长时记忆，情景记忆倾向于更新和持续时或多或少地修订。你可能会记得今天早上早餐吃的是什么，但是两年前的今天，你吃了什么早餐很可能是个谜。那些有特别意义的情景记忆，例如，你第一天上学或第一次约会的记忆，更有可能保持在长时记忆中（尽管它们也许并不像人们假设的那样确切）。刷新的过程其实是一种生存机制，因为尽管程序性记忆和语义记忆是有用的，且对持续进行的记忆来说是必须的，但人们没有必要记住日常生活中的每一个细节。一个事实会随着时间发展而越发明确：忘记某类信息的能力是必需的。

情景记忆和语义记忆构成了外显记忆。外

显记忆是很容易被意识到并从长时记忆带到短时记忆中。人们很容易从“文件夹”中找出类似单词的意思、科学概念等语义记忆的知识，把它们摆放在“桌面”上，使这些知识变成外显的或显而易见的。这对于个人情景记忆也是一样。

不过，有时候我不能记起所有行星的名字或者昨天早餐吃了什么。这是不是将这些记忆变成了内隐的而不是外显的了呢？

怎样保持自行车的平衡的内隐记忆和为行星命名的外显记忆之间的差别是，内隐记忆不可能或很难上升到意识水平。外显记忆可能会被忘记，但是它也有可能被意识到。例如，某人提醒你昨天早餐吃了什么，你就会记起所有关于早餐的事——它只是暂时被放错地方了。图 6–4 呈现了这些长时记忆之间的联系。

长时记忆的组织

正如前面提到的那样，长时记忆需要进行相对完善的组织才能如此迅速地被提取出来。你能记起你一年级班主任的名字吗？如果能，你花了多长时间从长时记忆中提取出了这个名字或把它放在短时记忆的“桌面上”？几乎不费什么时间。

研究表明，长时记忆是根据相关的意义和概念进行组织的。柯林斯和奎利恩在研究中，让被试对类似于“金丝雀是鸟”和“金丝雀是动物”这样的句子快速地做出“对”或“错”的回答。看图 6–5，信息显然存在于某类网络中，在某类层级中，用节点（焦点）将相关信息彼此联结。确认“金丝雀是鸟”的陈述只需要移动一个节点，而确认“金丝雀是动物”的陈述需要移动两个节点，所以费时更长。这就是他们在 1969 年研究的确切结果，研究者据此建立了**语义网络模型**（semantic network model）。模型假设，信息是以相互联系的方式被存储在头脑中的，彼此之间存在联系的概念自然比彼此之间没什么联系的概念离得近一些。

本章前面部分提到的平行分布加工模型可以用来解释在网络中到达不同节点需要多长时间。尽管某一特定类型内节点之间的联系可能是串行的（例如，鸟），这就解释了柯林斯和奎利恩研究中反应时长的差异，但在整个网络中，节点的联系是以平行的方式发生的，这允许人们在同一时间指向不同种类的概念（例如，一个人可能会想到鸟、猫和树）。

也许研究长时记忆信息如何组织的最好方式是思考一下互联网。人们可能会访问一个网站，并通过这个网站链接到其他相关的网站。每个相关的网站都有自己特殊的信息，但同时又和其他很多相关的网站联系在一起，而且一

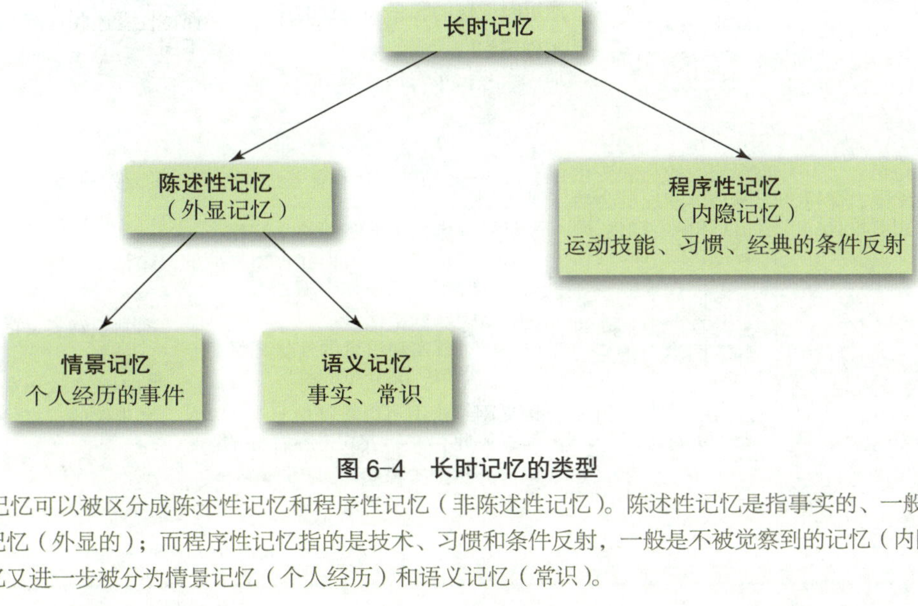

图 6–4 长时记忆的类型

◎长时记忆可以被区分成陈述性记忆和程序性记忆（非陈述性记忆）。陈述性记忆是指事实的、一般可以被觉察到的记忆（外显的）；而程序性记忆指的是技术、习惯和条件反射，一般是不被觉察到的记忆（内隐的）。陈述性记忆又进一步被分为情景记忆（个人经历）和语义记忆（常识）。

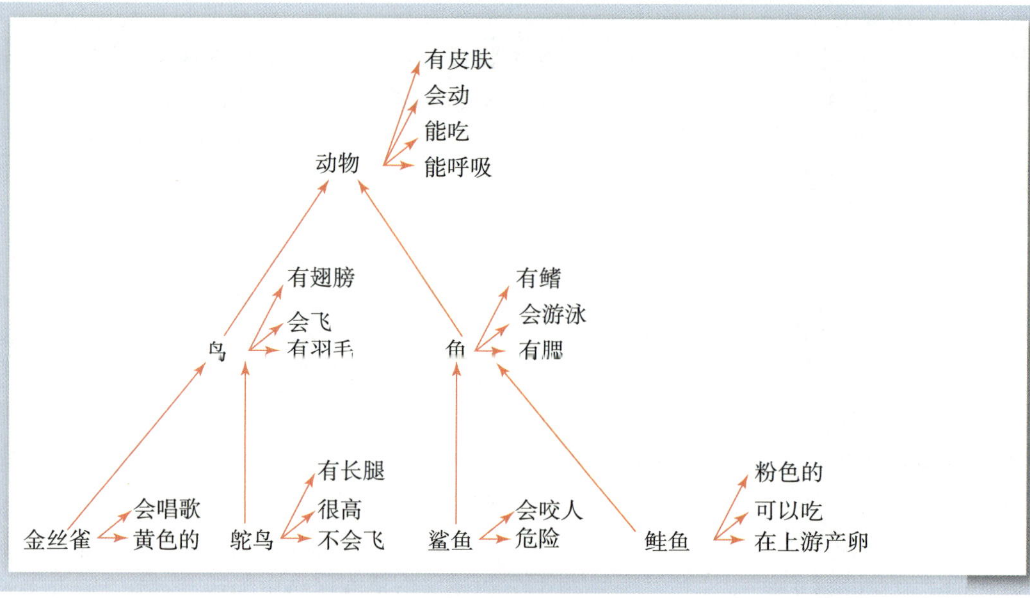

图 6–5 语义网络模型的例子

◎ 在语义网络模型中，那些在意义上相关的概念在脑内被存储的生理位置比较接近。在这个例子中，金丝雀和鸵鸟的存储位置离结点“鸟”很近，而鲨鱼和鲑鱼的存储位置离“鱼”比较近。但事实上，金丝雀是黄色的跟金丝雀的概念直接相连。

概念导图

信息加工模型

（假设记忆的三个阶段在持续时间和容量上是不同的，信息必须在前一个阶段进行过有效的加工，才能进入下一个阶段）

- **感觉记忆**
  容量有限，持续时间短则一秒之内，长则四秒
  - **图像**（视觉）
  - **回声**（听觉）
- **短时记忆**
  容量有限（7±2个项目），在没有复述的情况下，持续时间为12~30秒
  - 组块化和保持性复述可以分别增加短时记忆的容量和持续时间
  - **工作记忆**
    加工短时记忆中信息的活跃系统

  保持性复述和精细复述不同
- **长时记忆**
  容量无限，保持时间相对较长
  - 跟脑内的物理变化有关，海马体和皮层会参与到信息由短时记忆进入长时记忆的巩固过程
    - 精细复述会让长时记忆存储的效果更好
  - 有不同的类型，基于信息的存储，不同的脑区和不同类型相关
    - **程序性（非陈述性）记忆**
      对于技术、习惯和习得反应的内隐记忆，可能会影响杏仁核和小脑
    - **陈述性记忆**
      对事实和信息的外显记忆，影响广泛分布的脑区
      - **语义**
        对常识和意义的记忆
      - **情景**
        对个体生活中的情景和事件的记忆
  - 通过相关意义和概念进行组织
    - **语义网络模型**可以解释信息是如何以彼此相关的方式进行存储的
    - **平行分布加工模型**可以用于解释达到不同节点的速度问题

个人可以同时打开不止一个网站。这非常像存储在长时记忆中的信息的组织方式。

思考一下

想象在一个平常的一天中，你是如何运用每种类型的记忆的（程序性记忆、情景记忆和语义记忆）？

导出：长时记忆的提取

我们的问题不仅仅是让信息进入头脑，而是之后提取出来。

奇怪的是，大多数人提出存入长时记忆中的信息时，出现的问题与他们将信息存入长时记忆的方式有关。

复述线索

还记得先前关于保持性复述和精细复述的讨论吗？保持性复述不是让信息进入长时记忆的好方法，主要原因是，一遍遍地重复只会给个体提供一种**提取线索**（retrieval cue），即回忆的刺激物，一个单词或短语的发音。人们通过思考信息的意义以及信息与人们已知的信息联系在一起，来试着回忆一条信息。他们给自己提供的线索根据的是信息的意义而不是声音，与这条线索相关的存储线索越多，信息越容易被提取。

◎当新人在结婚典礼上跳舞的时候，他们一定会记住此刻的快乐。状态依赖型记忆可以让人们更加容易地提取相似情绪状态下存储的记忆，就像这对相爱的伴侣。

尽管大多数人假设提取的线索直接指向被学习的概念本身。事实是，我们周围的任何事物都可以被称为线索。你是否曾经在一个不是你复习备考的教室里参加考试？你是否认为你的测验成绩因为不同的物理环境而受到了影响？研究者已经发现了**编码特异性**（encoding specificity）这一概念的强有力证据，即记忆最初形成时可被感知的环境在记忆被提取时的同时被提取，记忆被提取的成功率就会有所提高。这些情境或线索可能是内部或外部的，情境依赖型学习可能指的是个体周围的物理环境使其学会某些具体信息。例如，编码特异性会预测一个人进行化学测验的最佳地点是当初他复习的地方。还有，非常常见的是，你走进一个房间为了拿某个你想要的东西，但为了回忆起它是什么，你需要回到你之前所在的房间，借助周围的环境线索来帮助回忆。

在某一研究中，研究者以在泳池中用呼吸器潜水的学生为被试，让他们在泳池外或泳池内学习一系列的单词。之后要求被试回忆在两个不同地点（泳池外或泳池内）学习的两组单词。在泳池外学习单词的被试在泳池外回忆时成绩明显更好；而在泳池内戴呼吸器时学习单词的被试在泳池内回忆时成绩更佳。

编码记忆时，周围的物理环境不但是一种线索，还有助于提取信息。还有一种编码特异性被称为状态依赖型学习。记忆会在某种特定的生理或心理的状态下形成，并且更易在相似的情况下被回忆起来。例如，当你跟某人争吵时，对方做过的不好的事情要比他做的好事情

◎戈登和巴德利的研究结果表明，对于在水下学习的词语，在水下回忆时，则能回忆起更多的数量；类似地，对于在水上（陆地上）学习的词语，在水上回忆时，能回忆起的数量更多。

更容易被记起。在一项研究中，研究者让被试试着去记住在他们听音乐时阅读到的词汇。被试阅读其中一列词汇时，听的是悲伤音乐（会让他们产生悲伤的情绪），而阅读另外一列词汇时听到的是愉快的音乐。当回忆这些词汇时，研究者又再次操控了被试的情绪。那些在愉快音乐背景下阅读的词汇，如果也是在愉悦的情况下回忆，记忆效果更好，但是远没有在悲伤状态下回忆的效果。反之亦然。

回忆和再认

为什么选择题比问答题简单？

有两种不同类型的记忆提取方式：回忆和再认。这两种不同类型的提取方式使得某些考试的难度与其他类型的不同。在**回忆**（recall）时，记忆的提取很少甚至没有借助外部的线索，比如填写申请表格。而**再认**（recognition）包括看到或听到的信息与记忆中已有的信息进行匹配。再认的一个例子是圈词，单词已经写在灰色的格子中，只需要简单地将它圈出来。接下来，我们将进一步研究这两个重要的加工过程。

回忆：啊……让我想想

当有人被问及“你出生在哪儿”这样的问题时，这个问题就是提取答案的线索。这是回忆的一个例子，像问答题、简答题和填空题都可以作为测量个体对信息记忆程度的方式。

一旦人们努力思考答案，回忆就失败了。有时候，答案看起来几乎要到达了意识层面，好像就在“舌头尖上”（如果舌头伸得足够长，他们就可以把它读出来），这被称为舌尖现象。尽管人们可能会说这个单词有多长，或能说出这个单词的首字母甚至是尾字母，但他们不能提取它的发音，或准确地将这个单词拼写出来，使短时记忆的语音环完整地提取这个单词。尽管不能将这种类型的记忆问题作为痴呆发展的指标，但它会随着年龄增长而变得很普遍（除非这类问题突然增多了）。

回忆的另外一个有趣的特点是它服从于记忆提取的某种“优先”效应，即处于序列（如一首诗和歌曲）的开头和结尾的信息更容易被记住并且记忆准确，这被称为**系列位置效应**（serial position effect）。

一个实验诠释了这一现象。在实验中，人们被要求听或回忆每隔四至五秒钟读给他们的单词。人们通常用保持性复述的方式来重复他们听到的发音。之后，他们会被要求尽量写出他们能记起的单词。我们用图 6-6 来表示序列中每个单词被回忆起的频率。

人们对序列前部的单词的记忆比对序列中

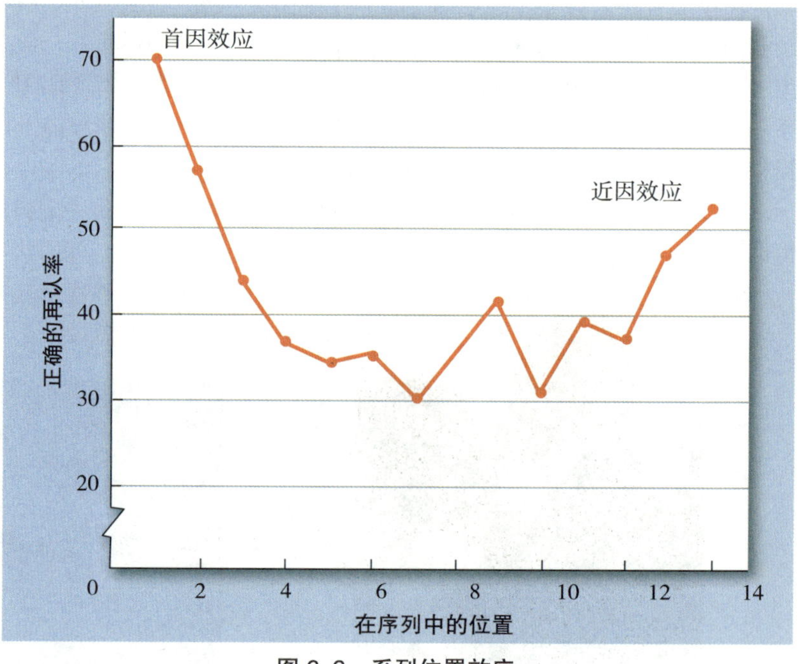

图 6-6 系列位置效应

◎在系列位置效应中，词表前部的信息相对于中间的信息而言，再认率更高，我们称之为首因效应，这是由于开始部分会得到更多的复述而有可能进入了长时记忆；在词表最后的信息再认率也很高，我们称之为近因效应，这是由于这部分信息还被存储在短时记忆中，还没有其他的新信息进入以干扰其提取。

间的单词的记忆要好。这种效应被称为**首因效应**（primacy effect），是因为个体在短时记忆中没有什么需要解释的信息时，序列中的前几个单词会比序列中间部分的单词得到更多的复述，而序列中间部分的单词会持续地被进入序列的新词取代。事实上，如果序列中的前几个词语得到足够多的复述，它们便有可能进入长时记忆。因为死记硬背虽然不是最好的记忆方法，但是它可以使信息进入长时记忆存储。

在图的最后出现了回忆的另一段上升部分。这是**近因效应**（recency effect），即序列最后的一两个单词因为刚被听见，所以还停留在短时记忆中，很容易被提取出来——还没有新的单词进入将其挤出短时记忆。这种系列位置效应对很多类型的信息都适用。事实上，商学院经常指导学生不要在工作面试的时候处于中间位置，因为在面试的过程中，处于开始或结束的位置，更容易给考官留下印象。

系列位置效应能帮助学生学习需要的知识吗？是的，学生可以利用近因效应在考试之前浏览笔记。知道序列中间的信息容易遗忘，意味着学生需要在中间的信息上花费更多的精力，并将学习内容做更细的划分，降低可能造成混乱的中间信息的数量（学生可以利用记忆术测量帮助解决这些记忆问题，也可以是其他的）。

◎这些人正在等待试镜。当需要雇主进行选择的时候，面试中的前几个人和最后几个人最有可能被雇主记住。这种系列位置效应使得雇主对中间的人没有什么印象。

再认："嘿，我是不是在哪里见过你？"

另一种类型的记忆提取叫再认，是一种将某一条信息或刺激与记忆中存储的图像或事实进行匹配的能力。再认经常要比回忆容易得多，因为再认利用的是真实的事物、词语和声音等个体可以很容易检测出是否熟悉或了解的线索。利用再认的测试类型包括选择题、配对题和判

心理学经典研究

伊丽莎白·洛夫特斯和目击者

伊丽莎白·洛夫特斯（Elizabeth Loftus）是加州尔湾的加利福尼亚大学社会生态学、心理学和法学的杰出教授。在过去的30年，洛夫特斯博士是人类记忆研究领域的领军人物之一。她研究的焦点是回忆的准确性，或者说是记忆提取的不准确性。她是超过200多场审判的专家证人，包括最终在佛罗里达伏法的连环杀手泰德·邦迪（Ted Bundy）一案。

◎伊丽莎白·洛夫特斯博士是享誉国际的目击者证词准确性研究领域的专家。她经常被请到法庭审判中，辨识案件的目击者证词。

洛夫特斯和其他很多的研究者证实，随着时间的流逝，记忆不是一成不变的、稳定的过程，相反，它是一个连续变化的过程。人们无意识地连续更新和重温关于事件的记忆，他们整合从真实事件中获得的信息，并判断正误。

洛夫特斯曾进行过一个经典研究，即目击者证词是如何在事件发生之后，因为提问方式而发生改变的。在这个实验中，洛夫特斯给被试观看一个三分钟的视频片段，片段节选自《学生革命日记》（*Diary of a Student Revolution*）。在片段中，8个示威者闯进教室，以一种嘈杂的对峙方式打断了教授上课并离去。在视频片段的最后，研究者发放了两份包括一个目标问题和90个填空问题的问卷。对半数的被试来说，目标问题是“闯进

教室的 4 个示威者的首领是男性吗”，而另外一半被试的目标问题是“闯进教室的 12 个示威者的领头是男性吗”。一周后，研究者发给被试一套新的问题，其中包括的目标问题是“有多少个示威者闯进了教室”。最初被问及 4 人闯进教室的被试，倾向于回答的人数平均值是 6.4 人；而被问及 12 人闯进教室的被试倾向于回答的人数平均是值 8.9 人。洛夫特斯推测，被试试图把他们实际看到的信息（8 个示威者以及随后的视频片段）加以折中。这个研究和帕加诺（Pagano）牧师一案以及其他研究一起向我们清晰地展示了洛夫特斯研究的核心：人们在事件的事实之后看到的和听到的事件，可以很容易地影响他们对事件记忆的准确性。

进一步讨论的问题

1. 警察如何在提取罪犯的口供时避免目击者证词中的不准确信息呢？

2. 无罪项目组织帮助罪犯借助 DNA 的方式去证明自己的清白。在美国，有超过 300 人通过这一测试获得释放，而在测试之前，他们在监狱服罪的时间平均是 13 年。目击者证词足够吗？还是说，需要借助 DNA 的方式来判断是否把人送进监狱？

“嘿，哥们儿，近来怎么样？”　“还好，大个子你最近好吗？”

资料来源：The New Yorker Collection 1988 Lee Lorenz from cartoonbank.com. All Rights Reserved.

断对错题。答案就在那里，并且很容易和记忆中的信息进行对比。

对图片，特别是对人脸的再认似乎更准确。在一项研究中，研究者以每张停留 10 秒的速度向被试展示了超过 2500 张图片。之后，被试会看到配对出现的图片，一对中有一张是前面展示过的图片，结果是，被试对出现过的图片再认率为 85% ～ 95%。

然而，再认并不是万无一失的。有时，记忆中没有的信息和记忆中的某一信息足够相似，就可能发生误报了。误报发生时，一个人认为自己已经辨认出某事或某人，而事实上他的记忆中并没有某事或某人（的信息）。目击者辨认很容易出现误报，尽管大多数人倾向于相信“眼见为实”。关于目击者证词的更多问题，可以参考“心理学经典研究”专栏。

自动编码：闪光灯式记忆

尽管有时需要进行大量保持性复述或以精细复述的形式进行编码，信息才能从短时记忆进入长时记忆，其他一些长时记忆似乎不需要很多努力或几乎不努力，就能以一种**自动编码**（automatic encoding）的形式被永久储存。人们似乎可以无意识地记住大量的事情，如时间流逝、对物理空间的知觉以及事件的频次。例如，当被问及车辆是“经常”“总是”，还是“几乎从不”经过这个街区时，人们可以轻而易举地给出答案。

当个人生活中的一个意外事件或情节产生了强烈的情绪联想（如恐惧、震惊和快乐）时，就会出现一种特殊类型的自动编码。对高度情绪化的事件的记忆看起来往往是栩栩如生的、具体的，就像人们在那个时候用思想拍了幅“快照”，这种类型的记忆被称为“**闪光灯式记忆**”（flashbulb memory）。

很多人分享着特定的闪光灯式记忆，“婴儿潮”的一代人都会清晰地记得自己是在何时、何地听说肯尼迪总统被枪杀的。更年轻的一代人可能会记得“挑战者”号和“哥伦比亚”号宇宙飞船的太空探索，并且一定会记得 2001 年 9 月 11 日发生的恐怖袭击事件。但是个人化的闪光灯式记忆同时也是存在的，这些记忆倾向

◎娱乐巨星迈克尔·杰克逊的粉丝可能会记得他们在2009年6月25日得知偶像死讯时的情形。像这样的事件是非常具有情绪性的，以至于有些人会自动存储这部分记忆，就像是大脑对事件照了一张“快照”。这样的闪光灯式记忆看起来是很准确的，但跟其他类型的记忆相比其实并非如此。

于重大的情绪事件，例如，第一次约会、一件难堪的事情，或是特殊而令人记忆深刻的生日宴会。

为什么闪光灯式记忆看起来如此地鲜明而真实？答案取决于事件发生时刻个体体验到的情绪，情绪反应会刺激激素的释放以促进长时记忆的形成。但是这种类型的记忆真的都是正确的吗？一些研究者已经发现，对重大事件的闪光灯式记忆的准确性很高。例如，发生在1981年的企图谋杀里根总统的事件。其他的研究者发现，虽然闪光灯式记忆的准确性令人信服，但是，它也和其他类型的记忆一样，随时间的流逝会出现延迟和改变。显然，没有记忆可以随时间流逝而完全不变，下一部分我们会讨论错误记忆的问题。

记忆有多可靠

我认为我的记忆很好，但是我和哥哥经常为儿时发生的事情发生争论，为什么我们的记忆会不同呢，当时我们是在一起的呀？

人们倾向于假设他们的记忆是准确的。事实上，记忆总是在一个连续的基础上被修订、编辑和改变，记忆发生变化的原因取决于当初形成记忆的方式，以及人们提取的方式。

记忆的重构过程

很多人都认为，当他们回忆某一件事情的时候，就好像在即时重播一段视频。新的记忆在长时记忆中形成，旧的记忆可能会“丢失”，但是它们更可能是以某种方式被改变了。事实上，记忆（包括那些鲜活的闪光灯式记忆）是不可能绝对准确的，时间越长，记忆中不真实的成分越多。

心理学家约翰·F. 凯尔斯壮（John F. Kihlstrom）在谈到20世纪早期的记忆图式理论家弗雷德里克·巴特莱特（Frederic Bartlett）关于记忆建构本质的著作时说：“……回忆更像是编故事，而并不是一个人最初在书上读到的那样。对巴特莱特而言，每一种记忆都是知识和推论的组合。回忆是一个解决问题的活动，问题是对过去发生的事件做出一致性的解释，而记忆就是解决问题的答案。”

洛夫特斯和其他研究者一起为记忆提取的**建构加工**（constructive processing）观点提供了充足的证据。这种观点认为，确切地说，记忆是由编码阶段储存的信息建立起来的。记忆每一次被提取，都有可能被改变或重写，以某种形式来容纳新的信息或存储阶段的细节，也可能在新提取过程中遗失。

关于记忆是如何被重构的例子是，当人

◎这些人正在观看《周一早间橄榄球赛新闻节目》（*Monday Morning Quaterbacking*），他们会因为自己对比赛的了解而产生事后聪明偏差。他们关于比赛的记忆可能会由于之后通过电视、报纸或朋友那里得到的信息而发生改变。

们了解某一特定事件的细节时，会修订这部分的记忆来印证他们的“我早就知道”的感觉。他们会丢弃那些他们确实持有的一切错误信息，然后用事件发生后他们获得的更为正确的信息去代替。有这种倾向的人们会错误地认为，在没有被事先告知的情况下，他们可以正确预测事情的结果，这也叫“**事后聪明偏差**”（hindsight bias）。那些曾经做过一些“马后炮”事情（比如说他们早就知道谁会赢得比赛）的人就是“事后聪明偏差”的例子。

思考一下

回忆你最后一次就你儿时发生的事情和家庭成员发生争执的情形。“事后聪明偏差”在不同的记忆中会起到怎样的作用？

记忆提取问题

一些人会说他们有“完整的回忆”。他们的真实意思是，他们自己的记忆要比其他一些人的更准确。现在就非常清晰了，不是所有人都有能力拥有“完整的回忆”。一些原因可用来解释为什么人们在正确回忆信息方面存在问题。

误导信息效应 调查案件时，警方会试图避免使关于犯罪或事故的证词因为目击者相互交谈而受到影响。原因是，如果有人将自己看到的告诉其他人，另外一个人之后可能就会“回忆”起相似的细节，尽管事实上他是不可能同时目击同样的细节的。这样的错误记忆是在事故发生后接触了信息的个体阶段创造的。这种误导信息会成为真实记忆的一部分，并影响真实记忆的准确性，这被称为**误导信息效应**（misinformation effect）。除了对目击者证词的研究，伊丽莎白·洛夫特斯还进行了一些探讨误导信息效应的研究。在一项研究中，被试看了一段交通事故的幻灯片。幻灯片中真实呈现了一个停车标志，但是在随后的文字总结中，停车标志被描述成了一个让车的标志。那些被给予误导信息的被试对标志的回忆准确性明显低于那些没有被给予误导信息的被试。这个研究令人感兴趣的一点是，不仅是来自原始事件的信息，事件之后的另一种形式完全不同的信息（比如是书面的而不是视频的），也会使个体对事件产生不正确的记忆重构。

虚假记忆症候群 当个体处于一种低意识状态下时，他的记忆就会被编辑或更改了，那么当他处于警觉状态并努力提取这部分记忆时，在变异的意识状态（比如催眠）下形成的记忆到底被改变了多少呢？虚假记忆综合征指个体由于其他人的暗示而出现记忆的错误建构或虚假，而且经常是处于一种被催眠的状态。

研究表明，虽然催眠可以使个体更加清晰地回忆某些事件，但更容易形成错误的记忆。催眠也被证实会增强个体对事件记忆的信心，不管事件的真假与否。错误记忆是在催眠治疗的过程中由于治疗师的暗示而偶然形成的（特别是那些包括返童现象的病人）。一些最近的研究表明，在大脑内形成的错误记忆很大程度上和真实记忆形成的方式相同，特别是当包含视觉图形信息时。研究者用 MRI 扫描去观察人们真实观看视觉图片和想象自己观看视觉图片时的脑区活动情况。

显然，在没有其他更有利证据佐证的情况下，借助催眠获得的记忆不应该被认为是准确的。

◎这个女孩正在看着楼下街上发生的事情，其中的某些事情会在她没有意识到的情况下存储在她的记忆中。如果她看到了一起犯罪，那么研究者如何才能知道她的记忆是否准确呢？催眠是否会帮助她有效地记忆呢？为什么？

不过，我听说过有人因为催眠而回忆起自己在童年受虐待的记忆，这些记忆是真的吗？

事实是，那些在特定情形下恢复的错误记忆并不意味着某些人在童年时没有经历过对儿童的性骚扰等行为，而有可能是那些童年受过猥亵的个体将这些不想要的记忆推到意识之外。儿童性骚扰是一个悲伤的事实，保守估计有20%的女性和7%的男性在童年时有过类似的经历。有很多非常有经验的咨询师和心理学工作者在未借助暗示的情况下，帮助他们的来访者回忆起过去的事件。他们发现来访者确实记起了某些真实发生过的事件的信息，并证实了这些信息也是来访者之前不记得的。虚假记忆综合征不仅会直接伤害到卷入事件的个体本身，而且使得人们更难相信那些通过回忆的方式记起童年悲惨创伤的真正受害者们的证词。

那么，我们就完全不能相信自己的记忆了吗？有证据表明，并不是所有类型的记忆都会出现错误。记忆至少是看似合理的，根据认知心理学和记忆专家凯西·佩兹德克（Kathy Pezdek）和她的同事得出的一些研究结果可知，儿童也会抗拒形成错误记忆。

在1999年的研究中，佩兹德克和霍奇（Hodge）要求儿童阅读五个不同的关于儿童事件的总结，其中有两个是错误的，但是两个错误中只有一个是令人信服的（比如，走丢了）。虽然儿童被告知，所有事件都是在他们更小的时候发生过的，但结果表明，与不令人信服的事件（比如，灌肠）相比，令人信服的事件更有可能被回忆或错误记忆。第二个实验发现了相似的结果：与令人信服的错误事件相比，儿童更不容易对不令人信服的事件形成错误记忆。

只有令人信服的事件才会让个体形成错误记忆的观点，与洛夫特斯和她同事的早期研究结果相反，也与一些关注根植于个体记忆中的极不可信的记忆（如撒旦仪式和被外星人绑架）

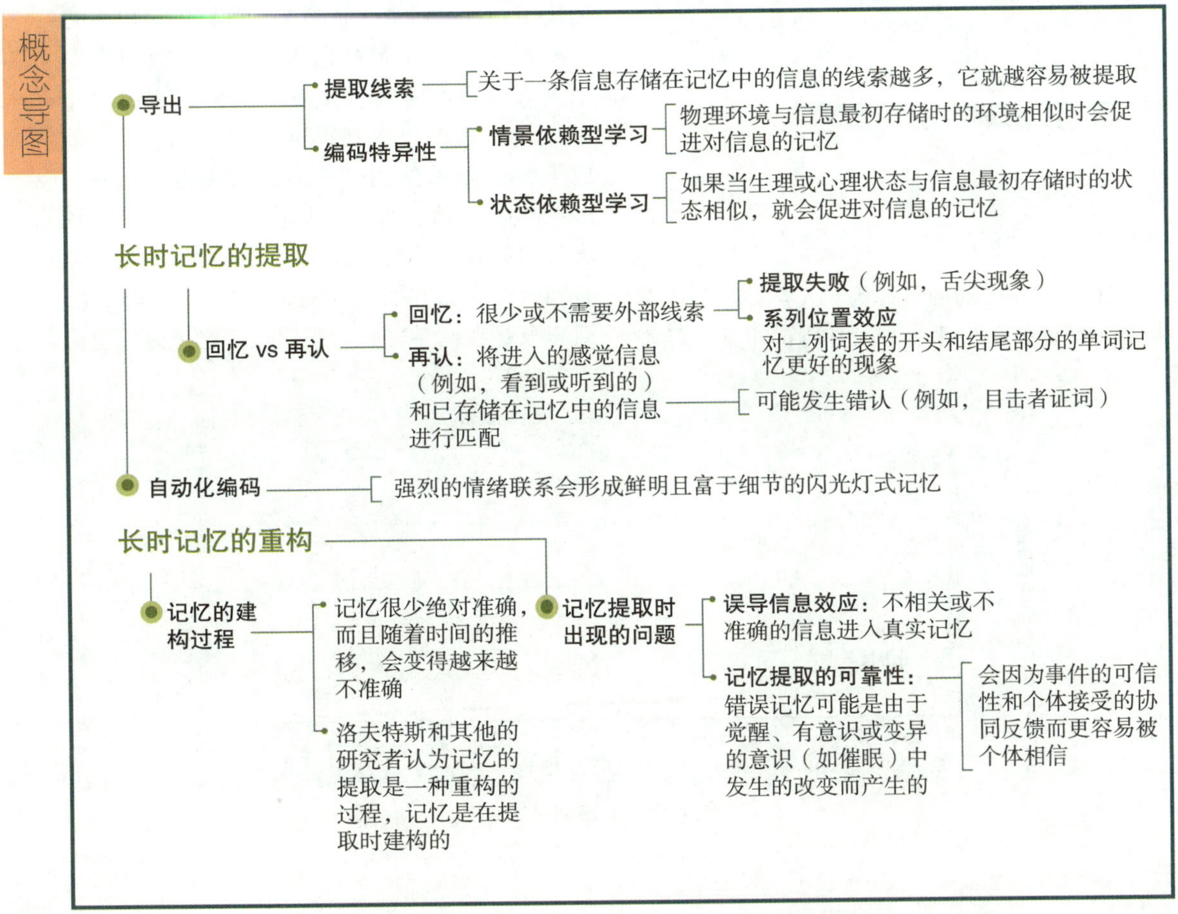

等研究结果相反。洛夫特斯和她的同事进行的一些实验发现，不令人信服的事件通过实验者提供的错误反馈变得令人信服，例如，有些人读了一些包括不可能事件的读物，就认为那些不可能事件其实是发生在自己身上的。错误的反馈包括，告知被试他们对某一关于恐惧问卷的反应是那些已经经历过这些错误事件的人的正常反应（就像善意的治疗师会暗示被试，这样的焦虑和情感是那些被虐待过的个体典型表现）。这些操作如此成功，以至于被试不仅产生了关于事件的虚假记忆，甚至推翻了他们之前的叙述，即否认自己童年经历过这些事件。研究者总结说，在两个步骤之后，被试才有可能将关于错误事件的想法和想象解释为真实记忆。这两个步骤是：事件必须尽量地令人信服；要给予被试有助于他们相信这一事件曾发生在他们身上的信息。

倾向于把错误（虚假）事件回忆成真的趋势的其他变量可能是催眠敏感性、抑郁症状和表现出奇怪行为和不寻常的信仰倾向（例如，跨国诱拐，过去生活的回归以及晶体的治愈能力）。

遗忘：我们刚才说到哪了

为什么我们会忘记事情？为什么我们会忘记某些事情而记住另一些事情？

本章开篇提到的被称为“人类谷歌”的布拉德·威廉姆斯似乎有相对正常的生活，尽管他有非凡的记忆力。但是，对那些不仅有能力记忆，而且也不会忘记的人来说，不是这样的。

艾宾浩斯和遗忘曲线

在亚历山大·鲁里亚（A·R. Luria）记录的一个案例中，S先生是一位记忆术职业表演家，他通过在数分钟内记忆数字列表来给观众带来惊喜。他不但可以轻松地将重要记忆和琐事记忆区分开，每当他看到一个物体或读一个词，这个物体或词的图像就会浮现在他的脑中。他最终发明了一种“遗忘”的方式，即把它们写在一张纸上，然后将纸烧毁。

如果以S先生的经历为指标，那么遗忘能力对个体的精神健康似乎是很重要的。但是人们遗忘的速度到底有多快呢？有没有一些事情是更容易或更不容易遗忘的呢？

赫尔曼·艾宾浩斯（Hermann Ebbinghaus）是研究遗忘的先驱者之一。因为他不希望被试在记忆的时候借助任何语音上的联系，所以他创造了一些“无意义音节”系列，即可以发音但是没有意义（如GEX和WOL）。他记住一个列表，一段时间后试着将这个列表提取出来，每一次他都将结果画成图表。最后，就成了我们熟悉的图形——**遗忘曲线**（curve of forgetting）。遗忘曲线清晰地显示出，在背完词表最初的几个小时里，遗忘迅速发生，之后随时间过去而逐渐停止（见图6–7）。换句话说，遗忘只是在刚学完之后很明显。这一曲线也可

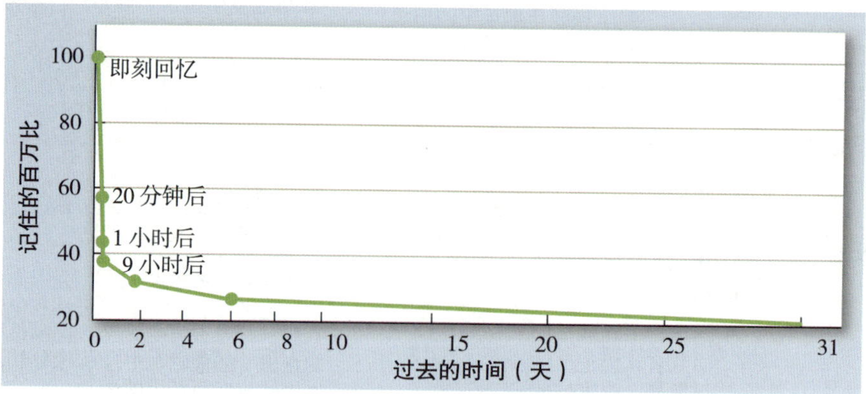

图6–7 遗忘曲线

◎艾宾浩斯发现，对自己背过的词表的记忆在学习刚结束时最完整，但在之后的第一个小时内忘记得最快，在第一小时之后，遗忘趋于平缓。

以被应用到其他类型的信息上。虽然有意义的材料遗忘的速度更缓慢，甚至很少被完全遗忘，但当测量遗忘时，总能获得相似的结果。

在艾宾浩斯早期的研究中，他发现尽量不使用填鸭的方式记忆你想记住的信息是很重要的。研究发现，与集中学习和想要一次性背下全部内容的方法相比，将自己要记忆的内容隔开或**分散练习**（distributed practice）会产生更好的信息提取效果。例如，背了三个小时的心理学资料后，你会认为你完成了一项艰难的工作，事实也确实如此。不幸的是，你记住的内容总不比每小时学习30分钟，中间休息一下，再间断地学完三个小时的人多。

图6-8 停

◎人们每天都会看见这种停止的标识数次，上面哪个标识牌和真正的标识牌最接近呢？答案见后文。

我们遗忘的原因

有很多原因会导致人们忘记事情，接下来我们将探讨三种理论。

编码失败

为什么人们会忘记事情？原因有很多。其中最为简单的原因是，有些事情在最开始时就没有被编码。例如，当你的朋友走出房门的时候，他可能跟你说了一些事情，而你有可能也听到了。但是，如果你并没有关注他说的内容，信息就不会进入感觉记忆。这不是遗忘，到目前为止是**编码失败**（encoding failure），即不能使信息进入记忆系统。研究者用人们常用的标识发明了检测编码失败的方法（见图6-8），哪一个是正确的图像呢？人们每天都看这些标识，但是有多少人真正地观察过它并记住了它的样子呢？

记忆痕迹衰退理论

关于遗忘更古老的理论，包括记忆痕迹这个概念。**记忆痕迹**（memory trace）是指大脑内发生的一些物理变化，有可能是记忆形成过程中在一个神经元或神经元之间的活动。随着时间的流逝，如果这些痕迹不被使用，它们就会**衰退**（decay），最后什么都不剩。这与一群人走过一片特定的草地会形成一条小路是一样的道理（因为草被践踏并变成了褐色）。但是，如果人们不再走这条小路，草就会重新长起来，小路也会随之消失。

感觉记忆和短时记忆中发生的遗忘可以被轻易解释为衰退，即感觉记忆中没有被带入注意范围或短时记忆中没有被持续复述的信息会消退。但是衰退是否可以很好地解释长时记忆中发生的遗忘呢？当提到长时记忆时，衰退理论经常被称为**"弃用"**（disuse），"用进废退"这个短语意义重大。尽管信息从长时记忆中衰退是以"弃用"这一形式的观点听起来很符合

◎这位女士甚至能在多年后依然记得图片上的事物，因此记忆痕迹衰退理论可能无法解释所有的长时记忆的遗忘。

逻辑，很多时候人们也能回忆起那些他们认为自己早就忘记的事情。因此，必然还有其他的因素参与了长时记忆中遗忘现象的发生。

干扰理论

对长时记忆遗忘的一个可能的解释是，尽管大多数的长时记忆或多或少地永久存储在大脑中，但由于受其他信息的干扰，那些信息并不总能在需要被用到时提取出来，即使能被提取出来，那些信息也受限于个体的建构过程，很可能会导致错误的再认。可以这样比喻：菲利普想要的一桶油漆就在储存室的某个架子上，但是沿途有很多垃圾，因此他既看不到它，也够不到它。在长时记忆的例子中，干扰可以来自以下两个方面。

前摄干扰 你是否有过从开手动挡车换成自动挡车的经历？如果有，那么你会发现当你开这辆自动挡新车时你会感到有困难。你总想要通过踩离合器去换挡，因为你受到**前摄干扰**（proactive interference），即更早的或之前学习的材料会影响新的、最近学习材料的提取的倾向（见图 6–9）。

另外一个关于前摄干扰的例子发生在人们换手机号码时。在这种情况下，人们通常会发现，当自己试图将新号码告知别人的时候，自己会记住旧的号码或其中的某些数字，而不是新的手机号码。

倒摄干扰 新的信息干扰旧信息提取的现象叫**倒摄干扰**（retroactive interference）。当你从自动挡车换回原来的手动挡车时会发生什么呢？你可能会至少忘记再次踩下离合器换挡一两次，因为在回忆之前的手动挡车换挡方法时，更新一些的技术对其产生了倒摄干扰。

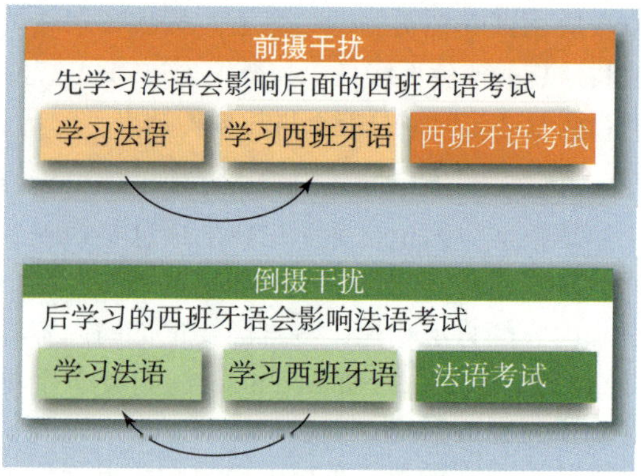

图 6–9 前摄干扰和倒摄干扰

◎如果一个学生先背法语考试的内容，之后再背西班牙语考试的内容，就会出现两个方向的干扰。在参加西班牙语考试的时候，之前背过的法语内容会形成前摄干扰。但是，在参加法语考试的时候，后来背的西班牙语内容又构成了倒摄干扰。

在下面的例子中，干扰是如何起作用的？

1. 从美国搬到英国，从靠道路的右侧行驶转为靠道路的左侧行驶。

2. 试着在已经用了新的录像机一年后，重新用旧的。

3. 从一种操作系统变成完全不同的系统，如从微软系统到苹果系统。

表 6–1 总结了遗忘发生的不同方式。

记忆的神经科学

研究者有证据表明，脑内的特定区域可能是记忆痕迹形成的位置，而且这些脑区由于记忆的类型不同而有所不同。

记忆的生理基础

例如，程序性记忆看起来存储在小脑。包括 PET 技术在内的研究，强有力地证明了短时记忆存储在前额叶（额叶非常靠前的位置）和颞叶中。关于恐惧的记忆似乎存在于杏仁核。

表 6–1 遗忘的原因

原因	描述
编码失败	信息没有进入记忆系统或者没有被编码
衰退或弃用	随着时间的流逝，记忆系统中的信息在消失
前摄干扰	记忆系统中，先前存在的信息会干扰新信息的提取
倒摄干扰	记忆系统中，新的信息会干扰已存储信息的提取

概念导图

遗忘
（最初是艾宾浩斯进行的研究，他提出了遗忘曲线）

- **分散练习** 比集中复习（填鸭式）的记忆提取效果要好很多
- **编码失败** 没有被注意到的信息没能被编码进入记忆系统
- **记忆痕迹衰退** 随着时间的流逝，那些没有被利用的信息建立起的脑内神经连接会消失
- **干扰** 其他信息会干扰记忆的提取的准确性
  - **前摄干扰**：之前习得信息的干扰
  - **倒摄干扰**：新获得信息的干扰

有证据表明，对语义和情节长时记忆，也存储在前额叶和颞叶中，但是与短时记忆存储的位置不同。

所有的这些都解释了记忆的位置。科学家是否已经发现在脑内存储记忆的位置上发生了什么，这到底是怎样的一种物理变化呢？

一些研究给出的证据表明，记忆痕迹不是单一的物理变化，而是很多的物理变化的集合，包括受体部位的变化，通过重复刺激方式的突触敏感性的变化（被称为长时程增强），以及树突和神经元中蛋白质的变化。所有这些变化起到增强神经联系和使原有的神经联系对刺激更敏感的作用。为形成记忆痕迹而发生的这些变化被称为巩固。巩固可能会花费几分钟（例如，记住新朋友的名字）也会需要几年的时间（例如，学习一门新的语言）。

第 2 章中介绍过，海马体（边缘系统的一部分）是大脑内负责形成新的长时记忆的脑区。关于这一功能最为清晰的证据来自对一个名为 H.M. 的病人研究。H.M. 在 17 岁时患有严重的癫痫发作。几年后，由于外科医生的失误，H.M. 的海马体被完全切除，因为医生认为海马体是癫痫的病根。H.M. 最后的记忆是自己躺在滑轮床上被推进手术室，而这也是他能形成的最后记忆。海马体并不是他的病根，却是他存储遇到的所有新事物的能力的源头，因为没有海马体，他记不住任何新的东西，也不可能做到巩固。他随手拿起一本杂志，可以一遍又一遍地阅读上面的故事，因为他每次读的时候，故事对他来说都是新的。现在，人们知道了 H.M 叫亨利·古斯塔·莫莱森（Henry Gustav Molaison），死于 2008 年，享年 82 岁。

当记忆无法完成：器质性遗忘症

因脑内记忆功能区的问题而出现的严重记忆缺失障碍可以为两类。这些问题可能是由于脑震荡、外伤造成的脑损伤、酒精中毒或大脑老化而带来的疾病。

退行性遗忘

如果海马体对记忆的形成如此重要，那么当它暂时性地连接不上时会发生什么？在事故中，头部受到创伤的被试经常不记得事故本身。有时，他们甚至不记得事故发生之前的几小时甚至几天的事情。这种类型的遗忘叫作**退行性遗忘**（retrograde amnesia，字面上的意义是“没有记忆”），即创伤点之前的记忆缺失。在这种类型的记忆缺失中，忙于产生满足新记忆存储需要的物理变化的固定过程显然被打断，使得尚未完成的记忆遗失了。

对重度抑郁的一种疗法是 ECT，即电击疗法。在某一研究中，抑郁的病人被用电击疗法接受治疗，在电击的前后都测试被试对特定的电视节目的记忆。在电击疗法之前，对近期节目的记忆会包括更多细节，且对更早期的节目的回忆相比，对近期节目的回忆更多。但是，电击之后，被试似乎忘记了最近三年的电视节目，只记得更早一些的电视节目。这表明干扰巩固不仅会引起记忆的缺失，还表明了巩固可能不止需要几天、几个月，而是需要几年才能完成。

顺行性遗忘

脑震荡还会引起 H.M. 曾经经历过的一类更加短暂的遗忘症。这类遗忘症叫作**顺行性遗忘**（anterograde amnesia），即创伤点之后记忆的

丢失。像 H.M. 等有这类遗忘症的人，在记住任何新的事物方面都存在困难，这也是在阿尔茨海默病患者身上经常能看到的遗忘症类型。阿尔茨海默病是一种健忘症，以严重的健忘、思维混乱和情绪波动为主要特征（患者除了顺行性遗忘外，还会出现退行性遗忘）。如果说退行性遗忘是由于停电而出现的电脑数据丢失，那么顺行性遗忘就像是发现你的硬盘出现了问题，你可以读出硬盘上已经存储的数据，但是却不能在硬盘上存储任何新的数据。只要你看着电脑上打开的窗口上的信息（注意到它），你就可以得到它，但是你一旦关上窗口（不再想它），信息就丢失了，因为它不能被传送到硬盘（长时记忆）中。

这就是为什么那些上了年纪的、患有如阿尔茨海默病的老人有时会服用好几次药——因为他们不记得自己已经吃过药了。这也可以用来解释交谈中频繁出现的重复，例如在间隔 20 分钟的谈话中，患者重复讲述相同的故事或提问相同的问题。更多关于阿尔茨海默病的知识，可以参看“日常生活中的心理学”专栏。

◎棒球大联盟外场手约翰尼·达蒙（Johnny Damon）因与选手达米安·杰克逊（Damian Jackson）撞在一起后，受伤引起脑震荡，这种脑震荡会擦掉所有在向长时记忆进行巩固时所发生的一切。你预测一下约翰尼·达蒙会出现哪种类型的遗忘症？是顺行性遗忘还是退行性遗忘？

思考一下

为什么你会认为遗忘（无论哪种类型）主要影响的是情景记忆？

概念导图

记忆的神经科学

- 不同的脑区存储不同类型的记忆
  - **程序性记忆**：小脑
  - **短时记忆**：前额叶和颞叶皮层
  - **语义和情景记忆**：前额叶和颞叶皮层（但是与短时记忆存储的位置不同）
- 跟记忆形成有关的脑内物理变化（巩固）
  - 受体的变化（长时记忆的保持）
  - 树突的变化
- **海马体**在新的陈述性记忆形成的过程中起关键作用
- **遗忘症**：器质性失忆症，由于脑损伤、疾病或年老化而出现的脑功能问题
  - **退行性遗忘**：创伤点之前的记忆缺失
  - **顺行性遗忘**：创伤点之后的记忆缺失
    - 病人H.M.是一个经典的案例

日常生活中的心理学

阿尔茨海默病

在美国，阿尔茨海默病患者有530万人。对于成年人和老年人来说，这是最为常见的遗忘症形式，大约可以解释60%～80%的遗忘症。据估计，超过65岁的人中，每八个人中就有一个是阿尔茨海默病患者。它也成为成年晚期位于心脏病和癌症之后的第三大致死原因。

因阿尔茨海默病主要产生记忆问题，或者在患病之初的问题是顺行性遗忘。在开始的时候，记忆缺失相对比较少，但是随着时间的推移会越来越严重，导致个体对所有的任务会变得越来越健忘。久而久之，会出现更为危险的遗忘事件，如吃多了药或者在无人看守的炉火上留下烹饪中的食物。随着阿尔茨海默病的恶化，对过去事情的记忆开始消退，因为退行性遗忘也开始了。照顾这类患者开销庞大，眼看一个自己深爱的人慢慢变得陌生，这使得照料者会面临严重的情感和经济压力。

是什么导致阿尔茨海默病还不是非常清楚。在阿尔茨海默病患者老化的大脑中，人们发现了这样的生理标志：大脑逐渐形成蛋白质沉淀（血小板），这是很正常的，蛋白质链会变得扭曲（纠结）。在海马体部位参与记忆形成的一个神经递质是乙酰胆碱，产生这一化学物质的神经元在疾病的初期被分解。阿尔茨海默病的初期表现形式似乎是在遗传层面的，并且涉及很多不同的基因变式，而这似乎是不少于5%的罹患此类疾病患者的患病原因。令人悲伤的事实是，病因并不是只有一个，而是很多，甚至那些没有罹患阿尔茨海默病的人，也会因为其他类型的遗忘症（如脑卒中、脱水和药物治疗等）而不安全。

治疗可以延缓但是不能治愈或者反转阿尔茨海默病的进展。有五种药物目前是被允许的，但只能缓解症状，平均的缓解周期是6到12个月。已知的是，阿尔茨海默病（还有很多其他类型的遗忘症）的风险因素是可以控制的，高胆固醇、高血压、吸烟、肥胖、2型糖尿病和缺乏锻炼等都是影响因素。使大脑保持活跃是一种有助于保持良好认知健康的手段。一项研究发现每天坚持学习可以刺激神经营养因子，而它是记忆形成的关键蛋白质。一项最近的研究表明，旨在治疗这一疾病的药物AC253可能可以将记忆存储在已经受到阿尔茨海默病影响的神经细胞内，而另外一种新药ORM-12741，也显示出这种倾向。

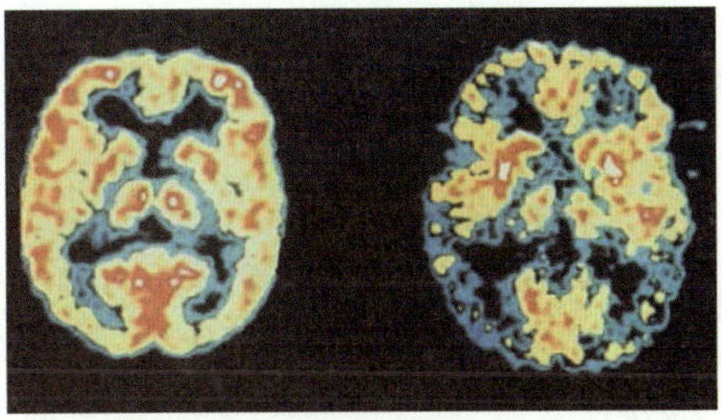

◎为了追踪阿尔茨海默病患者细胞死亡的情况，研究者利用MRI去扫描病人和正常老年人的大脑。加州大学洛杉矶分校（UCLA）借助超级计算机，通过新的脑成像方法建立疾病退化序列的彩色编码图像。灰质的大量减少与疾病中的关键特征（即认知功能的迅速下降）有关。其他研究者采用PET扫描发现，像上面的成像一样，有、无阿尔茨海默病疾病的人脑活动存在差异。

有痴呆或创伤性脑损伤的人最后会罹患两种类型的遗忘。在最近一个关于顺行性遗忘的音乐家案例中，他由于恶性脑炎（脑部炎症）而不再记得他过去的生活、朋友或亲戚（退行性遗忘），并且不能学习新的信息（顺行性遗忘）。但是，他还可以演奏、读谱，只是不能把脑损伤之前的乐曲提取出来，而且也学不会新的曲子。这些是非陈述性技能，这类记忆一般不受遗忘症的影响，表明它们涉及不同的脑区。

进一步讨论的问题

1. 与祖先相比，人们更长寿，活过100岁的例子已不罕见。这种平均寿命的延长是怎么跟阿尔茨海默病的患病率上升联系在一起的呢？

2. 什么类型的社会项目或干预可以帮助那些照顾阿尔茨海默病患者的亲属？

第 7 章

认知：思维、智力和语言

你是如何和周围的世界互动的？在不知道你怎样或为什么做 / 说 / 思考事情的时候，你通常会有什么样的反应？与努力、用心地关注和决策有关的意识体验有多少？有两种思维类型，系统 1 和系统 2，赋予了我们如何思维和加工信息的特征。系统 1 涉及快速决策、运用认知捷径，它由我们先天的能力和个人的经验决定。系统 2 是相对慢的、分析的、基于规则的系统，它更多依赖我们正式的教育经验。总体而言，我们的思维被这两个系统的交互作用所支配。

思考一下

你更倾向于依靠本能的（系统 1）还是有意识的（系统 2）思维加工？你的思维加工和决策策略如何根据情景的改变而变化？

为什么要研究思维的本质

为了更好地理解我们如何做事情（比如，学习、记忆和行为），需要理解我们如何思维。比如，我们如何组织我们的思维？我们如何与其他人交流我们的思维？智力对于我们来讲意味着什么？为什么一些人比其他人学习速度快？等等。

通过本章，我们可以：

- ◎ 定义认知，并解释心理意象与概念是如何参与思维加工的；
- ◎ 描述人们用来解决问题和做出决策的方法；
- ◎ 了解成功解决问题的三个障碍；
- ◎ 定义创造性，并了解发散思维的一些特征；
- ◎ 比较关于智力的不同理论；
- ◎ 比较测量智力的方法，了解评估测试质量的方法；
- ◎ 定义精神发育迟滞、智力超常和情商；
- ◎ 评估遗传和环境对智力发展的影响；
- ◎ 定义语言，了解语言的不同成分和结构；
- ◎ 评估语言是否影响人类问题思维；
- ◎ 总结关于动物运用语言能力的研究；
- ◎ 了解一些能提高你的思维的方法。

认知

思维意味着什么？人们随时都在思维，也随时谈论思维：“你正在想什么呢？”“让我想想。”“我不这样认为。”那么，思维到底意味着什么？

人的思维是如何运作的：心理意象和概念

思维（thinking）或者**认知**（cognition），被定义为当信息被组织、存储、交流或者加工时，脑中发生的心理活动。思维不仅包括记忆，还包含更多的内容。在人们思维时，他们不仅仅能够意识到大脑中的信息，也在做关于这些信息的决策，把这些信息同其他的信息比较，并且用它来解决问题。

思维不仅仅是一种语言化的“意识流”，在人们进行思维的时候，他们的脑中常常既有语言也有图像。

心理意象

正如第 6 章论述的，短时记忆以声音和视觉图像的形式被编码，形成了关于世界的记忆图像。因此，**心理意象**（mental image）是思维加工中用到的几个工具之一。

有一个有趣的使用心理意象的例子。召集几个人到一起，然后要求他们尽可能快地回答他们住的地方有多少扇窗户。通常情况下，你会发现第一个喊出答案的人比延迟反应的人报告的窗户数少。你也会注意到大多数人都认真查找，就好像他们能看到一些图像似的。如果问他们为什么，他们会说，那样能够确定窗户的数量。他们会首先想象他们生活的地方，然后想象他们从此经过，数房子中的窗户数量。

因此，窗户越多是否意味着你在头脑中需要花更多的时间去数呢？我猜，在头脑中“走过”一个大的房子比通过一个小的房子将花更长的时间。

研究人员也是这么想的。他们已经发现，相对于一个小的、比较紧凑的心理意象，观看一个更大的、覆盖更多地方的心理意象需要花更长的时间。1978 年，在考斯林（Kosslyn）的一项研究中，要求被试看一个想象出来的岛屿的地图（见图 7–1）。在这个地图上有几个标记，例如，一个茅草屋、一个湖、一片草地。在被试观看这张地图并且记住它后，要求他们想象这个岛上的一个特别的地方（如茅草屋），然后看另一个地方（如湖）。当他们“心理上”到达第二个地方的时候，他们需要按一个键，研究者将记录他们的反应时间。这两个地方在这个地图上的心理距离越大，被试就需要花更长的时间扫描第二个位置的图像。被试明显地表现出能够看见他们的心理意象，就像观看一幅真的、自然的地图一样。

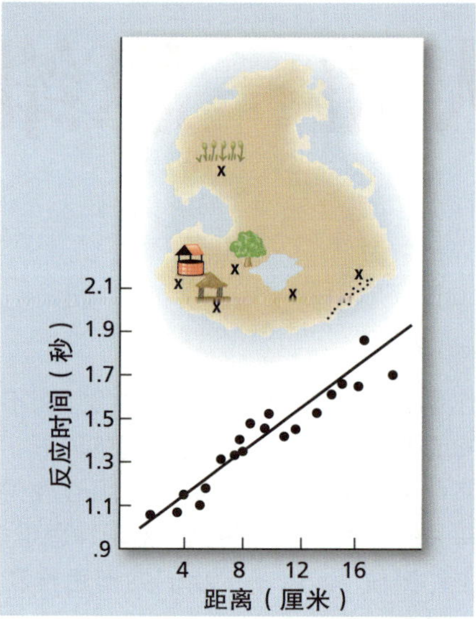

图 7–1 考斯林的虚构的岛屿

◎ 在考斯林的研究中，要求被试想象从岛上的一个地方移动到另一个地方时按键。如图显示，在想象的两个地方相距比较远时，被试需要花更多的时间完成这个任务。

资料来源：Kosslyn et al.（1978）.

人们甚至能够进行心理旋转或转换图像。考斯林问被试一个问题：“青蛙有嘴唇和一根短而粗的尾巴吗？”他发现大多数人报告，他们首先想象一只青蛙，从脸部开始寻找嘴唇（“没有嘴唇”），然后心理旋转这个图像，寻找短而粗的尾巴（“是的，有尾巴”）。在心理旋转的研究中，一个非常重要的方面是，我们倾向于对待我们大脑的心理意象就像我们对待物理客体一样。在我们旋转脑中的一个客体（或者以一种其他的方法与心理图像交互或者操纵心理意象）时，它不是即时发生的——它需要花费时间，正如类似我们在手上旋转一个物理客体一样。

在大脑中，创建一个心理意象与看到一个真实的图像的加工途径正好相反。对于一个真实的图像，来自眼睛的信息首先到达枕叶的视觉皮层，然后被加工或理解，再通过这个皮层的其他区域把这个信息与记忆中已经存在的信息进行比较。对于创建的心理意象，存储知识的皮层区域把信息发送到视觉皮层，在那里图像在想象中被感知。PET 扫描显示，在形成一个图像的过程中能够激活视觉皮层区域，这说明视觉皮层在心理想象中起到了一定的作用。

通过运用 fMRI，研究者已经发现，在视觉心理想象任务和涉及视觉感知的真实任务时大脑中激活的重叠脑区。在执行两种任务期间，额叶皮层（认知控制）、颞叶（记忆）、顶叶（注意和空间记忆）和枕叶（视觉加工）会被激活。不过，在执行这两种任务期间，这些脑区激活的量是不同的。例如，相比于想象，感知时视觉皮层有更强的激活，这表明与记忆输入相比，感知输入能够引起这些脑区更强烈的激活。还有一个重要的发现是，在视觉想象期间激活的脑区只是在视觉感知期间，激活的脑区的一部分，相比颞叶和枕叶，额叶和顶叶有更相似的激活。这意味着什么呢？简单地说，在视觉想象和视觉感知之间有共同性，但是它不是完全的重叠，也就是说，更大的重叠不是在颞叶和枕叶区域（记忆和视觉功能）。考虑到任务的视觉本质，这些脑区可能是被假设最有可能重叠的脑区。

概念和原型

心理意象不是我们思维的唯一途径，对吗？

心理意象仅仅是心理表征的一种形式。思维加工的另一个方面是概念的运用。**概念**（concept）是代表一类物体、事件或者活动的观点。人们可以用概念思考物体或者事件，而不必思考这类概念中的所有具体的例子。例如，一个人可以思考水果而不用思考世界上存在的每种水果（这需要花费非常多的精力和时间）。以概念的形式进行思考的能力允许我们彼此交流。如果我向你提到鸟，你就会知道我在指什么，即使我们思考的其实是不同种类的鸟。

概念不仅仅包含人们思考的物体或者事件的重要特征，通过它也能够辨认适合这个概念的新的物体或者事件。例如，有各种形状、大小、颜色、毛发长度的狗，然而大多数人能够毫不困难地认出狗来，即使他们以前绝没有看到那种特定品种的狗。笔者的朋友有一只伯瑞犬，它是一只牧羊犬。虽然它的个头和一头小马驹差不多，并且毛发极其粗浓杂乱，但是笔者还是能够毫不困难地认出它是一只狗。

概念有非常严格的定义，比如正方形的概念是一种有四条等边的形状。被特定规则或特征定义的概念叫作形式概念，它是非常严格的。例如，作为一个正方形，它必须是有四条等边，而且四个角加起来是 360 度的一个二维的图形。数学的概念都是形式概念。例如，在几何中，三角形、正方形、多边形都是形式概念。在心理学中，有双盲实验、睡眠阶段和条件刺激等形式概念。这些概念中的每一个都必须非常符合真实例子的具体特征。

如果某种事物不容易符合这些规则或特征呢？假设一个事物是有某个概念的部分特征，但不是全部的特征，怎么办？

在每天的生活中，人们被不能清楚地定义为形式概念的物体、事件和活动包围着。例如，什么是交通工具？轿车和卡车可能会立即跳入你的头脑中，但是大雪橇呢？你认为竹筏是吗？这两个物体不能立即被归为交通工具，但是它们符合交通工具的一些规则。这是自然概念的例子。人们形成的概念并不是作为严格地应用规则的结果，而是在真实生活中经历这些概念的结果。形式概念是非常明确的，而自然概念则比较模糊。自然概念相对于在学校学到的形式概念，能够以一种更少的结构化方式帮

◎图中的两只动物都是狗。它们都有毛、四条腿和一个尾巴，不过也仅仅是有些地方相似。既然被我们称为“狗”的动物差异这么大，那么“狗”的原型是什么？

助人们理解他们周围环境，自然概念是非常重要的，它们形成了理解周围环境和每天发生的事件的基础。

在有人说水果时，你头脑中的第一个画面是什么？通常可能是一些具体的水果，像苹果、梨或橘子。很少有人冲动说石榴或者木瓜，甚至香蕉也很少说，除非这个人来自热带地区。在美国，苹果是水果**原型**（prototype）非常好的例子，它能够紧紧匹配水果概念的特征。水果是甜的，长在树上，有种子，通常是圆的，这些和苹果的特征类似。椰子是甜的，它们也长在树上，但是在北半球的人并没有看见过椰子树，他们更可能看到无数的苹果树。因此有不同水果经历的人有不同的原型，这些都是概念最基本的例子。

生活在热带地区的人们呢？他们关于水果的原型是不是不一样的？处于不同文化中的人们的原型是不是也不一样？

原型通常是通过一个人暴露在一类对象中形成的。因此，一些生活在有许多椰子树的地方的人们可能认为椰子是水果的原型而不是苹果的原型，然而生活在美国西北地区的人们会更有可能把苹果作为水果的原型。文化在原型形成的过程中也是很关键的。研究发现，与比较相似的文化相比（比如，生活在佛罗里达州的西班牙裔美国人和非西班牙裔美国人），不相似的文化之间（比如，日本和美国），原型有很大的不同和变化。

原型如何影响思维呢？人们倾向于查看概念的潜在例子，把它们与原型进行比较，看它们的匹配度如何——这就是为什么大多数人花更长时间思考橄榄和西红柿是不是水果的原因，因为它们都不是甜的，而甜是水果原型的一个主要特征。

无论什么类型的概念，它都是人们处理每天轰炸他们感知的所有信息的方法之一，允许他们组织围绕着他们世界的信息。组织可以采取图式的形式，关于事物、地点、事件和人的概括（例如，对图书馆的图解毫无疑问会包括书和书架），或者脚本（是指对一种熟悉的活动顺序的图解形式，例如，看电影可能包括到哪个地方、买票、买零食、找到正确的影厅等）。概念不仅仅帮助人们思维，它们也是问题解决的重要工具——概念是人们在每天以及在许多不同情境中所从事的一种思维。

问题解决和决策

问题解决无疑是大学生生活的重要组成部分。解决问题有一个"最佳"的方法吗？

把一枚硬币放进瓶子里，然后用软木塞塞住。在没有拿出软木塞和打碎瓶子的情况下，你如何把硬币从瓶子里拿出来（解决方案见本章稍后的顿悟部分）？

正如前文所述，图像和概念是用来解决问题的心理工具。对于前面的问题，你可能尝试着创建一个硬币在瓶子里的图像。通过一定方式思维和行动才能达到目标时，就会出现**问题解决**（problem solving）。问题包括想出如何使食谱减半、理解复杂的数学公式，或是决定在大学主修什么课程等。问题解决是**决策**（decision making）的一个方面，需要在几个选项之间进行确定、评估和选择。为了解决问题，人们能够用不同的方式思考。

尝试错误（机械的解决方案）

一种方法是**尝试错误**（trial and error），也被称为**机械的解决方案**（mechanical solution）。尝试错误指的是尝试一个又一个的方法，直到找到合适的解决方法。例如，如果赛尔纳忘记了他的银行卡密码，而他又仅有几个他常用的密码，他就可以一个又一个地试，直到找到正确的密码。机械的解决方案也是通过死记硬背解决问题，或者通过一组已经学习的规则解决问题。比如，这类似于小学生如何解决单词问题。算法是死记硬背的解决方案之一。

算法

算法（algorithm）是解决某类问题的详细的、一步一步的程序。如果存在一个正确的解决方案，并且你有足够的时间寻找，那么算法

◎这个孩子正在用一个又一个的模块去试，直到找到合适的模块。这是一个尝试错误的例子。

常常能够引出一个正确的解决方案。数学公式就是算法。在图书馆，管理员排列书架上的书的时候，他们常常用一种算法。例如，在每个分类中，以字母表的顺序排列书。许多智力拼图（如魔方）都有一组步骤，如果步骤正确，就一定能够解决玩具的问题。不过，算法常常不实用。例如，如果赛尔纳不记得自己常用的密码，他就可能尝试着通过0到9中的四个数字可能的结合回忆他的密码。他最终能够通过尝试，发现正确的四个数字的结合——但是这可能要花费数年的时间。然而，电脑能够以非常快的速度运算，因此系统性的搜索算法是一些计算机方案中非常有用的部分。

启发法

不幸的是，人类不如计算机的速度快，需要一些其他的方法来缩小可能方案的范围，直到找到几个可能方案。其中一个方法是用**启发法**（heuristic）。启发法，也被称为“经验法则”，能够应用于许多情境的简单规则。算法是非常详细的，能够解决问题；而启发法是基于以前的经验，有助于减少对一个问题可能的解法方法的有根据的猜测。例如，如果一个学生正在用一个文字处理程序打印一篇论文，想知道如何为其中的一页设置格式，他可能会试着阅读关于文字处理程序的整本的指导手册，这一过程将花费一些时间。相反，他可以到帮助菜单的搜索功能里输入“格式”，或者在工具栏中直接点击“格式”这个选项。无论是这两个选择中的哪个，都可以减少这个学生为了得到答案必须查看的信息量。因此，用帮助菜单或者点击合适的工具栏选项都能起到简化问题的作用。

表征启发法　像算法一样，经验法常常有效吗？在许多情况下，用启发法比用算法更快，但是不像算法，启发法并非常常能得到正确的解决方案。在你获得速度的同时就会降低准确率。例如，**表征启发法**（representativeness heuristic）能被用来分类客体，简单的假设是：与一个特定类别的成员具有相同特征的任何物体或者人也是这个类别中的一员。在用它对植物分类时，这是一个非常好用的方法，但是当把它应用于人时，则不太适用。表征启发式可能造成错误，因为它忽略了基本概率——一个事件的真正概率。所有黑皮肤的人都是非洲人吗？每个长着红色头发的人都脾气不好吗？所有蓝眼金发的人都来自瑞典吗？懂得要点了吗？由此看来，表征启发法能被用来（或者误用）创建或者维持陈规旧习。

可得性启发法　另一个造成不想要结果的启发法是**可得性启发法**（availability heuristic）。这种启发法基于我们评估事件的频率和概率，我们对这些事件的评估依赖于它从记忆中回忆相关信息的容易程度，或者它为我们思考相关例子的容易程度。例如，想象一下，在已经读了整本教科书后（假设它发生了），你被要求回答，评估这本书里以字母“K”开头的单词有多少，以及以字母“K”作为第三个字母的单词有多少。你认为字母“K”在哪个位置出现的频次更多，是第一个还是第三个？接着，你认为出现频率最多的位置是出现频率最少的位置的几倍？哪个位置最容易想到，是以“K”开头的单词还是以“K”作为第三个字母的单词？有研究者问152名被试相同的问题，在一本典型的课本里，五个辅音（K、N、L、R、V）看起来在第三个位置出现的多还是在第一个位置出现的多。69%的被试认为在第一个位置更多，字母K的中位数估计比例二比一。不过，事实上，K在第三个位置的单词是K在第一个位置的单词的两倍。你能想到一个你已经用了可得性启发法而它对你没有利的例子吗？

逆向工作 大多数情况下，一种有用的启发法是从目标开始进行回溯。例如，如果你想知道去镇上的新咖啡店最短的路，那么你已经知道了这个目标，即找到这个咖啡店。从你家到那里可能有几种路径，有些路径可能比其他的路径更短。假如你有这家店的地址，那么决定这条最短路径的最好的方法是利用智能手机中的或网络上的地图来寻找这家店的位置，比较不同路径的距离（步行或者开车）。实际上，人们采用自然地图寻找路径，通过手动方式加以比较！思考一下，技术会帮助或者阻碍问题解决吗？如果有，与把主动解决问题作为一个心理挑战相比，用技术解决一些问题有什么好处？

◎智能手机和其他的移动设备可以提供导航的工具。在我们不能用它们导航时，这些工具的运用或者过分运用会如何影响我们导航的能力？

假如我的问题是写一篇学期论文呢？从结尾开始是不会给我很多帮助的！

子目标 有时，更好的方法是把目标分解为子目标，使得达到每个子目标，就会更接近最终的目标。例如，写一篇学期论文可能看起来很艰巨，但把它分解成几个步骤则会好些：选择一个主题，研究这个主题，组织收集的材料，一次写一个章节，等等。启发法的例子还包括：制作图表、用图表来帮助组织关于这个问题的信息，或者一个一个地测试解决这个问题的可能的方法，以排除无效的方法。

◎经验法则或者启发法的原则是把目标分解为子目标。这位女性正在查看地图，试图找出到达其目的地的几条可能的途径。

有时候我必须一步一步地发现问题的答案，但是在其他的情况下，答案看起来像是突然进入我的头脑中，为什么有些答案这么容易被想到呢？

顿悟

当问题的解决方法突然进入头脑的时候，我们把它叫作顿悟。第 5 章提到了一个苛勒关于黑猩猩苏丹的研究，论证了即使是一些动物也能通过顿悟的方式解决问题。对人类而言，顿悟常常有一个“啊哈”的形式——解决方法看起来是灵光一闪。一个人可能意识到这个问题是类似于另一个他已经知道的怎么解决的问题，或者可能看到一个物体能被用作一个不同的目的，就像一枚硬币可以被作为一个螺丝起子那样使用。

还记得这章开头论的瓶塞问题吗？任务是在不移除瓶塞或者打碎瓶子的前提下从瓶子里取出硬币。答案很简单：把这个塞子推进瓶子，然后摇出这枚硬币，啊哈！

虽然顿悟看起来十分神秘，但是它的过程并不神秘。多数情况下只是大脑重新组织了这个问题，有时是在人们正在思考一些其他事情的时候。

这里有一个通过顿悟解决的问题：玛莎和玛乔丽有相同的妈妈和爸爸，而且她们同年同月同日生，但是她们不是双胞胎。有这个可能吗？思考一下，然后在稍后的关于思维定式的内容中了解答案。

总之，思维是一个通过利用想象和各种概念来组织每天事件的复杂过程。问题解决是一种特别的思维，它能够用许多工具来解决不同类型的问题，比如尝试错误、算法，以及启发法。

问题、问题解决与决策

用顿悟解决问题并不总是有效的。有时一个问题的解决方案不清楚，因为问题的成分没有恰当地被进行排列，或者人们沉浸在阻止其解决问题的某种思维定式中。这种思维形式或多或少地会自动发生，在没有意识到影响的情况下影响人解决问题的尝试。下面是一个经典的例子。

两条绳子挂在天花板上，但是它们相距太远，一个人握住一条绳子后无法再去握住另一条绳子（见图 7–2）。附近有一张桌子，并且有把剪钳放在桌子上面。目标是把这两条绳子拴在一起。怎么解决这个问题？

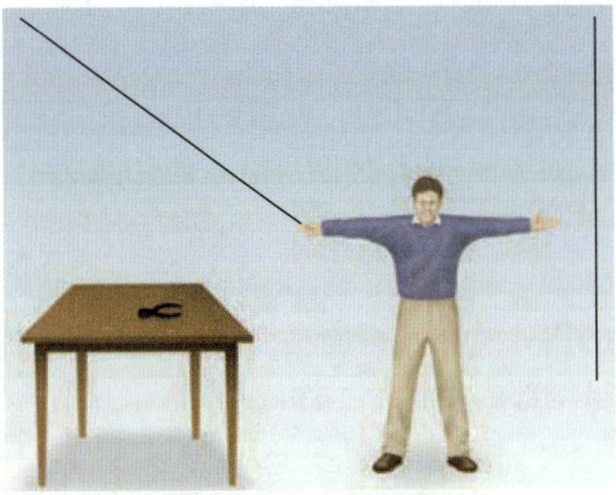

图 7–2 绳子问题

◎如果你不能同时抓住两根绳子，怎么把它们拴在一起？

人们能够变得意识到试图找到解决问题方法的自动倾向，这种意识能够让个体意识到抛弃旧的方法，寻找更合适的问题解决方法。在成功地解决问题的过程中，有三个最常见的障碍：功能固着、思维定式、证实偏见。

功能固着

问题解决的困难同仅仅思考这个物体的典型用途有关，这种现象被称为**功能固着**（functional fixdness）。你曾经尝试着到处找一把螺丝刀来修复房子周围的一些东西吗？其实有几样始终在手边的东西可以被用来拧紧螺丝：一把餐刀、一把钥匙，甚至是口袋里的一枚硬币。因为人们对这几样东西仅仅从烹饪、解锁、消费的角度思考，有时忽略了它们其他可能的明显用处。前面的绳子问题就是一个功能固着的例子。这一对钳子看起来是无用的，除非这个人认识到它能被当作一个重物来使用。

思维定式

功能固着事实上是一种**思维定式**（mental set），即人们倾向于坚持用过去起作用的问题解决的模式。在过去起作用的解决方法倾向于这个人首次用到的方法，人们经常犹豫不决，甚至不能想其他可行的方法（见图 7–3）。

图 7–3 九点问题

◎在笔不离开纸并且不重复通过的前提下，你能画四条线让它们穿过所有的九个点吗？

人们早期就被教导要在界限的范围之内活动，对吗？那种久经考验的方法不能解决这九个点的问题。这个解决方法需要将线条画出界限。

顿悟问题的答案：玛莎和玛乔丽是三胞胎中的两个。明白了！

证实偏见

阻碍逻辑思考的另一个障碍被称为**证实偏见**（confirmation bias），是指一种搜索证明对的证据，同时忽视任何相反的证据的倾向性。这类似于思维定式，这里的定式是一种想法而不是一种解决问题的方法。例如，超感知能力（ESP）的信仰者倾向于记住支持他们信仰的少量研究和准备的通灵预测，同时却“忘记”了不支持通灵预测证据的研究。他们仅仅记住了那些能证实 ESP 存在的研究。一些人认为他们可以一心多用，能够一边开车一边打电话的人可能倾向于记住他们自己的个人经历，但是这些经历中不包括任何交通事故或者未遂事故（他们意识到的事故）。虽然他们可能尝试着把自己看作超级工作者，但是最近的研究结果相反。在被试被测试一边驾驶模拟器一边需要完成两个注意需要的任务时，超过 97% 的被试不能在不影响作业的情况下完成这项任务。在双任务情景中，仅仅 2.5% 的被试能够成功地完成任务。这个例子是十分危险的，因为据评估，至少有 28% 的交通事故是由一边开车一边打电话或者发信息造成的。

◎ 火车司机在撞毁之前用手机发信息。这场事故造成了 25 人死亡、130 多人受伤。

创造性

到目前为止，我们仅仅讨论了有逻辑的和相对简单的思维。那么，人们是如何想出全新想法的——那些以前没有人想过的想法？

并不是每一个问题都能用现存的知识和应用这些信息的逻辑规则回答。有时一个问题要求用全新的角度去看待，或用不寻常的、创造性的解决手段去应付。这种思维方式被称为**创造性**（creativity），即用新的方法把观点或行为结合起来解决问题。

到目前为止，已经被讨论的问题解决的逻辑方法是基于一种被称为**聚合思维**（convergent thinking）的思维类型，一个问题能被看作只有

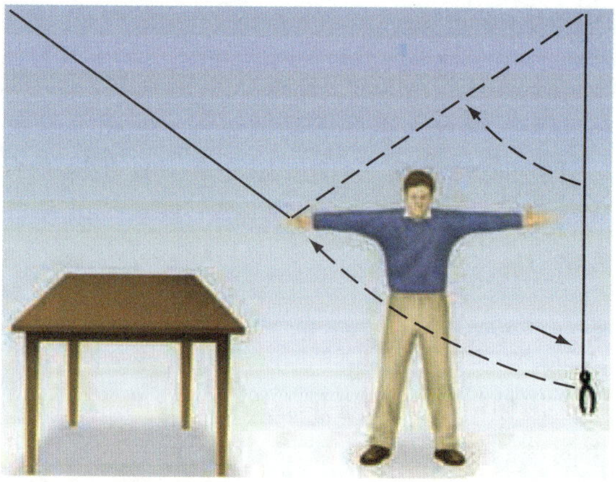

◎ 绳的问题的解决方法是：用剪钳作为一个钟摆，使第二条绳子靠近你。

一个答案，通过用以前的知识和逻辑，所有的思维最终将通向那个唯一的答案。例如，铅笔和钢笔的共同之处有哪些？可以在一个相似的比较加工中，列出这两个物品共同具有的特征：都能写字，形状相似，等等。聚合思维对于常规的问题解决是起作用的，但是当问题需要一个更具创造性的解决方案时用处不大。聚合思维不仅仅被归因为创造性，还被归因为智力。

发散思维（divergent thinking）与聚合思维相反。一个人可以从一个点开始，然后基于这个点想出许多不同的、发散的想法或者可能性。例如，如果一个人被问“铅笔能用来做什么”，那么聚合思维的答案将是“写字”。但是如果这个问题换一种问法：你认为一支铅笔有多少种不同的用处？回答可能是多样的：写字、戳孔、当风筝尾部的重物、一件武器等。

一个创造性的、有发散思维的人有哪些特点？创造性思维领域的理论家通过考察富有创造性的人的思维习惯发现，在富有创造性的人做一些或多或少具有自动化的任务或活动时（如散步或者游泳），这是他们发散思维最富有成效的时期。这些自动任务占用一些注意加工，留下剩余的资源用来加工创造性思维。事实上，一个人不把所有的注意关注在问题本身时是有益的，因为发散思维者常常在警觉之下的意识水平上进行联接和联系，以至于思想可以自由地流动而不用被更高级的心理加工审查。换句话说，例如，一个人把部分注意用于散步，剩

余的部分悄悄地放在创造性解决方案和观念上。

显然，发散思维者较少受问题解决障碍的影响，比如功能固着。例如，如果突然下雨了，你没带伞，被困在办公室，你会怎么办？有多少人会想到用一个塑料袋作为临时的雨伞？

在对年轻人的教育中，创造性的发散思维常常是一个被忽略的主题。虽然一些人天生有更多的创造性，但是培育一个人的创造性能力是可行的。创造性的能力是重要的。例如，想出一个研究论文的主题是许多学生比较难以做到的。跨文化的研究已经发现，发散思维和问题解决技巧在一些文化中不容易被教授，比如日本和奥马哈的原住民中间。在这些文化中，创造性在许多领域不被重视，倾向于坚持已经固定下来的传统，比如传统的舞蹈可以数世纪不改变。表 7–1 列出了训练发散思维的方法。

许多人有这样的想法：创造性的人有一点不同于其他人。例如，艺术家和音乐家，他们其实是鼓励其他人把他们看作怪异的。但事实上，富有创造性的人是十分正常的。根据契克森米哈赖（Csikszentmihalyi）的观点：

1. 富有创造性的人常常有关于许多科目的知识，并且擅长用心理意象；

2. 富有创造性的人不害怕与众不同——与许多人相比，他们更乐于接受新的体验。与他人相比，他们有更多的梦境和白日梦；

3. 富有创造性的人珍视自己的独立性；

4. 富有创造性的人在他们的工作中常常是非传统的。

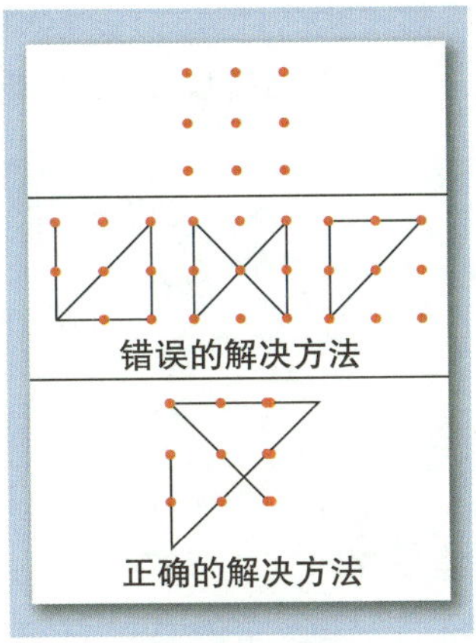

九点问题的解决方法

◎在人们尝试解决这个问题时，思维定式使他们认为这些点表征了一个盒子，他们尝试着在盒子内部画这个线。在笔不离开纸的前提下，连接这九个点的唯一方法是让线突破组成盒子的点的限制——书面意思是"盒子外的思考"。

智力

"聪明"是什么意思？它和智力是等价的吗？答案可能与当时的任务或情景有关。我们认为的智力概念到底是什么？

智力理论

智力在某些测试中仅仅是一个分数吗？它是一种如何和世界相处的实践知识吗？它能使人取得好成绩，或是获得经济上或社会的成功吗？问 10 个人，你可能会得到 10 种不同的答案。

心理学家通过结合下面列出的许多观点提出了一个可行的定义：他们把**智力**（intelligence）

表 7–1　如何启发发散性思维

头脑风暴	在短时间内尽可能产生多的想法，不去评判这些想法，而只是记录下这些想法
写日记	用日记本或用录音机来记录随时产生的想法
自由写作	写下或录下头脑中想到的每一个话题，写完或录完所有的信息之后再进行修改或者核对。之后再慢慢组织它
思维导图	从一个中心思想开始，然后从这个中心思想到其他相关的想法用线画一幅图，形成一个关于这个概念和它的联结的心理意象

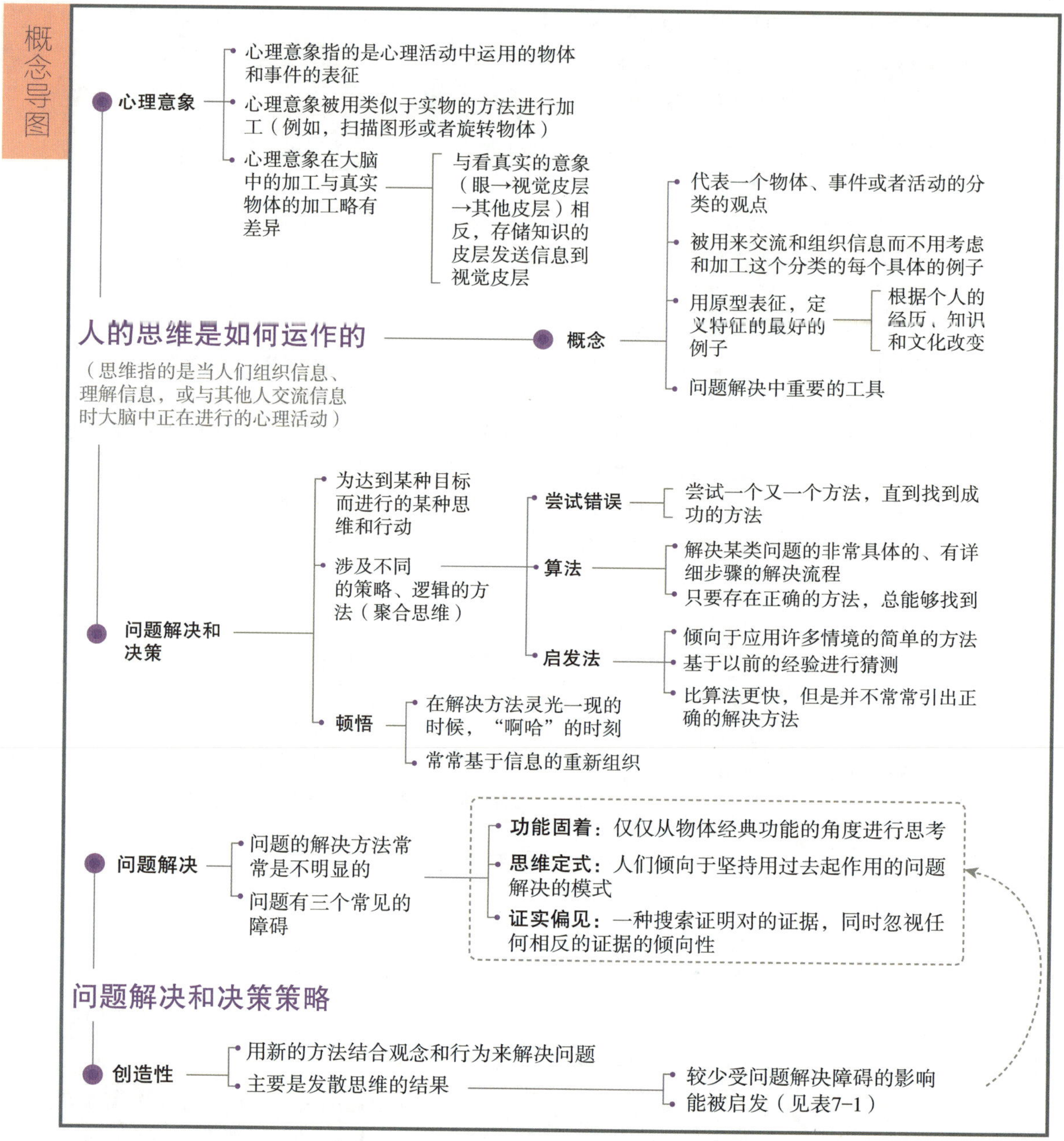

定义为从一个人的经历中学习、获取知识、有效地利用资源适应新的环境或者解决问题的能力。这些是他们在他们的文化中能够生存的特质。

虽然大体上我们定义了智力，但是对组成智力概念的特别知识和能力有不同的观点。查尔斯·斯皮尔曼（Charles Spearman）把智力定义为两种主要的能力：应用更广泛的一般智力（general intelligence），被称为 g **因素**（g factor）；而如音乐、商业、艺术等领域的与特定任务相关的能力，被称为特殊智力（specific intelligence）的 s **因素**（s factor）。后来的理论家认为智力不能被简单地定义，因此提出智力的不同方面。霍华德·加德纳（Howard Gardner）提出多元智能理论，他的理论最初列举了七种智能成分，后来增加到八种，以及后来的九种。然而，另一种智力理论认为智力有三种成分。罗伯特·斯滕伯格（Robert Stemberg）的智力的三元理论认为，智力包括分析性智力、创造性智力和实践性智力。

◎斯滕伯格的实践性智力是“实践经验”的一种形式，包括适应环境和解决实际问题的能力。这两个女孩正用一片叶子折叠成杯子给她们的弟弟喂水。

智力测量

智力测试的历史跨越了整个20世纪，有时也有一些争议和误用。关于智力测试发展的历史，至少需要一章来叙述，因此，接下来仅仅介绍一些熟知的测试，并介绍这些测试是如何形成的。

看起来智力好像是不容易用一个测试来测量的，那么，智力测试是如何做到的呢？

智力测试

通过一些测试来测量智力，人们产生这样想法的时间还不到一个世纪。在法国，教育者认识到与其他学生相比，有些学生在学习方面需要更多的帮助，从那时起，就有了智力测试。他们认为如果一个方法能够确定这些学生的特殊性，那么相对于更有能力的学生而言，可以给这些学生提供一种不同方式的教育。

比奈的心理能力测试 在早期，法国教育部要求法国心理学家阿尔弗雷德·比奈（Alfred Binet）设计正式的智力测试，用来帮助确定那些不能像其他儿童一样快速学习的儿童，以便让他们接受更合适的教育。最终，他和他的同事西奥多·西蒙（Theodore Simon）想出了一个测试，它不仅能够区分学习快的和学习慢的儿童，还能应用于不同年龄的儿童。他们注意到，快速学习的儿童看起来能够回答年长儿童才能回答的问题的答案，然而学习慢的儿童则回答更小的儿童倾向于回答的答案。比奈确定测试的关键成分是儿童的心理年龄，或者是儿童成功地回答一个特定水平问题的平均年龄。

斯坦福－比奈量表与智商 斯坦福大学的研究者特曼采用了德国心理学家威廉·斯特恩（William Stern）的方法，比较心理年龄（mental age，MA）和实足年龄（chronological age，CA，即根据出生确定的年龄），用在被转换和校正的比奈测试中。斯特恩的公式是，心理年龄除以实足年龄，然后为去除小数点乘以100后得到的结果。这个结果的分数被称为**智商**（intelligence quotient，IQ）。

$$IQ=MA/CA\times 100$$

例如，如果一个10岁的儿童做这个测试，得到的心理年龄是15岁（即能够回答15岁的儿童能够回答的问题），那么这个儿童的IQ可能是：

$$IQ=15/10\times 100=150$$

智商的优点是能够比较不同年龄组的人的智力水平。虽然这个方法对儿童是十分有效的，但是随着人的生理年龄超过16岁，IQ分数就会变得没有意义（只要一个人成为成年人，面向一个特定年龄段的测试问题就会失去它的权重，例如，30岁的问题和40岁的问题有什么差异）。如今的大部分智力测试用年龄组比较常模来取代，比如，斯坦福－比奈智力量表第5版（*SB5*）和韦克斯勒测试（看下面的部分）。*SB5*常常被教育者用来做关于儿童（包括残疾儿童和特殊儿童）是否要被纳入特殊教育计划中去的决策。许多儿童在七八岁（大概二年级时）会接受这个测试。*SB5*有一个关于智力的整体评估，包括言语和非言语分数，由五个主要认知能力组成——流畅性、推理能力、常识、数量加工、视-空间加工和工作记忆。表格7-2描述了*SB5*的一些项目。

韦克斯勒测试 虽然原始的斯坦福－比奈测试到现在已经是第5版了，且对不同年龄组的人群有不同的测试问题，但是它不是今天唯一流行的智力测试。戴维·韦克斯勒（David

表 7-2 斯坦福－比奈智力测试的部分项目释义

年龄 *	项目类型	项目描述
2	板上有三个不同形状的洞	儿童能将正确的形状放进板上与之匹配的洞里
4	搭积木桥	给儿童示范一个模型后，儿童能够搭建一座简单的木桥
7	相似性	儿童能够回答类似这样的问题：船和小汽车有什么相似之处
9	数字倒背	儿童能够倒背四个数字
平均成人	词汇	儿童能够准确地解一个列表上的 20 个单词的定义

* 年龄：儿童能够成功完成项目的年龄

资料来源：Roid，G.H.（2003）.

Wechsler）是第一个为特定年龄群体设计一系列测试的人。他最初是不满意于这个事实：斯坦福—比奈测试是针对儿童设计的，却也应用于成人。因此，他特地为成人设计了一个智力测试。他后来也为年龄比较大的学龄儿童和学前儿童，以及更年幼的儿童设计了测试。测试有三个版本：韦克斯勒成人智力测试（WAIS-IV）、韦克斯勒儿童智力测试（WISC-V）、韦克斯勒学前儿童和小学生智力测试（WPPSI- IV）。在美国，这些量表相对于斯坦福—比奈量表更常被用到。在早期的版本中，这些测试不同于斯坦福－比奈测试，因为它们每个都有一个言语和操作（非言语）量表，也提供了一个总体的智力分数（最初的斯坦福－比奈测试主要由言语项目组成）。虽然韦克斯勒测试现在仍分为言语和操作项目，但是它提供了一个整体的智力分数，这个分数与特别的认知领域是相关的。表 7-3 显示了 WAIS-IV 的样例项目。

表 7-3 韦克斯勒成人智力测试（WAIS-VI）的样例项目释义

	模拟试题示例
言语理解指标	
相似性	一个圆形与一个三角形有什么相同之处？锯子和锤子有什么相同之处
词汇	河马是什么？“相似性”是什么意思
常识	蒸汽是怎样产生的？什么是辣椒？《汤姆·历险记》是谁写的
感知推理指标	
积木图案	在看过一个模式或者设计后，要求以相同的模式摆出小立方体
矩阵推理	在看过一个复杂的矩阵模式或系列后，选择一个选项完成这个矩阵或矩阵系列
视觉拼图	在规定的时间内，看一个已完成的拼图，从一组选项中选择三个成分重新拼出这个拼图
工作记忆指标	
数字广度	回忆一连串的数字，一些列表正背，一些列表倒背，以一个正确的升序回忆一个混合系列的数字
算数	三名妇女平分 18 个高尔夫球，每个人能接收到多少高尔夫球？两个按钮售价 0.15 美元，那么买 12 个按钮将花多少钱
加工速度指标	
符号搜索	在一个规定的时间内，视觉搜索一组符号确认特定目标的符号
数学符号	学习具体数字的不同符号，然后在每个数字下面的空白处用正确的符号进行填充（测试是有时间限制的）

模拟项目是类似于韦克斯勒成人智力测试中的项目，第 4 版（2008）。

测试编制：好的测试，还是坏的测试

并不是所有的测试都是好的测试。在一个人没有发生大的改变的时候，一些测试对在不同场的同一个人无法给出相同的结果，导致这个测试无效。这些被认为是不可靠的测试。**信度**（reliability）指的是对于相同的人或者相同群体的人而言，每次测试都产生一致的结果。例如，如果尼古拉斯今天进行了一个人格测试，大约一个月后再次进行人格测试，如果这个人格测试是可靠的，那么结果应该是非常相似的。其他的测试可能易于使用，甚至很可靠，但是它们事实上不能测到它们应该测量的内容，这样也是无效的。这些测试被认为是无效（不真实的）的测试。**效度**（validity）是指一个测试真正测到它要测的东西的程度。效度不仅仅反映测试或评估情景的有效性，其另一个方面还包括获得的分数能真正反映现实生活情景下的想要测量的技术或结果的程度，即生态效度。例如，我们既希望某人能够通过测试获得驾照，又能够在路上真正安全地开车。在评估测试时，应该考虑测试分数意味着什么呢？它与什么或者和谁进行比较呢？

举一个虚构的斯塔沃特教授的例子。斯塔沃特教授因其相信智力与一个人打高尔夫的分数相关而被人熟知。假设他制作了一个基于高尔夫分数的成人智力测试。我们需要通过什么来确定他的测试是不是一个好的测试呢？

测试的标准化 首先，我们想看一下他是如何尝试着标准化他的测试的。标准化指的是用这个测试去测试一个大的样本群体的过程，这个样本群体代表着测试要测的代表性的群体。标准化的一个方面是建立测试实施的一致性和标准化的方法。在所有的测试中，被试都应该在相同的情境下进行测试。在斯塔沃特教授的案例中，这意味着他必须让他的样本成员在相同的天气环境下玩相同次数的高尔夫等。标准化的另一个方面是对照组，要用他们的分数与个体测试的分数结果。标准化组是从测试将要测的人群中进行随机抽取，像所有的样本一样，标准化组必须是这个人群的代表性样本。如果一个测试是为儿童设计的，那么一个大量的随机抽取的儿童样本应该进行这个测试。

常模 从标准化组得到的分数被称为常模，所有其他进行这个测试的人的分数都要与常模分数做比较。大多数智力测试都有一个标准曲线（也被称为“钟形曲线”），分数大多是围绕着平均数分布的，离平均数越远，它们出现的频率就越低（见图 7-4）。

在韦克斯勒智力测试中，标准曲线每个部分下面的百分比表示落入每个标准差部分的百

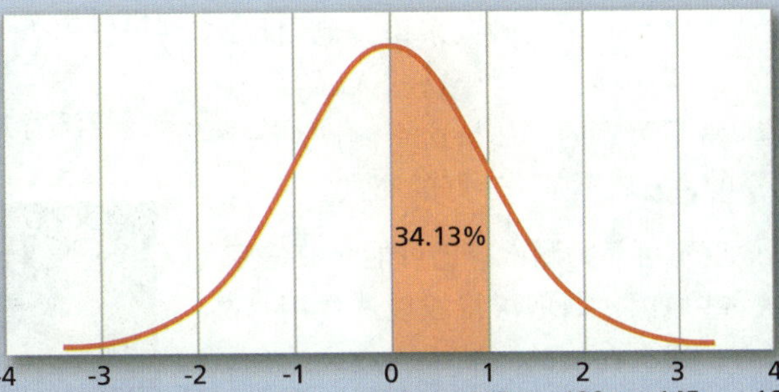

标准差	-4	-3	-2	-1	0	1	2	3	4
韦克斯勒智力分数	40	55	70	85	100	115	130	145	160
斯坦福 – 比奈智力量表第4版智力分数	36	52	68	84	100	116	132	148	164
累计百分比	0.003	0.135	2.275	15.856	50.00	84.134	97.725	99.865	99.997

图 7-4 标准曲线

◎标准曲线每个部分下面的百分比表示落入每个标准差部分的百分比。智力测试的分数可以用标准曲线表示。每条垂直线表征远离平均数一个标准差，平均数常常被设定为 100 分。例如，115 分的韦克斯勒智力分数表征为高于平均数一个标准差，在标准曲线区域暗示有 34.13% 人口的智力分数在 100 到 115 分之间。

注意：这个图显示了斯坦福 – 比奈智力量表第 4 版的平均数和标准差。斯坦福 – 比奈智力量表第 4 版于 2003 年出版，现在组合分数的平均数为 100，标准差为 15。

分比。标准差是用来衡量数据值偏离算术平均值的程度。

在斯塔沃特教授的高尔夫测试案例中，他可能会得到一个确定的高尔夫分数作为平均数，他把这理解为平均智力。在高尔夫测试中得分极好和极差的人都将与平均数做比较。

相比用斯特恩设计的简单公式计算的IQ分数方法，标准曲线使智力分数能被更加精确地评估。测试设计者用**离差智商**（deviation IQ score）分数取代了早期智力测试采用的比例智商离差智商基于标准曲线分布：智商被假设围绕着平均数100和一个特例的标准差15分布（标准差随测试的不同而不同）。例如，130的智商，比平均数高两个标准差，70的智商比平均数低两个标准差。在每个案例中，个人的得分与总体的平均分数做比较。

至于效度和信度，斯塔沃特教授的测试乏善可陈。如果把这位教授的测试结果与其他已经确立的智力测试做比较，它们之间可能没有任何关系。高尔夫分数与智力之间没有关系，因此这个测试是无效的、不真实的智力测量。

另一方面，在效度这个问题上，他的测试可能对一些人非常有效，但是对其他人无效。一些人是比较出色的、合格的高尔夫球手，每次玩高尔夫时得分相近，对于他们而言，这个高尔夫测试是相对可靠的。但是对其他人，特别是对这些不常玩高尔夫的人来说，他们每次玩的成绩之间变化很大。对于这些人而言，这个测试是非常不可靠的。如果这个测试对一些人是不可靠的，它就不是一个好的测试。

一个效度不可靠的测试，仍可能具有信度。如果因为一些原因，斯塔沃特教授选择用身高来测量智力，那么在他的测试中，成人的分数常常是一样的，因为从少年晚期起，人的身高就不会再发生多大改变。但是反过来就不一定了。如果一个测试是不可靠的，那么它怎么能够测量到它需要测的东西呢？例如，成人的智商是相对稳定的。如果一个测试测量某个成年人的智商，每次测量得到的分数都不同，那么它明显不是一个有效的智力测试。

仅仅因为一个智力测试每次给每个人的分数都是一样的，但并不能让我们认为这个分数就能代表真正的智力，对吗？

对的。思考一下智力的定义：从一个人的经历中学习、获取知识，有效地利用资源适应新环境或者解决问题的能力。怎样确定什么是“有效地利用资源”？每个人的“世界”必须被感知为相同的东西吗？智力测试是有效的测量手段，但是并不一定能测量所有类型的智力行为，或能准确测量所有群体，正如以下内容将讨论的。

智力测试与文化偏见

智力测试是基于设计者对这个世界的理解和设计这个测试的资源决定的，用测试测量智力存在这样的问题：并不是每个人都来自相同的“世界”。人们生活在不同的文化中。来自与设计者相同环境的人都可能在这个测试中表现不好，更不用说如果这个测试用不熟悉的语言或者方言编写时，执行这个测试的难度了。在早期的移民中，来自非英语国家的人在智力测试中得分非常低，在某些情况下，会因为这样的测试而被拒绝进入美国。

设计一个没有文化偏见的智力测试是非常困难的。文化偏见指的是智力测试的倾向性反映了测试设计的人的语言、方言、背景和文化。相对于来自一个不同的文化或社会经济背景的人，来自与测试设计者相同文化背景（甚至社会经济背景）的人明显具有优势。如果对一个

◎来自不同文化的两个女性如何就“智力是什么”达成一致性？

生活在亚洲文化中的人实施基于西方文化而设计的测试，那么这个测试中的许多项目对他们而言可能都没有意义。例如，一类问题可能是，下列五个事物中的哪一个与其他四个不一样？

狗—猫—汽车—鸟—鱼

这个答案被定为汽车，因为它是五个当中唯一一个不是活物的东西。但是让一个日本孩子来回答，生活在那样的文化中，许多的食物和文化依赖于海洋，他可能选择鱼，因为其他的东西都不生活在海洋里。这个儿童的测试分数可能不高，但并不意味着这个儿童不聪明。

人们已经尝试设计不受文化影响的智力测试。许多设计者认为，设计一个完全没有文化偏见的测试是不可能的。他们只能努力设计在文化上尽量保持公平的测试。对于那些在文化上与多数人不同的人，这些测试使用的问题不会使他们处于劣势。在文化公平测试中，有许多项目要求非语言能力的使用，比如旋转物体，而不是用可能有文化偏见的与言语知识相关的项目。

思考一下

为了最大限度地减小文化偏见，你将在测试中纳入什么类型的问题？

如果智力测试有这么多缺点，那么为什么还有人用它们呢？

智力测试的可用性

智力测试对于预测学术成就和工作表现通常是有效的。智力测试做得很好的一点是，能够预测那些得分在标准曲线的高端和低端的人的学业成就（对那些得分在智商平均分范围的人，预测价值是不清楚的）。学校对学生的测试常常类似于智力测试，因此智力测试做得好的人在其他学业测试中也做得很好，比如，学业成就评估考试（SAT）、美国大学入学测试（ACT）、研究生入学考试（GRE），以及大学中的考试。这些成就测试非常类似于智力测试，但是被用于群体而不是个体。不过，最近的研究显示，自我调节技术或动机水平可能会影响智力测量，人们会越来越多地关注在某些情景或环境下的智力分数，可能无法很好地预测学术或工作成就。

智力测试也在神经心理学中扮演了重要的角色。受过专门训练的心理学家运用智力测试和其他形式的认知和行为测试评估神经行为障碍，在这些障碍中，认知和行为障碍是因脑损伤或脑功能紊乱导致的。作为他们工作的一部分，神经心理学家用智力测试诊断（例如，脑损伤、听觉障碍、神经心理学障碍）、追踪障碍群体的进程，以及监控可能的恢复状态。

智力的个体差异

智力测试的另一个用途是帮助识别那些远超出平均智力的人群。虽然其中一组由被称为“天才”（他们处于智力标准曲线的高端）的人组成，但另一组因为各种不同的原因，这些人被认为是精神发育迟滞的，这些人的分数处于标准曲线平均数的下面。在这章，我们将讨论智力的另一种类型——情商，它不能被传统的智力测试测量。

精神发育迟滞

精神发育迟滞（intellectual disbility），又称**精神发展障碍**（intellectual developmental disorder），官方称精神落后或发展迟缓，是一种神经发展障碍，可以通过几种方式被定义。首先，这个人的智力分数必须低于70，或者在标准曲线下低于平均数两个标准差。其次，这个人的适应行为（指保证人独立生活的技能，比如能够工作、与其他人进行良好交流的能力和自理技能，比如能够穿衣、吃饭，以及在很少或没有帮助的情况下洗澡）明显地处于这个人的年龄所应该表现出来的正常水平以下。最后，这些缺陷必须在18岁以前出现。精神发育迟滞发生率占人群的1%。

因此，一位专业人士如何判断一个儿童是不是发展迟缓呢？智力测试是主要的方法吗？

诊断 《精神障碍诊断与统计手册》（*DSM*）

依赖于智力测试，用来判断是否患有精神发育迟滞及其严重程度。2013 年发布了最新版本《精神障碍诊断与统计手册（第五版）》（*DSM–5*），这与美国智力和发展障碍协会（AAIDD）的指导手册是一样的。由于智力测试对于智力分数处于低端的个体是很少有效的，以及在多个生活领域，自适应的生活技能是非常重要的，因此现在对精神发育迟滞严重程度的评估是基于适应功能水平和个体需要的支持水平进行的。因此，关于精神发育迟滞的 *DSM–5* 诊断是基于智力功能的缺陷，通过智力测试和临床评估决定的。智力功能通过三个方面影响适应性功能。这三个领域包括概念上的（记忆、推理、语言、阅读、写作、算数，以及其他学术技能）、社会的（共情、社会判断、人际交流，以及影响交朋友和维持友谊的其他技能），以及实践上的（影响个人自理的自我管理技能、工作责任感、学校、金钱管理，以及其他领域）。以前的诊断版本要求这些缺陷必须发生在 18 岁以前，*DSM–5* 删除了这条年龄标准，但是要求指定特征必须在发育阶段出现。

精神发育迟滞从轻微到极端严重不断发生改变。根据 *DSM–5* 的诊断标准，轻微精神发育迟滞不再被认为在概念方面存在缺陷。直到他们达到上学年龄，学习困难变得明显的时候他们才被认定为有缺陷；在他们成人后，他们可能是很实在的思想家。在社会方面，与同龄人相比，因为他们的社会判断和人际互动是不成熟的，所以他们存在被其他人操纵的风险。在实践方面，他们在适当支持的条件下能够独立地生活，但是可能需要复杂生活技能的帮助，如身体照顾的决策、法律问题或者供养家庭。这个分类涵盖了精神发育迟滞的大部分个体。根据严重程度，可分为中等、严重、极端严重。在概念方面，极端严重精神发育迟滞的个体的学习能力非常有限，仅仅能够完成简单的匹配和分类任务；在社会方面，他们基本上没有交流技能，虽然他们可以和熟悉的家人以及其他照顾者进行非语言交流；在实践方面，他们可以在照顾或帮助下参与活动，但是他们总体上在生活的所有的方面都需要依赖于其他人。所有的这些技能缺陷可能是由多个生理或感知缺陷综合造成的。

原因　是什么造成了精神发育迟滞？不健康的生活环境影响大脑发育。例如，吃油漆芯片中毒，接触多氯联苯，产前接触汞以及其他的有毒物。精神发育迟滞也可能与贫穷有关，贫穷能够导致不健全的脑发育或者其他的健康风险。例如，营养失调，没有接受恰当的健康照顾，或者在文化和教育经历中缺少脑部锻炼而引发的不良结果。

导致发展迟缓的常见的生理原因是小儿唐氏综合征、胎儿酒精综合征和脆性 X 染色体综合征。胎儿酒精综合征是早期的胚胎暴露于酒精中，智力水平的范围在低于平均分数到发展迟缓之间。在脆性 X 染色体综合征中，男性在第 23 对 X 染色体上的基因存在缺陷，导致大脑发育的蛋白质不足。根据这个基因损害的严重程度，脆性 X 染色体综合征的特征包括各种程度的发展迟缓。

造成发展迟缓的原因还有许多。出生时氧气的缺少、疾病对子宫中胎儿的损害、传染病、母亲的药物使用，甚至在儿童期疾病和事故都能导致发展延迟。

发展迟缓影响一个人的智力。发展迟缓的人和任何人一样，能对爱和感情做出反应，也同所有人一样需要被爱和朋友。智商仅仅是一个特征；温暖、友好、富有同情这些品质也很重要，不应该被低估。

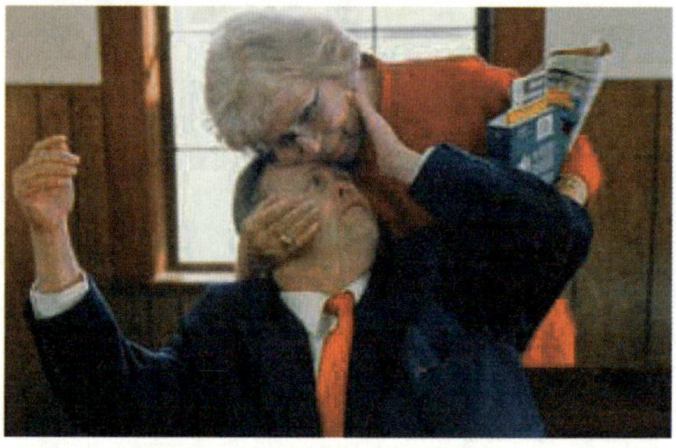

◎图中的这个中年男人名叫杰克，他生活在阿肯色州的一个小镇。他在一个当地的教堂做助祭，生活对他来说，非常充实和快乐。杰克患有唐氏综合征，但是他成功地在生活中找到了自己的位置。

天才

在智力分数另一端的这些人，他们落在标准曲线的高端（见图 7-4），智商高于 130（大约占人群的 2%）。这些人被称为**超常**（gifted）。如果智商在 140 以上（占人群的比例不到 1%），这些人常常被称为“天才”。

我听说天才有时比较固执和奇怪。天才，特别是真正高智商的人，是不是都有一点儿不正常？

人们对非常有智慧的人有很多错误的看法。他们认为这些人是怪诞的、羞于社交的、身体虚弱的，而且更易患心理疾病。基于这些看法，电影里出现了“疯狂的科学家”，文学中也塑造了“邪恶天才”。

这些看法被一项开创性的研究推翻了。1921 年，刘易斯·推孟（Lewis Terman）展开了这项研究。推孟选择了 1528 名儿童参与这项纵向研究，其中包括 857 名男孩和 671 名女孩，他们的智商在 130 到 200 之间（用斯坦福－比奈量表测量的结果）。这项研究的早期发现证明了超常的人是善于社交且技能熟练的领导者。他们的身高、体重和外形吸引力等方面都高于平均水平，打破了人们关于“天才孱弱”的看法。推孟证实，相对于一般人群，超常儿童不仅不易患心理疾病，而且他们还往往对心理疾病有更多的抵抗力。只是在那些智商极高的人（IQ 在 180 以上）中，发现他们有类似儿童的一些社会和行为适应的问题。

© 图中显示的是斯坦福大学心理学家推孟于 1942 年在桌前的相片。推孟花了他职业生涯的大部分时间用来研究高智商的儿童，而且他是第一个用“超常”这一术语描述这些儿童的人。

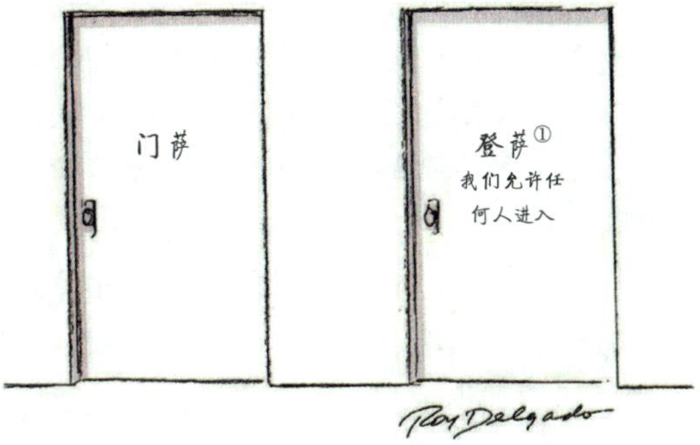

这些被试被称为“推孟人”，他们作为成人而言都是很成功的。与平均智力水平的同龄人相比，他们获得更高的学位，在职业和经济方面更成功（至少在这个研究中，男性在职业上是成功的——当时，女性一般不外出工作）。研究者卓文萱（Zuo）和科瑞莫得（Cramond）检查了“推孟人”中的一些人，以了解他们在青少年时共性的形成与后来的成功是否有关。他们发现，大多数成功的“推孟人”事实上都成功地达到一致的自我意识，那些没达到的则没那么成功。

琼·弗里曼（Jone Freeman）写了一本名为《长大的超常儿童》（*Gifted Children Grown Up*）的书。这本书描述了对英国 210 个超常和非超常儿童进行纵向研究的结果。这项研究中一个比较有趣的结果是，在非常小的年龄被“推着”成功的超常儿童，虽然相对于他们的同龄人，很早就适应了考试，但他们长大后却令人失望，成为不幸福的成年人。推孟指出，不同的生活环境是影响超常的人们成功、适应性和幸福感的一个主要因素。例如，有些人生活在贫穷中，有些人生活在富有中。然而另一项纵向研究发现，与智力和高学业成就相比，天才学生和天才成人在生活中能获得更多的成功。在那项研究中，喜欢一个人工作、生活中有使命感、有活力和坚韧都是非常重要的因素。若超常给人留下心理脆弱的印象是一个神话，那么超常总是导致成功的想法也是一个神话，正如推孟在他早期的研究中所发现的。

情商　为什么有一些人有许多的书本知识

---

① 原文“Densa”，此处音译，为作者杜撰的词。——译者注

却没有多少常识？这些人虽然有所谓的智力，但是他们从来没在生活中获得成功。这是事实，并不是每一个有智力的人都能在生活中获得成功。有时，最成功的人在常规学业测试中并不都做得很好。

为什么有些人在生活中取得成功，但是在学校中做得不好，而有些人在学校中做得很好，但是在生活中却不成功？解释之一是，成功依赖一定程度上的**情商**（emotional intelligence），即管理一个人情绪有利于思维、获得特别的目标的精确意识和能力，以及感知他人情绪的能力。

彼得·沙洛维（Peter Salovey）和约翰·迈耶尔（John Mayer）首次提出了情商的概念，丹尼尔·戈尔曼（Daniel Goleman）则详细解释了情商。戈尔曼最早提出，相对于传统的智力观点，情商对于生活中的成功是一个非常重要的影响因素。尽管戈尔曼和其他人已经在多个方面使用这个概念，但是有些观点没有科学证据的支持。例如，情商与高自尊、乐观主义是不一样的。情商能帮助人控制情绪，例如，对生气、冲动和焦虑情绪的控制。共情，即理解他人情绪的能力，也是一种情商，正如意识到一个人自己的情绪、敏感性、面对挫折的韧性，以及鼓励自己的能力等，这些都是情商。

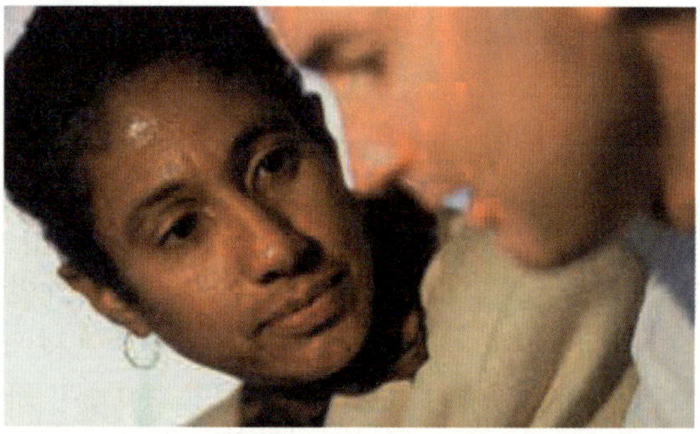

◎ 情商包含共情，即感知他人情感的能力。这名医生不仅能够聆听病人的问题，还能够通过面部表情、身体语言、手势表现出她已经理解了病人感觉。

这一切听起来很好，但是如何测量情商呢？

有研究支持这个想法吗？在一项研究中，研究者要求被试读他人写的一个段落，试着猜测他人在写的时候他们的感情是怎样的。研究者假定，擅长把情感与思维联系起来的人也具有高的共情能力和情商。那些正确地判断作者情绪经历的被试共情测量分数更好，在防御性测量中得分更低（需要假设每个被试的情绪判断既与一组人的意见一致，又与他人的情感报告一致）。相同的被试也有更高的 SAT 分数（自我报告）。基于此，迈耶尔和同事得出这样的结论：情商不仅仅是一个有效的测量概念，而且一般智力和情商是相关的——情商高的人，在一般智力上也较高。一个最近的综述发现，拥有高情商的个体（包括成人和儿童）有更好的社会关系，更好的家庭关系和亲密关系，能被其他人更积极地感知，有更好的学业表现，工作中更容易成功，能体验到更多的心理幸福感。

智力的先天 - 后天争论：遗传的影响

人们是一出生就具有所有可能拥有的智慧了吗？还是经历和学习在智力的发展中也起到某些作用？在人类发展领域，一直在争论先天（遗传或基因）和后天（环境）对人格特质影响，智力是被仔细检验的特质之一。

双胞胎和适应性研究

试着把基因的作用从环境中分离所存在的问题是：完美控制的实验既不实际也不道德。然而，研究者发现，他们能够从自然实验，即自然存在的情境下，通过考察了解一些现象。双胞胎研究就是这种情境下的一个例子。

同卵双胞胎来自同一个受精卵，因此有相同的遗传基因。然而，他们之间某一个特质的任何不同都应该是被环境因素影响。异卵双胞胎来自两个不同的受精卵，每一个受精卵被一个不同的精子受精，分享的遗传物质同任何两个普通的兄弟姐妹一样多。通过比较这两类共同抚养（相似的环境）和分开抚养（不同的环境）的双胞胎的智商，以及同有其他关联程度的人进行比较，研究者能够得到大概的结论（如果不精确的话），知道遗传在多大程度上影响智力这种特质（见图 7-5）。正如从图表中看到的，遗传相关的程度越大，这些人的智商分数越相关。事实上，同卵双胞胎通常有 0.86 的

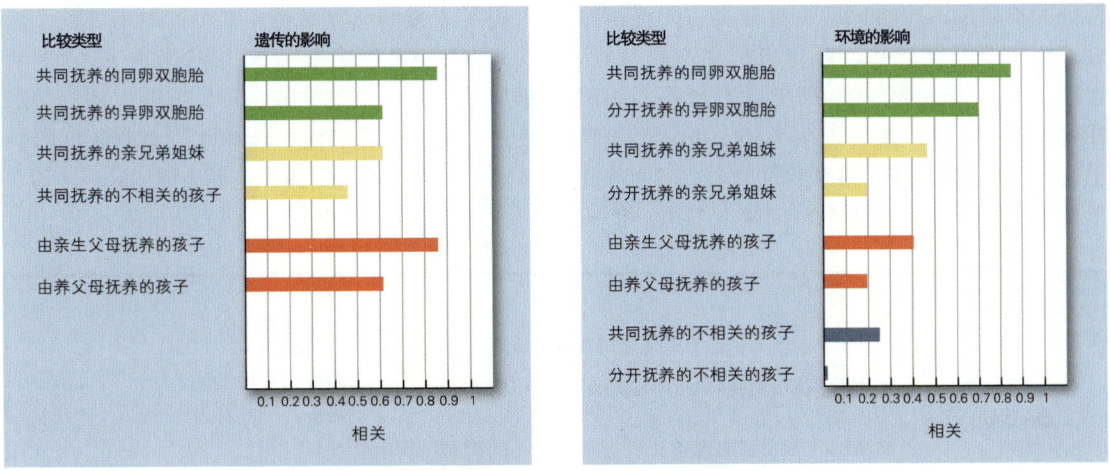

图 7–5 各种关系的个体智商分数的相关

◎ 在左边的图中，基因相关的程度看起来决定了各种比较的智商分数之间的一致性。例如，即使异卵双胞胎生活在相同的环境中，同卵双胞胎（分享了 100% 的基因）比异卵双胞胎（分享 50% 的基因）在智商上更相似。在右边的图中，与其他关系的比较中，同卵双胞胎在智商上仍然更相似，但是在相似的环境中生活，同卵双胞胎的智商相似性更高。

相关，这意味着环境扮演着部分的角色，影响智力的某些方面。如果遗传是单独起作用的，同卵双胞胎之间的相关应该是 1.00。如今，研究者已经得出智力的遗传力（在一个群体内，遗传因素造成的智力改变的比例）大概为 0.5 或者 50%。进一步的研究发现，随着年龄的增长，遗传因素的影响也会增加，但是基因组或基因因素是恒定的。随着年龄的增长，相同基因组的影响会变得更大。

如果同卵双胞胎有 0.86 的相关，那么这难道不意味着智力是 86% 的遗传造成的吗？

虽然同卵双胞胎之间的相关高于 0.5 的评估遗传力，但是相似性不完全归因于双胞胎基因的相似性。在同一个家庭环境生活的双胞胎明显分享相似的环境。即使是分开抚养的双胞胎，也常常有相似的社会经济环境和种族背景——比能想到的有更多的相似性。因此，基因相似的双胞胎在相似的环境中被抚养，他们的智商分数也将是相似的。不过，相似环境的影响随着时间变少（基因的影响随着时间增长），仅仅可以解释十一二岁的青少年智力变化的 20%。反过来，环境影响倾向于不是影响青少年的一个因素，随着基因因素影响效应增加，智力的遗传力在 65 岁时可能高达 0.90 或 0.91。

关于遗传力，人们需要理解的一个事情是，遗传的评估仅仅应用于在一组人内智商的改变，而不是个体本身智商的改变。每个个体在经验、教育和其他非遗传因素方面是十分不同的，因此无法预测个体中一个特别的基因如何和这些外部因素相互作用。只有人群之间的一般性差异才能用于研究基因的影响。基因常常与环境因素交互作用，某些极端的环境可能改变遗传特质，正如在严重营养不良的儿童的成长模式中发生的情况。另一方面，环境能够提高结果表现。一些观察发现，IQ 分数在现代化国家，一代又一代，随着时间稳定地增长，这种现象被称为弗林效应。

思考一下

你如何确定吹奏长笛的能力是不是一种高度遗传的特征？如果你想提高你吹奏长笛的水平，但有人告诉你音乐能力是遗传的，你应该停止练习吗？

钟形曲线和统计的误解

影响智商测验表现的遗传差异的另一个因素是种族的观点（在大多数研究中，用“种族”这个术语代表具有共同的皮肤颜色和面部特征的群体的一个方式，这种分类方式值得质疑。相比于皮肤颜色，群体表现在文化背景、教育经历、社会经济地位等方面有更多的相似性）。在 1994 年，赫恩斯坦（Hernstrein）和默里（Murray）出版了一本有争议的书，名为《钟形曲线》（*The Bell Curve*）。在这本书里，他们引用了大量的研究数据（在写这本书之前，这些研究数据在科学杂志上没有被出版），这些数据导致他们得出这样的结论：智商大部分是遗传的。这两位作者进一步暗示，具有较低的经济水平的人之所以贫穷，是因为他们缺乏才智。

在他们的书中，赫恩斯坦和默里有几个

概念导图

智力

（从一个人的经历中学习、获取知识、有效地利用资源适应新的环境或者解决问题的能力）

- **理论**
  - **斯皮尔曼的g因素**：智力由两种不同的能力组成：
    - **g因素**：一般智力
    - **s因素**：特殊智力
  - **加德纳的多元智能理论**：智力由九种不同类型的智能组成
  - **斯滕伯格的三元智力理论**：智力由三个不同的方面组成
    - **分析性**
    - **创造性**
    - **实践性**

智力测量

- 比奈和西蒙创造了第一个正式的量表，帮助确定需要更多学习帮助的法国儿童
- **测验**
  - **比奈心理能力测试**
    - 测试的关键因素是儿童的心理年龄
  - **斯坦福-比奈智力量表**
    - 推孟（斯坦福的研究者）翻译和校正了比奈测试
    - 采用智力商数的第一个测试 IQ=心理年龄/实足年龄 × 100
      - 类似韦克斯勒测试做的，现在用年龄组作为比较常模
    - 用许多的言语和非言语项目来提供一个整体的智力的评估，包括认知的五个方面
  - **韦克斯勒测试**
    - 用语言和操作（非语言）分量表提供了一个整体的智力分数，包括专门的认知领域
- **测试编制**
  - 好的测试是有效和可靠的
  - 标准化的实施、得分，和常模做比较
  - 智力应遵循标准曲线
  - 挑战
    - 智力有不同的定义，多种方法可以评估智力
    - 设计完全没有文化偏见的智力测试很困难
- **个体差异**（智力测试可能被用来确定显著不同于平均智力水平的个体）
  - **超常**
    - **标准**
      - IQ > 130（高于平均数两个标准差）
      - IQ > 140被称为天才
    - **特征**
      - 一般会成长为一个适应良好的成年人，除非在小时候被“推着”追求成功
      - 极高智力的个体在可能有类似儿童的一些社会和行为适应的问题
  - **发展迟缓/精神发育迟滞**
    - **标准**
      - IQ < 70（低于平均数两个标准差）
      - 适应性行为明显低于正常水平
      - 在18岁之前表现出局限性
    - **分类**
      - 从轻微到严重，依赖于缺陷的严重水平，或者所需要的支持级别
    - **成因**
      - **环境**
        - 有毒物，比如铅、汞
        - 贫穷
      - **生理**
        - 小儿唐氏综合征
        - 胎儿酒精综合征
        - 脆性X染色体综合征
  - **情商**
    - 管理一个人情绪的意识和能力，以及自我监控、感知他人情绪和社交的能力
    - 可能与传统的智力相关，但是仍旧需要收集数据
- **先天-后天**
  - 生活在一起的同卵双胞胎智商相关值为0.86
    - 相关值不为1，说明环境也扮演了一定的角色
  - 遗传力评估只有在一般意义上适用于群体内，而不是群体间，也不适用于个人
    - 目前遗传力评估为0.5

统计错误，并且忽视了环境和文化的影响。第一，他们假设智力测验的确能够测量智力。正如前面曾讨论的，智力测验是有文化和社会经济偏见的。进一步研究发现，仅仅意识到负性原型能够导致个体在智力测验或其他任务上较差的表现，这种反应被称为**刻板印象威胁**（stereotype threat）。因此，他们真正发现的是种族和智商之间的相关，而不是种族和智力之间的相关。第二，他们假设智力本身被遗传影响且遗传力的因素占了80%。然而，目前智力的遗传力评估是0.5。

语言

我们在第6章中讨论了语言如何影响记忆。例如，与问“你看见这辆汽车猛地撞上卡车了吗”相比，问“你看见这辆汽车碰到卡车了吗”可能会引发一个轻微的记忆差异。接下来，我们将考察语言及其如何影响认知。

语言分析的层次

语言（language）是一个联结符号（例如，单词）的系统，使其可以产生无数有意义的论述，用来与其他人交流。语言不仅允许人们与其他人交流，还代表了个体内在的心理活动。换句话说，语言是人如何思维的一个重要部分。

全世界语言的结构都有相同的特征。语言涉及词序、词义、把一个单词变成另一个单词的规则、语言内部存在的声音、与其他人进行实际交流的规则，以及句子和短语的意义等。

语法

语法（grammar）是管理语言结构和使用的规则系统。按照著名的语言学家乔姆斯基所说，人类有天生理解和产生语言的能力，是通过一种被他称为语言获得装置（language acquisition device，LAD）产生的语言。虽然人类可以通过模仿、强化和塑造学习某一特定的语言（英语、西班牙语、汉语等），但是根据乔姆斯基所说，一个语言的语法复杂性在一定程度上是在不断发展的大脑中被慢慢“编”进去的。LAD“听到”婴儿世界的语言输入，然后开始产生语言声音，最后是单词和句子，这个模式已经在跨文化研究中被发现，并且在下一章展开详细的讨论。语法包括单词顺序的规则，例如，句法、词态学（对词的构成的研究）、音素（语言的基本发音），以及语用学（语言的实际社会预期和使用）。

音素

音素（phoneme）是语言基本发音单元。单词“car”中的“a”非常不同于单词“day”中的“a”，即使它们有相同的阿拉伯字母。它们的不同在于，我们在不同单词中怎么发“a”这个音。音素不仅仅是我们发单个字母的不同方法，“th”“sh”和“au”也是音素。语言不同，音素也不同。尝试学习另一种语言的人的最大问题是，不能够听出和发出另一个语言的音素。虽然婴儿有生来就具有辨别所有音素的能力，但是在九个月后，这种能力退化，婴儿仅仅能辨别其所处语言环境的音素。

词素

词素（morpheme）是语言中最小的有意义的单元。例如，单词“playing”由两个词素组成，“play”和“ing”。

句法

句法（syntax）是把单词和短语结合起来形成语法正确的句子的规则系统。句法十分重要，仅仅一个简单的句法的混乱就能导致整个句子完全被误解。例如，“约翰绑架了男孩”完全不同于“约翰，被绑架的男孩”，虽然句中的四个单词是一样的。句法重要性在修道院对面莫斯科饭店的大厅里得到说明：“欢迎访问公墓，在这儿，每天（除了周四）有重要的作曲家、艺术家和作家被埋葬。”因此，如果人们想观看著名的作曲家、艺术家和作家的墓，他们在周四就不应该去这个公墓。

语义

语义（semantic）决定单词和句子意义的规则。例如，句子能有相同的语义但有不同的句法："约翰尼击中了球"和"球被约翰尼击中了"。

语用学

语言的**语用学**（pragmatic）涉及与他人交流的实用方面，与语言的社会细节有关。简单地讲，语用学涉及了解一些类似如何轮流对话、如何运用手势强调某一点或者暗示需要更多的信息，以及一个人对不同的人用不同的方式说话等。例如，成人对幼儿说的话不同于对其他成人说的话。在与婴儿交流时，成人和儿童都会提高声音的分贝并且多次重复。语用学的部分内容包括，知道在与其他人交流的时候，用什么节奏和音调，这被称为声音的抑扬。在与婴儿讲话的时候，成人和儿童通过用高分贝的声音和重读某些单词改变了他们的音调。一些语言（比如日语），对抑扬顿挫非常敏感，改变某些词或音节的腔调和声调，可能会完全改变它的意思。例如，日本名字"Yoshiko"发音的重音在第一个音节上：YO-she-koh。这个名字的发音意味着"女子-孩子"。但是如果重音被放在第二个音节（yo-SHE-ko），这名字的意思是"小便时的女人"。

◎ 语用学涉及与他人交流的实用方面。图中的年轻妈妈正在和婴儿谈话，然后停下来等着婴儿的反应。通过这种方式，婴儿习得轮流对话，这是语言发展的一个重要方面。成人与婴儿玩什么游戏还有助于语言的发展？

语言与思维之间的关系

与先天和后天之间的争论一样，研究者对语言与思维之间的关系已经争论了很长时间。是语言影响思维，还是思维影响语言？

两位非常有影响力的心理学家让·皮亚杰（Jean Piaget）和利维·维果斯基（Lev Vygotsky），常常争论语言和思维之间的关系。皮亚杰认为，概念先于并有助于语言的发展。例如，在能够学习单词"妈妈"之前，一个儿童必须有一个母亲的概念或者心理图式。从某种意义上讲，概念是单词"挂起来"之前所需要的"钉子"。皮亚杰也注意到，学前儿童花许多时间与他们自己进行谈话——甚至在和另一个儿童玩的时候。每个儿童都会谈论一些和其他儿童谈论的内容不相干的事情，皮亚杰把这个过程称为集体独白。皮亚杰相信这种非社会的语言是非常自我中心的（仅仅关注自己的想法，不考虑他们的听者）。随着儿童有更多的社会生活，自我中心减弱，这种非社会性的语言模式将减少。

无论如何，维果斯基持有相反的观点。他推断，语言有助于形成概念，语言也能帮助儿童学习控制行为（包括社会行为）。对于维果斯基来说，单词帮助形成概念：只要孩子学习了"妈妈"这个词汇，与"妈妈"相关的各种元素——温暖、柔软、食物、安全等，都和这个词联结在一起。维果斯基也相信，学前儿童以自我为中心的讲话事实上是儿童形成思维和控制行为的一种方式。这种"私人谈话"是儿童计划他们的行为和组织行动的一种方法，以此达成他们的目标。因为对于部分学前儿童而言，与其他儿童进行社交需要许多的自控和行为调节，维果斯基相信，随着儿童在学前年龄有更多的社交活动，私人谈话事实上在增加。当然，这和皮亚杰的假设相反。证据看起来支持维果斯基的观点：儿童，特别是聪慧儿童，倾向于在学习怎样与其他儿童进行社交时或者在进行一项艰难的任务时，用更多的私人谈话。

语言塑造和影响思维的假设被许多理论家接受，当然，少数著名心理学家例外，比如，皮亚杰。这类假设最为熟知的一个版本是萨丕尔-沃尔夫假说［用形成这个假说的两个心理学家爱德华·萨丕尔（Edward Sapir）和他的学生本杰明·李·沃尔夫（Benjamin Lee Whorf）的名字命名的］。这个假说认为，任何文化里面的思维加工与概念都是由这种文化的语言决定的，后来被称为**语言相对假说**（linguistic relativity hypothesis），意思是语言控制思维加工和概念。也就是说，一个人使用的单词决定他看世界的方式。

有关于语言相对假说的证据吗？萨丕尔和沃尔夫都不能提供任何科学的证据支持他们的观点。不过，还有大量其他研究者的研究。例如，在一项研究中，研究者假设语言中的颜色名字能够影响成长在这个语言中的个体区分和感知语言的能力。研究发现，基本的颜色词汇直接影响颜色再认记忆。但是颜色感知的一个早期系列研究已经发现相反的效应：在这个研究中，达尼部落（Dani tribe）的成员仅仅有两种颜色的名字，他们感知所有颜色的能力与英语是母语的人没什么不同。更多的最近研究支持了罗施-海德（Rosch-Heider）的发现，以及**认知普遍性**（cognitive universalism）的思想，即概念是普遍的且影响语言的发展，而不是语言相对性。

其他的研究显示，虽然语言相对假说对于精细的感知辨别是无效的（例如，罗施-海德的那些研究），但是它可能对于更高水平的概念解释是合理的。在一项研究中，研究者给学前儿童呈现两张图片，一只火烈鸟和一只蝙蝠。告诉儿童火烈鸟给它的孩子喂捣碎的食物，而蝙蝠给它的孩子喂奶。然后向他们呈现一只黑鹂的图片（看起来更像一只蝙蝠而不是火烈鸟）。一半的儿童被告知黑鹂是一只鸟，其他儿童不被告知。在问黑鹂怎么喂它的孩子时，相对于没有给“鸟”标签的儿童，已经给出“鸟”标签的儿童更可能说黑鹂用捣碎的食物喂孩子，暗示学前儿童能够根据分类成员而不是感知相似性做出喂养习惯的推断——单词“鸟”能帮助给出鸟标签的儿童把画眉放在一个更适当的高水平的类别。

研究持续考察语言和思维的关系，研究结果看起来支持语言相对性，以及语言如何通过空间、时间、颜色、客体塑造我们的思维。不过，研究者也不常常一致。一些研究支持，其他的研究则不能重复这样的结果，或者批判最初的研究。因此，研究结果现在仍旧存在问题。

心理学家不能否认语言对问题解决、认知和记忆的影响。有时，一个问题只是用不同的语言表达出来，就让解决的方法变得更显而易见和易于记忆，记忆则明确以语义的形式进行存储。语言也确实能够影响其他的感知——“电脑极客”和“软件工程师”可能被用来描述相同的人，但是第一个短语显然含有感情色彩，这两个术语让人想到的形象是不同的。

总之，试着决定是语言影响思维还是思维影响语言，可能就像决定是先有鸡还是先有蛋一样。

语言中的动物研究

我听说黑猩猩能被教会使用手势语言。这是真的吗？还是这些黑猩猩仅仅只是在表演特技，就像马戏团或者动物园的动物一样？

关于动物和语言，存在两个问题：一是，动物能交流吗？二是，动物能用语言吗？第一个问题的答案明显是“是的”。动物能用许多方法进行交流。它们能用声音，比如，响尾蛇尾部发出的声音，或者一只生气的狗的咆哮。还有身体的行为，比如，蜜蜂通过“舞蹈”告诉其他的蜜蜂花蜜源在什么地方。但是第二个问题的答案要复杂很多，因为语言被定义为符号的使用，符号能够代表其他的事情。词语是符号，手势也是符号，但是动物用的手势是出于本能的，意思是被它们的基因所控制。跳着舞蹈的蜜蜂完全出于本能的控制，正如咆哮的狗。在人类语言中，符号是十分有意的和自愿的运用，而不是本能的运用，抽象的符号没有意义，直到人们赋予它意义（虽然乔姆斯基认为的天生的语言获得装置可能导致一些人认为人类的语言是本能的，但是应该注意到婴儿语言产生的声音会在很短的时间内才变得深思熟虑）。

动物能被教会使用抽象的符号吗？已经

有一些教动物如何用符号语言的尝试（尽管动物缺乏形成口语词汇的声带结构），但是许多这样的尝试是简单的、不科学的。这些实验中最成功的是坎齐（Kanzi）做的，它是一只倭黑猩猩，被训练在一个电脑键盘上按键。坎齐事实上不是最初的被试——它的母亲玛塔拉（Matara）才是被训练的黑猩猩。玛塔拉没能学习许多的符号，但是坎齐通过观察它的母亲用这个键盘，学会了怎样用键盘。根据最新统计，坎齐能够理解大约150个口语英语单词。因为和它说话的训练者并不在它的视线内，所以它不是对物理线索或者符号反应的。它成功地跟着正确而复杂的指导到达了两岁儿童的水平。对坎齐进行的最近研究是让它发出声音，这些声音看起来在不同情境中意思一致。对将近100个小时的关于坎齐每天从事活动的视频资料的声音分析，研究者能够确定四种声音听起来分别代表香蕉、葡萄、果汁，以及单词“yes”（“是”）。不过，记住四种声音同会使用语言还有很大的距离。

其他的用海豚和鹦鹉的研究也得到了一些成功的结果，不过，那真是一种语言吗？答案似乎是肯定的。从性质上说，没有哪种动物到目前为止能达到可以和人类三岁儿童语言发展的水平。不过，语言学家仍然怀疑，如果动物们不能学习怎样用音节，那么这些动物是否真的能够学习语言？即把单词合成语法正确的句子，并能够理解句子之间的不同，比如“女孩吻了男孩”和“男孩吻了女孩”。然而，没有证据表明，接受语言训练的动物能够掌握音节。

◎坎齐正在看用来教猩猩语言的键盘。坎齐的语言能力可能是通过观察研究者训练它的母亲间接学到的——类似于人类婴儿听母亲说话时的学习一样。

概念导图

语言

- **语言分析的水平**（全世界的语言结构有相同的特征）
  - **语法**
    - 管理语言的结构和使用的规则系统
    - 根据乔姆斯基的观点，人类有一种天生的能力——理解语言和产生语言的能力，即他所谓的“语言获得装置”（LAD）
  - **句法**——把单词和短语结合起来的规则系统
  - **词素**——语言中最小的有意义的单元
  - **语义**——决定单词和句子的意义的规则
  - **音素**——语言中声音的基本单元
  - **语用学**——与他人进行交流的实用方面，与语言的社会细节有关
    - 轮流对话
    - 使用手势语言
    - 对不同的人采用不同的说话方式
- **语言和思维之间的关系**
  - 是语言影响思维，还是思维影响语言
    - 它们之间的关系是存在争论的
    - 皮亚杰认为概念先于并有助于语言的发展
    - 维果斯基认为语言事实上有助于形成概念，语言也有助于儿童学习控制行为
  - 语言相关假说
    - 一个人用的词语决定他看世界的方式；由萨丕尔和沃尔夫提出；可以适用于更高水平的概念
    - 显示一些概念是普遍存在的，影响语言的发展
  - 语言中的动物研究
    - 所有的动物都能够交流，它们对语言的运用仍在研究中
    - 一些动物成功做到了（比如，猩猩、鹦鹉、海豚），可能接近三岁儿童的水平，没有证据表明它们已掌握语法

日常生活中的心理学

为更好的认知健康进行心理和身体锻炼

你可能听过可以把谚语“非用即失”应用在保持身体健康上，但是这不仅局限于身体健康。在很多方面，这句谚语也可以被应用在保持心理健康上。不过，正如身体活动和身体锻炼有所区别一样，心理活动和心理锻炼也存在不同。

相当多的计算机化的脑训练方案和设施最近已经被投放市场。除此之外，媒体把很多注意力放在专门的基于计算机的脑训练的益处上，脑训练能够提高认知健康。虽然有一些是有科学基础的，确实提供一些好处，但是许多看起来只是迎合当前兴趣的浪潮，基本没有好处。对一些个体而言，通过认知锻炼练习某些心理技术看起来对随后测试的相同的技术是有帮助的。不过，总体来看，研究还没有明确这些获益能够迁移到没有训练的区域。正如一般的体力活动不能使你成为一个奥林匹克运动员，为了调整你的认知健康，你必须进行适当的、集中的认知锻炼。

等一下，你说大部分技术不能迁移。的确如此，有些是不能够迁移的，但是与身体训练相似，如果你选择合适的基础练习，就能在高级认知功能上获益。例如，损伤的言语工作记忆是精神分裂症中认知障碍的一种表现。存在早期听觉加工缺陷，对言语学习和记忆有负面的影响，对理解言语的语义和情绪内容也有负面的影响。如果因为你不能记住他们说什么或者因为你不能理解他们演讲中所要表达的意思或情绪，你就不能和另一个人正常地交谈，想象一下你所面对的困难程度。

研究者在一项研究中发现，为一组精神分裂症群体提供听觉感知能力的计算机化的认知训练是有帮助的。后来，相同的群体在言语工作记忆和整体认知任务（高水平认知技术）上表现出显著的提高。虽然认知锻炼组最初每天接受训练，持续了10 周，但是在一些被试六个月后再次接受测试时，研究者发现仍旧存在一些获益，并且这些获益整体上与六个月前评估时的生活质量正相关。研究者承认，部分积极效应可能归因于长时间的训练和大量的重复（作者注意到每个训练需要练习上千遍）。此外，大约 16 小时致力于单词刺激或一个学习 / 记忆成分，同时超过 30 个小时执行听觉感知任务，也就是在进行工作记忆。

在 M. 弗希尔（M. Fisher）等人的研究中，涉及工作记忆的听觉感知任务是非常有趣的，尤其是，研究已经显示，工作记忆的调整和适应性训练看起来提高了年轻人的流体智力。不过，最近的研究显示，工作记忆训练能够提高相关任务的工作记忆能力，但是这些提高不能迁移到流体智力上。流体智力只是适应和处理新问题或者你第一次面对挑战时的能力，这种能力不需要依赖于你已经拥有的知识。

为了使你的认知健康获益更多，你能做些什么？训练！这次我们推荐身体训练。身体活动，特别是有氧锻炼被连续证明与提高的认知功能有联系。一种经常锻炼身体的生活方式和更多的有氧锻炼能够使青春期前的儿童有更好的执行控制和记忆加工能力，使年轻人获得更好的教育结果，并能提高他们的情感和视空间记忆，使老年人的海马体体积增加（联系到更好的记忆）。对于存在认知下降或损伤的高风险群体，特别是女性个体，可以作为一种对其有用的干预方法。

有规律的有氧活动至少可以带来的一个益处是，促进和维持关键脑区（额叶、颞叶、顶叶）的功能连接。大脑中氧气和血液流动的增加起了非常重要的作用。其他的获益包括：增加情绪相关的神经递质（例如，血清素、去甲肾上腺素、多巴胺）的水平；特别脑区（如海马体）的神经发育。在另一项研究中，三个月的有氧活动和提高的身体素质能够增加海马体的体积，提高精神分裂症个体的记忆力。有趣的是，在这些研究中，没有精神分裂症的控制组也显示，随着有氧锻炼时间的增加，海马体的体积增加了。

因此，“对心脏或身体有益的东西对大脑也有益”这句话可以取代“非用即失”，并应让你铭记于心。如果你想了解更多，一个有趣的关于锻炼和脑健康的研究综述请见约翰·瑞迪（John Ratey）和埃里克·哈格曼（Eric Hagerman）写的书——《运动改造大脑》（*Spark*）。

进一步讨论的问题

1. 除了涉及工作记忆的训练，还有哪些形式的心理锻炼能够有助于促进脑健康？

2. 医生应该建议那些希望维持和提高他们认知功能的病人进行有氧锻炼吗？心理学家对情绪或焦虑障碍个体进行研究时，应该注意什么问题？

3. 基于上面的信息，对于那些减少甚至干脆剔除了他们的身体教育需求的学校有什么启发？对于那些想减少身体活动（与高中时相比）的大学生有什么启发？

第 8 章

生命全程发展

当很多青少年还处于和朋友一起去逛购物商场的阶段时，16 岁的杰西卡·沃森（Jessica Watson）就已经肩负起一个使命——成为最年轻的独自不着陆航海环游全世界的人。2009 年 10 月 18 日，她从澳大利亚的悉尼出发，经历了几个月的航行后，于 2010 年 5 月 15 日返回，这一趟旅程非官方地打破了先前的记录。然而，沃森所创下的纪录并没有得到认可。在世界速度航海纪录协会（World Speed Sailing Record Council）看来，青少年进行这样的航海活动非常危险，为了阻止年轻人尝试进行危险鲁莽的航海活动，该协会已经废除了其中“最年轻”的奖项。青春期是人生发展历程中的一个阶段，我们在这一章中也将会对它进行探讨。虽然我们在本章节中关注的是人生发展全部阶段中的一些共同特征，但杰西卡·沃森的例子仍然暗示着我们每个人都是独立的个体，我们对人生有着不同的动机、目标和渴望。

思考一下

自青春期早期以来，你发生了什么样的变化？你在什么方面与其他人有共同之处？又在什么方面与众不同？

为什么要学习人类发展

想要对现在的自己有很好的了解并预测年老的自己将会变成怎样，很关键的一步是，我们要先了解自己如何成长为现在的样子。从受孕的那一刻开始，受我们自身的生物因素、环境和社会交往的影响，我们将一直处于发展变化的过程中，然而最后我们所有人都将到达同一个终点。正是因为成长路上的蜿蜒和曲折，我们每个人都成了一个独一无二的个体。在这一章节中，我们将了解在生命中，那些有助于决定我们发展道路的影响因素。

通过本章，我们可以：

◎ 比较用于研究发展的特殊研究方法；

◎ 解释在决定发展的因素中，遗传和环境的关系如何；

◎ 总结染色体和基因在决定特征的传递以及疾病的遗传中所扮演的角色；

◎ 解释受精的过程，包括孪生的过程；

◎ 描述胎儿发育的过程和阶段，讨论在胎儿发育中的危险；

◎ 描述发生在婴儿和儿童时期的身体和感知觉的变化；

◎ 比较认知发展的两个理论，讨论语言的发展；

◎ 评估造成孤独症谱系障碍的原因；

◎ 解释在婴儿和儿童时期的个性发展、社会关系和自我概念，讨论埃里克森理论中前四个阶段；

- ◎ 定义什么是性别，讨论性别角色的发展；
- ◎ 比较性别角色发展的两个理论；
- ◎ 描述在青少年期的生理变化，了解青少年可能患上的性传播疾病；
- ◎ 了解青少年期认知和个性的变化；
- ◎ 描述成年期生理和认知的变化，解释如何能提高身心健康；
- ◎ 总结成年期的一些共同的社会心理关注，解释其与埃里克森理论的联系；
- ◎ 对比三种关于老化产生的观点；
- ◎ 了解关于死亡和临终阶段的理论，并描述对该理论的批判；
- ◎ 比较死亡观的跨文化差异。

人类发展研究中的问题

什么是发展？在生命的脉络中，**人类发展**（human development）是一门科学。它研究的问题是人在从出生到死亡的衰老过程中发生的变化。本章将要涉及的问题几乎涵盖了全书其他章的所有话题，包括人格、认知、生物学过程以及社会互动。但是在本章，所有的这些话题都将被视为人类发展过程中的变化产生的结果。

研究设计

发展研究会受到老化问题的影响。在任何实验中，暴露在自变量（实验中的自变量是指在实验中由主试直接操控的变量）下的被试，需要平均分配到不同实验条件下。而发展研究的问题在于被试的年龄本身就是一个自变量，这样一来，被试就不能被随机分配到不同的年龄组中了。

在与年龄变化有关的研究中，有一些特殊的实验设计：**纵向设计**（longitudinal design），是指追踪同一组被试，并且在不同的时间点对他们进行评估；**横断设计**（cross-sectional design），是指在同一个时间点上对不同年龄组的被试进行研究；**聚合交叉设计**（cross-sequential design），是一种结合了纵向设计和横断设计的研究设计。

纵向设计的优点在于，能够对同一个体真实地记录其随着年龄的增长所发生的变化。缺点是这个方法需要在对被试长年追踪测试时花费大量的时间、金钱和精力，尽管这样，被试也会因为搬家、对实验失去兴趣或者死亡之类的原因而流失。与纵向研究相比，横断研究的优点在于花费时间少，投入的金钱相对少并且更容易完成；其主要的缺点在于不能比较同一个个体老化的情况。相对而言，横断研究比较的是不同年龄的个体间的差异。比较不同年龄组之间的差异通常是发展研究的一个问题。举例来说，想要通过比较 30 岁和 80 岁智商分数的差异来研究老化对智力的影响，除了任何老化的效应外，还要关注这两个年龄组因受教育的机会而导致他们具有的不同经历也有可能影响其智商分数的问题。当一群人在共同的时期或享有共同的生活经验时（比如，在相同的时期出生或者共同经历过特殊的历史事件），该群体中的每个人都会受到特殊环境的共同影响，这就是所谓的“**同辈效应**”(cohort effect)。表 8-1 展示的是纵向设计、横断设计和聚合交叉设计的对比。

在研究人类发展时，发展心理学家概述了很多理论，这些理论描述了与年龄相关的变化是如何发生的。然而，某些方面存在着争议，其中包括了先天和后天的问题。

先天与后天

先天（nature）指的是遗传，即遗传特性对人格、身体发育、智力发展和社会互动的影响。**后天**（nurture）指的是环境对上述方面的影响，包括教养方式、物理环境、经济因素，以及其他可以影响发展却又不来源于人本身的因素。

像希特勒那样的人究竟是天生如此，还是后来发生了一些事情让他变成了这样？

一个人的人格和行为在多大程度上是由先天因素决定的？又在多大程度上是由后天决

表 8-1　　三种发展研究设计的对比

横断设计		
在同一个时间段对多个年龄段的**不同**被试进行对比，来确定与年龄相关的差异	**第一组**：20 岁的被试 **第二组**：40 岁的被试 **第三组**：60 岁的被试	2012 年完成
纵向设计		
在多个年龄段对**同一批**被试进行研究，来确定年龄相关的变化	**研究一**：20 岁的被试 **研究二**：同样的被试，现年 40 岁 **研究三**：同样的被试，现年 60 岁	1972 年完成 1992 年完成 2012 年完成
聚合交叉设计		
在不超过六年的时间段内的几个时间点对多个年龄段的**不同**被试进行对比，来确定年龄相关的差异和变化	**研究一**： 第一组：20 岁的被试 第二组：40 岁的被试	2012 年完成
	研究二： 第一组：被试现年 25 岁 第二组：被试现年 45 岁	2017 年完成

定的？这是一个很关键的问题，而这个问题的答案却又是非常复杂的。造就了希特勒、焦哈尔·察尔纳耶夫（Dzhokhar Tsarnaev，2013 年波士顿马拉松赛跑爆炸案的凶手）的是不良的基因，还是不好的教养方式或者童年生活经验的影响，抑或是遗传和环境相结合的影响？经过多年的科学研究，发展心理学家目前认为，最后一种可能性最能解释大部分人类发展中出现的问题：个体是怎样的，会变成什么样，这些都是先天和后天相互作用的结果。但上述认知并不代表着先天和后天的矛盾不存在了，以智力为例：智力在多大程度上受先天遗传的影响，又在多大程度上受后天学习的改变，这至今仍然是一个热门话题。有一些研究者和理论家假设遗传存在很大的影响，另一些人则认为童年早期的文化、经济和营养因素，以及教育机会等因素存在着非常大的影响。

行为遗传学是一门相对较新的科学，其关注的是行为的起源。在行为遗传学中，研究者们试图测定出行为的成分中有多少成分是基因遗传的结果，有多少是个人经验的结果。

发展的基本单元

任何关于人类生命全过程的研究都要从关注身体细胞复杂的物质组成开始。这种复杂的物质组成携带了关于生命本质的信息。在讨论了生命的基本单元之后，我们接下来将要探讨孕期和胎儿在子宫内发育的过程是怎样的。

基因学（genetics）是一门关于遗传的科学。要了解基因是怎样传达出人类的特征和人格特质的，需要先对几个基本术语加以定义。

生物体的基本构成单元——DNA（**脱氧核糖核酸**，DeoxyriboNucleic Acid），是一种非常特殊的分子，它包含了构成一个生物体所有特征的指令（见图 8-1）。这些指令，也就是基因，

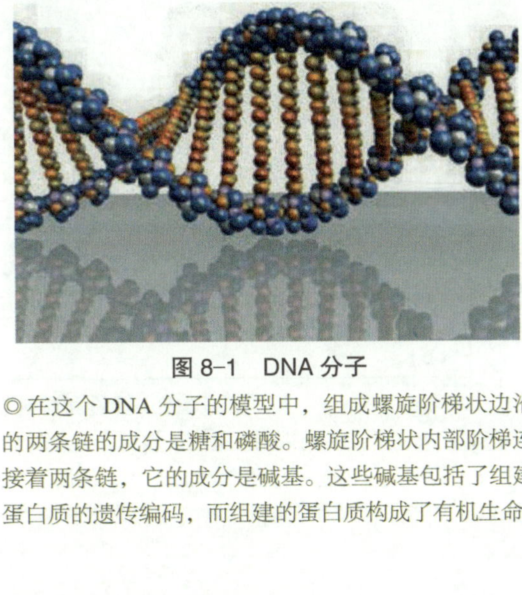

图 8-1　DNA 分子

◎ 在这个 DNA 分子的模型中，组成螺旋阶梯状边沿的两条链的成分是糖和磷酸。螺旋阶梯状内部阶梯连接着两条链，它的成分是碱基。这些碱基包括了组建蛋白质的遗传编码，而组建的蛋白质构成了有机生命。

是 DNA 分子中的片段。对特征的影响更活跃的基因被称为**显性**（dominant）基因。一个显性基因通常能够表达出显著性的特质。一些疾病，如亨廷顿舞蹈症（Huntington disease）和马凡氏综合征（Marfan syndrome）就是由显性基因导致的。在这些疾病中，父母双方只要其中一方携带致病基因，疾病就会遗传给他们的后代。然而，更多的遗传病是由**隐性**（recessive）基因造成的。隐性基因与显性基因相比更加减弱。只有父母的隐性致病基因都遗传给后代，其后代才会患上遗传病。这类的疾病如：囊性纤维变性（cystic fibrosis），一种呼吸道和消化道疾病；镰状细胞贫血症（sickle–cell anemia），一种血液遗传病；家族黑蒙性痴呆症（Tay–Sachs disorder），一种致命的神经学疾病；苯丙酮尿症（phenylketonuria，PKU），一种无法吸收特定蛋白质的问题。图 8–2 解释了 PKU 遗传的典型模式。

Frank and Ernest

资料来源：1986 Thaves. Reprinted with permission. Newspaper dist by NEA，Inc.

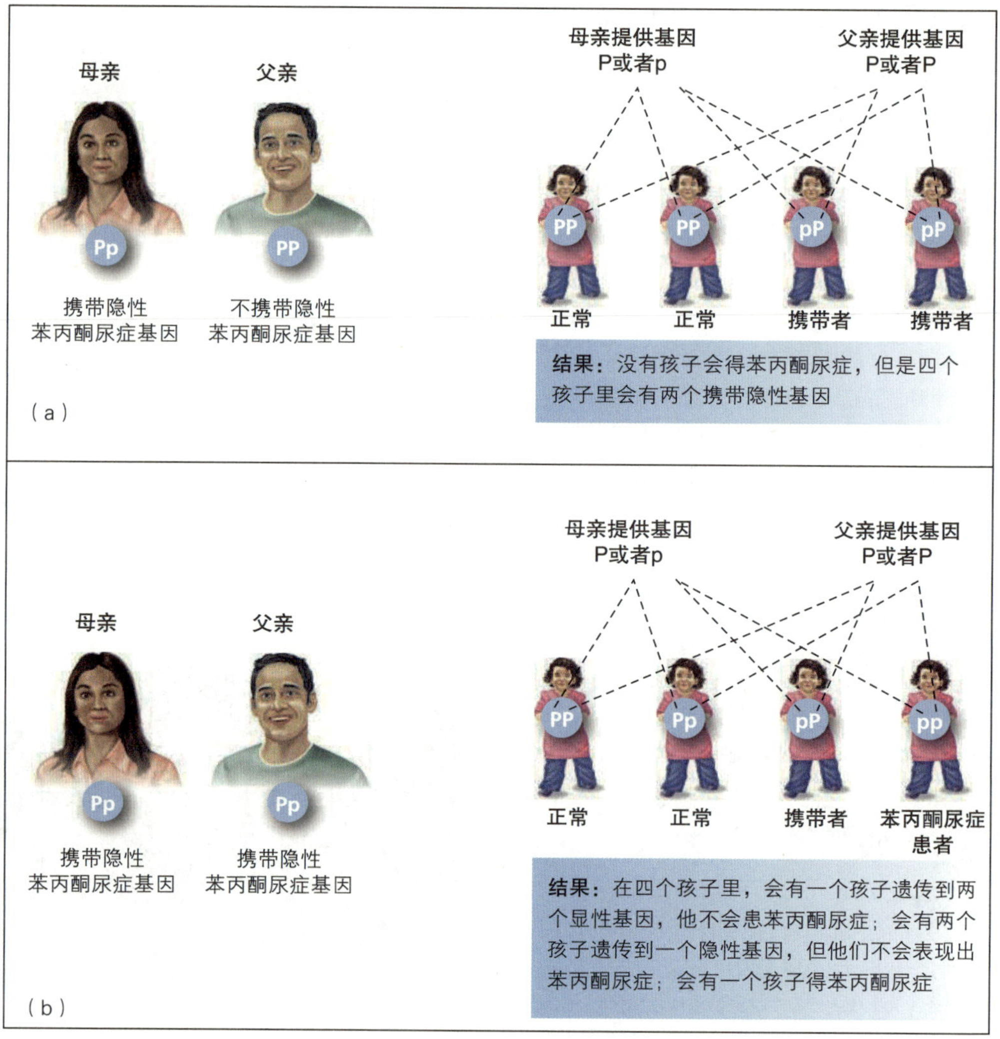

图 8–2　显性和隐性基因与苯丙酮尿症（PKU）

◎ 这幅图展示的是不携带隐性基因、携带一个或两个隐性基因的不同父母，他们的后代会产生不同的结果。

图（a）如果父母中的一方携带 PKU 基因，他们的孩子可能是携带者，但不会患苯丙酮尿症。

图（b）如果父母双方都是携带者，他们的孩子有 25% 的可能患苯丙酮尿症。

存在于每个细胞核中的染色体具有棒状结构，它们由含有基因的DNA分子和蛋白质紧密缠绕而成。有时候，疾病是染色体本身的问题。尽管每一个卵细胞和精子都应该具有23对染色体，但是在这些细胞分裂产生的过程中，可能会有一条染色体跑错了细胞，从而导致一个细胞有22条染色体，另一个却有24条染色体。如果这样的细胞在受精时存活了下来，那么在发展中，缺失或者多余的染色体将导致从轻微到深远的问题。

染色体疾病包括**小儿唐氏综合征**（Down syndromc），这种疾病源于多出一条21号染色体。这种综合征表现为杏仁状、宽间距的双眼和精神发育迟滞。当第23对染色体中多出一条性染色体时，会导致另外一些染色体疾病，比如，**克兰费尔特综合征**（Klinefelter's syndrome），患者第23对性染色体是XXY，多出的这条X染色体会使男性的男性特征减少、乳房发育、肥胖、身高过高；**特纳氏综合征**（Turner's syndrome），患者第23对性染色体中缺少一条X染色体，也就是只有一条X染色体。患有这种综合征的女性通常十分矮小、不能生育，无性征发育。

思考一下

假设现在真的可以自由选择你的后代的基因特征，那么该技术的发展会涉及哪些道德上的问题和现实问题？

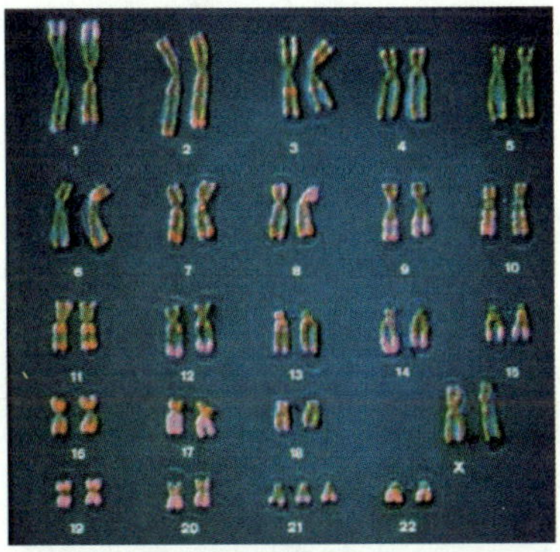

◎小儿唐氏综合征是由多出的一条21号染色体而导致的一种精神发育迟滞。

概念导图

研究人的发展（对于人类成长过程中发生的变化的科学研究）

- **研究设计**
  - **纵向设计**：追踪一组被试，在他们成长过程中的不同时间点进行评估
  - **横断设计**：对几个位于不同年龄段的组，在同一时间点进行研究
  - **聚合交叉设计**：纵向设计和横断设计相结合的设计
- **先天与后天之争**
  - **先天**：指遗传及遗传特性对人格、身体发育、智力发展和社会技术等方面的影响；行为遗传学是一个试图识别行为的基因基础的新领域
  - **后天**：指环境对内在特质的影响，包括父母教养方式、社会经济地位、物理环境等
  - 大部分发展心理学家认同人类的大部分发展是先天和后天相互作用的影响

发展的基本架构

- 基因学是一门关于遗传的科学
- DNA（脱氧核糖核酸）：包括基因编码和染色体
  - 除了精子和卵细胞，人体内每个细胞含有46条染色体
  - 个体从母亲的卵细胞和父亲的精子中各得23条染色体
  - 大部分的特性由22对常染色体决定；最后一对决定个体的性别（性染色体）
- 显性基因和隐性基因共同决定个体的身体和行为特征
  - 特定的生理和行为特征依赖于基因的配对；更加活跃的基因是显性基因，其他的是隐性基因（见图8-2）
  - 大部分特征是多基因的
- 基因和染色体问题会导致一系列疾病
  - 当一个孩子有两个隐性致病基因时，便会表现出疾病
  - 当染色体多一条或少一条时也会产生问题

产前发育

从怀孕到宝宝真正出生，这需要近九个月的时间。在这期间，单个的细胞将发育成为一个完整的婴儿。当然，在这段时间里，将会有很多事情可以对发育中的婴儿产生正面或者负面的影响。

受精、受精卵和孪生现象

当一个卵细胞［也被称作**卵子**（ovum）］和一个精子在**受精**（fertilization）时结合，会产生一个共有 46 条染色体的单个细胞，这个细胞就是**受精卵**（zygote）。正常情况下，受精卵将会分裂，从一个细胞变成两个，然后变成四个、八个，每个分裂出来的新细胞都有 46 条染色体，因为在分裂之前 DNA 分子会进行一次复制（这个分裂的过程叫作有丝分裂）。最终，大量的细胞组成了一个婴儿。有时候，如果这个分裂的过程没有按照这种方式分裂，就有可能产生双胞胎或者多胞胎。

一共有两种类型的双胞胎。我们常说的完全相同的双胞胎是**同卵双胞胎**（monozygotic twins），也就是说两个婴儿来自同一个受精卵。在分裂的早期，没有人确切地知道为什么一个细胞群会分裂成两个完整的细胞群，这两个完整的细胞群最终会分别发育成独立的婴儿。因为这两个婴儿有着相同的 46 条染色体，所以他们也具有相同的性别和特征。另一种类型的双胞胎更多的是一种时间上的巧合，他们在年纪大的以及特定种族的女性中更为常见。女性在同一时间可能排出一枚以上的卵细胞，或者在已经怀孕时仍然排卵。如果两个卵细胞都受精了，那么这位妇女可能会生出**异卵双胞胎**（dizygotic twins），或是三胞胎甚至多胞胎。这种情况在那些已服用了促进怀孕药物的妇女身上更为常见（参照图 8–3）。

双胞胎的意义很重要，因为他们为发展心理学家研究人类发展的先天和后天因素占多大比重提供了另一个途径。研究者们可以寻找出生后就分离的同卵双胞胎，去探寻他们的行为表现，尽管他们是在不同的环境下成长的。研究人员也可以比较被收养儿童与他们的养父母和生身父母。

有时候，在形成双胞胎的过程中，细胞群没有完全分离，这时就将产生连体双胞胎。有时候这种相连仅仅只是软组织相连，但也有可能共享某些特定的身体部位。据 2009 年的统计，这样的连体双胞胎出现的概率是十万分之一，而且他们的存活率很低。

有一对很出名的连体双胞胎，布里塔妮（Brittany）和艾比（Abby）。她们出生于 1992 年，是对很特殊的连体双胞胎类型，被称为间脑（diencephalic）。她们有着各自独立的头部，却共享同一个身体。她们各自控制一边身体的一条胳膊和一条腿，尽管如此，她们也可以像一个人一样行动。

正如其他的兄弟姐妹一样，艾比和布里塔妮有着各自的个性和喜恶。在 2012 年，她们在电视节目《艾比和布里塔妮：生命的结合》（*Abby & Brittany: Joined of Life*）中成了明星。她们在朋友和家人的陪伴下健康快乐，而且相互适应得很好。

发展的三个阶段

产前发育有三个阶段：受精卵期、胚胎期

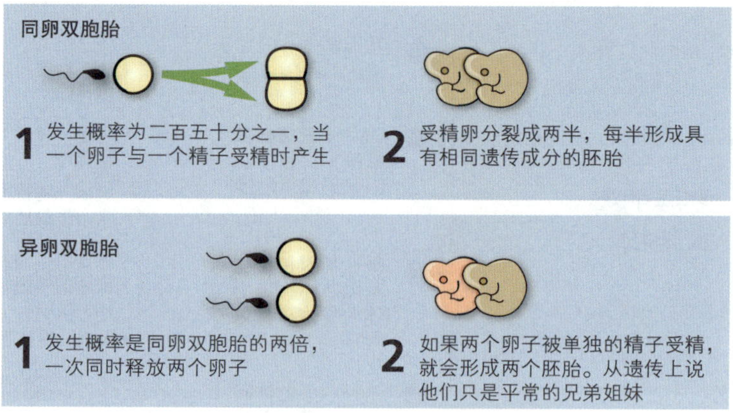

图 8–3 同卵双胞胎和异卵双胞胎

◎由同一个受精卵发育而来的双胞胎称为同卵双胞胎；由两个不同的受精卵发育而成的双胞胎称为异卵双胞胎。

◎艾比和布里塔妮是连体双胞胎，她们从腰部以下拥有同一个身体，但她们确实是不同的个体。

和胎儿期。

受精卵时期

一旦发生受精，受精卵就开始分裂并进入子宫内部，子宫的肌肉组织可以包裹并且保护正在发育的胎儿。这个过程需要大约一周的时间。随后一周左右，像空心球一样的细胞群将会牢牢地在子宫壁上着床。这两周就是怀孕时的**受精卵期**（germinal period）。在这期间，胎盘也开始形成。胎盘是一种特殊的器官，它可以为发育中的胎儿提供营养，还可以过滤胎儿产生的废弃物。与此同时，和胎盘组织相连接的脐带也开始发育。

大量的细胞是如何变成一个拥有眼睛、鼻子、手、脚等器官的胎儿的？那些不同的器官又是如何从相同的单个原始细胞形成的？

在受精卵期，细胞开始出现差异，即发展成为一些特殊的细胞，这是一个成为组成多样的人体细胞的准备阶段，它们可以成为皮肤细胞、心脏细胞等。干细胞也许是最重要的，它们保持着某种程度的不成熟状态，直到需要产生更多的细胞。目前，研究者正在寻求一种方法，希望可以利用在脐带血中找到的干细胞来培养出可供移植的新器官和组织，或者利用它们修复神经损伤。

胚胎期

一旦受精卵牢牢地在子宫上着床，发育中的有机体就被称为**胚胎**（embryo）。**胚胎期**（embryonic period）将从怀孕后的第二周一直持续到第八周，在这期间，细胞将继续专门化，变成组成人类婴儿的各种器官和结构。在怀孕后的第八周，胚胎大约长 30.5 厘米，并且具有原始的眼睛、鼻子、嘴唇、牙齿、小胳膊和腿，以及跳动的心脏。此时，尽管这些器官都发育不完全，也不具有完整的功能，但是它们基本上都已经存在了。

关键期 一旦胚胎开始通过胎盘从母体接受营养，就容易受到诸如母体疾病、药物和其他有毒物质等危险因素的影响，这些危险因素会通过胎盘从母亲体内转向发育中的胎儿体内（由于在受精卵阶段，发育中的有机组织并没有和母体相联系，因此它在这个阶段不会轻易受到外界影响）。在胚胎期，我们可以清楚地看到**关键期**（critical period），在这期间，外界环境往往会对婴儿的发育产生影响，而这种影响往往是破坏性的。举个例子来说，手臂和腿

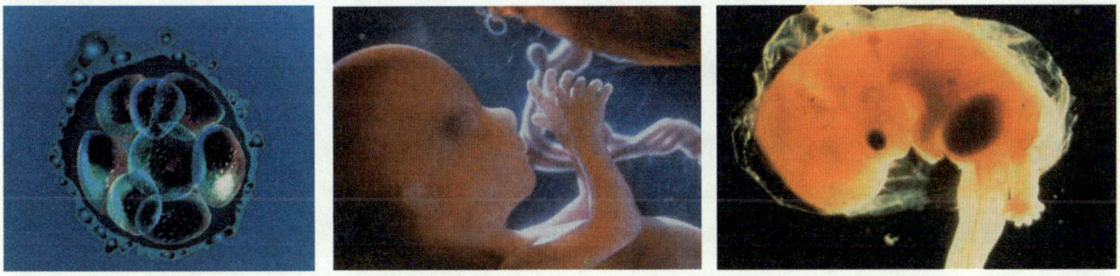

◎怀孕的三个阶段分别是受精卵期、胚胎期和胎儿期。其中，受精卵期持续两周，胚胎期大约是从第二周开始到第八周结束，胎儿期约从第八周开始到整个孕期结束。

在结构方面的发展只会在他们发育的时间段里受到影响（第三周半到第八周），而心脏结构受到的影响会发生在此阶段的早期（第二周半到第六周半）。另一些生理和身体构造方面的问题会发生在中央神经系统（第二周到第五周），眼睛（第三周半周到第八周半），以及牙齿和上颚（大约第七周到第十二周）中。

产前危险：致畸因素 任何可以导致新生儿缺陷的物质，比如药物、化学物质、病毒或者其他因素，都被称作**致畸因素**（teratogen）。表 8-2 展示的是一些常见的致畸因素以及它们可能对发育中的胚胎产生的负面影响。

一个较为普遍的致畸因素就是酒精。在怀孕期间摄入酒精，尤其是在关键胚胎时期，能够导致胎儿酒精综合征（fetal alcohol syndrome，FAS），一系列的身心损伤包括发育障碍、面部畸形和大脑损伤。在怀孕早期摄入酒精是导致精神发育迟滞（先前被称为“智力迟钝”）的主要原因。母亲在怀孕期间摄入酒精会导致胎儿产生永久性的先天缺陷，称为胎儿酒精谱系障碍（FASD），FAS 就是其中一种。那么，在怀孕期间到底摄入多少酒精算是安全的？答案是非常肯定的——没有任何酒精！

胎儿期：胎儿在长大

胎儿期（fetal period）指的是从怀孕后的第八周开始，一直到孩子［此时被称作**胎儿**（fetus）］出生的这段时间。这段时间内，胎儿的发育是惊人的。胎儿的长度增加了大约 20 倍，而它的重量从两个月时的 20 多克长到超过 3000 克。尽管一些器官在胚胎期时就已经完成了它们的特异性发育，但是在胎儿期它们将持续发育，并且变得具有功能性。在这一时期，致畸因素对器官的物理功能（生理）的影响远大于对其结构的影响。比如，在胎儿期，中央神经系统的功能和眼睛以及外部生殖器一样，都更容易受到影响。

最后的几个月，脂肪的发展以及身体的发育将持续，直到第 38 周结束。那时，胎儿就足月了。如果婴儿在第 38 周前出生，则称作早产，这种情况可能需要生命维持装置来使其得以存活。如果婴儿出生时的体重小于 2500 克，那么生命维持装置是特别必要的。胎儿在多少周时出生能够被生下来并且能够存活下去？一个胎儿在子宫内发育的时间在 22 ～ 26 周，胎儿才有可能在子宫外存活下来。发育到 22 周时出生，胎儿存活的概率是 10%，发育到 26 周出生，胎儿存活率上升到 85%。

在怀孕最初的三个月，流产更容易发生，

表 8-2　常见致畸因素

致畸因素	对发展的影响
麻疹、腮腺炎、风疹	失明、耳聋、心脏缺陷、大脑损伤
大麻	过敏、焦虑、震颤；婴儿容易不安、受惊吓
可卡因	身材矮小、低出生体重、呼吸问题、疾病突发、学习困难；婴儿很难安静
酒精	胎儿酒精综合征（精神发育迟滞、发育迟缓、面部畸形）、学习困难、头部小于正常婴儿
尼古丁	流产、低出生体重、死胎、身材矮小、精神发育迟滞、学习不良
水银	精神发育迟滞、失明
维生素 A（高剂量）	面部、耳朵、中央神经系统和心脏的缺陷
咖啡因	流产、低出生体重
辐射	脑肿胀、脊椎异常、耳聋、失明、智力障碍
羊水温度过高	增加神经管畸形可能性

资料来源：March of Dimes Foundation（2009）;Organization of Teratology Information Specialists（2011）;Shepard, T. H.（2001）.

概念导图

胎儿的发育

（人类从受精到出生需要近九个月的时间）

受精、受精卵和双胞胎

- 在受精的过程中，卵细胞和精子相结合，产生了一个单独的细胞（受精卵），有46条染色体
- 通过有丝分裂，受精卵开始分裂成两个、四个以及更多细胞，直到形成一个婴儿
- 有丝分裂过程的改变可以产生同卵双胞胎或多胞胎

受精卵期
（受精后的两周）

- 受精卵持续分裂，进入子宫中；胎盘和脐带也在这一时期发展起来
- 胚胎干细胞能分化成身体各部分的不同细胞；这个过程叫细胞分化

胚胎期
（怀孕后的第二到第八周）

- 一旦在子宫中着床，发育中的有机体就被称为胚胎
- 细胞分化持续发生，最终形成了各种器官的早期形态
- 胚胎更容易受到诸如疾病和母体摄入物质的影响，因为胚胎通过胎盘获得营养

胎儿期
（从第八周到出生）

- 发育中的有机在本阶段被称作胎儿；这是一段有着惊人发育和发展的时期
- 器官持续发展，开始具有完整的功能性
- 在第38周末期，胎儿足月
- 流产（自然流产）大多数发生在最开始的三个月

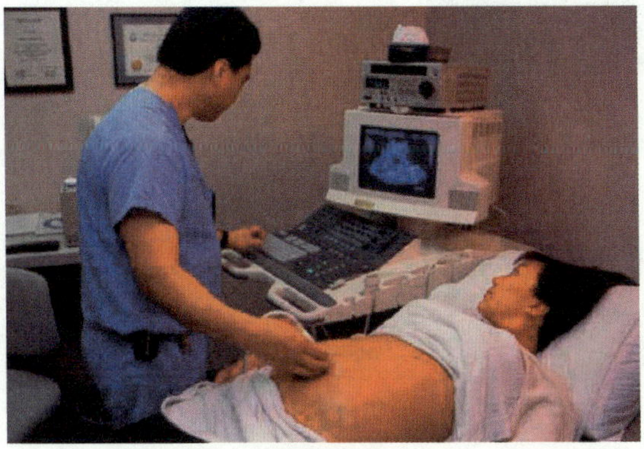

◎这位孕妇正在做超声波扫描。超声波扫描使得医生们可以看见胎儿身上的任何畸形，以及在对母亲和胎儿都没有风险的情况下对胎龄做出准确的测量。

因为器官在这段时间正在形成，而且已经开始功能化。大约15%～20%的怀孕都会以流产告终。流产的发生往往是因为胚胎或胎儿的基因缺陷使其无法存活。

婴儿和儿童时期的发展

婴儿可以做什么？最开始的时候，难道他们真的对周围发生的事情没有一点儿意识吗？

令人惊讶的是，婴儿可以做的事情比研究者们之前所认为的要多。研究者也因此开发出能够对婴儿展开研究的实验方法。

生理发育

有些事情是一出生就会发生的。呼吸系统开始工作：肺部填满空气并将氧气传送到血液中。由于脐带已经被剪断，因此血液现在只在婴儿自身的系统中循环。体温现在也由婴儿自身的活动和身体脂肪（有隔热作用）来控制，而不是靠羊水。消化系统需要用来适应子宫外生活的时间可能是最长的。这也是需要额外身体脂肪的另一个理由。脂肪提供给婴儿能量，直到他们可以自行获得足够的营养。因此大部分婴儿的体重在出生后的第一周都会有所下降。

反射

婴儿来到这个世界时就可以与之互动。婴儿有一系列天生的、非自主的行为模式，这种模式就是反射。在婴儿有能力学习更复杂的互动方式之前，反射会帮助婴儿生存下去。

图8-4展示了婴儿的五种反射。儿科医生利用这些以及其他的反射来判断一个婴儿的神经系统是否正常。

从爬行到一种模糊运行：动作发展

从刚出生到两岁，婴儿会发展出大量的运动技能。图8-5展示的是婴儿一些里程碑式的

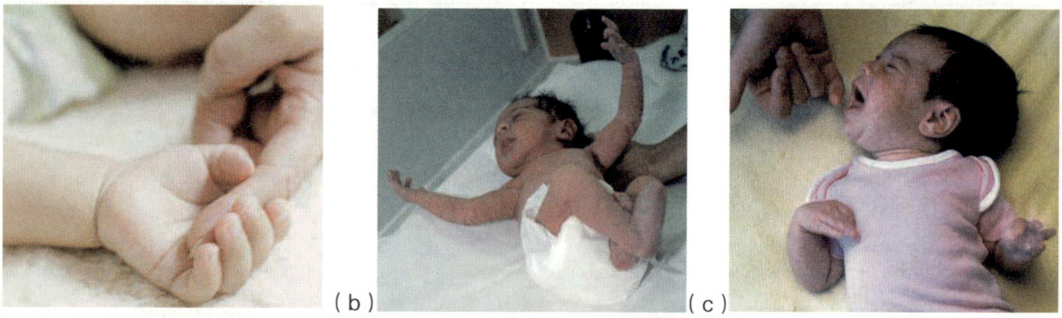

（a）（b）（c）

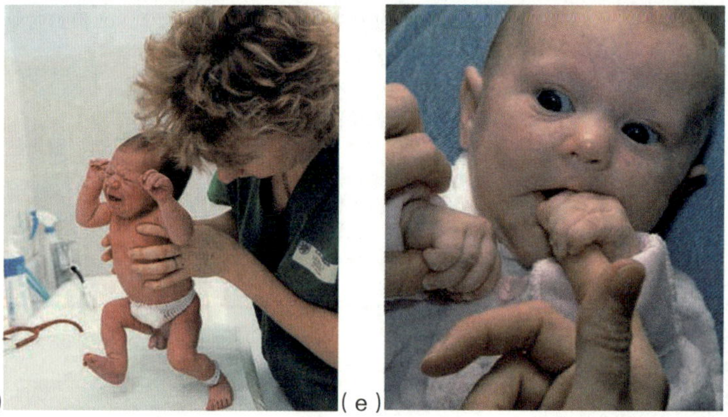

（d）（e）

图 8-4 婴儿的五种反射

◎图（a）抓握反射；图（b）惊跳反射（又称莫罗氏反射）；图（c）觅食反射（当你触摸婴儿的脸颊时，它会转向你的手，张开嘴然后寻找奶头）；图（d）行走反射；图（e）吸吮反射。婴儿的这些反射可用来检查婴儿神经系统健康与否。如果一种反射没有出现或者不正常，就表明婴儿存在脑损伤或者其他的神经疾病。

物理的动作发展。需要注意的是，当看到被罗列出来的时间范围时，这些时间范围是基于大量婴儿的实例得到的平均数。单个的婴儿可能达到这些里程碑的年龄会早于或者晚于平均时间，但仍然属于发展正常。

大脑发育

在出生的时候，婴儿的大脑包含了一千亿个神经元。从出生到三岁，神经元的发展迅速和广泛，是身体发展的三倍，大部分是由于树突、轴突末端的生长以及突触连接数量的增加所致。令人惊讶的是，婴儿出生后大脑的发育涉及神经元的亏损，这一过程被称为“突触修剪”，未被利用的突触连接和神经细胞会被清除，为功能性的突触连接和神经细胞留出空间。这一过程就像是为你家花园除草——清理干净杂草，为你想种的植物留足够的空间。

感觉发展：宝宝，你能看到我吗，能听到我说话吗

我听说婴儿在刚出生的时候能看到和听到的非常有限，这是真的吗？

研究者已经发展了一些测量婴儿的能力的方法，其中有两个较为常用的方法：偏好法和习惯化。偏好法假设婴儿对一个刺激观看的时间越长，意味着婴儿对该刺激的喜欢程度与其他刺激相比更高。习惯化是指婴儿（或成人）停止关注一个不变化的刺激的趋势。比如，让婴儿听一个不变化的声音或看一张不变化的图片，研究者可以等婴儿习惯化（转移目光），然后更换刺激。如果婴儿对此做出反应（去习惯化），则证明婴儿能够检测到刺激的变化。

尽管婴儿大部分感觉能力在一出生的时候就发展得很好了，但是也有一些能力需要更多的时间去达到“满功率”的状态。通过借用测量技术（如习惯化法），研究者发现触觉是发展得最好的，在了解到在怀孕的最后一个月里，胎儿的皮肤和母体子宫有多少接触后，你就会知道是什么使这种感官发展得如此完美。婴儿的嗅觉也得到了充分发展。在出生后的几天里，吃母乳的婴儿可以准确地辨别自己母亲的母乳香味和其他妇女的母乳香味有什么不同。

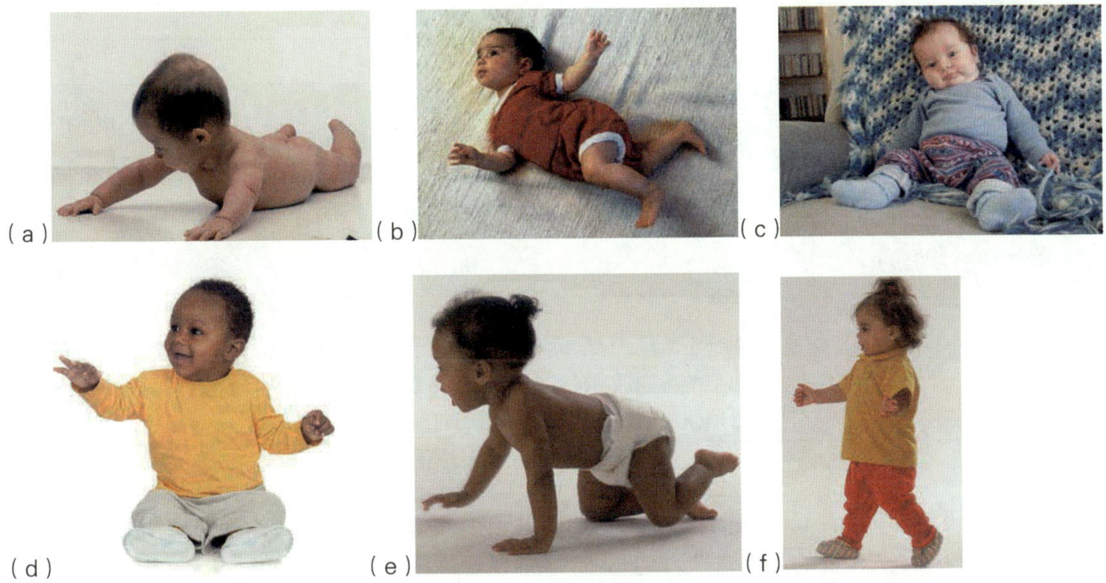

图 8–5　六个里程碑式的动作

◎图（a）抬头和抬胸——二至四个月；图（b）翻身——二至五个月；图（c）扶坐——四至六个月；图（d）独坐——六至七个月；图（e）爬行——七至八个月；图（f）走路——八至十八个月。随着这些动作里程碑的发展，婴儿可以更多地自主控制身体，特别是从上到下的控制。从早期对颈部肌肉的控制到后来才发展出的对腿和脚的控制，正属于这种模式。

而婴儿的味觉也几乎发展充分。出生时，婴儿展示了对甜味的喜好（人类母乳是非常甜的），通过四个月的发展，婴儿又发展出对咸味的偏好（这可能来源于他们母亲皮肤上的咸味）。另外其他两种味道，酸味和苦味，婴儿会吐出带酸味和苦味的东西，并且做出厌恶的面部表情。

婴儿在出生前就有听觉了，但是在出生后可能需要一段时间去发挥出它的全部潜力。羊水完全被吸收后听力就不会受影响了。出生后，新生儿似乎对高音调的女声和低音调的男声反应最明显。

视觉是婴儿在出生时功能性最弱的感觉。眼睛是一个非常复杂的器官。判断黑白的视杆细胞具有很低的视敏度，它们在出生的时候发展得很好，但是用来判断颜色以及视觉清晰度的视锥细胞需要大约六个月的时间才能充分发展。新生儿对于颜色的感知相当薄弱，需要在出生大约两个月后才能区分具有强烈明暗对比的颜色。此外，婴儿看东西相当模糊，就像患有近视的人一样。要等到他们眼部肌肉发育成熟，晶状体才能具备自动调节的功能。在此之前，新生儿不能将很小的关注点从近到远进行转移。因此，新生儿需要在 18 ～ 25 厘米这样一个固定的距离内才能看到清晰的东西，这个距离正好是哺育时母亲的面孔到婴儿面孔的距离。

研究者们通过测量婴儿关注某个特定视觉刺激的时间发现，新生儿也是有视觉偏好的。他们发现，相对于简单的图案，婴儿更喜欢复杂的图案；相对于二维图案，他们更喜欢三维图案；他们最喜欢的视觉刺激是人类面孔。婴儿更喜欢人类声音和人类面孔的特性，有利于他们和看护者之间建立关系以及让后来的语言发展更加容易。

认知发展

当婴儿长到一岁的时候，平均来看，他们的体重变成了原来的三倍，身高增长了约 30 厘米。而在最初的两年里，大脑重量达到了原来的三倍，大约达到成人大脑重量的 75%。到了五岁，大脑大约是成人大脑重量的 90%。这

表 8-3 皮亚杰认知发展阶段

阶段	年龄	认知发展
感觉运动阶段	出生～2岁	儿童使用他们的感觉和运动能力来探索世界。他们发展出客体恒常性，理解了概念和精神意象是用来表示客体、人和事件的
前运算阶段	2～7岁	幼儿可以内部表达并且根据客体和事件表达出文字或图片，他们还会伪装。但是他们不能理解守恒、逻辑推理或者同时考虑一个客体的多个特征
具体运算阶段	7～12岁	儿童在这个阶段可以理解守恒，存储他们的思维，以及通过客体的多种特征对其进行分类。他们还会逻辑思考以及理解类比，但仅限于具体的事件
形式运算阶段	12岁～成年期	在这个阶段，人们可以运用对假设的事件或者情况进行抽象推理，考虑逻辑上的可能性，使用抽象类比并系统地检验假设。不过，并不是每个人都可以使用上述的所有方法进行推理

种增长使得儿童可能在**认知发展**（cognitive development）中取得大量的重要进步，包括思维、问题解决，以及记忆的发展。

皮亚杰的理论：认知发展的四个阶段

让·皮亚杰开创了一种检验认知能力的方法。基于他对自己的孩子以及其他孩子的观察，皮亚杰认为，当儿童经历新出现的刺激或者事件的时候，他们会建立心理概念，或称**图式**（scheme）。例如，如果桑迪指着一个苹果的图片告诉她的孩子那是一个苹果，孩子就会建立一个图式，这个图式中“苹果”就是图片中那个样子的。此外，皮亚杰认为儿童最先开始理解符合他们已经建立的图式的新事物，这个过程被称为同化。儿童看到一个橘子时可能会说成苹果，因为这两种事物都是圆的。当纠正他们时，儿童可能会将苹果的图式改变为“圆的”和“红色”。皮亚杰将这个选择和调整旧图式以适应新信息和经验的过程叫作顺应。

皮亚杰还假设从婴儿到青少年的过程中会有四个认知发展的阶段（见表 8-3）。

感觉运动阶段　感觉运动阶段（sensorimotor stage）是皮亚杰定义的第一个阶段。它关注婴儿从出生到两岁的时期。在这个阶段中，婴儿利用他们的感觉和运动能力来学习周围的世界。最开始，婴儿只能运用出生时非语言反射来与物体和人互动。随着感觉和运动的发展，他们开始通过抓、推、尝等动作直接和物体互动。婴儿从简单重复的动作（例如，抓脚趾头）发展出模式复杂的动作（例如，试图将模型放入整理盒）。

在感觉运动阶段末期，婴儿的**客体恒常性**（objective permanence）发展完全。客体恒常性指，对无论是否出现在视野中的物体都存在的认知。例如，“躲猫猫”游戏很重要，它会帮婴儿了解到，妈妈的笑脸总是在她的手后面。这是发展语言（和最后的抽象思维）的关键步骤，因为词汇本身只是事物的象征，它们并不存在。在感觉运动阶段末期，抽象思维也就使利用符号（比如语言）表征客体的能力成为可能。两岁的婴儿就可以利用简单的符号进行思考并以此计划行动。

为什么儿童在很小的时候很容易相信有圣诞老人和牙仙子？

前运算阶段　前运算阶段（preoperational stage）是发展语言和概念的阶段（2～7岁）。可以在他们的世界里无障碍行动的儿童不再只是依靠感觉和行动技能，而是可以通过提问来更充分地探索他们周围的世界。由于儿童可以使用符号思维（例如，将排成一列的木块视为火车），假装和信任游戏成了可能。但是这种抽象思维仅限几种方式。儿童还不能进行逻辑思维，他们可以使用简单的心理概念，却不能合理而有逻辑地利用那些心理概念。他们认为任何可以动的东西都是有生命的，这被称为**泛灵论**（animism）。儿童们还倾向于认为他们看到的都是正确的，当这个年纪的儿童在书上、电视中或者商场里看到圣诞老人时，对他们来说，圣诞老人就是真实的。他们不会去思考圣诞老人是怎么在晚上到每个小朋友家里的，也不会去思索为什么那些玩具和自己上周在商场里看到的一模一样。

另一个局限是**自我中心**（egocentrism），这是指只能从自己的视角而不能从他人的视角来看这个世界。对前运算阶段的儿童来说，其他人一定可以看到他们自己看到的东西，并且对他们来说重要的东西一定对别人也很重要。举例来说，两岁大的希巴在第三次爬出她的婴儿床的时候，她的妈妈告诉她："今天晚上我不希望再在客厅看到你！"所以当希巴下次出现的时候，用手捂住了自己的眼睛——如果她看不见妈妈，那么妈妈也看不见她。自我中心主义和自我主义或者自私是不一样的，它可能是自我中心的，但是完全是无私的。如果四岁的贾马尔给他奶奶一个超级英雄玩具作为生日礼物，那是因为这个玩具是他自己想要的。

在这个阶段的孩子也会受到表面现象的影响。当一个孩子抱怨自己的派比哥哥的派小的时候，把他原来的派切成两块，他就会转怒为喜，因为现在他觉得自己的馅饼比哥哥的多了。他只关注派的块数而不是实际的分量。这种只关注客体一个特性而不是考虑所有特性的行为叫作**中心化**（centration）。在图 8-6 关于硬币的例子中，这个阶段的儿童只关注上面那排硬币的长度，而忽略了硬币的数量。在中心化阶段，儿童无法理解改变外表不会改变物体本质的原因。改变外部形态不会改变数量（仍然是硬币的例子）、体积或者质量叫作**守恒**（conservation）。

前运算阶段的儿童不能完成守恒任务，不仅仅是因为他们的中心化（只关注一个特性，比如派的数量），还因为他们还没有掌握将操作还原回去的能力。这种前运算思维的特征被称为**不可逆性**（irreversibility）。例如，当一个处于前运算阶段的儿童看到液体从一个短而宽的玻璃杯被倒入一个高而细的玻璃杯里时，他会认为第二个杯子里有更多的液体。由于不同形状的高而细的玻璃杯引发了儿童关于液体体积守恒方面的错误判断，其原因不仅仅在于儿童对于第二个玻璃杯中液体高度的中心化，还在于儿童不能想象出液体被倒回第一个玻璃杯后又变回相同的量。类似的原因导致了这个年龄段的儿童认为黏土球的量比被拉成绳状后更多。

具体运算　在**具体运算阶段**（concrete operations stage），即 7 ～ 12 岁阶段，儿童最终具备了守恒以及逆向思维的能力。儿童开始有能力考虑任何物体的所有相关特征，中心化将不再出现。他们开始更加有逻辑地考虑一些信念（如圣诞老人），并且进行提问，最终对童年

◎ 在科学课上，这些处于具体运算阶段的儿童正在进行逻辑思考，并且可以解决多种类型的问题，这些问题都是他们在前运算阶段无法解决的。

守恒类型	首次展示	变换	问题	前运算阶段儿童的回答
数量	两排数量相等的硬币	增加其中一排硬币的间隔	哪排硬币更多	长的那一排

图 8-6　守恒实验

◎ 在该守恒任务中，硬币被分成数量相等的两排。当上面一排硬币的间隔拉大时，不理解守恒的儿童会认为这一排的硬币更多。

早期的幻想得出更加合理的结论。他们在学校学习所有种类的科学和数学，而且在这个时候，他们认为自己比父母懂得更多。

这个阶段主要的限制是不能有效理解抽象概念。抽象概念就是被用于描述那些不是客观存在的、具体有形的、可触摸的东西。例如，“自由”就是一个抽象概念。人们可以定义它，也可以很好地理解它是什么，但是却没有一个确切的事物，人们可以指着它，然后说“这是自由”。具体概念是儿童在这个年龄可以理解的一类概念，包括物体、书面规则以及真实存在的事物。儿童需要看到、摸到或者至少可以在想象中看到事物，才能理解它。

形式运算 皮亚杰理论的最后一个阶段是**形式运算阶级**（formal operations stage），即12岁至成年期，儿童开始具备抽象思维能力。青少年不仅能理解非真实物质的概念，还可以深入进行假设性思考，甚至考虑不可能发生的事。“如果每个人都活得更长久会怎么样？”“如果女性掌管了国家，爆发的战争会不会少一些？”

皮亚杰认为，并非每个人都会进入形式运算阶段。研究表明，在美国，只有大约一半的成年人达到了形式运算阶段。没有达到形式运算阶段的成人倾向于使用一种更加实用的和实际的智慧来处理事情，这种类型的智慧更加符合他们特定的生活模式。但是，成功的大学生需要形式运算思维来帮助他们学有所成，大部分大学课堂要求有批判性思维、问题解决的能力，以及基于形式运算技巧的抽象思维。

有研究者提出，青少年除了形式运算阶段之外还有一个阶段，即相对性思维阶段。当青少年在大学多样性的环境中发现原来的“非黑即白”的思维方式受到挑战时，这种思维阶段更容易显现。在这种思维方式下，年轻人认识到并不是所有的问题都能够按照纯粹的逻辑思考去解决，同一个问题能够从不同的角度进行思考。

皮亚杰将儿童视为周围环境的积极探索者，参与发现周围环境中的客体和机制的组织性质。教育者们将皮亚杰的思想运用到实际中，允许儿童按照自己的速度进行学习，通过亲身实践来体会客体，并教给儿童符合他们认知等级的概念。

但皮亚杰的理论同样存在着应该加以批判的地方。有些研究者认为，皮亚杰关于认知发展的阶段划分并不完全正确，一个阶段到另一个阶段的发展应该是连续渐进的，而不是从一个阶段跳到另一个阶段。还有一些研究者指出，学前儿童没有皮亚杰认为的那么个人中心，并且客体恒常性的出现远早于皮亚杰所认为的年龄。

维果斯基的理论：存在的重要性

利维·维果斯基在发展心理学的先驱工作对俄罗斯的学校教育有着极其深远的影响，在全世界范围内，人们对他理论的兴趣也在持续增长着。维果斯基研究儿童的认知发展，但是与皮亚杰不同，他强调了他人在认知发展中的作用。皮亚杰强调的是儿童与客体的互动在认知发展中的重要性，而维果斯基强调了和他人的社会互动的重要性，特别是高技能水平的儿童和成人。维果斯基认为当他人通过**支架式教学**（scaffolding），即问一些具有引导性的问题并举例说明概念来帮助儿童时，儿童的认知水平就会得到发展。在支架式教学中，学习过程最开始的时候，高水平的人需要给学习者更多的帮助，学习开始后，随着学习者水平的提高，就要撤回帮助。

维果斯基还假设每一个发展中的儿童都有一个**最近发展区**（zone of proximal development，ZPD），是指儿童可以独立完成的水平和在老师帮助下完成的水平之间的区别。举例来说，如果小珍妮可以独立解决四年级水平的数学问题，在老师的帮助下可以解决六年级的数学问题，

◎这个小男孩正在帮助他的妹妹学习读书。正如图所示，维果斯基关于认知发展的观点认为，熟练者的帮助有助于学习者的认知的发展。

那么她的最近发展区是两年。苏茜可能和珍妮同岁（甚至可能在传统智力测验中的得分也一样），但是苏茜可以在老师的帮助下解决五年级的数学问题，所以苏茜的最近发展区不如珍妮大。这可能是一个思考智力的更好方法：不是你知道什么（正如传统智力测验测量的），而是你可以做什么。

另外一些研究者将维果斯基对学习中的社会因素的关注应用在研究儿童个人事件（自传体）记忆的发展上。他们发现，有证据表明，儿童能从早期与父母的交流中习得与其所处文化相对应的故事结构和智慧。这个过程从父母给幼儿讲故事开始，随着语言能力的发展，儿童能够重复故事元素。儿童在大约5～6岁时到达最后的阶段，此时儿童可以创造出完全属于个人的故事。上述正是关于支架式教学的非常好的例子。皮亚杰将儿童的自言自语解读为“自我中心”，然而维果斯基认为，儿童能够进行这样的自我对话是他们“有声思考”以及发展认知的表现。维果斯基的思想通过对合作学习（儿童在小组内共同工作以达到一个相同的目标）和互动式教学（教师通过基础阅读策略引导学生，直到学生自己有能力把这种策略教给别人）被运用在了教学实际中。

语言发展阶段

语言发展在儿童的认知发展中非常重要，因为语言使儿童可以用词汇来思考、提问或者表达出需求以及建立概念，而不仅仅是使用图像。

婴儿时期语言的发展受他们听到的语言的影响，比如儿向语言（成人和大些的儿童对婴幼儿讲话的方式：高语调、重复、歌唱式的说话）。婴儿和学步儿对这种类型的话更加注意，这也在照料者和婴儿之间创造了一个从对话中学习的机会。还有一些研究者着手研究婴儿对手势和姿势的利用。

婴儿能理解的东西似乎比他们可以表现出的多，这个现象被称为**接受–产生滞后**（receptive–productive lag）。他们也许只可以说出一到两个词，但是他们可以理解父母或其他人说出的长得多的句子。

无论生活在什么背景之下，或者将要学习哪种语言，所有儿童都将经历语言发展的几个阶段。

1. 咕咕声：大约两个月的时候，婴儿开始发出类似元音的声音。

2. 咿呀声：大约六个月的时候，婴儿开始在元音中加入辅音，发出咿呀声，这声音往往听起来像是在真正地说话。耳聋的儿童在6个月之后确实减少了咿呀声的发音，而更多地使用初级手势。

3. 单词句：大概在一岁或者恰好一岁之前的时候，大部分儿童开始说确切的词。这些词通常都是名词，并且可能代表着完整的一句话的意思。这种词汇叫作单词句，即整个句子只有一个词。例如，儿童可能冲着妈妈说：“奶！”这代表着“我想要牛奶”或者“我喝完牛奶了”。

4. 电报句：大约在一岁半的时候，学步儿开始把词汇连成一串，使用名词、动词和形容词组成一个短的简单句。“宝宝吃”“妈妈走”“小狗散步”，这些都是电报句的例子。孩子们只会用在句子中有意义的词。

5. 完整的句子：当儿童长到学龄前，他们开始使用合乎语法的短语，并增加了句子中词汇的数目。一直到六岁或者更大，尽管此时和成人相比，他们知道的词汇数目仍然有限，但他们说话的流利程度却越来越接近成人。

◎这个婴儿已经学习了一些语言的基础，包括用手势表达意思和增强交流。

社会心理发展

婴儿和儿童的社会心理发展包括人格、关系以及性别概念的发展。尽管这些发展开始于婴儿期，但在许多方面，发展将持续到成年后。

为什么有些儿童消极烦躁，但有些却是可爱、脾气好？

气质

要证明婴儿有不同的人格（即，使一个人不同于他人的持久的特征）的最初方法之一，就是他们在出生时就已经固定下来的**气质**（temperament）、行为和情绪特征。研究者们将婴儿的气质划分为三种类型。

1. 容易型：容易型的婴儿在清醒和睡眠的时间安排方面是有规律的，并且对改变具有适应性。容易型的婴儿是快乐的，当遭遇挫折时很容易被安抚。

2. 困难型：困难型的婴儿和容易型的几乎相反。困难型的婴儿在作息方面更缺乏规律，对任何改变都表现得非常不高兴。相比于高兴，他们更加吵闹、活跃以及有暴躁倾向。

3. 迟缓型：这种气质类型的婴儿性情古怪、更加安静，比困难型儿童有规律一些，但是对改变适应慢。如果改变是循序渐进的，这类婴儿将和新的对象和环境一点点熟悉起来。

当然，不是所有的婴儿都可以被清晰地分在三种气质类型里的某一类，斯特拉·切斯（Stella Chess）和亚历山大·托马斯（Alexander Thomas）发现，有些儿童可能属于这些行为模式的两种甚至三种的混合型。尽管如此，纵向研究发现，这些气质类型会一直持续到成年，尽管在婴儿教养的过程中，他们在某种程度上受到了环境的影响。例如，一个困难型的婴儿由一对吵闹而活跃的父母教养，父母可能不会觉得他是困难型的；但如果迟缓型婴儿的父母更喜欢改变和热闹，那么父母可能认为这一类型的婴儿抚养困难。第一种情况下的婴儿和父母的气质类型非常符合，但是第二种情况下的父母的气质类型与那种气质类型不活跃的婴儿

心理学议题

孤独症谱系障碍

在把这一主题放在婴儿的认知发展之前，我们先简单地讨论一下已经被报道了好多年的新闻：造成孤独症的原因。近年来，关于孤独症的诊断持续上升，从 2006 年的 0.91% 上升到现在的 1.14%。然而，这并不是意味着真正的孤独症案例的上升。诊断孤独症的方法变得越来越有效，对于孤独症的定义也扩大了范围，这造成了孤独症案例的持续上升。

孤独症谱系障碍（Autism Spectrum Disorder，ASD）事实上是一系列的疾病（可能是由于同样广泛的原因造成的），存在思维、感觉、语言、与他人的社会交往方面的障碍。关于孤独症成因的谣言和错误报道已经在网上流传了好些年了。

主要的错误报道来源是，英国胃肠病学家安德鲁·维克菲尔德（Andrew Wakefield）教授于 1998 年发表了两项研究的结果，研究表明 MMR 疫苗［麻疹、腮腺炎、风疹（measles、mumps、rubella）］会导致儿童孤独症和肠道疾病。在研究中，并没有设置控制组，也没有单盲或双盲实验，仅仅以 12 名儿童作为样例。很快，孤独症专家和其他人就对该研究的不充分性以及危险性做出公开谴责。然而，维克菲尔德的研究使得家长们拒绝让他们的孩子接种 MMR 疫苗，造成了麻疹流行。尽管大量的研究都没有发现 MMR 疫苗和孤独症之间的联系，但人们仍然坚持相信关于这种联系

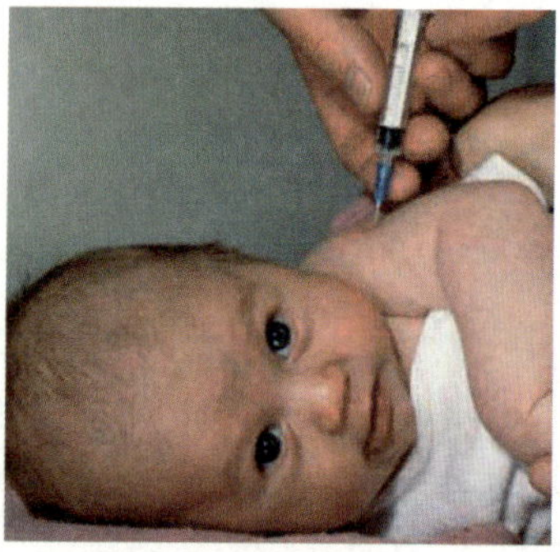

◎按照被认可的时间表为孩子接种相应类型的疫苗，是父母能够为他们孩子持续的健康和安全所做的最重要的事情。在今天，接种疫苗非常安全和有效，能够让儿童抵抗危险甚至致命的疾病，如风疹。

的神话的存在。2004年，该研究中的其他作者撤销了于1998年发表的论文。2009年，维克菲尔德被发现数据造假，MMR疫苗会造成孤独症的谣言才真正被击垮。

英国医学委员会（British Medical Council）对维克菲尔德的行为展开了调查，发现其存在严重的职业不当过错，维克菲尔德的行医执照于2010年5月被吊销。

进一步讨论的问题

1. 有什么方法能够让家长相信婴儿疫苗是安全的？

2. 网络能够让研究的结果快速扩散（如维克菲尔德的研究），这种渠道有何利弊？

很不符合。不适合的搭配让孩子与父母之间很难形成依恋，依恋是一种很重要的社会心理情绪联结，我们将在下面的内容中进一步探讨。

依恋

在婴儿和他的首要照料者之间建立的情感纽带就是**依恋**（attachment）。依恋在婴儿的社会和情绪生活中是一个非常重要的发展，常常在婴儿最初的六个月里建立起来，然后在第二个六个月里以多种形式表现出来，例如**陌生人焦虑**（stranger anxiety，指对陌生人特别谨慎）和**分离焦虑**（separation anxiety，指与照料者分开时的恐惧）。尽管对母亲的依恋通常是首要依恋，婴儿也会对父亲和其他照料者产生依恋。

依恋风格 玛丽·安斯沃思（Mary Ainsworth）想出了一个特殊的实验设计来测试婴儿对其照料者的依恋，这个设计被称为陌生情景（将

◎这个学步期的儿童表现出对探索他周围环境的抗拒，他紧贴着父亲的腿。正常情况下，这种紧贴的行为可以被看作矛盾型依恋的一种标志。

婴儿暴露在一系列母亲与陌生人离开、返回的事件下）。通过这种测试方法，安斯沃思和她的同事将依恋分为四种类型。

1. 安全型（secure）：安全型的婴儿在和母亲刚进入房间时，想要从母亲的膝盖上下来。他们高兴地探索房间，时而回头看看母亲然后回到母亲身边（仿佛她是一种“安全基地”）。当陌生人进入的时候，这些婴儿变得小心起来，但是只要母亲在一边就会冷静下来。当母亲离开的时候，婴儿开始变得不安。母亲回来的时候，婴儿会靠近她，很容易被安抚，然后又回到之前高兴的状态。

2. 回避型（avoidant）：尽管回避型婴儿在某种程度上也想要探索，但是没有返回的行为。他们不会去看陌生人或者母亲，对母亲的离开或回来反应很小，看起来就像没有兴趣或者不关注一样。

3. 矛盾型（ambivalent）：矛盾指的是对某一事物混合多种情绪。在安斯沃思的实验中，矛盾型的婴儿会紧贴着家长且不愿意探索环境。无论妈妈是否在场，婴儿都会对陌生人感到不安；当母亲离开时会表现得很抗拒，并且很难被安抚。在母亲回来后，这些婴儿想要振奋起来但同时又推开母亲或者踢打她们，对于母亲的归来表现出一种混合型的反应。

4. 混乱型（disorganized-disoriented）：在随后的研究中，另外一些研究者发现，一些婴儿看起来不知道对母亲的回来如何反应。这些混乱型的婴儿可能会接近母亲但是他们的眼睛却不看她，就像是害怕进行眼神接触一样。总体而言，这些婴儿看起来很恐惧，并在脸上表现出茫然和沮丧。

这四种类型婴儿的母亲的行为各不一样，

这并不令人惊讶。安全型婴儿的母亲是慈爱的、温暖的，并且对于她们孩子的需求也很敏感，在交流中对婴儿的需求做出反馈。回避型婴儿的母亲则不会有反馈，而且也不敏感，还会冷淡地拒绝婴儿。矛盾型婴儿的母亲则试图回应婴儿，但是这种回应是不连续的，也不敏感。她们经常会和婴儿说一些与婴儿正在做的事情毫无关系的话。混乱型婴儿的母亲在和婴儿互动时会出现辱骂和忽略婴儿的行为。

不过，依恋并不是母亲独自行为导致的必然结果。婴儿的气质类型在决定母亲行为反应中可能起到了重要作用。例如，困难型的婴儿很难被安抚。这类婴儿的母亲可能会和安斯沃思的研究中回避型婴儿的母亲一样，拒绝和她的孩子进行不必要的交流。

有批评者认为，安斯沃思的陌生情景研究关注的是人工环境下的设计，尽管安斯沃思的实验观察者们想知道婴儿和其母亲在家中的表现，在陌生情景实验之前也在家中进行了观察。另一些基于家中的研究评估结果支持安斯沃思的发现。还有一些研究支持依恋类型的概念以及依恋在生命最初六年里的稳定性。成人之间的关系甚至也被视为受到依恋类型的影响，那些回避型的人倾向于和不同的伙伴建立众多浅薄且短暂的关系，而那些矛盾型的人倾向于和同一个人重复结束关系和建立关系。

依恋的影响 随着托儿所变得广为接受和普遍，许多家长开始关注日托对依恋的影响。心理学家杰伊·贝尔斯基（Jay Belsky）和他的同事们研究了托儿所中的婴儿的依恋情况，结果是，尽管高质量的日托服务（婴儿–照料者的比例小，照料者流动率低，照料者接受过儿童照料技术和理论方面的培训）很重要，但是包括依恋在内的积极的发展（尤其是认知发展）与婴儿和学步儿在家中得到的教养质量有更清晰的相关。

尽管依恋在文化方面存在一定的差异，比如有发现表明，美国的母亲倾向于在满足儿童需要之前先等孩子自行表达，而日本的母亲更喜欢对孩子的需要进行预期。尽管在对需要的敏感度方面存在不同，但这似乎并不影响依恋。在其他文化中发现的类似的依恋类型的证据表明，依恋可以被认为是建立与他人关系重要的第一步，这一步可能为今后所有的关系建立了一个基础。

在结束依恋这一话题之前，我们先来看一个最先研究依恋的关键因素的实验。

我是谁？自我概念的发展

婴儿降临到这世上时，他们并不知道自己跟周围的环境以及他们的社会世界是相互独立的。**自我概念**（self-concept）是指你对自己形象的认识，这是基于在你的生命中与周围重要他人的互动而建立起来的。正如婴儿经历着他们周围的一切，他们开始学会区分“我”与周围物理环境以及他人的区别。

一个能证明儿童具有自我意识的方法是口红测试，即在孩子们的鼻子上涂一点口红，然后让他们站在镜子前。六个月到一岁左右大的婴儿会伸手去碰镜子中的婴儿的鼻子，就像去触碰另一个孩子似的，有一些婴儿还会爬到或走到镜子后面去寻找镜子中的那个“他人”。当15～18个月大的婴儿看到镜子中的影像时，他们则会去摸自己的鼻子，这表明他们知道镜子中的影像是自己而不是别人。随着儿童慢慢成长，自我概念会涉及性别（“我是一个男孩”或“我是一个女孩”）、外貌（“我有棕色的头发和蓝色的眼睛”），到了儿童中期，还会涉及个性和团队角色。

我曾经听说，你不应该在婴儿每次哭的时候都把它抱起来，因为这么做可能会宠坏孩子。

埃里克森的理论

不幸的是，很多人不仅听说过这样的忠告，还按照它说的去做，经常忽视孩子的哭声。这会对婴儿造成非常坏的影响。当不满六个月的婴儿哭的时候，是因为他们饿了、渴了、疼了，甚至孤独了，这是一种对于希望照料者满足自己需求的本能表现。研究表明，在出生后几个月内，比起那些因为希望被关注的需要（如饥饿、疼痛或者潮湿）而哭泣却被频繁地置之不理的婴儿，哭泣能获得回应的婴儿（即饿了就被喂食，尿了就换衣服等）在大约一岁时表现

心理学经典研究

哈洛和舒适接触

当心理学家们开始研究依恋的发展时，他们首先假定，婴儿之所以会产生对母亲的依恋，是因为在婴儿看来，母亲和首要欲望（比如饥饿和口渴）得到满足联系在一起。当食物（原始强化物）出现的时候，母亲也总是随之出现，所以母亲变成了第二强化物，并且可以使婴儿变得高兴。

心理学家哈利·哈洛（Harry Harlow）认为，依恋不仅仅受到食物供应的影响。他以恒河猴的幼猴为被试，做了很多有关依恋的实验。当他发现实验室的猴子喜欢紧贴着柔软布料填塞的笼子框架时，他设计了一个实验来验证他所谓的“舒适接触”的重要性，猴子似乎对接触到的柔软的东西产生了依恋。

他将八只幼年恒河猴分别放到各自的笼子里，每个笼子里都有两个代理“妈妈”。一个代理“妈妈”实际上是一根用柔软填充物和毛线织物覆盖的木头（称其为木棉“妈妈”），另一个则环绕着金属网（称其为铁丝“妈妈”）。二者都是从内部加热。“妈妈”们有一个半露出身体的内置奶瓶。铁丝“妈妈”给一半幼猴喂奶，木棉“妈妈”给另一半幼猴喂奶。哈洛之后记录了每只幼猴和各自的“妈妈”在一起的时间。如果和代理“妈妈”一起的时间可以作为依恋的指标，那么学习论可以预测，幼猴将会和喂过它们的代理“妈妈”在一起的时间更长。

结果是什么呢？无论是哪个代理“妈妈”给小猴子喂食，小猴子都和柔软的、有布覆盖的代理

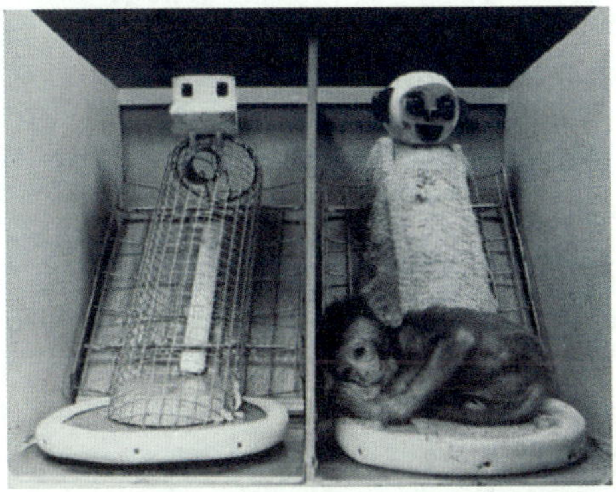

◎金属的代理“妈妈”为这只年幼的恒河猴提供了食物。但是，小猴子把几乎所有时间都花在了和柔软的由布覆盖的代理“妈妈”一起。根据哈洛的解释，这证明了舒适接触对依恋的重要性。

“妈妈”在一起的时间更长。事实上，尽管金属的代理“妈妈”抱着奶瓶，但所有的猴子几乎都不和它在一起。哈洛和他的同事总结道：“舒适接触是重要的基本情感，或者说是爱的变量。”

哈洛的工作代表了关于触觉在依恋形成中的重要性的早期研究，也是人类发展领域的一项重要研究。

进一步讨论的问题

1. 尽管布制的代理“妈妈”温暖且柔软，看起来像是提供了舒适的接触，但你认为在这种环境中成长的猴子和其他猴子接触时，它们的行为会正常吗？它们将怎样反应？

2. 参考哈洛的研究，你对用奶瓶而不是母乳哺育婴儿的母亲有什么推论？

出更多的安全型依恋。埃里克森是一位精神动力学理论家，他指出了社会关系在人格发展中的重要性。尽管允许喂食、换尿布、打饱嗝以及被关注的需求被满足的婴儿偶尔哭泣是不会破坏依恋的，但他极力反对听任婴儿哭泣。

埃里克森曾接受过弗洛伊德精神分析家的训练，但他逐渐认为，社会互动在发展中比弗洛伊德强调的性发展重要。他认为发展一共会经历八个阶段，从婴儿到儿童是最初的四个阶段（我们将在后面的章节讨论弗洛伊德的性心理发展阶段）。每一个阶段都代表了一种发展危机，或者说是一种人格上的转折点，并且为了正常、健康的心理发展，每一个阶段的危机都需要成功渡过。

埃里克森关注的是婴儿和儿童与重要他人（父母以及之后的老师和同伴）在直接环境下的关系。表 8-4 总结了埃里克森八个阶段中每个阶段的冲突以及对未来发展的预示。现在，请着重看前四个阶段。

性别发展

性别发展是在人类发展的过程中涵盖生理

表 8-4 埃里克森心理发展阶段

阶段	发展冲突	成功应对冲突	不成功应对冲突
1. 婴儿 出生～1岁	**信任 VS 不信任** 婴儿通过自己的需要是否得到满足来学习对他人的信任或者不信任	如果婴儿对食物、舒适和情感的需要得到了满足，他们就会学会信任他人并且期待着这些需要在未来也能得到满足	如果婴儿的需要没有被满足，他们则学会了不信任，以及并不期待他们的需要在未来会得到满足
2. 学步儿 1～3岁	**自主 VS 害羞和怀疑** 学步儿发现他们可以决定自己的行为	如果学步儿发现自己能够成功控制自己的行为，他们就学会了独立	如果学步儿想要独立的愿望受阻，那么他们将学会由于没有成功而自我怀疑和害羞
3. 学龄前儿童 3～5岁	**主动 VS 内疚** 当自我控制得到发展，学龄前儿童将学习到要对自己的行为负责	如果学龄前儿童能够成功控制自己的反应和行为，他们就会感觉到自己是有能力的，并且学会了主动	如果学龄前儿童不能成功控制自己的反应和行为，他们就会感到焦虑和愧疚
4. 小学阶段 5～12岁	**勤奋 VS 自卑** 儿童必须在学校和社会环境中学习新的技能，他们通过与他人对比来评价自己是成功还是失败	当儿童成功学习了新技能，他们会发展出一种勤奋的感觉，让他们感到自己能胜任，提高自尊感	如果儿童在发展新能力上失败了，那么在与他人对比时他们就会感到自卑
5. 青少年 13～20岁早期	**自我同一性 VS 角色混乱** 青少年必须决定他们的角色，以及他们想成为怎样的人	成功定义了自我的价值、目标和信念的青少年，其自我同一性将会持续稳定地发展	没有定义好自己身份的青少年会变得困惑和退缩，或者希望成为他人而不是他们自己
6. 成年早期 20～30岁左右	**亲密 VS 孤独** 成年早期面临的问题是寻找能在一段持续和亲密的关系中分享自我特性的另一半	成功找到另一半并分享他们自我特性的人将会有令人满意的亲密关系，这是基于心理的一种亲密关系	没有找到另一半的人（经常是因为他们没有稳定的自我认同可以分享）会自我隔离，即使与他人存在浅层的情感关系，他们也仍然会感到孤独
7. 成年中期 40～50岁	**繁殖 VS 停滞** 这时的挑战是创造、生育以及抚育下一代	能够关注下一代的人将会是具有生产性和创造性的，并且能为未来留下一笔财富	不能成功关注自己以外的人，他们仍然处于停滞的自我中心的阶段，并且感觉到自己没有发生任何的变化
8. 成年晚期 60岁及以上	**自我整合 VS 绝望** 这个问题是关于一个人是否达到了智慧、精神上的宁静、完整感以及对其生命的认可	能够接受自己人生的老年人，他们能够放开自己的得与失，感受到使命的完成感，将死亡视为生命的结束而并不害怕	没能达到身份认同或亲密行为或生育的人，他们不能释怀生命中的遗憾，因感觉到很多事情来不及完成而害怕死亡的到来

和心理发展的一个很重要的方面，是个体对自己是一个男人还是女人越来越强烈的感觉。

性别角色

什么时候小孩子会发现男孩和女孩的差别？

尽管性别可以用生理特征来定义为男或者女，而**心理性别**（gender）则需要用心理特征来定义。心理性别的概念能够影响文化期望、人格发展及性别认同感。

心理性别角色（gender role）是对一个被认

概念导图

- **生理发展**
  - 婴儿一出生，身体系统功能就开始运作（例如，呼吸、循环、温度调节和消化系统）
  - 婴儿生来就有先天的反射行为（见图8-4）
- **感觉发展**
  - 触觉、味觉和嗅觉发展得很好
  - 有听觉但没有完全发展
  - 视觉发展最少（视杆细胞具有功能，视锥细胞需要六个月的时间发展完全）
- **动作发展**
  - 随着生理和感觉发展，正常的动作发展和很多因素有关，比如营养、照料和健康
  - 从出生到两岁=快速发展阶段（见图8-5）

婴儿和儿童期的发展

- **皮亚杰的理论**
  - 认为婴儿在经历新的情况和事件的时候，会建立心理概念或者图式
    - 通过他们已经拥有的图式（同化）或者根据新信息选择、调整旧的图式（顺应）来理解新事物
  - 提出了从婴儿到青少年认知发展的四个阶段
    - **感觉运动阶段**
    - **前运算阶段**
    - **具体运算阶段**
    - **形式运算阶段**
    - 见表8-3
- **维果斯基的理论**
  - 强调与他人社会互动的重要性，特别是对于高水平的儿童和成人
  - 通过提出引导性的问题和对概念进行举例，来帮助儿童发展其认知水平
  - 每一个儿童都存在最近发展区，即儿童独立状态下的水平和教师有效帮助时的水平之间的差异

婴儿和儿童期的发展：认知发展

- **语言发展的阶段**
  - 语言使儿童可以用词汇来思考、提问、交流需要和建立概念
  - 普遍的阶段性进步
    - 咕咕声、咿呀声、单词句、电报句以及完整的句子
- **自闭症谱系障碍**
  - 涉及思维、感觉、语言和社会交往的神经发育障碍
  - 成因仍在研究中，但与儿童疫苗的接种无关
- **社会心理发展**
  - 包括人格、关系、作为男性或者女性的认知；这个过程从婴儿期开始，一直持续到成年期
- **重要的早期概念**
  - 可以通过婴儿的气质类型（比如容易型、困难型、迟缓型）来推断他们的人格，气质类型还和教养方式和环境相互影响
  - 依恋（婴儿和首要照料者之间的情感纽带）是非常重要的；安斯沃思和其他研究者对不同的依恋类型进行了分类（安全型、回避型、矛盾型、混乱型），在不同的文化中，这些类型也表现相似
- **埃里克森的理论**
  - 认为发展是按照一系列八个阶段顺序发生的（见表8-4）
  - 在每个阶段，都必须成功解决发展危机才能正常发展

婴儿和儿童期的发展：社会心理发展

为是男性还是女性的个体行为的文化期望，包括与该文化有关的特定性别的态度、行为和人格特质。**性别认同**（gender identity）的发展过程（对是一个男人还是女人的感知）受生物因素和环境因素的影响（如父母教养方式以及其他的儿童抚养方式），但哪种因素起的作用更大仍然存在争议。现在大部分研究者认为，生物因素对性别认同的影响很大，至少在性别认同和行为的某些特定方面中影响很大。在一项研究中，25 名在基因层面是男性的儿童由于出生时具有模糊的性器官，被手术改造成了女性并且像女孩一样被抚养长大。在他们的儿童和青少年时期，仍然表现得像男孩一样。他们中有 14 人公开宣称自己是男性。

环境同样也有影响作用。在很多文化中，人们对于男性或女性应该扮演的角色具有明确的预期（换句话说，就是性别角色），当某个人的表现不符合这些预期时，他需要承受的压力是巨大的。在大部分的西方文化中，人们更期望男性更具男性气质，而对女性的女性气质的要求则没有那么严格。尽管关于父母对孩子性别类型影响的研究发现，父母双方都具有影响，但相对于关注女儿表现出女性行为，父亲更关心儿子表现出男性行为。那些更强调个人主义并且具有更高生活水平的文化变得越来越不传统，尤其是对女性的态度，然而在更强调集体主义并且具有更低生活水平的群体中却保留着更传统的文化。但即便是属于后者，女性也比男性更加开放了。另外一些研究发现，关于性别角色最前卫的观点出现在类似于荷兰、德国、意大利和英国这样的国家，而最传统的观点出现在类似于尼日利亚、巴基斯坦和日本这样的非洲和亚洲国家。而被研究者看作具有很前卫文化观的美国则排在中间，这可能是因为美国是一个多元文化的国家，不同文化间有很多的变异性。

性别角色发展理论

儿童如何知道社会和文化对他们的性别角色的期望？对这一问题的了解又是如何影响他们的性别认同的发展的？尽管以弗洛伊德为代表的早期心理动力理论认为，儿童对性别认同的学习是一个自然的过程，发生在童年早期解决性别冲突的时期，但很多现代理论更关注于性别认同和行为发展的学习和认知过程。

社会学习理论

社会学习理论（social learning theory），强调以观察和对偶像的模仿为形式的学习，导致了性别角色的发展。儿童采用特定方式观察他们的同性父母并且模仿他们的行为。当孩子模仿了合适的性别行为，他们就获得了积极关注，积极关注又鼓励他们继续这种模仿。而不合适的模仿行为则由于被忽视或者惩罚而消退。

性别图式理论

另一个有关性别角色发展的理论是**性别图式理论**（gender schema theory），它将社会学习理论和认知发展结合在了一起。这一理论的基础是皮亚杰关于图式的概念，儿童对于成为一个男性或者女性发展出一种图式或者心理模式，就像他们对狗、鸟和猪这些概念形成相应的图式一样。随着儿童大脑的成熟，他们可以区分不同的概念。比如，“狗”一开始可能指的是任何有四条腿和一条尾巴的东西，但是随着孩子在接受指导的情况下把狗与其他动物进行比较，“狗”这个概念就会变得越来越具体，同时狗这个图式也被定义得更完善。

同样地，儿童也会发展出关于男孩和女孩的概念。一旦图式产生，儿童就开始把自己定义为男孩或女孩，并且关注这一图式的其他成员。他们关注其他男孩或女孩的行为并且模仿这些行为。除了像社会学习理论中认为的简单的模仿和强化，该理论认为儿童还会通过将这些行为组织到性别的图式中来获得他们的性别角色行为。支持该理论的研究发现，儿童能够在一岁之前区分出男性和女性的面孔和声音，这一现象说明，我们的基因中就具有这种性别图式。**双性化**（androgyny）这一概念描述了那些忽视自己本身的生理性别，在人格上表现出男性和女性两种性别特征的人。双性化的个体能够基于实际的情况需要而做出决定，而不是表现为男性化或女性化，他们能够在日常生活和事业中做出更加灵活的选择。

青春期

青春期（adolescence）是指生命中从13～20岁早期的年龄段，在此期间，年轻人在生理上不再是儿童，却又不是可以独立、自给自足的成人。青春期曾经被定义为13～19岁的青少年，但它还涉及个体如何解决例如工作、家庭和人际关系的问题。所以，尽管我们认同这是一段时间划分清晰的发展阶段，但青春期在不同的个体之间结束的时间并不相同。

生理发展

青春期难道不是发生在你身上的生理变化吗？

青春期

进入青少年期，最明显的标志就是**青春期**（puberty）的开始，即第一性征（实际性器官，比如阴茎和子宫）和第二性征（比如胸部和体毛的发育）的生理变化，这些发生在体内的变化作为性发展达到最高峰。当达到基因决定的适当年龄的时候，腺体受到起主要作用的腺体（即垂体）的刺激而引发了一系列活动，青春期由此开始。心理和环境因素（如压力、运动和营养），也可能对青春期的起始时间产生影响。甲状腺增加了生长的速度，肾上腺和性腺刺激了某些特征的发育，比如体毛、男性的肌肉组织、女性的月经周期。青春期大约在发育高峰期开始的两年后开始，这个快速生长的时期大约在女孩10岁和男孩12岁时发生。

此外，体重增长，男性或者女性的生理特征也在快速发展，并且发生戏剧性的变化。事实上，青春期生长和发展速度接近婴儿在子宫内生长的速度。

大脑发育

大约在四年后，青春期的一系列变化才相对完成。然而，大脑的发育会一直持续到20多岁。尤其是大脑的前额叶皮层，负责控制冲动、决策、信息的组织和理解，直到25岁左右前额叶皮层才发育完全。这就很容易理解为什么很多青少年明知道某些行为具有危险仍然会去尝试。

性传染病

事实上，青少年经常去尝试冒险，把自己置于危险的境地。其中一种危险就是接触性传染病，它是一种主要通过性接触而传播的疾病。一种常见的性传染病是衣原体，如果染上后不接受治疗，就会导致盆腔炎性疾病，青少年就是典型的不寻求帮助的群体。这种疾病会损伤子宫内膜、输卵管、卵巢和其他相邻的结构。其他性传染病还包括梅毒、淋病、生殖器疱疹、生殖道尖锐湿疣。艾滋病是由病毒感

概念导图

性别的发展

- **性别**：由心理层面决定是男性化还是女性化，受文化、人格和自我认同的影响
  - **生物因素**：生殖器的生理性别特征、激素差异和可能的大脑结构和加工的差异
  - **文化**：个体主义/非传统的角色采纳与集体主义/传统的角色采纳是不同的
- 核心概念
  - **性别角色**：文化对男性和女性行为的期望
  - **性别认同**：作为男人或女人的感觉（受生物和环境因素的影响）
- 性别角色发展的理论
  - **社会学习理论**：性别角色是通过观察和模仿习得的
  - **性别图式理论**：是男性和女性的图式和概念（基于贝姆的观点）发展和影响了性别角色
    - **双性化**：无论是哪种性别，同时拥有男性和女性的优点

染导致的，尤其是人类免疫缺陷病毒（human immunodeficiency virus，HIV）。有 HIV 感染的人不一定会患艾滋病，但是未来有发展为艾滋病的风险。HIV 损害人体的免疫系统，使得人体变得很脆弱，无法抵挡正常来说不会引起问题的感染和病毒。当感染了 HIV 病毒的个体发展出了“概率的”感染（由对于健康免疫系统无害但是影响衰弱的免疫系统的细菌或病毒所导致的感染），个体就会患有艾滋病。HIV 可以通过三种方式的其中一种从任何携带者传播到另一个人身上，即使携带者看上去很健康：第一种方式是通过无保护的阴道、口腔或肛门性接触，这更容易发生在冲动的青少年身上；第二种方式是共用针管（经常是吸毒）；第三种方式是通过生育把病毒传染给婴儿。

认知和社会发展

尽管与过去相比，现在青春期在生理发展方面确实发生得更早，但在 20 世纪，青少年的生理发展模式与现在相比，在模式上并没有发生本质性的变化。然而，21 世纪初的青少年与 20 世纪早期的同龄青少年相比，他们在认知和社会心理方面发生了很大的变化。

认知发展

青少年应该处于皮亚杰理论中的形式运算时期，为什么没有那么多青少年像成人一样思考呢？

相比于青少年的生理发展，他们的认知发展更难衡量，但是在青少年看待自己、同伴和同伴关系以及周围世界的方式上仍然表现出了重要变化。

重温皮亚杰的形式运算阶段 青少年，特别是那些正在接受正规高中教育的青少年，已经进入了皮亚杰的最后一个阶段——形式运算阶段。在这个阶段，抽象思维成为可能。青少年开始思考一些假设的情况，想象出理想世界可能的蓝图。

皮亚杰的理论在教育儿童以及儿童的认知发展研究中都有非常大的影响。在不同文化背景下成长的儿童都像皮亚杰描述的那样来理解世界，尽管他们开始理解世界的年龄千差万别。

尽管青少年们开始采取成人的思维方式，但是他们仍没有完全脱离自我中心的思维。然而，在生命的这段时间里，这种自我中心主义表现为对他们自己的思想全身心的关注。他们进行了很多内省活动（转向内部），并且变得确信他们的思想对其他人来说和对自己一样重要。青少年的这种自我中心主义体现在两个方面：个人神话和假想观众。

在**个人神话**（personal fable）中，青少年把大量的时间花在思考他们自己的想法和感受上，并根据这些想法或感受认为自己是特别且独一无二的，而且在他们之前，没有人会有这些想法和感受。“你根本不理解我，我和你是不同的”，这类感觉在青少年中是很普遍的。这种个人神话并非没有危险的一面。因为他们感觉自己是独一无二的，青少年可能认为自己可以用某种方式来避免危险，故意不去做本来应该采取的预防措施。这可能导致意外怀孕、赛车时的重伤甚至死亡、酒后驾车、吸毒以及其他可能。“我是特别的，这不会发生在我身上。”这是一种危险但常见的想法。

假想观众（imaginary audience）指的是青少年中过度的自我意识。他们会觉得每个人都在看着他们，正如他们是自己的中心一样，他们也总是他人世界的中心。这解释了许多青少年可能经历的自我意识的提高，这种自我意识指的是关注他人对青少年外表和行为的看法。

道德发展 青春期认知进步的另外一个重要方面是青少年对“对”和“错”的理解。哈佛大学发展心理学家劳伦斯·科尔伯格（Lawrence Kohlberg）教授受到皮亚杰和其他人的影响，通过观察不同年龄段的人对道德两难故事中主人公的反应，提出了一个有关道德发展的理论（典型故事见图 8-7）。科尔伯格提出了道德发展，或称正确错误行为知识的三个阶段。这三个水平的总结见表 8-5，表中还包含有每种类型思考的例子。尽管这些阶段和确切的年龄组相联系，但这三个阶段对青少年和成人

都适合。举例来说，少年犯可能处在道德思维的前习俗水平。

科尔伯格的理论被批评为仅仅是面向男性的，尤其是他的研究中只使用了男性被试。卡罗尔·吉利根（Carol Gilligan）提出，男性和女性在道德上有着不一样的认识：男性倾向于将道德判断为一个导致公平、公正结果的行为，而女性倾向于判断道德为非暴力的、能将所伤害人数降至最低的行为。但是，研究者们并没有发现在道德思维的性别差异上有一致性的支持证据。另外一个关于科尔伯格道德发展评估的批评，指向他通过口头询问来获得人们在道德两难假设中的选择。人们说他们将怎么做和在一个真实的两难情景中将会怎么做，是两件完全不同的事情。

思考一下

你是否曾经做过挑战你的道德思想的决定？你的决定属于科尔伯格三道德水平的哪一个水平？

为了给家人储存足够的粮食，蚂蚁在夏天的时候非常勤劳地采集食物。然而蚱蜢更喜欢在夏天玩耍和偷懒，它还嘲笑蚂蚁这么勤劳地工作。蚂蚁说：“今天冬天你会因为没有食物而感到悲哀的。”事实确实如此。冬天来临的时候，蚱蜢没有粮食，又冷又饿，非常可怜，于是它便向蚂蚁乞求食物和住所。蚂蚁应该为蚱蜢提供食物和住处吗？

图 8-7 道德两难例子

表 8-5 科尔伯格的三种道德阶段

道德水平	理解的规则	例子
前习俗道德（preconventional morality）（通常是非常小的儿童）	结果决定道德；受奖赏的行为是正确的；受惩罚的行为是错误的	一个从其他小朋友那里偷了玩具的孩子没有被抓到，就不会认识到这个行为是错的
习俗 * 道德（conventional morality）（年长些的儿童、青少年、大部分成人）	符合社会规范的是正确的，不符合的是错误的	儿童批评他的父母超速，因为超速是违反现有法律的
后习俗道德（postconventional morality）（大约 20% 的成人）	道德准则由人来决定是对还是错，有可能会不同意社会规范	写出有争议故事的记者宁愿进监狱也不愿暴露信息提供者的身份

* “习俗”指的是在一个特定社会中行为的总体标准或者规范，在不同的社会或者文化中是不一样的。

社会心理发展

在青春期，人格和社会关系的发展首先关注的是寻求自我同一性或者自我认同。

埃里克森的同一性 VS 角色混乱 根据埃里克森的理论，青少年必须面对的社会心理危机是**同一性 VS 角色混乱**（identity versus role confusion）（见表 8-4）。在这个阶段中，青少年需要从众多选择中找到生命的意义和诸如政治问题、职业选择和婚姻之类的信念，从那些选择中找到对自己的认同。埃里克森认为，成功解决早期四个阶段冲突的青少年有更好的“装备”来抗拒同伴压力、抵制参与不健康或违法的活动，并且可以在青春期找到自我的认同感。那些不能成功过渡的青少年进入青春期后会缺乏对他人的信任，感觉到羞愧和害羞、低自尊，并且依赖他人。同伴压力对某些青少年来说非常有效。那些青少年拼命希望融入他人，并且具有类别认同，认为别人不愿意和自己在一起，除非自己和同伴团体的要求和期望保持一致。他们是家长眼中的模范儿童，老师眼中的好学生，以及朋友眼中的非常酷的少年犯，他们对自己的这么多种角色感到困惑，分不清到底哪一个才是真实的自己。

家长-青少年冲突 即便是对于大部分成功结束青春期并最终获得自我同一性的青少年，他们和父母的冲突仍然会存在。很多研究者认为，对父母进行一定数量的反抗和冲突是打破童年期对父母依赖并成为自给自足的成年人的重要一步。尽管很多人认为这些冲突是激烈的，关注的是非常严肃的行为，事实上，大部分家长-青少年冲突是因过于琐碎的问题（如头发、衣服、音乐品位等）引发的。在真正的道德问题上，很多家长和青少年会惊讶地发现，双方意见可以达成一致。

◎ 喜剧电影《贱女孩》（*Mean Girls*）详尽展现了青少年面临的很多问题，如同伴压力和融入群体的愿望。

成年和老化

成年期到底是从什么时候开始的？

成年期被认为是生命中从 20 岁早期到老年甚至死亡的一段时期。成年期开始的确切时间很难确定。在一些文化中，成年期紧接着青春期到来。有些人认为，在高中毕业后成年期就开始了；有些人认为，直到大学毕业成年期才开始；还有一些人认为，成年期是在有一份工作、有一个独立于父母的家、可以自给自足才正式开始。

生理和认知发展：使用它还是失去它

成年期至少可以划分为三个阶段：成年早期、成年中期和成年晚期。现在很多发展心理学家将青春期晚期到 20 多岁这一时间段称为“成人初显期”，主要是指那些在发展中国家，还没有生育子女、没有在自己的家庭居住，又没有足够的金钱独立的群体。由于对身份、价值的抉择和对开展一项事业的准备所需的时间变长，以及伴随着经济的衰退，很多在几十年前原本应该可以工作和照顾家庭的年轻人发现，现在离开家对他们来说并不容易。

生理发展

成年早期的生理变化相对较小。好消息是，20 多岁是生理健康的巅峰，拥有敏锐的感觉、极少的不安全感以及成熟的认知能力。坏消息是，在 20 岁出头时，老化就已经开始了。脖子和眼睛上的脂腺开始紊乱，在 20 岁末期至 30 岁早期变成了皱纹。30 岁后，变化并不明显，但是视力和听力开始下降，到了大约 40 岁的时候，随着眼睛晶状体变硬、不能通过改变形状来移动焦点，此时双焦镜变成了必需品。听力损耗从四五十岁开始，但直到助听器在六七十岁时变

概念导图

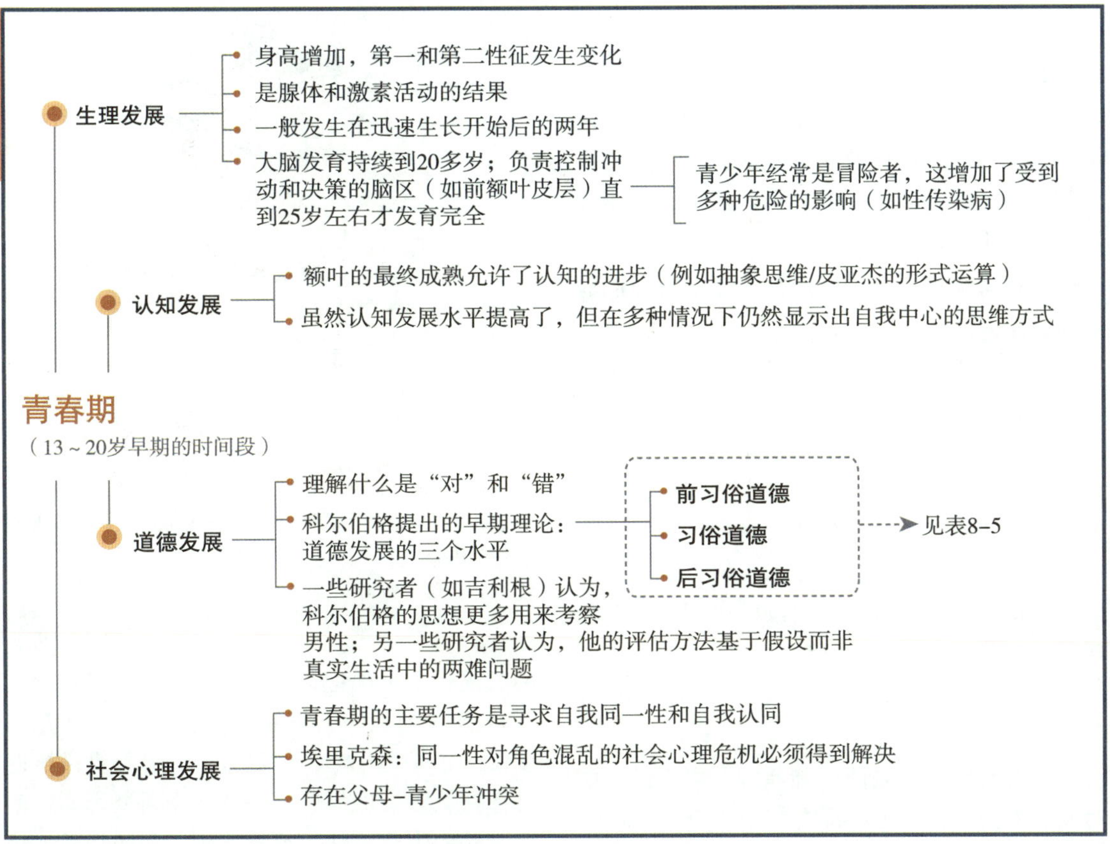

成必需品之前都不会成为一个明显的问题。

在40多岁的时候，大部分成人会感觉到有安全感、稳定，没有了青春期和成年早期的焦虑感，但生理老化仍在持续：皮肤开始出现越来越多的皱纹，头发变得灰白（或者掉落），视力和听力继续下降，体力也开始下降。在50多岁时，这些变化仍在持续。在中年时，体重增加的速度和身体机能下降的速度一样，但是饭量增加且锻炼时间减少。身高开始降低，40岁之后大约每10年就降低一厘米甚至更多，而有骨质流失疾病骨质疏松的人可能会减少20厘米甚至更多。尽管性功能在中年时不会下降，但是和成年早期相比，进行性行为的机会将变少。孩子、贷款和职业焦虑都会阻碍中年期的浪漫。

在女性40多岁时，其生殖系统准备停止其功能，雌激素水平开始下降。有些女性开始经历潮热红，即在夜间突然感觉热并持续发汗，难以入睡。有趣的是，在一些文化中，特别是那些饮食中包含大量豆制品的地方，潮热红几乎不会出现。然而，最近的一个研究表明，大豆的摄入量并不是主要的影响因素。这些变化被称为更年期，发生这些变化的5～10年又被称为围绝经期。平均在51岁的时候，大部分女性将完全停止排卵，结束生育期。这种排卵和月经周期的停止被称为**绝经期**（menopause）。很多女性都期待着摆脱月经周期的困扰，并且害怕意外怀孕。

男人们会经历一个类似于绝经期一样的阶段吗？

男人们也要经历一个性生理变化的时期，但是这个时期比绝经期更加平缓且不具有戏剧性。对男性来说，**男性更年期**（andropause）常开始于40多岁，伴随着几种激素和睾丸激素（主要的男性激素）的减少。生理症状的变化并不像女性那样戏剧化，但同样也有困扰其的问题：疲劳、易怒、性功能可能存在问题以及精子数量减少。不过，男性很少会丧失全部的生育能力。

老化对健康的影响

到了中年，很多健康问题开始出现，尽管它们真正的起因开始于成年早期。年轻人可能抽烟、酗酒、熬夜以及晒黑皮肤，这种损耗自己的生活方式导致他们的身体问题到四五十岁才开始显现出来。

一些可能发生在中年时期常见的健康问题有高血压、皮肤癌、心脏病、关节炎以及肥胖。高血压可能由生活方式的因素（比如肥胖和压力）导致，但是也有可能和遗传因素有关。睡眠问题，比如大声打鼾和睡眠窒息（呼吸停止10秒甚至更久），可能会影响身体的健康。有证据表明，高血压和窒息是相关联的，尽管这种关联可能是和常见的导致肥胖的原因一样简单。中年时期最常见的致死原因按照由高到低的顺序是：心脏病、癌症和卒中。

认知发展

尽管大脑对信息的处理速度（或者说反应时间）变慢了，智力并没有完全下降。和年轻人相比，中年人可能需要稍微长一些的时间来解决问题。但是，中年人还有更多的经验和知识可影响问题的解决，这弥补了速度上的缺陷。举例来说，一项研究发现，年纪大的打字员优于年轻的打字员，尽管他们的打字速度比年轻人慢。对年长的打字员来说，经过多年的练习，在打字的时候可以看到文件中前面更多的字，所以他们可以更加连续地打字而不回看文件。这使他们能比年轻打字员更快地完成工作。

在中年期的认知中，记忆力的改变可能是最为显著的。中年人发现他们很难记住一个特定的单词或者某个人名。这种提取困难可能不是认知下降的证据，而更可能是由中年人经历的压力以及中年人想要保持的大量信息导致的。有研究表明，回忆过去的积极事件能够激活相应的脑区，这些区域与形成新记忆有关的大脑区域相连接，能够促进新信息的编码。多想想积极的事情吧！

如何保持大脑的年轻

研究发现，锻炼自身心理能力的人在年老

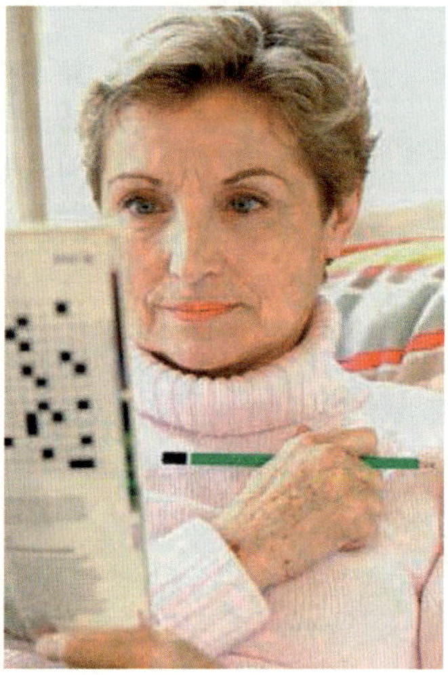

◎这位中年女性正在解决纵横字谜问题。像这种方式的心理锻炼是保持大脑健康的途径之一。还有哪些方式可能锻炼大脑呢？

的时候较少出现记忆问题，他们患上老年痴呆（如阿尔茨海默病）的风险也比常人低。不用则废说的正是记忆力。举例来说，挑战纵横字谜是保持认知功能健康水平的一个重要因素。阅读、社会生活活跃、观看戏剧、上课和参加体育运动都可以对保持大脑健康起到积极影响。

社会心理发展

在成人期，关注点包括职业、人际关系、家庭和迎接晚年。18～20岁早期对很多人来说是上大学的时间，尽管有一些年轻人从高中毕业后就直接工作了。选择并进入一个行业是非常严肃的，也是很多年轻人很难完成的任务。大学生可能在大学前几年不止一次地换专业，甚至在拿到学士学位之后进入一个完全无关的领域工作，或者在研究生院里选择不同类型的工作。那些已经工作了的人也可能换好几次工作（可能多到五至七次），而且在两段工作之间可能经历一个失业的阶段。

埃里克森的亲密VS孤独：建立关系

埃里克森认为，成年早期的首要任务是找到一个伴侣。真正的**亲密**（intimacy）是一种情感上和心理上的亲近，这是基于信任、分享和喜爱的能力（一种在信任对不信任等早期阶段发展出的能力）之上，并且仍然能保持自我。不能信任他人以及那些不能确定自己身份的年轻人会感到孤独而非亲密，与他人关系淡薄甚至害怕真正的亲密。例如，很多婚姻在几年内以离婚告终，其中一方离开这段婚姻关系甚至是出于逃避养育的责任，他会去寻求个人关注以及未完成的自我认同的问题（见表8-4）。

埃里克森的繁殖VS停滞：抚育

在成年中期，找到了亲密关系的人现在能够把关注点转移到别的地方了（见表8-4）。埃里克森视此为养育下一代并帮助他们渡过危机的过程，将其称为**繁殖**（generativity）。教育者、监督者、健康护理专业人士、医生和社区志愿者等职业正是利用生育力的职业的例子。其他有生育力的方法还包括，从事一些可以为下一代留下遗产的职业和主要活动。那些不能向外关注，并且仍然在处理亲密问题甚至自我同一性问题的人被认为是停滞的。那些经常将孩子托付给祖父母或者其他亲戚照顾以便自己出去找乐子的人，可能只能关注自己的需要而没有办法关注其他人的需要。

哪种父母更好？是非常严格的还是非常随和的？

教养方式

教养孩子对大部分人来说是成年中期非常重要的一部分。戴安娜·鲍姆林德（Diana Baumrind）列出了三种基本教养方式，每一种教养方式都和在这种方式下成长的儿童特定的人格特质相联系。

专制型教养（authoritarian parenting）倾向于过度关注规则。这种类型的父母是严厉、固执、追求完美、有控制欲、强硬的（指人不接受他人的任何观点，不允许任何不同的观点），并且有进行体罚的倾向。在这种教养方式下长大的孩子常常是缺乏安全感、胆怯、孤僻且充满愤恨的。青少年经常用一种非常消极且自我伤害的方式反抗父母的独裁，比如犯罪（未成年子女从事的犯罪行为）、吸毒或者婚前性行为。

放纵型教养（permissive parenting）发生在父母对孩子的行为要求非常少的家庭。**放纵忽视型**（permissive neglectful）的父母不太关心甚至忽视孩子，并允许他们做任何自己想做的事情，除非这件事打扰了父母。在那时，这种关系将变成虐待。**放纵溺爱型**（permissive indulgent）的父母不会过多地干涉孩子，允许他们的“小天使”做任何自己想做的事情，拒绝为孩子的行为加上限制或者任何规则。两种放纵型教养方式下成长的孩子都会变得自私、不成熟、有依赖性、缺乏社会技能且在同伴间不受欢迎。

权威型教养（authoritative parenting）将爱、温暖、情感、尊重以及愿意倾听孩子的想法与制定行为限制相结合。权威型的家长更加民主，允许孩子在成型的规则中加入自己的想法，但是父母仍然保持着最终决定者的角色。这种父母倾向于采取非身体性的惩罚，比如约束、暂停或者减少权力。权威型家长设立清晰且容易被理解的限制，一旦孩子越过了限制，他们就会允许孩子解释，然后使用正确的方式去处理问题并达到一致。在这种教养方式下成长的儿童会更独立自主。

埃里克森的自我整合VS绝望：处理死亡

当人们进入了成年晚期，随着生理老化的现实以及快要到达生命的终点的事实变得越来越难以忽视，生命开始成为一件紧急之事（见表8-4）。埃里克森认为，在这个阶段，人们回首他们曾经的生活过程叫作生命回溯。在生命回溯中，人们需要处理自己的错误、后悔以及未尽的事情。如果人们可以回首过去，感觉他们的生活相对是令人满意的，并能坦然接受后悔和失败，之后能感觉到**整合感**（integrity）以及完整性。整合感是同一性或者自我的最终完成状态。如果一个人有太多的后悔以及未尽的事，他将感到绝望，这是一种超越事件的深层次的后悔，且由于时间所剩不多，这些事永远都无法完成。

生理和心理老化的理论

为什么人们会变老？是什么使我们经历了那么多生理变化？

关于人们为什么会生理老化的理论有很多。有些生理老化理论指向细胞结构的生物变化，有些则关注外部压力对身体组织和功能的影响。

细胞定时理论

以生物学为基础的理论之一就是细胞定时理论。在这个理论中，细胞的复制和创伤修复是有次数限制的。端粒的存在支持这一理论观点。端粒是一种染色体末端结构，细胞每复制一次，这个结构就会缩短一些。当端粒过短，细胞就不能复制了，这种损伤的积累导致了老化——这听起来是不是和汽车到了保修期很像？

自由基理论

损耗理论是一个较老的理论，关注外部的影响，比如压力、强体力活动以及身体伤害。而自由基理论认为，身体器官和细胞组织会在重复使用和滥用的过程中损耗。这一自由激进的理论实际上是损耗理论的最新版本，这个理论给出了随着时间推移细胞受到伤害的生物学解释。自由基是一种氧分子，它有一个不稳定的电子（负性粒子）。它们在细胞周围弹跳，从其他分子中窃取电子，破坏细胞内部结构。随着人的年龄的增长，越来越多的自由基会造成越来越多的伤害，导致了老化。

我听说大部分老年人希望独自一人并享受宁静，这是真的吗？

活跃理论

活跃理论（activity theory）提出，老年人需要对老化进行更多积极的调整，利用某种方式保持活跃。老年人在医院或学校做志愿者，发展新的兴趣或全身心投入到原来的兴趣爱好中，保持和他人的友谊并继续社交活动，这样的老人会比拒绝活动的老人更加愉快也更长寿。

◎ 成功面对老化并保持心理健康的一个方法是，保持活跃并投入到生活中去。这位女性正在一所小学的教室中做志愿教师。这不仅可以让她感觉自己是个有用的人，还可以帮助她保持思维敏锐和社会参与性。

死亡和临终

对待濒死过程有几种看法，其中最著名的理论是由伊丽莎白·库布勒-罗斯（Elisabeth Kübler-Ross）提出的，她发起了对濒死人群和他们的照料者的大量访谈。

伊丽莎白·库布勒-罗斯的理论认为，人们在面对死亡时会经历五个阶段。这些阶段分别是：否认（在这时人们会拒绝相信或者怀疑死亡的真实性）；愤怒（对死亡本身感到非常愤怒，并且会因无法改变死亡这一现实产生无助感）；讨价还价（在这时，濒死的人试图与医生甚至上帝做交易）；抑郁（此时，诸如工作或尊严等已经失去的东西，以及不能看到孩子的成长等尚未到来的事情会让人感到悲伤）；接受（此时，人们接受了死亡的必然性，不能避免或逃避并静静等待死亡）。

显然，有些人没有时间经历所有这些阶段，或者按照顺序经历一遍。一些理论家不同意这种阶段论，认为濒临死亡的过程是一个高低起伏、连续的过程，有时希望会升起之后再跌落，被绝望或者不信任感的升起所替代。还有一些人对濒死人群存在普遍反应的观点提出了质疑，认为特殊的疾病或者情况和它的解决方法、在最终诊断前个人的人格以及生活历史等因素，会使濒死过程变得独特且不可预知。保持着太教条的阶段理论是有危险的，人们可能会觉得面对死亡时存在一种“正确的”方式和一种

“错误的”方式，而事实上，每个人濒死的过程都是独一无二的。需要注意的是，库布勒-罗斯的理论与西方文化的价值观和标准是紧密联系的，要想了解更多文化对死亡的看法，请看接下来的“日常生活中的心理学”专栏。

概念导图

成年和老化

（20岁早期到老年以及死亡；在不同的文化背景下起始的时间不同）

- **生理发展**
  - **成年早期**
    - 变化较少；20岁早期处于身心健康的顶峰
  - **成年中期**
    - 听力和视力开始下降；体重增加现象十分典型；身高开始缩减
    - 女性经历绝经期；男性经历与女性绝经期相比不那么剧烈的男性更年期
    - 源于遗传以及年轻时生活方式的健康问题开始出现
  - **成年晚期**
    - 听力进一步减退；可能需要助听器
    - 体力下降
    - 骨质疏松的人身高可能会缩减20厘米
- **认知发展**
  - 20多岁时，认知能力达到巅峰；处理和反应时间在中年时会减慢，但可以由更好的生活和环境形成的更丰富的经验弥补
  - 中年时期，记忆开始出现问题，更可能是由于压力和信息的过量负荷
  - 活跃的认知活动（挑战纵横字谜难题、阅读等）和体育运动有助于心理能力的正常运作
- **社会心理发展**
  - 典型的生活包括职业、人际关系、家庭以及变老
  - 埃里克森的八阶段理论（见表8-4）
- **老化的理论**（从生物变化到外界压力影响的多种关注点）
  - **细胞定时理论**
  - **自由基理论**
- **活跃理论**
  - 在保持活跃、参与社会活动中进行积极的心理调整
- **死亡和濒死阶段**（基于库布勒-罗斯的研究）
  - **否认**
  - **愤怒**
  - **讨价还价**
  - **抑郁**
  - **接受**

日常生活中的心理学

对于死亡的跨文化差异

一具被清洗干净和包裹完好的印度男人尸体，正由他的家人搬去火葬场。

在1987年的电影《公主新娘》（*The Princess Bride*）中，由喜剧演员比利·克里斯托（Billy Crystal）饰演的主人公米勒克尔·马克斯（Miracle Max）说：“你的朋友只是恰好处于半死状态。半死和完全死亡之间是具有很大的差别的，半死是轻微地活着。”这一看似牵强的想法在其他文化中并不是前所未闻的。以西方的标准衡量是为“活着”的人在一些文化（如美洲土著文化）中也许被哀悼为死人。下面我们来看两种对死亡和临终有着不同看法的文化，记得要将你自己所在的文化中对死亡和葬礼的观点与之做对比。

在印度的富裕家庭中，即使是在医院，家庭成员也会把将要死亡的亲人围住。此外，很多来访者会照料临终者，并保持来访者的出入量。一旦该临终者死去，就将举行准备了将近两周的葬礼。他们不会将遗体送到殡仪馆，而是把遗体带回家，直到火化当天才会送到火葬场。在准备葬礼的阶段，来访者和家人进进出出已故者的家，这个时期大家都只能吃素，很多素食被准备好供人们食用。直到葬礼当天，他们会将床垫放在地上，除了那些非常年

老体衰者外，其他人都会睡在上面，已故者的遗体也被放在了地上。家庭成员会将遗体洗干净并包裹好，准备进行火化。印度教的文化相信，死者的灵魂会转世为地位更高或更低的人，这取决于死者生前是一个什么样的人。

在北夏延安族印第安部落文化中，他们认为死亡仅仅是生理躯体的结束，死者的自我和夏安族性质将得到永存。年迈的人和年幼的人会被认为是"最接近灵魂"的群体，意思是婴儿刚从这个非物质的世界过来，而年老的人却又将回归到其中。夏安族相信转世，因此婴儿被认为是祖先的化身。死亡本身是一个漫长的过程，它伴随着一个人灵魂的多个方面在不同的时期慢慢消逝。第一阶段（例如"离开"）导致临终者行为和精神活动的改变，但他也许还能继续行走和交流；第二阶段将导致感觉的失去，接着是意识，到最后是呼吸。最终离开生命的精髓部分是灵魂——灵魂最先来到人体内，最晚离开，灵魂存在于骨架之中，直到骨头化为尘埃才消失。因此，很多夏安族人相信骨头能够重生。

进一步讨论的问题

1. 你是否经历过死亡？如果有，它对你和你的生活有什么影响？在死亡或葬礼举行前，存在什么文化限制？

2. 印度富裕家庭和夏安族人的习俗有何异同？

第 9 章

动机、压力和情绪

詹妮弗在高中阶段成绩优异。尽管她参加了很多活动，但她的学习成绩总是排在班里第一名，因此得到了学术奖学金升入大学。要得到奖学金，她必须将平均学分绩点（GPA）保持在 3.0 以上，而她认为这不太难。随着社交活动的丰富，她参加了一些新的活动，进而缩减了用于学习的时间。在大学的考试中，她只得到了 D，这让她深感震惊。她发誓要做得更好，但是在第一学期结束时，她的 GPA 仅为 2.0，因此失去了获得学术奖学金的资格。

在学术导师的帮助下，詹妮弗认同了时间管理和学习策略，并且尝试去平衡她的学业和社交生活。她关注点的转变使得她的 GPA 有所提高，后来她重新获得并持续享有奖学金直到毕业。

作为一个繁忙的大学生，你如何保持对成功的积极性？

为什么要研究动机、压力和情绪

动机的研究不仅能帮助我们理解为什么一些人比另一些人有更强的成就动机，还可以理解为什么我们会体验到某种驱动（例如饥饿）。我们如何去应对那些带有这种驱动的压力，或者是那些在我们的根本动力没有得到满足时出现的压力？性行为是另外一种驱动行为，这是很多人不能理解的，为什么会存在不同的性取向？情绪是我们做的所有事情的一部分，影响着我们与他人的关系以及我们自己的健康，甚至会影响重要的决定。在本章，我们会探讨在这些行为背后的驱力，以及情绪的来源和影响。

通过本章，我们可以：

- ◎ 定义动机，并讨论早期本能的关键成分，以及动机驱力减少的途径；
- ◎ 解释三种类型需求的特征；
- ◎ 了解并解释唤醒的关键因素以及动机的激励方法；
- ◎ 对比马斯洛的人本主义解释和自我决定论；
- ◎ 定义压力和压力源，并描述两种应对压力的方法；
- ◎ 了解影响饥饿的生理和社会因素；
- ◎ 了解导致肥胖的因素；
- ◎ 解释性行为的动机；
- ◎ 区分不同的性取向，并确定性取向的一些潜在影响因素；
- ◎ 描述和讨论情绪的三个成分；
- ◎ 对比情绪常识理论、詹姆斯-兰格情绪理论，以及坎农-巴德情绪理论；
- ◎ 了解认知唤醒理论、面部反馈理论、认知调节理论的关键点；
- ◎ 总结 GTD 方法的五个步骤。

理解动机

为什么有的人安于现状并与机会擦肩而过，而有些人却想从生活中得到更多？为什么有些人想要做大事，而有些人只是想过普通的生活？是什么激励人们去做他们正在做的事情？究竟什么是动机？

理解动机的早期方法

动机（motivation）是活动开始、受引导并保持，从而使生理或心理需要得到满足的过程。动机激励人们去做事情。例如，一个人在看电视时感到了饥饿，对食物的生理上的需求促使他起身去厨房寻找吃的。如果饥饿感足够强烈，那他也可能自己去做点东西吃。饥饿的生理需要引起行为（站起来），引导行为（去厨房），并且保持寻找这一过程（找到或是自己做些东西来吃）。当然，饥饿仅仅是一个例子而已。孤独感会让人们去给朋友打电话或是前往有人的地方。对人生追求卓越的渴望激励着人们去读大学。性唤醒可能会激发个体去寻找性伴侣，就像早晨起床工作是为了有地方住、有食物吃一样。

外部动机和内在动机

动机有不同的种类。有时人们受到某种外在回报（或是避免某种后果）的激励，比如，人们上班是为了挣钱，是为了防止失去房子或者车子。来自外部的动机叫作**外部动机**（extrinsic motivation）。人们做出某个行为，是因为这个行为导致的结果与人本身没有关系，这种行为就受外部动机的激励。比如，因为孩子得了“A”给他钱，给一位绩效变好的员工发资金，给餐厅服务员小费。外在的回报激励着孩子、员工、服务员去学习或工作。相比之下，**内在动机**（intrinsic motivation）是人们做出某个行为，仅仅因为行为本身是一种奖赏或满足。你可能会想起第 1 章中的“心理学经典研究”专栏，心理学家特里萨·阿马布勒发现，孩子的创造性是受到他们行为的动机影响的：外部动机降低了创造力程度，与受到内在动机的激励的对照组的孩子相比，实验组的孩子们创造力更弱。

◎“你会为了解宇宙的所有秘密花费多少钱？等等，现在先不要回答，你为获得这个一升的蒸煮两用锅，愿意付多少钱？”

资料来源：The New Yorker Collection 1981 Michael Maslin from cartoonbank.com. All Rights Reserved.

本能和演化方法

最早关于动机的解释关注生物层面上决定的和天生的行为模式，这些在人类和动物中都存在，叫作**本能**（instinct）。正如动物受到本能控制会做出迁徙、筑巢、交配和保护领地的行为，早期研究者提出人类受到相似本能的影响。根据这些理论，人类性行为受繁衍本能驱动，攻击性行为受保护领地本能的驱使。

1908 年，威廉·麦独孤（William McDougall）提出了人类一共有 18 种本能，包括好奇、逃跑、攻击、习得。随着时间的推移，心理学家们又加上了许多本能，至今已有上千个。但是除了赋予这些本能名字，早期理论没有取得更多的成果。虽然有很多的描述，例如，“经常服从的人们拥有服从这个本能”，但科学家并没有解释如果本能确实存在，那么它们为什么存在。

即便这样，**本能论**（instinct approach）已经黯然失色了，因为它可以描述人类行为却不能进行解释。不过用本能来解释确实完成了一项重要的任务，它让心理学家意识到一些人类行为是由遗传因素控制的。如今，人类行为的研究一直保持这种观点。例如，关于认知和行为特质基因的研究表明，遗传因素可以解释人

(a)

(b)

◎图(a)就像这个男人一样，人类的身体需要水分，尤其是人在应激条件下进行大量工作时。这是人体的生存需要。根据驱力降低理论，喝水是原始内驱力。还有什么需要是原始内驱力呢？

◎图(b)一些人受驱动作用，从事艰辛的、有挑战性的活动，即使没有生理需求他们也会这么做。如果一个驱力是由学习获得的，它就被称为习得性或次级内驱力。满足次级内驱力产生次级强化。这名登山者攀岩时的强化物是什么？

类的认知、气质和个性一些侧面的50%以上的变异，而且这些变异大多是因为受很多而非一个基因和遗传因素的影响。

驱力降低的解释

驱力降低理论（drive-reduction theory）包括**驱力**（或**内驱力**，drive）和**需要**（need）的概念。需要是某种物质的需求（比如食物、水），这些需求对机体存活有至关重要的作用。当一个机体有一种需要时，会导致心理紧张以及生理唤醒，这些激发了机体去行为，以便满足需要并减少紧张。这个紧张被称为驱力。

驱力降低理论提出了内在心理状态和外在行为之间的联系。在这个理论中有两种内驱力：一种是**初级内驱力**（primary drive），包括机体生存的基本需要，比如饥饿和渴；另一种是**习得性内驱力**（或**次级内驱力**，acquired/secondary drive），是指通过经验和条件学习而得的。比如，对于钱和社会赞许的需要，或是吸烟者总要往嘴里放一些东西的需要。如果这些听起来很熟悉就对了。初级和次级强化物的概念在第5章有关内驱力的内容里中介绍过。初级强化物满足原始内驱力，次级强化物满足习得性（次级）内驱力。

该理论也包含**内稳态**（homeostasis）的概念，即机体保持稳定状态的倾向。人体的内稳态相当于恒温箱，恒温箱使室内温度保持在一个恒定的级别，内稳态对人体的功能也是如此。当存在一个原始内驱力需求时，机体处在不平衡的状态。这刺激了行为的出现，让机体回到平衡状态，也就是内稳态。例如，如果贾罗德的身体需要食物，他感到饥饿，这种紧张或唤醒状态就会与这个需要相联系。他将会通过吃些东西来恢复内稳态，吃这个行为将减少饥饿的内驱力（见图9-1）。

虽然驱力降低理论能很好地解释人们采取行动来减少需要带来的紧张，但该理论不能解释人类的所有动机。为什么人们不饿的时候也会吃点东西？人们也不总是寻求减少他们的内在唤醒状态，而是想去增加它。蹦极、跳伞、攀岩、看恐怖电影，这些都是增加内在紧张和唤醒的，许多人们喜欢做这些活动。这些活动都不能减少某些需要或是恢复稳态，人们为什么要做这些活动呢？答案是复杂的：有不同类

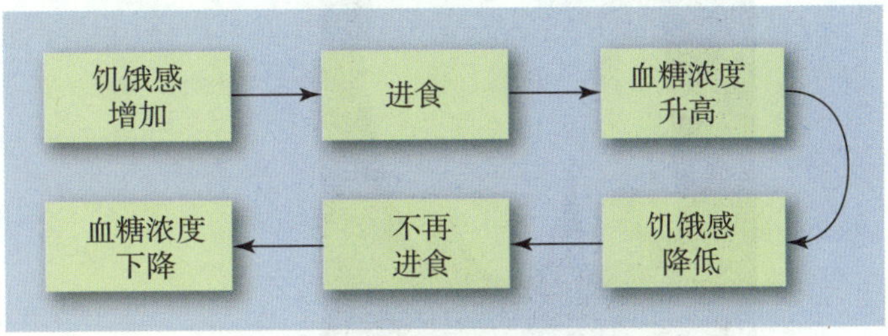

图9-1 内稳态

◎在内稳态中，机体保持一种生物状态的平衡。比如，上图表现了持续的饥饿（一种不平衡的状态）是如何促使个体去进食的。饮食提高了血糖浓度，使得饥饿感降低。在一段时间内不进食后，血糖浓度降低到可以刺激饥饿内驱力再次出现，整个周期再次进行。

型的需要、唤醒，会有不同的影响、存在不同的刺激，或者各种形式的行为被赋予重要性。下面的理论探究动机研究中的这些因素。

基于心理需求的趋向

很明显，动机是关于需要的。驱力降低理论与需要有关，另外一些动机理论还包含需要的概念。许多理论中，大部分需要是内在生理内驱力的结果（比如饥饿、渴），这些驱力需要被满足。

麦克莱利的理论：亲密、权利和成就需要

哈佛大学心理学家戴维·C. 麦克利兰（David C.McClelland）提出了动机理论，该理论重点关注三种心理需要：成就、亲密、权力。

根据麦克利兰的理论，人类有与他人进行友好的社会互动和社会交往的心理需求，这被称为**亲密需要**（need for affiliation，在麦克利兰的著作中被缩写为 nAff），具有高亲密需求的人寻求被他人喜爱，需要得到其身边人的看重。这使得有高亲密需要的人成为很好的团队合作者，而成就高的人很可能就站在了团队成员的顶端。

◎在国际电影节上的肖恩·康布斯（Sean Combs）。许多像他一样富有的人不断地买新房子、做生意、买衣服和汽车（以及许多其他东西），尽管他们并不需要。这样的行为是典型的权力需求。这种权力的需要在人际关系（如与配偶、雇员或者朋友之间）中如何表达呢？

由麦克利兰提出的第二种心理需求是**权力需要**（need for power，nPow）。权力不是获得一个目标，而是控制其他人。高权力需要者要影响其他人。他们想要别人采纳他们的观点，无论他们的观点是否正确。地位和名誉很重要，因此他们穿昂贵的衣服，住奢华的房子，开豪华的汽车，在最好的餐厅吃饭。但是有些人可能不拿钱来证明他们的成就，而有些人则可能把拥有钱财（车、房子、珠宝和其他的“玩具”）看成成功。

成就需要（need for achievement，nAch）包括想要成功的强烈渴望，要想达到目标，不单单是现实的目标还包括具有挑战性的目标。具有高成就动机的人们寻求能允许别人评估的事业和爱好，因为高成就者也需要关于他们表现的反馈。虽然他们中的许多人变得有名气、有财富，但也有一些人只是追求自己个人的成功来满足成就需要，他们仅仅想要挑战。

思考一下

这一部分讨论了与很多政客的目标相联系的三种类型的需求。其中的某些需求会比其他需求更重要吗？

人格与成就动机：卡罗尔·德韦克动机的自我理论

人们如何变成高成就动机者？

根据人格与动机心理学家卡罗尔·德韦克（Carol Dweck）的观点，成就动机与人格因素紧密相关，包括个人看待自我（个体对于自身的能力以及与他人关系所持有的信念）如何能影响个体对其成功或失败行为的知觉。这个概念与更早的控制点的观点有关，人们对生活事件有控制被称为内部控制点，感到生活被其他有力量的因素控制被称为外部控制点，比如运气、命运。

德韦克积累了许多实证研究，特别在教育领域。他发现，人们关于自我的理论能够影响他们的成就动机以及面对失败继续努力的意愿。

根据研究，人们能够形成关于智力的信念系统，反过来影响成就动机。那些相信智力是固定和不可改变的人经常表现出外在控制点，导致他们很容易放弃或者避免失败的情境。他们倾向于发展出习得性无助：停止继续尝试的倾向，因为过去的失败已经导致他们相信自己不能成功。

他们的目标包括试图“看起来很好”和表现得比他人好（“看，至少我比他做得好”）。例如，一个面对大型考试的学生可能避免来考场，即便那样可能意味着补考时会得到一个更低的分数。

但这并不意味着有这种智力信念的学生总会失败。事实上，德韦克的研究表明，有多次成功历史的学生，在一次大的失败之后更可能发展出习得性无助，因为先前的成功已经让他们相信他们自己固有的智力水平。比如，一个孩子可能之前从来没有得过比“A”低的分数，在他第一次得到了“C”之后，他很可能变得消沉和抑郁，拒绝做更多的功课，确信自己未来会失败。

另外一种类型的人相信，智力是可以改变的，能够被经验塑造，并能够通过努力一点一点地增加。这些人倾向于展示出内在控制感，相信他们自己的行为和努力将会改进他们的智力。他们努力发展新的策略并且积极参与新的任务，期待提高自己的智力。他们被激励去精通任务并且不允许失败毁掉他们的自信、阻止他们使用新的策略去多次尝试。

基于上述和其他的研究，德韦克建议父母和老师鼓励孩子们看重学习过程而非由于每次都能得到正确答案，所以看起来表现不错。错误不应该被视为失败，而应作为一种改进未来表现的方法，以期最终达到目标。实际上，这意味着赞扬努力和努力的方法，而不仅仅是成功或是能力。父母和老师不要说“你是对的，你很聪明”，而应该说“你真的努力思考了”或“那是一个很好的解题思路”。在过去，父母老师都认为赞扬是好的，批评是坏的，批评可能会伤害孩子的自尊。德韦克相信，有建设性的批评，即赞扬努力和使用策略，相比于无尽的表扬，对孩子的自尊将会产生更好的影响。如果无区别地给予无尽的表扬，表扬就会变得没有意义。

◎ 许多人会受到获得现实的和挑战性的目标的需要性的驱动。这个小女孩迫切地想回答老师的问题，老师的积极反馈会有助于加强女孩的成就需要。

唤醒和本能趋向

人类动机的另一种解释包括识别出另一种需要，即对刺激的需要。**刺激寻求动机**（stimulus motive）并不是习得的，但是能够引起刺激的增加。例如好奇、玩耍、探索。另一方面，有时我们做事情的动机与我们行动时会得到的奖赏或者激励有关，例如，即使在你不饿的时候，你也会因为食物美味而进食，这是习得性行为的例子。

唤醒理论

在**唤醒理论**（arousal theory）中，人存在一个最佳紧张度。例如，任务测验中，唤醒程度太高或是太低都会影响到任务的表现。对于大部分任务来说，有一个合适的唤醒程度最好。任务表现和唤醒程度的关系被称为**耶克斯–多德森定律**（Yerkes–Dodson law），尽管耶克斯和多德森提出定律是针对刺激强度，而不是唤醒水平。

运动心理学家和社会心理学家都对此很感兴趣——这个影响受任务难度的控制：容易的任务需要较高的唤醒程度才能达到最佳表现。但是，较难的任务要达到最佳表现需要较低的唤醒级别。图 9–2 展示了这种关系。

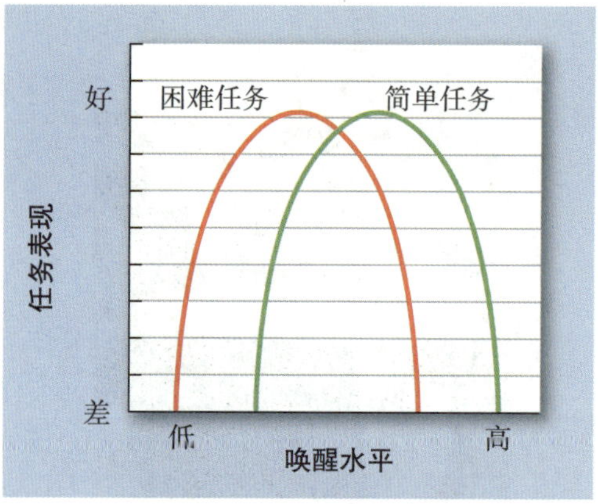

图 9–2 唤醒状态和表现

◎ 对任务表现的最佳唤醒水平依赖于任务的难度。对于简单的任务，我们通常在高唤醒的状态下表现得更好（灰色），而对于困难的任务，我们在低唤醒的状态下表现得更好（黑色）。

为了保持最佳的唤醒水平，可能需要减少紧张度或者增加紧张度。例如，未充分唤醒的妻子和丈夫可能与配偶挑起事端。经历考试焦虑的学生（高唤醒）可能通过寻找方法减少焦虑来提高他们的考试成绩。一点都不焦虑的学生可能没有动力学得很好，考试成绩较低。许多唤醒理论相信，在正常条件下，对于大多数人来说，最佳唤醒级别是中等水平，既不太高也不太低。

即便大多数人觉得中等水平的唤醒程度比较舒适，有些人也需要较少的唤醒，而有些人则需要较多的唤醒，后者被称为**感觉寻求者**（sensation seeker）。感觉寻求者似乎比其他人需要更多的感觉刺激和不同的感觉经历。这些需要并不总是包括危险条件。例如，到国外留学的学生比待在家里的学生更可能在感觉寻求分数上获得更高的分数。有研究表明，感觉寻求可能与气质相关。表 9–1 中列举了经典感觉寻求量表中的一些题目。

在一项研究中，研究者发现感觉寻求的证据最早可以在两岁儿童中找到。90 名儿童参与了这项研究，包括 6 个月、12 个月、24 个月和 25 个月大的孩子。在最年幼的一组被试的测验中，给孩子们两组玩具：（1）木块、盘子、杯子；（2）照明灯、玩具传呼机、一条上发条的龙。第一组玩具是低强度刺激，第二组玩具是高强度刺激。更快地去拿玩具且特别是拿高强度刺激玩具的儿童被认为有“趋近动机”。

表 9–1 泽克曼–库赫曼（Zuckerman–Kuhlman）人格问卷样例项目

量表项目	感觉寻求
我有时候只是为了开心做一些疯狂的事	高
我更喜欢那些会做出出人意料之事的朋友	高
我是一个易冲动的人	高
在我着手去做一件棘手的事之前，我总是会制订详细的计划	低
在我做事情之前，我总是想我要怎么做	低

资料来源：Zuckerman，M.（2002）.

感觉寻求是天生的吗？这一观念很有吸引力。虽然认为六个月大的孩子还没有什么经验来影响他们的人格，但事实是，前六个月的很多经验可能影响他们未来的选择。例如，被移动的时候，一个非常小的婴儿会把手伸到某处结果导致疼痛。这个经历可能影响婴儿未来是否愿意把手放到一些其他的地方。这个过程是最简单的操作性条件反射。确定感觉寻求的起源还要进一步地研究。在一项历时四年的纵向研究中，研究者发现在视频游戏中表现出高风险行为的青少年会更容易参与到冒险事件中，并且在感觉寻求水平上的得分会升高。

◎ 你觉得这看起来好玩吗？如果是，你可能会在感觉寻求上获得更高的分数。

诱因的解释

去年感恩节，我吃掉了所有我能吃的。然后我的婶婶来了，带来了很好吃的派，我经不住诱惑，把它们都吃掉了，尽管我一点都不饿。也没有驱力或需要去做这件事，但是什么让我这样做的呢？

有时并不存在生理上的需要，但是人们仍然吃和喝，或者像他们有此需要一样做出反应。即使这个派对于减少饥饿驱力不是必需的，但仍然很值得吃，不是吗？在过去的情境中，这个派也是美味的和值得吃的，因此现在存在一个回报的期待。这个派被赋予着美味和甜蜜的期望，变成了一个诱因。**诱因**（incentive）是指，吸引人们去行动的东西。事实上，2003 版的韦氏字典把诱因列为和动机一样的意义。

在动机的**诱因解释**（incentive approach）中，行为通过外在刺激和回报值来解释。这个回报值与需要和唤醒水平独立存在，并能够仅仅依靠诱因引起人们的行动。因此，诱因理论实际上是至少部分基于第 5 章中关于学习的原理。

就本身而言，诱因的方法不能够解释所有行为背后的动机。今天的许多理论学者把动机视为内在需要和驱力的推动以及外部奖赏刺激拉动的结果。例如，一个人很饿，但他却可能选择糖果而非芹菜杆来满足需求。这个糖果可能对于许多人而言有更大的吸引力，因而与芹菜杆相比，糖果有更大的驱力（坦白地说，对大部分人来讲芹菜是没什么吸引力的）。

人本主义的解释

研究动机的某些最终观点本质上都是人本主义。其中一个经典的解释是马斯洛给出的，而更为现代的解释则是自我决定论。

马斯洛的需要层次理论

最初的人本理论是基于马斯洛的工作被提出来的。马斯洛提出有几个不同级别的需要，在达到最高级别的自我实现之前，一个人必须努力去满足其他低级别的需要。根据马斯洛的理论，**自我实现**（self-actualization）很少有人能够达到，自我实现需要人们已经满足了低级需要并且最大限度发挥了他们所有的潜力。

这些需要包括基础性缺失需要，例如对食物或水的需要，对安全的需要，对交朋友和得到尊重的需要。对于一个要达到自我实现的人来说，基本的需要首先要被满足，自我实现是成长性需要的最高级别。唯一的高于自我实现的需要是追求卓越，即一个人对除了自身以外的精神意义的追求，马斯洛在提出其层次理论数年后，加入了这一需要。图 9-3 呈现了一个典型的金字塔结构来代表马斯洛的需要理论，其中包括在底端的为了生存的所有基本需要以及在上面的高级需要。这种排列方式被称为层次（即分级的或排序的序列）。

随着人生的发展，人们向这个金字塔上方爬去，获得如何处理不同状况的智慧和知识。但是生活环境的突变可能导致回到更低级的需要层次。上下波动会经常发生，甚至是这个小时到下个小时，人都在不同的层次上。人生中达到或者暂时达到自我实现的时间是很短暂的，这短暂的时间被称为**巅峰体验**（peak experience）。对于马斯洛来讲，个人发展的过程和自我实现是让巅峰体验一次又一次发生的驱力。

马斯洛的理论在管理领域有很强的影响，并且为修正更为恰当的层次而引入了新的概念和观点。像弗洛伊德一样，马斯洛基于自己对人的观察发展出的理论，而不是基于任何以观察或实验得出的数据。虽然很多人都说，他们在饥饿的时候除了吃其他都想不起来了，但在许多人的生活当中也有轶事证据，在向高级需要转变之前低级需要不一定必须被满足。例如，历史上的艺术家和科学家在生理需要没有得到满足的条件下也创造出了伟大的作品（自我实现的需要）。

这个理论具有普适性吗？

马斯洛的工作是基于美国人的。跨文化研究表明，需要的顺序对其他文化而言不一定总是这样的。尤其是那些比美国文化有更强趋向来避免不确定性的文化，比如德国和日本。在

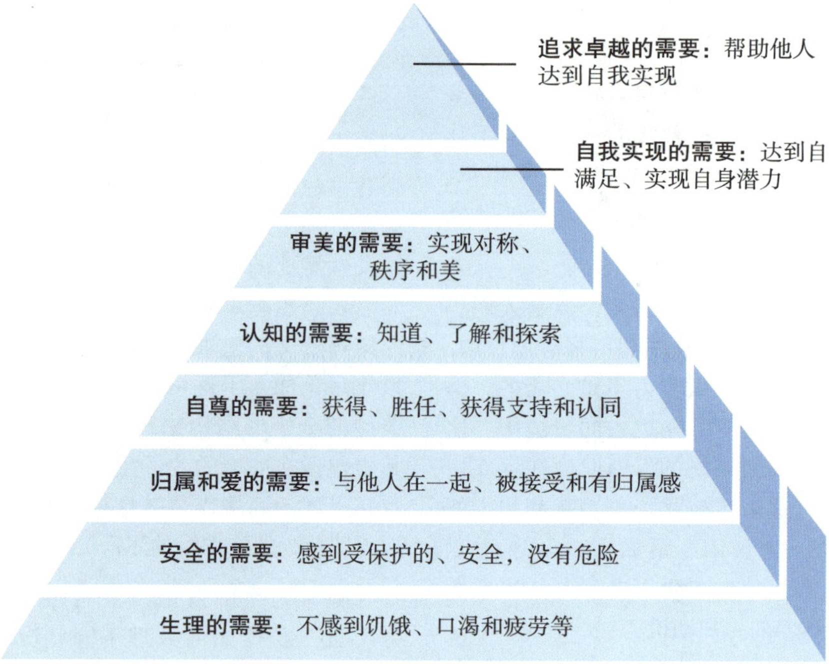

图 9–3 马斯洛的需要层次理论

◎马斯洛指出，人类必须满足很多基本需要，比如生理和安全的需要，之后满足高级需要，比如自我实现和追求卓越的需要。

这些国家中，安全需要比自我实现的需要更强地决定动机。这意味着那些文化下的人们，与工作满意度（有一项有兴趣和有挑战性的工作）相比，更看重工作安全。在瑞典和挪威这些国家，生活质量比一个人能做出什么成就更重要，社交需要比自我实现的需要更重要。

另外一些理论学者发展精炼了马斯洛的层次理论。道格拉斯·肯里克（Douglas Kenrick）和他的同事提出了对马斯洛原有层次的修正版，其涉及进化生物学、人类学和心理学的内容。他们的修正版动态性地纳入了内在动机和环境威胁与挑战。这个修正版同样遭到批评，而这又引发了新的反思。肯里克理论的某些部分遭到了质疑，主要是它关注于进化层面而不是人类的文化影响，还有它将自我实现从金字塔顶端以及整个层次体系中去掉而作为一个独立的动机。正如动机有很多方面一样，对层次等级的修正或讨论需要从广泛的视角和观点上进行考虑。

自我决定理论

另一种与马斯洛需要层次理论相近的动机理论是理查德·瑞安（Richard Ryan）和爱德华·德西（Edward Deci）的自我决定理论（self-determination theory，SDT）。这个理论中，有三个天生的和普适的需要帮助人们获得完整的自我感以及与他人建立健康的关系。这三个需要是：自主需要，即控制自己行为和目标的

◎在电影《荒岛余生》中，汤姆·汉克斯扮演的角色被遗弃在荒岛上。一旦他对食物、水和躲避场所的需要得到了满足，他就感觉到孤独了。他找到一个排球，画上手印，把脸也贴在上面，并将这个排球称为“威尔逊”。他同威尔逊聊天，就好像它是一个人。最初将其作为探讨他需要做的各种事情的一种方式，后来逐渐成为一种保持神志清醒的方式。对同伴关系的需求是非常强烈的。

需要（例如自我决定）；能力需要，即需要有能力来精通人生中挑战性的任务；关系需要，即需要去感受与他人的归属感、亲密感和安全感。这些需要在几个人格理论中很常见。关系需要与马斯洛理论中的归属与爱的需要相似。自主和能力是埃里克森心理社会发展理论中重要的组成部分。

瑞安、德西和他们的同事相信，如果一个人能有支持性的环境，在这个环境中实现目标并发展与他人的关系，那么需要将会最好地被满足。这样的满足不仅仅会促进健康的心理发展，还会增加个体的内在动机（行为会表现出来，因为行为会迎来内在的回报和满足）。有证据表明，当一个人不仅仅感到有能力（通过经历从他人那里得到积极反馈，并且在自己认为很难的任务中取得成功）时，而且当感到有自主感，或是知道自己的行为是自我决定而非被他人控制时，内在动机会增强。

先前的研究发现，当给予一个行为外在奖励时，会对内在动机产生消极的影响。但是近来的研究发现，消极影响仅仅存在于那些本身没有兴趣的任务中。当一个人对任务本身很有兴趣（比如可能一个任务指导者或是管理者已经说明了任务的重要性和未来的价值），外在奖励可能会增加内在动机，至少短时间内是这样的。虽然最近的发现很吸引人，但还需要进一

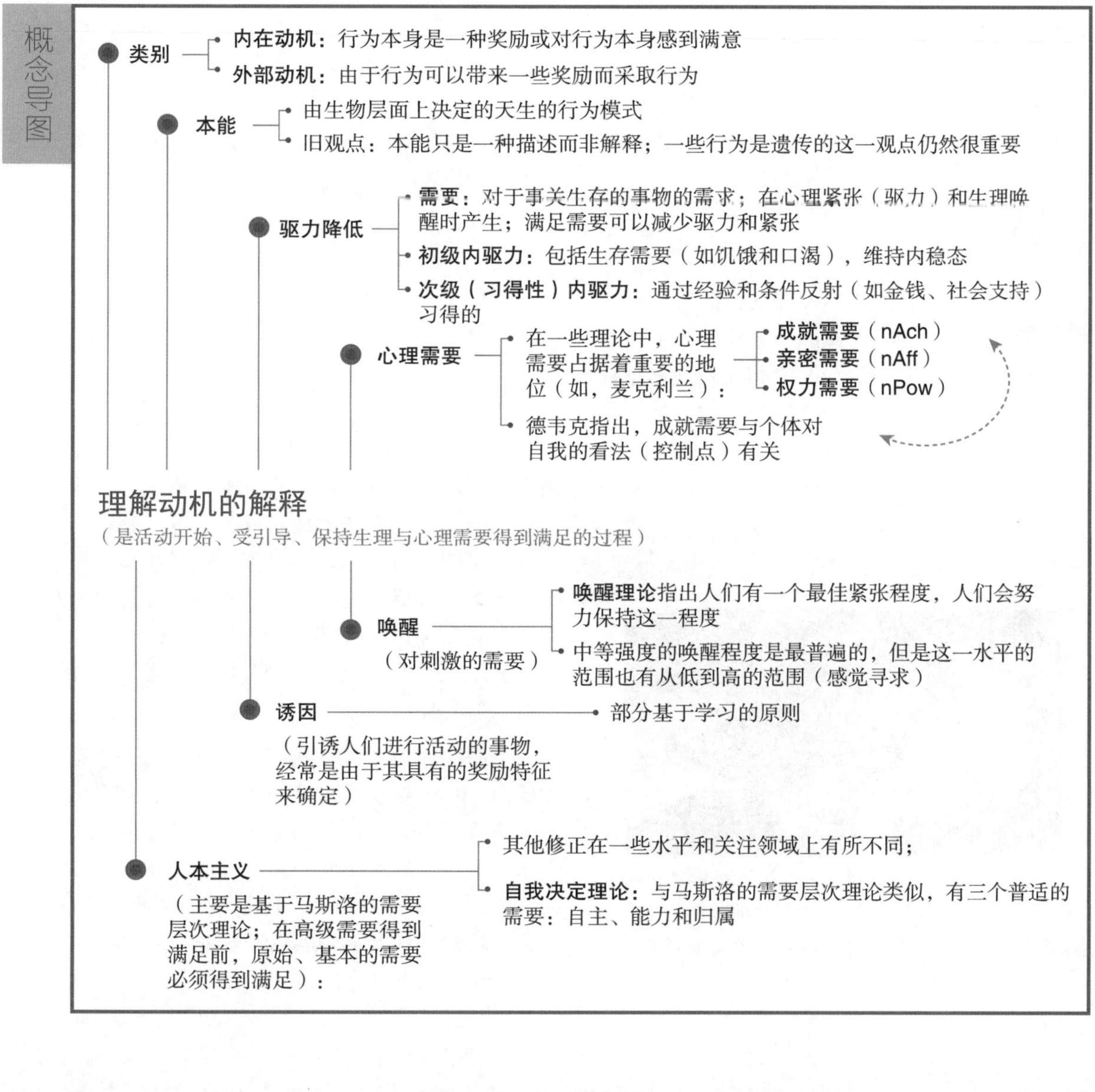

步研究确认是否外部动机对内在动机的长期影响始终是消极的，正如目前大量研究已经表明的那样。

◎“这是正确的答案，比尔，但是我恐怕你不能获得任何东西。”

资料来源：The New Yorker Collection 1986 Lee Lorenz from cartoonbank.com. All Rights Reserved.

但是，难道有时我们做事情不会同时受两种动机的影响吗？

经常存在内在动机和外部动机同时影响人们做事的情况。例如，大部分老师是为了挣钱养家糊口而工作（外部动机），但是可能也感到他们在帮助年幼的孩子们更好地长大，这使得老师们对自己感觉很好（内在动机）。

这三种需要有多普遍呢？在像美国和英国这样的文化下，是属于个体主义的，强调的是个人的需要高于群体的需要，提倡独立和自强。

◎参加考试只是大学生活中的众多可能的压力源之一。你认为大学生活中的哪些方面是有压力的？不同的学生面对同样的压力是否能体验到相同的压力感受？

但是像日本这样的集体主义文化的国家，强调紧密的社会联系，提倡关系和合作。跨文化的研究表明，即使在不同的文化下，自主性、掌控感和归属感都是同等地重要。

动机和压力

之前我们讨论了动机驱动的概念和唤醒理论，以及它们在动机行为中的作用。这些概念都跟压力的概念相关，是对那些有威胁的或者挑战性的事件的生理、情绪、认知和行为的反应。当基本的需求没有得到满足时，压力就会出现。例如，当你饿的时候，你会体验到饥饿疼痛、焦虑和注意分散，以及生理上的坐立不安（这些都是有压力的标志），直到饥饿得到充分满足。在唤醒理论中，每一个区域都需要一定水平的唤醒来达到最优成绩，过多或过少，结果都不好。换句话说，一定程度的压力对我们是有好处的。

大多数人在日常生活中会不同程度地体验到压力，而大学生更容易面对需要他们做出变化、调整自己行为的情景和事件，如布置的作业、考试、选择工作、汽车的问题、人际关系和应对截止日期，这些都是能引起个体压力体验的例子。

压力源

引起压力的事件被称作压力源，它们可能来自个人内在，也可能来自外部，范围可以从轻到重。能够诱发压力的事件，既可能是在小杂货店里购物被人挡住了过道，也可能是要处理被龙卷风或飓风过后的一片狼藉。压力源可以是严重致命的（如飓风、火、撞击、打斗），也可能仅仅是令人反感和烦躁的（延迟、粗鲁的人、车钥匙丢失）。

当提起压力源时，我们通常会想到一些**恶性压力**（disterss），即会引起个体苦恼、发生在个体体验到不愉快的压力源上。在龙卷风中失去家园是被称为**大灾难**（catastrophe）的压力源的一个例子。大灾难是不可预知的、大规模的，并会引起个体巨大压力体验的（如战争、飓风、洪水、火灾、飞机坠毁和其他灾难等）。尽管提到日常生活中的压力源，我们很自然地会想到重大灾难或变化，但我们在生活中体验到的大多数压力主要来自小的挫折、延迟、敌意，纷争和类似的烦恼。这些日常的烦恼被称为琐事（hassle）。

还有一些事件能引起**良性压力**（eustress），它们是积极的，但是同样需要个体做出适应或改变。结婚、升职、生孩子，对大多数人来说都可以称为积极的事件，但是它们要求个体的习惯、责任甚至是生活方式发生重大的改变。汉斯·塞利（Hans Selye）创造了“良性压力”这一术语来描述个体体验到的积极的但同样需要个体适应的压力事件。这一概念最近有更新，研究者现在将良性压力定义为“可以提升个体健康和幸福感的最优程度的压力”。

托马斯·霍姆斯（Thomas Holms）和理查德·拉厄（Richard Rahe）认为，任何需要个体做出改变、适应或调整自己生活方式的生活事件都会导致压力的产生。同塞利一样，他们假设消极事件（被炒鱿鱼）和积极事件（升职）都以一定的方式要求个体调整自身，所以这两种事件都与压力有关。当来自外部的力量对个体的行为提出紧急需求或期望时，个体会体验到压力。压力发生在当个体意识到他必须要更努力、更快地完成更多的工作时，比如面临截止日期或为期末考试而复习。

另外一个增加个体压力体验的因素是个体对特定事件和情节的控制水平。一个人的控制力越低，他感到的压力就越大。研究者在临床调查和实验室实验中发现，在某一情境中缺乏控制力，确实会增强创伤性应激障碍的症状。

挫折（frustration）发生在人们达到预期的目标或完成确定性需求过程中受到打断或阻挠时。作为压力源，挫折可以是外在的，比如当车出现故障、渴望的工作没能成功应聘，自己的东西被偷了时。损失、拒绝、失败和延迟都是外部挫折的来源。内部挫折，又叫作个人挫折，发生在一个人的目标或需求由于内部或自身的个性而未成功时。比如，一个想当宇航员的人发现，严重的运动缺陷阻碍了他达成目标。

冲突（conflict）是一种心理不安，发生在一个人需要在不同的、不相容或者相反的目标之间做出选择时。这些目标可能是生理需求、心理驱动、愿望，甚至是外部需求。有几种不同类型的冲突。

在一个**双趋冲突**（approach–approach conflict）中，一个人想要达到两个目标，两个都很吸引人。举个例子，在巧克力蛋糕和酸橙松饼之间选择一个作为饭后甜点。

双避冲突（avoidance–avoidance conflict）会产生更多的压力，在两个或多个不愉快的目标或事件之间进行选择，因为没有哪个选择是让人开心的，所以有人通过推迟做决定的方式来避免选择。比如说，让你在冒险做手术和忍受痛苦之间做出选择，有些人会等待，期望疼痛可以自行消失，这样他们就不用选择了。害怕拔牙的人要面对忍受牙疼和看牙医的冲突。

有所不同的是，**趋避冲突**（approach–avoidance conflict）只涉及一个目标或事件，这个目标或事件既有积极的一面又有消极的一面，使得这个目标显得既吸引人又不吸引人。比如说对任何人来说，结婚都是一个重要的决定，既有吸引人的一面，比如归属感、分享美好时光和相互陪伴，也有消极的一面，比如说意见不合、钱的问题等。

应对策略

应对策略（coping strategy）是指个体用于操作、容忍、降低或将压力影响最小化的行为。可以分为行为和心理策略。

应对方式是一种集中于消除或改变应激源的行为。当个体通过自己的行为试图去消除压力的来源或降低压力的影响时，称为**问题指向的应对方式**（problem–focused coping）。例如，一个学生无法理解教授在课堂上讲的内容。这位教授学识丰富，但是却不能以合适的方式让学生理解他课上讲的内容。问题指向的应对方式指的是，这个学生会在课后和这位教授就这个问题进行讨论或者通过询问同学来理解课程的内容，或是跟同样存在课程理解困难的同学组成学习小组。

概念导图

动机和压力

- **压力和压力源**
  - 压力是对那些被评价为有威胁的或挑战性的事件的生理、情绪、认知和行为反应。最初是汉斯·赛利进行的系统研究
    - 压力反应包括生理疲劳、顽疾、过分或过少进食、比平常更多地抽烟或饮酒、情绪波动、易激惹、抑郁、愤怒、记忆和注意力问题
  - 诱发压力的事件被称为压力源，可能来自内部或外部，程度从轻微到严重
    - 消极事件会引起恶性压力，积极事件会诱发积极压力，即提供个体健康和幸福感的最优程度的压力；
    - 外部引起压力的事件包括灾害、重大生活改变和日常琐事（根据发展的阶段而有不同）
  - 心理上的压力源经常和外部事件联系在一起
    - **压力**：急切的需求或期望，以及不可控性
    - **不可控性**：控制感越低，压力越大
    - **挫折**：由于外在（失去、拒绝、失败和延迟）或内在（个性特征）的因素，引起一些典型的反应。
    - **冲突**
      - **双趋冲突**并不涉及很多的压力，是个体对两个或以上的需求或目标产生兴趣
      - **双避冲突**更具有压力性，是在两个或更多的不想要的情境中做出选择
      - **趋避冲突**可能是最具有压力的，一个目标或事件既有优点也有缺点
- **应对压力**
  - **应对策略**：指的是个体在行为和心理上的反应，用于掌握、容忍、降低或最小化压力的影响
  - **问题指向的应对方式**：包括致力于变化或消除压力本身
  - **情绪指向的应对方式**：指的是改变一个人对压力源的感受或情绪反应方式

问题指向的应对方式可以很好地解决问题，但它却不是人们解决问题的唯一方式。大多数人同时利用问题指向和情绪指向来处理可控制的压力事件。**情绪指向的应对方式**（emotion-focused coping）指的是，改变自己对应激源的感受并使个体可以更有效地解决问题。例如，一个学生遇到了课堂内容讲解不清的教授，那么他很有可能会将这件事情告诉他的朋友，一直交谈到他可以足够平静地去直接指向问题的解决。情绪指向的应对方式同样适用于压力源是不可控的或者问题指向的应对方式不起作用的时候。一些人利用情绪指向的应对方式可能是将应激源当作一种挑战而不是威胁。把问题界定为小问题，在本子上写下关心的问题或者干脆忽视这个问题。

忽视它？这难道不会使事情变得更糟吗？

确实，当一个人可以通过积极的行动去解决问题时，忽视它不是一种好的策略。不过，当无法改变或消除压力源时，或者个体的问题主要就是对压力源的焦虑担心时，忽视这个问题就是一个不错的策略。研究者以患有心脏病的个体为被试，经研究后发现，那些担心未来心脏病发作的个体与忽视这个问题的个体相同，更有可能感受到创伤后应激障碍的一些症状，如噩梦或睡眠不好（这两个因素都会增加心脏病发作的风险）。

有一个不容忽视的压力源是饥饿，这正是我们下一部分的内容。

什么？又饿了？人们为什么进食

进食不仅仅是一种可以降低基本驱动的生存行为，也是对很多有吸引力的东西的享受。社会环境中很多饮食行为是有力的驱动。

饥饿的生理和社会成分

饥饿驱动跟很多因素有关。如果肚子是空的、收紧的，饥饿就会发生。另外一个因素是胰岛素反应。**胰岛素**（insulin）和**胰高血糖素**（glucagon）是胰腺分泌的荷尔蒙，用来控制整个身体里脂肪、蛋白质、碳水化合物的水平，包括葡萄糖（血糖）。正常情况下，在进食开始后，胰岛素释放量增多，导致血糖下降，从而引起了更饥饿的感觉。高血糖（更有可能进食的是蔗糖、白面粉和土豆）导致了更多的胰岛素释放，结果造成了低血糖，使胃口大开，产生过度进食的倾向。

在释放进血管后，**瘦素**（leptin）会向下丘脑发出信号，即机体已经有足够的食物了，要停止进食。腹内侧下丘脑对于血糖上升时停止进食反应起作用。

当人们不饿时也会进食。有很多的社会线索告诉人们去吃，例如，在规定的时间段内吃早饭、中饭、晚饭的习惯。这种习惯在很大程度上是经典条件作用的结果。机体对一天内特定时间的饥饿反应进行了条件化；通过与进食行为的联结，一天中的这些时间段变成了条件刺激。有研究发现，产生饥饿感的胰岛素水平可能在食物被吃之前就增加了（类似于巴甫洛夫的实验中，狗在接受食物之前就已经开始分泌唾液了）。像这种在一天的特定时间内感到饥饿的心理现象，也可能是经典条件反射引起的。

文化因素和性别在决定饥饿感和进食习惯上也有作用。在一项研究中，来自美国和日本的男人和女人接受了关于进食的问卷调查。在这两种不同的文化下，对于男性来讲，关于启动进食行为的因素方面不存在任何显著差异，但美国女性更可能因为情感因素（比如抑郁）而进食，日本女性则更可能因为饥饿信号或者社会要求而进食。在这项研究中，来自美国的男性和女性在看电影或者电视时，比日本人更可能进食。当研究为什么和在哪些情况下人们进食的时候，文化和性别因素一定要被考虑进去。

（a）

（b）

◎图（a）文化因素是导致人类进食行为的重要因素。日本的女性因为饿和社会要求而吃，正如这个女性和她的家庭正在做的。

◎图（b）美国的女性吃东西是因为她们觉得抑郁或者其他情绪原因，而不仅仅是饿或者社会环境要求。很明显，这个女性不需要碗、桌子或者其他人的陪伴来刺激她吃——除非你要把猫算上。

肥胖症

一些适应不良的进食问题包括神经厌食症、暴食症和暴饮暴食等，都在*DSM-5*中被分类为临床（心理）障碍。该手册是由心理专家进行诊断所使用的障碍和症状列表。

在接下来的内容中，我们关注肥胖问题。为什么有的人会变胖？这仅仅是超重吗？

有几个因素导致了肥胖症。肥胖症是指体重超过一个人身高对应的理想体重的20%。肥胖症有几种定义，一些定义把超出20%～30%作为超重，以30%为上限。而另一些定义认为男性超过理想体重的20%，女性超过理想体重的30%才算肥胖症。不管怎么定义，导致肥胖症的一个重要因素是遗传。似乎存在几组基因，一些在不同的染色体上，它们影响一个人变成肥胖症患者的可能性。如果在某个特定家族中

概念导图

人们为什么进食

- **饥饿**
  - 受胰岛素反应的影响；胰岛素（通常在进食后分泌得更多）降低血液中的葡萄糖水平（导致较低的血糖和增强的饥饿感）；胰高血糖素提高葡萄糖水平
  - 当葡萄糖水平升高时，腹内侧下丘脑可能参与了停止进食的过程；当胰岛素水平升高时，外侧下丘脑可能影响了进食的发生
  - 个体的体重调停点和基础代谢率与下丘脑有关，瘦素这种激素可能影响食欲
  - 饥饿和进食行为是受到社会线索、习俗（如在特定时间进食）、文化和性别影响的
- **适应不良的进食问题**
  - **肥胖症**：比理想体重（基于身高）高20%或更多；显著地受到基因、过度进食、锻炼和新陈代谢的改变的影响
  - **神经性厌食症**
  - **贪食症**
  - **暴饮暴食**

有肥胖症的患病历史，那么每名家族成员患肥胖症的风险可能比一般家庭的成员高出两倍或者三倍。激素也会起作用，特别是瘦素。瘦素的量和检测问题会导致过重。

另一个因素是过度饮食。以全世界范围来看，随着发展中国家经济的进步，食物供给变得更稳定，肥胖症的患病率快速而显著地增加。食物的种类变得多了，同样也变得诱人了，这种条件的变化与除了满足生理需求进食之外的进食行为的增加有关。在工业化社会，工人花更多的时间在工作室里，花更少的时间在家准备饭菜，有更多的诱因到外面就餐。在外面吃的选择包括快餐和软饮料，在这种条件下，肥胖症的概率增加了。美国有全世界最高的肥胖症发病率，大约31%。在过去的20年中，在发展中国家肥胖症的发生率已经翻了三倍。诸如中东、东南亚、太平洋岛国，有10%～25%的人超重，另外2%～10%有肥胖症。

随着年龄的上升，新陈代谢速率减缓。青少年时期的进食习惯并没有发生改变，同时他们有了更多的收入来增加消耗食物的数量，体重因而增加，可能会导致肥胖症的发生。

性驱动

另一个很难被忽视或者经常会导致压力的驱动因素是我们的性行为。关于性行为的研究不仅仅是性交，而是在何时、和谁在怎样的环境下进行性交。

性行为

研究人类性行为的尝试在20世纪中期之前就发生了，其中，阿尔弗雷德·金赛（Alfred Kinsey）的开创性研究最为重要，因为它提供了关于人们进行性活动的不同方法的重要信息。

报告里有什么发现呢？

金赛的研究

1948年，动物学家金赛发表了一份有争议的报告，这份报告阐述的是从1938年开始的关于性行为的大范围的调查结果。调查中介绍的性行为发生的频率令当时的人们感到震惊，因为他们显然还没有做好准备来相信很多人都尝试过不同的性行为。金赛相信，性取向不是一个非此即彼的情况，也就是说人们并非要么是完全的同性恋者，要么就是完全的异性恋者，性取向应该是一个连续体（在很小的程度上变异的一系列取值、因素或行为），在这个连续体中有些人处于极端值，有些人处于中间值。关于有些人处于性取向连续体中间这样的看法让人震惊，并且很多人不愿意相信。

金赛请训练良好的访谈者对被试进行面对面的访谈，在最初的研究中被试都是男性。后来发表于1953年的研究专门以女性作为被试。按理来说，被试都是来自城市和乡村的志愿者，

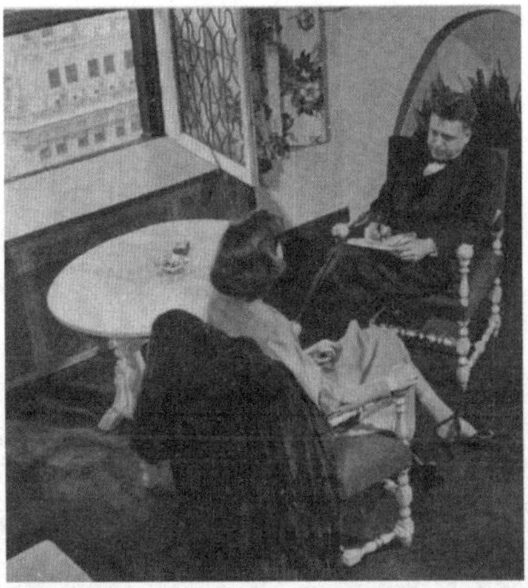

◎阿尔弗雷德·金赛做了很多如图所示的面对面访谈。当人们回答自己的性行为问题时，在多大程度上会受到金赛在场的影响？

他们在社会经济、宗教和教育背景方面都不相同。但是事实上，很大一部分被试都受过良好教育，他们是来自城市的、年轻的教徒。在金赛的研究结果中，有将近一半的男性和不到20%的女性报告有过双性经验。关于在16岁时体验过性交的被试，男性是女性的三倍多（男性21%，女性6%）。男性在婚前性行为、婚外性经验和自慰方面都要比女性高。10%的男性和2%～6%的女性报告自己是同性恋。

尽管金赛的数据还是被很多关于性行为的讨论所引用，但他最初的研究尚待完善。就像最开始的那样，被试基本上都是白人、中产阶级、拥有大学学历。报告中对于那些住在乡村地区的文化程度较低的较老的人群没有进行很好的体现。一些批评指出，与“正常”的性行为相比，金赛将更多的注意力放在了那些被认为是不正常的性行为中。同样地，金赛的调查易受到采用自我报告的方法所具有的所有缺点，如夸张、造假和偏差。最终，一个面对面的访谈可能导致一些被访谈的人否认特定种类的性行为，或极大地夸张答案，提高错误数据出现的可能性。

詹纳斯报告

1993年，继金赛及其同仁和马斯特斯（Masters）与约翰逊（Johnson）的研究后，塞缪尔·S. 詹纳斯（Samuel S. Janus）博士和辛西娅·L. 詹纳斯（Cynthia L. Janus）博士发表了第一个关于人类性行为的大范围研究的结果。这个全国性的调查从1983年开始，样本达到3000人，覆盖了美国48个州。社会学、心理学、精神病学、历史学、生物学和政治科学领域的专家接受了关于调查方法的特殊训练并督导有经验的研究生，他们在调查中收集了数据。数据是通过访谈和大量问卷获得的。被调查者的年龄为18～65岁，被调查者的背景包括所有婚姻状况、教育背景，而他们来自美国的四面八方。

这个大型调查的发现之一是，将近80%的男性和70%的女性曾有过自慰的经验（尽管大约有四分之一到三分之一的人声称这种情况发生得很少）。其他的反应表明，19%的男性和将近8%的女性在14岁时就拥有了完整的性关系。与女性相比，更多的男性报告经历过婚前性行为（男性有67%，女性有46%），报告至少发生过一次婚外性行为的男性是女性的两倍。然而，超过20%的男性被访者和稍微少一些的女性被访者报告具有至少一次同性性经验，只有9%的男性和5%的女性认为自己主要是同性恋者。

解释调查的发现

为什么跟女性相比，男性在婚前和婚后都会比女性更为“性致勃勃”？可能是他们的基因导致的。进化理论强调了有机体会做他们必须做的事情，并最大化地提高他们传递自己的基因给后代的机会，而这个过程在男女之间存在差别。罗伯特·特里弗斯（Robert Trivers）提出了一个父母投资理论来解释男性和女性的性行为。很多物种的雄性（包括人类），不需要花费很多的时间和精力就可以使雌性怀孕，通俗一点说，他们是富裕的，即他们可以找到很多机会来进行性行为并拥有很多性伙伴。另一方面，女性要投入很多时间和精力来生育（包括怀孕、哺乳等）。所以，女性最好更仔细地斟酌自己所选择的男性伴侣。

在现实生活中，这就转变为男性偏好那些更年轻的、较美丽（即时的性吸引有很大吸引力）的女性，所以也更容易生育健康、有吸引力的后代。女性会更偏好年长一些的（这意味着他们有更多的收入和资源）、工作努力的、诚实的男性。跟女性相比，男性更可能有更多的性伴侣，即使他们步入中年。而女性随年龄的增长，伴侣的数量会逐渐降低。这对异性恋和同性恋的男女均为适用。男性对性的看法也是不同于女性的，有更多的性邂逅和更多的性幻想，并且也把性想得更简单一些。

一项研究强调，年龄并不是一个性活跃的必要障碍。对超过3000名年龄为57～85岁的群体进行的研究发现，人们在他们80多岁的时候还是会有性活跃现象。最为常见的性行为障碍是健康问题，还有缺失性伴侣，而不是性欲。

◎在很多文化中，同性恋者都面临着歧视和偏见。雪莉和艾伦已经在一起34年了，这说明“夫妻关系”和责任感并非只发生在异性恋人中。

性取向

是什么让有些人被同性吸引？

性取向（sexual orientation）这一概念指的是个体对异性或同性成员的性吸引和爱慕。研究者试图回答的一个更重要的问题是，性取向是学习或经验还是生物因素的影响？研究者通过研究发现，人们可能存在很多种性取向，但要想得到可靠的数据还是具有挑战性的。

异性恋

最普通的性取向是**异性恋**（heterosexual），具有异性恋取向的人会被生理异性的人所吸引，比如男性会被女性吸引，或者反之。在所有文化中，异性恋是被社会接受的性行为。

同性恋

我们很难得到一个**同性恋**（homosexual）取向或对同性的性吸引的人在人群中准确的百分比。考虑到在大部分文化中，人们会对同性恋者存在歧视、怀有偏见并且区别对待，所以同性恋者会隐瞒自己的性取向以防这种负性对待。在美国，一个全国性的调查估计，在15～44岁的人群中，有2.3%的男性和1.3%的女性认为自己是同性恋，这就意味着他们的性取向是外显的或者同性恋取向占优势。

如果人们体验过同性性经验和异性性经验，那么他们是不是双性恋呢？

双性恋

男性或女性都可能成为**双性恋**（bisexual）者，并且可能被两种性别的人吸引。在美国的同一项全国性调查研究中，只有1.8%的男性和2.8%的女性认为自己是双性恋。有些人不管准确的感受，只是出于尝试，已经体验过与两种性别的人发生性关系，但这并不能说明他们是双性恋者。

双性恋者并不需要同时与男性和女性具有亲密关系，他们对某一性别或另一性别的吸引程度可能随着时间的变化而变化。很多双性恋者可能不能按照自己的意愿来行事，而是长期坚持一夫一妻制，只拥有一位伴侣。

调查也发现，男女比例差不多，即只有不到4%的人认为他们是其他取向。显然，性取向并不像很多人认为的那样界定清晰。

性取向的发展

尽管异性恋者可能被大部分文化认同，但是很多文化对同性恋者和双性恋者是不能认同的，在这样的文化中后两种性取向的人需要面对歧视、偏见、骚扰甚至更糟。尽管在这样的文化中，人们的态度开始变得更积极，但要完全接受有后两种性取向的人群还有很长的路要走。

性取向是受环境影响、生物影响，还是两者的共同影响？

这个问题无论是对于异性恋者还是同性恋者来说都是一个存在争议的问题。如果说同性恋是由教养方式和环境经验决定的，那么我们就可以假定这是一个可以被改变的行为，这使得同性恋者不得不面对一个艰难的选择——是成为一个“正常的”人，还是“不正常的”人。如果它是由生物因素决定的，就可能受到基因的影响或孕期激素的影响，因此它可以被看作一个不可改变的行为，就像我们无法改变孩子在出生时是男孩还是女孩一样。把同性恋看作由基因决定的假设，导致了一些不稳定的（指会激起强烈感情的）问题：如果它不能选择，也不是可习得的行为模式，社会就不再能预期或要求同性恋者改变他们的性行为或性取向。同性恋变成了一个关于多样化的问题，而不是关于性异常的问题。在一项对大学生进行的研究中，大多数女性报告是在高中 / 大学阶段知道了自己是同性恋者或者是双性恋者的，而男性则报告在初中 / 高中阶段得知了自己的性取向。

在过去几十年间，不同的研究者进行了很多包括异性恋和同性恋男性大脑的生物学差异、基因对性取向的影响甚至孕期对性取向的影响的研究。比如，其中一个最早的研究发现，怀孕 4 ～ 6 个月（性别差异形成的孕期）间的女性如果体验到了强烈的应激，她们生下的男孩成为同性恋者的可能性会显著高于其他情况。另一项研究发现，同性恋男性和异性恋女性对汗水中分泌的雄激素为基础的费洛蒙（腺体化学物）有相似的反应（即跟异性恋男性有截然相反的反应）。

在最近一个研究中，研究者发现，虽然还没有找到可以导致同性恋的基因，但是，有一些基因的“开关”可以打开，而这可能是同性恋在家族中存在的原因。这些开关被称为 epi-marks，控制着什么时候、什么地点以及这些基因会表达多少信息。有性特异性的 epi-marks 能控制在胎儿期发育的胚胎的性特征。这些性特征不但包括生理上的性器官发展，还包括性别认同和性伴侣的偏好。正常的 epi-marks 在每一代都会更新，可能会偶然传到下一代。如果可能，这会引起他们想要的反转效应，当然包括性取向的反转。

出生顺序也是这个领域研究的问题。研究表明，如果一名男性有几位年长的哥哥，那么他更可能在取向上是同性恋的。研究假设认为每生一个男孩，母亲就会产生一种对抗 Y 染色体的抗体，那么这些抗体经过胎盘就会影响之后出生的男孩的性取向。

最终，研究者利用脑成像技术对异性恋男女和同性恋男女进行的研究发现，异性恋男性和同性恋女性（记住，都被女性吸引）在神经方面似乎相似；而同性恋男性和异性恋女性都在神经方面相似（都被男性吸引）。

基因会对性取向产生影响的证据越来越具有说服力。对于那些有同卵双胞胎、异卵双胞胎或无血缘关系的兄弟姐妹的同性恋者的研究表明，在同性恋的同卵双胞胎兄弟姐妹中，52% 的人是同性恋，而异卵双胞胎中只有 22% 的人是同性恋，无血缘关系的兄弟姐妹中只有 11% 的人也是同性恋。在一个类似的只关注女同性恋者的研究中，48% 的同卵双胞胎也同样是同性恋，16% 的异卵双胞胎和 6% 的无血缘关系的兄弟姐妹也是同性恋。其他类似的研究也支持了这一结果。然而，这些发现也同样需要谨慎地看待。双胞胎研究很难排除环境因素的影响。即使是分别长大的双胞胎也倾向于在相似的环境被抚养，因此学习和经验对性取向的影响无法完全得到控制。

有些研究发现，同性恋可以由 X 染色体上的基因决定，对于男性来说，这一基因来自母亲而非父亲。迪恩 · 汉默（Dean Hamer）及其同事发现，在 40 对同性恋兄弟中，有 33 对的 X 染色体上有一个区域（在被叫作 Xq28 的位置）上有几百个相似的基因。而这个染色体上的其他基因可能是不同的。这证明了这些兄弟都从母亲的 X 染色体上遗传了一组基因，这导致了他们的性取向。这一发现也得到后来一些研究的支持。

发展心理学家 J. 迈克尔·贝利（J. Michael Bailey）指出，对男性同性恋的行为最普遍的发现是，当他们还是孩子时，都表现得很“女性化”。贝利指出，75% 女性化的男孩（那些对于体育和暴力游戏不感兴趣，很想成为女孩或者被认为很“娘”的男孩）在成人后会成为同性恋者，这个概率要远超过一般人群。贝利和同事肯·祖克（Ken Zucker）认为，这些发现为生物因素决定性取向提供了更多支持。当然，这些在童年时期行为上的差异也可能是来自社会环境下的关注和其他形式的强化结果。在人类行为的任何方面，把环境和生物因素分开是很困难的。

有一件事是明确的：在未来的一段时间里，导致性取向的因素还会受到持续关注和争论。

一些科学家质疑为什么同性恋还会存在，因为从进化的视角来看，如果它可以被遗传，那么同性恋的基因应该在很久之前就被从基因库中清除了。“心理学议题”专栏谈到了这个问题。

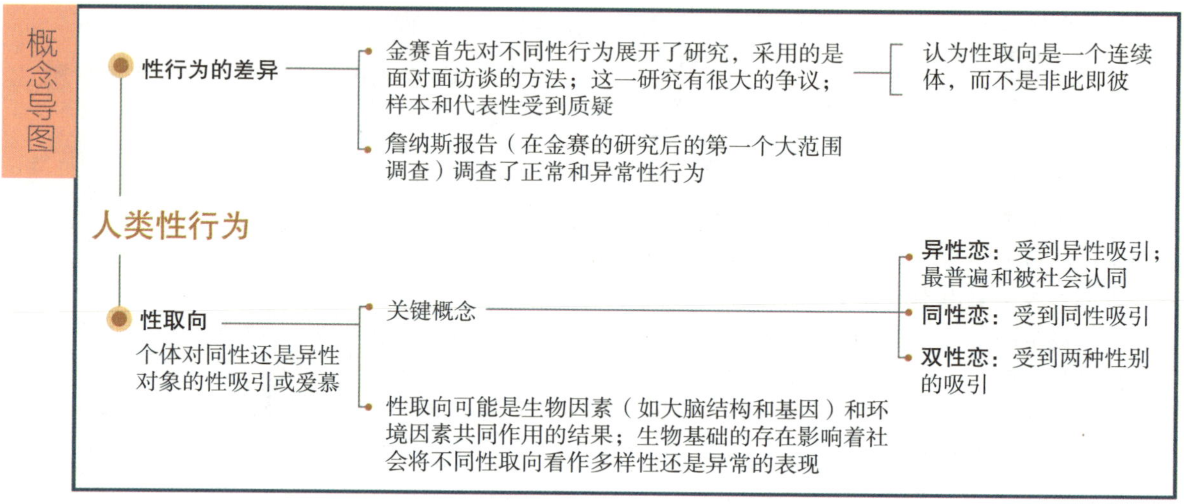

心理学议题

同性恋的进化目的是什么

同性恋者往往不能繁衍，那为什么这样的特质仍会保留呢？近期的一个理论提出了亲属选择假设。尽管一个家庭中的同性恋成员可能不会自己生孩子，但是通过照顾其他家庭成员，如侄子或侄女，会帮助其通过亲属来传递自己的基因。在萨摩亚，研究者保罗·瓦齐（Paul Vasey）和道格·万德兰（Doug VanderLaan）研究了 fa'afafine，即男性中，那些偏好男性作为自己性伙伴并且被其文化接纳为既不是男性也不是女性的人，很像拉科塔文化中的 winkte。为了确定亲属选择假设在这样的社会中是不是有力的假设，研究者对 fa' afafine、女性和异性恋男性在这个文化下进行测试，测量其意图养育侄子或侄女的不同方式，以及对不相关的孩子做出这样的事情的意图。结果强烈支持亲属选择假设，跟女性和异性恋男性相比，这些 fa'afafine 对于其侄子侄女的利他作用要比一般女性和异性恋男性强得多。

进一步讨论的问题

1 萨摩亚文化并不像西方文化，亲属选择假设是否同样适用于美国去解释同性恋的持续存在？

2 西方的同性恋男性和女性是如何传递或保护自己的基因材料 / 物质的？

理解情绪

这一节首先回顾了驱动人类行为的动机。但是，人们在行动之外要做的更多，因为他们会在其中体验到情绪。人类行动涉及感受、情绪，尽管情绪是内隐的过程，但人们的感受会有外在表征。这一节探讨的就是人类情绪，以及情绪是怎么和思维、行动联系在一起的。

我们的感受在日常生活中扮演了怎样的角色？到底是什么引起了感受？

人类是充满感情、情绪的，虽然情绪可能是内在的过程，但是外在的身体信号会反映人们当时的感受。

情绪的三元素

情绪（emotion）被定义为一种意识成分的感受，有三个元素：具有一定的身体唤醒；向外部世界表达情绪的一定行为；感受的内部觉察。

情绪的生理学解释

当一个人经历了某种情绪，生理上交感神经系统会产生唤醒：心率增加，呼吸加快，瞳孔扩张，口干舌燥。回忆上一次你生气的时候，再想想最近一次害怕的时候。这些生理表现是不是很相近？虽然在不同情绪反应中，面部表情不同，但那仅仅是基于外在身体反应，某种情绪是很难与其他情绪分别开来的。事实上，如果不能清楚地看清一个人的脸，就会很容易把一个恐惧的人看成愤怒的，这会导致很多错误的交流和理解。但是，在实验室中，通过使用仪器测量心率、皮肤温度，研究者已经发现，不同的情绪会诱发不同的生理反应：恐惧与皮肤温度的下降有关，愤怒则会导致皮肤温度的上升和血压的明显升高。

情绪的各个方面和人脑的哪些部分有关呢？正如在第 2 章讨论过的，杏仁核是位于大脑两侧的边缘系统中的一个小区域，和人类及动物的恐惧相关，也与人类情绪的面部表情有关。在老鼠的杏仁核被损伤后，它们不能对新的事物产生恐惧，很明显它们不记得什么是恐惧了。损伤杏仁核在人类中也会产生相似的影响，并会损坏通过观察他人面部表达来确定他人情绪的能力。

研究表明，情绪刺激借助两个通路传递到杏仁核：一条快速、迅猛的低级通路（皮层下）；一条更慢但是涉及更多皮层的高级通路（见图 9–4）。直接通路允许对可能的威胁刺激做出快速反应，甚至有时在我们还没觉察到刺激是什么之前。但是，由于间接的皮层通路（特别是前额叶的加工）带来的警觉，我们可以越过直接通路对我们的情绪反应进行控制。患有情绪障碍的个体很有可能主要借助直接通路来加工情绪，而间接的皮层通路是不能推翻直接通路发起加工的。这就会导致情绪控制产生困难或失效，或不能区分我们已经习得的恐惧。

情绪甚至会因为不同侧的大脑而作用不同。

研究者发现，积极情绪和左侧额叶有关，而悲伤、焦虑和抑郁这样的消极情绪似乎与右侧额叶的功能有关。在利用 EEG 的研究中，左侧前额叶激活和愉悦情绪有关，而右侧额叶激活与消极情绪状态有关。解释他人面部表情的能力似乎也是依靠一侧而非另一侧大脑的功能。

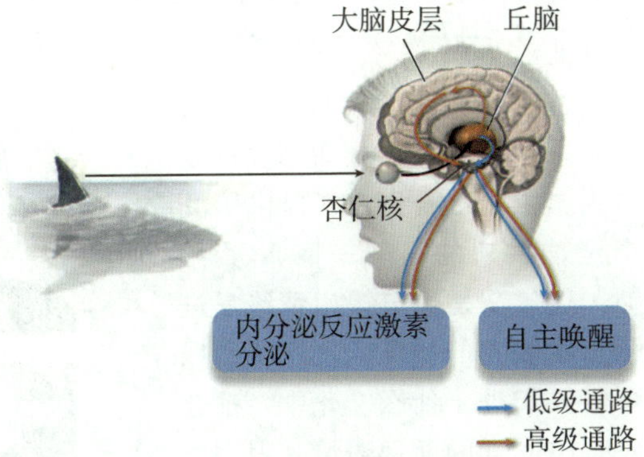

图 9–4 低级通路和高级通路

◎当你暴露在一个诱发情绪刺激（例如，一只鲨鱼）面前时，神经信号会通过两条通路到达杏仁核。低级通路是在皮层之下并且更快、更为简单的通路，在我们还没有意识到刺激的本质之前，它允许对刺激做出快速反应。高级通路利用的是皮层通路，更慢也更复杂，但是它能够让我们在需要的时候对威胁加以识别，对情绪反应有更多的意识控制。具体的例子是，低级通路大喊"鲨鱼"，然后我们在高级通路给出"危险"之前进行反应。

研究者发现，当要求被试去识别其他人的面部表情时，右侧大脑要比左侧大脑更活跃，特别是在女性中。这种差异在儿童期就已经微弱存在了，之后在成年期进一步增加。因为跟成年人相比，儿童在识别消极和积极情绪的能力方面较弱。这些结果与早期的研究结果是一致的，右半球负责面孔识别的任务。

情绪加工的其他形式涉及了很多其他的脑区。不同脑区起作用的方式是基于你控制自己的情绪的方式。但是在不同的策略间有一定程度的重叠。例如，惯用的调节情绪的策略如分心、重评，以及控制情绪对决策的影响。所有这些策略都依赖于外侧眶额皮层和前扣带回。因为前面的讨论，你会认为杏仁核也会参与其中。但是，分心似乎依赖于前扣带回的激活。重评则是依赖于外侧眶额皮层，这二者都伴随着杏仁核更低的激活。

情绪的行为：情绪性表达

当被一种情绪控制时，人们会如何行动？面部表达、肢体移动和行为都能告诉他人这个人的情绪。皱眉、微笑、悲伤的表情加上手势动作、转身或言语都能产生对情绪的理解。人们打斗、跑步、接吻、呼喊，以及许多其他的行为都源于他们感受到的情绪。

在不同文化中，面部表情会有不同，但有一部分面部表情是全人类共通的（图 9–5 提供了几个全球共通的面部表情）。查尔斯·达尔文是最早提出情绪是进化产物观点的科学家之一。所以不管人们处于什么文化中，都会展现出同样的面部表情，因为面部肌肉经过进化，能够传递特殊的信息给旁观者。例如，一个生气的面孔会向旁观者传递的信号是，他们要么顺从要么准备打架。虽然达尔文的观点与 19 世纪早期和中期行为主义热潮不一致，行为主义认为环境而非遗传是行为产生的原因，然而一些研究者发现了证据，至少有七种基本情绪全世界共通，这给予了心理学进化的观点更多的支持。天生的盲童在一定的场合能够产生合宜的面部表情，尽管他们从没有在其他人脸上见过这些面部表情，这很强有力地支持了情绪表情有其生物基础而非后天学习而来。

埃克曼（Ekman）和弗里森（Friesen）的研究发现，许多不同文化的人（日本人、美国人甚至新几内亚人的部落）都能够认出至少七种面部表情：生气、恐惧、厌恶、幸福、惊奇、悲伤、鄙视。虽然情绪和相关的面部表情似乎是普适的，但情绪表达的时间、地点和方式可能由文化决定。情绪的**表达规则**（display rule）在每一种文化下都不同，表达规则是在社会环境下习得的控制情绪表达的方式。例如，日本人对于在公共场合表达情绪有严格的社会规则，他们不表示出情绪，保持冷漠、平静、镇定，至少表面上是。但是如果在一个更私人的环境下，正如在家里，父母责骂一个孩子，成人的面部表达将会很容易被任何文化下的人理解为生气。情绪是全世界共通的，脸上的表达方式也是共通的，但是是否表达取决于习得的文化规则。

在集体主义文化（把社会团体利益放于个人利益之上）和个人主义（把个人利益放在集

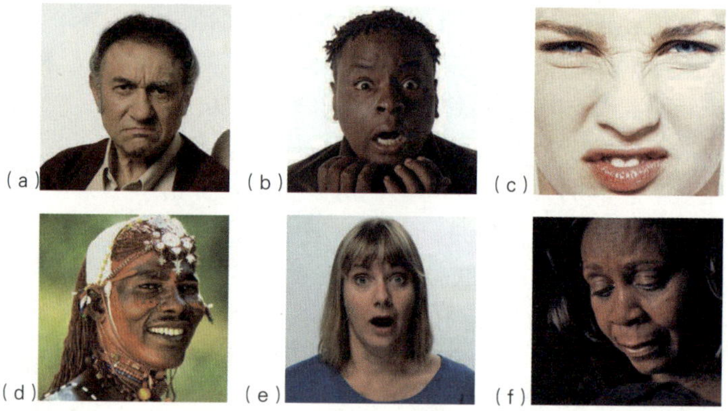

图 9–5 情绪的面孔表情

◎面孔表情看似是普遍的。世界上各个文化都会将这些面孔解释为：图（a）愤怒，图（b）恐惧，图（c）厌恶，图（d）高兴，图（e）吃惊，图（f）悲伤。尽管引起这些情绪的情境随着文化不同而不同，但特定情绪的表达还是惊人的一致。

体利益之上）文化间，情绪的表达规则是不同的。例如，因为美国文化是个人主义的，日本文化是集体主义的，所以两种类型的表达规则的差异至少部分是由这些文化差异引起的。

表达规则对于男性和女性也有不同。研究者研究了男孩和女孩的表达规则，发现男孩在社会环境下不太愿意去谈论感情，而女孩被期望并被鼓励这么做。对于成年人来讲，研究者研究了在工作环境下生气的情绪表达，发现女性比男性更不愿意去表达消极情绪，尽管诸如职位等因素对这个结果会有影响。

主观经验：给情绪加标签

情绪的第三个元素是通过给感受分类来解释主观感受：生气、恐惧、厌恶、幸福、悲伤、害羞、有趣等。另一种给这个元素命名的方式被称为“认知元素”。因为命名过程包括提取先前相似经验的记忆、理解情绪的上下文背景，并给出一个解释方案——一个情绪标签。

人们给主观经验所加的标签至少部分上是一个习得的反应，受语言和文化的影响。这样的标签可能在不同的文化背景下有所不同。例如，在一项研究中，研究者发现那些仍然遵照传统中国文化的华裔美国人更可能在描述情绪时使用相关的身体感觉（比如头晕眼花）和社会关系（比如友谊）相关的标签，而那些更美国化的华裔美国人和欧裔美国人，更可能使用更直接的情绪词汇（比如喜欢或爱）。

在另一项研究中，幸福的主观感受表现出了文化差异。在这项研究中发现，日本学生和从美国来的学生的积极情绪状态与不同的环境有关。日本学生的积极状态更多地与友善或是合群的情绪相关。美国的学生积极的情绪状态更多地与个体的感受相关，比如自豪。这个发现进一步反映了集体主义文化和个人主义文化的不同。

情绪的早期理论

三元素中哪个是最重要的？

早期的心理学认为，一定的情绪感受首先引起生理反应，然后诱发了行为表现。路上遇见一只咆哮的狗，恐惧激起了生理唤醒，之后是逃跑的行为。因为害怕，所以人们有生理唤醒（见图 9-6）。

詹姆斯-兰格理论

威廉·詹姆斯（William James）是心理学早期机能主义的建立者，他不同意上述的早期情绪理论的观点。他相信情绪基本原理的顺序是不同的。几乎同时，在丹麦的一位生理和心理学家卡尔·兰格（Carl Lange），也提出了与詹姆斯相似的对于情绪的解释，结果用他们俩的名字合在一起来指代这个理论——**詹姆斯-兰格情绪理论**（James-Lange theory of emotion），如图 9-7 所示。

在这个理论里，某种刺激（例如，一条咆哮的大狗），激发了生理反应。这个反应是交感神经系统的战或逃的唤醒，产生了身体感觉，如增加的心率、嘴变干、呼吸加快。詹姆斯和兰格相信，生理唤醒导致了某种情绪。简单地说，就类似这样：“因为我唤醒了，所以我恐惧。”“因为我的脸红了，所以我很窘迫。”“因为我的肚子在颤动，所以我是紧张的。”“因为当我看他的时候，我的心率加快，所以我喜欢他。”

那些脊损伤使得交感神经系统失能的人们又是什么样的呢？虽然按照詹姆斯-兰格情绪理论，这些人应该展现出较低的情绪反应，因为引发情绪的唤醒不存在了，但是这不符合事实。一些关于脊损伤病人的研究报告显示，这些人有能力产生同样的情绪反应，有时甚至更强烈。

坎农-巴德理论

生理学家沃尔特·坎农（Walter Cannon）和菲利普·巴德（Philip Bard）认为，情绪和生理唤醒几乎在同时发生。坎农是交感神经系统方面的专家，他认为被不同情绪唤醒的生理反应区别不大，不能把它们视为不同的情绪。巴德发展了这个观点，认为进入脑的感觉信息是同时被传入（通过丘脑）大脑皮层和交感神经系统的相应器官的。恐惧和身体反应因而是同

图 9-6 情绪的常识理论

◎ 在情绪的常识理论中，一个刺激（咆哮的狗）引起了恐惧这种情绪，然后通过自主神经系统（ANS）导致了身体唤醒（在这里是颤抖）。

图 9-7 詹姆斯-兰格情绪理论

◎ 在詹姆斯-兰格情绪理论中，刺激先引起生理唤醒，然后人们把这种生理唤醒解释成相应的情绪。

时被经历的，而非一前一后。“我害怕的同时有生理唤醒并逃走了！”（见图 9-8）

这就是著名的**坎农-巴德情绪理论**（Cannon-Bard theory of emotion）。但是这个理论也有缺陷，拉什利（Lashley）认为，丘脑必须足够精细复杂来促成所有可能的人类情绪，并将它们转到皮层和身体的一定区域。似乎大脑的另一些区域也必须参与情绪反应过程。对脊损伤被试的研究表明，情绪能够脱离交感器官到皮层的反馈，这被作为批判詹姆斯-兰格情绪理论的证据，并且支持了坎农-巴德情绪理论：人们不需要从那些器官得到反馈来体验情绪。但是，有其他可选的路径提供从这些器官到皮层的反馈，比如迷走神经。这个反馈通路的存在让坎农-巴德理论少了一些可信性。

情绪的现代理论

有很多现代情绪理论关注情绪的认知成分而不是其生理和行为反应，即情绪和行为的心理解释。

沙赫特-辛格的认知唤醒理论

早期的理论主要关注情绪和生理反应，

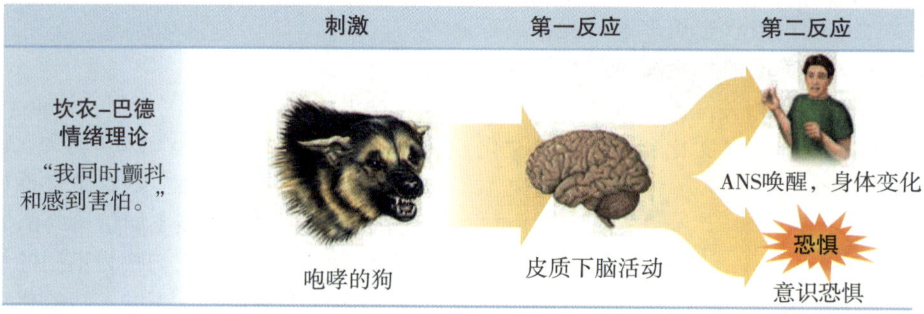

图 9-8 坎农-巴德情绪理论

◎ 在坎农-巴德的情绪理论中，刺激首先引起大脑的反应，大脑通过发送信号唤醒身体反应并且同时产生情绪。

但是缺少认知上的解释。在**认知唤醒理论**[(cognitive arousal theory),又称二因素理论(two-factor theory)]中,沙赫特(Schachter)和辛格(Singen)提出了两个在情绪发生前一定会出现的事物:生理唤醒和基于环境线索的唤醒的解释分类。这两项同时发生,导致了对情绪的解释和分类(见图 9–9)。

例如,当走路的时候一个人碰到了一只咆哮的狗,生理唤醒(心率加速,眼睛睁大)伴随着"一定是恐惧"的想法(认知)一起出现。

图 9–9 沙赫特 – 辛格的认知唤醒理论

◎ 沙赫特 – 辛格的认知唤醒理论与詹姆斯–兰格的理论相似,但是增加了对生理唤醒的认知分类。在这个理论中,一个刺激引起了身体唤醒和对唤醒的解释(根据周围的背景),导致了情绪体验和对情绪反应的分类。

心理学经典研究

愤怒和快乐的人

1962 年,沙赫特和辛格设计了一个实验来证实他们的理论,即情绪是由唤醒的生理状态和认知解释共同决定的。男被试被要求回答一份问卷,关于他们对一种新型维生素的反应。事实上,他们被注射了肾上腺素,它能引起一系列生理反应,比如心率增加、呼吸加速、面色变红。这些在任何一个强烈的情绪反应中都会发生。

每名被试参与两种实验条件中的一种。在一种实验条件下,一名实验者的同伴扮成一名被试开始抱怨实验员,撕毁问卷,咆哮着出去。在另一种实验条件下,一名同伴表现出很高兴的样子,几乎是兴高采烈的,并且玩屋子里的一些物品。这个愤怒的人和快乐的人在两种条件下作为实验中的一部分出现。

在两种情景演完以后,被试被要求描述他们自己的情绪。看见了愤怒的人的被试解释他们的唤醒症状为生气,但是看见了快乐的人的被试解释他们的唤醒为高兴。不过,唤醒的真实原因是注射了肾上腺素,唤醒的生理表现是一样的。唯一的不同是两组被试遇见了两种不同的实验情景。沙赫特和辛格的理论准确地预测了这些结果:生理唤醒在被经历为某一种情绪以前一定要有认知因素的解释。

虽然这项经典的研究激发了大量的研究,但这些研究并没有为情绪的认知唤醒理论找到更多的证据。但是这个理论的确把注意力转向了认知在决定情绪上的重要作用。认知在情绪上的作用已经在一些现代的情绪理论中得到了重新审视,你将在下面的讨论部分看见。

进一步讨论的问题

1. 如何观察正常状态下(例如非药物作用下)他人情绪对自己情绪状态的影响?

2. 根据沙赫特–辛格的理论,你第一次与某人约会时,你应该选择看高兴的电影还是悲伤的电影?

3. 在这个实验中,实验操纵的自变量是什么?因变量是什么?

4. 这个实验欺瞒了被试,被试并不知道他们接受注射药物的真实性质。这个欺瞒会导致什么样的道德问题?今天,这个实验中的实验员在希望获得道德支持时会遇到什么问题?

之后这个人才会经历恐惧情绪。换句话说，“碰见一只吓人的狗我有身体唤醒，所以，我一定是害怕的”。这个理论的证据在一项经典的心理学研究中被证实，“心理学经典研究”专栏详细阐述了这个证据。

面部反馈假设：微笑，你会感觉更好

在《人类与动物的情绪表达》(*The Expression of the Emotions in Man and Animals*) 一书中，达尔文认为，面部表情作为交流的目的得到进化，比如威胁和恐惧，这些表情在物种中是共通的，而非专属于某一文化。他也相信(正如詹姆斯–兰格理论)，当情绪在面部表现出来时，情绪本身也得到了加强，这意味着笑得越多，一个人越高兴。

现代心理学家提出了一种理论，与达尔文的上述思想一致，即**面部反馈理论**(facial feedback hypothesis)。这种观点假定，面部表情提供反馈到大脑，大脑不仅加强了情绪还引发了情绪(见图 9–10)。

那是否意味着我笑不是因为我高兴，而是我高兴因为我笑?

正如一首老歌唱的那样，“戴上微笑的面孔”，是的，根据面孔反馈假设你会感到高兴。但是最近的一项研究质疑这个假设的有效性。如果这个理论正确，那么两侧都有面部麻痹的人们应该不能以正常的方式来体验情绪。但是对一个此类患者的个案研究发现，和其他人一样，她能够对意在激发情绪反应的刺激产生情绪性反应。显然，面部表情在多大程度上决定情绪体验目前尚无定论。

◎面部反馈假设是，假定面部表情提供反馈到大脑，大脑不仅加强了情绪还引发了情绪。微笑让人们觉得快乐，而皱眉让人们觉得悲伤。这一效应似乎对我们周围的人也起效。当你周围的人都微笑或者大笑时，你是不是很难保持悲伤?

拉扎勒斯和认知调节理论

正如“心理学经典研究”专栏提到的，沙赫特和辛格的研究强调了认知的重要性。一种现代版本的认知情绪理论是拉扎勒斯(Lazarus)的**认知调节理论**(cognitive–meditational theory)。这个理论指出，任何情绪经历的最重要的部分都是人们如何解释或是评价这个引起情绪的刺激。调节意味着折中，认知评估调节了刺激和对于刺激的情绪性反应。

例如，想想那个走在半路上遇见咆哮大狗的人，根据拉扎勒斯的理论，对情景的评估在生理反应和情绪体验之前来到。如果狗在围栏中，评估结果可能是无威胁。最可能的情绪是烦躁，生理唤醒也会很轻微。但是，如果狗没有被围起来，评价的结果可能是“危险！有威胁的动物”，之后会产生生理唤醒和恐惧的情绪体验。换句话说，是唤醒的解释导致了恐惧的情绪，解释是首要的，而非按照沙赫特–辛格的理论(见图 9–11)。

图 9–10　面部反馈理论

◎根据面部反馈理论，一个刺激，比如咆哮的狗，导致了唤醒和面部表情。面部表情对大脑提供了关于这个情绪的反馈。大脑解释这种情绪并可能加强它。

图 9-11 拉扎勒斯的理论

◎根据拉扎勒斯的认知调节理论，一个刺激诱发了直接的评价（如，“这只狗在狂吠并且没有围栏，很危险”）。这种认知评价导致一种情绪反应，然后引起相应的身体反应。

当然，不是每个人都同意这个理论。一些研究者相信，对于情景的情绪性反应几乎是瞬间同时产生的，没有时间让认知评估在前面发生。另一些研究者已经发现，人脑意识思维起作用之前能够对物理威胁进行反应。第 2 章讨论的疼痛的脊髓反射就是一个例子，反射发生得很快，以至于人脑本身还没有参与，体验到疼痛是在受伤的部位躲开疼痛刺激之后。

哪个理论是正确的？

人类情绪是相当复杂的，所有的理论都或多或少有对的地方。在一定的情景下，认知评估理论可能有时间调节体验到的情绪（比如坠入爱河），但是在其他情景下，必须先要行动，然后再思考和感受（见图 9-12）。

概念导图

- 由交感神经系统导致的生理唤醒，与大脑特定区域的活动相关（如杏仁核），以及左侧和右侧的半球活动
- 情绪表情可以在不同文化中变化但是有些表情是普适的；表达规则也会随着文化和性别而变化
- 对情绪的主观标签主要是习得的，受到语言和文化的影响

情绪

（是一种意识成分的“感受”，具有一定的身体唤醒、向外部世界表达情绪的一定行为，以及感受的内部觉察）

- **詹姆斯–兰格情绪理论**认为，特定刺激导致了生理唤醒和对情绪的分类
- **坎农–巴德情绪理论**认为，情绪和生理唤醒同时发生
- **沙赫特–辛格认知唤醒理论**认为，生理唤醒和基于环境的线索对唤醒的实际解释发生在体验情绪本身之前
- 拉扎勒斯的**认知调节理论**强调，认知评价和对刺激的解释导致了情绪反应
- 基于达尔文的观点，**面部反馈假设**认为，面孔表情（和其他行为）为大脑提供了可以增强和产生特定情绪的反馈

不同的情绪理论

每一种理论都与其他理论在关注点和解释上有细小的差异（见图9–12）

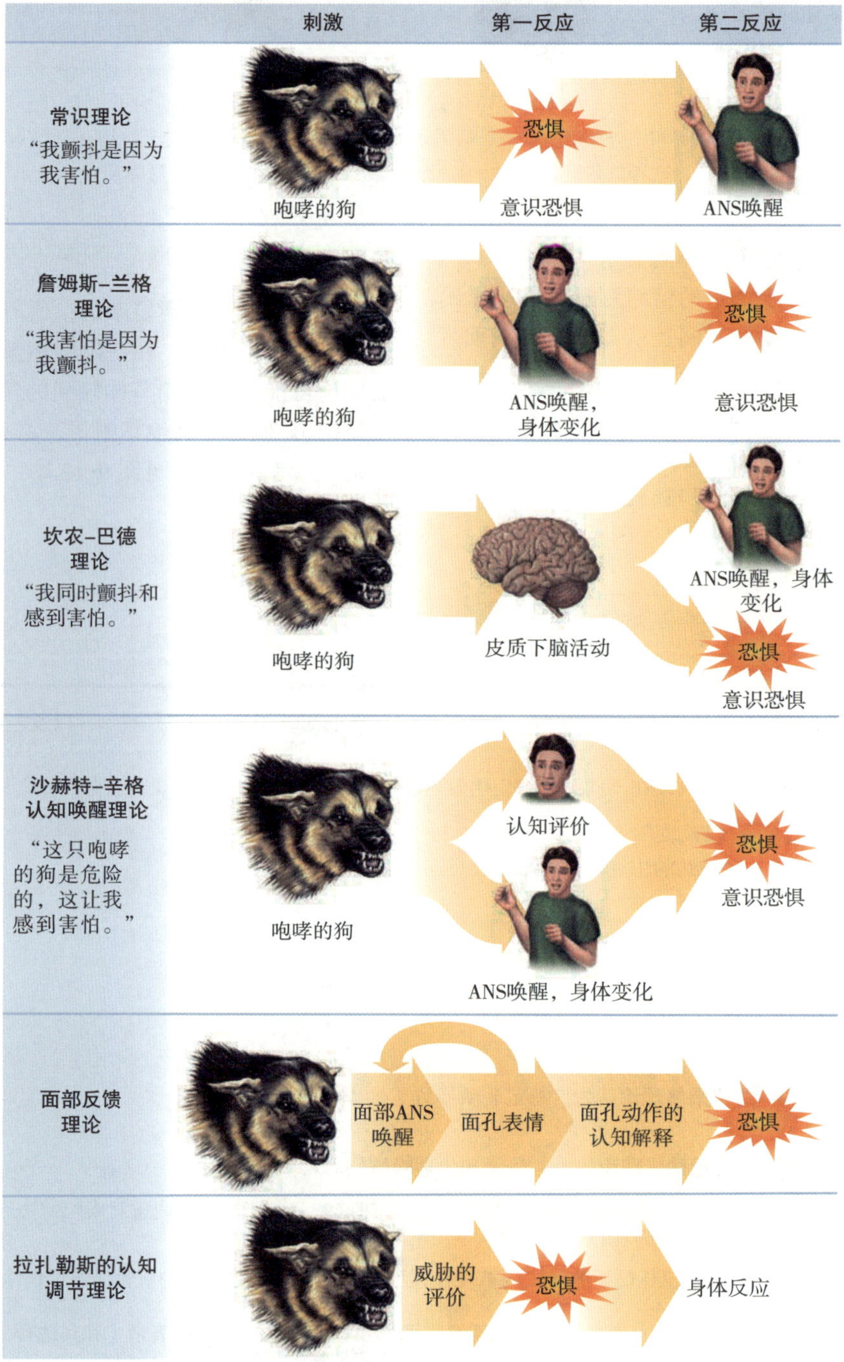

图 9–12　情绪理论的比较

◎ 这些图反映了上述六种不同情绪理论。

日常生活中的心理学

当动机不足时

我们已经讨论了一些关于行为开始或者维持的方法。你如何保证完成你需要完成的任务或履行你做出的承诺？很多大学生发现，很难跟上所有的课堂作业和项目，记住所有他们需要做的事情或者什么时候去做。当你第一次做这些事情时很可能提不起兴趣，完成任务显得尤其具有挑战性。正因为如此，如果动机不足以帮助你完成事情，那么你还能做些什么来保证你会做自己需要做的事情？

在过去几年里，很多时间和任务管理系统被开发。对动机的不同方面，每个都有略微的差异。一个系统表明，你需要首先识别关键方面或生活中的重要领域（例如家庭、教育、事业等）。下一步是利用那些关键分类去对你要做的事情进行排序。以重要性或你需要去做的顺序去评定。最后，跟踪每一项任务并将它们在你的日历上标出，这对某些人有效。但对有些人来说，这可能比你想做或你需要做的事情的步骤多一些。

由戴维·艾伦（David Allen）撰写的《搞定Ⅰ：无压工作的艺术》（*Getting Things Done: The Art of Stress-Free Productivity*）一书和他的GTD方法学，能够为许多需要帮助的人提供有用的指导，把事情做得更好。回到詹妮弗——那个在本章开篇介绍的在上了大学后陷入麻烦的大学生，用GTD这样的系统，她可能会提升自己在大学第一学期成功的概率。

GTD方法包括五个阶段，即把你的日程变成实际结果。识别下一步你确定可以做到的行动，并且保持你对任务和承诺的控制。GTD方法的五个阶段如下。

1. 捕获一切引起你注意的事情，将其从头脑中取出，完整地放在某一位置。这个位置可以是一个抽屉、笔记本、电脑程序、电子数据表、一套索引卡片，以此类推。

2. 加工并界定你可以执行的事情并确定下一步行动。例如，用“查明题目，收集文章，跟同学设定讨论的见面会”来替代“写研究文章”。

3. 组织信息并暗示进入类别或情境，这基于你如何或者什么时候需要它们。例如，如果你需要给你的工作伙伴发邮件或信息，那么你可能需要手机或电脑。手机或电脑可能就是你需要的情境。

4. 每周对你的计划、下一步的行动和新的项目进行完整的回顾。为了把事情做完，你必须分析你需要做什么。

5. 在合适的情境或事件框架内进行你的下一步行动。

以上摘自戴维·艾伦的《搞定Ⅰ：无压工作的艺术》和《搞定Ⅱ：平衡工作与生活的艺术》（*Making It All Work*）。在这个讨论中，我们只强调了一个特定的组织方法的各个方面，优先保证所有需要做的事情。很多时间管理和任务管理系统和工具都是有效的，多到我们这一部分不能都介绍。找到最优起效的手段或策略会让你更可能获得成功。不仅包括现在你上学的阶段，还包括以后你的个人和职业生涯。现在多花一些时间去探讨有效的策略有助于你有组织性并保持以一种时间限定的方式去完成任务。如果你这样做，下次你就会发现，尽管动机和情绪不足以让你去做你想要做的事情，但你是乐于这样做的。

进一步讨论的问题

1. 除了有一个列表可以把事情做好，去跟上那些你参与的任务和项目还会获得什么收益？

2. 如果不用时间或任务管理系统，你会遇到什么个人困难或障碍？

第 10 章 社会心理学

2013 年 5 月，一个男人帮助三个少女从禁室逃脱。少女阿曼达·贝瑞（Amanda Berry）、吉娜·德杰瑟斯（Gina DeJesus）、米歇尔·奈特（Michelle Knight）被拐骗后，被囚禁在美国俄亥俄州克利夫兰的一间房子里。查理斯·拉姆齐（Charles Ramsey）住在她们隔壁。有一天吃晚饭时，他听到阿曼达哭着求救。于是他连忙去帮助这个少女以及其他几个被困者逃脱。拉姆齐的行为在一开始可能称不上英勇——这是每个人都应该做的，不是吗？但是心理学家却认为，大多数人不会去救她们。这在社会心理学中是一个很出名的现象，叫作旁观者效应，即一个需要帮助的人得到帮助的可能性，会随着旁观者人数的增多而降低。我们将在本章学到，影响人的行为和对他人看法的因素有很多方面。

思考一下

我们的行为如何受到他人的影响，包括朋友、亲人以及同事？有什么确切的想法或个人信念是完全不变的、不会受到社会环境的影响的？

为什么要学习社会心理学

如果人们与他人隔绝生活，就没有理由研究他人对个体及团体行为的影响了。但是我们是社会性动物，与他人居住在一起，工作在一起，也在一起娱乐。生活中围绕着我们的人对我们的信仰、价值观、决策、设想以及如何看待他人都会产生影响。为什么一些人会对另一些人产生偏见？为什么我们会遵从一些人而不是另一些人？是什么引起我们去喜欢、爱、憎恶他人？关于所有问题的答案都能够在社会心理学的研究中找到。

通过本章，我们可以：

- ◎ 解释影响个体或群体从众的因素；
- ◎ 定义顺从，比较三种让他人顺从的常用方法；
- ◎ 解释更容易让人服从的因素；
- ◎ 区分态度的三个成分，描述态度的形成和改变；
- ◎ 解释当态度与行为不一致时，人们会如何做出反应；
- ◎ 解释社会分类的过程，包括印象的形成和内隐人格理论；
- ◎ 定义归因，描述归因的过程；
- ◎ 定义并区分偏见与歧视，并解释为什么人们会存在偏见；
- ◎ 总结减少偏见的方法；
- ◎ 解释并讨论影响压力反应的社会因素，以及如何应对压力；

◎ 描述并比较影响吸引力与爱情的因素；

◎ 根据爱情三角形理论，描述并解释不同种类的爱；

◎ 定义攻击，并解释生物学因素和学习是如何决定攻击行为的；

◎ 定义利他，并解释旁观者效应；

◎ 定义并描述社会神经科学领域。

社会影响

在第 1 章中，我们把心理学定义为对行为和思想过程的科学研究，包括人们的想法和感受。社会心理学也研究行为和思想过程，但也包括我们存在的社会世界、我们身边与我们有联系并影响我们的人们。它是一门研究个体的行为、想法和感受与社会群体相互影响的科学。

我们所在的世界里也住着其他人。对于一个刚降临到这个世界上的婴儿来说，成人对他的行为、人格和成长都会产生影响。在每天的生活中，人与人之间会彼此接触。这些交互作用会直接或间接地影响他人的行为、感受、想法，这个过程就是**社会影响**（social influence）。这种影响即使在他人不在场时也会存在。社会影响有很多种形式。人们可以影响他人，让他人顺从自己的行为或思想，让他人同意做某件事情（即便他更乐意干别的），以及让他人服从权威。

从众

你是否注意过某些人在向上看什么东西时，你自己同样想去向上看看的冲动变得强烈，之后发现自己实际上已经朝上面看了？这个常见的玩笑经常发生，甚至当人们已经猜到这只是个玩笑时，它也经常能够成功。它很清晰地展示了**从众**（conformity）的力量：改变自己的行为以便与他人行为更匹配。

1936 年，社会心理学家穆扎弗·谢里夫（Muzafer Sherif）做了一个实验。被试进入一个黑暗的房间，其中只有一个点光源。在这样的条件下，因为微小而不自觉的眼球移动，点光源看似会移动。被试并不知道这种效应，报告说光源会移动几英寸到几英尺的距离。一名主试的同伙（主试挑选的人，故意操纵实验条件）先给出估计值，然后真正的被试给出的估计值会越来越接近这名同伙。这项早期关于从众的实验遭到了批评，因为判断是模糊的（指没有清晰的解释或者有多种而不是一种解释。比如，光源实际没有移动，因而有理由的估计听起来都可被接受）。如果判断是基于具体的测量和确定做出的，那么被试还会轻易摇摆不定吗？

阿希关于从众的经典研究

所罗门·阿希（Solomon Asch）进行了关于从众的第一个经典研究。七名被试在一间屋子中，被告知参加一个视觉判断的实验。研究人员给他们两张卡片，第一张上面有一条线，第二张上有三条不同长度的线。任务是判断第二张卡片上的哪条线与第一张卡片上的那条线更相近（见图 10-1）。

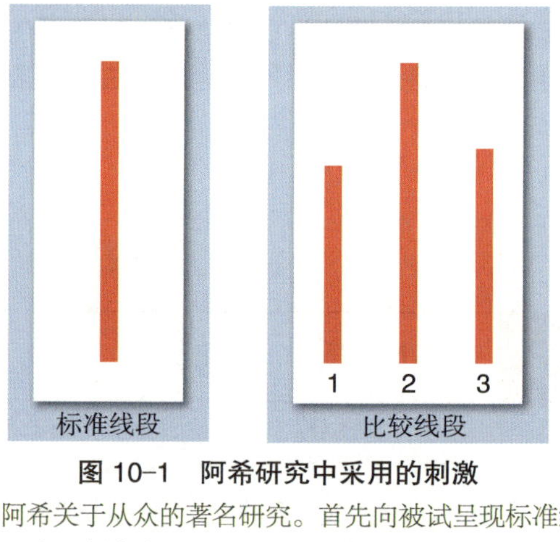

图 10-1 阿希研究中采用的刺激

◎ 阿希关于从众的著名研究。首先向被试呈现标准线段，随后为被试呈现以下三条比较线段，请被试说出哪条线段与标准线段最相近。你会选择哪条线段呢？如果你是这些被试之一，而所有在你前面的人都说第三条更相近时，你的答案是否会发生变化？

资料来源：Adapted from Asch（1956）.

实际上，只有倒数第二个人是真正的被试，其他人都是主试的同伙（他们会遵从实验员的特殊要求)，他们会选相同的一条不正确的线。那么，这名真正的被试在听到其他人似乎不正确的答案后，会改变自己的答案与大家保持一致吗？令人惊奇的是，被试选择与其他人一致的答案的次数大概超过全部回答页数的三分之一。阿希也发现，同伙的数量会产生影响：随着同伙数目的增加，从众效应增强；但一旦多于四名同伙，从众趋势就不会增加了。在之后的实验中，阿希发现，只要有一名同伙给出了正确答案，从众效应就会下降——很明显，如果被试知道至少有一个其他人的答案和自己一致，自己眼中的证据就胜过了从众带来的压力。在美国，更多近期的研究发现了被试间从众效应较弱，也许表明阿希的从众效应是由于那个年代人们从众的天性和20世纪50年代的美国文化。但是在另一些文化中，从众效应与阿希的研究很相近。其他研究者在集体主义文化下发现了更强的从众影响，比如在日本、津巴布韦。这些文化差异可能只是在面对面交流是任务的一部分的情况下才出现的。近来的一项研究表明，当阿希的判断任务在网上进行的时候(被试可以交流但是相互看不见)，文化差异就会消失。

存在性别差异吗？男性或女性会更从众吗？

研究表明，除非在非私人化行为的情景中，性别差异是不存在的。如果是在私下里做出反应，从众效应对男女来说都一样；如果是需要公开做出反应，那么女性会比男性更多地表现出从众。这种现象可能是由于女性在随和与体现支持性的过程中受到的社会化，但从众的差异很小。

为什么人们会觉得有必要从众呢？一个因素是社会规范的影响，我们需要以我们认为会让我们被别人喜欢和接受的方式行为。我们将别人的行为和态度作为测量标尺，以确定什么是正常的。然后我们会判断我们的行为与正常有多么不同。你是否曾在没有听懂一个笑话时也开怀大笑，只因为别人都在笑？这就是一个社会规范影响的例子。另一个因素是社会信息影响，当我们处于一个模糊不清的情境中时，我们会根据周围的信息来与他人表现一致。在这种情况下，周围的人会给我们提供如何做的信息，然后我们按照这个去做就好。

◎“确实，我跟着兽群——并不是出于盲目地从众，而是出于对从众概念深远而持久的尊重。”

资料来源：The New Yorker Collection 2003 Alex Gregory from cartoonbank.com. All Rights Reserved.

群体思维的危险

在恐怖分子攻击了美国世贸大厦之后，布什政府迅速决定入侵伊拉克，找到萨达姆·侯赛因，并在他可能使用“大规模杀伤性武器”前阻止他，因为它们认为这些武器藏在伊拉克。伊拉克还没有对美国正式宣战，美国就已做好入侵它的决定，并且在没有得到盟国支持的情况下执行了。虽然有些参议员认为这个行动是个错误，但是没人愿意站出来与其他人对立，挑战群体的决定。现在很多人把这个决定(一个付出了极高代价的决定，包括了大量伤亡、大量经济损失，以及对美国在世界上的外交形象的损害)视为**群体思维**(groupthink)的典型例子。当组内人员感到保持群体凝聚力比很现实地考虑事实更重要的时候，群体思维就发生了。其他的例子还包括：1912年泰坦尼克号沉船(这艘船的设计和修建方假定它不可能沉没，甚至没有在这艘船上放足够的救生艇)；在

◎2010年4月20日，位于墨西哥海湾的深水地平线钻井平台发生爆炸。石油流进了海湾长达三个月，但是毫无疑问，环境污染会持续几年的时间。群体思维应用到这种情境中会发生什么？

1986 年挑战者号的失事中，有些人知道航天飞机上的有些部件存在问题，但是没人出来说应该推迟发射；还有肯尼迪任职期间的猪湾事件。表 10–1 总结了群体思维的特征，这是由研究群体思维的社会心理学家欧文·詹尼斯提出的。

可以通过几种手段减少群体思维的可能性。例如，领导者应该保持公正，整个团队应该寻求组外人员的观点。投票应该是以匿名形式而非举手来进行，并且应该说清楚群体成员对团体决定是负有责任的。

思考一下

你能想出一个关于你按照朋友们的行为去做了，但是其实你并不赞同他们的行为的例子吗？根据阿希的群体思维的研究，你认为你为什么会从众？

顺从

我有个朋友看了电视购物频道中的节目，买到的东西不是不值得这个价钱，就是没想象中的好用。为什么人们会如此迷恋这种购物模式？

推广商品真算得上是一种心理过程。实际上，**消费心理学**（consumer psychology）就是研究如何让人们买另一些人卖的东西的学科。不过，电视购物广告不是一些人让另一些人做自己想让他们做的事情的唯一方法。**顺从**（compliance）是人们因为某些个人或群体的要求或指引而改变自身的行为。要求改变的个人或群体一般来说不具有真正的权威；当权威确实存在且也是导致行为改变的原因时，这种情况叫作服从，本章的下一部分会提到。

人们会使用许多技巧来让他人顺从，这些技巧清晰地展示了顺从与市场推广之间的关系，也是上门销售的销售员常常使用的。

邻居让你帮忙照看他家的房子，因为他要外出度假一段时间。你同意了，心想这就是个小要求。这天之后，邻居问你是否能帮着浇一下花。这个请求又进了一步，需要你更多的时间和精力，你会答应吗？如果你像大部分人一样，那么很可能会同意第二个更大的请求。这叫作**登门槛技巧**（foot-in-the-door technique），第一个小的要求是敲门砖。在同意了一个小要求之后紧跟着出现一个大要求，人们更可能同意，因为他们已经同意了一个小的，所以想要与先前的行为保持一致。

与登门槛技巧相反的是**闭门羹技巧**（door-in-the-face technique）。在这种方法中，先来一个大的要求，通常会遭到拒绝。之后紧跟着第二个较小的、更合理的要求，通常会得到同意。举一个例子，如果邻居首先让你照顾他家里的猫和狗，在你拒绝之后，邻居可能问你是否至少可以帮他照顾一下他的花，你通常会同意。

表 10–1　群体思维的特征

特征	描述
坚不可摧	成员觉得他们不可能失败
合理化	成员会曲解警示信号，帮助其他成员合理化他们的决定
缺乏自省	成员认为自己不可能做出不道德的选择，所以并不会审视选择是否符合道德
刻板	成员刻板地认为自己的敌人是虚弱、愚蠢或不可理喻的
压力	成员相互施压，使得没有人反对主流观点
缺乏异议	没有成员表达反对群体想法的观点
自我蒙蔽	成员沉浸在共同的幻想中，并且都同意群体所做的决定
狭隘	成员阻止群体听到来自群体外部的可能有用的反对意见

资料来源：Janis（1972，1982）.

另一种顺从技巧在买卖世界中也很常见，叫作**滚雪球技巧**（lowball technique）。在这个技巧下，一旦一个要求得到同意，这个同意的代价就会增加（代价不只是钱，还可能是时间、努力或其他牺牲）。例如，一位教授答应出版社写一部教科书。一旦这个过程开始，教授才发现，任务不仅包括写书，还要长途跋涉去见编辑们，甚至要工作到很晚、周末还要加班，从教学工作中抽出时间才能准时完成出版（当然，这个例子纯粹是假设出来的）。

人们对于这些技术的感受性存在文化差异。以登门槛技巧为例，研究已经表明，与集体主义文化（比如日本）相比，个人主义文化中的人们（比如美国）更可能同意第二个要求。研究认为，与个体主义文化中的人们相比，集体主义文化中的人们更少地关注是否与先前行为一致，因为他们较少地关注内在动机，个体主义文化下的人们更关注他们的内在动机和一致性。

服从

顺从与服从的概念是不一样的，顺从是因为一些别人的要求而同意改变自己的行为。**服从**（obedience）是在权威人物的命令下改变自己的行为。一个销售员想要一个人买车，他没有真正的力量强迫那个人来买，但是一位有权威的人是有社会力量的人（比如警察、老师或者工作负责人），他们有权力建议或命令人们做出某些行为。

人们会多大程度上遵从权威的指令呢？什么因素影响服从？对于这些问题，研究者已经研究好多年了。这些答案不仅对于研究者来说很重要，而且对于遭受纳粹德国士兵侵犯的平民来说也很重要——尽管有人认为那些士兵只是"按命令行动"。

米尔格拉姆的电击实验

社会心理学家斯坦利·米尔格拉姆（Stanley Milgram）开始寻找上述问题的答案。他了解阿希关于从众的研究，想要知道社会影响会在多大程度上影响行为，这比判断卡片上线条的长度更有意义。他设计了心理学历史上最著名（甚至可以说臭名昭著）的实验。

通过在本地报纸上刊登广告，米尔格拉姆招募了被试，被试被告知将会参加一项实验，来检验惩罚对于习得行为的影响。被试相信他们是被随机分配扮演"教师"或"学生"角色的，但"学生"们其实是演员，他们已经提前知晓了实验的情景。"学生"的任务是记忆一组两个简单的单词。

"教师"坐在机器前操控电击，以改变电击的级别（见图10-2）。"学生"犯一次错误，"教师"就要被指示增加15伏特的电压。"学生"（事实上没有被电击）按照之前的计划，表现出不安，重击墙壁，并且播放事先录好的声音（不舒服的声音，要求停止实验的声音，尖叫声），甚至变得安静好像失去意识或是死去。随着"老师"渐渐不愿再继续施加电击，穿着白色实验袍的实验者会说诸如"这项实验要求你继续"或者"你必须继续"的话，并且提醒"老师"，实验人员会对"学生"的安全负全责。

有多少名被试会继续施加他们认为是真实发生的电击呢？米尔格拉姆询问了精神病学家、大学生和其他成人，在实验前让他们对被试会

图 10-2 米尔格拉姆实验的控制面板

◎在斯坦利·米尔格拉姆关于服从的经典研究中，被试会面对一个像这样的控制面板，每个被试（"老师"）被要求对另一个人（"学生"，只是通过敲击墙壁和播放事先录好的咕噜声、抗议声和尖叫声来表现被电击了）实施电击。你觉得到什么程度时你会拒绝继续实验？

在多大程度上施加电击进行预测。每个人都预计，在达到了某个点后被试将会拒绝施加电击，并且大部分人相信在150伏特左右的时候，一旦“学生”提出抗议，被试中的大多数人将会拒绝继续。没有人预计会有被试达到最高功率。

他们说对了吗？远没有说对——在第一轮实验中，65%的“教师”一直把电压升到了最高的450伏电击水平，虽然许多人明显不适，并且祈求停止。在提出抗议并最终停止的“教师”中，竟然没有人在达到300伏之前停止。

发生了什么？这些人是虐待狂吗？为什么他们会像那样持续电击？

没有人比米尔格拉姆自己更困惑了。他原本不相信自己的实验会展现出服从权威的巨大影响。这些结果似乎并不是来自居住在这一区域的虐待狂得出的随机的、“侥幸”的结果。这些实验在美国和一些其他国家重复进行了很多次，最后始终有61%～66%的被试使用最高水平的电击。

这太不可思议了，我不能相信我们竟然能对他人做出这种事情！

对米尔格拉姆研究的评价

研究者们试图寻找可能与高水平服从有关的特定人格特质，但是并没有发现能够预测出在与米尔格拉姆的实验相似的实验中人们是否会服从的任何个人特质或者群体的特质。那些一直提高电击水平的人们不一定更有依赖性，或是对被他人控制更敏感；他们在服从或者不服从权威的情境下只是像大多数人一样的普通人。虽然有些人认为米尔格拉姆的结果可能是与之前讨论过的说服的登门槛技术属于同一种原理，即被试更可能在电击中每次增加较小的功率，也就更可能继续实验要求的每一个步骤，但是没有研究支持这个观点。

米尔格拉姆的研究也提出了一个严重的伦理问题：为解答一个感兴趣的问题，研究者应该在多大程度上进行研究？一些人认为，米尔格拉姆研究中的被试可能已经从他们愿意施加足够大的足以杀死另一个人的电击中，遭受了自尊伤害并承受了严重的心理压力，但这仅仅是因为研究人员命令他们这么做的。米尔格拉姆对这个批评做出了反应，实验后他追问了被试，并发现84%的被试为自己参与了这个实验而感到高兴，且只有1.3%的人说他们对参与这个实验表示很遗憾。一年之后的精神病学后继检验也没有发现被试存在外伤或心理创伤。即便这样，大部分心理学家仍坚持认为，在当下

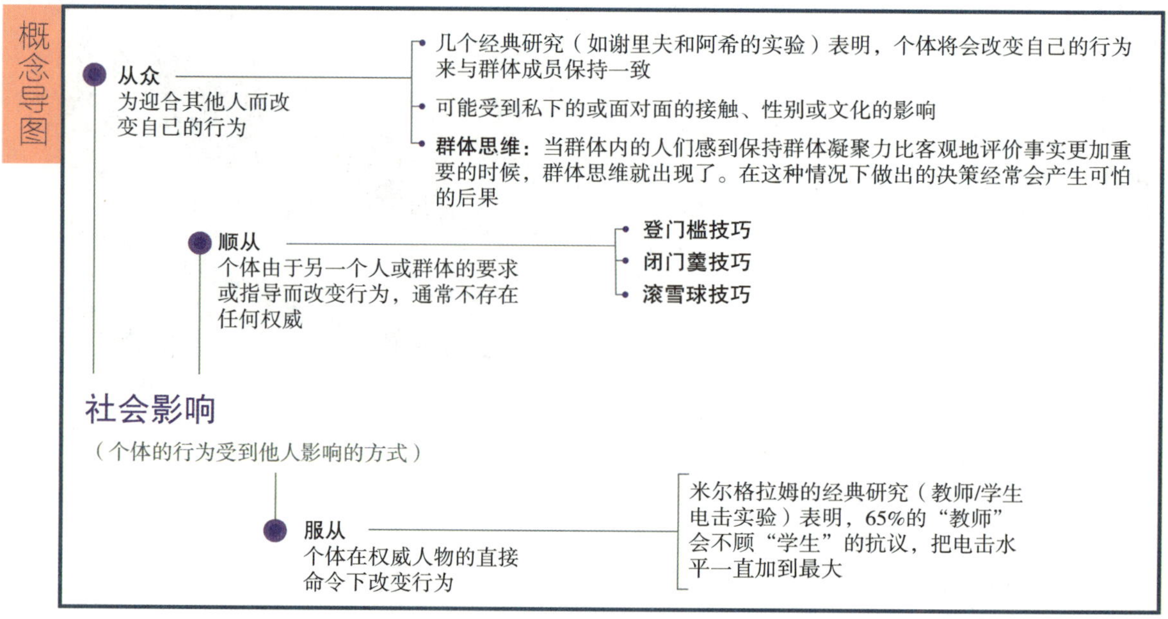

的道德规范下，此类研究再也不允许发生。

近年来，至少有一个研究尝试复制米尔格拉姆的实验，尽管电击被限制在150伏以内。在这个研究中，实验同谋在150伏时建议停止实验，并询问被试是否继续实验。不管他们的回答是什么，实验都在此处结束了。结果显示，被试只是有一点点没有像米尔格拉姆实验中那样愿意服从。

社会认知

社会认知关注人们思考其他人的方式以及这些认知如何影响他人的行为。这个部分将关注我们如何感知他人，如何形成第一印象，以及我们如何解释他人以及自己的行为。

态度

社会认知的一个领域关注态度的形成以及态度对行为和对他人知觉的影响。**态度**（attitude）可以被定义为：一种积极或消极地朝向某个观点、个体、物体或情境的反应趋势。这种倾向是从人们工作和生活的经验发展得来的，能够影响人们对于这些观点、个体、物体和情境的行为方式，包括观点、信仰、偏见。实际上，在接触这些事物之前，态度已经影响了人们看待这些事物的方式。

态度怎么能在事情发生之前就产生影响呢？

态度不是天生的，而是通过经验和与他人接触甚至是来自父母、老师和生活中一些重要人物的直接指导而习得的。因为态度包括对事物积极或者消极的评价，在进入一个新的情境、遇见一个新的人或碰到一种新观点的时候，人们可能已经有了“已经形成的想法”——喜欢或不喜欢、同意或不同意等。例如，在品尝一些食物之前，孩子们就已经对它们有了自己的想法，只因为这些食物是“绿色的”。孩子们之前可能品尝过绿色的食物，而且不喜欢，于是面对任何绿色的食物时都会预先倾向于不喜欢，不管他们是否尝过。

态度的三个成分

态度由三个不同的成分组成，见图10–3。如果你读过了本书的其他章节，对于这些成分就不会感到惊奇，因为整本书在很多地方都提及，人格与特质是由人们思考、感受、行动的方式构成的。通过使用某些术语来描述这三种东西，心理学家已经提出了一个简便的方式来描述态度的三个成分。

情感成分 态度的情感成分是一个人感受客体、人和情境的方式。情感在心理学中的意思是“情绪”和“感受”，因此情感成分就是情绪部分。比如一个人可能感到乡村音乐是有趣的和令人振奋的。

行为成分 态度的行为成分是一个人对人、客体、情景采取行为的方式。比如，一个觉得乡村音乐很有趣的人很可能把汽车中的收音机调到乡村音乐频道，买乡村音乐的唱片或者参加乡村音乐的演唱会。

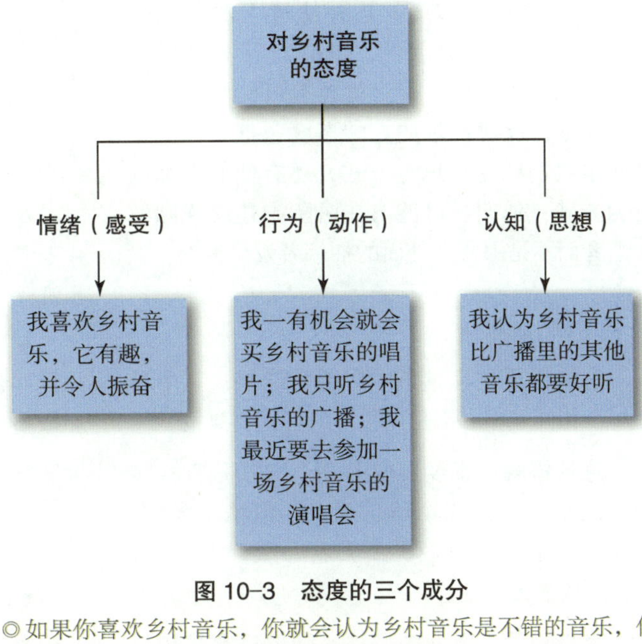

图10–3 态度的三个成分

◎如果你喜欢乡村音乐，你就会认为乡村音乐是不错的音乐，你也更愿意听这种风格的音乐，购买这种音乐的唱片，甚至是参加乡村音乐的演唱会。这三个成分会相互影响。

认知成分 最后，态度的认知成分是一个人考虑人、客体和情境的方式。这些想法或者认知，包括与态度对象有关的信仰和观点。比如，乡村音乐爱好者可能相信乡村音乐比其他形式的音乐更高级。

因此，如果知道一个人关于某个事物的想法和感受，你就能够预测这个人将会做什么，对吗？

很奇怪的是，在大量控制变量的实验研究中，态度预测实际行为的能力较弱。19 世纪 60 年代进行的一项调查表明，人们所说的和人们所做的通常是不同的。影响态度和行为是否匹配的因素之一是态度本身有多具体。人们可能对某种事物持较为宽泛的态度，在实际的行为中并不能反映出来。比如，医生可能会持一般性的态度：人们应该尽己所能保护自身的健康和促进幸福，但是许多医生仍然抽烟，缺乏锻炼，而且经常睡得很少。但是一个具体的态度，比如“锻炼对于健康很重要”更可能导致锻炼行为。

一些态度比另一些更强，更强的态度更可能预测行为。比如，与不敢戒烟的人相比，一个因为健康状况不良而戒烟的人，可能对抽二手烟有更强烈的态度。某种情境下的特定态度的重要性或者显著性，也能对行为造成影响——态度越重要，行为就越有可能与态度一致。比如，反对抽烟的人的态度包括个体关于某些事物的感受和思考方式，还有他们选择的行为方式：他们更可能与在医院中违反规则的抽烟者而不是那些在外面的抽烟者发生冲突。

态度形成

态度形成是大量不同影响的结果，其中只有一个相同点——都是以学习的形式得来的。

直接接触 态度形成的一个方式是直接接触态度对象，比如个体、观点、情境、客体。比如，一个孩子第一次品尝卷心菜时不喜欢，将会形成消极态度。

直接指导 态度的另外一种形成方式是通过父母或者其他个体的直接指导。比如，父母可能会告诉孩子，吸烟是危险且不健康的。

与他人的交互作用 有时候，形成一种态度是因为周围其他人有这种态度。比如，如果一个人的朋友们都认为吸烟很酷，那么这个人也有可能认为吸烟很酷。

替代学习（观察学习） 许多态度是通过观察他人的行为和反应来学会的。正如一位表现出对狗恐惧的母亲，孩子也可能发展出相似的恐惧。对古典音乐表现出积极态度的母亲，其孩子长大成人后也可能会对此持有相似的态度。

态度不仅在个体直接接触的世界中受到影响，也能受到教育系统（许多态度可以通过在学校学习和读书获得），以及报刊、电视、电影等大众传媒的影响，广告商和营销专家都很清楚这一点。

态度改变：说服的艺术

有时候，人们习得的态度并不一定是好的，对吗？因此，态度能够改变吗？

由于态度是习得的，因此也能通过接受新的学习而发生改变。世界上充满了想要改变人们态度的人、公司以及其他一些组织。这些都体现了**说服**（persuasion）的艺术，即一个人试图通过争论、请求、解释来改变另一个人的信念、观点及行为的过程。

说服不是一个简单的东西。说服能否成功受到几种因素的影响。这些因素包括以下几种。

- **来源**：交流者是传递信息的人，是被看作专家的人，以及诚恳、有吸引力、与接受者有共同特性的人等，这些人都能获得更多的重视。

- **信息**：实际的信息应该很清楚并且组织良好。展现出一个观点的正反面对于那些还没有接触任何一面的听众通常很有效。意在激发恐惧的信息，如果产生了合适的恐惧水平并提供了关于如何避免激发恐惧后果的信息，会更有效。

- **目标听众**：接受信息的个体特点对于决定信息影响的效果也是很重要的。比如，听众的年龄是一个因素。研究者发现，相比于老年人，青少年晚期到20岁早期的年轻人对说服更敏感。

● **媒介**：人们通过什么渠道接受信息也很重要。比如，通过电视一边看一边听一位政治家的演讲，与单纯从报纸上或网络上看到演讲词相比，会有很大的不同。电视的视觉影响非常重要，因为它提供了让信息看起来更有吸引力的机会。

一个人容易被影响的程度也与人们加工信息的方式有关。说服的**精细加工可能性模型**（elaboration likelihood model）假设，人们要么对他们所听到的信息事实的细节进行精细加工，要么不对其进行精细加工，而偏向于注意信息的表面特点（长度、传递者、信息传递者有没有吸引力等）。这个模型假设了两种加工过程：**中心路径加工**（central-route processing），即人们倾向于加工信息的内容本身；**边缘路径加工**（peripheral-route processing），即依靠边缘线索（信息内容本身之外的线索），比如信息来源的专家、信息的长度，以及和信息内容无关的其他因素。这种信息加工模式使得人们不注意信息本身，而是基于这些边缘线索来做决策。例如，笔者有一次参加陪审团出庭的时候，有位女性投票认为被告“有罪”，因为被告有“诡诈的眼神”，而不是根据任何呈堂证供。

◎法庭里的陪审员会如何解释和加工他们得到的信息？这些会影响判决的结果。那些仔细聆听涉案人说话的人采用的是中心路径加工。但是也有一些陪审员更容易受到涉案者外表、穿着、吸引力以及法官、辩护人、证人语气的影响。当人们受到信息本身以外的其他方面的影响时，就是边缘路径加工。

思考一下

想象你被要求设计一个电视购物节目来销售商品。你已经知道了哪些因素可以有效地影响说服是否成功，你会如何说服一名顾客？

认知失调：当态度与行为冲突

正如之前提到的，有时人们所说的和所做的不一样。有一次，我向一个朋友指出他言行不一，结果把他惹怒了。他为什么会发火？

当人们发现自己做的事情、说的话与他人看待自己的观点（如聪明、善良或有道德）不一致时，他们就会经历情绪上的不适感（以及生理唤醒），这就是**认知失调**（cognitive dissonance），失调是一个术语，是指不一致或是缺少一致性。

认知失调所导致的压力和唤醒是令人不安的，人们有动机想要做一些改变，以减少或消除不安感和压力。人们能够通过以下三种基本途径减少认知失调：

1. 改变冲突行为，使其与态度一致；
2. 改变存在的冲突认知，以使行为合理；
3. 形成新的认知，以使行为合理。

斯坦福大学的心理学家利昂·费斯廷格（Leo Festinger）和同事詹姆斯·卡尔史密斯（James Carlsmith）进行了一项经典的实验研究。实验中，男生们被要求连续一个多小时进行一项非常无聊的任务：为木勺子分类和转动木钉。一个小时以后，实验者要求这些被试让接下来要参加实验的女学生们相信，这个任务是非常有趣的。一半被试的报酬是1美元，而另一半被试的报酬是20美元（在19世纪50年代后期，20美元是一大笔钱：那时人们的平均收入是5000美元，买一辆车平均要花费3000美元，油价是一加仑0.25美元）。

在这项研究进行的时候，很多研究者预测，得到报酬多的人会更喜欢这个任务，因为他们得到了更多的强化物（20美元）。但是发生的事实是，只得到了1美元的那些被试，自己确信这个实验是有趣的。这个原因便在于认知失调：只得到了1美元的参与者对于他们仅仅为了1美元就对别人撒谎这个想法感到不安。因此，他们一定不能说谎：这个任务真的很有趣，也非常吸引人！得到更多报酬的参加者并没有经历失调，因为他们知道他们为什么会撒谎——为了得到很多钱，并且得到的钱足以解释他们的行为，让自己满意。虽然大部分人不想让自己被认为是说谎者，但是相对于得到足够多的钱来给自己的汽车加满三至四次油这种足够强的诱因来说，这是一个似乎无害的小谎。那些只是得到1美元的人们不得不改变他们对于这个任务的态度，以至于他们真的不会说谎，并且能够保持诚实的自我形象（见图10–4）。

报酬	态度
1美元	+1.35
20美元	–0.5
控制组	–0.45

基于–5和+5量表，–5表示“非常无聊”，+5表示“非常有趣”

图 10–4 认知失调：对任务的态度

◎在完成一个无聊的任务后，如果被试愿意说服其他等待做相同任务的人并告诉他们这个任务很有趣，那么其中一些被试将获得1美元的报酬，另一些将获得20美元的报酬。令人惊讶的是，那些获得了1美元报酬的被试在对任务进行评分时认为任务更有趣，而获得20美元报酬的被试的评价则与控制组没有差异。

资料来源：Adapted from Festinger and Carlsmith（1959）.

社会分类

当人们见到陌生人的时候会把这个人划归为某种类别和群体。基于观察者之前的经验，分类通常会根据这个新认识的人与其他人或群体所具有的共同特点来进行。**社会分类**（social categorization）几乎是自动化的，不需要有意识的加工过程就可以发生。虽然这是一个自然的过程（人类天生就是分类者），但有时也会出现问题。当分类所依据的特点很肤浅，且与某些观点不正确地联系起来的时候，比如“红色头发意味着坏脾气”，社会分类就导致了**刻板印象**（stereotype）。刻板印象是人们主观相信某个特定的社会类别中所有成员都共同具有的特点。刻板印象（虽然不总是消极的）是非常狭隘的，会引起人们对其他人的错误判断以及错误对待。刻板印象过程加到首因效应上面，很容易就能看出第一印象是多么重要。第一印象不仅仅比之后得到的任何其他信息都更重要，而且也包含了很难改变的刻板印象。

这听起来好像在说，如果不使用社会分类，我们就能变得更好。

社会分类的确对知觉他人有重要的作用。它允许人们获取大量的信息，这些信息能被用在他人身上，而且能帮助人们回忆和组织有关其他人特点的信息。避免落入消极刻板印象的陷阱的方法是，知道刻板印象的存在，并且使用一点批判性思维：“他的胳膊上有文身，但这并不意味着他有过高的攻击性——这仅仅表明他有一个文身而已。”

印象形成

当人们与另一个人初次相见，就有了第一次机会来对对方进行最初的评价和判断。在**印象形成**（impression formation）中，第一次机会非常重要，它能形成一个人关于另一个人的最先认识。印象形成是社会分类的一个部分，包

◎在中国上海的招聘会现场，有成千上万的应聘者满怀希望地排队等待面试的机会。在面试中，留下一个好的第一印象非常重要，但是当有成千上万个竞争对手时，最有可能获得面试机会的是那些穿戴整齐且经过精心打扮的人。

括赋予另一个个体一些特征，并且得出结论认为这个人很可能会做什么——这都与预测有关。印象形成是另一种社会认知。

在印象形成中存在首因效应，即人们第一次见到某人，形成了关于那个人的印象并且持续保持，即便之后可能会出现关于那个人的相反的信息。因此老话说得很对：第一印象的确很重要。

内隐人格理论

在社会分类加工中，人们对其他人进行分类的方法的根据是**内隐人格理论**（implicit personality theory）。内隐人格理论是一系列假设，这些假设认为有不同类型的人、人格特点和行为，它们相互关联并且在儿童期形成。比如，许多人的内隐人格理论包含这个观点：快乐的人很友好，安静的人很害羞。虽然这些假设或者信念不一定总是正确的，但是它们的确在帮助组织形成图式的过程中起作用。图式，或者说是心理模板，（在这个例子中）代表了一个人相信有关某种类型的人们的特点（在这里，图式的概念类似于皮亚杰提出的复杂模板）。当然，当人们对于与自己不同的人只有有限的经验时，以这种形式形成的图式很容易变成刻板印象，特别是以肤浅的方式（比如皮肤颜色或者其他物理特征）。

有一个测试可以测量一个人关于内隐人格理论的内隐态度，叫作内隐联结测验。这个测验在电脑上进行，可以测量一些概念之间的联结程度。比如，在屏幕的左侧，你可以看到“美好的”，而在右侧，则看到“丑恶的”。在屏幕的中间会呈现一个词语，与这两种分类中的其中一种联系较紧密。你需要通过按键尽快地为中间的词汇分类，看它是属于左侧的分类还是属于右侧。当电脑记录你的反应时，一系列相似的联结反应可以反映内隐态度。

有一些证据表明，内隐人格理论可能存在跨文化差异，同时也存在个体差异。比如一项研究发现，美国人和来自中国香港地区的人对个体的人格能在多大程度上进行改变持有不同的内隐人格理论。美国人假定人格是相对固定的和不可变的，然而来自中国香港地区的人则认为人格具有可变性。

归因

社会认知的另一个部分是，人们解释他人的行为需要。你是否看到过一些人正在做你似乎不能理解的事情？你脑海里很可能涌现了大量可能的解释：“也许他病了，也许他能看到一些我看不见的东西。”想要知道为什么人们在做某些事情似乎是人类的天性，这会让我们知道该对他们做些什么，以及我们想把谁当作行为典范。如果没有明显的答案，人们倾向于提出自己的理由。人们也需要对他们自己的行为做出解释。这个需要是如此强烈，以至于如果解释不够充分，就会引起认知失调的困扰。解释自己行为和他人行为的过程被称为**归因**（attribution）。

行为的原因

归因理论（attribution theory）最早是由社会心理学家弗里茨·海德（Fritz Heider）提出的，这种方法不仅能解释事物为什么会发生，而且能说明人们为什么会选择某些解释来解释自己的行为。存在两种基本的解释——外部归因和内部归因。

当行为的原因假定来自外部，比如天气、交通、教育机会等，叫作**情境归因**（situational cause）。它假定观察到的行为是通过个体当时所处的任意环境所引发的。比如，如果约翰迟到了，那么他可能将此解释为交通堵塞和汽车故障。

另一方面，如果将行为产生的原因假定为来自个体内部，这种方式叫作**个性归因**（dispositional cause）。在这种情况下，个体内在人格特点被视为观察到的行为的原因。比如，有人把约翰的行为归于个性原因，可能假定约翰迟到是因为他的个性中本就包括不守时的特点。

在归因中也存在情绪成分。比如，当人们

在婚姻中感到很幸福时，配偶行为产生的积极影响就会被归因于内因（“他这么做是想让我感觉好”）。如果影响是消极的，这个行为就会被归因到外部（“他今天一定很不顺”）。但是如果婚姻并不美满，相反的归因就发生了：“他很和善，是因为他想从我这里得到一些东西”，或者“她很暴躁，是因为她的天性就是这样”。

基本归因错误

但是有没有其他因素参与也决定了人们使用哪种归因方式？比如，是什么决定了人们如何解释某些他们不认识的人的行为？

最出名的归因偏见是**基本归因错误**（fundamental attribution error），指人们过高地估计了个体内在特质对行为的影响，过低估计了环境的影响的趋势（有时叫作一致性偏差或者行为者-观察者偏差，因为我们是行为者，而不是观察者）。换句话说，人们倾向于根据是哪一种人而非寻找外在的原因来解释他人的行为，比如社会影响和情境（例如，人们听说了米尔格拉姆的“电击”实验，倾向于认为实验中的“教师”有问题，而不是在情境下解释他们的行为。）

但是我们为什么会那样做？为什么不倾向于用外在的原因解释别人？

当人们观察自己时，非常清楚情境对他们自己行为的影响。例如，迟到的约翰的确是开车去工作的，并且他知道交通堵塞和小的交通事故是使他上班迟到的原因——毕竟他在那里。但是其他人看待约翰的行为，并没有机会去接触所有可能的情境影响，并且只有约翰本身可以关注，因而他们会假设约翰迟到是由于其内在人格缺点所导致的。

其他一些研究已经表明，当让学生对欺骗进行归因时，他们会犯基本归因错误和行为者-观察者偏差：如果是其他人做出欺骗行为，是因为他们不诚实；但如果是学生自己做出了欺骗行为，就会将其归因为环境因素。

既然在美国文化中存在基本归因错误，那么同样的错误会在不同于美国文化的其他文化（比如日本）中出现吗？研究者增田（Masuda）和北山（Kitayama）提出了这个问题，他们招募了美国和日本被试，在实验中让一个目标人物朗读预先写好的有态度的陈述。之后，被试被要求给出他们关于这个目标人物的真实态度的看法。美国被试犯了经典错误，认为目标的态度与阅读的态度一致。但是日本被试认为，这个人的态度可能与该陈述的态度不同——这个人可能是在社会责任下写的这段话。日本社会是集体主义文化，一个日本人可能会通过写一篇文章来取悦老师或者雇主，但文章的内容并

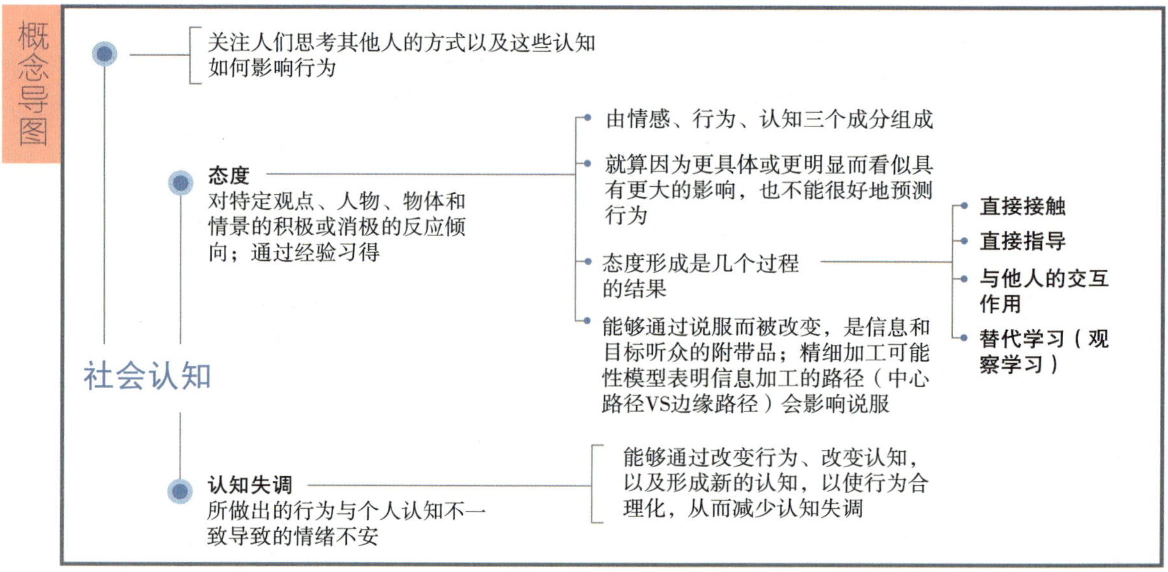

印象形成和态度

- **印象形成**
  形成关于另一个人最初的知识；会受到首因效应的影响
- **社会分类**
  把一个陌生人自动和无意识地归入某种类别或群体
  - **刻板印象**
    人们认为某种特定分类的成员共有的一系列特点；在信息有限的情况下很有用
  - 根据内隐人格理论加以分类，内隐人格理论是在儿童期形成的关于不同类型的人的一系列假设
- 归因是我们解释自己和他人的行为的过程；根据归因理论（海德）而形成
  - **情境归因：**假定行为的原因来源于外部
  - **个性归因：**假定行为的原因来源于个体内部
  - **基本归因错误：**人们过高估计个体内在特质对行为的影响，过低估计了环境的影响的趋势；受年龄和文化的影响

不一定表达了作者的态度。有关归因的跨文化研究为这个观点提供了更多的支持：基本归因错误不是全世界通用的。米勒（Miller）和许多其他研究者的工作强有力地表明，在更相互依赖的集体主义文化下，与内在个性因素相比，中国人、日本人、韩国人倾向于认为外在情境因素对于他人行为负有更多责任。这个结果与在西方个人主义文化中（比如美国），常见的基本归因错误恰好相反。

关于一个人能够在多大程度上受基本归因错误之害，年龄也是影响的因素之一。几项研究已经发现，与年轻人相比，年龄更大的成年人展示了更强烈的偏差，他们更容易把他人行为归因于内在因素。

社会互动

在社会心理学领域，社会影响和社会认知是三个主要研究领域中的两个。第三个主要领域与他人的社会互动有关，或称人际关系，包括普通关系和亲密关系。社会互动包括偏见与歧视、喜欢与爱，以及攻击与亲社会行为。

解释偏见与歧视

我们已经谈到了一些态度，比如能够通过使用关于一个人或一群人的肤浅信息而形成的刻板印象。当一个人对特定社会群体的成员持有不被支持的且往往是消极的刻板态度时，这被称为**偏见**（prejudice）。

当偏见态度导致特定社会群体的成员在需要公平时被区别对待的情况被称为**歧视**（discrimination）。偏见是态度，歧视是态度导致的行为。人们虽然制定了法律来减少歧视行为，但不可能建立法律来反对某些态度。换句话说，歧视能够被控制，在某些条件下能够被减轻，但是导致了歧视的偏见态度不易得到控制或者消除。

偏见和歧视的类型

偏见有许多种。也有许多种歧视是偏见所导致的，比如：年龄歧视，即针对老年人或者儿童的偏见态度（与其他人相比）；性别歧视；种族歧视，即针对不同种族群体的偏见；不同宗教之间的偏见；不同经济阶层之间的偏见；对过胖或过瘦的偏见；对拥有不同性取向的偏见等。偏见也根据人们或者群体的划分而不同。在任何社会中，总是存在**内群体**（in-group）和**外群体**（out-group），或者“我们”和“他们”。内群体是某个个体所认定的同类，外群体是其他人。内群体和外群体的形成在儿童期便已形成，并且一直发展到成年。

一旦内群体建立起来，投向外群体的偏见和歧视很快就出现了。外群体成员经常会根据一些表面的特点（比如皮肤颜色或者头发颜色）而变成刻板印象的对象，一旦形成了刻板印象就很难消除了。

当存在其他外在压力（如战争、经济危机或其他不幸）时，群体之间的冲突就会加剧。

◎1957年9月6日，这所位于阿肯色州小石城的高中成了黑白混合学校，黑人学生获准和白人学生一起上课。黑人与白人隔离的举措属于歧视，废除种族隔离的法律旨在消除这种歧视，但是偏见的态度在法律出台后并未减少，甚至在某些方面至今仍然存在。立法机构可以制定反种族歧视法，但是改变偏见的态度实际没那么简单。

一旦出现这样的压力，找一个替罪羊的需要就变得更强烈。替罪羊是一个人或是一个群体，通常是外群体的成员，他们作为内群体成员消极情绪和挫折的释放目标（这个术语来自古犹太人的传统，他们把一只象征所有人的过错的山羊放到荒郊野岭，以此来赎罪）。

替罪羊往往是那群力量最弱的人，或是新来到一片区域的移民，他们那时的能力最弱。

◎这些朝鲜的示威者正在抗议，抗议1992年判处殴打暴乱罗德尼·金的人无罪而引发了很多暴乱。暴乱持续了六天，在朝鲜和其他亚裔美国人地区有42个人被杀死，700栋建筑被损坏。加利福尼亚州洛杉矶的亚裔美国人成了暴力的替罪羊。

这就是为什么许多社会心理学家相信暴乱会在1992年春天加利福尼亚州的洛杉矶发生。这正是在声名狼藉的罗德尼·金（Rodney King）殴打事件发生的时候。金是非裔美国人，他被人从汽车里拖出来，一直拖到街上，并被四个警察殴打。整个过程被过路人看见并录了下来。在判决中，警察被判无罪，一系列的暴力事件随之发生。

关于暴力事件，令人不解的问题是，大量的暴动并非发生在白人警察控制的区域或是非裔美国人的聚集地。发生在亚裔美国人居住区的暴力事件最多。正如此案例中的亚洲人，刚刚搬到一个区域的群体，其社会力量和影响都最弱。因此，暴动者没有把他们的挫折发泄在应该直接负责的群体上，而是发泄在能力最弱的群体上。

人们是如何学会偏见的

正如接下来的“心理学经典研究”专栏所述，即便是儿童，在合适的条件下，也能够发展出偏见的态度。所有的偏见都是习得的吗？还是有其他因素起作用？一些理论已经被提出来解释偏见的起源和持续。在社会认知理论中，偏见被视为一种态度，正如其他态度的形成一样，通过直接的指导、模仿，以及其他对学习产生作用的社会影响而形成。

现实性冲突理论

偏见的**现实性冲突理论**（realistic conflict theory）认为，增强的偏见和歧视与日益增高的内群体与外群体之间的冲突水平有着紧密的联系，尤其是当这些群体正在寻找一个共同的资源，比如土地或者工作时。历史上和当代的例子有很多，比如，早期犹太人和德国人之间的冲突，天主教爱尔兰人与新教爱尔兰人之间的冲突，当地土著居民与殖民者之间的冲突。接下来的部分讲述了一个经典的心理学研究，表明内群体和外群体是多么容易形成，偏见与歧视多么快就会随之而来。

社会认同理论

在**社会认同理论**（social identity theory）中，

心理学经典研究

棕眼睛，蓝眼睛

1968年，在洛瓦的一个小镇上，当马丁·路德·金（Dr.Martin Luther King，Jr）被杀七天之后，一位名叫简·埃利奥特（Jane Elliot）的二年级老师，试图给她的学生上一堂关于偏见与歧视的课。她把学生分成了两组，分别是有棕色眼睛的和有蓝色眼睛的。

在这堂课的第一天，蓝色眼睛的孩子被赋予了特权，比如额外的休息时间，可以先离开去吃午饭。她也告诉蓝色眼睛的孩子们，他们比棕色眼睛的孩子更高级，并告诉棕色眼睛的孩子们不用多吃那几分钟午饭，因为会很浪费时间。她让蓝色眼睛的孩子不与棕色眼睛的孩子交往。

埃利奥特试图批评由棕色眼睛的孩子们构成的外群体，她很快发现，蓝色眼睛的孩子们也开始批评和轻视他们，而且他们对于棕色眼睛的孩子们的攻击很邪恶。在这一天的最后，蓝色眼睛的孩子感到自己更出众，棕色眼睛的孩子感到悲伤。棕色眼睛的孩子们测验分数的降低也表明了他们很伤心。两天之后，她把棕色眼睛的孩子们换成了被偏爱的群体，前两天的影响再次出现了，但是这次反了过来：蓝色眼睛的孩子感到低人一等，而且他们的测验分数也下降了。

测验分数能够反映差别对待，这是很令人震惊的，这提出了关于偏见和歧视对外群体刻板印象下的儿童教育的影响问题。孩子们是如此愿意来歧视自己的同学，其中一些还是他们的好朋友。在《分裂的课堂》（*A Class Divided*）这本书中，威廉·彼得斯（William）报告说，当年参加了实验的学生，15年之后再提起这个实验时，说到他们相信这个早期偏见和歧视的经验帮助他们在今后的日子里减少了偏见。

进一步讨论的问题

1. 你是否觉得这个实验令人很不舒服？
2. 成年人会在这个实验中做出怎样的反应？
3. 埃利奥特的行为存在伦理问题吗？
4. 如果实验持续更长的时间（如超过两天），孩子们的人格和表现会发生什么改变？

有三个过程可以用来解释一个人对特定社会群体的认同的形成以及认同导致的态度、概念、行为。第一个过程是社会分类，本章前面讨论过。正如人们把他人分类（比如，黑人白人、学生老师等）来帮助组织关于其他人的信息，人们也把自己进行社会分类来决定他们应该如何作为。社会认同理论的第二个元素是认同，或者是形成一个人的**社会认同**（social identity）。社会认同是一个人自我概念中的一部分，包括在社会分类中的特定社会群体的成员的自我观点——一般来说是内群体。社会认同理论的第三个部分是**社会比较**（social comparison），费斯廷格（Festinger）认为，人们会把自己与他人做比较来提升自尊："好吧，至少我比那个人更好。"外群体的成员比较起来更容易。

◎社会比较是指人们通过比较自己和他人来提升自尊。你认为这几个女孩子各自会想些什么？

关于偏见，社会认同理论可以解释人们为什么需要对他人分类，产生了内群体"我们对他们"的感觉。偏见可能部分源于通过看低其他人来增强自尊的需要。

刻板印象易受性

正如之前讨论过的，刻板印象是一个人对其他群体成员持有的普遍观念。刻板印象不仅会影响人们认知他人，还会影响人们看待自我及其表现的方式。**刻板印象易受性**（stereotype vulnerability）指的是其他人的刻板观念会对一个人的行为产生影响。研究发现，当人们知道刻板印象被其他人应用到自己的群体上时，他们可能会担心自己的行为支持这种刻板印象。

这种恐惧导致了焦虑和自我意识，以一种**自我实现的预言**（self-fulfilling prophecy，即期待会对结果产生影响）的方式，对他们的表现产生消极的影响。

刻板印象易受性与刻板威胁有很高的相关，在刻板威胁的情况下，受刻板印象作用的群体的成员很焦虑，并且唯恐自己的行为可能被刻板印象所证实。在一项研究中，研究者对白种人和非裔美国人进行了很难的言语测试。一半非裔美国人被要求在答卷前填写他们的种族，使得他们明确地意识到了自己的少数民族身份。与其他没有回答这个问题的被试相比，这些被试的测验成绩表现出了显著的降低。与其他被试相比，他们有不正确的回答更多，反应更慢，回答的问题更少，表现出的焦虑更多。在女性以及学术环境中的运动员中也发现了与刻板威胁相似的影响。

战胜偏见

战胜偏见最好的武器是教育——用多种方式去了解不同于你的人。了解他人最好的方式是与他们直接接触，试着不把他们视为“局外人或是陌生人”。群体间的接触在大学里非常常见，例如，不同背景的学生和老师生活、工作、学习在一起。因为他们一起体验了相同的经历（期中、期末等），所以来自不同背景的人们会寻找共同点，建立友谊，了解彼此在文化、伦理以及宗教方面的差异。

等位相交

一项名为“强盗之洞”的著名研究发现，社会群体间的接触在某些条件下可能使得冲突变为友谊。这项实验是在一个名为“强盗之洞”的夏令营中进行的。22个年龄为十一二岁的白人男孩被均分到两个组。每个组分别住一个屋子，并且在日常活动中保持分离。第二周，在内群体关系形成之后，研究者让两组进行了高竞争性的活动。群体间冲突很快出现，在两组间出现起外号、打架、攻击的行为。

第三周，让两组在一起进行愉快的非竞争性的活动，希望最后能够合作。但是，两组使用这个合作机会发生了更多的敌对行为。只有在几周之后两组被强迫在一起工作来解决一系列的危机（被实验员创造），两组的孩子才不再敌对，继而建立了友谊。当处理危机时，孩子们进入了**等位相交**（equal status contact）的情景，这样就减少了偏见和歧视，伴随着持续的、积极的合作。似乎在与另一组群体的成员进行合作，并且当所有群体在力量和地位上平等时，这种亲身投入会对减少偏见有积极的影响。

◎群体间的接触是消除偏见最好的方法之一。当人们有机会一起工作时，正如这间多样化的教室里的学生一样，他们就会相互了解。你能想起你第一次与和你不同的人进行直接接触的场景吗？那次接触如何改变了你的观点？

“拼图教室”

让两组有不同背景的人进行合作性交往的一种途径是，确保任务的成功要依靠群体中拥有不同能力和地位的每一个人的合作。如果每个个体手头都有解决问题所需要的信息，就创造了一个人们必须彼此依靠的情境来完成共同的目标。学校的班级通常并不是按照这样的形式来组织的，而是更有竞争性，因此更可能使不同能力和背景的人之间产生冲突。

在“**拼图教室**”（jigsaw classroom）中，学生不得不一起努力工作来达到某个目标。每个学生都被给予了一块“拼图”，也就是需要解决问题和达到目标所需的信息。学生与群体的其他成员分享他们的信息。不同学生之间的互动增加了，使得学生之间更可能将彼此看作合作者并形成友谊关系，而非给其他人贴上外群体的标签进而区别对待。这个技巧对大学生和较低年级的学生都有用。

压力中的社会因素：需要他人的人

与他人交往，以及社会交往中的规则，都是压力的一个重要来源。在创造有压力的生活条件中，有两个主要的社会因素，都是关于经济且基于贫困和工作压力的。

贫穷

生活贫穷之所以会带来压力是由很多方面的原因造成的。缺乏足够的钱来提供生活的基本需要会导致很多压力源，不论是对成人还是孩子：拥挤、缺少医疗、由于缺乏产前护理而增大残疾的可能性、嘈杂的环境、增大患疾病的可能性（比如儿童时期患哮喘）、暴力、社会耻辱，以及物质成瘾。

工作压力

即使一个人有工作有合适的薪水，来自工作环境的压力也会成为每天的压力源。工作环境中典型的压力源有：工作中的一成不变以及无意义的工作、缺少对决定的控制感、超长的工作时间、简陋的工作环境，以及缺乏工作安全感。

工作中的压力会导致与来自其他压力源一样的表现：头痛、高血压、消化不良以及其他身体不适症状；焦虑、敏感、易怒、抑郁以及其他心理不适症状；还有如暴饮暴食、吸食毒品、消极怠工或者与家庭成员关系恶化等行为表现。

文化如何影响压力

当来自某一文化背景的人必须在另一个文化背景下生活时，这个人会感受到很多压力。文化适应是指适应一种新的不同文化的过程，通常是主流文化。压力来自改变和适应主流文化的需要，叫作**文化适应压力**（acculturative stress）。

少数人进入主流文化中使用的方法会对这个人感受到的压力产生很大的影响。一体化是指，个体在试图保持本族文化同一性的同时，与主流文化中的大多数成员建立积极的关系。比如，一个人可能在家里观察别人的文化传统，然后根据他们当地的习俗、服饰和期望，与主流文化的成员交往。那些选择一体化的人，文化适应压力是比较小的。

同化是指，少数群体的人放弃他们原有的文化认同，完全接受主流文化的方式。同化会导致中等程度的压力，最有可能是因为缺少文化同伴，以及被那些没有选择同化的少数群体人排斥。

分离是指，少数群体的人拒绝主流文化的方式，并且试图维持原有文化认同。少数群体的个体拒绝学习主流文化的语言，他们会与来自自己文化的人居住在一起，只与来自自己文化的人交往。分离会导致相对较高程度的压力，如果分离是被迫的（被主流文化群体的歧视），压力感就会比自愿分离（自己想要与主流文化分离）更强。

那些选择边缘化的个体可能会感受到最大的文化适应压力，因为他们既不与来自自己文化的人交往，也不加入主流文化。他们基本上居住在两种文化的边缘地带，没有想要加入任何一种文化的想法，也没有社会支持系统。边缘化的个体没有来自熟悉的自己文化或者被主流文化接受的安全感，很有可能会经历同一性缺失，并且感到与他人的明显不同。

我一直听到“社会支持系统”这个术语，它到底是什么？

社会支持的积极效应

社会支持系统（social support system）是指朋友、家庭成员、邻居、同事以及其他在你需要时可以帮助你的人。

帮助的形式可以是建议、物质上或经济支持、信息、情感支持、爱和喜欢，或者陪伴。研究一致发现，有一个好的社会支持系统，对一个人应对压力的能力起着至关重要的作用：与那些没有社会支持系统的人相比，有好的社会支持系统的人会活得更久，死于疾病或受伤的概率更低。已有证据表明社会支持对免疫系统、癌症和艾滋病有积极的影响。

社会支持会让一个压力源看起来更不具有威胁性，因为有社会支持的人知道自己可以获得帮助，可以有人倾诉问题，能减少压力带来的生理反应——与别人交流恐惧或挫折事件可以帮助人们更实际地思考威胁，比如，与那些有相似经验的人交流可以有助于对某件事情形成预期。

◎当一个人有社会支持时，应对疾病就变得更容易。这幅图中，一名志愿者带着自己的狗去探望一个住在医院处于康复期的病人。动物也是社会支持系统的一个好成员，养动物的个体从疾病和压力中的恢复速度会更快。

文化和宗教如何影响压力应对

想象下面的场景：你在郊外开车，看到一位老人正在小心翼翼地打磨一只大的木箱子。你停下来与他交谈，发现这个木箱子是老人的棺材，他花了很多天准备，并且非常小心。他并不是害怕死亡，也不觉得打磨自己的棺材有什么奇怪之处。对此，你会有什么反应？

如果你和这位老人一样，同样来自越南的农村地区，可能就不会觉得这有什么奇怪的。在越南的文化中，老年人对死亡和与死亡有关的事物（如棺材）不会感到有压力，而来自西方文化的人就会感到压力。实际上，“压力”这个词在越南文化中并不像在西方社会中那么常见。

居住在越南的人以及移居到别的城市的越南人，对精神障碍的原因解释为，它是由一个人的阴阳平衡导致的，或是丢了魂，抑或是邪恶的精神或神经衰弱。在越南文化中，应对压力的方式包括举行仪式、算命，或是吃特定的食物。在很多亚洲国家的文化中，冥想是一种常见的释放压力的方法，太极是冥想训练的方式之一。人们借助多少社会网络来应对压力，在不同文化间也存在差异。

很显然，个体应对压力的策略和在对压力程度的定义上，很大程度受到文化的影响。精神科专家应该努力考虑个体的文化背景和直接环境，从而制定合适的压力应对方式。

相信一种更强大的力量，就能在受到压力时感到最大的安慰。宗教有很多方法可以影响人们感知到的压力水平以及应对压力的能力。

首先，很多有着强烈宗教信仰的人属于一个宗教组织，会参加有规律的宗教活动，比如在犹太教堂、清真寺、寺庙、教堂等地方服务。这种身份是一个关键的社会支持系统。宗教帮助人们的另一种方法是，通过仪式和典礼来帮助人们缓解自己的脆弱、失败、不足等情绪。

◎这些在墓地的秘鲁村民正在向他们逝去的所爱的人致敬。忌日并不仅仅是用来纪念人的死去，更是庆祝生命，他们利用这个节日来获得对生命中最不可控事件——死亡——的控制感。其他文化的人采用什么仪式或典礼应对死亡？

这些仪式有：忏悔罪过、在感到压力时祷告。最后，宗教信仰可以给那些可能看起来没有意义和目的的事情赋予意义，比如将死亡看作一种通向天堂的方式，或者将在自然灾害中毁掉的家园看作不要将太多情感赋予在物质上。

很多宗教也鼓励健康的行为和饮食习惯，比如禁止暴饮暴食、禁酒、禁烟、禁毒、禁止婚外情等。一些研究甚至发现，有宗教信仰的人比没有宗教信仰的人会活得更久，尽管这只是一个相关研究，不能得出信仰会使生命更长这种结论。

喜欢与爱情：人际间的吸引

偏见解释了人们为什么会不喜欢彼此。那么心理学家对人们为什么喜欢另一个人又如何解释呢？人们喜爱并且发现有吸引力的人的过程通常会有一些“规律”。喜欢或者与某人保持关系的渴望被称为**人际吸引**（interpersonal attraction）。关于这个主题，人们做过大量研究（谁不想知道这些规则呢）。

有几个因素影响着人际间的吸引，包括外在的身体特点（例如体形美丽和亲近感），以及人格因素。

外表吸引力

当人们思考是什么吸引了他们时，一个通常会被提及的主题是外表吸引力。一些研究表明，外表吸引力是影响人们对他人的选择的主要因素之一，尽管其他一些因素在后期会变得更重要。

接近：靠近你

身体上更接近，例如在一个房间里工作或者住在一个屋檐下，人们更可能发展关系。**接近**（proximity）指的是身体上接近其他人。人们从可得的人群中选择朋友和爱人，可得与否明显由接近程度决定。

关于接近重要性的一个理论从对新刺激物重复呈现的观点入手，有时这被称为单纯呈现效应。人们与某些东西接触得越多，不管那是一首歌、一张图片或者一个人，人们就会越喜欢它。“日久生情”指的就是这种效应。当人们位置接近时，重复呈现会增加他们对彼此的吸引力。

物以类聚：相似性

接近不能保证吸引，正如外表吸引力不能保证长期的关系。人们倾向于喜欢与他们在某些方面相似的人。人们在他人身上发现的共同点（例如，态度、信仰、兴趣）越多，他们就越可能被他人吸引。相似性之所以是对关系起作用的一个因素，是因为它与验证一个人的信仰和态度有关。当态度和信仰相同的其他人做出的行为也相同时，会使得人们认为自己的概念更正确或者更有效。

听说过“反向吸引”吗？难道人们有时不会被具有相反特点的人吸引吗？

俗语通常会有一定的正确性，“反向吸引”不是例外。一些人发现，与具有互补特点（他人身上具有这个人需要的特征）的他人建立关系可能会带来非常高的回报。但是研究并没有支持这个观点。把人们聚在一起并且帮助他们维持关系的，是相似性而不是互补性。

喜好互惠

最后，人们有一种喜欢那些喜欢他们的人的强烈倾向，这是一个简单但有力的观点，叫作**喜好互惠**（reciprocity of liking）。在一项实验中，研究者把大学生配对。被配对的学生不知道彼此是谁。研究者随机选择配对中的一名成员接受关于与其配对的学生对其态度的信息。在一些条件下，研究者引导目标学生相信对方喜爱他们，在另一些条件下让他们相信对方不喜欢他们。

如果已经被告知另一个学生喜欢他们，当配对的学生被允许相见并再一次聊天时，他们会表现得更友好，会公开更多自己的信息，更加彼此赞同，并会通过更加热情的方式表达。另一个学生也变得更喜欢他们了，因此，喜爱产生了更多的喜爱。

喜欢一个人而不被对方喜欢的唯一情况是一个人有较低的自我价值感。在这种情况下，如果发现某些人喜欢你，但你甚至都不喜欢自己，就会对其动机产生疑问。这种不信任使得你不友好地对待那个人，从而使对方可能以某种自我实现的预言般更不友好地对待你。

爱情是一个三角形：罗伯特·斯滕伯格的爱情三角形理论

字典把“爱”定义为对由于血缘关系、个人联系、性吸引、崇拜或者共同利益而对另一个人的强烈感情。

但是这不是这个关系的全部种类，我对家人和朋友的爱不同。

心理学家通常认为，爱有不同的种类。心理学家罗伯特·斯滕伯格（Robert Sternberg）提

新闻事件中的心理学

面对 Facebook——网络社交系统

关于网络社交现象，有一些有趣的研究发现。比如，使用特殊网络的人们，在某些方面似乎有相似之处。一项研究结果表明，学生选择什么社交网络，与种族认同、道德认同以及父母的受教育程度有关。白人学生更喜欢 Facebook，西班牙学生更喜欢 MySpace，亚洲和亚裔美国学生更多使用 Facebook，而不是 MySpace，他们比别的种族的人更多地使用较不常见的网站，如 Xanga 和 Friendster。父母的受教育水平越高，学生更喜欢使用 Facebook 和 Xanga，更少使用 MySpace。

在中国，最常用的社交网络是 QQ 空间，但是中国人很少花时间在这上面，好友也更少些。相比于美国的 Facebook 用户，中国人似乎不觉得 QQ 空间有多么重要。当美国用户觉得社交网络是个自我推销的手段时，中国用户也并不觉得奇怪，而中国用户都有集体主义文化背景，他们更喜欢通过面对面交流，因此更不常用社交网络这种资源。

在另一项研究中，研究者们发现，那些已经有积极社会关系的年轻人使用社交网络来增强这些关系，这与那些认为只有不善交际的人才会使用社交网络的刻板印象相反。那些不善交际的人，不使用社交网络，或者使用更消极的方式（比如，过激的脏话、敌对标签、展示攻击姿势，或者放一些影射性的照片）。

在管理自己的社交网络方面也存在性别差异。在最近的一项研究中，研究者们发现，女性有更多的“朋友”，有更多的买卖行为，而且相比于男性更愿意接受别人的“添加好友”请求。这项研究还发现，在网络上，女性比男性有更少的冒险行为。男性会与很多人交流，但是更多接受女性的“添加好友”请求，而不是男性的。他们很快就会回复女性的“添加好友”请求。

最后，一项研究结果发现，社交网络的用户们，花费大量时间在社会搜索而不是社会浏览上。社会搜索就是搜索关于一个人、群体或事件的网络信息，社会浏览就是没有特定目标地搜索网络。搜索比浏览更能激发情绪性和积极性。这个结果也反驳了很多人抱怨网络鼓励人们浪费时间浏览的观点。实际上，人们更多的是在搜索他们想要的信息。

进一步讨论的问题

1. 为什么特定的网络对特定的种族更有吸引力呢？

2. 你如何通过网络找到自己？这与相关研究结果有什么关系？

出了一种理论，概括了爱情的三种主要成分，它们相互组合，能够产生不同种类的爱。

爱的三元素

斯滕伯格认为，爱情由三种基本元素组成：亲密、激情、承诺。

亲密，根据斯滕伯格的观点，指的是一个人对另一个人的亲近感，或者与他人产生紧密的情感联结的感觉。亲密在这里的意思不是身体上而是心理上的。友情是一种亲密关系，因为双方彼此表露大部分人可能不知道的事情，他们能感到彼此间强烈的情感联结并且喜欢对方的存在。

激情是爱情的身体部分。激情指的是一个人对另一个人的情绪性唤醒和性唤醒。激情不只是性；牵手、充满爱意的对视和拥抱，都是激情的形式。

承诺包括一个人对这段关系所做的决定。一个短期的决定可能是“我想我爱上他了”。长期决定的例子如“我想要和这个人共度余生”。

爱的三元素

两个人之间的爱情关系可能包括一个、两个或者所有这三个元素，有多种组合。这些组合能够产生不同的爱情形式（见图 10–5）。

图 10–5 斯滕伯格的爱情三角形理论

两种更熟悉并被研究得更多的爱情形式，是斯滕伯格理论中的浪漫之爱和伴侣之爱。当亲密和激情结合在一起，结果就是很熟悉的**浪漫之爱**（romantic love），有时研究者也称之为激情的爱。浪漫的爱通常是长久关系的基础。在许多西方文化中，理想的关系由喜爱开始，然后随着激情的增加达到顶峰变成浪漫的爱情，最后变成更长久的爱情形式并许下诺言。

当亲密和承诺成为一段关系中的主要成分，叫作**伴侣之爱**（companionate love）。在这种爱情中，人们相互喜欢，感到情感上紧密联结，理解对方的动机，做好在一起的承诺。伴侣之爱通常出现在婚姻关系中。伴侣之爱通常是通过多年的养育、支付账单和减少身体上的激情来维系婚姻纽带。在许多非西方文化下，伴侣之爱被视为明智的爱。以协调为基础的配偶选择，通常是由父母或者红娘做出的，而非夫妻双方本人。

最后，当所有三种元素都具备，夫妻就拥有了完美的爱，这是理想的爱情形式，许多人视之为终极目标。到了中年时，爱中的激情减少，这种爱也可能进化成伴侣的爱。

攻击与亲社会行为

人们要么对一个人很积极，要么对一个人很消极。当行为是消极的时候，可能会成为暴力。但是有时候也会选择帮助别人而不是伤害别人，接下来这部分就会讨论这两种极端行为的差异。

攻击

不幸的是，对他人的暴力是另一种社会互动的形式。当一个人伤害或是试图伤害另一个人，不管是言语的还是身体的，心理学家把它叫作**攻击行为**（aggression）。一个常见的导致攻击行为的原因是挫折，当人们不能达到渴望的目标时，挫折就出现了。根据挫折–攻击假设，攻击是应对挫折的反应。来源于许多方面的挫折，都能够导致攻击行为。例如，疼痛产生的消极感觉经常是强烈而不可控的，它可以导致

概念导图

社会互动：偏见和歧视

- **偏见**
  对某一特定社会群体的成员所持的不被支持的和消极的刻板印象（如年龄偏见、性别偏见和种族偏见等）
  - **社会认知理论**表明，偏见是一种被塑造的态度
  - **现实性冲突理论**认为，当资源有限时，偏见和歧视与寻找相同资源的两组（内群体和外群体）冲突水平的增加紧密相联
  - **社会认同理论**表明，对个体认同的形成存在三个过程：分类、认同和比较
  - **刻板印象易受性**（其他人刻板印象观点的知晓）能够导致自我实现式预言，当一个人担心其行为证实了刻板印象的存在的情境焦虑发生时，便出现了刻板威胁
  - 教育、平等地位群体间接触，为了共同目标而工作（如“拼图教室”）可以**战胜偏见**
- **歧视**
  当偏见性态度引起社会群体的成员在欠缺平等的情况下被区别对待时，歧视就产生了
- 可根据内群体和外群体的存在而改变
  - **替罪羊**（挫折和消极情绪的目标）一般是外群体成员

压力中的社会因素

- 在与他人交往和社会交互过程中，会产生很多压力
  - 贫穷和工作压力是导致压力生活条件最突出的社会因素
    - 贫穷会导致缺乏基本的生活必需品
    - 工作压力与工作量、缺少控制感或工作安全、工作日程、低工作满意度有关
  - 从文化角度讲，压力会受到文化适应（适应一种新的、不同的、通常是主流的文化）的状态和选择适应的方式的影响
    - **一体化**：个体试图在保持本族文化同一性的同时与主流文化中的大多数成员建立积极的关系（最小压力）
    - **同化**：个体放弃原有的文化同一性完全采用主流文化的方式（中等程度压力）
    - **分离**：拒绝主流文化，保持原有的文化认同（高压力）
    - **边缘化**：既不与原有文化交流，也不融入主流文化（最大压力）
- 总而言之，拥有可以提供良好帮助的社会支持系统（如经济、生理或情感上的支持）是老年期健康和长寿的良好预测变量
  - 个体的文化和种族信仰可以影响对事件带来的压力感的评价、应对策略、可以提供帮助的支持系统

人际吸引

- 喜欢某人或者渴望与其发展关系，会受到很多因素的影响
  - **外表吸引力**
  - **接近**
  - **相似性**
  - **互补特质**
  - **喜好互惠**
- **爱**
  因为血缘关系、个人联系、性吸引、崇拜或共同利益而产生的对另一个人的强烈情感
  - **斯滕伯格的爱情三角形理论**解释了爱的不同成分
    - 三个元素
      - **亲密**
      - **激情**
      - **承诺**
    - 三种类型
      - **浪漫之爱**（亲密+激情）
      - **伴侣之爱**（亲密+承诺）
      - **完美的爱**（亲密+激情+承诺）

挫折，而且攻击行为常常是对就近可得的目标进行的。噪音、过热、别人抽烟的刺激，甚至难闻的味道都能导致人们采取攻击性的态度来行动。

挫折不只是攻击行为的来源。包括弗洛伊德在内的许多早期研究者相信，攻击是基本的人类本能。根据弗洛伊德的观点，攻击是死亡本能当中的一部分。著名的社会生物学家康拉德·洛伦兹（Konrad Lorenz）认为，攻击是促进自己种族延续的本能。从进化的观点来讲，在那些早期的人类中，最能保护自己的领地、资源和后代的人通常是最具攻击性的，所以才能使他们的基因得以延续。但是如果攻击是人类的本能，那么在不同文化中就应该有更相似的表现。本能行为，正如经常在动物身上看到的，不会受到环境的影响。现代的观点试图将攻击性解释为一种生物现象或者习得的行为。

攻击性与生物学

有证据表明，人类攻击性至少部分源于基因基础。对双胞胎的研究已经表明，如果同卵双胞胎中有一是有坏脾气，那另一个也很可能有坏脾气。与异卵双胞胎相比，同卵双胞胎在人格上具有更高的一致性。可能是由于基因作用使得人们在一定的环境条件下对攻击性反应更敏感。

正如在第2章讨论的，攻击性反映似乎是由脑部的特定区域控制的。刺激动物或人类的前额叶、杏仁核和边缘系统的其他结构，可以激发攻击性反应。查尔斯·惠特曼（Charles Whitman）是得克萨斯州的一名优秀的狙击手，在1966年杀死了他的母亲、妻子，然后射杀了12个人。在最后被判决死刑之前，他留下了一个便条，要求检查他的大脑。尸检确实发现，有一块组织压迫着他的杏仁核。

有一些化学因素会影响攻击性。男性荷尔蒙睾丸酮与人类高水平的攻击性有关。这可能有助于解释为什么暴力犯罪倾向通常是年轻健壮的男性。他们一般都有高水平的睾丸酮，低水平的血清素（这是另一种在大脑中发现的重要化学物质）。

有些人在过量饮酒后不是会表现得很暴力吗？酒精对上述化学物质有作用吗？

酒精的确对攻击性行为有影响。从心理上讲，酒精减缓了抑制过程，使得人们不太可能控制自己的行为，即便他们还没有醉。从生物学上来讲，酒精影响了许多神经递质的功能，特别是它与血清素的降低有关。在一项研究中，被试被要求对一个看不见的“反对者”施加电击，就像米尔格拉姆的电击实验那样。对于电击的实际反应是计算机模拟出来的，虽然被试相信这些反应来自一个真实存在的人。被试被告知，这是一项对反应和学习的测验。他们在喝酒之前和之后分别参与了实验。结果是，他们在喝酒之后更可能施加电击，有更大的攻击性。

社会角色的力量

虽然挫折、基因甚至药物能够在某种程度上影响攻击性行为，但是人类的许多攻击性也能通过学习习得。攻击性的社会学习理论认为，攻击性行为是习得的（这个过程被称为观察学习），通过观察榜样做出攻击性行为之后得到强化。攻击性榜样可能是父母、亲戚、朋友或电视中的人。

有些证据表明，担当一定的社会角色，比如作为士兵，甚至也能够导致攻击性行为的增加。**社会角色**（social role）是一个拥有特定社会地位的人被期待表现的行为模式。比如，“医生”是一种社会角色，应该穿着白大褂，问某一类问题，开药方等。

1971年，著名的社会心理学家菲利普·津巴多（Philip Zimbardo）在斯坦福大学进行了一项影响很大的实验。实验从开头到结尾都有视频记录：大约70名年轻人，他们中的大部分是大学生，自愿来参加为期两个星期的实验。他们被告知将会被随机分到两种社会角色：狱警或者罪犯。这些“狱警”被提供了统一的制服，并被告知他们不能使用暴力，但是要能控制这些“罪犯”。这些“罪犯”在真实的监狱进行了登记，被遮住眼睛后被运送到校园“监狱”——实际上是校园的一个地下室。在第二天，“罪犯”

进行了反抗（这不是实验中的一部分），但很快就被“狱警”平息了。这些“狱警”变得越来越有攻击性，用羞辱手段来控制和惩罚“罪犯”。例如，“罪犯”被强迫用他们的手清洗厕所马桶。观察了这项实验的实验员不得不释放五个“罪犯”，因为他们真的病了。在一个“罪犯”向津巴多报告“狱警”对他们做的事有多可怕之后，整个实验在第五天被终止。

津巴多和他的同事的结论重点强调了社会角色对普通人的影响，比如“狱警”的角色。历史上充满了对其他人采取恐怖行径的例子，在几年前就有一个。

在2003年的伊拉克战争中，当虐囚事件被调查时，一名军队预备队将军被停职。在2003年10月到12月间，调查发现在阿布格莱布（Abu Ghraib）监狱，军事警察对伊拉克战俘进行大量残酷的、羞辱性的和其他耸人听闻的虐待。被曝光的行径有，向裸露的被拘留者泼冷水，用扫帚手柄或椅子殴打他们，强奸威胁和一例确实的强奸。一个正常人怎么会做这种事呢？斯坦福监狱研究中的“狱警”是正常的人，但是穿上制服担当了狱警，社会角色的影响强烈地改变了他们的行为。在阿布格莱布监狱是不是也有一个相似的因素在起作用？阿布格莱布狱警的行为不是受控的正式研究，因此需要更多的研究来判断在这样的情景下，社会角色能在何种程度上影响行为。

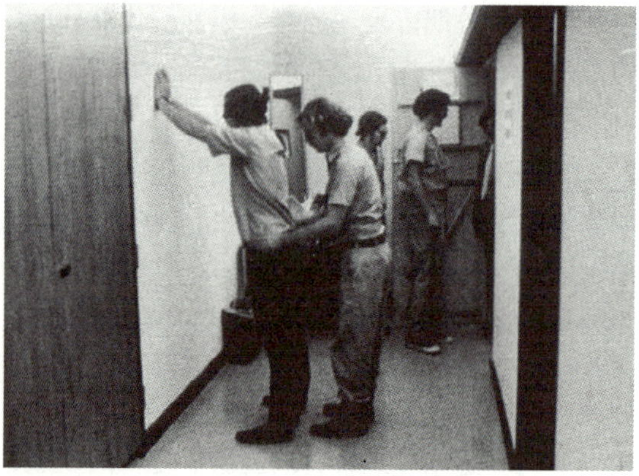

◎这幅图展示了经典的津巴多斯坦福实验中的一个场景：一个“狱警”正在对“犯人”进行搜身。实验中的被试对于他们各自被指派的角色入戏太深，使得津巴多不得不在实验开始后五天就停止实验，那时还没有进行到原计划的一半。

◎在伊拉克的阿布格莱布监狱，一名美国士兵正在虐待一个伊拉克战俘。在对涉嫌虐囚的监狱方进行调查后，发现了美军士兵对犯人存在大量残忍的虐囚行为。

没有人会否认，受到虐待的儿童接触了有影响力的攻击性榜样。当他们施虐的父母从孩子那里得到了他们想要的，他们的攻击性行为也得到了强化。没有人能够否认，被虐待的人可能会变成施虐者。然而，与流行的观点相反的是，大部分遭受了虐待的儿童并不会发展成施虐者——事实上，只有三分之一受到虐待的儿童会。比起变成施虐者，一些受到虐待的儿童接受了帮助并且克服了他们童年时期所受伤害的影响，但是另一些儿童会退却，把自己孤立起来，而不是变成施虐者。

大众传媒中的暴力和攻击

我听说暴力的电视节目可能导致儿童变得更有攻击性，是这样吗？

班杜拉的早期研究探究了儿童观看攻击性榜样的电影之后受到的影响，这是最早探究大众传媒暴力对儿童攻击性行为影响的努力之一。自那时起，很多研究者已经检验了电视和其他大众传媒暴力对不同年龄阶段儿童攻击性行为影响的尝试之一。最早的结论都是相似的：接触了高水平暴力传媒的儿童比那些没有接触的儿童更具有攻击性。另一些研究认为，这些早期的研究在很多方面存在严重漏洞，通常使大众服从一个偏差观点：暴力游戏对你不好。

一些研究认为，将电子游戏与校园枪击案联系起来并不正确。在进行这类研究时，很多其他因素被去除了或者忽略了。一项元分析（一种对关于某一研究话题的大量研究进行的统计分析方法，相对于任何一个小研究，可以更精确地测量研究效应的大小）的研究分析了26个关于媒体暴力和攻击行为之间关系的研究，得出结论：效应值太小，没有证据支持这两个变量之间的关系。这篇研究的作者认为，在任何关于攻击性和媒体关系的研究中，很多变量都应该从方法上进行控制，如社会经济地位、父母受教育水平、家庭暴力、忽视以及被试的智力水平。

另一项元分析也得到了相似的结论。这些研究者不仅发现了对攻击行为测量并不准确的证据（还记得第1章中操作性定义的重要性吗），还发现了出版偏差的趋势：杂志编辑更愿意接受那些效应值相对较小的研究（比如变量之间相关较小），以及那些结论与当时大众常识一致的研究。在后来的一项研究中，弗格森发现，抑郁和抑郁症状比玩暴力电子游戏更能有效预测暴力行为。记住，校园枪击案的很多凶手在表现出暴力行为之前的几年内已经表现出了抑郁的症状。安达（Adachi）和威洛比（Willoughby）在一项测量早期相关的研究中指出，这些研究很多都存在两方面的局限性：第一，这些早期的研究没有考虑研究中使用的暴力电子游戏的难度水平、行动步伐、竞技水平——他们只看到了暴力成分，忽视了其他因素；第二，对暴力的特殊测量其实可以看作对竞争性的测量，这是定义关键变量操作性中存在的最主要的问题。这些研究是在测量暴力行为，还是在测量竞争行为？最后，虽然很多强有力的证据支持媒体暴力与攻击行为有关，但是大多数研究都是相关研究，而不是实验研究。记住，相关并不意味着因果！

亲社会行为

另外一种更令人愉快的人类社会互动的形式是**亲社会行为**（prosocial behavior），或者说是受社会欢迎的行为，可让其他人得益而非给他们带来伤害。

利他

利他（altruism）是亲社会行为的一种形式，它常常让人们对他人感觉很好。利他行为可以表现为在困难中帮助某人并不求回报，并且经常不顾自身的安全帮助困难中的某人。虽然人们对母亲冲进燃烧着的屋子去救她的孩子这种行为并不感到惊奇，但一些人总会怀疑冒着生命危险救陌生人的人们的动机。

社会生物学家是那些研究动物和人类社会组织的进化和基因基础的科学家，他们把利他行为看作保留某人基因物质的途径，即便以自己的生命为代价。例如，这就是为什么某种公蜘蛛似乎愿意被其雌性配偶吃掉，这些雌性配偶刚刚受精，雄性要确保把自己的基因传递给后代以保持延续。这也可以解释母亲或者父亲为什么会冒着生命和残疾的危险去救一个孩子。

但是，人们为什么会冒着生命危险去救完全陌生的人呢？答案可能来自大脑中的某个结构。研究者们采用脑成像技术发现，那些做出利他选择的个体大脑中的一个叫作颞顶交界区（temporoparietal junction，TPJ）的脑区比别人更大，尤其是右侧脑半球。这片脑区在做出需要更多牺牲去帮助别人的决定时，激活也更强烈。

更重要的是，为什么人们有时会在自身安全不受威胁的情况下拒绝提供帮助呢？

为什么人们不提供帮助

1964年3月13日，大约在凌晨3点15分，温斯顿·摩斯（Winston Mosely）在公寓大楼的停车场遇见凯瑟琳·凯蒂·吉诺维斯（Catherine Kitty Genovese），并刺伤了她，然后离开，半小时后又回来强奸了她，并把她刺死在家门口。知道这场惨案后，《纽约时报》的记者写了一篇报道，声称至少有38个人从他们的窗户听到或看到了这个过程，但是没有一个人报警，直到犯罪行为结束。这篇报道激怒了大众，成了旁观者冷漠的象征。

近年来，这件残忍事件的真相终于水落石出，细节可能比原始报道更复杂。根据记录，两次袭击之间的时间比原记录更接近。在第一次袭击中，一个男人向窗外大喊“放开那个女孩”，然后摩斯逃走了。另一个男人可能在第一次袭击后报了警，尽管没有电话录音。第二次袭击发生在吉诺维斯进公寓大楼的路上，这里更隐蔽，可能只有几个人能看到。在这个时候，另一个目击者索菲娅·法勒（Sophia Farrar）让她的朋友报了警，她去帮助吉诺维斯，直到救护车到来。尽管确实有几个人报了警，并且至少有一个人去帮助了吉诺维斯，但还是有一些目击者站在一旁什么也没干。一个男人——他的公寓门正对着第二次袭击发生的进公寓的路，他崩溃地打开了公寓的门，目睹了袭击，然后又关上了门。

人们对这些漠不关心和缺乏同情的人感到义愤填膺。为什么那些人只是站着、观看或者听？社会心理学家解释说，对于吉诺维斯的求救尖叫没有反应，不是由于冷漠或者缺乏同情心，而是由于有其他人的存在。

43 年之后的 2007 年 6 月 23 日，27 岁的拉山大·卡洛韦（LaShanda Calloway）在一次发生在便利商店的争吵中被刺死。两分钟之后就有人报了警。监控录像拍下了这次袭击，有五名顾客从血淋淋的卡洛维身旁走过，继续购物。有一位顾客停下来了，拍了张照。卡洛韦躺在地上死去了。当有其他人在场或者假定在场时，人们就会被社会心理学中的两个基本原则影响：旁观者效应和责任分散。

旁观者效应（bystander effect）是指，随着旁观者（看到了事件的发生并且距离足够近，能来帮助）数量的增加，旁观者帮助有困难的人的可能性就会降低。如果只有一个人在旁观，那么这个人提供帮助的可能性就比有其他人存在时要大，并且每增加一个额外的旁观者就会降低其援助行为的可能性。在吉诺维斯的例子中，有 38 个旁观者在公寓楼的窗户旁，但没有一个人提供帮助。在卡洛维的例子中，有五位购物者从血淋淋的卡洛维身旁走过，也没有人提供帮助。

为什么旁观者的数量会产生影响？

责任分散（diffusion of responsibility）是一种现象：由于其他人的存在而认为他人应该承担这个责任，这种心态使得一个人无须对某种作为或不作为负责（见图 10-6）。责任分散是一种归因方式，人们觉得他们之所以行动（或不行动）是因为其他人有这样的行动。“我只是在遵守命令。”“其他人也这么做。”“有许多人在那里，我认为他们中会有人做些什么。”这些陈述都是例子。吉诺维斯没有得到帮助，是因为有太多潜在的“帮助者”，听到她求救的人中没有一个人承担责任来干预——他们确信其他人能够做点什么。

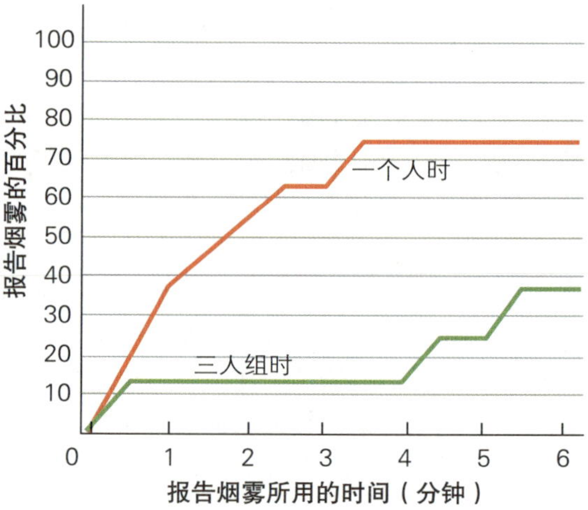

图 10-6 旁观者效应中的要素

◎正如你所看到的这样，报告烟雾之前所花费的时间和报告烟雾人数的百分比都取决于此刻在屋里的人数，与有三个人在的时候相比，单独一人的被试更可能报告烟雾，且更迅速。

资料来源：Latané and Darley（1969）.

利他行为中的五个决策点

在前面部分的所有实验中，有人在每种条件下都试图提供帮助。但决定帮助之前，他们经历了哪些决策过程？在决定何时需要帮助时有哪些条件？达利和拉塔内认为，一个旁观者在帮助他人之前，必须面对几个决策点：注意到此情境；认为这是个紧急情况；承担责任；计划行动过程；最后采取行动。这些决策点在近 40 年来一直被认为是有效的。

除了这五个因素之外，也有其他因素能够影响人们做出提供帮助的决策。例如，一个情境越模糊，被定义为紧急事件的可能性就越小。

如果附近有其他人，尤其是当情境较为模糊时，旁观者可能会依靠他人的反应来判断情境是否很紧急。由于所有的旁观者都这么做，因此，这个情境很可能被认为是非紧急的，因为没人采取帮助行动。

另一个因素是旁观者的心境。好心情的人比坏心情的人更可能去帮助他人，但是很奇怪的是，如果帮助行为会毁了好心情，他们就不会提供帮助。受害者的性别也是一个因素，如果旁观者是男性，女性受害者比男性受害者更可能得到帮助；如果旁观者是女性，就不是这样了。从外表上讲，有吸引力的人更可能得到帮助。看起来“他遇到这一切纯属自找”的受害者获得帮助的可能性更小。比如，躺在马路边的男性，如果衣衫褴褛并且似乎喝醉了，就可能会被忽略，但是如果他穿着商务西装，人们更可能会停下来帮助他。受害者和旁观者之间的种族差异也减小了提供帮助的可能性。

概念导图

攻击和亲社会行为

- **攻击行为** 一个人用言语或身体行动伤害另一个人的行为或意图；通常是挫折的结果
  - 攻击行为可能部分源于基因因素，并能够通过脑部功能的改变而被激发（例如，杏仁核激活），以及内在或外在的化学影响（例如，睾丸酮和酒精）
  - 许多攻击性是习得的，但学习并非全部的决定因素
    - 社会学习理论可以进行部分解释，社会角色（期待某种社会情境下的人做出的行为）决定了许多行为（例如，津巴多的斯坦福监狱研究）
    - 受过虐待的儿童长大后并不一定会成为虐待者
    - 对暴力传媒的短期接触（如，电脑游戏和电影）与身体和言语方面的攻击性行为以及攻击性想法和情绪的增加有关
- 亲社会行为或者受社会欢迎的行为，能够让他人获利
  - **利他**：不期待回报地帮助他人，并经常要冒个人风险
  - 能够被帮助者的心境、受害者的性别、吸引力或“只是回报”所影响；种族差异会减少帮助的可能性
  - 拒绝帮助他人可能受到他人存在的消极影响（旁观者效应/责任分散）而不是冷漠或缺乏同情心的作用；也会受到个体对情境的评价的影响

日常生活中的心理学

窥探社会大脑

随着科学家们发明了越来越先进的技术来研究大脑是如何工作的，心理学很多领域的研究者们都能够探索人们行为的神经基础，社会心理学也不例外。研究我们的身体和大脑在社会行为中是如何工作的学科被称为**社会神经科学**（social neuroscience）。在讨论利他主义时，颞顶交界区（TPJ）是大脑中与亲社会行为联系最为紧密的区域。这项研究是借助核磁（fMRI）完成的，核磁是一种大脑扫描技术，不仅可以考察大脑的结构，还可以考察在很多任务和活动中大脑的功能。

TPJ 位于颞叶和顶叶的交界处，也是竞争行为中的关键神经结构。研究者们让被试分别与计算机和另一个人竞争，发现在人们试图预测真人对手的行动时，TPJ 被激活了，而当对手是计算机时，则没有激活。用灵长类动物做的实验指出了前额皮层的重要性，前额皮层位于整个脑皮层的最前面。那项研究的结果表明，灵长类动物在做关于分享行为的决定时，前额叶的三个不同部位被激活。我们只能猜测，即使人类的决策不比这个复杂，至少也像灵长类动物一样。

所有这些研究都认为，存在特殊的结构和脑区负责社会交互和决策。我们更多地去了解“社会大脑”是非常重要的，原因有很多方面，但是最重要的一点是获得或了解与社会脑区有关的疾病和障碍。比如孤独症，这是一种包含受损的社会功能的发展障碍。再如阿尔茨海默病、帕金森症、亨廷顿症等疾病都有社会功能损伤。很多心理疾病（比如，抑郁、多重人格障碍、焦虑症）也有不正常的社会行为。了解这些障碍在大脑中是如何发生的，能在很大程度上改变行为。社会心理学家从外部可观察的行为了解人的交互，而社会神经科学家则更多地研究社会大脑的工作。

进一步讨论的问题

1. 你能想出一些其他的包含社会行为问题的疾病或障碍吗?

2. 将灵长类动物的行为和人类的行为做对比有什么缺陷?

第 11 章

人格理论

许多人听过双胞胎吉姆的故事，詹姆斯·阿瑟·斯普林格（James Arthur Springer）和詹姆斯·爱德华·刘易斯（James Edward Lewis），这一对同卵双胞胎在出生后就被分开了。在斯普林格和刘易斯 39 岁的时候，他们成为明尼苏达大学心理学专家托马斯·布沙尔（Thomas Bouchard）研究的第一对双胞胎，托马斯·布沙尔专门研究分开抚养的同卵双胞胎和异卵双胞胎的共同性和差异性。

这两个吉姆（詹姆斯的昵称）非常地像，他们在机械制图和木工手艺方面表现出共同的兴趣，吸烟和喝酒的量差不多，甚至他们都在与叫贝蒂的女人结婚前，都与叫琳达的女人离婚了。人们很容易会将这些相似性归因于他们共享的基因。但是斯普林格和刘易斯都是在俄亥俄州被社会经济背景相似的父母抚养大——他们之间的相似性在多大程度上取决于这些情况？

思考一下

你和你的兄弟姐妹在哪些方面是相同的，又在哪些方面是不同的呢？你的人格特质是如何被环境塑造的呢？

为什么要研究人格

人格是关于“你是谁”的全部集合——你的态度和反应，包括身体和情绪两方面。它使得世界上的任何一个人都与其他人不同。任何有关人行为的研究，怎么能不包含“我们是谁”以及“我们如何成为这样”的研究呢？

通过本章，我们可以：

- ◎ 定义人格，并解释不同的心理学观点是如何看待人格的；
- ◎ 描述弗洛伊德关于心理和人格的历史观点如何构成了心理动力学理论的基础；
- ◎ 解释新精神分析学者是如何修正弗洛伊德的理论的，现代心理动力学理论与弗洛伊德的心理动力学理论有何不同；
- ◎ 比较不同的人格学习理论，包括班杜拉和罗特的理论；
- ◎ 评价社会认知视角下的人格理论的优点和局限；
- ◎ 描述罗杰斯等人本主义者如何解释人格；
- ◎ 评价人格的人本主义观点的优势和局限；
- ◎ 定义特质性人格，并描述在研究的早期是如何尝试用特质来使人格概念化的；
- ◎ 描述并评价大五人格模型以及其他最近的人格特质理论；
- ◎ 解释行为遗传学是如何借助双胞胎和领养来研究人格的；
- ◎ 定义遗传性，并解释环境因素（比如文化）

是如何影响人格的；

◎ 描述拉扎勒斯提出的情绪的认知评价理论；

◎ 解释人格因素是如何影响我们应对压力源的能力的；

◎ 了解访谈、行为评估和人格量表的优点和缺点；

◎ 了解投射测验的优点和缺点；

◎ 概述成为乐观主义者的方法。

人格理论

人格（personality）是个体在一生中思考、行动和感受的独特方式。人格不能与**性格**（character）相混淆，性格指对一个人道德或道德行为的价值评价；人格也不能与**气质**（temperament）相混淆，气质是一个人天生就有的永久性特征，如兴奋性和适应性。气质取决于个体的生物特性，要么通过遗传，要么通过胎儿期影响，或者二者兼有。气质形成了大部分人格的基础。但是性格和气质都是人格的重要部分。每个成年人所具有的人格都是气质与他们成长中所接触的家庭、文化和时代的结合。

人格是心理学中相对年轻的领域，心理学通过多种方法来解释人的特征行为。不过，从前是存在整合的人格理论的。比如，在公元前四世纪的时候，人格的心理基础就被恩培多克勒（Empedocles）提出了，之后又被希波克拉底（Hippocrates）提出，希波克拉底的研究又在公元前二世纪影响了盖伦（Galen）。希波克拉底和盖伦相信，气质和人格与身体中的四种体液的相对平衡有关，分别是血液、黑胆汁、黄胆汁和黏液。

至今之所以不能用单一视角来解释人格，是因为人格很难被精确和科学地测量，因此，就产生了有关人格的不同观点。总体来说，它们都试图去解释人格的来源是什么，比如个体行为倾向或情境过程，调节变量是否被意识到。这些来源可能是相互重叠或者相互影响的，比如生理、发展、社会和文化因素的相互融合。不同的视角对这些来源的解释也是不同的。除了下面着重强调的几种观点之外，还有一些受到早期心理学观点的影响，比如构造主义、机能主义、格式塔学习或认知的观点。另外的一些理论或观点则是这些领域的分支，比如，动机性认知、认知–情绪加工过程、自我叙述、进化或社会适应。从基础的角度上来说，我们主要介绍以下几个传统的流派或观点。

- **心理动力学流派**开始于西格蒙德·弗洛伊德，并且存在至今。它关注无意识心灵在人格发展中的作用。这一流派同样非常关注人格差异的生物原因。

- **行为主义流派**基于在第 5 章中探讨过的学习理论。这一观点关注环境对行为的影响，它同时也包括社会认知理论。这个理论认为，与他人的互动和个体想法的产出也会影响学习和人格。

- **人本主义流派**的出现是对心理动力学流派和行为主义流派的反对，关注个体意识、生活经验和选择在人格发展中的作用。

- **特质流派**的基本目标与上述三个不同：心理动力学、行为主义和人本主义流派都寻找导致人格形成独特特征的过程，而特质理论者更关注最终结论——特质本身。尽管一些特质理论家认为特质是由生物决定的，但其他人并

概念导图

人格
人们在一生中思考、感受和行动的独特方式

人格理论 — **观点/理论**
- **心理动力学**：基于弗洛伊德的工作，主要关注无意识心理的作用
- **行为主义和社会认知观点**：关注环境对行为的影响；基于学习理论而产生
- **人本主义**：关注意识生活经验和选择
- **特质**：关注特质本身，而不是人格的根源

不这样认为。

人格的心理动力学观点

如果不了解弗洛伊德及其病人生活的世界，就很难了解弗洛伊德是如何形成关于人格的看法的。弗洛伊德出生并成长于欧洲的维多利亚时代，那是一个性压抑的时代。在这一时代生长的人，都会被教会告知性只能发生在婚姻中并且只是为了生育后代。享受性被认为是罪恶的。男性有时不能控制他们的“动物”需求，也能够得到理解，因此维多利亚时代的一个好丈夫会和他的妻子生育几个孩子，然后到情妇那里寻求性满足，不碰他贞洁的妻子。女性，尤其是上层阶级的女性，被认为不应该有性欲望。这也难怪那时候弗洛伊德的许多病人都是富有的女性，她们存在性需求得不到满足或者性压抑带来的问题。鉴于弗洛伊德的文化背景和他的病人，他对于用性来解释异常行为的痴迷也就能够理解了。

弗洛伊德认为，心理有意识层。他认为，无意识心理影响意识行为，这一观点于《日常生活病理心理学》(*The Psychopathology of Everyday Life*) 中发表，震惊了维多利亚时代的世界。

◎西格蒙德·弗洛伊德（1856—1939）是心理学中精神分析运动的创始人，他的很多病人都坐在或躺在沙发上，而他则坐在椅子上，聆听病人的叙述，他基于此发展了自己的关于人格的心理动力学理论。

男士和沙发：西格蒙德·弗洛伊德与心理动力学观点的起源

弗洛伊德认为，心理可分为三个部分：前意识、意识和无意识（见图11-1）。没有人会反对心理中存在当前意识，也没有人会反对前意识心理包含人能容易觉察到的记忆、信息或者事件，而**无意识心理**（unconscious mind，或称无意识）才是弗洛伊德时期引起专家分歧的地方。弗洛伊德从理论上阐明，心理的某个部分经常会隐藏起来，只有以梦的符号形式以及在人们做他们不知道为什么会这样做的事情中显现出来。根据弗洛伊德的理论，即使人们努力从无意识心理中提取记忆，记忆也可能不会直接出现。弗洛伊德认为，无意识心理是人们行为和人格中最重要的决定因素。

弗洛伊德的人格分类

弗洛伊德基于对他病人的观察提出，人格本身可以分为三个部分，每个部分存在一个或多个意识层（见图11-1）。人格三个部分的发展与相互间交互的方式成为他理论的核心。

本我：如果你觉得快乐，就这么做 人格中最初且最原始的部分，在婴儿的时候就出现

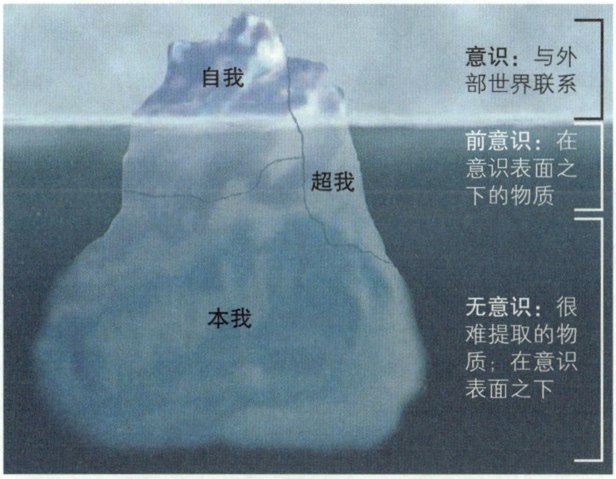

图11-1 弗洛伊德有关人格的概念

◎这座冰山代表心理的三个水平。冰山表面的可见部分是有意识心理。在表面之下是前意识，是还没有进入意识心理的事情。隐藏在表面最下方的是无意识心理，感受、记忆、思考和冲动这些不那么容易进入意识中。人格三部分中的两个（自我和超我）存在于意识的这三个层中，而本我完全存在于无意识心理中。

的是**本我**（id）。“本我”是拉丁语“它”的意思。本我是人格中生而就有的、完全无意识的、追求快乐且与道德无关的部分，包括所有基本的生物驱动：饥饿、口渴、自我保护和性等。

稍等——弗洛伊德认为婴儿有性驱动吗?

是的，他认为婴儿有性驱动，这一观点震惊并激怒了他的同事和维多利亚时代的人。所谓性驱动，他指的其实是快乐驱动，即寻找快乐感觉的需要。人类看上去确实是追求快乐的生物，甚至连婴儿都会通过吸吮和咀嚼进入他们嘴中的东西来寻求快乐。事实上，想象刚出生的婴儿的形象为本我提供了一个很好的印象。婴儿是苛求的、无理性的、无逻辑的且冲动的。他们希望自己的需要能够立即得到满足，并不需要考虑别人的需要或要求（注意：婴儿的行为看上去符合弗洛伊德有关本我的概念，但这并不能证明本我存在。只是表明弗洛伊德形成本我的概念与他所知道的婴儿相吻合）。

弗洛伊德将这种满足的需要称为**快乐原则**（pleasure principle），它被定义为需要得到快速满足而不需要考虑后果。快乐原则能被简单地总结为“如果你觉得快乐，就这么做”。

自我：执行主管 人们通常会尽快满足婴儿的需求。当他们饿的时候给他们喂食，尿湿的时候给他们换尿布，无论何时，只要他们哭了就照顾他们。但是随着婴儿长大，成人开始拒绝满足他们的所有要求。有些东西他们不能碰到或者拥有，他们必须学会等待某些东西，如食物。弗洛伊德说，现实显示了其丑陋的面目，仅靠本我本身不能够处理必须等待或者不能得到想要的事物这一现实。更糟糕的是，放纵本我的行为可能会受到惩罚。

根据弗洛伊德的理论，为了应对现实，出现了人格的第二个部分——**自我**（ego）。自我，来源于拉丁语的“我”，主要是意识性的，比本我包含更多理性和逻辑，比本我精明得多。自我是通过**现实原则**（reality principle）工作的，现实原则是在不会导致负性结果的前提下满足本我的需要。这就意味着自我有时会拒绝本我的一些要求，因为结果可能是痛苦的或不愉快的。

例如，一个婴儿在父母反对的情况下，还是可能会去拿某个东西，一个自我不断发展的蹒跚学步的小孩，在听到父母说不行的时候，会为了避免遭到惩罚而不去拿那个东西——但是可能会在父母看不见的时候会去拿。阐释现实原则的一个简单方式是“如果你觉得快乐，就这么做，但是只有在不受惩罚时”。

如果每个人都按快乐原则行事，那么世界将会变得非常恐怖。根据弗洛伊德的理论，人们是如何辨别是非的?

超我：道德监察人 弗洛伊德将人格的第三个也是最后一个部分称为**超我**（superego），即人格的道德中心。超我（同样是拉丁语，意思是超越自己）随着学前儿童学习规则、习惯和社会期许而发展。超我包含**道德心**（conscience）。道德心是人格的一部分，它使人们在做正确的事情时会感到自豪，当做错事的时候会感到内疚或者道德焦虑。直到儿童形成对与错的感知后才会形成道德心。

天使、魔鬼和我：人格三部分如何一起工作 看过动画片的人，长大后也可以借助动画形式来理解人格的这三个部分——本我通常是一个小的魔鬼，超我是天使，自我是陷在中间的人或者动物，试着决定该做什么事。所以，本我产生要求，超我对如何满足这些要求提出限制，自我就会提出一个计划来安抚本我并满足超我。有时本我或超我不按职责行事，导致自我本身产生许多焦虑。这一冲突状态就是弗洛伊德关于人格如何起作用的观点；只有当这一冲突产生的焦虑失控时，紊乱行为才会产生。请注意，尽管在这个例子中本我被渲染成了“魔鬼”，但是它并不是，它与生存和直接满足有关。

心理防御机制（psychological defense mechanism）是通过无意识地扭曲人们对现实的知觉来处理应激的方式。这些防御机制主要由弗洛伊德的女儿安娜·弗洛伊德这位精神分析学家来概述和研究的。要使人格这三个部分运行起来，它们之间不断的冲突就需要被控制。弗洛伊德认为，防御机制就是处理由这一冲突引起的焦虑的最重要的工具之一。防御机制的一览表、它们的定义和例子，见表 11-1。

人格发展的阶段

本我生而就有，但是人格的另外两个部分是随后发展起来的——那是在多久以后？什么时候结束？

弗洛伊德认为，人格三部分的发展是一系列的**性心理阶段**（psychosexual stage）。这些阶段取决于儿童的性发展。在每个阶段，不同的性欲区或者身体产生愉悦感觉的某个地方非常重要并且成为冲突的来源。冲突没有完全解决就导致**固着**（fixation），或者让人在一定程度上陷于发展的某个阶段。儿童会长大成人，但是情绪或心理停留在早期固着的阶段上。

口唇期（18 个月以前） 第一个阶段被称为**口唇期**（oral stage），因为性欲区是嘴。根据弗洛伊德的观点，冲突来源于断奶之后（母亲不亲自给婴儿喂奶，婴儿需要从杯子里喝）。太早或者太晚断奶会导致儿童的口唇需要的满足过多或过少，引起与成人人格口唇期固着有关的行为和人格特质：吃得太多、喝得太多、烟瘾大、说话多、咬指甲、嚼口香糖、太依赖与乐观（口唇需要过于放纵）或者太侵略与悲观（口唇需要没有满足）。

肛门期（18 ～ 36 个月） 当儿童开始蹒跚学步时，弗洛伊德认为性欲区从嘴唇移到了肛门，因为他同样认为小孩可以通过自己决定憋住或排泄废物来获得许多愉悦。因此这一阶段被称为**肛门期**（anal stage）。

很明显，弗洛伊德认为此时主要的冲突是如厕训练，即要求小孩在特定时间以特定方式使用厕所。这种现实入侵是刺激这一阶段中自我发展的一个过程。如厕训练太严厉而导致的肛门期固着有两种呈现形式。弗洛伊德认为，孩子可能公然拒绝如厕排泄。成人之后，就会

表 11-1　心理防御机制

防御机制和界定	例子
否认：一种个体拒绝承认威胁性情境的心理防御机制	保罗是一个酒鬼，但是他不愿意承认
压抑：一种个体拒绝去记起威胁性或压抑性情境或事件，而将它们推向无意识领域的心理防御机制	瑞格小时候被性侵过，但她已完全不能想起
合理化：一种个体对不可接受的行为编出可以接受的借口的心理防御机制	"如果我不吃早饭，那晚一些吃蛋糕也不会发胖。"
投射：一种个体将自己不能接受的想法转移到他人身上，好像这些想法是他人的而不是自己的防御机制	布兰蒂喜欢上了她的妹夫，但是她不承认，反而觉得是她的妹夫被自己吸引
反向形成：一种个体的外在行为或情感表现与其内心的动机欲望完全相反的心理防御机制	查理不自主地喜欢上了一个男人，但是他却对外声称自己十分厌恶同性恋者
替代：一种个体将感受由感到威胁的情境转向不那么有威胁性的情境的心理防御机制	桑德拉被老板训斥，她回到家后把火气发到她丈夫身上
退行：一种个体应对压力情境时退回到儿童模式的心理防御机制	四岁的布兰妮在她父母又生了一个新孩子之后，开始尿床了
认同：一种个体试着变成其他人来应对焦虑	萨曼莎非常喜欢学校里最受欢迎的女孩艾米莉，于是开始模仿她的行为和衣着
补偿：一种个体在某一方面的不足使其在另一方面很卓越的心理防御机制	伊森不擅长体育，所以他把所有精力都用在学术上
升华：一种将社会不能接受的冲动转变为社会可接受行为的心理防御机制	雷德非常暴躁好斗，最终成了一名著名的武打明星

◎ 女性偶尔会被要求使用这样的贞洁带，以阻止性交和自慰。贞洁带上的开口可以用于排尿或排便，但是它们的大小和设计（比如这个图上的金属尖刺）则让性交和自慰不那么容易进行。

形成肛门排泄型人格，这样的人看上去脏乱并且有一定程度的破坏性和敌意。但是另一些小孩，会选择被动的反叛——拒绝排泄或者憋住不排泄，因为不弄脏就不会有惩罚。长大后，他们是小气而固执的，而且极其整洁。这种类型被称为肛门控制型人格。

性器期（3～6岁） 随着小孩长大，性欲区转移到生殖器。这时小孩已经能发现性别间的差异，大部分可以进行生殖器的自我刺激或者手淫。可以想象，维多利亚时代的父母见到小孩手淫时会有多么惊愕。那个时代的人认为，手淫会导致各种形式的罪恶，包括心理疾病。

这种性好奇的觉醒和对生殖器的兴趣是弗洛伊德所称的**性器期**（phallic stage）的开始［“性器”（phallic）这一词来源于希腊语“phallos”，意思是“阴茎”］。弗洛伊德认为，当小男孩发现邻家的小女孩没有阴茎时，会形成对丢失阴茎的恐惧，被称为阉割焦虑，而女孩会形成阴茎羡妒，因为她们没有阴茎。如果你觉得关注男性解剖很奇怪，请考虑当时的年代——那个时代的西方世界是由男性主导的。幸运的是，几乎所有的心理学家都放弃“阴茎羡妒”这一概念。性器期的冲突集中于儿童性欲感觉的觉醒。弗洛伊德认为这一阶段的男孩对他们的母亲产生性吸引且嫉妒他们的父亲，这一现象被称为**俄狄浦斯情结**（Oedipus complex，俄狄浦斯是悲剧灾难中的国王，他杀了自己的父亲并与母亲结婚）。

性吸引不仅是成年男性对女性的感受，更多的是与男孩对母亲的爱和喜欢这些感受交织在一起的性好奇。当然，他对父亲的嫉妒会导致焦虑和恐惧，他的父亲是一个强大的权威形象，可能会很生气并且做出很恐怖的事情——想到阉割焦虑了吗？为了应付这种焦虑，到性器期结束时会发生两件事。男孩会抑制对其母亲的性欲感觉并认同他的父亲（**认同**，是一种应对焦虑的防御机制）。男孩试图在各个方面像他的父亲，将他父亲的行为、习惯、价值和道德信念当成自己的，这样父亲就不会对男孩生气。女孩同样也经历了相似的过程，被称为**伊拉克特拉情结**（Electra complex，即恋父情结），父亲是她们喜爱的对象而母亲是竞争对手。认同的结果就是超我的发展，对同性别父母的道德价值内在化。

事情出错时会发生什么？如果小孩没有认同同性别父母，或者不同性别的父母鼓励小孩性吸引，就会产生固着。性器期的固着通常包含成人后不成熟的性态度。根据弗洛伊德的理论，固着在这一阶段的人，通常表现出混杂的性行为并且特别虚荣。虚荣心是为了掩盖因解决复杂关系时的失败而产生的低自我价值感，缺乏品行端正的性行为来源于认同的失败和超我的不恰当构造。并且，固着在此的男性可能是“奶嘴男”，永远不会长大，而女性会找比她们大得多的像父亲的人结婚。

潜伏期（6岁到青春期） 回想在性器期结束时，孩子以另一种防御反应——压抑——将对异性父母的性欲感受进入无意识。从六岁到青春期的到来，孩子会停留在隐藏或者使性欲感受潜伏的这一阶段，所以这一阶段被称为**潜伏期**（latency）。在这一阶段，儿童长大，智力、身体和社会化得到发展，但不包括性。在这一阶段，男孩与男孩玩，女孩与女孩玩，并且都认为异性是糟糕的。

生殖期（从青春期开始） 青春期开始时，之前抑制的性欲感受不再被忽视。身体发生变化，性驱力一再进入意识，但是这些性驱力的目标不再是父母。相反，性好奇和性吸引的对象成了其他青少年、明星或其他爱慕的对象。

既然弗洛伊德将人格发展与性发展联系起来，那么生殖期代表在弗洛伊德人格理论中的最后过程，并且代表着开始进入成人社会，开始出现性行为。

新弗洛伊德主义和心理动力学观点

一开始，弗洛伊德的观点被越来越多的医生和心理学家抵制和嘲笑。最终，一些早期的精神分析学家对弗洛伊德强调生物尤其是性的立场提出反对，从对精神分析理论严格的解释中脱离出来，相反，将**精神分析**（psychoanalysis，弗洛伊德使用这一术语来阐释无意识心理的作用和人格的发展以及基于这一理论的治疗）的关注点转移到社会环境的影响上来。与此同时，他们保留了许多弗洛伊德原始的概念，如本我、自我、超我以及防御机制。

新弗洛伊德主义者

这些早期的精神分析学家被称为**新弗洛伊德主义者**（neo-Freudian），或者新的弗洛伊德精神分析学家。以下部分将简要介绍一些著名的新弗洛伊德主义者。

荣格 卡尔·古斯塔夫·荣格（Carl Gustav Jung）在无意识心理的本质方面反对弗洛伊德的观点。荣格认为，无意识不仅仅是个人恐惧、欲望和记忆。他认为不只有弗洛伊德所说的**个人无意识**（personal unconscious），还有**集体无意识**（collective unconscious）。

根据荣格理论，集体无意识包含一种物种或种族的记忆，在许多民间传说或者文化中存在着对古老恐惧或主题的记忆。这些集体的普遍的人类记忆被荣格称为**原型**（archetype）。原型有许多，但是最出名的两个是“阿尼玛”（男性的女性化一面）或“阿尼玛斯”（女性的男性化一面）和“影子”（人格的黑暗面，在西方文化中被称为魔鬼）。展示给世界的人格面被称为“人格面具”。

阿德勒 阿尔弗雷德·阿德勒（Alfred Adler）同样反对弗洛伊德对性在人格发展中的重要性的过分强调。阿德勒提出一个理论认为，和所有年幼无助的小孩一样，同比自己更强大、更优越的成人比较时，任何人都会产生自卑心理。阿德勒认为，人类所有的行为、情绪和想法背后的驱力不是寻找快乐而是寻找优越性。阿德勒理论中重点描绘了“补偿”这一防御机制。补偿是指，人们试图通过在另一个领域内努力变得优越来克服在一个领域的自卑心理，这种观点是阿德勒理论中的主要观点（见表11–1）。

霍妮 卡伦·霍妮（Karen Horney）与弗洛伊德在男女差异的观点上不合，并且极力反对“阴茎羡妒”这一概念。她提出“子宫羡妒”的概念，认为男人在其他领域取得成功是为了需要补偿他们不能生小孩的缺陷。

霍妮关注的是儿童的**基本焦虑**（basic anxiety）而不是性，即儿童出生后进入比他们本身更大且更强大的世界时产生的焦虑。当儿童的父母给予他们爱、喜爱和安全时，儿童会战胜这种焦虑，而其他没有安全感的教养会形成**神经症人格**（neurotic personality）并且在处理人际关系时适应不良。根据霍妮的理念，如果儿童通过接近别人来克服焦虑，就会变得依赖和黏人。如果儿童通过反对别人来克服焦虑，就会变得好斗、苛求和残酷。第三种应付方式是，通过退出人际关系来远离别人。

埃里克森 艾瑞克·埃里克森（Erik Erikson）本是一名艺术教师，跟随安娜·弗洛伊德学习后成为一名精神分析师。他同样反对弗洛伊德重视性这一观点，而重视在生命的各个阶段都非常重要的社会关系。我们曾在第8章中详细探讨过埃里克森的“心理社会八阶段理论”。

◎根据霍妮提出的三种儿童应对焦虑的方法，你认为这个孩子会采取哪一种方法呢？

听起来好像是这些理论家都是通过抛弃弗洛伊德的一些最初构想而出名的。那么弗洛伊德的理论还值得进一步学习吗？

弗洛伊德的现代观点以及心理动力学流派 尽管弗洛伊德的精神分析理论与当今的性随处可见的世界不相符，但他的许多概念仍有用且构成了许多现代人格理论和心理动力学视角的基础。防御机制这一观点有研究支持，并且在临床心理学中非常有用，因为它提供了一种方式来解释人们的防御性行为和非理性的想法。"无意识心理"这一概念也有一些研究支持。

在弗洛伊德时期，无意识心理指导行为这一观点看似奇怪，但现代研究认为，常规意识之外的无意识会对人类行为产生影响。尽管许多这类的研究发生在催眠和阈下感知的领域中，其他研究者着眼于内隐记忆和内隐学习。

现在是指出弗洛伊德理论的一个非常重要事实的好时机：他没有通过实验来得出关于人格的结论，他的理论是基于他自己对许多病人的观察（个案研究）而得出的。在通过病人关于童年和生活经历的细节记忆来得出他的假设的基础上，弗洛伊德通过解释病人的行为和回忆来发展他精神分析的理论。他可以自由地解释病人告诉他的童年事件是幻想的还是真实的，这取决于那些记忆与他的发展理论的吻合程度。例如，弗洛伊德的许多病人告诉他，她们被自己的父亲、兄弟以及其他亲近的家庭成员性侵。很明显，弗洛伊德不能接受这些记忆是真实的，从而认为它们是虚幻的，并将它们归为俄狄浦斯情结的基础。实际上，当面对公众和来自他德国同事的专业批评时，他修订了最初对病人虐待记忆的认识，并认为虐待是真实的。

弗洛伊德对病人问题的解释基于对梦和病人自由联想（谈论任何事情，不需要恐惧负性反馈）结果的解读。这些信息来源通常被批评为含糊不清的，且没有科学地支持他解释的有效性。信息来源的模棱两可使弗洛伊德将病人的话和回忆贴近自己更倾向的解释，并且增加了他对病人的建议和解释改变病人实际记忆的可能性。在治疗时，病人无疑处于一种易受影响的心理状态中。

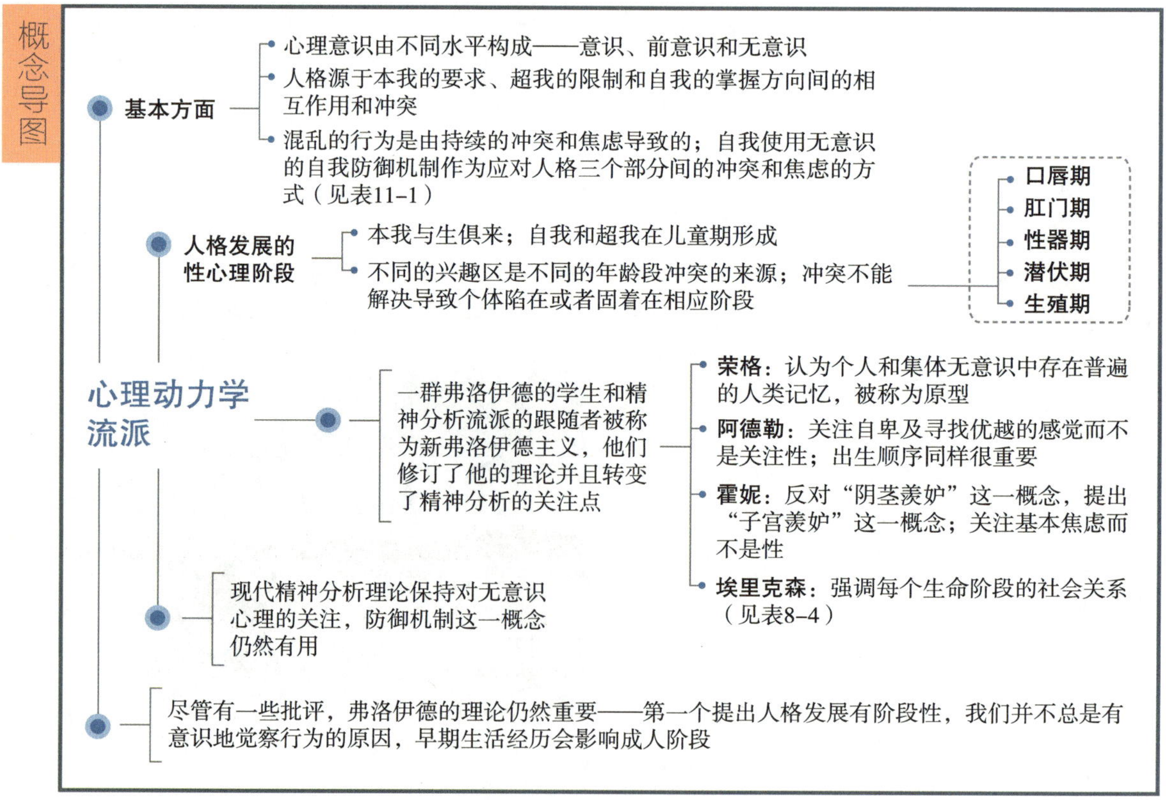

对弗洛伊德理论的另一个批评关注人们的梦、回忆和精神分析所基于的意见。弗洛伊德的临床病人几乎都是富有的、生活在性压抑的维多利亚时代的奥地利女性。评判者指出，将他的理论建立在对这一群病人的观察之上增加了他强调性作为人格一切问题来源的可能性，因为这个社会阶层和时代的女性通常是性挫败的。弗洛伊德很少有不符合这种描述的病人，所以他的理论是基于性挫败而得出的。

尽管现代许多专家对弗洛伊德的理论持怀疑态度，但他对现代社会的影响仍不容忽视。弗洛伊德的概念影响了文学、电影甚至是儿童动画片。那些没有参加过心理学课程的人对弗洛伊德最基本的一些概念（如防御机制）很熟悉。他同样是第一个强调童年经验在人格发展中重要性的理论家——尽管他从未研究过儿童。

直到最近几十年，人们才有可以检验“无意识心理”这一概念的工具。你只能想象，在基于人脑研究的工作和现代社会的变化下，弗洛伊德可能会如何修订他的理论。

思考一下

你认为心理动力学理论的哪些部分与当今世界有联系？有没有某位新弗洛伊德主义者的理论吸引了你，如果有，为什么？

人格的行为主义和社会认知视角

在弗洛伊德理论震惊西方世界的同时，另一个心理学流派的影响也很大。我们在第5章中比较详细地探讨了经典条件反射和操作性条件反射。行为主义者（使用条件反射原则来解释人类和动物行动和反应的研究者）以及社会认知理论家（强调社会和认知因素对学习影响的研究者）对人格有非常不同的观点。

学习理论

对于行为主义者，人格无非是一组习得的反应或**习惯**（habit）。华生和斯金纳严格的传统观点认为，人或动物做的每件事都是对一些环境刺激的反应，并且通过一定形式的奖赏来强化或增强。

那么，奖赏特定行为的模式如何最终成为一些人格模式的一部分？

想一想，传统的行为主义者可能会如何解释害羞的人格。从儿童时期开始，一个人可能就会受到父母相当严厉的纪律约束（刺激）。避免被父母注意到可能会获得更少的惩罚和责骂，所以回避反应就被消极（负面）强化——通过保持看不见和安静来避免不好的事情或惩罚。之后，这个小孩可能会将回避反应普遍化到其他权威人物和成人（如老师）身上。以这种方式，害羞的模式（习惯）就会形成。

当然，当今许多学习理论家不仅仅使用经典条件反射和操作条件反射来解释被称为人格的行为模式的发展。**社会认知学习理论家**（social cognitive learning theorist）强调他人行为和个人期待对学习的重要性，认为观察学习、建模以及其他认知学习技巧能形成人格模式。

一个受到更充分研究的学习理论就是艾伯特·班杜拉的社会认知理论，包含认知过程影响行为这一概念。**社会认知观点**（social cognitive view）认为，行为不仅受外界刺激和反应模式的影响，还受认知过程如期待、判断、记忆以及通过榜样模仿的学习控制。你可能还记得班杜拉基于他的波波玩具研究的观察学习和模仿模式的工作。

班杜拉的交互决定论和自我效能

班杜拉认为，有三个彼此影响的因素决定构成人格的行为模式：环境、行为本身和个人或认知因素（个人从早期经验中获得的），见图11-2。这三个因素通过交互或者相互交换的关系相互影响。班杜拉将这种关系称为**交互决定**（reciprocal determinism）。

从图11-2中可以看出，环境包括实际的物理环境、出现或者不出现的他人以及在那些环境中受强化的可能性。行为的强度和频率不仅受环境影响，还会影响环境。人会将先前的强化反应（即人格）和心理过程（如思考和期待）

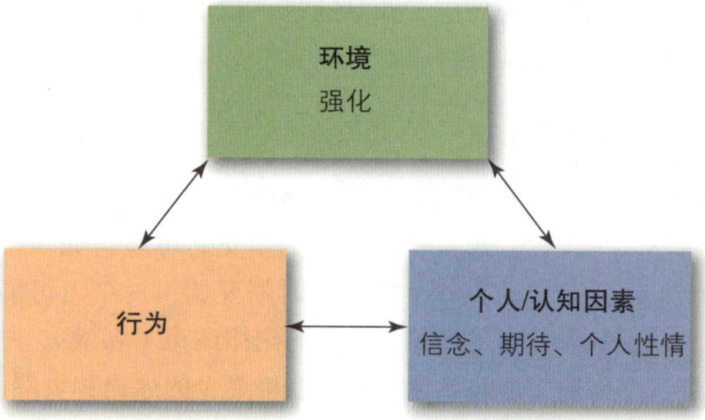

图 11-2 交互决定论

◎班杜拉的交互决定论模型认为，有三个因素影响行为：环境，包括物理环境以及强化的可能性；个人（过去获得奖赏的个人 / 认知特征）；行为本身，在特定的时间和场合可能会获得强化，也可能不会。

带到环境中。

以下阐释了这是如何发生的：理查德走进教室，其他同学都在教室里，但是老师不在（这就是环境）。理查德的部分个性特征包括通过大声讲话和讲笑话来吸引其他同学注意的需要，对他来说，这些办法在过去是有效的（过去的强化是他的部分认知过程，或者期待他的行为会得到奖赏）。同样，在过去，他发现当没有权威人物在场时他能获得更多的注意。他的行为最可能是开始说话并讲笑话，如果他获得他期待从其他同学那里获得的反应，这种行为就会继续。如果教师走进来（环境改变），他的行为就会改变。如果其他同学不笑，他的行为也会改变。将来理查德可能不会采取同样的方式，因为他期待的奖赏（他的个人变量的认知成分）不同了。

班杜拉提到的一个更重要的个人变量是**自我效能**（self-efficacy），即在任何特定的环境中个人对他的努力能实现目标的有效性期待（自我效能与自尊不是同一个概念，自尊是指个人对他的价值感的正性评价）。

人们的自我效能感可以高也可以低，取决于过去在同样的环境中所发生的成功或者失败，还取决于他人对他们能力的评价，以及他们自己对自我能力的评价。例如，如果菲奥纳有一个机会写一篇能获得额外学分的论文来提高她的心理学成绩，如果她的自我效能高，她就会很乐意这样做：以前她在类似论文中取得好成绩，她的老师告诉她，她写得很好，而且她也知道自己可以写一篇好论文。根据班杜拉的观点，自我效能高的人更坚持并期待成功，而自我效能低的人预计失败，因此会避免挑战。

罗特的社会学习理论：期待

朱利安·罗特（Julian Rotter）基于桑代克效果率的动机基本原则提出了一个理论：人们有寻找强化、避免惩罚的动力。他把人格看作一组相对稳定的对不同情况的可能反应。如果在过去，一种特定的反应方式带来了强化或者愉悦的结果，这种反应方式就会成为反应模式，学习理论家便会将其看作人格的一部分。

罗特的观点认为，一种非常重要的反应模式是**控制点**（locus of control），即人们对在他们生活中能否控制事件和结果的假设的倾向性。

认为自己的行为和决定直接影响体验的结果的人被称为内控型，而认为他们的生活主要由有影响力的他人、运气或者命运控制的人被称为外控型。罗特将内控型高的人与高成就动机（希望在任何一项任务中获得成功）这一人格特征联系起来。那些很快就放弃的人或者将他们的生活事件归结于外部原因的人会陷入习得性无助和抑制的情形中。

跟班杜拉一样，罗特同样认为，因素的交

◎根据洛特的观点，这个女孩最可能体验到的控制点模式是什么？

概念导图

- 对行为主义者而言，人格是一组习得的反应和习惯，通过经典条件反射和操作性条件反射得到
- 社会认知的观点认为，学习（个体对榜样的模仿）和认知过程（例如期待、判断和记忆）都重要
  - **班杜拉：**自我效能的概念；认为三个因素非常重要：环境、行为本身和来自早期经验的个人或认知经验；每种因素以交互的方式影响另两个因素——交互决定论（见图11-2）
  - **罗特：**理论基于桑代克效果率的动机原则；人格是一组对各种情形可能的反应，包括个人的控制点（内部还是外部）和期待

行为、社会认知的观点

互作用会决定行为模式，最终形成个人的人格。罗特认为，有两个关键因素影响个人在特定情形中以特定方式行事的决定：期待和强化值。**期待**（expectancy）与班杜拉自我效能的概念非常相似，指的是特定行为会引起强化结果的个人主观感受。高的成功期待与高的自我效能感相似，同样基于过去成功和失败的经验。强化值指的是相对于其他所有可能的强化结果，个体对特定强化物的偏爱程度。那些会吸引我们的食物或环境比其他强化物有更高的强化值。

对人格的社会认知视角的当前看法

行为主义者对人格形成的解释有其局限。经典理论在解释行为时没有将心理过程考虑在内，而且也没有重视社会对学习的影响。人格的社会认知观点不像传统的行为主义者，包括了社会和心理过程以及它们对行为的影响。与精神分析不同，这一理论的概念可以在科学条件下进行检验。一些最新的研究探究人们的期待如何影响他们对自己消极情绪的控制。尽管一些批评认为，人格和行为太过复杂，以至于无法将其解释为认知和外部刺激交互作用的结果。还有一些人指出，这一观点能够发展基于学习理论的治疗，学习理论对于改变不良行为是有效的。

第三势力：人本主义和人格

在第 1 章中曾提到，在 20 世纪中期，弗洛伊德心理动力学理论的悲观主义，强调冲突和肉欲需要；行为主义强调行为的外部控制，诞生了心理学的第三种势力：**人本主义流派**（humanistic perspective）。

罗杰斯和人本主义流派

人本主义者如卡尔·罗杰斯和马斯洛希望心理学关注于如“主观情绪”和“自由选择自己的命运”这些使人成为独特的人的东西。由于我们在第 9 章中详细地探讨了马斯洛的理论，因此在这章探讨人格的人本主义观点将关注卡尔·罗杰斯的理论。

马斯洛和罗杰斯都认为，人类总是努力实现他们的天赋才能和能力，实现遗传潜力。这种争取实现的倾向被称为**自我实现倾向**（self-actualizing tendency）。人类自我实现的一个重要工具就是自我形象的发展或者**自我概念**（self-concept）。自我概念是基于别人的描述以及**自我**

◎“它总是‘坐’‘歇’‘靠’，从不‘想’‘创新’‘做自己’。”

资料来源：The New Yorker Collection 1990 Peter Steiner from cartoonbank.com. All Rights Reserved.

（self）对生命中重要人物（如父母、兄弟姊妹、合作者、朋友和老师）的话语和行动的感知。

现实和理想自我

自我概念的两个重要成分是**现实自我**（real self，指个人对特征、特质和能力的真实感知，形成了达成自我实现的基础）和**理想自我**（idea self，指对一个人应该成为或者想成为的形象的感知）。理想自我主要来自人生命中那些重要的杰出的他人，最普遍的是父母。罗杰斯认为，当现实自我和理想自我非常接近或者彼此相似时，人们会感到有胜任力，但是当现实自我和理想自我不吻合时，就会引起焦虑和神经症行为（见图 11–3）。

如果这两部分自我最初时相差不大，那么二者很可能是吻合的。当一个人对现实自我有现实的看法，而且理想自我实际上可以达到时，通常就不存在不吻合的问题。当个人对自我的看法扭曲或者理想自我不可能实现时，就会出现问题。此外，在一个人的生命中的重要人物（可以是好的影响，也可以是坏的影响）对于个人决定现实自我和理想自我的吻合程度也是重要的。但是，随着个体的成长，他们越来越少地从他人那里获得认可，而是越来越关注自己的生活是否舒适。

有条件和无条件的积极关注

罗杰斯将**积极关注**（positive regard）定义为来自在个人经历中杰出他人（父母、钦佩的成人、朋友和老师）的热情、喜欢、喜爱和尊重。积极关注在人们应对压力和努力、取得自我实现的能力中起到重要作用。罗杰斯认为，没有附带条件的**无条件的积极关注**（unconditional positive regard）或者喜爱、喜欢和尊重，在人们充分探索自我潜力时是必须的。不幸的是，一些家长、配偶和朋友给予的是**有条件的积极关注**（conditional positive regard），是指喜爱、喜欢、尊重和热情取决于或者看似取决于做了他们希望的事情。

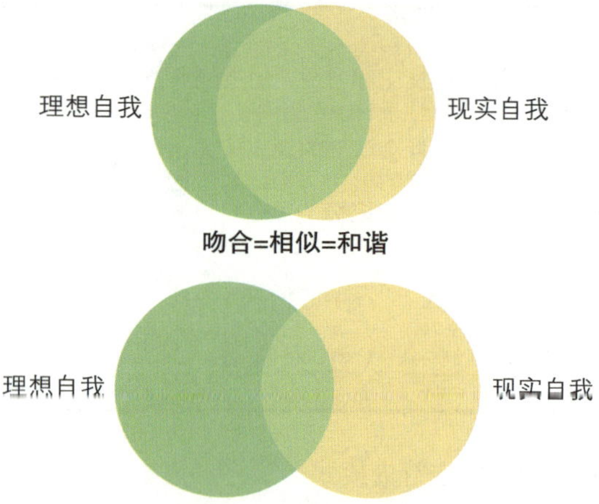

图 11–3　现实和理想自我

◎ 根据罗杰斯的观点，自我概念包括现实自我和理想自我。现实自我是一个人对特质和能力的真实感知，而理想自我是一个人想成为或者对他认为他应该成为的形象的感知。当理想自我和现实自我非常相似（吻合）时，人就会体验到和谐和满足。当二者不吻合时，人就会体验到焦虑，并可能出现神经症行为。

下面是一个例子：萨莎是一名大一新生，她想成为一名数学老师、计算机程序员或者小学老师。凯伦也是名大一新生，已经清楚自己以后会成为一名医生。萨莎的家长告诉她，无论她想做什么都由她自己决定，无论怎么样他们都会爱她，而凯伦的家长在她很小的时候就清楚地告诉她，他们希望她成为一名医生。如果她试图选择其他职业，她就会处于强烈的情绪中——她会失去家长的爱和尊重。萨莎的家长给予她的是无条件的积极关注，而凯伦的家长（无论他们是否有意这样做）给予的是有条件的积极关注。凯伦显然没有萨莎那种来开发她的潜能和能力的自由。

对罗杰斯而言，如果一个人处于自我实现的过程中，能主动开发潜能和能力，体验到在现实自我和理想自我之间相吻合，就是一个**机能充分发挥的人**（fully functioning person），能触及他们自己的感受和能力，并且能够信任内在的要求和直觉。要成为一个机能充分发挥的人，需要无条件的积极关注。对罗杰斯而言，凯伦不是一个机能充分发挥的人。

什么样的人被视为机能充分发挥的人？它和自我实现一样吗？

尽管这两个概念高度相关，但二者之间仍存在一些细微的差别。根据马斯洛的观点，自我实现是人们通过努力取得的目标。对罗杰斯而言，只有机能充分发挥的人才能够达成自我实现的目标。机能充分发挥是自我实现过程中的必要一步。马斯洛列出了一些他认为达到了我实现的人，例如，阿尔伯特·爱因斯坦、圣雄甘地、埃莉诺·罗斯福。马斯洛认为这些人具备如创造力、自主、公平的自我实现的特质。在罗杰斯看来，这些人相信自己的真实感受和内心深处的需要而不是追随大众，这些描述当然适用于这三个人。

◎这两位自豪的父母正在给他们的女儿提供无条件的积极关注。

人格的人本主义观点的现代思潮

人本主义将人格描绘成非常乐观的图景。一些批评认为，这些图景有一点过于乐观，忽视了人本性的消极（负面）方面。例如，人本主义理论能轻松解释缺乏道德心和道德天性的反社会人格的发展吗？人本主义者能够解释恐怖分子背后的动机吗？

同样，很难对人本主义理论进行科学的验证。很少有研究支持它的观点，这一观点更像是人类行为的哲学观而不是心理学解释。人本主义理论最大的影响在于，它形成了提升自我成长的治疗，帮助人们更好地了解自己和他人。

尽管存在这些显而易见的缺点，人本主义心理学仍然是很多积极心理学的基础。“积极心理学”（positive psychology）这个概念于1954年第一次被马斯洛提出，那个时候他强调心理学应当关注于人类的潜力而非问题。不管怎样，积极心理学领域自身已经出现得更频繁了，它尽量了解人类是如何在困难时期繁荣昌盛的，并且关注会产生积极体验的主观的、个体的和群体的因素。积极心理学和人本主义都关注人类的潜能、认同力量，以及作为人的积极方面。

概念导图

人本主义的视角

（继精神分析和行为主义之后的心理学的第三势力；基于罗杰斯和马斯洛的大量工作）

- **罗杰斯：**认为人类总是努力实现他们的内在潜能和能力（自我实现的倾向）
- **自我概念：**是基于个体如何看待自己的现实和理想自我，当两者相近或相似时，人们觉得自己有胜任力和能力；当两者不吻合时，就会产生焦虑和神经症行为
- **自我实现：**通过积极关注实现，尤其是无条件的积极关注
- 当现实自我和理想自我一致时，这个人被认为是机能充分发挥且能够达成自我实现目标的

特质理论：你是谁

之前介绍过的理论都试图解释人格是如何发展的，或那些内部或外部的因素是如何影响人格的。这些理论也会给心理学家和其他专家一些提示，那就是人格是可以改变的。但是，有些理论并不这样认为。

奥尔波特和卡特尔，列出并描述特质的早期尝试

特质理论（trait theory）较少关注对人格发展的解释和人格变化的解释，而关注对人格的描述和基于对人格的预测行为。**特质**（trait）是始终如一的、持续的思考、感受或行为的方式，特质理论依据个人的特质来描述人格。

奥尔波特

高尔顿·奥尔波特（Gordon Allport）最早尝试列举和描述构成人格的特质。奥尔波特和他的同事 H.S. 奥尔波特（H.S.Odbert）逐字查看字典，寻找可能表示特质的词，结果找到了约 18 000 个词，排除同义词之后缩减到 200 个。奥尔波特认为（虽然没有科学依据），这些特质照字面意义传到神经系统，指导人在各种情形下的行为，而每个人的特质星群是独特的（尽管奥尔波特的观点缺乏证据，但行为遗传学家找到了对人格特质受遗传影响的证据，这些发现将在接下来的内容中进行探讨）。

卡特尔和 16 项人格测试

200 个特质仍然是数量庞大的描述词库。雇主如何通过查看 200 个特质的列表来判断潜在雇员的人格？需要一种更简洁的描述人格的方式。雷蒙德·卡特尔（Raymond Cattell）定义了两种类型的特质：表面特质和根源特质。**表面特质**（surface trait）像奥尔波特发现的特质一样，表示容易被其他人看见的人格特征。**根源特质**（source trait）是位于表面特质之下的更为基本的特质。例如害羞、安静和不喜欢拥挤都是表面特质，与更基本的根源特质**内向性**（introversion）有关，即回避过度刺激的倾向。

使用统计技术在很多数据中寻找分类和共同性被称为因素分析，卡特尔借助这种方式发现了 16 种根源特质，尽管后来他发现还有 7 个根源特质，总共有 23 个，但他还是基于 16 种根源特质发明了评估问卷“16 项人格因素问卷”［*The Sixteen Personality(16PF) Factor Questionnaire*］。这 16 个根源特质是特质维度或连续统一体，两个末端是对立的特质，中间有许多不同程度的特质。例如，如果一个人的得分接近稳重 / 外向维度的稳重一端，就比那些得分在中间或者在对立端的人更为稳重。

现代的特质理论

当我们谈论某个人的人格时，16 种因素还是太多。后续的研究者试图把特质维度的数量减少到可控的层面，一些研究者得出了五个左右的特质维度。

大五人格：人格五因素模型（OCEAN）

这五个维度就是著名的**五因素模型**（five-factor model），或称**大五人格**（Big Five），代表人类人格的核心描述——也就是，理解什么是让我们做出选择的唯一维度（详见表 11-2）。

正如表中所示，这五个特质维度采用首字母缩略词“OCEAN”更容易记住，OCEAN 就是这五个人格维度的词的首字母。

- **开放性**（openness）可以被描述为一个人希望尝试新的事情，乐于接受新的体验。那些希望维持现状和不喜欢变化的人在开放性上得分较低。

- **尽责性**（conscientiousness）指的是一个人的组织和动机，在这一维度得分高的人往往很守时且对财物认真。在这一维度上得分低的人，可能经常在重要的社交场合迟到，或者借别人的东西忘记还或是损坏。

- **外倾性**（extraversion）是荣格最早使用的术语，他认为所有人都可以被分成两种人格类型：**外向型**（extravert）和**内向型**（introvert）。外向型是活泼和好交际的，而内向型更加喜欢独处且不喜欢成为被关注的中心。

表 11-2 大五人格理论

高分特征	因素（OCEAN）	低分特征
创造性、艺术、好奇、有想象力、不服从	**开放性（O）**	保守、实际、缺乏创造性
有组织、可靠、整洁、有雄心	**尽责性（C）**	不可靠、懒惰、冷漠、粗心大意、随意
多话、乐观、好交际、热情的	**外倾性（E）**	稳重的、喜欢独处、待在幕后
脾气好、可信任、乐于助人的	**宜人性（A）**	粗鲁、不合作、易怒、有侵略性、求胜心切
担忧、不安全、焦虑、喜怒无常	**神经质（N）**	平静、安全、放松、稳定

- **宜人性**（agreeableness）指的是一个人的基本情绪风格，一个人可能是随和的、友善的、令人喜爱的（在刻度的高分端），或者是脾气暴躁的、易怒的且不容易相处的（低分端）。

- **神经质**（neuroticism）指的是情绪不稳定性或稳定性。过度担忧、过度焦虑和喜怒无常的人在这一维度得分高，而那些脾气温和和平静的人得分低。

心理学家罗伯特·麦克雷（Robert McCcae）和保罗·科斯塔（Paul Costa）认为，这五个特质不是互相依赖的。换句话说，知道一个人在外倾性上的得分不会提供关于其他四个维度得分的任何信息，这一点为人格描述提供了很多变化。

对特质观点的当前看法

一些理论家发现，在不同的情形下人格特质并不总是以相同的方式表达。社会认知理论家沃尔特·米歇尔（Walter Mischel）强调，存在**人格特质和情境的交互作用**（trait-situation interaction），任意的特定情况下的特殊环境都会影响特质表达的方式。例如，一个外向型的人可能会在聚会上大笑、与陌生人交谈并讲笑话。如果在葬礼上，这个人仍然是善交谈和开放的，但是可能不会讲笑话和大笑。然而，五因素模型为区分人格结构提供了一种维度划分的取向（而不是分类的取向），这与最近的心理障碍诊断与统计手册中提到的可能诊断人格障碍的其他取向是一致的。

五因素模型被很多研究者研究和测试过。最近，科林·德扬（Colin DeYoung）博士和他的同事研究发现，在人脑中的确存在一些区域与特定人格特质有关。通过使用关于大五人格特质问卷和结构核磁共振成像技术，德扬和他的同事发现，外倾性特质与大脑的中央框额叶皮层（在前额叶下面，眼睛的正上方）更大的脑容积有关。这个区域与识别奖赏信息的价值有关。神经质与大脑中与对威胁、惩罚和负性情绪的反应有关的区域的小容积有关。这些脑区包括背内侧前额叶皮层（前额叶皮层的上部和中部）和左后侧海马体。神经质也与大容积的中扣带皮层（大脑边缘系统的皮质）有关，这个区域与错误检测和疼痛反应有关。

那些与行动的意愿和心理状态有关的大脑区域与宜人性相关，在宜人性上得分较高的个体的后扣带回皮层上有更大的容积，而左上颞沟的容积更小。尽责性似乎和左侧前额叶皮层有关，这个区域在前额叶的侧面，与计划、工作记忆和行为的有意控制有关。这个研究也尝试寻找了可能与开放性有关的脑区，但是没有找到。这个研究和其他与之相似的研究是正在不断成长的人格神经科学领域的一部分，并且是连接人格与生理基础以及大脑功能的重要一步。

但是不同文化下的人们是否具有相同的特质结构？尽管存在着区域性的差异，但是一个选取了 56 个国家进行的跨文化研究发现，在世界上所有主要的文化下，都存在这五个特质维度。除此之外，这些维度似乎不仅存在于不同的文化和语言中，甚至在自评与他评下依然稳定。这些文化共性提出了五因素模型的起源问题：是因为这些文化的儿童教养方式很相似所以导致人格五因素，还是因为这五个因素的遗传成分超过了文化差异？下一部分会讨论人格五因素的遗传基础的证据。

概念导图

特质人格理论

- 特质是始终如一的、持续的思考、感受或行为的方式；特质理论尝试以人的特质来描述人格
- **奥尔波特**：认为照字面意义有200种特质传到神经系统来指导人的行为
- **卡特尔**：形成表面特质和根源特质的概念；通过因素分析识别出16种根源特质（后期认为有23种）；形成识别原始16种特质维度的评估问卷（16PF）
- 一些研究组的工作结果形成人格的**五因素模型**（大五人格理论，OCEAN）：开放性、尽责性、外倾性、宜人性、神经质（见表11-2）
- 米歇尔和其他研究者认为，存在人格特质和情境的交互作用；在不同文化中存在大五特质维度的证据

人格：基因和文化

我们的人格在多大程度上是遗传的？

你最近的一次与其他家庭成员在一起是什么时候？是一次重聚吗？或者你只是第一次见到某个其他成员？你是否发现不同的家庭成员在互动、交谈或行动上有什么相似点？这个部分会介绍人格自然的一面，或者说，是我们的人格与父母或亲属相关的程度。

行为遗传学

行为遗传学（behavioral genetics）领域致力于研究个人的人格在多大程度上取决于遗传特质。动物饲养员很早就知道，对某些有理想特质的动物进行选择性育种，不仅在大小、皮毛颜色和其他生理特征上发生改变，还能使动物的气质发生改变。正如本章早些提到的，气质包括一个人与生俱来的特征，因此，在很大程度上由生理决定。如果动物的气质受遗传特性操纵的影响，那么只要再进一步就可以假设，与人的气质有关的人格特征同样受遗传的影响。

◎吉姆双胞胎詹姆斯·阿瑟·斯普林格和詹姆斯·爱德华·刘易斯，虽然他们出生后不久就分开了，在39岁时才团聚，但他们在人格和个人习惯上表现出了许多相似性。除了用遗传可以解释他们部分相似的原因外，还有哪些因素会起作用？

动物饲养者比研究基因对人类行为的影响的研究者有优势。饲养动物的人能够控制特定动物的交配以及动物生长的环境。人类研究在伦理和实际上都不能进行一定程度的控制，所以必须依靠自然和概率性用实验研究双胞胎和被收养的人。

双胞胎研究

同卵双胞胎和异卵双胞胎的差异在第8章中讨论过。正如之前讨论的，同卵双胞胎的遗传物质100%相同，来自同一个受精卵，而异卵双胞胎的遗传物质只有50%相同，和其他的兄弟姐妹一样多。通过比较同卵双胞胎和异卵双胞胎，尤其是双胞胎不在同样的环境中长大的情况（如开篇故事中的双胞胎吉姆），研究者可以寻找遗传对不同特质的影响，包括人格（见图11-4）。

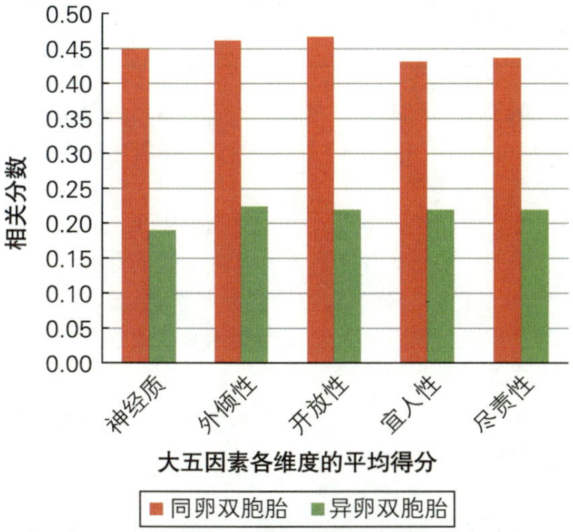

图 11-4 同卵双胞胎和异卵双胞胎的人格

◎同卵双胞胎和异卵双胞胎在表达大五人格因素的方式上不同。一项针对 696 对双胞胎的研究发现，同卵双胞胎在自评的大五人格量表上，各维度间有 45% 的相关，而异卵双胞胎只有 22% 的相关。这些结果支持人格的一些方面有遗传基础。

资料来源：Kandler et al.（2010）.

明尼苏达州双胞胎研究的结果表明，同卵双胞胎比异卵双胞胎或者其他没有关系的人在智力、领导能力、遵守规则的倾向和赞成传统文化期待的倾向上，在养育、共情和自信以及攻击性上更接近。甚至在不同的环境中长大的双胞胎，仍然存在这些共同性。

领养研究

行为遗传学的另一种工具是研究领养儿童和他们的领养和出生家庭。如果研究不同环境中长大的遗传相同的双胞胎，能够帮助理解人格的遗传影响，对成长在相同环境中不相关的人的研究能够帮助理解环境的影响。通过比较领养儿童与他们的养父母和兄弟姐妹，以及在可能情况下比较领养儿童与没有抚养他们的亲生父母，研究者可以发现环境和遗传对人格的影响。

领养研究证实了双胞胎研究的结果：人格发展中遗传影响起主要作用，不管是否有相同的成长环境。这类研究证实，害羞和攻击性存在遗传基础。

对于人格的遗传性的近期发现

关于基因研究的一个重要方面是遗传性的概念，或者说是某些在人群中的特质有多少受到了遗传因素的影响，以及个体在遗传上的差异影响外在行为的程度。一些研究发现，五因素模型中的五个人格因素在不同文化中有近 50% 的遗传可能性。人格特质与精神病理学的关联也被通过基因技术进行了研究。结合明尼苏达州双胞胎的研究和其他研究结果，关于遗传和人格的研究表明，人格特质的变异有 25% ～ 50% 是遗传决定的。这同样表明环境影响显然占据了人格变异的一半。

尽管在不同的文化中发现了五个因素，但这并不意味着不同的文化对人格没有影响。更多关于这一话题，请看下面的“心理学经典研究”专栏。

人格的作用：应对压力和生活挑战

人格会影响到我们日常生活的方方面面。从我们穿什么衣服，到交什么朋友，甚至吃什么食物，人格都会起作用。不过，如果是生活的挑战呢？比如，上课时间在停车场里找车位，发现第二天就是研究报告的截止日期可你还得打工，或者是一些更严重的生活问题，比如你刚刚丢了工作或是爱人生病。个体解释这种情境或压力事件的方式、他们选择处理这些压力源的方法，以及这些事件最终的影响，会随着个人认知因素和人格不同方面的差异而不同。在这个部分，我们将讨论人格和相关因素是如何影响我们面对这样的挑战和处理这样的压力的。

压力的认知因素：拉扎勒斯提出的情绪的认知评价理论

认知心理学家理查德·拉扎勒斯（Richard Lazarus）提出了一种关于压力的认知观点，被称为情绪的认知评价理论，即个体如何认识和评价一个压力源是影响压力紧张程度的主要因素。根据拉扎勒斯的观点，在评价一个压力源的威胁或伤害的程度以及个体如何应对压力时，

心理学经典研究

吉尔特·霍夫斯塔德的文化人格四维度

在20世纪80年代的早期，组织管理专家吉尔特·霍夫斯塔德（Geert Hofstede）对跨国IBM公司的雇员展开了大量关于工作相关价值的研究。这项研究调查了世界上64个国家的员工。霍夫斯塔德分析了收集到的数据，发现了随文化变化的四个基本的人格维度。

1. **个人主义和集体主义**：个人主义文化倾向于松开个体间的约束，人们只关心自己和他们的直系亲属。这一文化中的成员基于共同的活动和兴趣来交朋友，可能属于许多不同的宽松的社会组织群体。高度重视自主、变化、年轻、个人安全和平等。在集体主义文化中，人们从出生就根深蒂固地认为自己属于内部群体，代表性的大家庭包括祖父母、阿姨和叔叔、表兄弟姐妹。人们高度重视对家庭的忠诚，对家庭的关心放在自我关心之前。群体成员局限于几个永久的群体，这些群体对个人有深远的影响。这类文化的价值是责任、命令、传统、尊敬老人、群体安全、尊重群体地位和层级。美国、英国是个人主义文化的例子，日本、中国、韩国、墨西哥，以及中美洲的国家是更为集体主义的。

2. **权利差距**：这一维度指的是一个文化中权利低的成员接受甚至期望这一文化中的权利掌握在少数精选的成员中而不是均匀分布的程度。菲律宾、墨西哥、印度，以及许多阿拉伯国家的这类期望高，而奥地利、瑞典、澳大利亚、英国和美国的权利差距低。

3. **男子气/女子气**：指的是一个文化如何分配男性和女性的角色，在一个文化中，这一维度在男性中的变化大于女性。男子气文化是自信的和具有竞争性的，尽管针对的更多是男性而不是女性，女子气文化是谦逊的和充满关怀的。在女子气国家中的男性和女性都有相同的关怀价值，但是在男子气国家中，女性没有男性那么有自信和竞争性，导致男子气国家的性别差异很大。日本、澳大利亚、委内瑞拉、意大利、瑞士、墨西哥、爱尔兰、牙买加、美国、英国和德国都是男子气国家，而瑞典、挪威、荷兰、丹麦、哥斯达黎加、南斯拉夫、芬兰、智利、葡萄牙、泰国和危地马拉被认为更为女子气。

4. **不确定性规避**：一些文化对不明确、模拟两可和松散的情况很宽容。不能容忍那些不确定性和缺少组织的文化，对多种安全和安全测量有严格的规则和法律，倾向于唯一真理的哲学/宗教信仰。更接受不确定的文化，对不同的观点更为宽容，规则更少。它们允许许多不同宗教信仰同时存在，且比那些不确定性规避国家的人的焦虑和情绪化更少。不确定性规避的国家有德国、葡萄牙、危地马拉、乌拉圭、比利时、萨尔瓦多共和国、日本、南斯拉夫、秘鲁，而那些不确定性容忍的国家有新加坡、牙买加、丹麦、瑞典、香港、爱尔兰、英国、马来西亚、印度、菲律宾、美国、加拿大和印度尼西亚。

科斯塔和麦克雷的大五人格维度不一定与霍夫斯塔德的维度存在竞争。霍夫斯塔德的维度是文化人格特质，而大五人格理论针对的是个体。

进一步讨论的问题

1. 你的文化是否被归入这些维度中的任何一个？如果是，你赞成赋予你用文化的人格维度吗？

2. 如果你的文化没有列出任何人格维度，那么你认为你的文化会落在哪个维度上？

概念导图

人格的生物基础
- 行为遗传学研究一个人的人格在多大程度上取决于遗传特质
- 同卵双胞胎在人格的许多方面都比异卵双胞胎更相似
- 双胞胎的领养研究证实，遗传影响在人格发展中起主要作用，不管是否共享环境
- 五因素模型的人格因素有近50%的跨文化遗传可能性；人格的变异有约25%~50%由遗传决定

人格：基因和文化

存在两个加工阶段。

初级评价

评价一个应激源的第一步叫**初级评价**（primary appraisal），包括评价压力源的严重程度和区分压力源是一种威胁（未来有可能引起个体紧张的事件）、一个挑战（需要面对或对抗的事件），还是已经发生的伤害或损失。如果一个压力源被评价为威胁，那么个体就可能会产生消极情绪，进而影响他处理威胁的能力。例如，一个没有好好阅读课本或记笔记的学生很可能会把即将到来的测验评价为一种威胁。如果压力源被视作挑战，那么个体就可能会找方式应对，这种做法更积极一些。比如，一个学生认真复习、阅读了并觉得自己对考试准备得不错，那么即将到来的考试对他说就可能是一个机会。

把压力源视为挑战而不是威胁，可以让我们更好地应对它。而把压力源视为一种挫折或想象有可能失败、被拒绝，就更有可能增强压力反应、消极情绪和难以应对的无力感。所以，要积极思考！

次级评价

在**次级评价**（secondary appraisal）中，个体察觉到威胁或伤害，肯定会估计他拥有的可能以应对这个威胁的资源。资源可以包括社会支持、金钱、时间、精力、能力或其他潜在的资源。如果个体认为他的资源充足，其压力程度就会较小；如果个体认为他的资源不足，其压力就会较大。还是用学生和即将到来的考试做例子，如果一个学生觉得他时间充足并且有能力在规定时间内理解资料内容，那他就会觉得压力较小；而那些觉得自己时间不够，或没有能力理解课堂上所有内容的学生就会觉得压力更大。

压力下的人格因素

当然，一个人怎么评估压力源与他的个性有很大的关系。野心勃勃或天生高焦虑个性特征的人，可能会给自己制造更多的压力，超过压力本身。20世纪30年代甚至是更早以前，心理学家已经有证据表明，个性特征是预测健康的重要因素。从1932年开始的一项纵向研究发现，人格对寿命的作用几乎与基因、生理或生活方式因素同样重要。其他研究也发现，那些活到90岁甚至超过100岁的个体，更倾向于放松、好相处、开朗并有活力。那些具有相反人格特质（比如攻击性、固执、呆板和紧张）的人，通常寿命都低于平均寿命。

那些个性品质与两种人格类型的某些因素存在关联。这两种人格类型影响着人们如何应对压力的方式，并且还与冠心病的发生有关。

A型人格与B型人格

在1974年，医学博士迈耶·弗里德曼（Meyer Freidman）和雷·罗森曼（Ray Roseman）出版了一本名为《A型行为与心脏》（*Type A Behavior and Your Heart*）的书。这本书讲述了横跨30年的关于特定人格特质对冠心病影响的研究结果。从那时起，大量研究者开始探索被弗里德曼称为A型人格和B型人格之间的关系。

拥有**A型人格**（Type A）的人都是工作狂。他们求胜心强，野心勃勃，讨厌浪费时间并且容易恼怒。他们总是感受到持续的压力并且力图一次性完成更多的事情。他们经常是成功的但是并不满足，他们总是想跑得更快、做得更多，他们很容易因为一点小事就不开心。典型的A型人格的个体会很难闲下来什么事情都不做——A型人格的人即使在度假时也要工作，他们会在海滩上用笔记本电脑或在车里打电话谈工作。

与之相反，**B型人格**（Type B）的人就没有那么渴望竞争，他们更随遇而安、不容易发怒，并且看上去总是放松和平和。B型人格的人如果带本书去海滩，那么他们更可能是拿它盖上脸挡太阳，而不是阅读。

在1961年，西方协作性团体研究评估了3500名男性并且追踪了他们八年。比如，被试会被问及他们是否赞成这样的叙述："我可以毫无罪恶感地休息。"这是典型的反映B型人格的表述。结果发现，A型人格的男性罹患心脏病的概率是 B 型人格的男性的三倍（见图 11-5）。

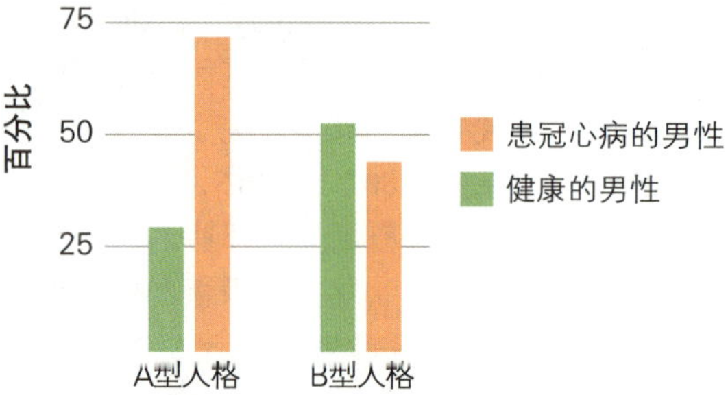

图 11-5 人格和冠心病

◎左边的两个竖条代表的是 A 型人格的男性。注意，在 A 型人格的男性中，跟 A 型人格的健康男性相比，他们有两倍高的可能性会罹患冠心病。右边的两个竖条代表的是 B 型人格的男性。B 型人格的男性健康得多；并且和 A 型人格男性相比，B 型人格罹患冠心病的人数更少。

资料来源：Miller et al.（1991,1996）.

弗雷明汉心脏研究（Framingham Heart Study）发现，对于职业女性来说，A 型人格职业女性得冠心病的可能性也是 B 型人格女性的四倍。一项研究把 A 型人格和心脏病之间关系的关键因素聚焦于一个关键个性特征——敌意。一个研究了 424 名接受过冠心病的探测术病人的研究发现，A 型人格与敌意都与心脏病有关。其中敌意是阻止动脉血到达心脏的更强有力的影响因素。

大量的研究支持敌意可以导致患冠心病的风险增加。一项以 4000 名年轻人为被试的研究探讨了敌意水平和心脏病风险，结果发现，在调查结束后的五年里，敌意上升的个体血压也上升，这是一种心脏疾病的风险因素。另一项研究探究了年轻男性的愤怒和早发冠心病风险的关联，结果发现，在研究结束后的 30 年里，与那些愤怒和敌意水平相对较低的个体相比，在年轻时就表现出更高敌意水平的个体，更容易罹患早发冠心病，尤其是心脏病。相似的研究发现，大学年龄阶段的男性和女性，敌意水平与心脏病风险上升的联系更密切，尤其是如果他们的敌意水平在中年时期时增加。就算是儿童也逃不出敌意与心脏病之间的关联。一个研究发现，敌意水平高的儿童与青少年在距离初次测量三年内会更有可能发生生理变化，例如肥胖者、抗胰岛素性、高血压以及甘油三酯水平升高等。

资料来源：The New Yorker Collection 1987 Donald Reilly from cartoonbank.com. All Rights Reserved.

那么，那些不会让情绪爆发反而选择默默承受的人呢？那样不会对他们的健康有伤害吗？

C 型人格

特莫肖克（Temoshok）和德雷埃尔（Dreher）指出了第三个人格类型，这类人有更高的患癌症的风险。**C 型人格**（Type C）的人看起来倾向于愉悦，并且试图保持内心平静，但他们很难表达情绪，而是倾向于内化自己的愤怒，并且在他们失去亲人或希望破灭后常常会感受到绝望。他们时常是孤独的。这些个体特质与癌症有很强的关联，这一人格类型的人也更有可能患有恶性肿瘤。就像敌意的压力使 A 型人格的人存在患心血管疾病的高风险一样，C 型人格内化的消极情绪有可能提高压力激素的伤害水平，削弱免疫系统并延缓复原力。

注意：人格类型理论在近些年饱受争议，许多人认为它们太过简化，因为很多人并不能简单地被归为某一类。而且，这些人格中的许多特质与压力和长寿都有关联。举个例子，A 型人格中的许多特质都与神经质的描述相符。一项纵向研究发现，这些人格特质会增加过早死亡的概率，因为拥有这些特质的人的卫生生活习惯差——例如，不合理的饮食、酗酒、抽烟、缺乏锻炼。

顽强型人格

并非所有A型人格的人都有患心脏疾病的倾向，有些人并没有被压力摧垮，反而奋起抗争。心理学家苏珊娜·科巴萨（Suzanne Kobasa）首次把这些人的人格称为**顽强型人格**（hardy personality）。顽强型人格（H型人格）与普通的、充满敌意的、有更多患病风险的A型人格有三个地方不同：

- 顽强型人格的个体对于他们的价值观、信仰、存在感、工作和家庭生活有很强的责任感；
- 顽强型人格的个体通常感觉他们可以掌控自己的生活和发生在他们身上的事；
- 顽强型人格的个体对于事件的初级评价的解释与非顽强型人格的人不同。当事情向不好的方向发展时，他们不把它视为一个需要避免的威胁，而是视其为需要面对和回答的挑战。

为什么这些特质可以减少压力的负面影响呢？与责任感缺失的情况相比，责任感让人们更愿意全身心投入并与困难做斗争。思考一下，你是否有过一份令自己讨厌的工作？任何小的挫折和障碍都会让人备感压力，对吧？想想如果你从事的是你喜欢的事，那么任何你不能避免要面对的挫折和困难此时看上去也不是那么糟，对吧？

关于控制，就像我们在第9章中讨论过的，不可控是造成压力增加的一个重要因素。把事件看成挑战而不是困难同样会改变我们体验到的压力水平，比如坐过山车，如果这是你自己的主意，那么这很有趣，而如果是别人逼你坐的，那就不好玩了。

顽强型人格的倾向可能也有基因基础。研究者最近发现，感到悲惨和死亡风险间存在着生理化学的关联，因此可能在一些个体中存在一种遗传变异切断了这种联系，使得这些个体在生物水平上有更强的复原力或勇气。

上面介绍的四种人格可以这样来总结，如果生活给了你一堆柠檬——

- A型人格的人会非常生气并把柠檬扔掉，而且在做这件事的时候会发生轻微的心脏病；
- B型人格的人会把所有柠檬收集起来，做成柠檬汁；
- C型人格的人什么也不说，但是心里默默地生气；
- H型人格的人把柠檬放在一起，做成柠檬汁把它们卖掉后再发展壮大自己的业务，挣大钱（记住，大笑对你有好处）。

解释风格：乐观主义者与悲观

除了人格类型，还有其他的个人因素会影响人们对应激源的反应。其中之一是人们对生活中发生的事件的态度。

乐观主义者（optimist）指的是那些总是努力寻求积极结果的人，**悲观主义者**（pessimist）则总是预期最坏的事。同样是半满的水杯，乐观主义者会说："啊，还有半杯水。"而悲观主义者则会说："啊，只有半杯水。"研究者发现，乐观与长寿和免疫系统功能增强联系在一起。悲观主义者则有更高的死亡率，有更多的生理和情绪健康问题，更多的疼痛，不太能参加社会活动，活力更弱。其他一些研究发现了乐观与更高水平的T细胞（增强免疫系统的一种细胞）和更高水平的机体用于抗病毒细胞和抗癌症细胞相关。关于如何变得更乐观，见本章末尾的"日常生活中的心理学"专栏。

人格评估

人们如何从人格的不同理论中找出自己的人格类型？

正如一个人所期待的，测量或评估人格的方法因用于发展这些方法的人格理论的不同而不同。但是，大部分心理专家在对来访者进行人格测评时并不一定只依赖一种理论观点，更倾向于采用更为折中的人格观点。折中的观点部分是一种选择最符合特定情境的不同理论的方法，而不只是用一个理论来解释一种现象。

概念导图

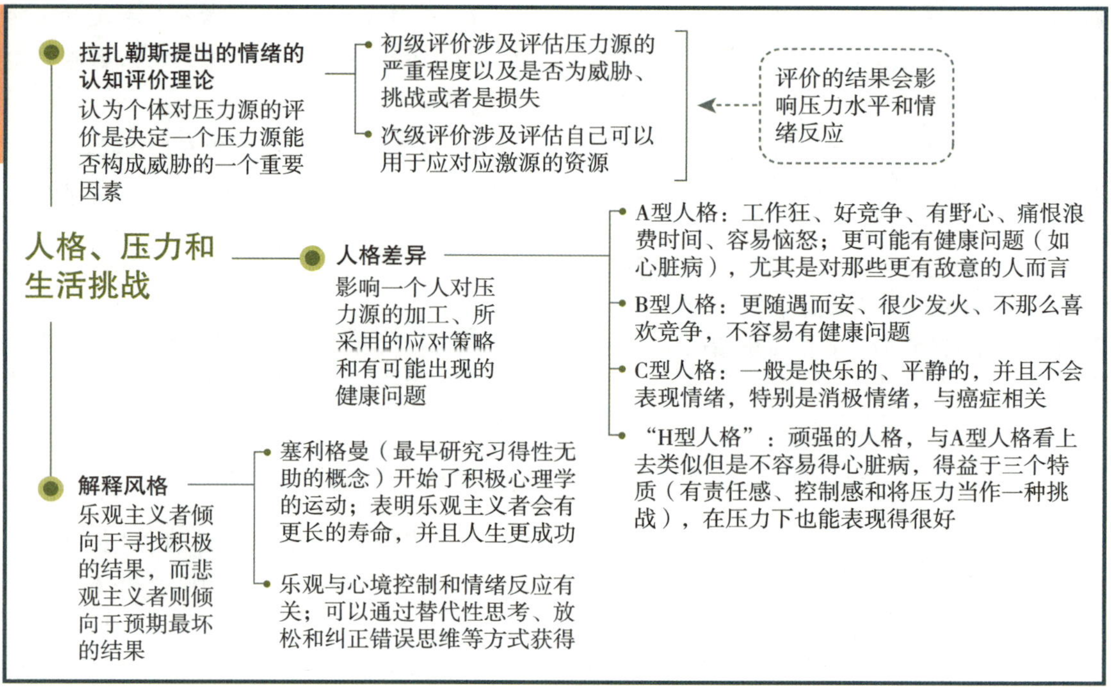

事实上，从四个角度来剖析行为，能够洞悉一个人的行为，而只从一个视角来看行为却不容易做到。许多专业人员不仅使用不同的视角，还使用不同的测评技术。尽管如此，特定类型的理论家经常使用特定的技术，见表 11–3。

人格测评也因实施目的的不同而不同。例如，有时在一项研究中，研究者可能给被试进行某种人格测试，以根据特定的人格特质对被试进行分类。对于那些只想简单了解自己人格的人，有现成的人格测试。最后，临床与咨询心理学家、精神病学家和其他心理专家在人格障碍的诊断中使用人格测评。

访谈、行为评估和人格量表

像最后一部分讲到的那样，测量或评估人格随着人格理论的不同而不同，这些测量或评估是为了发展这些人格理论的，它们也会随着想获得什么类型的数据而不同，为了提供更客观的数据，我们会先来介绍方法的多样性。

访谈

在调查过程中，一些治疗专家提问并将答案记录下来，这种方式称为**访谈**（interview）。这种类型的访谈不像工作访谈，是没有结构的，并且会在来访者和心理学家之间随着谈话的开始自然进行下去。

访谈是一类自我报告的过程吗？

是的，当心理学家访谈来访者时，来访者必须报告他们内在的感受、欲望和关心的事——所有只有他们自己知道的事情。

行为评估

行为主义者通常不希望窥视心灵。因为行为主义者认为，人格仅仅是对环境中的刺激习得的反应的习惯化，行为主义者更倾向的方法是观察人们在真实世界中的行为。

在**直接观察**（direct observation）时，心理学家观察来访者的日常行为，最好是在自然情境中，如家、学校和工作场所。治疗师走进教室并发现，只有在被要求完成需要精细运动能力的事情（如画画或写作）时，某个孩子才会出现发怒行为，从而可推测出这个孩子在完成这些任务时有困难，因此通过发怒来避免这一任务。

表 11-3 什么人使用哪种方法

评估类型	最可能被哪些人应用
访谈	精神分析学家、人本主义治疗师
投射测验 罗夏墨迹测验 主题统觉测验	精神分析学家
行为评估 直接观察 评定量表 频率计数	行为和社会认知治疗师
人格量表 16 项人格因素问卷（16PF） 神经质 / 外倾性 / 开放性人格问卷（NEO-PI-R） 迈尔斯 – 布里格斯类型指标（MBTI） 艾森克人格问卷（EPQ） 凯尔西气质类型调查问卷Ⅱ 加利福尼亚个性调查表（CPI） 明尼苏达多项人格问卷（第二版）（MMPI-2）	特质理论家

行为治疗师和其他评定人常采用的方法是评定量表和频率计数。在**评定量表**（rating scale）中，评定者或来访者对特定行为进行数字打分。在**频率计数**（frequency count）中，评定者在特定时间限制内对特定行为的频率计数。教育者使用评定量表和频率计数来诊断行为问题，如注意缺陷多动障碍（ADHD）和人格方面的问题（如社会技能水平）。

人格量表

特征理论家通常对人格描述更感兴趣。他们倾向于使用如**人格量表**（personality inventory）这种评估方法。人格量表是一类有标准问题和只要求提供“是”“否”和“不确定”等特定答案的问卷。问卷的标准化本质（每个人有一样的列表）和缺乏开放性答案使得这类评估比投射测验更加客观和可信，尽管它们仍是自我报告的形式。一种人格量表是卡特尔的 16PF，这在本章的前面部分介绍过。科斯塔和麦克雷最近修订了他们的神经质 / 外倾性 / 开放性人格问卷（NEO-PI-R），这是基于人格特质的五因素模型而设计的。更新的版本是 NEO-PI-3，它更方便阅读，可应用于青少年并且有新标准。

其他常用的人格测试包括，艾森克人格问卷、凯尔西气质类型调查问卷Ⅱ（Keirsey Temperament Sorter Ⅱ）、加利福尼亚心理调查表和 16 项人格因素问卷。

MBTI 另一种常用的量表是迈尔斯 – 布里格个性类型测量表（Myerd-Briggs TyPe Indicator, MBTI）。这一量表是基于卡尔·荣格的观点来寻找人格的四个维度。感觉 / 直觉（S/I）维度包括倾向于依赖他们看见、听见以及其他通过他们自己物理感觉的人（感觉），或者相反，那些寻找模式和相信其直觉的人（直觉）。感觉型的人非常关注细节，只愿意做那些已知的事情，而直觉型的人更愿意使用隐喻、类比和寻找可能性。思考 / 情感（T/F）维度来自那些使用逻辑、分析和能够证明是事实的经验的人（思考），以及那些基于他们个人价值和情绪反应来做决定的人（情感）。内向 / 外向（I/E）与荣格最初提出的经典维度一样，几乎在每个人格理论中都出现，包括大五人格理论。感知 / 判断（P/J）描述那些希望调节和改变决定的人，他们的行动是自发的，充满自然的好奇，他们不急于做决定，而会等待出现所有的可能性（感知），以及那些相反的人：行动驱动的、果断的、做事情不回头看的类型（判断）。不同的人，这四个维度不同，构成16（4×4）种可能的人格类型：ISTJ、ISTP、ISFP、ISFJ等。

迈尔斯–布里格个性类型测量表常被用于评估人格，以帮助人们了解他们最适合哪种类型的职业。例如，一个人在外向、感觉、思考和判断维度上得分高，可能属于ESTJ类型。这一人格类型的传统描述是，需要分析信息和为外部世界带来秩序的人。这类人是组织者，在复杂任务中精力充沛并且实际。他们严于律己，并且希望别人也这样。例如，学校管理人员通常是ESTJ类型。

MMPI–2 到目前为止，最常用的人格量表是明尼苏达多项人格问卷（第二版）（*Minnesota Multiphasic Personality Inventory II, MMPI–2*），是人格中异常行为模式的专门测试。这一量表包括567个称述，如"我经常非常紧张"或者"我认为我受到暗算"。参加测试的人必须回答"是""否"或"不确定"。MMPI除了许多分量表外，还有十个临床量表和八个效度量表。每个量表测试特定类型的行为。这些行为模式包括相对轻微的人格问题（如过度紧张和害羞），以及更严重的紊乱（如精神分裂症和抑郁）。

你如何知道一个人在人格量表中的回答是真实的？

在任何设计好的心理量表中都有效度量表，目的在于确定回答量表的人是否真实地进行了回答。例如，对测试中特定题目的回答能反映出这个人是否让自己看起来更好或者更差，在整个测试中，一些特定题目重复出现，只在形式上有小的差别，那些在测试中造假的人很难在这些题目中前后一致。例如，如果对于陈述"我经常开心"，一个人回答"是"，那么这表明这个人试图让自己看起来比本身好。如果效度量表中的一些问题都是这样回答的，就表明这个人不诚实。

对访谈、行为评估和人格量表进行评价

在这个部分，我们已经讨论了一些为了提供客观数据的测量技术，它们都有各自的优点和缺点。比如，访谈存在和自我报告数据（例如调查）同样的问题。来访者可以撒谎、歪曲事实、记错或者给出他们认为是社会接受的答案而不是真实的信息。访谈者本身会有偏见，根据自己的信念体系或者偏见对来访者的话进行解释。当弗洛伊德拒绝相信他的来访者在童年受到性骚扰时，他更愿意把这一信息解释为幻想而不是现实。

访谈的另一个问题被称为**晕轮效应**（halo effect），即在第一次见面时会对别人形成喜欢或者不喜欢的印象，所以在形成第一印象之后，那个人的所有言论和行为都被解释为与第一印象吻合——正面或者负面。晕轮效应能发生在任何社会情境中，包括心理学家和来访者的访谈中。第一印象确实会起作用，由于着装、容貌或者其他一些不相关的特征让某人留下好的第一印象后，那个人的头上看似有一个晕轮——他们在那之后不会做错事。当然，像我们在第10章介绍的那样，负面的第一印象是很难被纠正的。

行为评估的问题包括观察者效应（一个人的行为受观察的影响）和观察者偏见，可以通过多名观察者并将他们的观察结果进行联系来控制。虽然有各种观察方法，但是不能对外部环境进行控制。一个人观察来访者的特定行为，但可能在观察时间内没有看到这一行为——就像当技工在检查车子时车子的一些问题不会出现一样。

人格量表优于我们即将介绍的投射测试和访谈的地方在于，量表是标准化的（如每个人的问题是一样的，答案以相同的方式记分）。事实上，对量表的回答通常被存储于电脑中。观察者偏见和解释偏好不可能出现，是因为这类评估是客观而不是主观的。人格量表的效度和信度通常被认为极大地优于那些投射测验。

但是，人格量表也有一些问题。例如，效度量表是检查撒谎的好方法，但并不够好。一些人还是能够造假，给出他们认为符合社会赞许的方法。尽管测验发明者想达到最好的目标，但个体对于特定题目的反应还可能是不同的，因为不同的个体会以不同的方式加以解释，而

且更可能会受到文化因素的影响。其他问题在于人本身：一些人习惯选择特定答案而不是对陈述仔细分析，而一些人对回答所有陈述感到疲惫，因此开始随机选择答案。

投射测验

你是否试图看出云的形状？你可能把这片云看成房子，而其他人把这片云看成马。这片云并不真的是那些东西，但是可以被解释成这样或者那样，而这取决于做解释的人。一样东西可以用多种方式进行解释——使得云成为模棱两可的刺激。

通过这种方式，精神分析学家（以及其他一些心理学家）给来访者呈现模棱两可的视觉刺激，要求来访者报告他们看到了什么。这一做法是希望来访者将无意识担忧和恐惧投射到视觉刺激中，使得这些无意识担忧和恐惧能够被进行分析。采用这种方法的测试被称为**投射测验**（projective test）。尽管这些测试能用于考察来访者的人格，但它们更常作为发现人格问题的诊断工具。

罗夏墨迹测验

一个非常出名的投射测验是**罗夏墨迹测验**（Rorschach inkblot test），是由瑞士精神病医生赫尔曼·罗夏（Hermann Rorschach）于1921年发明的。测验包括十幅墨水图，其中五幅是白色背景的黑色墨水图，另五幅是白色背景的彩色墨水图（见图11–6）。

这项测试要求被试在看每一幅墨迹图后，简单地说出在他们看来墨迹像什么。通过人们通常赋予每张图片的预定的范畴和反应，心理学家对关键因素进行打分，例如描述墨迹中的颜色、形状、人物，以及是对整体还是对细节做出反应。

罗夏测试了上千幅墨迹，直到他缩减到现在使用的十幅。罗夏墨迹测验在描述人格、诊断心理紊乱和预测行为中仍然常被使用。但是，与其他投射测验技术的应用一样，一般来说，对它们的使用是存在争议的，包括它们的评分标准和总体效度。

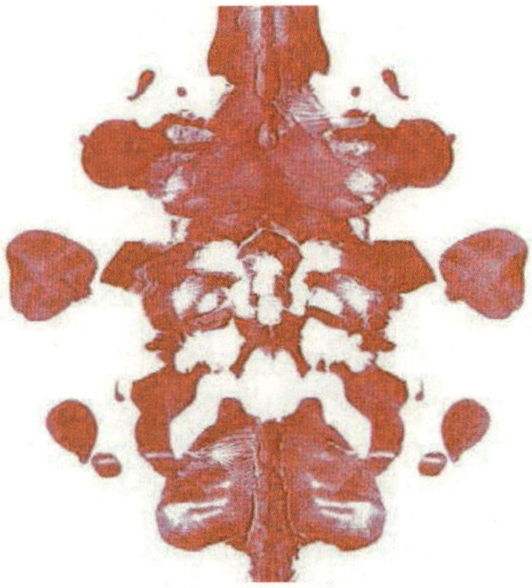

图 11–6 罗夏墨迹的例子

◎罗夏墨迹中的一幅。要求被测试者告诉访谈者他从这一墨迹中看到了什么。答案没有正确错误之分，但是能反映其无意识的担忧。你从这一墨迹中看到什么了？

主题统觉测验

主题统觉测验（Thematic Apperception Test，TAT）最早由心理学家亨利·默里（Henry Murray）和他的同事在1935年发明，包括20张黑白图片。测验时，将图片呈现给来访者，要求来访者讲一个关于这个人或者图片中人物的故事，这些人物都是故意画成处在模棱两可情境中（见图11–7）。同样，精神分析学家对来访者所说的故事进行分析，精神分析师寻找对

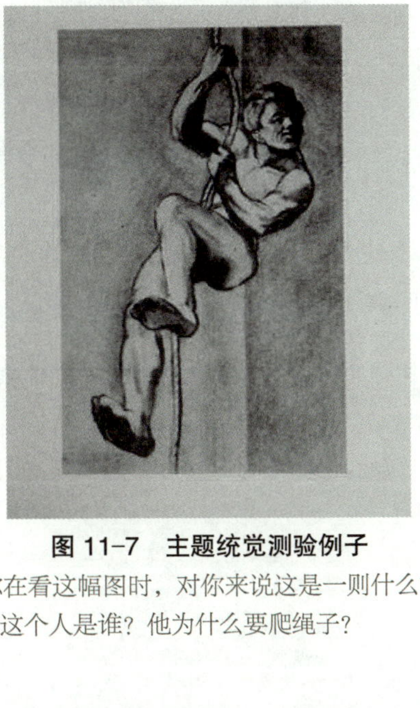

图 11–7 主题统觉测验例子

◎当你在看这幅图时，对你来说这是一则什么故事？图中的这个人是谁？他为什么要爬绳子？

陈述的解释和来访者将自己的问题投射至图片中的人物的问题。

这只是两个最著名的投射测验。其他类型的投射测验包括句子填充测验（Sentence Completion Test）、画人测验（Draw-A-Person Test）和房－树－人画测验（House-Tree-Person Test）。在句子填充测验中，给来访者一系列句子的开头，如“我希望我的妈妈……”或者“几乎每天我都感觉……”，然后要求来访者完成这些句子。而在画人测验和房－树－人测验中，要求来访者画指定的项目。

但是怎么知道解释是正确的呢？难道不是有很多犯错的空间吗？

评价投射测验

投射测验的本质非常**主观**（subjective，即只依据个人的感觉），对来访者答案的解释几乎是一门艺术。这肯定不是科学而且也不知道它的正确性。这一领域中的问题在于信度和效度。在第 7 章中，信度是指一个测试针对相同的某个人或一组人都会得出相同分数的倾向，效度是指测试能测量到它所希望测量的东西的能力。投射测验没有标准的分级量表，信度效度都很低。例如，一个人对罗夏墨迹的回答可能在今天和明天截然不同，可能取决于这个人的心境和头一天晚上看的恐怖电影的内容。

投射测验听上去有些过时了，但是许多临床心理学家和精神病医生仍使用这种类型的测试。一些心理学家认为，这些测验的最新版本以及与这些测试相似的测试仍有使用价值和一些效度，尤其是以来访者在这些测试中的回答作为进一步挖掘其回忆、担忧和焦虑的起始点时。

思考一下

雇主应该请未来的雇员接受人格测试吗？为什么？在某些职业中，这种需求是不是会更有意义？如果你认同，那么你认为是哪些职业呢？

概念导图

人格的测量

（能通过各种方法进行评估，基于支持的观点）

- **访谈**：主要通过非结构或半结构访谈的自我报告；问题——人们撒谎或者访谈者偏见（晕轮效应）
- **投射测验**：使用模棱两可的视觉刺激，要求来访者描述他们看见的刺激，无意识的担忧或恐惧“投射”到刺激中（如罗夏墨迹测验和主题统觉测试）；问题——测试的本质导致在解释时出现主观化；可靠性受怀疑
- **行为评估**：通过评定量表和频率计数来计量行为的直接观察方法；问题——观察者偏见和缺少环境控制
- **人格量表**：问题的标准化列表，通常是“是/对”或“否/错”答案，更客观和可信，许多有效度和信度量表；问题——尽管难，仍能够提供错误答案，以及“伪装更好”或“伪装更差”
  - NEO-PI-R
  - MBTI
  - MMPI-2

见表11-3

日常生活中的心理学

变得更积极

马丁·塞利格曼是一位社会学习心理学家，他发展了习得性无助的概念，并开创了积极心理学运动。他提出了积极性可能影响一个人活多久的四种方法：

- 乐观主义者更不容易发展出习得性无助。习得性无助指的是一种对于目标放弃尝试追求的倾向；
- 乐观主义者比悲观主义者对自己的健康采取更多的预防性措施（比如经常看医生、吃对的食物和进行锻炼），因为他们认为他们的行为会带来对应的结果（记住，这是顽强型人的特质）；
- 乐观主义者比悲观主义者更不容易抑郁，而抑郁与死亡率相关，因为抑郁与免疫系统相关；
- 乐观主义者比悲观主义者有更有效的免疫系统，可能是因为他们体验到的心理压力更少。

塞利格曼也发现，乐观主义者比悲观主义者在他们的人生中更容易成功。乐观的政府官员能获得更多的选票，乐观的学生能获得更高的分数，乐观的运动员能赢得更多的比赛。

就像马丁·塞利格曼和其他研究者的研究结果显示的，有乐观的思维方式是一件好事。怎么变得更乐观呢？乐观主要是关于对心境控制和情绪反应的能力。成为乐观主义者的方法是监测自己的想法。识别消极想法是第一步，之后要抵制那些相似的消极想法。问题是，大部分人都不能想到自己的想法并且识别它们是消极的或悲观的，这就让破坏性的效应变得不可控。下面是一个成为乐观主义思考者的方法清单。

1. 当一个不好的心境出现时，停下来并想一想刚才是什么进入了你的大脑。

2. 当你识别出了消极的状态，把它们想象成从别人那里来的——有人想让你的生活变得悲惨。想想这种状态对你的破坏性作用。

3. 与这些想法争论，挑战任何一个消极的说法并试着把它们换成更积极的说法。

例子："我可能写不完这个学期的报告了，它太难了，我还有很多别的事要做，真的不可能完成。"

（1）这句话中哪些词让它变得悲观？"永远不"是一个很长的时间。为什么它太难？它是真的不可能，还是只是难？是这个报告的某个部分比较难，还是它整体都很难？

（2）这种说法可一点都不会帮助到我；它只会让我觉得更糟并且让我对于继续写论文毫无动力。

（3）我可以完成这个学期报告。我只需要对此再多花点时间。我可以制定一个时间表来完成它的不同部分，并且不再在看电视或者那些本可以在完成报告之后再做的事上浪费时间。我从前也经历过这种事，后来我搞定了，现在我也可以搞定。

你会注意到第三种思考方法更积极也更有帮助，它包括了很多种可以解决那些在消极阐述中非常困难和绝不可能的事的办法。必不可少的是，在最后一步成为一个乐观的思考者，是学会与你自己争论，并且纠正那些错误的想法。识别错误的想法在刚开始可能很困难，下面的问题可能会帮助你找到消极的想法。

1. 想想过去的几个小时里你想过的内容，有多少是消极的想法？你可以怎么做来把它们转换成积极的想法？

2. 想想你身边那些总是产生消极的自我叙述的人，或是总是降低自己的努力或让他们自己失望的人，你怎么看待他们的行为？你觉得他们怎么看待自己的行为？

进一步讨论的问题

1. 你认为自己是乐观主义者还是悲观主义者，或者是介于两者之间？

2. 你在自己的生活中可以做点什么来让自己变得更乐观？

第 12 章 心理障碍

你或者你认识的人有古怪的信念或行为吗？你的悲伤情绪是否曾超过一整天？在某一个星期，你是否在大部分的时间中都感到精力充沛或极度快乐？你是否曾认真检查门两三次，看看它是否已锁好？时至今日，也许当你看到某人在街上一边走一边自言自语时并不会感到奇怪，因为你可能会发现这个人正戴着蓝牙耳机。当你看到有人躺在餐馆外的过道上和看到有人躺在大学宿舍或教学楼外的过道上时，对你来说其意义会有些许差别，但若看到的是一个学生或一位教职人员躺在那里，则会有更不同的意义。

思考一下

你曾经质疑过某个人思考或行为的方式是否正常吗？你如何判断一个行为是正常的还是异常的呢？

为什么要了解变态行为

因为变态行为就在我们身边，这就引发了许多问题：一个人应该如何反应？应该做什么来帮助患者？什么样的人会得心理疾病？这一疾病会“传染”给亲近的人吗？回答这些问题的关键，就是了解变态行为和思维的含义及其与“正常”思维和行为的不同表现之处。

通过本章，我们可以：

- ◎ 描述心理疾病在过去是如何被解释的，如今又是如何定义变态行为和思维的；
- ◎ 了解一些用以解释心理障碍的模型；
- ◎ 描述心理障碍的不同类型及其发生率，评价采用诊断标签的利与弊；
- ◎ 了解不同类型的焦虑障碍及其症状表现；
- ◎ 描述强迫症和其他应激相关障碍；
- ◎ 解释焦虑、心理创伤和应激障碍出现的一些潜在原因；
- ◎ 描述不同种类的分离性障碍，并解释它们是如何产生的；
- ◎ 总结对分离性障碍的不同解释；
- ◎ 描述不同种类的心境障碍，包括重度抑郁症和双相情感障碍；
- ◎ 比较抑郁症和其他心境障碍在行为、社会认知和生物学解释上的不同；
- ◎ 了解进食障碍的三种不同类型，以及各自的治疗方法；
- ◎ 总结会诱发进食障碍的危险因素，包括文化因素；
- ◎ 描述性功能障碍的类型，并解释它们可能的成因；
- ◎ 描述精神分裂症的主要症状，区分阳性症状和阴性症状；

◎ 评价基因和环境因素对精神分裂症的影响；
◎ 区分不同类型的人格障碍；
◎ 总结人格障碍形成的潜在原因；
◎ 了解一些克服考试焦虑的方法。

什么是变态

变态行为这一术语的精确定义是什么？什么时候我们会说一种思维或心理过程是“非适应性”的呢？所谓变态或非适应性是相对于什么而言呢？又是由谁来决定什么是正常的，而什么是不正常的？这一术语一直以来表达的意思和现在一样吗？我们将在接下来探讨这些问题及很多其他问题的答案。

有关变态的变化的视角

有关变态行为和心理功能异常的研究被称为**精神病理学**（psychopathology）。定义变态是一个复杂的过程，我们有关什么是变态的看法也会随着时间的推移而发生显著的变化。

心理障碍简史

考古学家发现，最远可追溯到公元前3000年，人类颅骨上已经有了接受过原始外科手术的痕迹，这些颅骨上有一些小孔，而这些小孔是在个体仍活着的时候造成的。事实上，许多小孔都有愈合的迹象，这说明个体经受住了这一过程并存活下来。虽然时至今日头部穿孔技术被用来减轻大脑的液压，但在古代，人们采用这一技术的原因却是为了释放控制了可怜的受害人的“魔鬼”。

◎这些人类颅骨上有清晰的头部穿孔痕迹，古代牧师或巫医在活人颅骨上钻出小孔以释放使个体行为古怪或不正常的“魔鬼”。一些受过这种治疗的人存活了下来，因为这些小孔有愈合的迹象。

资料来源：New York Public Liabrary / Science Source.

当许多希腊人甚至是世界上的很多人都对心理疾病成因的恶魔控制说深信不疑时，希腊名医希波克拉底却对这一信念提出挑战。他断言，身体和心理的疾病都是由身体内关键液体（或称为体液）的不平衡引起的。虽然希波克拉底对体液的假定（黏液、黑胆汁、血液、黄胆汁）并不正确，但这是用生理过程解释变态行为的第一次有记录的尝试。

随着时间向前推进，中世纪的人们相信病因的恶魔控制说（通过罗马天主教会或是其他残存宗教 / 文化系统的教化），因此首选的治疗手段就是宗教的手段——驱魔术，或是通过正式的宗教仪式将恶魔驱逐出去。在文艺复兴时期，恶魔控制说（在这个假说中，被控制的人至少被看作受害者）让位于巫术说，此时心理疾病患者很可能被视为女巫而被处死。

快进到当代，心理障碍常常被放在医学模式中来解读，在这种模式中，心理障碍可以根据不同的症状来诊断，有自己的病因、病程和预后。反过来，心理障碍也可以像许多身体疾病一样被治疗，一些障碍可能被“治愈”而有一些则需要终生的关注。虽然许多心理学的观点本质上都不是医学的，但诊断及其可能的原因和对症状的治疗可以将这些观点联结起来。本章将关注心理障碍的类型及可能导致它们的原因。下一章我们将更多关注心理治疗和疗法。

变态是什么

定义变态行为、变态思维或变态本身并不像最初看起来那样简单。简单的定义方式是说变态行为是不正常的行为，变态思维是不正常的思维，但这意味着什么呢？这很复杂，正如你将看到我们会考虑决定变态的不同标准。

统计学定义或有异于社会规范 一种定义"变态"和"正常"的方法是通过统计的手段。频繁发生于人群中的行为应该是正常的，而罕见的行为则应该是变态的。另一种定义变态的方式是，看个体的行为或思维在多大程度上偏离社会规范。例如，在不允许裸露的社会中拒绝穿衣就会被认为是变态的。然而，与社会规范相比的异常（偏差）并不总是负面的变态行为。比如，一个人决定成为修道士，住在美国的修道院里，这是不寻常的行为，也不属于社会认定的标准行为，但这并不是变态的标志。

情景信息（situational context），即个体行为的社会或环境背景，也会对行为或思维判断造成影响。例如，如果一个人来向咨询师抱怨，说自己的电话被人监听、行为被人监视，咨询师的第一反应也许是此人有被害妄想。但如果这个人解释说，他正处在证人保护程序中，他的抱怨就可被理解了。

主观不适 变态的一个标志是，个体在做出独特行为或思维过程时会体验到许多的**主观不适**（subjective discomfort）或者情绪痛苦。例如，一个恐惧走出家门的女性在尝试离开家时会体验到强烈的焦虑而对自己不能离开家感到痛苦。但是，并不是所有被视为变态的行为或思维都必然会引发该行为主体的主观不适。例如，一个连环杀手在杀人之后并不会体验到情绪上的痛苦，许多异常行为都不涉及情绪。

◎采用哪些标准可以将这个人定义为变态？如果这一场景发生在美国独立纪念日这一天，你对他的看法是否会发生改变呢？如果他是在一个公园这么做而不是在税务局门口呢？

无法正常运转 使个体不能适应社会或正常运转的行为或思维也被标记为变态。这种行为被称作**适应不良**（maladaptive），表示个体难以适应日常生活。适应不良的思维或行为包括，可能开始对个体有帮助但其后有危害性的结果的思维或行为。例如，一个通过割伤自己来释放焦虑的女性，开始时确实体验到了症状的缓解，但却被这种行为伤害了。适应不良的思维或行为是定义变态的关键元素。

思考一下

在当今日益发展的科技时代，你能想到什么定义变态行为或思维的新标准吗？

我曾听到人们将其他人做的不同的事称作"疯狂的"或"怪异的"。那么心理学家是如何判定人们是真的有心理疾病还是只是有一点奇怪呢？

变态的定义 为更清楚地了解变态，需要将之前提到的所有因素都考虑在内。心理学家和心理工作者在判断心理功能或行为是否变态时必须考虑许多不同的标准（被诊断为变态的行为必须至少符合两条标准）。

1. 这种思维或行为不寻常吗？比如，面对陌生人时体验到强烈的恐慌，或在没有经历任何生活压力事件时也感到强烈的抑郁。

2. 这种思维或行为不符合社会规范吗（切记，社会规范是与时俱进的，如同性恋曾被认为是心理障碍而非性取向与大部分人不同）？

3. 这种行为或心理功能给个体造成明显的主观不适吗？

4. 这种思维过程或行为是适应不良的吗？或者说它会造成社会功能丧失吗？

5. 这种思维过程或行为使个体对自己或他人具有威胁吗？比如，个体尝试自杀或无理由地攻击他人。

在以上五条标准中，如果包括至少两条

的变态思维或行为就可能会被归类为**心理障碍**（psychological disorder），这一术语指的是会造成人们显著的痛苦，促使他们伤害自己或他人，或者损害他们在日常生活中正常功能的行为或心理功能模式。

在继续之前，有必要先区分术语“变态”（abnormality）和“精神错乱”（insanity）。只有心理学专家可以诊断障碍并决定对罹患心理疾病的患者采用何种治疗方式。有时律师和法官需要决定法律该如何界定那些受心理疾病影响而实施的犯罪。心理学家和精神病学家可以判断某种思维或行为是否变态，但他们不能决定某人是否有精神障碍。在美国，精神错乱并不是一个心理学术语，它是一个法学术语，用以主张精神障碍患者犯罪，不应为其行为承担责任，因为在其出现攻击行为的时候其自身并不能判断行为的对错。这种论断被称作精神障碍辩护。

变态的模型

是什么造成了心理障碍？

识别变态行为和思维依赖于他们被观察到的视角。不同的视角决定了行为或思维障碍该如何被解释。正如我们将在第 13 章看到的那样，这些视角也影响了心理障碍该如何被治疗。

生理模型：心理障碍的医学成因

生理模型（biological model）提出，心理障碍的形成有生物的或医学上的原因。这一模型认为，像焦虑、抑郁和精神分裂症这样的心理障碍是由人体内化学物质失衡、基因问题、大脑损伤及功能失调或以上因素的一些组合引起的。例如，在第 11 章讨论到特质理论和人格特质的五因素理论时，我们指出，有越来越多跨文化的证据表明，基本的人格特质除了受到个体经历和教养方式的影响外，基因遗传也起到同样重要的作用。例如，大五人格中的一个维度是神经质，在这一维度上得分高的个体患焦虑相关障碍的风险会更高。

正如我们在本章之前讨论过的一样，生理或医学模型有很大的影响，尤其是对用以描述障碍的词汇方面：如心理疾病、障碍的症状，以及诊断、心理病患、心理医院、疗法和缓解等词语都是医学术语。虽然这些术语仍然被广泛地使用，但这可能会使非精神病学家或医生的专业从业人员产生偏向于心理功能或行为障碍的生理学成因的假设，或者可能产生这样的想法：心理障碍可能是可以被“治愈”的疾病。许多障碍可以被有效控制但却不能被完全解决。

心理模型

虽然心理障碍的生理解释很有影响力，但它们并不是解释障碍的唯一方式，甚至不是首选的方式。在第 11 章中，我们讨论了几种不同的人格理论。这些人格理论不仅可以被用来描述和解释人格的形成，还可以描述和解释思维、行为的异常以及变态人格。

心理动力学的观点：隐藏问题 基于弗洛伊德及其追随者的工作而提出的心理动力学模型认为，行为障碍产生的原因是个体将其威胁性的思想、记忆以及担忧压抑到无意识中。这些被压抑的思想和冲动想要重新回到意识中，因此行为障碍就作为继续压抑这些思想的方式而出现了。根据这一观点，一个想要与自己小叔子同床共枕的女人可能觉得自己“脏”，因此每当这种想法快要上升到意识层面时她就会强迫自己去洗手，从而象征性地摆脱这些“肮脏”的想法。

行为主义：习得问题 将人格定义为一系列习得的反应的行为主义者像解释正常行为一样，可以毫不费力地将行为障碍解释为习得的。例如，当艾玛还是个孩子时，一只蜘蛛掉到她的腿上，使她尖叫并表现出恐惧。这时她的妈妈马上跑过来为她忙做一团，安抚她并给予她许多关注。正因为之前的这次恐惧事件，下次艾玛看到蜘蛛时还是会尖叫。同时，她也可以享受房间里每一个人对她的关注。行为主义者会说，艾玛对蜘蛛的恐惧是一种操作性条件反射，她的尖叫反应被旁人的关注正强化了。

认知的观点：思考问题 研究人们如何思考、记忆以及如何在头脑中组织信息的**认知心理学家**（cognitive psychologist）将变态行为看作不合理的思维模式的产物。认知心理学家可能会将艾玛对蜘蛛的恐惧解释为歪曲的思维作祟："所有的蜘蛛都是有毒的，它们会咬死我！"艾玛独特的思维模式使她比思维更有逻辑的人患抑郁和焦虑的风险更大。

社会文化视角

在变态的**社会文化视角**（sociocultural perspective）看来，变态思维或行为（像正常行为一样）是在家庭环境、个体所属的社会群体以及家庭和社会群体所处的文化背景共同对行为进行塑造的产物。尤其是当心理学专家尝试评估和治疗与自己文化背景不同的个体的变态思维和行动时，必须考虑文化差异。**文化相对性**（cultural relativity）是指，为正确诊断和治疗某一个体的障碍而考虑个体所处文化背景特点的需要。例如，在大部分传统的亚洲文化中，人们认为患上心理疾病是一种羞耻，会给家族带来耻辱。这也导致了许多患了可能被诊断为抑郁症甚至是精神分裂症的亚洲人仅报告身体上的症状，而不是情绪的或心理上的症状，因为身体上的疾病更容易被社会接受。一些只在特定文化中存在的障碍之前被称为文化依存综合征。例如，神经性厌食症和暴食症从传统意义上来说最常在西方社会中出现。

文化的概念及其对心理功能和障碍的影响已被纳入最新版的《精神障碍诊断与统计手册（第5版）》（*DSM-5*）。"文化依存"的观点被三个概念所替代：**文化综合征**（cultural syndrome）、痛苦的文化惯用语，以及文化解释或感知到的原因。文化综合征并不一定能被诊断为一种疾病，但一定可以被识别为一系列不同的症状或痛苦的表现。痛苦的文化惯用语指的是，在特定的文化情境中用以描述痛苦的术语或短语。文化解释或感知到的原因指的是，从文化角度上对症状或疾病的来源和成因的解释。

将其他背景和影响因素（如社会经济地位和教育水平）考虑在内是十分重要的。另一需要关注的领域应该是母语和文化互渗（适应另一文化或与另一文化相融合）。评价心理社会功能成为诊断过程的一部分已有时日了，但从传统意义上来说仍有更多的关注点被放在病理学症状的定义上，而不是可能影响个体整体功能水平的环境因素上。例如，在一项研究中，具有外来务农背景的墨西哥裔大学生与没有这一背景的墨西哥裔大学生相比，前者报告了更高水平的焦虑和更多的抑郁症状。外来务农的性质对这些学生来说，构成了非外来务农家庭所没有的压力源。

◎有外来务农背景的墨西哥裔大学生，与没有这一背景的墨西哥裔大学生相比，前者有更高水平的焦虑和更多的抑郁症状。

生理 – 心理 – 社会视角：上述全部

近年来，人们不再将生理的、心理的和社会文化的因素对变态的影响看作变态行为的独立成因，而是认为这些影响因素的相互作用造成了障碍的多种形式。例如，一个人可能有一种障碍的遗传基因，但可能并不会发展出完全的障碍，除非在其发展的敏感期，家庭和社会环境中的致病的应激源促进障碍发展。稍后我们会看到这一观点如何被应用到关于精神分裂症的一个理论中。特定的文化对障碍的接受程度也会对决定障碍的程度和表现形式造成影响。这被称为障碍的**生理 – 心理 – 社会模型**（biopsychosocial model），这一模型已经成为看待身心联系的一种非常有影响力的方式。

障碍的诊断和分类

你是否在一个小孩子说自己不舒服时问"你怎么了"，或者你是否还记得你曾经也是那个小孩？如果是这样，你可能会得到很多不同的答案，这些答案可能被描述为胃痛、疼痛或小伤。反过来，你可能并不能完全了解他们到底是怎么了，因为他们描述的语言与你不同，尤其是当你没看到他们哪里受伤又为何受伤时。这与了解和治疗心理障碍一样。有一套描述心理和行为症状的通用术语和系统化的方法非常重要，因为这不仅可以有助于正确定义和诊断症状，还可以促进心理专家和其他医疗服务人员之间的相互交流。

DSM–5

最近，世界卫生组织（WHO）发布的《国际疾病分类》（*International Classification of Diseases, ICD*）出版了第 11 版（*ICD–11*）。在美国，帮助心理学从业人员诊断心理障碍的常用工具是《精神障碍诊断与统计手册》，它于 1952 年首次出版。随着我们对心理障碍的了解和看法不断变化，*DSM* 也经过了多次修订。最新版于 2013 年出版，也就是《精神障碍诊断与统计手册（第 5 版）》（*DSM–5*）。它包括了对障碍组织的改变，修改了用以描述障碍及其症状的术语，并讨论了在未来版本中对某些障碍的维度评价的可能性。*DSM* 为临床医师提供了描述和诊断心理障碍的标准，但它并不是没有争议的。

DSM–5 描述了约 250 种心理障碍。对每种障碍的描述都包括其症状表现、发病过程的典型路径，及诊断必须满足的特定标准列表。过去的版本将这些障碍和被诊断的个体的相关事实划分为五个不同的种类或轴，然而 *DSM–5* 用一个单一轴概括所有障碍，并提供了每一种障碍的显著的、重要的与相关的症状。例如，*DSM–IV* 用轴 I 概括临床障碍，轴 II 概括人格障碍与精神发育迟滞（现在被称作智力障碍），轴 III 概括医学诊断，但 *DSM–5* 用单一列表包括所有这些障碍和诊断。

20 种心理障碍中只有很少一部分可以被诊断，其中包括抑郁症、焦虑障碍、精神分裂症和其他精神障碍，进食障碍以及神经发育障碍（如 ADHD）。其他分类包括人格障碍、智力障碍、创伤和应激相关障碍以及强迫及相关障碍。

心理障碍有多常见

听起来好像有许多可能的障碍，但大部分人并不会有这些问题，是吗？

事实上，心理障碍比大多数人想象的更常见。在任何一年中，都有 26.2% 的 18 岁以上的美国成人会患上心理疾病。根据 2010 年的普查数据，这一人数在美国已经达到约 6150 万。幸运的是，只有大约 5.8% 的美国人或者说在 17 个成人中只有一人罹患了一种严重的心理障碍。在统计学上说，心理障碍在美国和加拿大已经成为致残的首要原因。实际上，人们同时患上不止一种的心理障碍是很普遍的，比如患有抑郁的个体同时患有物质滥用障碍，或患有焦虑障碍的个体同时患有睡眠障碍。接近 45% 罹患心理障碍的个体都满足了两种或以上的心理障碍诊断标准。表 12–1 展现了几种心理障碍在美国的发生率（注意，表中并没有完全包括前文提到的 6150 万美国人所得的所有心理障碍）。

表 12–1 心理障碍在美国的年发生率 *

双相情感障碍和抑郁症	9.5%	2230 万
重度抑郁症	6.7%	1570 万
持续抑郁障碍（心境恶劣）	1.5%	350 万
双相情感障碍	2.6%	610 万
焦虑、强迫和创伤相关障碍	18.1%	4250 万
特定恐惧症	8.7%	2040 万
社交焦虑障碍（社交恐惧症）	6.8%	1600 万
惊恐障碍	2.7%	630 万
广场恐惧症	0.8%	190 万
广泛性焦虑障碍	3.1%	730 万
强迫症	1.0%	230 万
创伤后应激障碍	3.5%	820 万
精神分裂症	1.1%	260 万

* 美国每年患心理障碍的 18 岁以上成人占总人口的比例 / 根据 2010 年美国人口普查数据得出的近似的人数。

资料来源：Nation Institute of Mental Health（2013）. Terminology in tables is from both the *DSM–IV* and *DSM–5*（American Psychiatric Association, 2000,2013）.

贴标签的利与弊

根据*DSM–5*所列出的障碍及其相关的症状，心理学专家可以对病人进行诊断并给病人贴上标签来解释他们当前的处境。在心理诊断和治疗的世界里，像“抑郁”“焦虑”和“精神分裂”这样的标签是非常有用的。它们组成了心理健康领域内的常用语言，使得心理专家之间的交流更清晰有效。标签给出了专家们都能识别和理解的诊断标准，也有助于病人得到有效的治疗。

但标签有时也具有一定的危险性，有时至少是有害的。1972年研究者大卫·罗森汉（David Rosenhan）请健康的研究参与者来到精神病医院并抱怨自己听到一些声音。所有研究参与者被罗森汉称为“伪病人”，都被要求入院并被诊断为精神分裂症或躁郁症（现在被称为双相情感障碍）。伪病人入院后就停止假装自己有病，开始表现为正常的样子，但医护人员对伪病人正常行为的解释还是会受到心理疾病标签的影响。例如，医护人员将一位伪病人和亲友间相对正常的关系描述为一种心理障碍的证据，而另一位伪病人记笔记的习惯则被认为是一种病态的行为。伪病人一旦被诊断并被贴上标签，这些标签就根深蒂固了，即使心理疾病的实际症状已经消失，标签也并没有移除。罗森汉得出结论：心理标签是持续性的且强有力的，它不仅影响其他人看待心理疾病患者的方式，还影响患者看待自己的方式。

标签可能是节约时间甚至是可以挽救生命的工具，但它们也可能会使我们出现偏差，影响我们的判断，给予我们预想的观念，而这些观念可能是错误的。说得更清楚一些，*DSM–5*中所列出的诊断标签是想要帮助心理学家和病人的，而它们确实可以起到这样的效果。当你继续读下去，你要记住标签所具有的可以塑造我们对现实感知的能量。

概念导图

心理障碍

- **什么是变态**
  - **精神病理学**是研究变态行为的科学；心理疾病在历史上已被多样化的方式定义（如恶魔控制说、体液失衡说、巫术说）
  - 当今对变态的定义基于许多因素
    - **统计学定义或有异于社会规范**
    - **情景信息**
    - **主观不适**
    - **无法正常运转**
  - 不同的文化会存在不同的障碍，在诊断和治疗心理障碍中必须考虑到文化的敏感性和相对性
  - 总的来说，心理障碍是造成个体明显的痛苦、使个体伤害自己或他人、或者损害他们日常生活能力的任何形式的行为
- **心理障碍诊断和分类**
  - 《精神疾病诊断和统计手册》（*DSM*）第一版出版于1952年，最新的版本（*DSM–5*）在2013年出版
  - 描述并提供了接近250种不同心理障碍的诊断标准
  - 普遍来说，美国超过18岁的成人中有约26%的人患有一种心理障碍（见表12–1）
- **变态的模型**
  根据通常用以解释人格的理论模型来解释思维或行为障碍
  - 生理模型：提出心理障碍有生理的或医学的成因；医学模式也影响了对心理障碍的诊断、治疗和判断预后的方式
  - 心理模型：提出心理障碍是不同形式的情绪、行为或思维相关的异常造成的
    - **心理动力学**
    - **行为主义**
    - **认知**
  - 社会文化视角：思维和行为是家庭、社会、文化影响下的产物；在一种文化中正常的行为或思维，在另一种文化中可能是变态的
  - 生理－心理－社会视角：包括生理、心理和社会文化因素

在描述障碍的不同分类和类型之前，必须提出如下警告：你很容易在这些障碍中看到自己的影子。医学专业的学生经常确信自己身上有他们学习过的一些罕见的外来病的每一条症状。心理学专业的学生在学习变态行为时也会认为他们患有一些心理障碍，这一现象被称为“心理学学生综合征”。问题是，有许多心理障碍是人类行为的正常变异被发展到了极端。例如，一些人天生就容易担忧。他们总是寻找那些随时可能会出差错的事情。但这并不说明他们有心理障碍，这只是说明他们是悲观的担忧者。记住，只有当这种担忧给他们造成显著的痛苦，使他们伤害自己或他人，或者损害了他们在日常生活中的功能时，这才能成为障碍。因此，如果你在下面讨论的障碍中“看到”你自己甚至是你的朋友或家人的影子，不要惊慌，你们很可能都是正常的。

焦虑障碍、创伤和应激：什么，我担忧吗

在本节，我们将探讨以过度的或不切实际的焦虑为主要症状的障碍。除了焦虑障碍，我们还将谈及在许多人看来与焦虑症状相关的其他障碍，包括强迫症、创伤后应激障碍，以及急性应激障碍。这些障碍在早前的*DSM*版本中被分类为焦虑障碍，但在*DSM–5*中被划为不同的类别。强迫症被归类为“强迫及相关障碍”，创伤后应激障碍和急性应激障碍被归类为“创伤和应激相关障碍”。

焦虑障碍

*DSM–5*对**焦虑障碍**（anxiety disorder）的划分包括了所有以过度的不切实际的焦虑为最主要症状的所有障碍。焦虑可以有非常特定的形式，比如对特定物体的恐惧，它也可以是很广泛的情绪，比如某个担忧的人不知为何担忧。

不是每个人都会有感到焦虑的时候吗？是什么使它变成了一种障碍呢？

确实，每个人都会体验到焦虑，而有些人偶尔会有很多的焦虑。当我们谈到焦虑障碍时，这种焦虑要么是过度的，即在给定的情景中超过了应有的程度，要么是不切实际的。如果期末考试即将来临而一个学生又没有认真地复习，那么这名学生的焦虑是可以理解的并且是切合实际的。但一个学生一向学习刻苦并且在所有的考试中都表现得很好，同时又为考试做了充分的准备，这名学生如果仍然过度地担忧能否通过考试，那就表现出了不切实际的焦虑。想要了解更多有关考试焦虑的信息，请参阅本章末的“日常生活中的心理学”专栏。面临失业威胁的人可能会体验到相当多的焦虑，但这种焦虑的来源是显而易见并可以理解的。然而，如果某人的生活一帆风顺，未来也没有什么值得忧虑的难关，此人却仍感受到极度的焦虑，这可能就是焦虑障碍了。**游离性焦虑**（free-floating anxiety）这一术语指的是看起来与现实的、已知的因素无关的焦虑，它经常被看作焦虑障碍的症状。

恐惧症：当恐惧失去控制

一种更具体的焦虑障碍是**恐惧症**（phobia），它是指对某物不合理且持续的恐惧。这个“某物”可能是一个物体或是一种情景，还有可能涉及社会情景。例如，如果在行走中突然发现一条活的蛇，许多人都会害怕并且采取措施避开这条蛇。虽然这些人并不一定都会回避书本上蛇的图片，但一个对蛇有恐惧症的人就会这么做。回避一条活的蛇是合理的行为，但回避蛇的图片就不是了。

社交焦虑障碍（社交恐惧症） **社交焦虑障碍**［（social anxiety disorder；也被称为社交恐惧症（social phobia）］包含对与他人交往或身处社会情境中的恐惧，是人们体验到的最常见的恐惧。患有社交恐惧症的人害怕其他人对自己有负面评价，因此他们倾向于回避可能造成尴尬或令人丢脸的情景。正因如此，他们常常是非常具有自我意识的。社交恐惧症的常见类型是舞台恐惧、公共演讲恐惧，以及对使用公共卫生间的恐惧。可以想象的是，有社交恐惧症的个体在童年时都是害羞的孩子。

特定恐惧症 **特定恐惧症**（specific phobia）

◎许多人会因为不得不在公众面前演讲而感到紧张。对公众演讲的恐惧是一种常见的社交恐惧。你还记得自己何时也曾体验过类似的恐惧吗？

指的是对某物或某一特定情景不合理的恐惧，比如对狗的恐惧，或对狭小密闭空间的恐惧［即**幽闭恐惧症**（claustrophobia）］。其他特定恐惧症包括对蜘蛛的恐惧（蜘蛛恐惧症）、对黑暗的恐惧（黑暗恐惧症）、对注射的恐惧（注射恐惧症）、对与牙科有关工作的恐惧（牙科手术恐惧症）、对血的恐惧（恐血症），以及对高处的恐惧［即**恐高症**（acrophobia）］。

广场恐惧症 恐惧症的第三种类型是**广场恐惧症**（agoraphobia），这是一个希腊词，字面意思是“对市场的恐惧”。患者害怕当出现不对劲的事情时要逃离所处环境是困难的或几乎不可能的。此外，这种焦虑不仅在一个场景中出现。被诊断为广场恐惧症的患者在以下五种场景中的至少两种场景会出现焦虑：乘坐公共交通工具（如公交或飞机）；身处一个开放的空间（如在桥上或停车场）；身处一个封闭的空间（如杂货店或电影院）；站在队伍中或在人群中（如参加音乐会）；独自离开家。

如果一个人有广场恐惧症，那么去工作或购物是否会感到非常困难？

◎广场恐惧症包括对走过一座桥的恐惧，尽管这座桥的确足以测试任何人的勇气。

确实如此。患有特定恐惧症的个体通常可以不太费力地避开恐惧的物体或情景，社交恐惧症患者可以简单地避开需要与人面对面的工作或情景。但广场恐惧症患者却不能避开他们的恐惧对象，因为这个对象就在外面的现实世界中。重度的广场恐惧症可以使患者的家变成监狱，使患者被困在其中，不能去工作、购物或者参加任何需要离开家的活动。

惊恐障碍

14岁的达莉亚正在科学课的课堂上观看影片，突然间，她开始有奇怪的感觉：她的耳朵似乎被棉花塞住了，她的视线开始变得十分模糊；她很冷，却突然大量地出汗，同时感到无原因的极度恐惧；她的心跳开始加速，她突然觉得自己将要死去。坐在她身后的朋友看到她变得面色苍白，问她发生了什么事，但她什么也说不出来。她正处在恐慌的状态中，失去了行动能力。

达莉亚的症状是**惊恐发作**（panic attack）的经典症状，突然极度的惊恐发作伴随着许多身体症状：心跳加速、呼吸急促、“灵魂出窍”的感觉、迟钝的听觉和视觉、出汗以及口干。许多惊恐发作的人都认为这是心脏病发作，在感受到恐慌的同时也会感受到疼痛，但是这些症状是由恐慌而非急性身体疾病造成的。在心理上，惊恐发作的个体处在一种恐怖的状态中，认为死亡就要来临，还有很多人感受到逃跑的需要。惊恐发作会毫无征兆地突然发生。虽然有些惊恐发作可以持续半个小时之久，有些只会持续几分钟，但是大部分的发作在 10 ～ 15 分钟内达到峰值。

惊恐发作并不是不寻常的事，尤其是对青春期少女和年轻的成年女性来说。研究者发现，吸烟极大地增加了青少年和年轻成人惊恐发作的风险。只有当惊恐发作出现不止一次或重复出现，并且造成持续的担忧或行为的改变时，才会成为**惊恐障碍**（panic disorder）。许多人试图找到引发惊恐发作的原因，从而尽可能地避开这些场景。如果开车会引发惊恐发作，那么他们就不开车。如果在人群中会引发惊恐发作，那么就不到人群中去。

广泛性焦虑障碍

如果一个人本身就多虑，这会发展成一种障碍吗？

还记得游离性焦虑吗？那是一种没有真实来源的焦虑，患有**广泛性焦虑障碍**（generalized anxiety disorder）的个体可能会体验到它。对于患有广泛性焦虑障碍的个体来说，过度的焦虑和担忧（焦虑未来）在至少六个月中占据了大部分时间，他们也可能体验到有关一些事件或活动（如工作或学校表现）的焦虑。这些焦虑没有可以查明的确切来源，而个体即使付出努力也不能控制这些感觉。

患有接下来这种障碍的个体仅仅是一群担忧者。他们过度担心钱财、孩子、生活、朋友、狗，甚至是在其他人看来根本没有理由担心的事情。他们感觉紧张而急躁，很容易觉得累，并且可能会出现注意力难集中的问题。他们肌肉酸痛而紧张，有睡眠问题且经常易怒，这些都是有压力的征兆。而广泛性焦虑障碍经常与其他焦虑障碍及抑郁共同发生。

其他与焦虑相关的障碍

如前所述，虽然焦虑作为一种症状，广泛见于其他障碍，但以下的障碍在 *DSM-5* 中并没有被归类为焦虑障碍。强迫症现在被归类为“强迫和应激相关障碍”，而创伤后应激障碍和急性应激障碍被归类为“创伤和应激相关障碍”。

强迫症

有时，一个想法会闯入人们的脑海且挥之不去，就像一首困在脑海里的歌。如果那个特定的想法造成了很多的焦虑，那么它可能成为**强迫症**（obsessive-compulsive disorder，OCD）的基础。OCD 是一种在一遍遍重复出现的入侵性思想（即强迫观念，比如害怕手上有细菌）之后出现一些重复的、仪式化的行为或心理活动（即强迫行为，比如重复洗手，重复计数等）的障碍。强迫行为的出现是为了减少强迫观念带来的焦虑。

我认识一个刚刚做母亲的人，她在开始的几个晚上都在家照看孩子并频繁检查孩子是否保持呼吸，这是不是一种强迫症呢？

不，几乎所有刚做父母的人开始时都会频繁地检查孩子的呼吸。还记得“心理学学生综合征”吗？每个人不时都会有些强迫观念，或

“罗纳德的强迫症真严重。”

资料来源：www.cartoonstock.com

有些让自己感觉更好的小习惯。区别在于个体是喜欢（但没必要）去进行这样一个仪式，还是感到被强迫去进行它，以及当没有能完成仪式时是否会感到极度焦虑。你可能会在收拾完垃圾后洗一两次手，但这跟你必须洗一千遍手来防止自己生病是完全不同的。由于没能成功完成强迫行为而产生的痛苦是OCD的决定性特征。

急性应激障碍和创伤后应激障碍

在第9章中，我们讨论了普遍的和特定的应激源。急性应激障碍和创伤后应激障碍都与暴露在重大而具有创伤性的应激源中有关。经历了“9·11”事件、卡特里娜飓风、日本大地震、2013年4月的波士顿马拉松爆炸袭击的人感受到的创伤、严重的应激和焦虑可能发展成为**急性应激障碍**（acute stress disorder, ASD）。ASD的症状经常在经历创伤性事件后马上发生，这些症状包括焦虑、分离性症状（如情绪麻痹/缺乏响应、对周围事物无意识、分离性记忆缺失）、反复的噩梦、睡眠障碍、注意缺陷，以及在事件发生后长达一个月会在梦中“重新经历”该事件，该事件不断闪回。一项研究调查了在一个大型应急避难所中的因卡特里娜飓风而撤离到此的人员，结果发现，62%的撤离人员都达到了急性应激障碍的诊断标准。

如果与ASD相关的症状持续超过一个月，这一障碍就被称为**创伤后应激障碍**（posttraumatic stress disorder，PTSD）。在同一项研究中，研究者认为样本中有38%～49%的撤离人员可能有罹患PTSD的风险，他们在灾难发生两年后症状仍不会消失。此外，虽然ASD经常在创伤性事件发生后马上出现，但PTSD的症状可能在事件发生后六个月甚至更晚的时间才会出现。对这些应激障碍的治疗可能需要用到心理疗法和控制焦虑的药物。

研究者发现，女性罹患PTSD的风险接近男性的两倍，当创伤性经历发生在女性15岁之前时，这种可能性还会增加。但是，男女老兵的PTSD症状却很相似，至少是在对跟战争相关的应激源的反应上。此外，暴露在多种创伤性

◎2010年4月，英国石油公司漏油事件之后，35%～45%生活在墨西哥湾附近的人们报告出应激症状。

事件中会增加罹患PTSD的风险。来自世界卫生组织的世界精神卫生调查数据显示，经历过四种或更多创伤性事件的个体不仅有更复杂的PTSD的表现，同时在技能水平上也有更大的损伤。儿童受应激的影响可能与成人不同。患有重度PTSD的儿童海马体的体积可能缩小。海马体对形成新的长时陈述性记忆具有重要作用，因此海马体的体积缩小对于这些儿童的学习以及治疗的有效性会产生不利的影响。一项对年老的老兵长达七年的追踪研究发现，患有PTSD的老兵（10.6%的风险）比没有罹患PTSD的老兵（只有6.6%的风险）更可能患上痴呆。

一些人生经历会导致人们沉浸在创伤中。比如经历过战争的部队人员（主观报告的）患有PTSD的比例自2001年以来增至三倍。最后，患有ASD和PTSD的个体感知周围世界的方式可能也是不同的。一项研究调查了在英国伦敦南部的急诊室接受治疗的袭击和交通事故幸存者，结果发现，被诊断为ASD或PTSD的患者比其他患者更能识别创伤相关的图片而非中性图片。此外，这种对创伤相关信息的偏向性加工在PTSD患者中更明显。这一点也得到了fMRI研究的支持，研究者发现，PTSD患者大脑中与联想学习和启动相关的区域有更强的激活。

焦虑、心理创伤和应激障碍的成因

人格发展的不同视角为焦虑障碍提供了不同解释。比如，心理动力学模型将焦虑看成一

种危险信号，它反映了被压抑的渴望或冲突即将浮出表面。惊恐是一种转移，个体惊恐的对象实际上是其深藏在潜意识中的东西的象征，而潜意识中的东西才是个体恐惧的真正来源。对刀的恐惧可能意味着个体对自身攻击倾向的恐惧，对高度的恐惧之下可能隐藏着要往下跳的自杀的渴望。

行为和认知因素

行为主义者相信，焦虑的行为反应是习得的。例如，他们仅仅将惊恐看作经典的条件性恐惧反应，正如“小阿尔伯特”的例子。认知心理学家认为，焦虑障碍是不合逻辑、不合理的思想过程的产物。焦虑障碍个体表现不合理思维的一种方式是通过**放大化**（magnification），即通过将情景解释为比真实情况更有害、更危险或更令人尴尬的一种“小题大做”的倾向。例如，惊恐障碍的个体可能将心跳加速解释为心脏病发作的信号而不是短暂的唤醒。

认知－行为心理学家可能将焦虑和另一种歪曲的思想过程——**全或无思想**（all-or-nothing thinking）——联系起来，即个体相信他的表现必须是完美的，否则结果就会是完全的失败。**过度概括化**（overgeneralization），即把一个简单的负性事件解释为无止境的挫败，直接跳到结论而没有支持结论的事实，以及**缩小化**（minimization），即对个体的成功、积极事件和特质给予少量或不给予关注都是不合理思维的例子。

生物因素

越来越多的证据表明，生物因素会促进焦虑障碍发生和发展。包括广泛性焦虑障碍、惊恐障碍、恐惧症和OCD在内的几种障碍都会在家庭成员中传播，这反映了它们的基因基础。此外，PTSD的遗传因素可能不仅仅增加罹患这种障碍的风险，同时也增加个体被牵涉进潜在危险情境的可能性。功能性神经成像研究，揭示了个体对蜘蛛图片做出反应时，患有恐惧症的个体的边缘系统的一个区域杏仁核的激活大于无恐惧症的个体，对患有PTSD和社交焦虑症的个体来说也是如此，说明这些患者对于能诱发恐惧相关反应的典型刺激有过度的条件化和夸大的反应。

◎ 焦虑障碍在影响成人的同时也会影响孩子。

文化差异

焦虑障碍在全世界各地都有发现，尽管障碍的形式在不同文化中可能会有所不同。例如，在一些拉丁美洲的文化中，焦虑的形式可能是“濒临崩溃”或者“精神紧张”，个体可能突然哭泣、不可控制地喊叫、体验到热的感觉，以及在言语上或行为上变得非常有攻击性。这些情况通常会在经历一些压力事件（如丧偶）后发作。有几种症状是和特定文化相联系的惊恐症状类型。比如缩阴症（Koro），主要发现于一些南亚和东亚国家，症状包括个体对生殖器内缩的恐惧。再如，恐人症（Taijin-Kyofu-sho，TKS），主要发生在日本，主要症状也包括过度的恐惧和焦虑，但这一病症的恐惧是针对个体在公众面前出现不适宜的或令人尴尬的行为或表现，比如脸红、凝视或令人厌恶的体臭。惊恐障碍在美国和欧洲部分地区在青少年和成人身上发生的比率接近，但在亚洲、非洲和拉丁美洲国家发生比率较低。在美国境内，印第安人发生比率更高，而拉丁裔、非裔、加勒比黑人和亚裔美国人比非拉丁裔的白人发生比率更低。

概念导图

焦虑、创伤和应激障碍（最主要的症状是过度的或不现实的焦虑或与创伤应激相关）

- 焦虑可以是游离的（非特定的、普遍性的焦虑），也可以是更具体的，像恐惧症的状况
  - **社交焦虑障碍（社交恐惧症）**
  - **特定恐惧症**（如幽闭恐惧症、恐高症）
  - **广场恐惧症**
- **惊恐障碍**的个体会体验到反复的惊恐发作，导致持续的担忧和关注
- **广泛性焦虑障碍**包括对很多事情过度的担忧，这种担忧在多数的日子里都会出现
- **强迫症（OCD）**包括反复出现的诱发焦虑的思想或强迫行为，且只能通过仪式化的重复行为或心理事件才能得到缓解
- **急性应激障碍（ASD）**
- **创伤后应激障碍（PTSD）**
  - → 由重大的或创伤性的应激源引起，诊断依据是疾病的持续时间和症状，症状包括分离症状、噩梦和事件重现
- 成因
  - **行为因素**：焦虑的行为反应是习得的
  - **认知因素**：焦虑是不合逻辑的、不合理的思维过程
    - **放大化**
    - **全或无思想**
    - **过度概括化**
    - **缩小化**
  - **生物因素**：焦虑是由于几种神经递质（如血清素、GABA）的失衡和/或脑活动的差异而引起的，惊恐障碍也是遗传的
  - **文化差异**：焦虑障碍在全世界都有发现，但在不同的文化中会有特定的形式

分离性障碍：变异的意识

有时不同的诊断间有重合的症状，不同的障碍可能与相似的情境或现象有关。正如之前讨论过的一样，暴露在创伤中是ASD和PTSD的关键成分，而这两种障碍都可能包括分离性的症状。分离性在分离性障碍中扮演着更为主导性的角色，在其中分离性症状出现在日常生活的许多方面，不仅仅是在创伤性事件本身的记忆或在创伤性事件发生的时间。

分离性障碍的类型

分离性障碍（dissociative disorder）涉及意识、记忆或个体自我认同感的割裂或分离。这种障碍常发生在经历过创伤事件或具有情绪、认知或行为的分离或转换的个体身上。

分离性遗忘症和漫游症：我是谁？我是怎么到这里来的

在**分离性遗忘症**（dissociative amnesia）中，个体不能记起自己的个人信息，比如自己的名字或个人事件，这些信息都存储在长时情景记忆中。分离性遗忘症听起来可能像是退行性遗忘，但两者在成因上有所不同。在退行性遗忘中，记忆缺失是由身体损伤引起的，比如头部遭到打击。而分离性遗忘症的成因是心理的而非身体的，这种“打击”是心理上的而并非身体上的。它可以只是一个小时间段的记忆缺失，也可以是个体过去个人记忆的完全丧失。例如，一个士兵可能记得自己参加过战争但却不记得自己目击了朋友被杀，而有人甚至可能完全忘记了他全部的人生。这些记忆通常都会重回表面，有的非常快，有的则需要经过一段长期的延迟。分离性遗忘症可能伴随也可能不伴随漫游（fugue）。拉丁语中“fugere”的意思是“逃跑”，这也是“fugue”这一术语的由来。**分离性漫游症**（dissociative fugue）发生在个体突然离开家去旅行（逃跑），但事后不记得这一旅程，甚至不记得自己身份之类的个人信息。个体可能会有关于自己身份的困惑，有时甚至在新的

地方用一个全新的身份生活。这样的逃跑通常在个体经历了情绪创伤后发生，在灾难或战争时期更常见。

分离性身份识别障碍：有几个我

也许最具争议的分离性障碍就是**分离性身份识别障碍**（dissociative identity disorder，DID），它之前被称作多重人格障碍。在这种障碍中，个体似乎在同一个身体里体验到两个甚至多个不同人格的存在。也许有一个“核心”人格，它通常并不知道其他人格的存在，并且也是它体验到“意识丧失”或记忆和时间的缺失。漫游在分离性身份识别障碍中是常见的，此时核心人格会体验到在一个陌生地点被“唤醒”或身边的人用别的名字称呼自己的不安时刻。

随着几本名著的出版及其电影版的面世，DID 变得广为人知。整个 20 世纪 80 年代，心理学专家认为，这种情况已经达到了警戒水平。根据一些研究者的看法，当时被称为“多重人格”的这一障碍已经成为 20 世纪晚期的“时尚”疾病了。在过去的 10 年中，DID 的诊断被仔细审查，因为很多（但不是全部）专家现在怀疑之前诊断的有效性。

分离性障碍的成因

心理动力学理论将对威胁或不可接受的想法和行为的压抑作为个体的防御机制，这种防御机制就是所有障碍的核心，而分离性障碍之中似乎有很大的压抑成分，即动机性遗忘。心理动力学理论认为，记忆的丧失或将个体的意识与压力或创伤事件割裂开是一种适应性的行为，它可以减少情绪上的疼痛。

分离性障碍的认知和行为的解释是相互联系的。个体想起令人不安的经历时可能会产生负罪感、羞耻或焦虑感，于是他们就开始回避这些想法。这一“思想回避”被焦虑和不愉快感受的减少负强化了，于是它最终成为“不去想”这些事情的习惯。这与许多人面对不愉快时的反应相似，比如打针时或是经历像牙根管手术那样的疼痛过程时，他们会“想其他的事情”。他们故意不去想当前发生在他们身上的事，疼痛的感觉就减少了。患有分离性障碍的个体可能在“不去想”这方面做得比其他人更好。

同样地，考虑一下患有分离性障碍的人获得正强化的可能性：其他人的关注以及专家的帮助。在分离性身份识别障碍的某些案例的发展中，塑造也可能起了重要的作用。治疗师可能在无意间给予报告自己“感觉像是其他人”的患者更多的关注。

分离性障碍也有一些可能的生理学成因。研究者已经发现，自我感 / 现实感丧失症（一种分离性障碍，患者感觉与其自身、身体和周围环境分离）的患者负责身体觉知的脑区活动比未患病的个体低。其他研究者也已经发现，患有分离性身份识别障碍的个体在不同“人格”出现时，PET 扫描结果有显著差异。也有可能是 DID 患者在形成记忆时更为细心，因此在回忆时有更好的表现。

分离性症状和特点在其他文化中也存在。如前所述，在被称为“杀人狂”的恍惚状态中，

概念导图

分离性障碍（涉及意识、记忆或自我认同感的分离，经常与极端的压力或创伤有关）

- **分离性遗忘症**：个体记不起个人信息；可能涉及分离性漫游症，即个体突然出去旅行却记不起旅程
- **分离性身份识别障碍**：个体似乎体验到两个甚至多个不同人格的存在，实际障碍的效度是争论的焦点
- 成因
  - **心理动力学**：被压抑的思想和行为是主要的防御机制，可以降低情绪上的疼痛
  - **认知和行为**：创伤相关的思想回避因为焦虑和情绪疼痛的减少而获得负强化
  - **生理**：在自我感/现实感丧失症患者中发现的对身体觉知的脑活动差异

个体可能突然变得极度激动和暴力（在东南亚和太平洋岛国文化中被发现），但个体通常不记得这段“恍惚”时期发生的事。但一项对几个世纪以来历史文献的综述研究表明，在 19 世纪以前的任何文化的虚构或非虚构的作品中都没有发现可以被标记为分离性失忆症的描述。作者总结说，分离性失忆症更有可能是与 19 世纪文化相联系的现象，而非神经生理的现象。

心境障碍：情感的作用

上一次你感到心情低落和悲伤或兴奋和喜悦是什么时候？那是因为日常的生活事件还是不寻常的遭遇及相应的改变？想象一下，如果这些感受持续更长的时间，在生活事件中更稳定地出现，而你对这些情绪的来源或成因不得而知时，这些感受对你的生活将会造成怎样的影响。这就是心境障碍患者的常态。

重度抑郁症和双相情感障碍

在心理学领域，**情感**（affect）一词被用来表示“情绪”或“心境”。**心境障碍**（mood disorder）是一种情绪上的紊乱现象，也用来表示情感障碍。虽然人类情绪的范围广泛，有深层、强烈的悲伤和绝望，也有极度的幸福和愉悦，但在正常情况下，人们处在这些极端情况之间，既不太悲伤也不太高兴，而是感觉满足（见图 12-1）。只有当压力或一些其他因素将个体推向某一极端时，才会产生心境障碍。心境障碍可以是相对轻微的（相对“平均”水平只偏离了一小段距离），也可以是极度的（出现在任一极端）。*DSM-5* 的另一个重大改变是，将曾被统一归类为“心境障碍”的障碍划分到不同的种类中。在 *DSM-5* 中，心境的障碍可以被归类为“双相及相关障碍”或“抑郁障碍”。由于有障碍的心境仍然是一个普遍特征，因此这些障碍在此还将一起讨论。

重度抑郁症

当一种深度的抑郁心境突然出现且这种抑郁在当前情景中太过强烈或没有外部原因时，这就被称为**重度抑郁症**（major depression disorder）。抑郁症位于图 12-1 中悲伤那一段的远端。患有重度抑郁症的个体每天的大部分时间都觉得抑郁，在所有活动中都很少或没有愉悦的感觉，感觉疲劳，有睡眠问题或睡得太多，会产生食欲和显著的体重变化，体验到过度的负罪感或无价值感，注意力难以集中。一些患者也会有妄想，可能体验到幻觉。大部分症状在日常生活中都会发生，且会在一天中的大部分时间持续。

一些抑郁症患者可能会有死亡或自杀的想法，甚至尝试自杀。自杀死亡是患有抑郁症个体所面临的真实存在的危险。它已经成为 15 ～ 24 岁年轻人中排名第三的死亡因素，超过 90% 的自杀行为都与心理障碍有关，而抑郁症就是其中最可能的原因。

重度抑郁症是最常见的被诊断的心境障碍，且其在女性中的发生率约是男性的 1.5 ～ 3 倍，这在不同的文化中都得到了证实。对于这一性别差异有许多可能的解释，其中包括女性系统的不同激素结构（月经、怀孕期间和分娩后激素水平的变化、更年期等），以及女性在文化中扮演的不同社会角色。研究普遍没有发现支持激素影响的证据，但却发现激素和其他生理因素对抑郁起的作用尚不清晰。但是研究发现，男女之间抑郁发生率的差异正在减少，而在大学生和单身成人身上，这种差异并不存在，这就使一些研究者认为，相对于生理差异，社会因素（如婚姻状况、事业类型以及孩子的数量）对性别差异的产生有更重要的作用。女性更倾

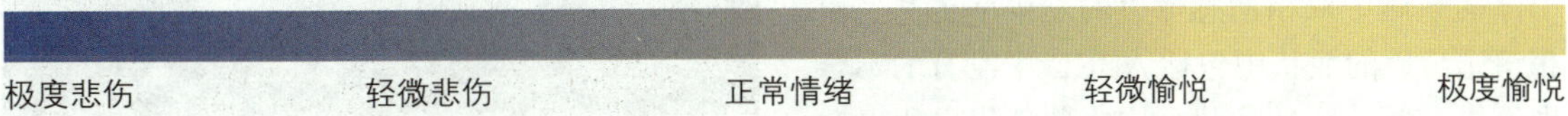

图 12-1 情绪的范围

◎ 大多数人在一天或几天中都会体验到一系列的情绪，比如轻微的悲伤、平静满足或轻微愉悦和幸福。而患有心境障碍的个体体验到的情绪是极端的，因此是异常的。

向于沉浸于消极情绪，或比男性更多关注消极情绪，这也可能是导致在抑郁和焦虑发生率上出现性别差异的原因。

双相情感障碍

重度抑郁症有时被称为单相障碍，因为情绪问题只在情绪范围的一端或“极”存在。当个体有严重的情绪波动，从重度抑郁到**躁狂**（manic）发作（过度兴奋、有活力及兴高采烈），那么这个人就被认为是患上了**双相情感障碍**（bipolar disorder）。但是，虽然个体可能会体验到两极的情绪，但在有些情况中个体可能只体验到从正常到躁狂的情绪，而可能并没有抑郁发作的体验，这被称作双相Ⅰ类障碍。在躁狂发作中，个体无来由地极度高兴或欣快异常。个体也会表现出坐立不安、易怒、不能安静地坐着或保持不动、看起来有无限的活力。患者在其他人看来可能很傻，在不允许他提出其宏伟的（有时是妄想）计划时会变得具有攻击性，这经常是躁狂阶段的特点。患者的语速很快，且会从一个话题跳到另一个。奇怪的是，处在躁狂阶段的人经常是很有创造性的，但由于他们缺乏组织能力致使这种想要表现得有创造性的努力变得徒劳。而在双相Ⅱ类障碍中，正常心境中夹杂了重度抑郁发作和轻度躁狂发作，轻度躁狂是指情绪高涨但相比于完全的躁狂其水平还较低。

不能安静地坐着，不能集中注意力，这些听起来像是对一个过于活跃的孩子的描述，这两种障碍是相关的吗?

对于这一问题的回答实际上还处于持续的争论中。注意缺陷多动障碍（ADHD）和青少年的双相情感障碍发作似乎有联系，但只有一小部分患有ADHD的儿童发展出了双相情感障碍。近期的研究证据表明，患有双相情感障碍个体的亲属中ADHD儿童的比例更高，患有ADHD个体的亲属中双相情感障碍的发生率更高。双相情感障碍的症状中包括ADHD中没有的不合理思维和其他躁狂症状。这两种障碍之所以会有混淆，是因为多动（过度运动和不能集中注意）这一症状在两种障碍中都有出现。在一项研究中，研究者们比较了被诊断为同时患有双相情感障碍和ADHD的儿童与只患有ADHD的儿童的学业表现和一系列神经生理测试结果。他们发现，两组儿童的表现十分相似，这表明两组儿童在信息加工能力上有同样的损伤，但有一个例外：患有两种障碍的儿童在加工速度测试中比只患有ADHD的儿童表现更差。研究者们总结说，患双相情感障碍儿童的神经生理损伤更有可能是由ADHD引起的，而不是由双相情感障碍本身引起的。患有双相情感障碍的儿童也可能比ADHD儿童有更严重的情绪和行为问题。

心境障碍的成因

当代对抑郁和其他心境障碍的解释来自行为主义、社会认知、生物学理论以及遗传学的观点。

行为主义理论家将抑郁和习得性无助联系在一起，而社会认知理论家指出，思维扭曲如对负性事件夸大其词，对积极、正性事件视而不见是抑郁的成因。社会认知观点认为，抑郁

◎ 抑郁可能是由与他人的冲突、习得的反应、不合逻辑的思维模式、化学物质失衡或以上几种的组合所引起的。

概念导图

心境障碍
（心境或情绪的扰乱，可以是轻微的或严重的）

- **重度抑郁症**：深度的抑郁心境，最常见的心境障碍，在女性中的发生率是男性的1.5~3倍
- **双相情感障碍**：从正常到躁狂的心境体验，可能包含抑郁发作，或者在正常心境体验中夹杂抑郁发作和轻度躁狂
- 成因
  - **心理动力学**：抑郁是对家长或其他权威的原始愤怒的压抑
  - **行为**：抑郁与习得性无助相联系
  - **社会认知**：思维的扭曲以及消极、自我打击的想法
  - **生理**：神经递质（如血清素、去甲肾上腺素、多巴胺）水平的变异或特定的脑活动，基因和遗传也起了一定的作用

症患者对自身持有持续的负性、自我打击的想法，这就使患者进入绝望的恶性循环之中。根据对经历了不可控的伤心事的被试的研究发现，习得性无助与这种自我打击的想法和抑郁增加有关。但这种联系并不一定意味着消极想法导致抑郁，也有可能是抑郁增加了产生消极想法的可能性。一项对抑郁的青少年和无抑郁症状的青少年的比较研究发现，抑郁组面对的是与社会认知环境相关的危险因素：身为女性或少数族裔、贫穷、定期的药物使用（包括烟草和酒精）、参与违法行为。相反地，非抑郁组的青少年更可能来自双亲家庭，有更高的自尊水平，与父母、同伴和学校的联系紧密。很明显，面对歧视、偏见以及贫穷的习得性无助可能与这些青少年的抑郁相关。一项最近的研究发现，当心理咨询师关注于帮助来访者改变思维方式时，来访者的抑郁相对于仅帮助来访者改变行为时显著增加了。这些结果支持抑郁的成因是对扭曲思维的认知解释的观点。

对心境障碍的生理学解释主要关注大脑中的化学物质的作用，如血清素、去甲肾上腺素及多巴胺，用以治疗抑郁和躁狂的药物也主要影响这三种神经递质的水平。

基因在心境障碍中也起了一定的作用。更严重的心境障碍并不是对某些外部应激源或焦虑的反应，而似乎是来自个体自身，同时，心境障碍在基因上相联系的个体间有更高的发生率，这些事实强有力地指出，遗传在这些障碍中可能起了重要作用。一些心境障碍可能有共同的基因，但有基因影响的比率不同。比如双相情感障碍的遗传风险就高于抑郁。超过65%患有双相情感障碍的人都至少有一名患有双相情感障碍或抑郁症的近亲。关于双胞胎的研究发现，如果同卵双胞胎中的一个患有抑郁症或双相情感障碍，那么另一个患上心境障碍的概率是40%～70%。

进食障碍和性功能障碍

截至目前，我们所讨论的障碍都主要关注心境、焦虑、应激和创伤。现在我们将关注一些稍有不同的障碍类型，首先我们探讨的是进食障碍和性功能障碍。

进食障碍

有许多种跟食物摄入或在某些情况下非营养性物质摄入和身体废弃物排泄相关的障碍。这些障碍在*DSM-5*有关“喂食与进食障碍”中被找到。我们将具体探讨三种进食障碍：神经性厌食症、神经性暴食症和暴饮暴食障碍。

神经性厌食症

神经性厌食症（anorexia nervosa）经常被称作**厌食症**（anorexia），是指个体（尤其是年轻女性）一直减少进食的现象，导致个体的体重极度轻或者低于人们期望的体重最小值。对成人来说，这意味着身体质量指数（body mass index,BMI；体重kg/身高m^2）低于18.5。荷尔蒙分泌变得异常，尤其是甲状腺和肾上腺。心肌变得虚弱而且心律可能发生了改变。厌食症的其他身体症状可能包括：腹泻、肌肉组织的丧失、睡眠缺失、低血压，以及女性经量不足或停经。

◎这位年轻的模特不仅仅是瘦，从医学的标准来看，她的体重足以让她被贴上厌食症的标签。“瘦就是美”的心态主宰了时尚界的模特圈，它也使得西方文化认为非常瘦的女性才是美丽和有魅力的。图中的模特和性感女神玛丽莲·梦露相去甚远。

一些患有厌食症的个体会在人前进食（而患有贪食症的个体则倾向于尽可能秘密地暴食），但之后会迫使自己吐出食物或服用大剂量的泻药。他们常常是对运动和食物着迷的，他们会为别人烹制精致的食物但自己却什么都不吃。他们对身体外形的看法是扭曲的，他们觉得自己很胖，但在别人看来他们已经瘦得皮包骨了。

厌食症该如何治疗？如果体重下降很严重（低于正常体重的 40% 或更多），可能会出现脱水、内分泌失调，还可能会导致器官损伤。患者应当在出现危险情况之前接受入院治疗。心理咨询也可以是医院治疗的一部分，这种咨询可能持续 2 ～ 4 个月的时间。那些还没有达到重度营养不良的厌食症患者并没有紧急的危险，因此可以在医院之外接受治疗。心理治疗策略包括支持性心理治疗、人际疗法、认知行为疗法、团体治疗，或是基于家庭的治疗。完全康复的预后并不像想象的那样有希望；只有 40% ～ 60% 接受了治疗的厌食症患者最后康复了。对于一些体重确实有增加的厌食症患者，厌食症对心脏和其他身体系统的损伤已经造成且损伤太过巨大，患者仍有早死的可能。总的来说，厌食症的死亡率在所有进食障碍中是最高的，比其他心理障碍的死亡率也更高。

神经性贪食症

神经性贪食症（bulimia nervosa），经常被称作**贪食症**（bulimia），患者会“沉溺”在食物中或一口气吃大量的食物，然后采用不合适的方法防止体重增加。大多数患有贪食症的个体会有“清除”行为，比如在暴食之后催吐或滥用泻药，但一些患者可能不会，他们采用其他不合适的方法来防止体重增加，比如在暴食之后禁食一两天或过度运动。贪食症和厌食症有一些相似之处：患者通常是女性，她们对自己的外表十分在意，过度节食，在自己明明不胖的情况下还是坚信自己胖。但贪食症患者障碍出现的时间比厌食症患者要晚一些，她们在 20 岁出头的时候而非青春期早期发病。贪食症患者往往保持着正常的体重，这使得这种障碍难以被发现。两种障碍之间最明显的差别是，贪食症患者会进食，她们进食过量，沉溺在大量的食物中，她们一次暴食平均摄入 3500 卡路里，一天下来摄入高达 50 000 卡路里。一次典型的暴食可能包括一加仑（约 3.8 升）的冰激凌、一袋饼干和一加仑牛奶，这些都会被在短时间内吃掉。

既然患有贪食症的个体这么担心体重增加，那么他们为什么还要暴食呢？

暴食行为可能是由焦虑和抑郁的心境、社会应激源、对体重或形象的感受或尝试节食后的强烈的饥饿感所引起的。在暴食开始之后，由于缺乏自我控制或自我控制力损伤，这种行为得到了持续。个体不能控制何时结束进食，也不能控制进食的数量。在控制体重时吃一块饼干可能会导致暴食，毕竟，既然节食已经完全告吹了，那么为什么不放开手脚大吃一顿呢？这一思维过程是认知扭曲中全或无思想的另一例子。

像厌食症一样，贪食症也会造成许多严重的健康后果：严重的龋齿，以及呕吐时的胃酸导致食道受损、唾液腺肿大、钾钙钠失衡，过度使用泻药导致的食道损伤、心脏问题、疲劳和痉挛等，这些都是非常危险的。

贪食症的治疗可以采用许多跟厌食症治疗相同的方法。此外，采用抗抑郁药物可能也有用，尤其是那些会影响血清素水平的药物，如选择性 5– 羟色胺再摄取抑制剂（SSRIs）。贪食症患者康复的预后似乎比厌食症患者更有希望。治疗师引导的认知行为疗法是最获实证研究支持的疗法，同时也有越来越多的证据表明，在专业引导下的自助疗法也能起效。认知治疗师是很直接的，他们迫使来访者看到他们的信念有多么站不住脚，帮助他们形成看待自身和自身行为的新的、更有建设性的方式。

暴饮暴食障碍

暴饮暴食障碍（binge-eating disorder）也包含不可控的暴食，但它和贪食症的主要区别是，患者并不会为防止体重增加而催吐或使用其他不合适的方法。暴饮暴食障碍的治疗可能会用到一些用以治疗厌食症和贪食症的方法，对于肥胖的患者会加入体重管理的部分。

进食障碍的成因

关于厌食症、贪食症和暴饮暴食障碍的成因还没有被完全揭示，但青少年或年轻女性具有最大的致病风险。对贪食症和暴饮暴食障碍来说，对食物的敏感性及其回报价值的增加可能在其形成中起到一定的作用；对神经性厌食症来说，恐惧和焦虑可能与食物联系在一起，而这些都会改变相关脑结构的活动或功能。研究者还致力于探究进食障碍的基因成分，因为基因可以解释 40% ～ 60% 罹患厌食症、贪食症和暴饮暴食障碍的风险。虽然研究者提出了几种可能在其中起效的基因，但具体需要关注哪几种却还不甚明了。

虽然许多研究者认为进食障碍，尤其是厌食症，是一种与文化相关的并发症，它只在以瘦为美的文化（如许多西方文化）中出现，但是进食障碍在非西方文化中也被发现。西方文化和非西方文化的不同在于障碍的发生率。例如，中国女性和华裔美国女性比非西班牙裔白人女性更少患上进食障碍。在以瘦为美的西方文化熏陶之下，为什么华裔美国女性患进食障碍的概率没有增加呢？潘（Pan）假设，“保护”中国女性免受进食障碍困扰的中国文化因素，可能对华裔美国女性仍然起到有力的影响。

研究其他文化中的厌食症和贪食症的一个难题是，其他文化中个体的挨饿行为可能有另一种完全不同的目的。厌食症的一个关键成分是对变胖的恐惧，但这种恐惧在许多其他文化中都不存在。不过，在那些文化中，女性会为了其他社会性的原因挨饿：宗教禁食或对营养的独特观点。

厌食症和贪食症曾被认为在非裔美国人女性身上极少发生，但这一特点似乎也在改变。研究者发现，各种社会阶层的年轻非裔美国女性罹患厌食症和贪食症的比率都在增加。如果临床医生不了解这些障碍不仅仅是困扰典型的年轻的中层或中上阶层的白人女性，那么在非白人或非西方人身上出现的进食障碍的重要迹象和症状可能会被忽视，得不到治疗，因而耽误了病情。

思考一下

媒体和网络信息的无限传播可能会如何影响那些从前没有被进食障碍影响的文化，从而使这些文化中出现进食障碍？

性功能障碍及其问题

性功能障碍（sexual dysfunction）是指，性功能或性行为的实际操作出现问题。性功能障碍涉及三种性活动的可能领域：性兴趣、唤起和反应。一般来说，性功能障碍可能是器质性的，起源于身体原因或障碍；或是精神性的，与诸如担忧和焦虑之类的心理因素相关。然而，身体和心理会影响彼此的功能，这些分类并不是相互排斥的。

这些问题有多常见？它们不是十分罕见的吗？

一项全球化的调查研究发现，40% ～ 45% 的女性和 20% ～ 30% 的男性至少有一种性功能障碍，这一比率还会因人们年龄的增加而增长。在充斥着压力的当今社会，有如此高程度的功能障碍并不十分令人吃惊。实际数据可能比调查中报告出的更高。正如我们在第 1 章中所述，采用调查研究的一个风险就是，人们并不总是陈述事实。如果个体对性问题撒谎，那么最有可能的谎言（或扭曲的事实）就是否认问题存在或将问题最小化。

对所有性功能障碍的治疗方法包括，药物、心理疗法、激素疗法、减压疗法、性疗法和行为训练。例如，马斯特斯（Masters）和约翰逊（Johnson）提出了一种被称作感觉聚焦的技术来治疗早泄。夫妻两人都需要进行一系列训练，要求他们关注在性唤起和性活动中自身的性感体验。对于男性的勃起障碍，现在常常采用进行治疗的方法。

DSM-5 中涵盖了许多可能由心理应激源所引起的性功能障碍。虽然不直接和性反应周期的序列和时间相对应，但一些障碍与欲望和唤起相关，其他与性交技术或身体方面相关，还有一些与达到高潮的时间或无法达到高潮相关。性欲望或唤起障碍包括女性性兴趣 / 唤醒障碍和男性性欲减退障碍。与性交行为相关的障碍包括勃起功能障碍和生殖器–盆腔疼痛 / 渗透障碍。最后，与达到高潮的时间或不能达到高潮相关的障碍包括早泄，女性性高潮障碍和延迟射精。

性功能障碍和问题可能单纯由器质性原因（如疾病或药物的副作用）引起，可能是由社会文化因素（如对性行为的负面态度）引起，也可能是由源自人格问题、创伤性事件或人际关系问题等的心理因素引起的。更常见的是，这些问题可能源自以上影响因素的结合。

器质性因素包括，诸如疾病、药物副作用、手术影响、身体残疾，甚至是使用非法或合法药物（如可卡因、酒精和尼古丁）。慢性疾病如糖尿病、癌症或卒中都属于这类因素。

社会文化因素对性态度和行为也存在影响，并且可能成为导致性功能障碍的心理压力来源。在美国和其他西方文化中，人们可能接受来自父母的指导（包括直接和间接的教育），使他们对性和性活动（如自慰）形成负面的态度。

心理应激源也包括个体心理问题，比如低自尊，对性行为表现的焦虑、抑郁，对自己身体形象的自我意识，焦虑障碍或之前受过的性虐待和性侵史。导致性功能障碍的另一个心理压力的来源是性伴侣之间的关系。性功能障碍可能只是伴侣关系中潜在问题的外在症状表现。

精神分裂症：转变的现实

早发性痴呆（dementia praecox）是一个拉丁文的术语，意思是在个体早期发生的心智失常。**精神分裂症**（schizophrenia）这一名称是由瑞士精神科医生尤金·布鲁勒（Eugen Bleuler）提出的，它更好地阐明患有此病的个体思想、感觉和行为在脑内（phren）发生的分裂（schizo–）。由于这一术语的字面意义是“精神分裂”，因此它经常与曾被称作“人格分裂”的分离性身份识别障碍发生混淆。

精神分裂症的症状

现在精神分裂症被描述为一种长期的**精神病**（psychotic）障碍（涉及与现实的重度分离），患者不能区分幻想与现实，同时兼有思维、情绪、行为和知觉紊乱。这种障碍常在青少年晚期或20岁出头的时候发病，男女都可能发病，且该障碍在多种文化中表现出一致性。

精神分裂症包括几种不同的症状。被称为**妄想**（delusion）的思维障碍是其中一种常见的症状。虽然妄想并不是所有形式的精神分裂症中的突出症状，但大多数人都会把它跟这一障碍联系在一起。妄想是指个体对世界持有倾向于固定和不可动摇的错误信念，即使存在反对这一信念的证据。常见的精神分裂症的妄想包括：被害妄想，患者认为其他人正尝试用某种方式伤害自己；关系妄想，患者认为其他人、电视人物甚至书本都在跟自己说话；影响妄想，患者认为自己被外部力量如恶魔、外星人或宇宙力量所控制；夸大妄想，患者认为自己有强大的力量，可以拯救世界或身负特殊使命。

◎约翰·纳什（John Nash）博士是一位著名的数学家，他于1994年获得了诺贝尔经济学奖。但他之所以获得了如此巨大的声望，更多的是因为他曾患有一种有被害妄想症状的精神分裂症。他曾相信外星人正尝试通过报纸联系他（关系妄想）。他的人生故事以及从精神分裂症中康复的经历于2001年拍摄成电影《美丽心灵》（*A Beautiful Mind*），由演员罗素·克洛（Russell Crowe）扮演纳什。

仅有妄想症状还不足以被诊断为精神分裂症，在精神障碍中必须兼有其他症状。言语错乱也是很普遍的：精神分裂症患者编造词汇、不停地重复词汇或句子，根据读音将不同的词串在一起（称作音韵联想，比如“到屋子里来，虱子，老鼠，老鼠和奶酪，请，打喷嚏”），会有语言或思维的突然中断。同时，患者的思维也是非常紊乱的，他们很难将自己的思维按逻辑的方式组织在一起，而在晚期精神分裂症中采用无意义的乱七八糟的词语和词组混合来表达自己的行为被称作语词杂拌。注意力对许多精神分裂症患者来说也是一个问题。他们似乎不能“过滤”自己并不需要的信息和刺激，这就导致他们不能集中在与自身相关的信息上。

精神分裂症患者可能也会产生**幻觉**（hallucination），他们会声称听见并不存在的声音，看见并不存在的事物或人。幻听实际上是更常见的，它是诊断精神分裂症的关键症状之一。涉及触觉、嗅觉和味觉的幻觉也可能存在但并不常见。情绪紊乱也是精神分裂症的重要特征。**情感贫乏**（flat affect）是个体表现很少或没有情绪的状态。情绪也可以是过度的或不合适的，例如某人可能在更适合哭或表现悲伤的场合中大笑。个体的行为也可能是紊乱且极度奇怪的。个体可能对外界没有反应或根本不动，在几小时内保持着怪异的姿势，或者非常激动地剧烈运动。这两个极端——疯狂地过度运动或完全不动被称为**紧张症**（catatonia）。

另一种描述精神分裂症症状的方式是，将这些症状根据其与正常功能的联系进行分类。**阳性症状**（positive symptom）反映了正常功能的过度或扭曲，比如幻觉和妄想。**阴性症状**（negative symptom）反映了正常功能的下降，比如注意力下降或情感缺乏。根据美国精神病学会的标准，至少有两种及以上下列症状，而且症状在至少一个月的时间内频繁发生才能被诊断为精神分裂症：妄想、幻觉、语言错乱、阴性症状，以及严重紊乱的或紧张症性行为，并且两种症状中至少有一种是妄想、幻觉或语言错乱。

精神分裂症的成因

在尝试解释精神分裂症的成因时，生物模型及生物理论较为流行，因为精神分裂症似乎最有可能是在基因和环境因素的共同作用下产生的。这被精神分裂症的神经发育模型或神经发育假说捕获到。精神分裂症的生物学解释促使大量的研究指出，遗传、胎儿期的影响如母亲在怀孕时有病毒性感染，脑内炎症、化学物质的作用（多巴胺、GABA、谷氨酸及其他神经递质），以及大脑结构缺陷（额叶缺陷、神经元退化、白质纤维完整性退化）是精神分裂症的成因。多巴胺是最先被怀疑的对象，因为安非他命使用者会表现出类似于精神分裂症的精神病症状。使用安非他命的副作用之一就是增加大脑中多巴胺的释放。治疗精神分裂症的药物会减少一些阳性症状相关脑区的多巴胺的活动，但并没有那么简单，精神分裂症患者的前额叶（大脑中涉及计划和信息组织的区域）中多巴胺产生水平低于正常人，这就导致注意缺陷和更差的思维组织能力，这是精神分裂症的阴性症状。

◎纳撒尼尔·艾尔斯（Nathaniel Ayers）是位流浪音乐家，他是一个音乐天才却患有精神分裂症。这张照片拍摄于2003年位于加利福尼亚州洛杉矶的午夜教会避难所前。艾尔斯先生是2009年由杰米·福克斯（Jamie Foxx）主演的电影《独奏者》（*The Soloist*）中主角的原型。

精神分裂症在不同文化中的发生率的研究为该障碍的生物学解释提供了进一步的支持。如果精神分裂症主要是由环境因素引起的，那么精神分裂症的发生率在不同文化中应该有所不同。然而虽然移民者和移民者的后代在患病率上有所差异，但一千个人中有大约七八个人会患上精神分裂症，这在不同文化中都是如此。

家族、双胞胎以及收养研究都发现，基因是传播精神分裂症的主要途径。如果个体的血亲中有人患有精神分裂症，那么最有可能同样患上该病的人是其同卵双胞胎，因为他与患者的遗传物质是完全相同的，因此也就有大约50%的患上该病的危险。异卵双胞胎与患者共享了50%的遗传物质，他有大约17%的风险会患上该病，这与患者的孩子患病的风险一致。患病的风险会随着遗传相似度的降低而减少（见图12-2）。但是，双胞胎研究并不是完美的工具。同卵双胞胎共享同一个子宫但并非暴露在完全相同的产前或产后环境中，这使得一些人强调应该谨慎解释这50%的数据。而且，即使是分开抚养的双胞胎，往往也在相似的儿童环境中成长。

收养研究也支持精神分裂症的基因基础。一项研究比较了背景相似、情况相近的两组被收养者的血亲和养父母家的亲属，一组收养者是精神分裂症患者，而另一组不是。患有精神分裂症的被收养者有亲属同样患有该病，但这

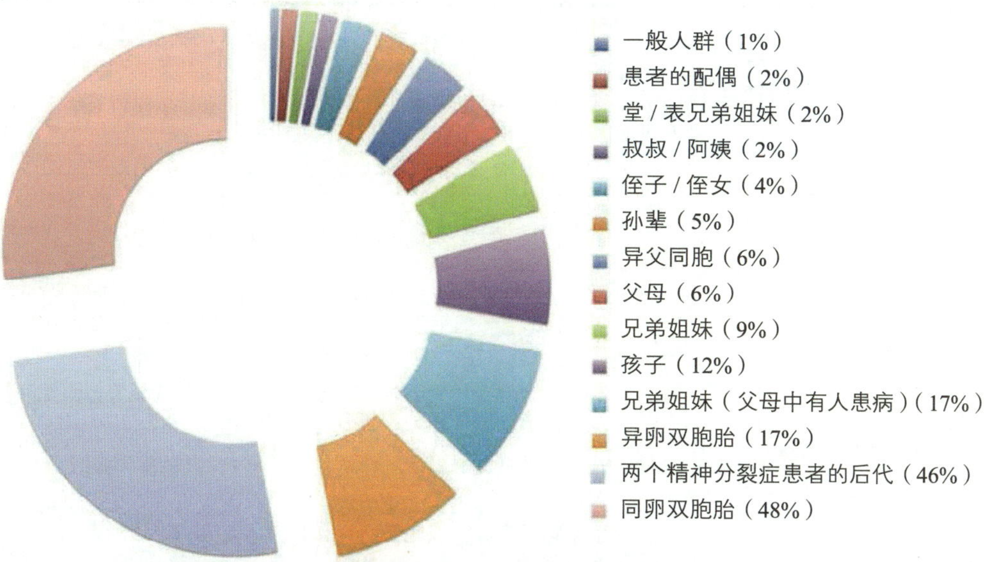

图 12-2 遗传与精神分裂症

◎该图展现了一种特定的模式：与患者的基因相似度越大，患精神分裂症的风险也就越大。父母双方都患有精神分裂症的个体患病的风险与同卵双胞胎（共享了 100% 的基因）中另一方患病的风险相近。

资料来源：Gottesman（1991）.

些亲属都为血亲。研究还比较了两组被收养者的血亲的患病率，结果发现，患病组血亲的患病率高出控制组血亲 10 倍之多。

我还是不明白，如果同卵双胞胎的一方有患病的基因也患上了该病，另一方不也应该同样患病吗？为什么患病的可能性只有 50%？

如果精神分裂症完全由基因控制，那么同卵双胞胎确实会有 100% 的患病风险而不应该只是 50%。显然，精神分裂症的产生还受到环境的影响。**应激－易感模型**（stress-vulnerability model）假设，有精神分裂症的基因"标记"的个体对这一疾病有一定的身体易感性，但并不一定会患上该病，除非其在疾病发展的关键期（如青春期）暴露在环境或情绪压力之下。这也就解释了为什么同样携带有精神分裂症的基因"标记"的双胞胎中只有一人可能患上该病：患病的一方和保持健康的一方面对的生活压力是不同的。免疫系统在应激中会得到激活，一项研究发现，刚刚发病的精神分裂症（障碍的早期阶段）的大脑免疫系统分泌了高水平的抗击炎症物质，表明脑内可能有感染。这说明有朝一日精神分裂症可能可以采用抗炎药物进行治疗。

脑成像技术［如磁共振成像（MRI）及功能性 MRI（fMRI）］的发展，使研究精神分裂症患者脑结构和功能成为可能。在一项研究中，研究者采用弥散张量成像（DTI）技术，与其他

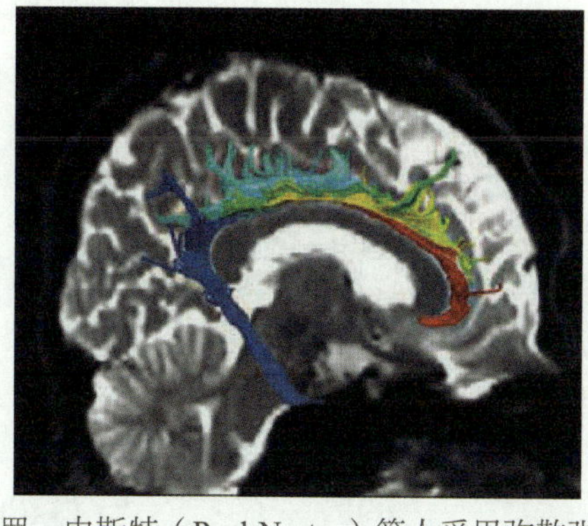

◎保罗・内斯特（Paul Nestor）等人采用弥散张量成像技术（DTI）研究精神分裂症。考察的两个区域分别是扣带束（CB，由位于扣带回下的连接边缘系统的神经纤维组成）和钩形束（UF，连接额叶和颞叶的神经纤维）。扣带束可见上图。患有精神分裂症的个体包裹在这两个区域的神经元轴突上的髓鞘显著较少。这就使得大脑的这些区域不能有效地将信息传递到其他细胞中，从而导致记忆和决策能力下降。图片由保罗・内斯特博士提供。

概念导图

精神分裂症（与现实分离并兼有思维、情绪、行为和知觉紊乱的精神病性障碍）

- 主要症状经常被分为阳性（正常功能的过度或增加）和阴性（正常功能的缺失或减少）
  - **妄想**：对世界的错误信念（如，被害妄想、夸大妄想、关系妄想）
  - **思维紊乱或无组织**：经常缺乏结构和关联，最常以语无伦次的方式表现出来
  - **幻觉**：可以在任何感觉中发生，但最常见的形式是幻听
  - **心境变化**：包括情感贫乏（情绪表达较少或无情绪表达）
  - **行为紊乱或古怪**：时而僵化不动，时而会做出古怪的手势或鬼脸；疯狂过度地运动或完全不动被称作紧张症
- 成因
  - 阳性症状似乎与大脑多巴胺区域活动过于活跃相关；阴性症状与多巴胺活动减少相关；与多巴胺假说相关
  - 基因和脑结构缺陷
  - 全球发生率在不同文化中都是一千个人里有七八个人患病，支持了生物学根源；双胞胎研究和收养研究支持遗传因素
  - **应激－易感模型**：认为携带有精神分裂症基因“标记”的个体并不一定发展出这一疾病，除非他们在疾病发展的关键期，并暴露在环境或情绪压力之下

神经生理测试结合发现，与健康控制组被试相比，患有精神分裂症的被试在两个特定脑区表现出了结构上的差异。具体来说，是位于扣带回下方连接边缘系统的白质纤维束扣带束（CB）和连接前额叶和颞叶的脑区，包裹在这两个区域的神经元轴突上的髓鞘显著较少。这就使得大脑的这些区域不能有效地将信息传递到其他细胞中去，从而导致记忆和决策能力下降。在其他采用 DTI 技术研究精神分裂症的研究中也发现了 CB 的作用，这说明精神分裂症的注意问题可能与髓鞘减少和神经功效下降相关，而在前额叶区域，白质完整性下降可能与精神分裂症基因易感性相关。测量皮层厚度及追踪灰质和白质体积的变化也能为精神分裂症和其他障碍的脑发育异常模式提供有价值的信息。

人格障碍：我很好，怪异的是其他人

人格障碍与其他的心理障碍有所不同，它不只影响个体生活的单一方面，如焦虑高出正常水平或一系列歪曲的信念，它影响的是个体整个生活适应过程。这种障碍是针对人格本身而非它的一个部分。然而，虽然人格障碍会影响整个个体，但当前研究表明它们在本质上并非像曾经我们所认为的那样是终生的。

人格障碍的分类

在**人格障碍**（personality disorder）中，个体具有过度僵化且非适应性的行为模式及与他人互动的方式。这种僵化及适应社会需求的能力缺失使得人格障碍患者与他人格格不入，难以建立相对正常的社会关系。*DSM–5* 中列出了人格障碍的 10 种主要类型，对人格障碍划分出三种基本分类：在他人看来古怪或反常的个体（偏执型、精神分裂型、分裂型）；行为戏剧性、情绪性或不稳定的个体（反社会型、边缘型、表演型、自恋型）；主要情绪是焦虑或恐惧的个体（回避型、依赖型、强迫型）。这些分类被标为类别 A、类别 B 和类别 C。

反社会型人格障碍

反社会型人格障碍（antisocial personality disorder，ASPD）是被研究最多的人格障碍之一。从字面上来看，ASPD 就是“与社会作对”。反社会的个体习惯于触犯法律、违背规则、撒谎并且利用他人而不顾他人的权利或感受。ASPD 个体可能是易怒并有攻击性的。这些个体可能并不能坚守承诺或其他职责，他们经常

是不负责任的。他们也可能是冷漠的，他们认为利用或伤害他人都是合理的。典型表现是他们借了东西之后并不如约归还。他们是冲动的，不会坚守社会的或工作中的责任。他们是自私、自我中心的，他们喜欢指使别人。反社会型人格障碍有明确的性别差异，男性患者的数量明显超过女性。习惯性地忽视法律和他人的权利可能会与术语精神病相混淆。虽然许多精神病人格可能也被诊断为 ASPD，但大部分 ASPD 患者都不是精神病。

边缘型人格障碍

边缘型人格障碍（borderline personality disorder，BLPD）个体与他人的关系是紧张且相对不稳定的。他们是冲动的，对自身有不稳定的认识，经常感到强烈的对遗弃的恐惧。他们的人生目标、事业选择、友谊甚至是性行为都可能发生快速且巨大的改变。对亲密关系的看法经常有极端的从理想化到妖魔化的摇摆。他们有时也会有一段时间的抑郁，一些人可能有过度消费、药物滥用或自杀行为（自杀可能是边缘型人格障碍个体在一段关系中操纵他人的手段之一）。边缘型人格障碍个体的情绪经常是不适宜且过度的，这就使之容易与表演型人格障碍发生混淆。BLPD 患者的不同在于在亲密关系中自我破坏的模式，长期慢性的孤独和破坏性的愤怒。这种障碍的女性数量是男性的三倍之多。

人格障碍的成因

认知－行为理论家讨论特定行为如何通过强化、塑造和模式化的过程被习得。更偏向认知角度的解释还会涉及人格障碍个体形成的信念系统，比如偏执型、自恋型及依赖型人格的多疑、极度自大以及害怕不能自己处理事情。

有些证据表明，遗传因素在人格障碍中也起一定的作用。患有如反社会、分裂和边缘型人格障碍的个体的生物学亲属比起一般人更可能患有这些障碍。针对亲生父母有反社会型人格障碍的孩童的收养研究发现，虽然在不同的环境中被不同的人收养，但这些孩童患上该障碍的风险都很高。一项纵向研究考察了三岁时儿童的气质与其成年期反社会倾向的关系，结果发现，恐惧和抑制水平低的儿童在随后的追踪中更可能在 28 岁左右时表现出反社会人格的特点。

也有一些研究者提出了人格障碍的其他成因。反社会型人格在应激或威胁情景中缺少情绪反应，这可能就是他们不害怕被抓住的原因之一。这种反应缺乏似乎与反社会个体应激激素水平低于正常水平相关。

家庭关系不和睦和沟通障碍也与人格障碍相关，尤其是与反社会型人格障碍相关。童年期的虐待、忽视、过度严格的教养方式、过度保护的教养方式以及父母拒斥，都作为人格障碍发展的可能原因而被提出，为人格障碍的发展建立了完整的图式。完全可以说，许多帮助建立普通人格的因素（遗传、社会关系和教养方式）也会造成人格障碍。

概念导图

人格障碍（涉及过度僵化且非适应性的行为模式及与他人互动的方式）

- **反社会型人格障碍**：不考虑或很少考虑他人的权利或感受；在男性中更常见
- **边缘型人格障碍**：与他人关系紧张和不稳定；经常是情绪化的、爱指使别人、不信任他人；在女性中更常见
- 成因
  - 认知–行为角度：随时间习得的特定行为，与不适应性的信念系统相关
  - 遗传因素起了一定的作用，许多证据指出了人格障碍的高遗传率
  - 情绪反应与激素水平
  - 压力容忍度低、家庭关系不和睦及沟通不顺畅也与人格障碍相关

日常生活中的心理学

战胜考试焦虑

想象一下这样的场景：你坐在期中考试的考场中，感到自己已经准备好了。当你拿到试卷时，好了，你可能开始感到有一点紧张，你的手心开始出汗，你的胃可能感到疼痛；当你在看第一个问题时，你感到大脑一片空白。

这些是考试焦虑的几种常见症状，考试焦虑是个体对考试或其他被评价为可能的负面结果和差劲表现的感受，伴随有认知、情绪和行为的症状。认知症状可能包括对考试过度担忧，认为自己不管学得多努力都会表现得很差，甚至在一开始就觉得很难开始学习。在考试过程中，你可能发现自己不能理解特定的指导和问题，看到选项时感到“一片空白”，或者好像不能集中到当前的考试中，因为你的大脑处在漫游状态。情绪症状包括在考前和/或考试中出现身体紧张，以及增强的生理唤醒（如手心出汗、胃不舒服、呼吸困难等）。行为方面可能包括拖延、学习技巧缺陷或回避学习。

虽然考试焦虑在 *DSM-5* 中还未被归类为临床障碍，但它长期以来给数不清的学生造成巨大的压力和痛苦。还记得“心理学学生综合征”吗？你可能并没有我们在本章中讨论过的其他障碍，但很可能曾经有一两次体验到考试焦虑。使焦虑不会发展成为真正的焦虑障碍的一个方法就是，当焦虑症状较轻时采用现实的方法来控制它，而这就是本部分内容的主要目的。

如果你体会到了考试焦虑并且想要让这种担忧被控制住，那应该怎么做呢？首先你需要知道为什么你想要在考试中有好的表现。你是想要表明自己对知识的了解还是只是希望通过考试？试着去找到一个想要考好的内在动机而不是简单地依赖于外部原因。即使你要参加的考试内容并不是你本身喜欢的，试着找到一些你想要完成的东西，将你的关注点从得到一个可以通过考试的分数中解脱出来。

其次，学会一些控制在考试前和考试中出现的认知状态和行为的有效策略。如果你完全准备好了，就更不可能担忧。避免突击复习，利用分散练习的累积效果。回顾那些信息并复习可以帮助你管理自己任务和时间的建议。制订有规律的学习计划，避免或限制分心物的出现（电子邮件、手机、短信、电视、吵闹的室友等，都可能影响你学习，也可能让你完不成既定目标）。你已经在记忆中学习了本章并留有印象（或至少你应该这么做），那么你现在就该知道对你的学习时间进行分隔，采用在不同的学习阶段实施有意义的、细致的复习，会比考试前夜马拉松式的知识填充要有效得多。

你看待考试的方式对考试体验和你在考试中如何管理自己会有显著的影响。不要关注你有多紧张，你有多确信自己不会记得任何东西，而要反过来想自己有多少能量来应对当前的考试。在这种情况下，积极的自我对话是非常有用的（也是认知疗法的一个好例子）。一项最近的研究表明，能力启动（想象个体在相关任务中取得成功）降低了考试焦虑和考试成绩之间的关系。此外，与关注整个考试相比，采取控制，每次只关注一个问题，首先回答你知道的问题可以帮助你建立信心，在考试中得到提高。控制你的身体，尝试着保持放松，正常呼吸也有一定的效果。如果你觉得分心了，有意识地将自己的注意力放到下一个问题中。你会在不知不觉中完成整个考试。

进一步讨论的问题

1. 你曾体验过考试焦虑吗？你采用什么方法来控制你的担忧？

2. 除了上面列出的因素，还有什么因素可能影响个体在考试中的焦虑？

第 13 章
心理治疗

20 世纪 60 年代中期，人们拍摄了一系列被称为“心理治疗的三种取向”的电影，电影讲述了三位心理治疗先驱对同一个来访者格洛丽亚的治疗。这个系列也被称作“格洛丽亚录像带”或“格洛丽亚电影”，它为许多心理学专业的学生和专家提供了心理咨询入门训练，让他们知道在心理治疗过程中可能会发生些什么。

为格洛丽亚治疗的治疗师都将她体验到的担忧归因为她是一名刚刚离异的单亲妈妈。为解决她的担忧，治疗师们阐述了各自的技术和理论。这三位治疗师分别是，提出当事人中心疗法的卡尔·罗杰斯（Carl Rogers）、提出格式塔疗法的弗里茨·波尔斯（Fritz Perls），以及提出理性疗法或理性情绪疗法（后来发展成为理性情绪行为疗法）的阿尔伯特·艾利斯。

格洛丽亚电影面世后，心理学领域又有了长足的发展，现在，治疗师们可以有更多渠道来获得治疗观点的相关信息。

思考一下

对于想要了解某种特定疗法或对某种心理障碍的治疗感兴趣的人来说，什么样的信息可能是最有用的呢？

为什么要学习心理障碍的治疗

心理疗法的种类几乎和心理障碍的数量一样多。治疗方法与障碍的正确匹配可能就是治疗成功的关键。因此，了解可供选择的治疗方法以及它们如何与不同种障碍相联系是十分重要的，只有了解了这些才能决定采用何种手段进行治疗，也才能达到使个体心理健康的最佳治疗效果。

通过本章，我们可以：

◎ 描述过去治疗心理障碍的方法，了解现代治疗心理障碍的两种方法；

◎ 描述弗洛伊德精神分析理论的基本要素，解释当代心理动力学取向的差异；

◎ 了解当事人中心疗法的人本主义疗法和格式塔疗法的基本要素，并评价这两种疗法；

◎ 解释行为治疗师如何利用经典条件反射和操作性条件反射来治疗行为障碍，并评价这些技术的有效性；

◎ 总结认知疗法的目标和基本要素，并评价它们的有效性；

◎ 比较团体治疗的不同形式；

◎ 评价团体治疗的优势和劣势；

◎ 总结有关心理治疗（包括网络治疗）有效性的研究；

◎ 描述影响心理治疗有效性的因素；

◎ 分类并描述用来治疗心理障碍的不同种类的药物；

◎ 解释电休克疗法、精神外科和其他新兴生物医学技术是如何被用来治疗心理障碍的；

◎ 定义虚拟现实在治疗心理障碍中的一些实际应用。

心理障碍的治疗：从过去到现在

正如第 12 章讨论的那样，虽然心理的或社会的因素可能是一些障碍的成因，但一直到 18 世纪晚期，患有重度心理疾病的个体有时仍被认为是被恶魔或邪灵控制了，而释放他们体内恶魔的“治疗”方式是严酷而致命的。甚至是在过去的 200 年中，那被假定为开明的时代，心理疾病都没有得到人性化的对待。

我看过有关精神病院的电影，哪怕是现在，那里也不像是适合人待的地方，那么过去的情况到底有多糟？人们会对患此种疾病的亲属做什么？

人们最早的有组织地对心理疾病患者加以治疗的努力始于 16 世纪中叶的英国。伦敦的伯利恒医院［后来被称为“疯人院”（Bedlam）］转换成了心理疾病患者收容所（意思是“安全区”）。事实上，早期的收容所比监狱好不了多少，患者被用链子绑在床上。“治疗”包括放血（这经常会造成病人死亡或使病人需要终身照料）、敲打、冰水浴（患者被淹没直到失去知觉或癫痫发作），以及以“灵魂净化”的名义诱使患者呕吐。这种净化或清除意味着去掉身体中的杂质，以使个体的精神和灵魂可以更好地运作。

◎这幅法国艺术家罗伯特·弗拉尔（Robert Fleury）的著名画作，展现的是在巴黎患精神病的妇女收容所中，法国精神科医生菲利普·皮内尔命令移去病人身上的锁链。皮内尔是最早呼吁对心理疾病患者进行人性化治疗的精神科医生之一。

直到 1793 年，人们才开始以关心和引导（又被称作“道德治疗”）而非打击或严酷的身体清洗的方式来对待心理疾病患者。正值此时，菲利普·皮内尔（Philippe Pinel）卸下了法国巴黎比塞特收容所中病人身上的锁链，开始了心理疾病人性化治疗运动。

现在，我们可以将主要的**疗法**（therapy，指以使人们感觉更好、更有效运作为目标的治疗方法）归为两大类。一类是主要基于心理学理论和技术的，人们把自己的问题告诉治疗师，治疗师倾听来访者的问题后尝试帮助他们理解这些问题或协助他们改变问题相关的行为。另一类则是采用药物干预的方式来控制症状。虽然我们可以将不同的疗法归到这两大类中，但在实际操作中，许多有效的治疗策略或治疗计划都会同时包括这两方面。正如心理障碍没有一个单一的成因，不同的心理治疗也经常被结合使用，或者与生物医学干预结合使用。此外，许多心理学专家并不限制自己使用单一的技术，他们是**折中的**（eclectic），采用不止一种治疗取向或技术来最大程度地满足患者的需要。临床心理学和咨询心理学的领域十分广阔，专家有丰富的教育和训练背景。

心理疗法（psychotherapy）往往是个体、伴侣或小组跟一位治疗师直接开展，讨论他们的担忧或问题。几乎所有心理疗法的目标都是在帮助个体达到心理健康的同时，使心理有障碍的个体更了解自己。由于了解个体的动机和行为被称作洞察，因此又将以此为主要目标的心理疗法称作**洞察疗法**（insight therapy）。更多指向行为改变而非洞悉行为原因的疗法就被称为**行动疗法**（action therapy）。大部分心理学专家都会采用洞察疗法和行动疗法结合的方式进行治疗。

概念导图

心理障碍的治疗

- **现代治疗**
  - **心理疗法**：基于心理学的技术，个体说出自己的问题，治疗师帮助他们理解和改变行为
    - **洞察疗法**
    - **行动疗法**
  - **生物医学疗法**：采用药物干预以使症状得到控制
- **早期治疗**
  - 在历史上，一些障碍被认为有心理的或社会的成因；对其他障碍而言，患有障碍的个体被认为是受到恶魔或邪灵的控制
  - 有组织、有安排的治疗始于16世纪中叶的英国
  - 皮内尔在法国开始了“道德治疗”的运动

治疗的另一种主要类型就是运用一些生物学的治疗手段，以医学治疗的过程来对个体的行为障碍造成一些改变。**生物医学疗法**（biomedical therapy）包括药物使用、手术方法、电击治疗和非侵入性的刺激技术。生物医学疗法经常可以消除或缓解障碍的症状，而心理治疗则关注解决障碍相关的问题，当这两种方法被一起使用时，它们会有互相促进的作用。例如，当需要药物治疗时，服用了合适的药物的个体更能从心理治疗中获益，他们的症状会得到更好的控制。此外，心理治疗而非药物治疗可以帮助他们更好地了解自身的症状，并且帮助他们适应，找到其他应对策略和解决障碍或相关问题的积极方式。

洞察疗法：心理动力学和人本主义取向

我们将从心理动力学疗法和人本主义疗法这两种类型的洞察疗法开始，讨论心理疗法。虽然这些疗法采用的方法不同，但它们都力求了解个体的动机和行动。

心理治疗的起源：弗洛伊德的精神分析

精神分析究竟是怎样的？我听说过许多有关它的故事，但它到底是怎样进行的？

在某种程度上，弗洛伊德将“身体清洗”这一旧方法带到了不同的高度。对弗洛伊德来说，清洗意味着将个体无意识中的“杂质”清除出去，他认为，这些杂质正是造成病人心理和精神障碍的原因（弗洛伊德是一位医生，因此他将向他求助的人称为“病人”）。所谓无意识中的杂质就是紊乱的思维，不能被社会接受的渴望以及不道德的欲望，它们来源于本我，人格中无意识的成分，主要受生存和获得快乐的基本需求所驱动。

精神分析

弗洛伊德相信他的病人采用这些无意识的思维来防止焦虑，正因如此，这些思维并不会轻易地来到意识层面。弗洛伊德设计了一种技术来帮助他的病人感觉更放松、更开放，并能在病人不害怕尴尬或拒绝的情况下探索其内心最深处的感受。这种方法被称为**精神分析**（psychoanalysis），这是一种洞察式的疗法，着重揭示被认为是情绪和行为障碍原因的无意识冲突、欲望及渴望。弗洛伊德版本的精神分析

你认为你为什么要穿过马路？

资料来源：The New York Collection 1990 Arnie Levin from cartoonbank.com.All Rights Reserved.

使用沙发的初始原因就在于，人们躺在沙发上会感到更放松，并且弗洛伊德认为此时的个体会感觉有依赖他人的感觉，更像个孩子，这就使“触及”其童年早期的记忆变得更容易。还有一点，弗洛伊德会坐在患者身后，在沙发的一头记录笔记。由于患者看不到他对自己的话的反应，因此就不会受他反应的影响。

弗洛伊德还采用了两种技术来尝试得到患者无意识脑中被压抑的信息。这两种技术分别是梦的解析以及让患者自由谈论自己脑中出现的任何事。

梦的解析 梦的解析，即对患者报告的梦境的元素分析，构成了弗洛伊德精神分析方法的很大部分。弗洛伊德相信，被压抑的内容经常在梦境中浮现，尽管是以象征性的方式。梦境中的显性内容是真实的梦境和梦中发生的事件，但**隐性内容**（latent content）是这些事件隐藏的象征性的意义，如果这些内容被正确解释，就可以揭露造成神经障碍的无意识冲突。

自由联想 另一种揭示无意识脑的技术是由弗洛伊德的合作者约瑟夫·布洛伊尔（Josef Breuer）首先开发的。布洛伊尔鼓励他的病人自由地说出浮现在脑海中的任何事，而不要害怕遭到负面评价或谴责。病人开始这么做时就会流露出一些与意识流联系不那么紧密的想法，而这些想法在布洛伊尔看来就是隐藏着的无意识的担忧。弗洛伊德采纳了这种方法，他相信被压抑的冲动和其他材料会尝试“冲破藩篱”到达意识，并且可以通过病人的**自由联想**（free association）表达出来。

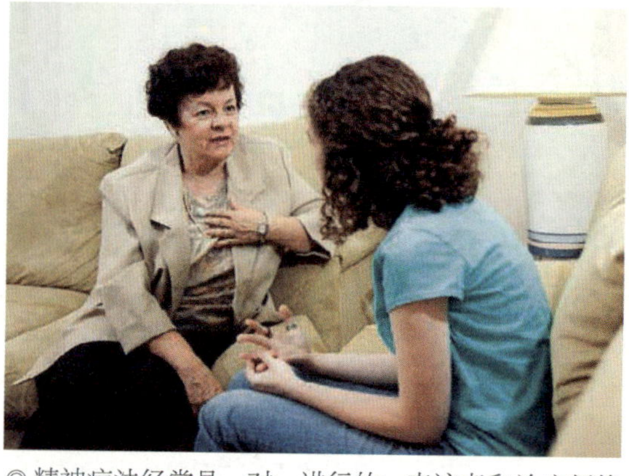

◎ 精神疗法经常是一对一进行的，来访者和治疗师将许多问题综合一起，洞悉个体行为或改变个体的不良行为。

阻抗和移情 弗洛伊德原始的精神分析方法中的其他成分包括**阻抗**（resistance，即病人不愿意谈论特定的话题）和**移情**（transference，即对于病人来说，治疗师成为过去父母权威的象征）。治疗师也可能体验到反移情，也就是治疗师对病人出现的移情反应。这种反应对病人来说并不是好事。在所有的治疗方法中，同级或上级督导可以帮助治疗师识别提供有效治疗的同时潜在的威胁。

对精神分析和心理动力学取向的评价

弗洛伊德基于对病人的陈述的解释而形成的原始理论因有许多缺陷而被批判，关于这一点，我们已在第 11 章中讨论过。这些缺陷包括缺乏科学研究的实证支持、他不愿意承认他的病人表露的一些事并不能被归纳到他的理论体系中，以及他几乎强迫地假定性和性欲的问题是几乎所有神经障碍的核心。

如今很少有精神分析学家仍然使用弗洛伊德的需要几年时间才能看到疗效的原始方法。沙发不见了，来访者（这一术语支持了寻求帮助的个体的主动性，并且避免了在采用“病人”这个术语时可能存在的“患病”的暗示）可能与治疗师面对面地坐着。来访者可能会站着或来回走动。现代的精神分析学家会更具**指导性**（directive），他们会在疗程的早期提问、提出一些有帮助于行为的建议、给出观点或解释，而不是在来访者表露想法前都保持沉默，这样就会加速治疗的过程。当今的精神分析学家也更少认为本我是行为的驱动力，他们更看重自我或自我感觉在行为推动方面的作用。一些精神分析学家更关注移情的过程而非其他传统精神分析中的典型方面，导致一种更普遍的方法的诞生，这种方法被称为**心理动力学疗法**（psychodynamic therapy）。心理动力学疗法比传统的精神分析疗程更短。

即便如此，心理动力学技术还是需要来访者相对聪明，能够准确有效地表达自己的想法、感受以及思想。极度孤僻或有更严重的精神病性障碍的个体就不适合于这种形式的心理治疗。患有非精神病性的适应障碍的个体，如焦虑或分离性障碍个体更可能因心理动力学疗法而受益。

人际心理治疗

人际心理治疗（interpersonal psychotherapy，IPT）是一种用以治疗抑郁的心理疗法。这是一种关注个体与他人的关系以及心境与日常生活事件的相互影响的洞察疗法。它的理论基础是阿道夫·梅耶（Adolph Meyer）和哈利·斯塔克·沙利文（Harry Stack Sullivan）的人际理论，以及约翰·鲍比（John Bowlby）的依恋理论，主要关注人际关系和功能。它是源自心理动力学思想的疗法中为数不多的有研究支持其在治疗抑郁方面的有效性的疗法，尤其是当它与药物治疗结合时。除去它的来源，IPT 并不被认为是一种心理动力学疗法，因为它包含了人本主义疗法和认知行为疗法的方面，使其成为一种真正意义上折中的疗法。

人本主义疗法：人总会犯错

与心理动力学疗法不同的是，人本主义理论并不关注无意识、隐藏的冲突。相反，人本主义心理学家关注意识、情绪的主观体验以及人们的自我感觉，同时关注人们日常生活的直接经验而非过去的早期童年经历。人本主义疗法注重个体选择的重要性，看重个体改变自己行为的潜力。基于人本主义理论的两种最常见的疗法是，卡尔·罗杰斯（Carl Rogers）的当事人中心疗法，以及弗里茨·波尔斯的格式塔疗法，它们都主要是通过洞察疗法达到效果。

告诉我更多：罗杰斯的当事人中心疗法

第 11 章讨论了罗杰斯人格理论的基本要素，其中特别强调自我感觉的重要性。简单地总结一下，罗杰斯提出每个人都有一个现实自我（人们怎样看待自己的真实特质和能力）和一个理想自我（人们认为自己应该是什么样的）。现实自我和理想自我越匹配，个体的幸福感就越高，社会适应也更好。为了使两个自我更匹配，人们需要获得无条件的积极关注，这种关注就是无任何附加条件的爱、温暖、尊重和感情。如果人们认为自己得到的爱和感情是有条件的，人们的理想自我就会由这些条件决定且很难达到，这也就造成了两个自我的不匹配，个体感觉不幸福。

达到幸福的关键就是使现实自我更接近理想自我吗？治疗师如何才能做到这一点呢？

罗杰斯认为，治疗师的目标就是为久未得到无条件积极关注的个体提供这种关注，并且帮助个体认识到现实自我和理想自我的差异。他同时认为，在治疗中个体需要完成大部分工作，包括在治疗师提供的温暖和接纳的氛围中谈论自己的问题和担忧。因此，他将这种治疗关系中的个体称为“来访者”而非“病人”，为这种治疗的关系提供了平等的基础。因此，罗杰斯的疗法是**非指导性的**（nondirective），因为是来访者自己完成了治疗中的大部分工作，而治疗师只是扮演回响板的角色。但是，治疗师可能帮助个体重新指向或定位他的注意，让他关注之前未被完全加工的感受。后来“来访者”这一术语甚至被换成更中性的“当事人”一词。他的疗法现在被称作**当事人中心疗法**（person-centered therapy），因为治疗过程的真正中心就是当事人自己。

基本要素 罗杰斯认为，要想建立成功的当事人 – 治疗师关系，必须注意三个要素。

- **真诚**。治疗师必须以诚恳开放而诚实的态度回应来访者以表现其**真诚**（authenticity）。对于一些治疗师来说，“隐藏”在治疗师这一角色之后更容易，精神分析中的治疗师就经常这么做。在当事人中心疗法中，治疗师必须能以无偏见的态度包容来访者与常人的不同。
- **无条件的积极关注**。当事人中心疗法的另一个要素是，治疗师必须为当事人创造温暖的、接纳的、完全无批判性的环境。尊重当事人以及他的感受、价值观和目标，即使这些与治疗师的取向不同，这就被称作**无条件的积极关注**（unconditional positive regard）。
- **共情**。最后，治疗师需要能够从当事人的角度看待世界。治疗师需要通过**共情**（empathy）来了解当事人的感觉和体验。这需要治疗师仔细倾听当事人的话并且尝试着体会他们的感受。同时，治疗师必须避免将自己个人的感受与当事人的感受混杂（如反移情）。

当事人中心疗法通常会以寻求澄清和试图理解个人经历的方式做出回应。**反射**（reflection）是指，治疗法必须让当事人不间断地谈论自己的问题并最终洞悉症结所在，而不受到治疗师解释和可能的偏见的干扰。反射从字面意义上来说就是对当事人陈述的一种镜面反映。以下是罗杰斯对他的一位当事人进行治疗的例子。

当事人：我的存在对任何人都没有好处，过去是这样，以后也会是这样。

罗杰斯：你现在有这样的感觉吗？你觉得你的存在对自己没好处，对其他任何人也没好处，以后也不会对任何人有好处。你觉得自己完全无价值，对吗？这实在是讨厌的感觉。你就是觉得自己一点用也没有，对吗？

当事人：是的。

动机性访谈　当事人中心疗法的一个变种是动机性访谈（motivational interviewing, MI），它被哈尔·阿尔科维奇（Hal Arkowitz）和威廉·R. 米勒（William R. Miller）形容为“有些扭曲的来访者中心疗法”。与当事人中心疗法对比，MI 有具体的目标，减少因对改变产生的矛盾并提升让改变发生的内在动机。对治疗师来说，MI 的四条原则是表达共情、找到来访者当前行为和价值观的矛盾、与阻抗周旋，以及支持当事人的自我效能。虽然最初这种疗法是用来治疗成瘾障碍的，但它对焦虑和心境障碍的治疗也有效。

◎ 采用罗杰斯的当事人中心疗法的治疗师会倾听并平静地接受当事人所说的话。对当事人感受的共情也是很重要的。

格式塔疗法　另一种基于人本主义观点的疗法是**格式塔疗法**（Gestalt therapy）。该疗法的创建人波尔斯认为，人们产生问题的根源在于，人们对自己隐藏了重要的感受。例如，如果个体人格的某一部分不能为社会所接纳，那么个体就会将这部分人格隐藏在社会能接纳的假“面具”之后。正如罗杰斯理论中现实自我和理想自我不匹配的情况一样，在格式塔理论中，当内部自我与面具不匹配时，个体也会体验到不幸福和适应不良的感觉。

格式塔疗法和当事人中心疗法听起来非常相似，只有一些词语上的细微差别。这两种疗法到底有什么不同？

由于这两种疗法都是基于人本主义提出的，它们的确有一些相似。但当事人中心疗法是非指导性的，使得当事人能说出自己的担忧并最终达到对问题的洞悉而不需要治疗师过多的指导。格式塔疗法却非常有指导性，经常反对当事人做出的陈述。格式塔治疗师并不只是简单地反射当事人的陈述；相反，治疗师会通过一系列有计划的活动体验来引导当事人，帮助他们更了解自己的感受，并为自己在现在和过去做出的选择负责。这些体验可能包括，当事人与自己冲突体验的对话，当事人在其中为自己的每种感受辩护。当事人可能与一把空椅子对话，将自己真实的感受表露给椅子所代表的人，或是扮演与自己有冲突的家长或其他人，以使自己基于他人的观点看事情。格式塔治疗师关注身体语言以及在治疗过程中当事人身上发生的生活事件。与精神分析疗法不同，格式塔疗法关注的是被否认的过去而不是被隐藏的过去。

◎在格式塔疗法中，并不难看到来访者跟一把空椅子对话。这把椅子代表了跟来访者有未解纠纷的某个人，这是来访者解决这些纠纷的机会。

格式塔治疗师并不讨论无意识。他们认为，一切都是有意识的，但有些人可能会拒绝“承认”特定的感受或拒绝面对过去的事件。通过关注身体语言、说出的和未说出的感受以及在治疗过程中发生在当事人身上的生活事件，治疗师得到了一个有关当事人的格式塔，也就是完整的图示。

对人本主义疗法的评价

人本主义疗法不仅被用来治疗心理障碍，还被用来帮助人们进行职业选择、处理职场难题以及婚姻咨询。当事人中心疗法甚至是一种“放任的”疗法，因为它是非指导性的：通常治疗师不会说出来访者没有说过的话，因此治疗师也就不会有解释错误的风险。但是，遗漏或没有真实反映当事人的想法、感受可能会成为错误的来源。

不幸的是，人本主义疗法有几个与弗洛伊德的精神分析和其他现代心理动力学疗法一样的缺陷。人本主义疗法的基本思想鲜有实证研究的支持，但人本主义学家总是偏好采用个案研究来建立自己的理论。人本主义疗法的治疗对象也必须是聪明的、有语言能力并能有逻辑地表达自己想法、感受和体验的，这就使该疗法在治疗更严重的心理障碍如精神分裂症方面缺乏实用性。

行动疗法：行为疗法和认知疗法

洞察疗法致力于了解个体行为背后的动机，行动疗法则关注改变行为本身。行为疗法的目标是采用学习技术来改变行为，而认知疗法致力于改变非适应性的思维。

行为疗法：学会更好的行为方式

第 12 章讲到，行为主义者认为变态是习得的。那么行为主义者会采用一定的方式进行治疗吗？

说得对，行为主义的基本概念就是所有行为，不管是“正常的”还是“变态的”，都是通过经典和操作性条件反射的过程习得的。**行为疗法**（behavior therapy）的目标就是通过采用人们（和动物）学习其他新反应的同种学习技巧来改变行为。变态或不良的行为并不是任何其他问题的表现，而本身就是问题所在。学习产生了问题，而新的学习可以改正它。

基于经典条件反射的疗法

经典条件反射是通过将一个原本会造成特定结果的刺激与一个新的中性刺激配对而产生的无意识反应的学习。在足够的配对之后，新

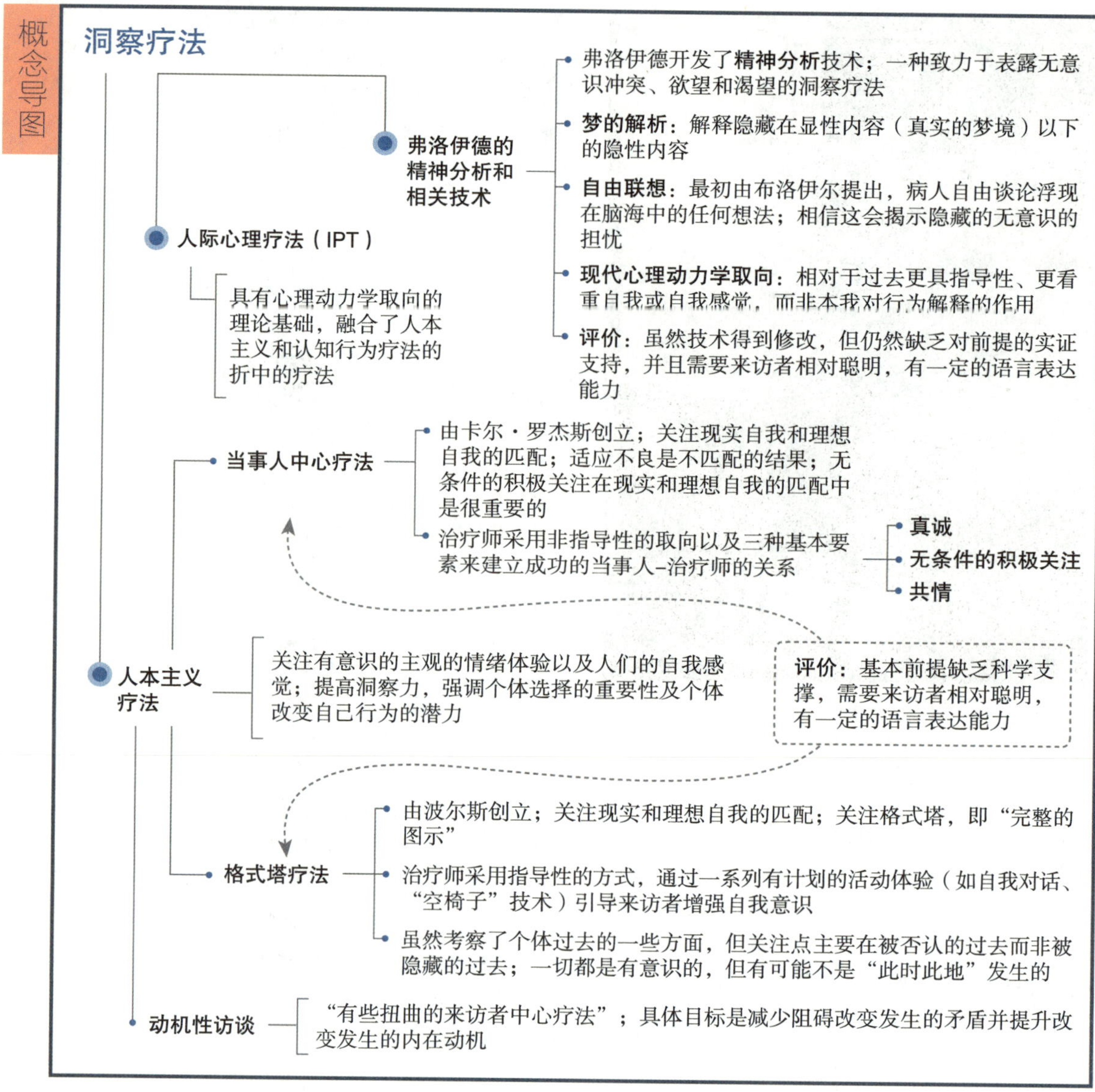

的刺激也会造成这一特定的结果。通过经典条件反射，旧的不良的自动化反应可以被良性反应所替代。基于这种学习发展出的技术可以用来治疗诸如恐怖症、焦虑障碍和强迫症等心理障碍。

使用学习技术来改变不良行为、增多良性行为已有很长的历史。最初这种技术被称为**行为修正**（behavior modification），而近期的版本被称为**应用行为分析**（applied behavior analysis）。新的叫法更好地突出了对需要修正的行为进行功能性分析的需要，分析之后才能使用条件反射技术来修正行为。

系统脱敏疗法 在**系统脱敏疗法**（systematic desensitization）的治疗过程中，治疗师指导来访者通过一系列步骤减少恐惧和焦虑，这种疗法通常用来治疗惊恐障碍，它由三个步骤组成：首先，来访者必须通过深度肌肉放松训练来学会放松；其次，来访者和治疗师共同建立一个事物或场景的列表，表中事物或场景以最不会引起来访者恐惧的条目开始，一直到最能引起来访者恐惧的条目结束；最后，在治疗师的引导下，来访者从表中第一个条目开始，看着它、想着它或真正地面对它，但这一切都要在放松的状态下进行。治疗师认为，通过将旧的条件

表 13-1 恐惧层级

恐惧水平	情境
100	被兔子咬
90	抚摸兔子的头
80	抚摸兔子的背
70	抱兔子
60	触摸被别人抱着的兔子
50	看着我信任的人抱着兔子
40	和兔子共处一室
30	想象抚摸兔子
20	观看兔子的图片
10	观看动画片《拯救小兔》(*Hop*)(讲述复活节兔的故事)

条目根据恐惧水平来打分，从最恐惧（恐惧水平 = 100），到最不恐惧（恐惧水平 =0）。

性刺激（恐惧对象）和新的与恐惧引起的情绪和身体唤醒不兼容的放松反应配对的方式，就可以减少和消除个体的恐惧。之后个体对恐惧列表（称作恐惧层级）中的下一个条目重复这些步骤，直到恐惧完全消失（见表 13-1）。

厌恶疗法 另一种采用经典条件反射来减少不良行为（如吸烟或过度饮食）发生频率的疗法，是通过引导来访者将一个厌恶的（不愉悦的）刺激与造成不良反应的刺激进行配对，这种疗法被称作**厌恶疗法**（aversion therapy）。例如，想要戒烟的人可能会寻求采用快速吸烟技术的治疗师的帮助，在这种治疗中，来访者可以吸烟但必须每五六秒就吸一根烟。由于尼古丁有毒，如此快速地吸烟会造成恶心和眩晕，这些都是令人不快的结果。

能用厌恶疗法帮助有惊恐症的人吗？

由于惊恐症已经是非常不愉悦的情况了，因此厌恶疗法对其就不是最有效的疗法了。虽然系统脱敏法仍然是治疗惊恐症最常用的疗法之一，但它并不总能很快见效。

暴露疗法 **暴露疗法**（exposure therapy）的技术是在严密控制的情况下，将来访者引导到与其交流或恐惧相关的场景中。暴露可以通过不同的途径来达到，通过暴露期望达到促进新的学习的效果。它可以是实景的（“在现实生活中”），来访者暴露在真实的诱发焦虑的场景中；可以是想象的，来访者表象或想象刺激；甚至可以是虚拟的，采用虚拟现实（virtual reality，VR）技术（想了解更多虚拟现实在心理学上的应用，参见本章最后“日常生活的心理学”专栏）。

例如，如果有位韩国男性昌胜有社交焦虑障碍（这在韩国男性中非常罕见，终生发生率只有大约 0.1%），在实景暴露中他可能需要参加一次社交活动；在想象暴露中他可能需要表象自己正在参加一次社交活动；而在虚拟暴露中，昌胜可能通过 VR 技术体验一次社交活动，比如参加晚宴。

暴露方法可以平缓地给出诱发恐惧的刺激，也可以非常突然地给出刺激。平缓的或分级的暴露需要来访者和咨询师像系统脱敏疗法一样制定恐惧层级：暴露从最不恐惧的刺激开始，逐渐升高到最恐惧的刺激，就像系统脱敏一样。如果暴露是迅速和强烈的，从最恐惧的刺激开始，这就被称为**满灌疗法**（flooding）。满灌疗法是在严格控制的情境中进行的，像分级暴露一样，通过防止逃跑或回避反应来达到条件性恐惧反应消除的目的（如不允许昌胜离开晚宴）。正因如此，暴露疗法有时被称作“暴露和反应预防疗法”。

眼动脱敏与再加工疗法（eye-movement desensitization reprocessing，EMDR）是一种基于暴露的疗法，它有时被用来治疗创伤后应激障碍（PTSD）。它最初的设定是包括简单和重复的表象，对恐惧事件的认知再加工和脱敏以及快速眼动或其他双边刺激。它也被用来治疗恐惧症和其他焦虑相关障碍，不过 PTSD 仍然是这一疗法最常应用的领域。这是一种有争议的疗法，因为它来源于创立者的个人观察而非心理学理论或对其他治疗技术的修正，而且过去的研究表明眼动起到的作用微乎其微。

基于操作性条件反射的疗法

操作性条件反射技术包括强化、消退、塑造和模仿，通过这些技术来改变有意行为的发生频率。心理障碍的治疗目标是减少不良行为的发生频率，增加良性行为的发生频率。

采用操作性条件反射治疗行为障碍的优势之一，是这种治疗通常能较快见效，而不需要像洞察指向的疗法那样等上几年。操作性行为技术和其他行为技术一样都非常实用，因为它们将控制行为（而非首先查出行为障碍的发生原因）作为目标。有一则笑话，说有一个人害怕自己的床底下藏着什么令人恐惧的东西，行为主义治疗师只是简单地将床腿都砍了就治好了他。

模仿 **模仿**（modeling），即通过对榜样的观察和模仿进行学习，在第5章中已有讨论。将模仿作为一种疗法来使用是基于阿尔伯特·班杜拉（Albert Bandura）的研究。他的研究发现，个体特定的恐惧或社会技能可以通过观察别人（榜样）如何面对这些恐惧对象或表现出这些社会技能来习得。在**参与者榜样作用**（participant modeling）中，有一个榜样渐进地表现出良性行为。治疗师鼓励来访者同样一步一步地模仿这一榜样。这个榜样可以是真实的与来访者同处一室的人，也可以是录像中的人。例如，榜样可能首先接近一只狗，然后触碰这只狗，接着爱抚它，最后拥抱它。怕狗的儿童（或成人）会观看这一过程，然后被鼓励重复榜样所示范的这些步骤。

行为治疗师会为来访者的家长或他人提供进行行为治疗的建议和示范。一旦个体知道要

◎这名男孩坐在学校专门设立的“暂停法”的角落中。教师正通过移开让他觉得有益的注意来达到消除不良行为的目的。在这个隔离角中有什么可能使隔离效果降低的东西吗？

怎么做，模仿就变成相当容易的技术了。模仿在帮助儿童克服牙医恐惧、社会退缩、强迫症以及惊恐症等方面是非常有效的。

强化 **强化**（reinforcement）是指，通过反应后的一些愉快后果的产生（正强化）或不愉快刺激的消除（负强化）而发生的反应增强。这两种强化都可以成为治疗行为障碍个体的基础。

代币行为矫正法（token economy）中的代币指的是个体通过交易获得的食物、糖果、款待或特权。来访者可以通过正确的行为表现或完成行为目标而得到代币，也会因不适宜的行为而损失代币。代币行为矫正法已经成功地被用于矫正精神病院中相对失常的个体的行为，比如精神分裂症患者或抑郁症患者。

基于强化的另一种方法是与来访者建立**后效契约**（contingency contract）。这一契约是治疗师和来访者（或教师与学生，或家长与孩子）间正式的合同，其中清楚规定了双方的责任和目标。这样的契约在治疗特定问题方面（如药物成瘾、学业问题和饮食障碍）十分有效。由于契约中的任务、惩罚和强化都被清晰记录下来且具有一致性，契约双方都知道遵守和违反契约条款的后果，这就使得这种行为治疗形式非常有效。一致性是使用报酬和惩罚来塑造行为的最有效工具之一。

消退 **消退**（extinction）指的是通过移除强化刺激来降低特定反应的发生频率。在行为修正中，操作性的消退通常是指在个体表现出不合时宜的或不良的行为时将注意力从个体身上移开。对儿童来说，这种注意的去除可能是一种暂停法，即将儿童从提供了强化的环境中移出。对成人来说，同一房间的其他人拒绝接受某一行为就是减少这一行为频率的方法。

行为疗法的评价

在某些特定的行为障碍，如尿床、过度饮食、药物成瘾及惊恐反应等方面，行为疗法可能比其他疗法更有效。虽然行为治疗可以减轻某些特定症状，但更严重的心理障碍（如重度抑郁或精神分裂症），总体来说不能被行为治疗

治愈。要使个体能在社会中正常工作生活，很重要的一步就是要控制住个体的症状，而行为疗法在消除或大幅减轻症状方面是相对快速和有效的。但一些行为模式并不能被简单地养成或坚持践行下去，因此需要采取措施来保证适应性的行为能泛化到其他场景中，并在将来被保持下去。

认知疗法：思维就是相信

亚伦·T. 贝克（Aaron T. Beck）创建的**认知疗法**（cognitive therapy）关注如何帮助人们改变思维方式。认知治疗师关注导致适应不良行为的扭曲的思维和不现实的信念，而非行为本身，他们尤其关注与抑郁相关的那些思维扭曲。认知疗法的目标是帮助来访者以更客观科学的方式来审视自己的信念和假定的真实性，以及自己对自我和他人行为的归因。然后来访者就能识别出自己扭曲的消极思维，并用更积极的、有益的思维来替代它们。由于认知疗法关注的是思维改变而不是对原因的深度洞悉，因此这种疗法主要是一种行动疗法。

贝克的认知疗法

这些不现实的信念是什么？

认知疗法关注的是思维的扭曲。下面是一些会造成人们产生消极感受和不现实信念的常见的思维扭曲。

- **任意推断**（arbitrary inference）：指的是毫无证据就“跳到结论”。“任意”指的是只根据个人的奇想来决定事情。例如：“苏西取消了我们的午餐约会，我打赌她一定在跟其他人约会！”
- **选择性概括**（selective thinking）：选择性概括指的是个体只关注情况的一个方面而忽略了可能使事情不那么负面的其他相关事实。例如，皮特的老师表扬了他的论文但指出他需要检查一下标点。皮特因此而推断他的论文很差劲，老师根本不喜欢它，而不管其他的赞扬和积极的评价。
- **过度概括化**（overgeneralization）：个体根据偶然发生的事件得出了泛化的结论并且假定这一结论对生活的所有方面都适用而与原始事件无关。例如：“我被老板骂了，我的男朋友会跟我分手并把我赶出公寓，我最终会住在河边的车厢里。”
- **夸大或缩小**（magnification and minimization）：个体对坏事夸大其词而不关注好事。例如，在其他考试中都取得好成绩的学生，认为如果在最后一门考试中得到“C”就意味着自己在整个大学阶段都很失败。
- **个人化**（personalization）：个体认为自己需要为所有事负责，即使这些事与自己无关。例如，当桑迪的丈夫由于工作上的原因而情绪差，她马上假定他是在对自己生气。

认知治疗师尝试帮助来访者看到自己的信念并检验这些信念究竟有多正确。第一步就是在治疗师和来访者初步的交谈中识别出不合逻辑或不现实的信念。然后治疗师指导来访者针对这一信念提一系列问题，比如：“我的这一信念是从什么时候开始的？”“这一信念的证据是什么？”

这些问题看起来是否很像第 1 章提到的批判性思维？

认知行为疗法

认知治疗法实际上就是一种针对自身思维和信念的批判性思维。由于认知心理学是由行为主义派生出来的，因此认知疗法中会有行为的元素，从而派生出**认知行为疗法**（cognitive-behavioral therapy，CBT）。

认知行为疗法关注现在而非过去（与行为主义类似），但同时假定人们与世界的互动不仅仅是对外部刺激的简单自动化的反应。人们观察世界以及周围的人，通过这些观察或认知形成假定和推断并最后决定怎样反应。作为认知疗法的一种，认知行为疗法也假定障碍来自不合逻辑的不合理认知，并且认为将思维模式转换为合理且合逻辑的思维模式将消除障碍的症状，这就使它成为一种行动疗法。认知行为疗法有认知影响行为、认知可以被改变，以及行为可以因认知改变而改变三个基本元素。治疗师可能也会使用行为主义治疗师的一些手段来帮助来访者改变他们的行动。下面是认知行为疗法的三个基本目标：

1. 帮助来访者消除症状并解决问题；

2. 帮助来访者建立可以用来解决未来问题的策略；

3. 帮助来访者将不合理、自我打击式的思维模式转变为更合理的、自我帮助式的、积极的思维模式。

艾利斯与理性情绪行为疗法

阿尔伯特·艾利斯（Albert Ellis）创立了CBT的一种形式，被称为**理性情绪行为疗法**（rational emotive behavioral therapy，REBT），该疗法教导来访者以更合理和有益的陈述挑战其不合理的信念。以下是一些不合理的信念的例子：

- 大家都应该爱我并赞成我（如果不是这样，我就是差劲和不可爱的）；

- 如果事情不按我所想或所计划的方式发展就很恐怖，当然，我也会变得很不安。这是我不能接受的！

我偶尔也会有这种感觉。为什么这些思维是不合理的呢？

注意，这些思维方式有一个共同点：它们是全或无的。个体能够期望所有人都爱自己吗？所有事情都真的能按照计划来发展吗？理性情绪行为疗法就是要挑战这些“我的方式一无是处”的思维模式，帮助人们认识到虽然不很完美，但生活也可以很美好。在REBT中，治疗师扮演指导性的角色，当来访者有上述陈述时就会对其提出挑战，同时治疗师会为来访者布置家庭作业，采用行为技术来进行行为矫正并与来访者争论其思维模式的合理性。

对认知疗法和认知行为疗法的评价

相较于典型的洞察疗法，认知疗法和认知行为疗法花费相对较少，因为它们是相对短程的疗法。正如在行为疗法中一样，来访者不用过于深入地挖掘问题的隐藏原因。但基于认知的疗法直接针对问题本身，更直接地帮助来访者解决症状。事实上，与行为疗法一样，对这些疗法的其中一条批判，是它们只治疗症状而不是症状的原因。但是，需要提出的是，从认知的视角来看，非适应性的思维就是问题和症状的原因。这些疗法中也会有潜在偏见的成分，因为治疗师需要判断哪些是理性思维，哪些不是。

然而，认知疗法和认知行为疗法在许多种障碍的治疗中很有疗效，如抑郁、应激障碍、饮食障碍、焦虑障碍、人格障碍，甚至在结合其他疗法时可以治疗某些精神分裂症。作为行为主义的衍生物，认知行为疗法所基于的学习规律被认为是有实证支撑的。以上提到的各种心理疗法的总结见表13–2。

表13–2 心理疗法的特点

疗法类型（关键人物）	目标	方法
心理动力学疗法（弗洛伊德）	洞察	通过梦的解析、自由联想、阻抗和移情来揭露无意识冲突
人本主义疗法 • 当事人中心疗法（罗杰斯） • 格式塔疗法（波尔斯）	洞察	非指导性的疗法；主要由当事人陈述；关键元素是真诚、无条件的积极关注和共情 指导性疗法；治疗师使用指导性的问题和角色扮演帮助当事人接纳自身的感受和体验
行为疗法（华生、琼斯、斯金纳、班杜拉）	行动	基于经典条件反射和操作性条件反射的原则；不关心行为的原因，目标是改变行为
认知疗法（贝克） • CBT（许多专家） • REBT（艾利斯）	行动	通过学习更理性和有逻辑的思维来帮助来访者克服问题；来访者因自身不合理信念受到挑战，帮助他们重建思维

概念导图

行动疗法

- **行为疗法**
  基于行动的疗法，前提假设是所有行为，不管是正常的还是异常的行为都是习得的；采用的行为分析技术包括功能分析，以及增加良性行为和减少不良行为的学习技巧
  - 基于经典条件反射的技术——将刺激配对
    - **系统脱敏疗法**
    - **厌恶疗法**
    - 暴露疗法：将个体暴露在现实的或想象的焦虑诱发刺激中，暴露可以是平缓的或突然的（满灌疗法）
  - 基于操作性条件反射的技术——强化、消退、塑造和模仿
    - **参与者榜样作用**
    - **代币行为矫正法（强化）**
    - **后效契约（强化）**
    - **暂停法（消退）**
  - **评价**：对于特定的行为障碍比其他疗法更有效（如尿床、过度饮食、药物成瘾、惊恐反应）
- **认知疗法**
  基于行动的疗法，关注于帮助人们改变思维模式；强调识别造成适应不良行为和情绪问题的扭曲的不现实的信念，然后用更积极有益的想法替代它们
  - **贝克的认知疗法**定义了几种常见的思维扭曲
    - **任意推断（跳到结论）**
    - **选择性概括**
    - **过度概括化**
    - **夸大或缩小**
    - **个人化**
  - **认知行为疗法（CBT）**采用的认知方法中兼有行为成分
  - **理性情绪行为疗法（REBT）**由阿尔伯特·艾利斯创立；教导来访者用更合理有益的表述替代自己的不合理信念
  - **评价**：比洞察疗法时程短且花费少；治疗症状而非成因，这是该疗法的特点，也是对其的批评；对许多障碍都有效，包括抑郁、焦虑障碍和人格障碍

团体治疗：不适用于羞怯的人

不是每个接受心理治疗的人都能单独进行一对一的治疗。在有些情况下，治疗师会同时接待多个来访者，来访者可以通过看其他人如何解决担忧和挑战而获益。在团体治疗、家庭治疗和自助小组中，人们可以和其他人一起得到治疗。

团体治疗的类型

治疗师除了和来访者进行一对一的治疗外，还可以进行**团体治疗**（group therapy），即将有相似问题的来访者组成小组，在一位治疗师的指导下展开小组讨论。

完成团体治疗可以有许多种方法。治疗师可以采用洞察的或认知行为的风格，其中当事人中心疗法、格式塔疗法和行为疗法似乎比精神分析和认知行为疗法在团体环境下更有效。

不仅是治疗风格可以多变，团体结构也可以不同。团体可能是由有关联的个体组成的小组，也可以由没有受过治疗师帮助的，没有关联的人组成的小组。他们的目标是分享他们的问题并为他人提供社会支持和情感支持。

家庭咨询

团体疗法的一种形式是**家庭咨询**（family counseling）或**家庭治疗**（family therapy），在治疗过程中所有体验到问题（如婚姻问题、儿童管教问题或同胞争宠问题）的家庭成员作为一个小组接受治疗师的指导。治疗师偶尔也会单独约见一名或多名家庭成员，但使家庭成员真正打开心扉互相沟通的工作是在团体的环境下完成的。家庭成员除了核心成员外，还可能包括祖父母、姨姑叔舅，以及姻亲，这是因为家庭治疗将家庭看作一个完整的单元或由互相作用的“部分”组成的整体。“问题”并不只在一个人身上，因为家庭系统中的所有成员都是

◎在团体治疗中，具有相似问题的几个人在治疗师的指导下讨论他们的感受和担忧。看到与自己有相同情绪难题的人是很令人欣慰的，这也能让个体通过倾听别人的问题来洞悉自己的问题。

问题的一部分：他们都体验到了问题、强化了问题，或以他们的行动或不作为导致了问题的产生。

家庭治疗的目标就是发现家庭成员在交往和沟通中不健康的方式，并将这些方式转变为更健康、更富有成效的交往方式。家庭治疗师的工作对象不只是家庭，还有夫妻。治疗师的目标是改善沟通方式，帮助夫妻学会解决问题和不一致意见的更好方式并增强夫妻间的亲密感。

自助小组

许多人可能会觉得治疗师从没有过心理问题，因此不能真正理解自己的问题。比如治疗师没有药物成瘾问题，因此不能理解成瘾的感受，而有过成瘾经历并成功克服它的个体可能更有能力提供真正有用的帮助。治疗师通常比较短缺，而且他们会因为领导团体治疗而收费。这就是一些人选择和与自己有相似问题的其他人一起在自愿的基础上共同解决问题的主要原因——这里没有需要付费的治疗师。这些小组被称为**自助小组**（self-help group）或**支持小组**（support group），小组中的成员通常都有一个特定的共同问题。比较著名的自助小组包括匿名戒酒互助社、暴食者匿名会和匿名戒毒会，这些小组会在全美的各个地方不时地举办聚会。几乎所有可以想象到的心理障碍都会有数不清的小型支持团体，包括与焦虑、惊恐、痴呆症患者、问题儿童、抑郁和压力相关的问题等。自助小组的优势在于，它是免费的，还可以提供其他团体治疗所能提供的社会和情绪支持。自助小组没有领导，但是有志愿者每星期会负责安排会面。因此，负责组织会面的人也是小组成员，他也和其他成员一样有同样的问题。

评价团体治疗

跟其他形式的治疗相比，团体治疗有许多优势。团体治疗可以为无力负担个体心理治疗费用的人们提供帮助。治疗师可以同时见几个来访者，因此这种治疗方式通常比一对一的治疗花费更少。团体治疗提供了来自与自己有相似甚至相同问题的人的社会支持和情绪支持。这一优势很重要，研究发现，接受团体治疗的乳腺癌患者相对于只接受一对一治疗或不接受心理治疗的患者有更高的存活率和康复率。

团体治疗并不适用于所有情景，它也有几个劣势。来访者必须在疗程中与其他来访者分享治疗师的时间。在社交场景中感到不舒服的

概念导图

团体治疗

- 一对一疗法之外的一种选择；一组来访者在一个或一对治疗师的指导下共同讨论相似的问题
  - 可能采用不同的治疗风格，但个体中心疗法、格式塔疗法和行为疗法似乎最有效；可能有几种不同的形式
    - **家庭治疗**
    - **基于问题的小组**
- **自助小组**可能也有效；没有治疗师直接参加
- **评价**：优势包括花费少、可以看到其他人如何面对和解决同样的问题，可以获得社会和情感支持；劣势包括暴露更大、与治疗师的交流少于一对一治疗，以及有一些问题难以在团体环境中治疗

个体或难以在他人面前演讲的个体可能不能像那些语言能力更好、社交能力更强的个体那样，从团体治疗中得到帮助。但是，虽然极度害羞的个体可能在团体环境中有发言障碍，但认知行为的团体治疗却是治疗社交焦虑障碍的有效方式。

按受心理治疗后的七个矮人

资料来源：The New Yorker Collection 1991 Mike Twohy from cartoonbank.com. All Rights Reserved.

心理治疗真的有用吗

确实有很多心理疗法，但它们真的有效吗？

20世纪50年代，汉斯·艾森克（Hans Eysenck）对心理疗法的有效性进行了最早的调查。他的结论是，接受心理治疗的个体的康复率并没有比控制组的高，而时间的推移完全可以被看作康复的原因。

有效性的研究

艾森克的经典调查在临床和咨询心理学界引起了巨大的争论。其他研究者也开始了自己的研究，希望能反驳艾森克的发现。一些控制严格的研究发现，不同的心理疗法在有效性上没有差异。当然，这就意味着心理疗法可能同样有效，也可能同样无效（注意：许多心理学家采用的是折中的取向，同时采用不止一种心理治疗技术）。

研究心理疗法的有效性有很多困难。对照研究可以设置一个接受了某一心理疗法的实验组和一个被划在等待名单里的控制组，但这并不是理想的情况。一方面，控制组被试并不会得到治疗师的关注，因此也就不会因为治疗而产生安慰剂效应。同时，并不是所有疗法发挥效用的时间都一致。例如，精神分析甚至是短程的精神分析形式都会比行为疗法花费更长的时间。在短期研究中，行为疗法显然看起来会更有效。行动疗法（如行为疗法）对有效性的评估与洞察疗法不同。行为疗法中不良行为的减少可以很容易被客观地测量，但洞察力、控制感、自我价值感和自尊等的增加却不能被这样评估。

不采用实证的步骤而是从整体上决定来访者是否受益于该疗法的研究，会有一些诸如实验者偏向（评价疗法是否有效的治疗师期望疗法有效）、自我报告信息不准确以及安慰剂效应的问题。

然而，近期的许多研究表明，接受心理治疗的个体相信自己确实因治疗而受益。美国《消费者报告》（*Consumer Reports*）的调查对象是该杂志的读者中曾接受过或正在接受心理治疗的群体，调查内容是要求读者评价自己所接受过的心理疗法的有效性。下面是这一研究和其他相似调查研究结果的总结：

- 大约有75%～95%的人觉得心理疗法对其有益；
- 个体接受治疗的时间越长，情况改善就越明显。

一些其他的研究发现，对于特定的心理障碍有某些更有效的心理疗法，但却没有一种疗法是最有效的或对所有问题都适用。

虽然心理治疗通常是和治疗师面对面进行的，但如今出现了一种通过网络进行的新的治疗类型——**网络治疗**（cybertherapy）。这种方法具有一些优势：更低的成本甚至是无成本；可以让不容易接触到治疗师的个体有治疗的机会；在网络上接触支持小组；相对匿名的。虽然一些网络治疗师会使用语音或视频会议，但有些只使用文字聊天。当失去了面对面或声音的接触，治疗师在尝试了解来访者情绪和心理状态时就不能得到身体语言或语音语调的信息。

相关研究是如何看待网络治疗的有效性的？德国的研究团队发现，曾经的住院病人在网络聊天室“会见”团体治疗师之后，心理状态的负性改变风险与控制组相比显著降低了。

网络小组的流失率非常低，大部分病人都会“接受”聊天室的疗程，这表明使用电脑来参加团体治疗的便捷性使它成为需要持久治疗机会的个体可行的选择。

有效疗法的特点

有某种问题的个体怎么知道应该寻求哪种治疗师的帮助呢？如何选择一个适合自己的疗法？

正如在接下来的“新闻事件中的心理学”专栏中描述的那样，越来越多的大学生正为心理障碍寻求帮助。有时很难判断该到哪里寻求专业的帮助，也难以决定哪种治疗类型是适合你的。

如前所述，当代大部分的心理学专家会采用折中的治疗方法，他们会根据来访者的需要或特定的问题，采用多种方法结合的方式或在治疗中转换治疗手段。

共同因素取向

在心理治疗中的共同因素取向是一种折中的现代取向，它关注不同类型疗法取得成功的共同因素。这些因素被认为是治疗取得成功的原因，而疗法间的具体差异则不是。成功的治疗最重要的共同因素就是来访者和治疗师的关系，这一关系被称为**治疗关系**（therapeutic alliance）。这一关系应该是充满关怀、温暖和接纳的，并且具有共情、互相尊重和理解的特点。治疗也应该为来访者提供保护性的环境，让来访者可以释放情绪，表露私密的想法和担忧，帮助来访者了解为什么自己会有这样的想法，并为来访者提供改善情况的方法。其他治疗有效性的共同因素包括：提供给来访者宣泄的机会（释放被压抑的情绪）；学习和练习新的行为；积极体验。

新闻事件中的心理学

大学生的心理健康

上大学的经历被认为是智力和社会发展的一部分，但对很多人来说也是充满冲突和压力的时期。从考试到生活环境（通勤、新的室友、住宿舍），人际关系问题（直系亲属、重要他人）和整体适应，大学生活可以说是相当有压力的。过去几年间在美国发生的枪击案和其他大学校园里的危机事件，只是可能发生在极端环境下的心理功能异常水平的一个指标。

这些环境使原本就存在的情况变得更糟，或者会促使新的心理障碍的发生。根据美国大学咨询协会 2009 年发布的美国国家咨询中心调查，在参与调查的 260 万名学生中，超过 27 万名学生曾经寻求过咨询。在接受过大学咨询中心帮助的学生中，16% 接受了精神病学评估，而 25% 正在接受精神病学药物治疗。大部分咨询中心的老师认为，在上大学前就已经接受精神病学药物治疗的学生数目正在增加，被诊断为严重心理问题的大学生数目也有增加的趋势。发生率增加的问题涉及药物管理、危机干预、学习困难、自伤行为（如划伤自己）、用违禁药物、酗酒、进食障碍，以及性侵问题或与早年性虐待相关的问题。

根据 2009—2010 社区大学咨询师调查揭示，在美国当代经济环境中的高压情况下，这种情况尤其令人担忧。经济应激源的后果包括，入学人数增加、学生和大学雇员焦虑和抑郁的迹象增多，以及对心理健康服务的需求增加。排名前四的问题分别是压力、抑郁、焦虑障碍和学业问题。

基于此，我们该做什么呢？首先，如果你对自己学校的咨询资源还不熟悉，去了解一下学校提供什么资源。即使你没有严重的心理障碍，咨询师也可以帮助你找到和培养有效的应对策略。其次，照顾好自己，保证充足的睡眠，健康饮食（不要只吃方便面或通心粉和奶酪），进行体育锻炼并给自己时间来放松。最后，当你有困难时不要觉得孤独，在你学习的道路上有许多资源可以帮助你。

进一步讨论的问题

1. 你的同学中有谁使用过学校的咨询中心吗？如果有，他们的体验是怎样的？

2. 你认为现在大学生活中最重大的应激源是什么？

循证治疗

心理学中一个正在发展的研究领域就是，找到针对具体障碍的最好的治疗方法或治疗方法的其他方面。一些疗法可能不仅对特定的障碍无效，还有可能被证明是危险的或有害的。尤其是在管理型医疗保健和预算缩减的情况下，来访者将因基于证据的实践获益。实证支持的或**循证治疗**（evidence-based treatment, EBT）是指，在对照研究中被表明达到了预期效果或治疗改变的技术或干预方法。循证的实践包括，对从评估到干预的相关和有效的信息系统化的综述。循证的或实证支持的疗法的例子包括：PTSD 的暴露疗法；认知行为和认知加工疗法；伴有广场恐惧的惊恐障碍的认知行为治疗；社交焦虑障碍的认知行为个体和团体疗法；抑郁的认知疗法；精神分裂症的抗精神病药物；抑郁的人际心理疗法。

心理治疗中关于文化、种族和性别的考虑

考虑一下接下来的情景。

> K 是一名 24 岁的韩裔美国人。她和父母一起住，她的父母都在韩国出生和成长，到成年后才搬到美国。K 因为缺乏独立性而感到沮丧和不开心，于是她来寻求治疗师的帮助。她的父亲因为她想要嫁给一个非韩国人而感到愤怒。于是她的治疗师马上对她进行决策力训练，并进行角色扮演来为她面对父亲做准备。但 K 并没有按约定来第二次会面，这使治疗师很失望。

这个真实的例子表明，当治疗师与来访者所处的种族或文化背景不同时，他们的治疗联盟建立会存在一定的问题。这种文化的差异使治疗师难以理解来访者问题的本质，也使来访者不能从这种不符合自身需要的治疗中受益。不同文化和种族的群体会有不同的价值观。例如，怎么能期望一名来自中上层家庭受过良好教育的白人女性治疗师去理解一个居住在穷人区来自穷苦家庭的西班牙少年的问题呢？在这种情况下，性别、种族和经济背景都太不同了。

在 K 的例子中，治疗师错误地假定改善她情况的关键在于，让她在家庭尤其是父亲面前更有魄力和更独立。这一西方的观点与韩国文化价值观背道而驰。韩国文化强调互相依赖而非独立。家庭是第一位的，对长辈的顺从是很重要的，而“做自己的事情”是不能被接受的。K 真正的问题可能是因她的处境和父亲的愤怒而产生的负罪感。她渴望得到解决家庭问题和改善自己感受的帮助，而并不是变得更独立的帮助。

要使治疗有效，来访者必须坚持接受治疗直到获得成功的效果。K 在第一个疗程后就没有再来接受治疗。这也是来访者和治疗师的文化的种族背景不一致时可能产生的问题之一。在 K 的例子中，治疗师可能将自己的价值观投射到来访者身上，这就不能与来访者达到真正的共情，甚至不能觉察到来访者真实的感受。这可能就是造成来访者放弃治疗的原因。针对这种情况的研究发现，少数民族或种族成员放弃治疗的比例显著高于来自多数群体的来访者。

性别差异也很重要吗？比如，是不是女性更偏爱女性治疗师而男性更愿意与男性治疗师交流？

针对性别和治疗关系的研究结果多样。对于中产阶级的白人来说，男性和女性似乎都更偏爱女性治疗师。但如果治疗师与来访者是同一性别，非裔美国人更可能放弃治疗。亚洲男性似乎偏爱男性治疗师，而亚洲女性不管在男性或女性治疗师的治疗中似乎都可以持续同样长的时间。

当来访者和治疗师的文化或种族背景不同

概念导图

心理治疗真的有用吗

- 针对有效性的研究并不容易，因为疗法的理论、技术和起效时间等都不同；一些治疗师折中（使用各种的技术）的倾向也是对有效性研究的一个挑战
  - 共同因素取向：关注不同类型疗法取得成功的共同因素
  - 来访者受益于循证的实践或实证有效的治疗，找到对具体障碍最有效的治疗和治疗的其他方面
- 疗法的有效性和治疗的成功与否经常与治疗师和来访者的关系（治疗联盟）、安全感以及治疗的时间长短联系在一起
- 在治疗中应该考虑文化、种族和性别因素；这些因素不仅会影响治疗联盟，也会影响问题识别和治疗方法选择

时，心理疗法发挥作用的四种障碍就出现了。

1. **文化价值观**。不同的文化价值观，包括个人中心相对于他人中心、语言/情绪/行为表达、来访者和咨询师间的交流模式、核心家庭等，会导致治疗师不能建立共情的治疗联盟。

2. **社会等级价值观**。诸如有穷困背景的来访者可能会有治疗师不能理解的经历和价值观。

3. **语言**。治疗师和来访者说不同的语言会影响双方互相理解并影响心理测试。

4. **非言语交流**。身体语言或非言语交流可能也会有文化和种族间的差异。例如，来访者和治疗师的身体距离、手势的使用和眼神接触都会造成治疗中的误解，使治疗师对来访者情绪和意图的解释出错。在一些文化中，人们对长时间的沉默感到满意，而其他文化中的人却不这么想；直接的眼神接触在一些文化中是可行的，而在其他文化中是有攻击性的；甚至是情绪的面部表情也可以有从非常外放（像西班牙人）到非常含蓄（像许多亚洲人）的差别。

美国精神病学会为治疗师提供考虑文化和文化依存症候群的指导。所有治疗师都需要意识到文化差异、症状和可能的性别问题。社会政治因素也需要被考虑到。

思考一下

截至目前，在本书所有介绍过的心理疗法中，哪种疗法最能被用来治疗在人际关系中存在承诺问题的来访者？为什么？

生物医学疗法

接受精神分析训练的治疗师更可能采用这一技术进行心理治疗，而对人格和行为持有生物学观点的治疗师在治疗行为障碍时更可能转向医学手段。甚至不是生物学导向的心理治疗师，也可能会在合作医生的监督下在心理治疗中加入药物治疗。与医生一样，精神科医生几乎必然持有生物学观点，因此他们会在自己偏好的心理治疗技术之外采用**生物医学疗法**（biomedical therapy），即直接影响身体和脑的生物学功能。生物医学疗法有四种类型：心理药理学、电休克疗法、精神外科手术治疗、非侵入性刺激技术。

心理药理学

控制和缓解心理障碍症状的药物使用被称为**心理药理学**（psychopharmacology）。虽然这些药有时是单独使用的，但是它们更常与一些心理疗法结合使用，在结合使用的情况下效果更好。有四种基本的药物可以用来治疗精神病性障碍、焦虑障碍、心境障碍中的躁狂阶段和抑郁。

抗精神病药

用以治疗精神病症状，如幻觉、妄想和怪异行为的药物被称作**抗精神病药**（antipsychotic drug）。这种药有两类，经典的或典型的抗精神病药物，以及更新的非典型的抗精神病药物——安定剂和多巴胺受体部分激动剂。开发

出的第一种典型的抗精神病药物是氯丙嗪。第一代抗精神病药物会造成“精神松弛”或精神运动迟缓和情绪减少，由于其对神经具有副作用，因此这一代精神病药物也被称作精神安定剂。表 13–3 列出了几种典型和非典型的抗精神病药，以及它们的副作用。

典型抗精神病药物的作用是阻碍大脑中特定的多巴胺受体，即 D2 受体，因此减少了多巴胺在突触传导中的作用。然而，由于它们阻碍了一些多巴胺系统中与精神病无关的通路，这些药物的持续使用可能会造成一些问题。这样的问题包括类似帕金森病中的运动障碍，有时被称作锥体外系症状，还有其他诸如迟发性运动障碍这样的问题。迟发性运动障碍是一种由典型安定剂的长期治疗所导致的症候群，它在停药之后仍会保持。它的症状特点是，个体会做面部和舌头的动作，比如重复地伸舌头、扮鬼脸或频繁地咀嚼，或者造成重复的、不自觉的肌肉抽搐或手脚像跳舞一样的运动。

非典型安定剂也会抑制多巴胺，但它重点抑制的通路似乎是造成精神问题的多巴胺通路。同时，这些药物会阻碍或部分阻碍特定的血清素受体，这类药物的副作用更少，有时甚至对精神分裂症的阴性症状有改善作用。虽然非典型安定剂的有效性较好，但它们可能也有一些副作用，比如体重增加、糖尿病、血脂水平改变或心脏放电节律改变。一种非典型安定剂氯氮平在少部分人中会造成人体免疫系统中白细胞的大量减少。因此，服用氯氮平的患者的血液状况会被紧密监控，而它也并不是治疗方法的第一选择，只有当其他抗精神病药物无效时才被更经常地使用。

新型的非典型安定剂包括部分多巴胺激动剂，它影响多巴胺的释放，而并不阻断多巴胺在脑中的受体或对多巴胺和血清素有竞争或拮抗作用的中介（激动剂促进效应而拮抗剂阻断或减少效应）。与谷氨基酸活动相关的药物也在开发中。

人们服用这些安定剂的时间通常是多久？

在一些情况中，个体的精神病发作可能只持续几个月或几年的时间，因此只在那个时间段需要接受药物治疗。但在大部分情况下，尤其是在青春期或成年早期开始的精神分裂症，个体需要在接下来的日子里始终坚持服药。长期服用安定剂，尤其是经典安定剂，会导致认

表 13–3　心理药理学中使用的药物类型

分类	治疗领域	副作用	例子
抗精神病：经典安定剂	阳性（过度）症状如幻觉或妄想	运动异常、迟发性运动障碍	氯丙嗪、氟哌利多、氟哌啶醇
抗精神病：非经典安定剂	精神病的阳性和一些阴性症状	比典型安定剂少；氯氮平可能会造成严重的血液病	利培酮、氯氮平、阿立哌唑
抗焦虑：弱安定剂	焦虑症状和惊恐反应	轻微镇静作用；身体依赖倾向	阿普唑仑、劳拉西泮、安定
抗躁狂	躁狂行为	毒素累积倾向	锂盐、抗癫痫药物
抗抑郁：单胺氧化酶抑制剂（MAOIs）	抑郁	体重增加、便秘、口干、眩晕、头痛、困倦、失眠、某些性唤醒障碍	异烟酰异丙肼、异卡波肼、硫酸苯乙肼、硫酸反苯环丙胺
抗抑郁：三环抗抑郁剂	抑郁	皮疹、视力模糊、低血压、体重减轻	盐酸丙咪嗪、盐酸地昔帕明、盐酸阿米替林、多塞平
抗抑郁：选择性血清素再摄取抑制剂（SSRIs）	抑郁	恶心、神经过敏、失眠、腹泻、皮疹、激动、某些性唤醒障碍	氟西汀、舍曲林、帕罗西汀

知功能衰退（如记忆损伤和镇静），这可能就是药物本身的作用所引起的。希望新的药物不仅副作用更少，且对服药病人的思维过程影响更少。

抗焦虑药物

传统**抗焦虑药物**（antianxiety drug）是弱安定剂或苯二氮平类药物，如阿普唑仑、劳拉西泮和安定。这些药物都有镇定的作用且在正确的剂量下可以在口服后 20 ～ 30 分钟内解除焦虑症状。虽然可能会有许多副作用，但最大的担忧还是服用此药物可能有成瘾和滥用的倾向，因为人们会服用大量的药物来“逃避”［美国国家药物滥用研究（National Institute on Drug Abuse，NIDA）］。

情绪稳定性药物

许多年以来，治疗双相情感障碍和躁狂发作的药物首选都是锂盐，这是一种金属化学元素的盐的形式（碳酸锂），它可以使双相感障碍的高潮和低谷都得到平复。治疗师一般会建议双相情感障碍复发的个体维持一定水平的锂治疗。锂会影响神经元和肌肉细胞中钠离子的运输的方式，尽管还不清楚这会如何影响情绪。虽然锂的使用与体重增加相关，但这些副作用通常很快消失。在服用锂的同时需要控制饮食，因为饮食中低水平的钠会使锂达到有毒的水平，正如可以移动人体内的水的任何物质一样，如苏打、茶和咖啡中的咖啡因。

通常用来治疗癫痫症的抗癫痫药物如立痛定、丙戊酸（双丙戊酸钠）和拉莫三嗪也可以被用来治疗躁狂。这些药物和锂一样在控制情绪摇摆方面很有效，同时可以和锂治疗结合使用。一些非典型安定剂也可以作为情绪稳定性药物来使用，它们可以单独使用也可以与抗癫痫药物结合使用。

抗抑郁药物

正如科学研究的其他发现一样，用以治疗抑郁的第一类药物最初是用来治疗其他障碍的。例如，异烟酰异丙肼在 20 世纪 50 年代早期是用来治疗结核症状的，那时发现该药物对情绪有积极的作用，因此它就成了第一种现代**安定剂**（antidepressant）。这一药物成为第一种单胺氧化酶抑制剂（MAOIs），这种抑制剂是抗抑郁药物的一种，它会抑制单胺氧化酶的活动。单胺氧化酶是大脑的“清洁工”，因为它的主要功能就是分解神经递质去甲肾上腺素、血清素和多巴胺，而这三种神经递质主要参与了情绪控制。在正常情况下，在神经递质完成了它们情绪控制的“工作”后，多余的部分会被分解。在抑郁情况下，这些神经递质需要更多的时间来完成自己的工作，MAOIs 就会通过抑制酶的活动来为它们提供足够的时间。

现在常用的 MAOIs 是异卡波肼（Marplan）、硫酸苯乙肼（Nardil）和硫酸反苯环丙胺（Parnate）。这些药物也会有一些副作用（但在大部分情况下这些副作用会随着治疗的持续而减少或消失）：体重增加、便秘、口干、眩晕、头痛、困倦或失眠，以及性唤醒障碍。服用 MAOIs 的个体也应该谨慎服用熏制的、发酵的或腌制的食物，对特定的饮料和一些其他药物的使用也要小心，因为与这些东西结合使用可能会有严重高血压的危险，但也有一些 MAOIs 没有饮食方面的限制。这些预防措施是很重要的，而特定的药物间相互作用可能更为常见，有时甚至是致命的，因此服用 MAOIs 的个体应该与健康专家密切沟通以监测不良的药物相互作用。

第二种抗抑郁药物被称为三环类抗抑郁药（tricyclic antidepressant），这种药物是在发展对精神分裂症治疗的过程中被发现的。三环抗抑郁药因它们的分子结构由三个环组成而得名，它会通过抑制血清素和去甲肾上腺素被神经元突触小泡的再摄取而增强神经系统中这两种神经递质的活动。三环类抗抑郁药的几种常见形式是盐酸丙咪嗪（Tofranil）、盐酸地昔帕明（Norpramin，Pertofrane）、盐酸阿米替林（Elavil）和多塞平（Sinequan, Adapin）。这些药物的副作用也可能随着疗程的推进而减少，这与 MAOIs 很相似，但它的副作用还包括皮疹、视力模糊、血压降低和体重减轻。

MAIOs和三环类抗抑郁药对三种关键神经递质的作用引导着研究者尝试开发出更具针对性的药物，这些药物重点对抑郁相关的关键神经活动，且副作用更少。这样就开发出了选择性血清素再摄取抑制剂（SSRIs），这种药物只会抑制血清素的再摄取过程。这就使它在发挥有效的抗抑郁作用的同时又有较少的副作用，这种药物与早期的抗抑郁药物相比更为安全。但与另两种抗抑郁药物一样，SSRIs可能需要2～6周疗效才能显现。较常见的SSRIs是氟西汀（Prozac）、舍曲林（Zoloft）和帕罗西汀（Paxil）。其他种类的抗抑郁药物也正在或已经被开发，包括血清素－去甲肾上腺素再摄取抑制剂（SNRIs）、血清素部分激动/再摄取抑制剂（SPARIs）、去甲肾上腺素－多巴胺再摄取抑制剂（NDRIs）、选择性去甲肾上腺素再摄取抑制剂（NRIs），以及血清素拮抗/再摄取抑制剂（SARIs）。

也有研究考察了低于麻醉剂量的氯胺酮作为抗抑郁药物的可能。因为氯胺酮有明显而即时的抗抑郁效果且会减少自杀的想法。这些效果不是持久的，但会在几小时内发生并维持几天时间，在一些个体身上可以维持一周的时间。

现在有这样的担忧：与不接受治疗相比，儿童和青少年接受新型抗抑郁药物治疗可能会导致自杀风险的增加。最近的元分析提供相矛盾的信息，一些数据表明自杀风险增加，而另一些数据并不支持这一结果。虽然自杀想法和行为并没有减少但抑郁症状可能还是被解决了。不管怎么说，在使用新型抗抑郁药物时，尤其是在给儿童和青少年使用时需要十分小心。

思考一下

在什么年龄儿童和/或青少年应该可以决定是否要使用药物来治疗心理功能或行为异常？

今天，许多心理学专家相信，将医学疗法（尤其是药物治疗）和心理疗法结合起来是治疗许多障碍更有效的方式。研究表明，认知行为疗法与药物治疗的结合对治疗抑郁症尤其有效。患有如精神分裂症这类障碍的个体也会因与精神病理学治疗相结合的心理疗法受益，包括基于家庭和社区支持的治疗和个体的或基于小组的认知行为疗法。重点是要在所有治疗选择中找到对个体而言有效的方式。来自世界卫生组织心理健康调查的数据显示，在所有被调查的国家中，在过去12个月中接受过心理健康治疗的31.7%的个体都放弃了治疗，基于国家经济状况的差异，这个比例为26.3%～45.1%。此外，在最初一两次与治疗师的会面后最有可能产生流失。

其他疗法

正如在本章开头提到的，心理障碍可以用多种方法进行治疗，通过多种医学手段，一些方法相对于其他而言是更好的选择。不幸的是，一些方法并没有被区别使用，它们没有效果或者造成的损伤比好处更多。现在情况有所改观，当前的生物医学选择是有效的，有时是最好的选择。

电休克疗法

如今电休克疗法和精神外科技术如何被用来治疗心理障碍？

对于**电休克疗法**（electroconvulsive therapy, ECT）至今仍被用来治疗某些重度抑郁，许多人都会感到非常震惊。ECT是对个体头部的一边或两边进行电击，造成身体的癫痫或惊厥以及大脑中神经递质的大量释放。电休克疗法会造成情绪的立即改善，它不仅被应用于治疗对药物治疗或心理治疗反应不好，或使用以上方法治疗时有难以接受的副作用的重度抑郁，也用于治疗几种对其他疗法反响不好的其他重度障碍，如精神分裂症和重度躁狂。

20世纪30年代，医生们寻找着诱发癫痫在治疗精神分裂症中可能的作用，虽然在这些早期实验中，癫痫是通过一种药物（樟脑）来诱发的。首先用电击来诱发癫痫的是意大利研究者切莱蒂（Cerletti）和比尼（Bini），他们对一名精神分裂症男性患者采用电击，发现在11次这样的治疗之后，该患者完全康复了。很快，医生就开始用ECT来治疗所有重度心理障碍了。

早期的电击并不采用麻醉，因为这种电击如此强烈以至于个体会失去意识（大部分时间）。骨折、咬断舌头和牙齿断裂的“副作用”并不罕见。

今天的ECT更受控制且更人性化。它只能被用来治疗重度障碍，而非控制不守规矩的行为，在大多数情况下采用该疗法都需要有书面的知情同意书。ECT被发现对重度抑郁最为有效，这种重度抑郁对药物或心理疗法的反响都不好，并且患者有自杀的可能或已经尝试过自杀。ECT比抗抑郁药物发挥效用的时间更短，因此在防止患者自杀方面十分重要。但是，ECT不能被认为是一种“治愈疗法”，它只是一种让患有重度抑郁的个体回到能够接受其他治疗或心理治疗的心理状态的方式。接受ECT治疗的患者很可能会复发，因此为达到效果需要维持或持续的治疗。

副作用有哪些？在早前的章节中不是提到过这一疗法会影响记忆吗？

ECT确实有几种不好的副作用，其中的一些比另一些维持时间更长。ECT确实会影响记忆，因为它破坏了信息的整合过程并阻碍了长时记忆的形成。它会造成退行性遗忘，对治疗近期发生的事件的记忆丧失和顺行性遗忘，并对新材料的迅速遗忘。这种退行性遗忘可以延伸到几个月以前和几个星期以后，过去的记忆可能会随着时间被找回，而顺行性遗忘是暂时的，治疗后几个星期内就消除了。只有非常少的病人会患上更严重、持续时间更长的认知困难，同时也很难判断这些认知困难是由于治疗引起的还是由于个体本身的障碍引起的。虽然ECT具有一定的疗效，但ECT的使用还是没有普遍的一致性。在美国存在ECT使用的种族差异，患抑郁症的美国黑人比白人更不可能接受ECT治疗，ECT的使用在总体来看也在减少。

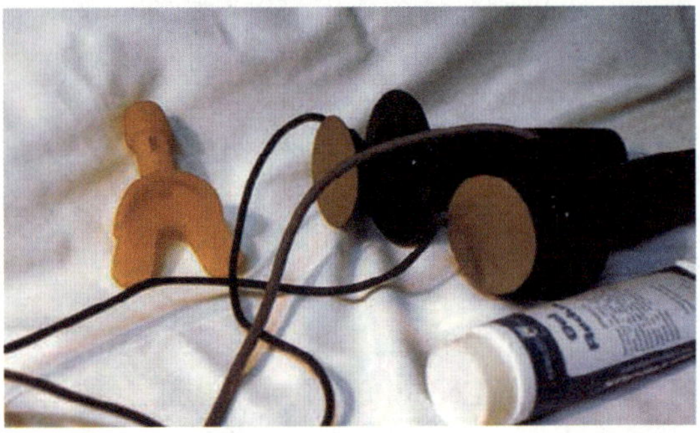

◎ 电休克疗法是在患者头部的一侧或双侧进行电击，会使情绪迅速得以改善。对药物反响不好的重度抑郁最适合采用这种疗法进行治疗。

精神外科手术治疗

像需要切入身体的外科手术一样，**精神外科**（psychosurgery）需要切入大脑移除或损坏大脑组织来消除心理障碍的症状。最早期和最著名的精神外科技术之一是**脑前额叶切除术**（prefrontal lobotomy），该技术切除了大脑前额叶和其他部分的联系。葡萄牙精神病学家安东尼奥·埃加斯·莫尼兹（Antonio Egas Moniz）博士于1935年提出了切除术，他因为对精神外科的贡献而获得了诺贝尔医学奖。沃特·弗里曼（Walter Freeman）和詹姆斯·W. 沃特（James W. Watts）修正了莫尼兹的技术并发展出了经眼眶额叶切除术，在其中类似碎冰锥的工具——脑白质切断器——被插入眼眶的后部进入大脑，隔断大脑纤维。这种技术后来被广泛应用，有时甚至是被过度应用来缓解人们的心理疾病。

但我认为切除术会使大部分人的情况更糟，难道它不会将人们的情绪以及类似的东西也切除了吗？

虽然一些经历早期切除术的患者似乎更不易激动、更少焦虑和妄想，但也有很多病人并没有在经历切除术后存活下来（实际上，有大约6%的病人死亡），还有一些病人在人格上发生了负性的改变，比如，变得冷漠、缺乏情绪反应、智力迟钝和幼稚。幸运的是，随着以氯丙嗪为首的抗精神病药物的发展，结合长期研究结果发现，切除术有严重的副作用，最终，切除术不再被使用。过去几十年中接受切除术（以及采用切除术治疗的疾病）的名人有约翰·肯尼迪（John Kennedy）的妹妹罗斯玛丽·肯尼迪（轻度智力迟缓），还有剧作家田纳西·威廉姆斯（Tennessee Williams）的姐姐罗丝·威廉姆斯（精神分裂症）。

◎左边的女性就是约翰·肯尼迪总统的妹妹罗斯玛丽·肯尼迪。右边的男性是她的父亲——美国驻英国大使乔瑟夫·肯尼迪（Joseph Kennedy）。在拍下这张照片的六年后，由于轻微的智力迟缓及越来越难以控制的行为，罗斯玛丽被迫接受了前额叶切除术。手术的结果是悲惨的，她一直在相关机构中接受看护，直到2005年1月7日去世。

现在不再采用切除术了，那么还有什么其他的精神外科技术吗？

切除术没有了，但是有现代的替代品——**双侧扣带回切除术**（bilateral anterior cingulotomy），这种技术采用磁共振成像，将电极指向特定脑区扣带回。这个区域将前额叶和边缘系统联系起来，而边缘系统控制了情绪反应。通过电极间的电流活动，一个很小和特定区域的脑细胞被损毁。这个过程被称为深层损伤。扣带回切除术在三分之一至二分之一的病例中显现效果，这些病例对其他疗法反响不好，包括重度抑郁、双相情感障碍和特定的强迫症。由于这是有意为之的脑损伤并且是永久性的，在进行双侧扣带回切除术前应该已经尝试过所有可能的其他治疗，并且不像早期的切除术，采用这种切除术必须要有病人的知情同意书。事实上，由于伦理、社会和法律等因素的卷入，世界上只有少数几个医疗中心会进行此类治疗且这种手术的数量非常少。

非侵入性刺激技术

我们在第2章中讨论了一些可以造成大脑改变的新的非侵入性的技术，这些技术包括重复经颅磁刺激（rTMS）、对皮层施加磁脉冲，以及经颅直流电刺激（tDCS），用电极帽向大脑传递非常低的直流电。这些新的令人兴奋的技术可以作为针对许多心理障碍的可能的治疗手段，并且可以帮助研究者更好地了解这些障碍背后的脑机制，这些障碍包括PTSD、抑郁、卒中、脊髓损伤、ADHD及其他障碍。在第2章中讨论的另一种技术是深层脑刺激（DBS），它被评估为治疗抑郁症和OCD的方法之一。一项令人兴奋的研究正在考察DBS在治疗对其他疗法反应不好的慢性神经性厌食症患者时的疗效，最初的结果发现，在接受DBS治疗后，一些患者的身体质量指数（BMI）、心境和焦虑症状都得到了改善。

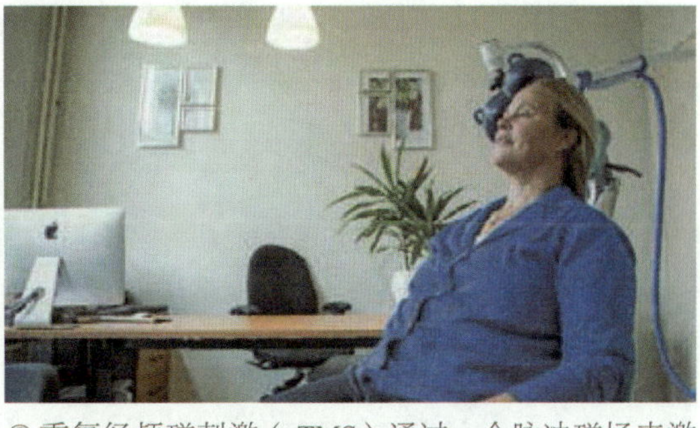

◎重复经颅磁刺激（rTMS）通过一个脉冲磁场来激活大脑表面的特定区域。如上图所示，通过在头皮上放置一个电磁体，rTMS可以用来刺激皮层上的小区域。它被认为是控制一些心理症状，如与抑郁和PTSD相关症状的方式。

概念导图

心理药理学
采用药物控制或消除心理障碍的症状，可以单独使用也可以与其他疗法结合使用（见表13–3）

- **抗精神病药物**：治疗诸如妄想、幻觉和怪异行为等精神病性症状；包括经典安定剂、非经典安定剂和多巴胺受体部分激动剂；通过阻碍大脑中特定多巴胺受体起作用；长期使用会有很多行为和认知方面的风险
- **抗焦虑药物**：治疗焦虑障碍；包括具有镇定作用的弱安定剂（苯二氮平类药物）；会有药物成瘾和滥用的危险；抗抑郁药物也可以用来治疗焦虑障碍
- **情绪稳定性药物**：治疗双相情感障碍中的躁狂发作；最常见的是锂盐；可能也包括用以治疗焦虑障碍的抗癫痫药物和抗抑郁药物
- **抗抑郁药物**：治疗抑郁症状的药物，包括单胺氧化酶抑制剂（MAOIs）、三环类抗抑郁药和选择性血清素再摄取抑制剂（SSRIs）

生物医学疗法

电休克疗法
- 现在仍然用来治疗对其他治疗方式反响不好的重度抑郁和少数其他障碍
- 采用电击造成癫痫来使大脑中神经递质平衡正常化
- 采用更小的电流以及肌肉松弛剂和麻醉手段来将传统副作用（重度记忆丧失、骨折）最小化

精神外科手术治疗
- 作为最后一种治疗手段来使用，将大脑中与心理障碍症状相关的脑组织移除或损毁
- 20世纪中叶脑前额叶切除术被广泛使用，直到开发出抗精神病药物
- 当前采用的是双侧扣带回切除术（涉及扣带回的许多区域）主要用以治疗强迫症；也被用以治疗抑郁和双相情感障碍

非侵入性刺激技术
- 重复经颅磁刺激（rTMS）
- 经颅直流电刺激（tDCS）
  → 被评估为治疗PTSD，抑郁症和其他障碍的手段
- 治疗抑郁症和OCD的深层脑刺激（DBS）

日常生活中的心理学

虚拟现实疗法

虚拟现实（VR）是一种由软件生成的三维虚拟环境。想象你正在玩一款视频游戏，但你并不是在面前的屏幕中看到你的角色，而是沉浸在游戏设计者创造的视觉和听觉的世界里，通过你所操控的角色的眼睛和耳朵来看和听这个世界。当你用这种方式玩游戏时会感到非常多的乐趣，VR在治疗心理障碍中也有许多的实际应用。

VR作为疗法的一个主要应用就是其在暴露疗法中的应用。暴露疗法对恐惧症的治疗，比如说，需要阻止个体回避呈现的恐惧物体，防止典型的回避反应并最终达到条件性恐惧消失的目的。采用VR保证了接受治疗的个体不

◎ 虚拟现实可以让病人暴露在恐惧物体和场景中。威尔康乃尔医学院“焦虑和创伤性应激研究”项目的导师乔安·狄飞德（JoAnn Difede）博士（左）正采用虚拟现实疗法治疗“9·11”事件的幸存者。

能回避暴露，因为恐惧所涉及的动物、开放的空间等就呈现在个体的面前。英国曼彻斯特大学的尼克·塔里尔（Nick Tarrier）教授进行的一项研究关注帮助对开车有恐惧的个体，让他们戴上先进的护目镜来使他们体验到虚拟的驾车环境。同时采用在胸部和手指上的传感器测量其焦虑水平。VR心理治疗的一大优势是，它对有恐惧症的司机、治疗师或真实道路上的其他司机都没有身体上的威胁。

PTSD也可以通过VR进行心理治疗。这种障碍的案例正在增多（由于在第12章讨论过的BP原油泄漏和其他类似的应激源的出现，心理学家认为PTSD的案例数还会持续增加），而传统的疗法并不总是有效。虽然这还是相对较新的研究领域，但已有证据表明，虚拟现实疗法在治疗PTSD上与传统暴露方法可能同样有效，它对于不愿意采用传统暴露方法或技术的来访者来说尤其有吸引力。VR的另一个优势是，它提供了更鲜活和现实的影像，尤其是对被要求“想象”造成困扰的场景但对表象并不在行的病人来说。现在有手持式VR设备可以为PTSD患者的治疗提供方便，例如，为地震、海啸、飓风等重大灾害中的幸存者提供帮助。

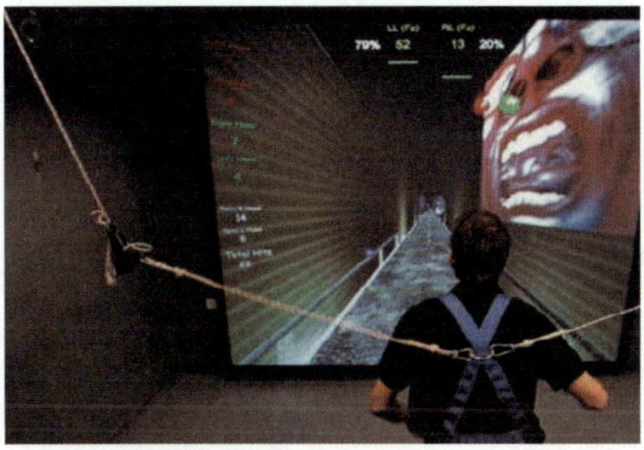

◎一名在黎巴嫩战争中受伤的士兵正在接受以色列研发的虚拟现实系统“计算机辅助的康复环境”（CAREN）的治疗。

进一步讨论的问题

1. 你认为还有什么其他的心理障碍可以采用虚拟现实的疗法进行治疗？

2. 你能想到这一疗法的劣势吗？

附录

应用心理学与相关职业

为什么要研究应用心理学

心理学家分很多类型，他们研究各种不同的领域。早期的心理学家致力于发现支配人类心理的过程，而如今的心理学家常常将研究中获得的信息和原理应用于实实在在的人。为什么要研究心理学领域中的职业？由于心理学职业有很多不同的侧重点，因此相关职业很多样，也很令人兴奋。心理学不只是帮助有心理问题的人。

密苏里州斯普林菲尔德市欧扎克斯技术与社区学院（Ozarks Technical and Community College）的约翰·冈邦（John Gambon）教授像平常一样开始讲课。讲了几分钟后，两名学生冲进来，分别向教授扔了两个水球。他们一边跑出去，一边喊着和煎鸡蛋有关的话。被水球弄得一身湿的冈邦教授让学生把他们看到的、听到的一切都写下来。几分钟后，他把学生们写的东西收上来，邀请那两个扔水球的学生（实际是同谋）回到教室里。

在教授阅读学生的记录文字时，很多学生意识到他们搞错了“作恶者”的特征。学生搞混了他们的发色、身高、面部特征，甚至他们所穿的衣服。此外，近 90% 的学生表示他们听到两个人喊“为了最后的周五”。在学生们了解到真实情况后，很多人对自己描述的不准确感到震惊。

像这样的研究工作对冈邦教授来说不是什么新鲜事。他曾担任过一些审判的顾问，在这些审判中，证人辨认罪犯的准确性令人质疑。他参与的案件包括杀人、攻击、非法闯入和武装抢劫。

他的演示证明目击证人的辨认普遍不可靠，就像心理学家伊丽莎白·洛夫特斯所述。目击证人的辨认之所以不准确，主要原因包括武器的使用（人们更关注武器，而不是攻击者的身体特征），在一天中的什么时间，发生犯罪与回忆犯罪之间的时间差。显然，目击者的辨认存在固有的瑕疵。

法律心理学只是心理学原理被运用于现实问题的众多领域中的一个。本附录探讨了几个应用心理学领域，以及当今心理学家可以从事的几种职业。

什么是应用心理学

应用心理学（applied psychology）指的是用心理学研究中的发现解决现实世界中的问题。心理学专业人士可能是精神病医生、心理学家或心理医生，甚至精神病学社会工作者（如本附录后文所述）。他们做测试或使用其他种类的评估方法，然后列出行动计划，以解决相关问题。在开篇对约翰·冈邦教授的评述中，你显然能认识到心理学的学习和专业知识使他能作为专家证人，在法庭上作证。这就是把心理学工具运用到实际问题上，冈邦教授是应用心理学的专业人员。

在我看来，心理学在很多地方都有用武之地，不只是在教育领域。这不正是每章结尾“日常生活中的心理学”专栏的要旨吗？

本书每一章（包括附录）都是以“日常生活中的心理学”专栏来结尾。心理学可以被运用于很多不同的领域，它们的共同目标是实际运用心理学。很多领域可以被称为应用心理学，其中包括最广博的心理学领域之一——临床与咨询心理学。例如，健康心理学探究压力对身心健康的影响；教育及学校心理学家努力找到促进学生学业的方法，将心理学发现运用于课堂；运动心理学家帮助运动员为竞争做好心理准备；人因心理学家研究人与机器的互动方式；法律心理学家应对法律系统内的心理学问题；工业 / 组织心理学家研究的是工作环境。此外，环境心理学家研究人与工作环境、社会环境、学校环境、家庭环境及其他环境的相互作用。这些环境不只包括有形的物质结构，还包括在这些环境中生活、工作、玩耍的特定人群。其他心理学家研究影响人们购买某些产品的因素，分析最佳的营销方法，探究典型消费者的购买习惯。

本附录描述了心理学专业人员的不同职责、各职业所需的教育类型，并概述了心理学的很多专业领域。附录接下来的部分简要探讨了心理学如何被运用于几个不同的生活领域：环境、法律、教育、军事、体育和职场。

作为一种职业的心理学

人们在考虑把心理学作为可能的职业时，通常会心存一些假定，例如，只有心理学家才能帮助人们解决心理问题；所有的心理学家都是医生；所有的心理学家都可以为有心理疾病的人提供咨询服务。

这些假定都不完全正确。

心理学专业人员的种类

心理学领域中的专业人员分为几类。他们的学习和培训有不同的侧重点，他们的目标也不相同。

精神病学社会工作者

精神病学社会工作者（psychiatric social worker）受过社会工作方面的培训，通常拥有社会工作的硕士学位，获得了他们所在州颁发的临床社会工作者执照。这些专业人员强调社会条件对心理疾病的影响，比如贫穷、过于拥挤、压力和药物滥用。他们会实施心理治疗（和顾客探讨他们的问题），通常在临床环境中工作，还有其他种类的心理学专业人员。

精神病医生

精神病医生（psychiatrist）拥有医学博士学位，是专门诊断和治疗心理疾病的医生。像其他专攻急诊医学，专门治疗老年病、婴儿及儿童疾病，或者专门从事其他医学领域的医生一样，精神病医生可以开处方，对病人实施医学程序。由于他们是医生，因此会从生物心理学的角度来考虑疾病的原因和治疗。

心理学家

心理学家（psychologist）没有医学学位，但接受了严格的学术训练，在选择专业领域之前，他们涉猎了心理学的很多领域。心理学家或心理医生通常拥有哲学博士学位或心理学博士学位（除了在美国少数几个州之外，拥有科学硕士学位或理科硕士学位的人通常不被称为心理学家。他们可以被称为治疗师或咨询师，也可以是老师或研究者）。

哲学博士学位和心理学博士学位有什么区别？

哲学博士学位通常指的是几乎所有学科中

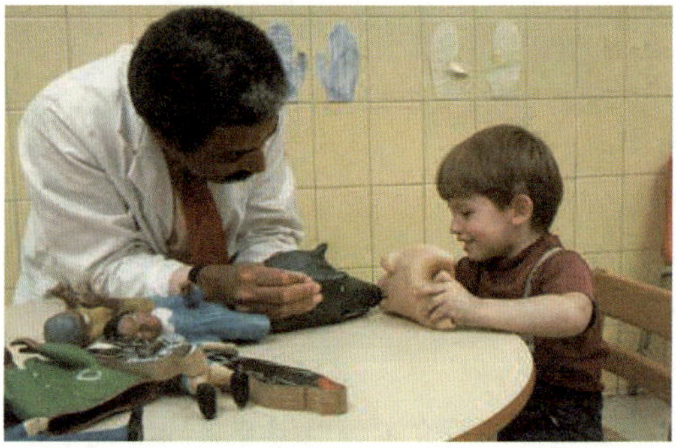

◎心理学家的研究领域和工作环境多种多样。这位儿童心理学家在对小男孩进行评估，他用小狗和娃娃鼓励男孩说出他的感受。

的最高学位，比如心理学、语言学、教育学、哲学、科学，等等。它一般是研究导向的，除了完成博士课程作业和论文之外，通常需要先取得硕士学位。博士论文是某个领域的学术研究成果，它的篇幅相当于一本书，甚至会以书的形式出版。

心理学博士学位是20世纪70年代发展出来的一种学位，它的侧重点不在研究上，而在于实际运用心理学原理。除了哲学博士学位要求的学术课程作业之外，心理学博士学位要求学生完成大论文，而不是博士论文，这种论文不是报告学生设计并实施的研究，而是大篇幅的学期论文。心理学博士项目还要求学生每年都参加实习课，即在监督下观察并实施真实的治疗。

与精神病医生不同，心理学家一般不能开处方或实施医疗程序。一些州试图做出法律上的改变，允许接受过处方药使用方面教育的心理学家或心理医生开具精神类药物。美国军队首先提出这样的改变需求。美国心理学会（American Psychological Association，APA）从1984年开始游说，这项举措背后的原因包括成本和心理健康服务的延误。如果一个人去看心理医生，然后必须再看精神科医生才能获得处方，那看病的成本就会过高。有些州的精神科医生比其他州少，这会导致为了看这些医生必须长时间等待。这种延误有时会造成病人自杀率上升。尽管在军队中或在印第安卫生服务署（Indian Health Service），一些心理医生已经可以开处方了，但截至2013年5月，只有两个州和一个地区（新墨西哥州、路易斯安那州和关岛）成功地为心理医生提供了处方权。

一些心理学家提供咨询或治疗，并会使用各种技术和方法。但是，很多心理学家完全不提供咨询服务。他们只进行评估，在大学教书，或者只在机构里做研究或做行业研究，有些则既教学又做研究（有些心理学家在教学、研究、咨询或临床实践方面都有涉及）。还有些心理学家参与设计设备和工作场所，开发教育方法，或者在企业和法律系统中做顾问。

尽管成为心理学家需要某种博士学位，但大学四年的心理学学习可以为很多职业打下良好的基础，接着攻读心理学硕士学位对职业发展也大有裨益。

心理学硕士学位相关的职业

尽管获得心理学硕士学位的人通常不能像拥有博士学位的人那样，参与高水平的独立研究或心理学实践，但他们的职业依然很多样，包括心理学领域之内和之外的职业。当参与临床、咨询或学校心理学实践时，或者当参与评估时，有博士学位的心理学家可能会直接监督他们的工作。另一些人在心理学领域之外从事需要研究或分析技能的工作，包括健康、工业或政府领域。

对心理咨询和治疗感兴趣的人请注意，很多州会给拥有硕士学位、具备必要培训和监督经验的个人颁发执照，允许他们提供不受监督的咨询和治疗。职称可能因州而异，有执照的硕士水平的工作涉及的领域和职称包括执业婚姻与家庭治疗师、执业咨询师、执业心理健康咨询师或执业临床社会工作者。这些人可能就职于大型组织，也可以私人执业。除了这些领域之外，一些有心理学硕士学位的人会获得相关执照或证书，可以在各级学校里做顾问（小学、初中、高中）。

心理学学士学位相关的职业

尽管只取得心理学学士学位的人不能被称为心理学家，不能开私人诊所，为病人提供治疗，但这类人也有很多职业选择。自1970年以来，已颁发的心理学学士学位超过100万，自2000年以来，这个数字逐年增加。心理学学士学位具有高度的灵活性，可以从事很多不同的职业。尽管美国心理学学会及其他机构的调查显示，很多拥有心理学学士学位的人就职于健康相关的领域或社会领域，但有些人会受雇参与研究开发或研究管理、行政管理、商业、教育、职业服务、销售或管理。

其他可能的职业包括市场研究员、社会工作者、沟通专员。心理学学士学位的学习侧重

◎很多拥有心理学学士学位的人就职于健康相关的领域或社会领域，比如这位正在帮助妈妈和孩子的社会工作者。

于批判性思维和实证观察，这种训练使他们可以适应各种职场环境和职业要求。即使你想从事与心理学相关的其他领域的研究生学习，比如商业、法律、儿童保育、教学、管理等，心理学依然是很棒的专业。

心理学专业

你说有些心理学家从事教学或研究。他们从事什么类型的研究?

心理学家可以聚焦于很多不同的领域。他们通过实验、调查、观察等收集他们感兴趣的领域的信息，支持现有的理论或形成新理论。让我们了解一下心理学家可以探究的专业领域。

临床心理学

尽管不是所有心理学家都提供咨询或治疗，但很多心理学家会这样做。**临床心理学**（clinical psychology）是和精神病学最类似的领域，临床心理学专业人员通常的工作是帮助有严重心理疾病的人。就像精神病医生一样，临床心理学家诊断和治疗人们的心理疾病。但是临床心理学家不能开药实施医学或药治疗（当然，除了前文探讨的例外情况）。他们依靠倾听或观察顾客的问题，可能会进行心理测试，向顾客解释他们的行为和感受，或者指导顾客的行为，使他们在生活中做出积极的改变。

咨询心理学

咨询心理学（counseling psychology）与临床心理学类似，也是诊断和治疗心理疾病。区别在于，咨询心理学家的客户通常相对健康，他们的心理疾病或问题不太严重，比如适应大学、婚姻问题、家庭生活问题、工作问题等。截至2008年，近73%提供健康服务的被调查心理学家认为自己属于临床心理学家或咨询心理学家。

发展心理学

发展心理学（developmental psychology）侧重研究改变或发展。发展心理学家感兴趣的是人们思维方式的改变，人们与他人相互关系的改变，以及人们在一生中情感和感受的改变。这些心理学家在学术环境中工作，比如学院和大学，研究各种发展领域。他们不提供治疗。

实验心理学

实验心理学（experimental psychology）包含若干不同的领域，比如学习、记忆、思维、知觉、动机和语言。实验心理学家侧重于在这些领域通过人或动物实验进行研究。他们通常在学术环境中工作，尤其是大型的综合性大学。

社会心理学

社会心理学（social psychology）主要研究的是其他人的存在会如何影响人类行为。例如，社会心理学家研究偏见、态度改变、攻击性行为、人际吸引等领域。尽管大多数社会心理学家在学术环境中工作，从事教学和研究，但有些社会心理学家就职于联邦机构和大企业，从事应用研究。事实上，很多社会心理学家就是实验心理学家，他们在现实世界中，而不是在实验室里做实验，因此能观察到人们自然的反应。当人们处于人造环境中时，他们的行为会不自然，这不是研究者想研究的行为。

人格心理学

人格心理学（personality psychology）侧重研究人与人之间的人格差异。心理学家会研究遗传对人格的影响。他们既研究人们有哪些相似之处，也研究他们的差异。他们研究人格的发展，对人格进行评估。他们会形成有关人格如何发挥作用或如何发展的新理论。人格心理学家在学术环境中工作，从事研究和教学。

生理心理学

生理心理学（physiological psychology）侧重研究行为的生理基础。现在很多专业人员将这个领域称为行为神经科学或生物心理学。生理心理学家研究大脑、神经系统以及身体化学物质对人类行为的影响，比如激素和大脑中的化学物质。他们研究药物使用的影响，遗传对某些正常和不正常的人类行为的影响，比如精神分裂症或智能的构成。像实验心理学家一样，很多生理心理学家在学术环境中工作。

神经心理学

神经心理学（neuro psychology）研究大脑系统与行为之间的关系。他们会参与研究，或者更多侧重于对患有各种神经疾病、神经发展疾病或精神病的个体进行评估、诊断、治疗/康复。

比较心理学

比较心理学（comparative psychology）研究动物和动物行为。通过将动物行为与已知的人类行为进行比较和对比，比较心理学家可以通过研究动物来理解人类行为。对动物行为的研究还有助于人们了解如何更人道对待动物，如何与动物共存。比较心理学家有可能在大学的动物实验室里工作，也有可能在动物自然栖息地对动物进行观察和研究。

这些领域中的心理学家会进行旨在发现人类行为原理的研究（基础研究），或者进行旨在为当下现实问题找到解决方法的研究（应用研究）。在其他很多领域中，心理学家几乎只进行应用研究。这些领域是和应用心理学最相关的领域。

课堂外的心理学

从事心理学的人可以在很多领域中发挥作用。有些是我们探讨过的专业领域的延伸。其他领域也很适合心理学专业人员，因为他们能提供相关的通用技能，有时能提供特定的技能。

心理学与健康

健康心理学（health psychology）聚焦于人类行为模式、身体健康对压力的反应与改善健康、维持健康、预防及治疗疾病之间的关系。例如，健康心理学家会设计帮助人们减肥或戒烟的计划。压力管理技术也是这个领域的一个侧重点。健康心理学家的工作场所包括医

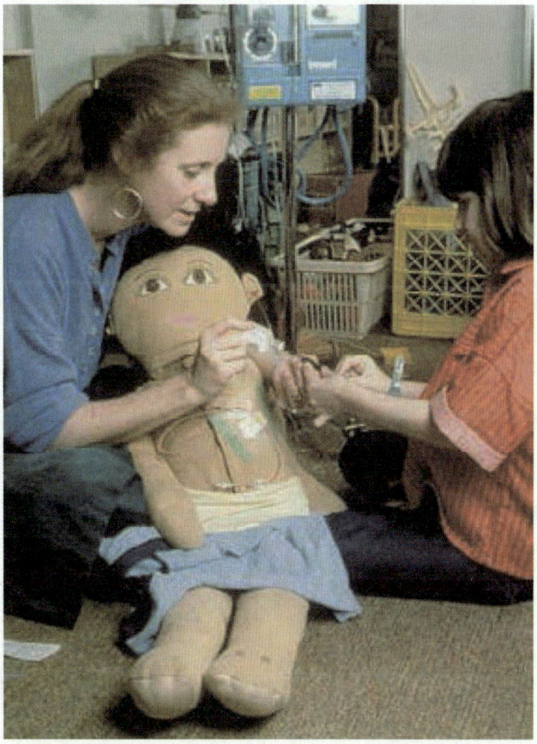

◎这位女士是健康心理学家。她让女孩假装给一个特殊的娃娃打针，帮助她控制对打针的恐惧。

院、诊所、医学院、健康机构、学术环境或私人诊所。

在一项研究中，研究者发现老年女性的肥胖与她们记忆功能的衰退有关，尤其是臀部肥胖的女性（梨形身材），而这种相关不太适用于腰部肥胖的女性（苹果形身材）。这项研究控制了其他健康变量，比如糖尿病、心脏病、卒中。这是健康心理学研究的一个很好的例子。健康心理学家研究的其他领域包括：乐观态度对病程的影响；精神苦闷与健康的关系；在预防疾病的努力中，健康情况的改善与希望之间的关系。

心理学与教育

教育心理学（educational psychology）研究的是人类的学习。随着教育心理学家逐渐了解了学习的一些基本方面，他们形成了辅助学习过程的方法和材料。例如，教育心理学家协助设计了拼音教学法，以此教孩子阅读。这类心理学家可能拥有教育学博士学位，而不是哲学博士学位，他们通常在学术环境中工作。

教育心理学家会实施什么类型的研究？发表在 2013 年 8 月《教育心理学期刊》（*Journal of Educational Psychology*）上的文章主题涉及教师的自我效能感与教学质量、刻板印象损害了女孩的数学成绩、学生的动力、教师的专业能力对教学及学生发展的影响等。

学校心理学（school psychology）与教育心理学相关，但并不完全相同。教育心理学家做研究，开发新的学习方法，而学校心理学家将研究结果或其他方法运用到真实的学校系统中。学校心理学家直接面对在校的学生。他们做测试或进行其他形式的评估，安排学生参与特定的项目，或者诊断教育问题，比如诵读困难、注意力缺陷障碍或注意力缺陷多动障碍。他们可以担任老师、家长、教育管理者的顾问。为学生提供咨询其实只是学校心理学家较小的一部分工作，不过当学校里发生了不幸时，咨询会成为他们的主要工作。当发生创伤性事件时，比如同学意外死亡，或者更大规模的悲剧，比如过去 10 年发生的很多校园枪击事件，学校心理学家常常被要求为学生提供帮助和咨询。

◎ 学校心理学家常常会对学生进行测试，评估他们的成绩、智力或心理健康情况。

心理学与运动

运动心理学（sports psychology）是相对较新，发展迅速的领域，该领域主要侧重于帮助运动员及其他参与者为体育竞技做好心理上的准备（不是身体上的准备）。这个领域背后的理念是卓越的身体能力并不足以保证成功，心理准备是很有必要的，做准备的方法包括：设定清晰的短期目标，持有积极的想法，想象目标达成，停止消极思维，以及其他基于认知观点的方法。例如，运动心理学家帮助一位在击球准确性上一直有问题的高尔夫球手。他指导高尔夫球手在想象中进行练习，一遍一遍地想象自己在球道上击球。运动心理学家就职于运动组织，或者私人执业，抑或是从事咨询工作（若想更多了解运动心理学中使用的技术，参见本附录结尾的“日常生活中的心理学”专栏）。

心理学与军队

在军队中，心理学家可以从事评估、教学、管理、研究、提供心理健康服务等多种工作。他们涉及的领域包括临床心理学、咨询心理学、实验心理学、工业 / 组织心理学、人因心理学。除此之外，他们的工作可能反映任何一种心理学专业。总之，他们在军队环境中用心理学技能解决人的问题，服务对象既有军事人员，也有他们的家属。举一个令人悲痛的例子：与伊拉克和阿富汗冲突相关的军事人员的自杀率大幅上升，由此军人及军人家属心理健康服务的需求达到了前所未有的水平。

© 2007 年 4 月 18 日，军队心理学家福特·刘易斯（Fort Lewis）在华盛顿斯帕纳威市演示了“伊拉克虚拟现实”治疗计划中的头戴式耳机。这个虚拟现实治疗计划模拟了战争中的景象、声音和气味，将被用于治疗患有创伤后应激障碍的士兵。

心理学与法律

心理学家常常以各种方式参与到法律问题中。社会心理学家会实施犯罪行为方面的研究，和律师或其他法律系统的代理人商讨证人的可信性、陪审团的选择、对决策过程的影响等问题。发展心理学家会参与判断儿童及青少年的证言的准确性和影响力；在离婚父母的监护权争夺中，判断儿童的需求。认知心理学家可以做专家证人，判断记忆和目击人证词的准确性，或者判断证人或被告的陈述的真伪。临床心理学家可以直接为入狱的犯人提供服务，或者对犯罪者的智力和/或心理状态做出评估，决定他们是否应该受到审判。

这里提到的心理学参与法律事务的所有形式都可以被看作**法律心理学**（forensic psychology）的一部分。法律心理学是与法律制度相关的心理学实践，它涉及审查犯罪证据，协助执法部门对犯罪活动进行调查。有些法律心理学家为法律系统内的公务人员提供信息和建议，比如律师或法官。有些法律心理学家担任专家证人（就像开篇故事中的约翰·冈邦教授），有些在监狱系统内诊断和治疗罪犯，有些给被告做心理测试。通过协助选择陪审团，他们为审判中的控方或辩方提供帮助。这类专业人员可能兼职为法律系统做顾问，主要工作是经营私人诊所或咨询公司，也可能是全职在司法系统中任职，比如担任警方心理学家或全职的陪审团专家。

心理学与社区

社区心理学（community psychology）是一个既关注个体也关注社区的心理学领域。该领域通常涉及各个层面的问题，包括个人、群体、街区和组织。社会心理学侧重于促进各个层面的健康，预防普遍的社会问题。该领域旨在理解环境中的人类行为，认识人类多样性在推动改变中的作用。为了促进社会公平，社会心理学家主要采取的手段是倡议，他们还会采用直接影响生活某些方面的实践和政策，比如平权、防止暴力、做积极的公民。社区心理学家会参与各种活动和努力，比如促进心理健康、促进身体健康、教育干预或员工政策。

心理学与环境

另一个可以用心理学原理解决实际问题的广阔领域是**环境心理学**（environmental psychology）。环境心理学侧重于人类行为与发生行为的环境之间的关系，比如办公室、商店、学校、宿舍或医院。由于这个领域的研究者关心的是特定环境中的行为，因此他们会在环境中，而不是在实验室里进行研究。环境心理学家会和其他专业人员合作，比如城市规划者、经济学家、工程师、建筑师，帮助这些专业人员设计最有效的建筑、公园、住宅开发或绿化。

心理学与工作

工作是许多人生活中的一个重要的部分。人们用于工作中的时间往往要比家庭和社交活动上的时间多。心理学最大的分支之一，专注于心理学如何帮助人们在管理、生产、士气以及其他很多方面的工作。

什么是工业/组织心理学和人因心理学

工业/组织心理学［Industrial/organizational（I/O）psychology］涉及人与工作环境的关系。工业/组织心理学家协助人员甄选，实施工作绩效评估，设计工作日程，帮助员工比较容易地适应新的工作时间，或者设计新的工作区域，以提高士气和工作效率。这个领域的心理学家需要研究整个组织的行为。企业和公司常常雇用他们处理聘用和评估员工的事宜。他们还会做研究，设计出提高员工工作效率的方法。他们在企业、政府机构和学术环境中工作。附表-1简要列出了其中一些专业。

附表-1 工业 / 组织心理学中的专业领域

工业中的领域	组织中的领域
工作分析	工作团队的社会行为
工作评价与薪酬	工作满意度
对有效管理至关重要的特征	对工作绩效至关重要的人格特质
人员招聘、选拔和安置	管理层与员工之间的关系
职业培训	领导特点与培训
检查工作条件	消费者心理学
面试及测试	激励问题
绩效评估与反馈	冲突管理

有一类工业 / 组织专业人士被称为人因工程师，他们侧重于人体工程学，或设计人们使用的机器、家具和其他设备，使这些设备最实用、最舒适、最符合人类使用的逻辑。**人因心理学**（human factors psychology）包含研究人类与机器相互作用的研究者和设计者。他们在公司里工作，这些公司负责设计电器、飞机控制装置、计算机的操作或其他机械设备。例如，回忆 iPhone 的一则广告，宣传大拇指如何能触及手机屏幕的各个部分，再比如符合人体工程学的椅子。人因工程师很可能参与了这些产品的设计或测试。

◎ 人因心理学家设计更实用、用起来更舒服的机器。例如，这个键盘的设计降低了手腕疼的可能性，并且提高了输入的准确性。

在工业 / 组织环境中工作的心理学家把心理学原理和理论运用于工作场所。例如，马斯洛的人本主义理论和需求层次理论在管理领域具有强大的影响力。道格拉斯・麦格雷戈在解释两种不同的管理风格时，将低效的旧理论“X理论”（员工缺乏动力，需要管理和指导）与马斯洛较低层次的需求联系在一起，而将被称为“Y 理论”（员工想工作，希望自己的工作有意义）的更有效的管理风格与较高层次的需求联系在一起。

工业 / 组织心理学的历史与今天

工业 / 组织心理学始于 20 世纪初，源自沃尔特・D. 斯科特（Walter D. Scott）的研究工作。他是著名心理学家、第一个心理学实验室创立者威廉・冯特的学生。斯科特将心理学原理应用于招聘、管理和广告技术。他还写作了第一本将心理学运用于工业和广告的书——《广告的理论与实践》（*The Theory and Practice of Advertising*）。在新兴的工业 / 组织心理学领域中，另一个早期人物是心理学家雨果・孟斯特伯格（Hugo Munsterberg），他也曾是冯特的学生，研究过各种主题，比如祈祷的力量，目击者的证词（Hothersall,1995）。孟斯特伯格写过一本有关目击者证词的书——《在证人席上》（*On the Witness Stand*），后来还写了《心理学与工业效率》（*Psychology and Industrial Efficiency*）。

在第一次世界大战期间，军队需要一些方法来测试新兵的智力，由此工业 / 组织领域变得重要起来。心理学家罗伯特・耶基斯（Robert Yerkes）对大猩猩进行了研究，开发出陆军甲种测验和陆军乙种测验。后来罗伯特・耶基斯因比较心理学方面的突破性研究而名声大噪。陆军甲种测验用于识字的被试，而陆军乙种测验用于不识字的被试。

20 世纪 20 年代中期，埃尔顿・梅奥（Elton Mayo）为西方电气公司（Western Electric Company）所做的一系列研究拓展了这个领域。这些研究是最早把工作场所视为社会系统，而不只是生产线的研究。这些研究没有把工人当成设备的一部分，而是提出应该让工人参与决策过程，这不仅能提高士气，还能减少工人对变革的抗拒。这些研究为其他探索如何改善员工管理、促进生产的研究引领了道路。例如在创造有益的工作环境、为员工提供各种额外待遇方面，谷歌是非常领先的公司。2012 年和 2013 年，它被《财富》(*Fortune*) 杂志评选为最适宜工作的公司。从免费美食到现场洗衣和干洗店，再到室内和室外的娱乐设施，谷歌致力于为员工创造一个令人亲切的环境。管理理论和策略还会被运用到其他环境中，比如校园。目前工业 / 组织心理学家还在为美国国家航空航天局服务，参与到未来 2030 年的火星之旅中。工业 / 组织心理学家在寻找挑选和培训航天员的方法，这些航天员在太空旅行的距离和时间比以往的航天员更长，这次旅行用时将近三年。工业 / 组织心理学家研究了如何提升航天员的复原力、适应性和团队凝聚力，尤其是在没有隐私、狭窄的太空舱里。

◎ 这些女性是埃尔顿·梅奥早期为西方电气公司做的一个工业 / 组织心理学实验中的被试。

心理学议题

职场暴力

在过去几十年里，工作场所中的暴力行为大幅增加——仅 20 世纪 80 年代就几乎增加了两倍。心理学家投入大量的时间和精力去研究这类暴力的原因，寻找方法发现和预防未来的暴力事件。职场暴力的重要研究显示，从事某些工作的人，因为工作的特点，更有可能成为犯罪的受害者。例如，最有可能的三种职业是警察、狱警和出租车司机。出租车司机（以及便利店店员）会接触现金，独自一人工作，容易诱惑犯罪分子实施抢劫。至于警察和狱警，暴力是他们工作性质的一部分。思考以下的统计数据：

- 据报告，1992 年到 2006 年有 11 613 人在工作场所被杀害；
- 每 100 000 名警察中有 11.6 人在工作时被杀，而全美所有职业的平均数为 4/100 000；
- 从 2004 年到 2008 年，每年与工作相关的凶杀案为 564 起——占所有因公死亡的 10%；
- 2008 年，80% 的凶杀案受害者为男性；
- 男性更有可能被陌生人杀害，而女性更有可能被亲戚或熟人杀害；
- 2008 年发生了 30 起多人致命的工作场所凶杀事件，平均每起有两人死亡。多数为枪击，在 12% 的枪击事件中，袭击者是同事或前同事。

◎ 工作场所暴力的后果：2010 年 8 月 8 日，星期天，悲痛的人群捧着蜡烛守夜，以纪念在康涅狄格州一家啤酒分销公司发生的枪击事件中的受害者。枪击事件发生于 2010 年 8 月 3 日。在守夜前不到一周，奥马尔·桑顿（Omar Thornton）在哈特福德分销商大楼里射杀了八名同事，另有两名同事受伤，之后奥马尔·桑顿饮弹自尽。

对于非常暴力，对其他员工实施暴力犯罪，导致严重伤害或死亡的员工，工业 / 组织心理学家专门创造了一个词——狂暴者。在工作场所中，狂暴者有什么特点？一般来说，他们至少有高中文凭，有些有大学文凭。他们的自尊或价值感与他们的工作紧密联系。他们喜欢看暴力电视或电影。为了预防工作场所的暴力，我们可以采取一些简单、常识性的步骤，也可以进行复杂的培训和准备：

- 出入口的照明良好；
- 有监控录像或保安，尤其是在夜间；
- 检查未来新员工的犯罪记录；
- 训练经理和主管发现潜在的工作场所暴力，以下迹象显示员工有暴力倾向：（1）口头威胁或有轻微的暴力行为，比如推搡；（2）对接触枪支很着迷；（3）对电视和电影中的暴力很麻木，喜欢看这类媒体。

进一步讨论的问题

1. 回顾学习与社会心理学有关的章节。可能有其他什么原因会造成工作场所暴力？

2. 有些工作发生暴力事件的风险较高，对于从事这类工作的人，心理学家可以以哪些方式为他们提供帮助？

日常生活中的心理学

运动心理学家使用的技术

很多运动员在没有达到应有的表现，或者在实现新目标的过程中遇到障碍时，常常会变得很沮丧。以下技术的目的是帮助运动员绕过障碍，获得最佳成绩。这些技术对表演、演奏、专业演讲、教学以及其他需要在别人面前有所表现的职业同样有帮助。

1. 可视化。在这种技术中，运动员尝试在头脑中“看到”自己的表现，就好像在实际比赛前，在边线上观看自己的表现。

2. 想象排练。类似于可视化，运动员在心里预演希望达到的表现。不同于想象自己在边线上看着，想象排练是从自己的视角在心里“看着”和“感受着”自己的表现。这能帮助运动中要用到的肌肉做准备。

3. 干扰物脱敏。训练运动员忽视让他们分心的东西，比如观众的叫喊。

4. 思考中断。人们常常会产生消极的、自我挫败的想法，比如“我打不中，我就知道”。运动心理学家训练运动员停止这类想法，用积极的想法替代，比如“我能做到，我以前做到过，这没什么难的”。

5. 信心培养。运动心理学家给予运动员的另一种帮助是建立他们的信心和自尊。对自己缺乏信心是一个重大障碍。

6. 培养专注力。运动心理学家还可以培养运动员的专注力，常用的方法有催眠、专注式冥想或其他类似的方法。

7. 放松训练。运动员可以用特殊的呼吸方法、肌肉绷紧和放松，以及其他放松方法来降低比赛前的焦虑和紧张。

8. 自生训练。自生的意思是“源自自我内部”。就这里的意义而言，自生训练涉及帮助运动员了解他们对压力的生理反应。一旦了解了，运动员就可以控制这些反应，比如学会减慢心率或降低焦虑。

9. 设定现实的目标和期望。运动心理学家努力让运动员明白，尽管设立目标很重要，但不现实的目标会导致倦怠、沮丧和失败感。运动心理学家帮助运动员调整他们的目标和期望，使之更切合实际。

10. 促进团队团结一致。运动心理学家还有可能为整个运动员团队提供服务，帮助他们变得团结一致，既可以像单一的有机体一样运作，也为每个运动员提供支持。

◎右边的运动心理学家在帮助红袜队球员大卫·欧提兹（David Ortiz）克服比赛期间因受伤而产生的沮丧。

进一步讨论的问题

1. 这些技术还对从事其他什么职业的人会有帮助？

2. 比赛本身之外是否有一些因素会妨碍团队的团结一致？

北京阅想时代文化发展有限责任公司为中国人民大学出版社有限公司下属的商业新知事业部，致力于经管类优秀出版物（外版书为主）的策划及出版，主要涉及经济管理、金融、投资理财、心理学、成功励志、生活等出版领域，下设“阅想·商业”“阅想·财富”“阅想·新知”“阅想·心理”“阅想·生活”以及“阅想·人文”等多条产品线。致力于为国内商业人士提供涵盖先进、前沿的管理理念和思想的专业类图书和趋势类图书，同时也为满足商业人士的内心诉求，打造一系列提倡心理和生活健康的心理学图书和生活管理类图书。

《人格心理学：人格与自我成长》

- 一部自 1974 年问世以来不断更新再版、畅销 40 余年的心理学经典著作。
- 完整梳理现代人格理论的发展脉络，讲述心理学各大流派对人格理论的构建及贡献。
- 以跨文化的全球性知识体系帮助你深入了解人类的本性，以便你可以用来更好地了解自己、了解他人。

《社会学经典入门》

- 一本高达 14 版次，帮助人们理解自己在今天的社会和明天的世界中的位置的社会学通俗读物。
- 被美国大学广泛采用的全彩社会学入门书。
- 北京大学社会学博士、南京大学社会学院教授风笑天领衔翻译。